中原经济区
金融发展研究

ZHONGYUAN JINGJIQU JINRONG FAZHAN YANJIU

（2013）

中国人民银行郑州中心支行
河南省金融学会 编

中国金融出版社

责任编辑：张智慧　王雪珂
责任校对：潘　洁
责任印制：陈晓川

图书在版编目（CIP）数据

中原经济区金融发展研究.2013（Zhongyuan Jingjiqu Jinrong Fazhan Yanjiu 2013）/中国人民银行郑州中心支行，河南省金融学会编 . —北京：中国金融出版社，2014.8
ISBN 978 – 7 – 5049 – 7509 – 6

Ⅰ.①中…　Ⅱ.①中…②河…　Ⅲ.①地方金融—经济发展—研究—河南省—2013　Ⅳ.①F832.761

中国版本图书馆 CIP 数据核字（2014）第 080853 号

出版
发行　　中国金融出版社

社址　北京市丰台区益泽路 2 号
市场开发部　（010）63266347，63805472，63439533（传真）
网上书店　http://www.chinafph.com
　　　　　　（010）63286832，63365686（传真）
读者服务部　（010）66070833，62568380
邮编　100071
经销　新华书店
印刷　三河市利兴印刷有限公司
尺寸　169 毫米×239 毫米
印张　45.5
字数　812 千
版次　2014 年 8 月第 1 版
印次　2014 年 8 月第 1 次印刷
定价　80.00 元
ISBN 978 – 7 – 5049 – 7509 – 6/F.7069
如出现印装错误本社负责调换　联系电话　（010）63263947

序

    2013 年，面对复杂的国内外经济金融形势，河南省金融系统坚持稳中求进，货币信贷和社会融资规模合理均衡增长，金融体系保持稳定，金融服务水平有效提升，对推动经济发展发挥了重要作用。

    党的十八大以来，金融改革与发展步入新的历史时期，区域金融改革创新实践加速推进。与此同时，粮食核心区、中原经济区、郑州航空港经济综合实验区"三大战略"的科学布局，将打破河南省经济结构调整长期滞后的局面，带动河南经济升级版加快形成。在此背景下，有效发挥金融在区域发展中的助推作用，同时实现金融产业自身的良性发展，是金融系统研究队伍必须密切关注的重点和义不容辞的责任。

    河南省人民银行系统和河南省金融学会，围绕金融工作中心，结合地方金融发展实际，按照"突出重点、创新亮点、整合支点、有效转化"的工作思路，组织全省金融系统研究力量，以河南省人民银行系统重点研究课题和河南金融学会重点金融课题为平台，围绕区域金融改革发展中的重大理论和现实问题，开展系统性研究，力求在金融创新和解决经济金融深层次重大问题等方面寻求突破，收获了大量有价值的研究成果。当前，在"三大战略"稳步实施过程中，认真汇集、梳理金融系统研究成果，对加快研究成果的转化和应用，进而为金融系统和地方相关决策部门提供参考，意义十分重大。

    《中原经济区金融发展研究（2013）》以区域经济金融发展理论为指导，汇集了 2013 年度河南省人民银行系统重点研究课题和河南省金融学会重点金融课题的相关获奖课题，较为全面、系统地展示了区域金融研究成果。所研究的领域涵盖了区域金融改革与发展、农村金融、耕地保护、普惠金融、中小企业融资与风险管理、临空经济金融、金融业务与经营、金融创新、金融市场、保险证券、金融监管等诸多方面，既涉及区域金融业改革发展问题，又涉及金融部门高效履职问题，体现了宏观分析与微观视野、课题研究与社会实践的有机结合。

《中原经济区金融发展研究》自2012年度开始系列出版以来，有效弥补了区域金融系统性研究的不足，并致力于为区域金融决策提供支持，具有较强的政策导向性。我们希望该书能为所有关心中原经济区发展，专注于中原经济区金融研究的学者、专家提供借鉴，同时能成为区域经济金融发展的一部重要参考文献。我们相信，经过持续、深入的研究，关于中原经济区金融发展的研究成果将更加丰硕，而伴随其成长起来的金融研究力量和形成的金融研究平台也将成为中原经济区金融发展的重要智力支撑。

在新的形势下，河南省人民银行系统及河南省金融学会的研究工作，要以党的十八届三中全会、中央经济工作会议、人民银行工作会议精神及金融领域其他相关政策为指导，围绕金融中心工作和区域金融改革与发展，突出"三大战略"实施及河南金融领域中迫切需要解决的重大现实问题，立足河南，面向全国，注重系统性、开拓性、创新性，及时反映金融领域的最新研究成果，更好地服务于科学决策。

此外，本书中课题成果的取得是各承担单位及课题组成员深入研究、创造性地开展工作的结果，伴随着经济金融领域的发展变化，相关研究成果难免会呈现出一定的局限性。我们期待更多有志之士加入探讨，不断完善研究成果，同时也期待这些成果能有效转化，指导实践。

中国人民银行郑州中心支行党委书记、行长

目　　录

我国新型城镇化中耕地保护问题研究

中国人民银行郑州中心支行课题组①

摘要： 我国实行全世界最严格的耕地保护制度，但城市化进程中耕地保护的效果却并不尽如人意，突出表现在违法用地屡禁不止，耕地数量持续减少，耕地质量趋于下降，耕地生态环境日益恶化，18亿亩耕地红线日益逼近。因此，在新型城镇化建设的背景下，深入反思我国耕地保护失灵的原因，提出符合中国实际的耕地保护新思路、新机制，切实实现在推进新型城镇化的同时，有效保护耕地，确保粮食安全、农业安全，无疑具有十分重要的理论意义和现实价值。

本文系统地定义了耕地保护的内涵，指出耕地保护除了数量和质量保护外，还包括利用保护和生态环境保护等四个方面内容。在深入分析的基础上，提出耕地保护的权利义务不对等，农村土地产权不清晰、社会管理方式滞后，农民工难以"离村进城"以及农业经营方式未现代化是当前我国"耕地保护失灵"的主要原因。进而初步提出了具有较强操作性和实用性的意见建议，包括分阶段、分层次建立有效的激励约束机制，以解决耕地保护权利义务不对等的问题；明确了农村土地产权的归属形式和农村社会管理方式改革的方向，以解决我国农村土地产权不清晰、社会管理方式滞后的问题；构建了一整套"引力—推力"机制，以解决农民工"两栖占地"问题；建立了农村集体建设用地入市机制，以解决城市土地利用效率不高的问题；提出了实现"农业现代化"的具体路径，以解决我国耕地利用效率不高的问题等。

关键词： 耕地保护　农村土地产权　农村社会管理　农民工进城　农业现代化

我国实行全世界最严格的耕地保护制度，但城市化进程中耕地保护的效果

---

① 课题主持人：金鹏辉；
课题组成员：尹清伟、高鹏、卫晓锋、蒋靖亚、李星伟。

却并不尽如人意，突出表现在违法用地屡禁不止，耕地数量持续减少，耕地质量趋于下降，耕地生态环境日益恶化，18 亿亩耕地红线日益逼近。因此，在新型城镇化建设的背景下，深入反思我国耕地保护失灵的原因，提出符合中国实际的耕地保护新思路、新机制，切实实现在推进新型城镇化的同时，有效保护耕地，确保粮食安全、农业安全，无疑具有十分重要的理论意义和现实价值。本文在深入分析我国"耕地保护失灵"四个方面原因的基础上，提出了完善我国耕地保护政策的具体路径。本文主要创新点：一是系统地定义了耕地保护的内涵，指出耕地保护除了数量和质量保护外，还包括利用保护和生态环境保护等四个方面的内容。二是提出耕地保护的权利义务不对等，农村土地产权不清晰、社会管理方式滞后，农民工难以"离村进城"以及农业经营方式未现代化是当前我国"耕地保护失灵"的主要原因。三是在深入分析我国"耕地保护失灵"的基础上，初步提出了具有较强操作性和实用性的意见建议，包括分阶段、分层次建立有效的激励约束机制，以解决耕地保护权利义务不对等的问题；明确了农村土地产权的归属形式和农村社会管理方式改革的方向，以解决我国农村土地产权不清晰、社会管理方式滞后的问题；构建了一整套"引力—推力"机制，以解决农民工"两栖占地"问题；建立了农村集体建设用地入市机制，以解决城市土地利用效率不高的问题；提出了实现"农业现代化"的具体路径，以解决我国耕地利用效率不高的问题等。

一、耕地保护概述

（一）耕地的概念

耕地作为人类最重要的资产、资源，具有自然、经济和社会三个层面的属性。基于研究方便，本文中对耕地的界定依据国家标准中对耕地的定义。我国2007 年颁布的国家标准《土地利用现状分类》①中把耕地定义为：耕地包括水田、水浇地和旱地，具体指种植农作物的土地，包括熟地，新开发、复垦、整理地，休闲地（含轮歇地、轮作地）；以种植农作物（含蔬菜）为主，间有零星果树、桑树或其他树木的土地；平均每年能保证收获一季的已垦滩地和海涂。耕地还包括南方宽小于 1.0 米，北方宽小于 2.0 米 的固定的沟、渠、路和地坎

---

① 中华人民共和国国家标准（GB/T 21010—2007），土地利用现状分类［S］，2007 - 08 - 10，这是我国土地利用现状分类第一次拥有了全国统一的国家标准。该标准仅采用一级和二级两个层次的分类体系，共分为 12 个一级类，56 个二级类，打破了原有的三大类（农用地、建设用地和未利用地）分类体系。原有的三大类分类体系带有浓厚的部门色彩，且土地利用的复杂性使得有些用地很难并入三大类中的任何一种。以后，在统计数据时如果需要三大类的数据，可通过对现有国家标准的土地利用现状分类的二级地类数据的归并获得。土地利用现状分类的国家标准体现了城乡一体化的原则，实现了土地"全覆盖"，便于今后对土地资源进行统一调查、统一登记和统一统计，掌握真实全面的土地资源数据。

（埂）；临时种植药材、草皮、花卉、苗木等的耕地，以及其他临时改变用途的耕地。

（二）耕地保护的含义

虽然国内学者关于耕地概念和内涵的认识没有太大的差异，但是关于"耕地保护"内涵的认识却存在不同和争议。从土地利用的角度来定义，耕地保护主要是耕地数量、质量和生态环境保护的统一；从经济学的角度来看，学者们在定义耕地保护时更注重的是代际公平、区域配置问题，强调耕地保护是一系列行动措施的总和。总的来看，我国学者对耕地保护内涵的研究主要集中在对耕地数量、质量、生态、时间、空间等方面的保护。国外耕地保护的目的除粮食安全外，同时注重土地景观生态的保护。

我们把耕地保护定义为：以确保粮食安全、协调经济发展对耕地需求矛盾、保护土地景观生态为目的，综合运用法律、行政、经济、技术等手段和措施，对耕地的数量、质量、利用以及生态环境进行的各种保护行为。关于耕地保护的主要内容，国内多数学者认为耕地保护的内涵主要为数量、质量、生态三个方面，本文认为应当将耕地的有效利用纳入耕地保护的范畴，耕地保护的内涵应包括数量保护、地力保护、利用效率保护和耕地环境保护四个方面。

二、我国耕地保护的现状及问题

（一）耕地数量持续减少

1996年底中国耕地数量为130 039千公顷，截至2011年底，耕地面积为121 650千公顷，净减少8 389千公顷（1.26亿亩），平均每年减少559.27千公顷（838.91万亩），累计净减少率为6.45%。其中2003年耕地净减少2 537.80千公顷，是15年来减少最多的年份，净减少率为2.02%（见图1）。

影响耕地数量变化的主要因素分为两方面，一方面是使耕地资源数量增加的因素；另一方面是使耕地资源数量减少的因素。

（二）耕地质量总体不高，且呈下降趋势

国土资源部、国家统计局与全国农业普查办公室《关于土地利用现状调查数据成果公报》显示，我国耕地分布不理想，总体质量较差。全国有66%的耕地分布在山地、丘陵、高原地区，平原、盆地及其他地区的耕地仅占34%。全国耕地多为坡耕地，坡度大于25度的耕地面积为607.15万公顷，占耕地面积的4.67%。按照国家有关规定，此类耕地应该有计划地逐步退耕还林、还草，改善生态环境。坡度在15~25度之间和8~15度之间的耕地面积分别为1 247万公顷和874万公顷，分别占耕地总面积的9.59%和6.72%，这部分耕地耕作条件差，产量低且不稳，又易造成水土流失。在全部耕地中，质量相对较好、基

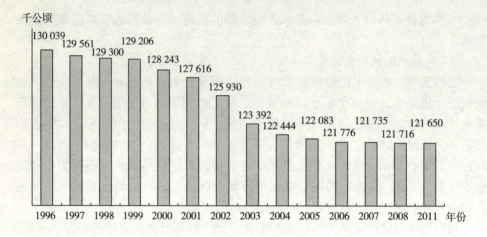

千公顷

资料来源：2011年中国国土资源统计年鉴及全国土地变更调查公告，2009年及2010年数据未公布。

图1　1996—2011年我国耕地面积变化情况图

本无限制、水源有保证或具备灌溉设施的耕地，包括水浇地、灌溉水田等，只占耕地总量的39%。

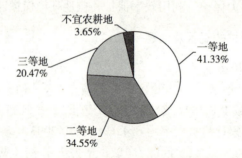

图2　我国耕地按质量等级划分情况图

若按质量等级笼统划分，一等地只占41.33%，二等地占34.55%，三等地占20.47%，不宜农耕的占3.65%。同时，近年来受多种因素综合影响，耕地整体质量呈不断下降趋势，近年来，虽然从数量上来看保住了18亿亩耕地的红线，但是耕地质量堪忧，有效灌溉面积大概只有8.7亿亩，并且这些灌溉设施老化失修现象严重，造成耕地质量不高，产量受限。

（三）耕地生态环境日益恶化

由于新中国成立后人口的快速膨胀、认识的偏差和某些政策方面的失误，盲目开垦耕地，出现过度垦殖与过度放牧。在南方，大于25度的陡坡山地被开垦为耕地，甚至石缝中的小块土地也被开垦来种植粮食作物。一些大江大河调蓄洪水的低洼地被开垦为耕地，湖泊被大面积围垦。在北方，过度放牧和将水源条件差的干旱半干旱地区的草场开垦为耕地，致使土地失去植被保护，任凭风沙肆虐，出现严重的水土流失、土地退化和荒漠化。耕地退化严重，基础生产力下降。荒漠化面积占国土面积的8%，全国有1.7亿人口，2 100万公顷农田受到荒漠化的危害。新增荒漠化面积有逐年扩大趋势。据统计，我国荒漠化国土面积已占国土面积的24.3%，退化草原面积每年以200万公顷的速度蔓延。其中，黄土高原水土流失严重区每年流失表土达1厘米以上，北方土石山区土层厚度不足30厘米的土地面积的比例高达77%，东北黑土区一些地方耕作层厚度由开垦初期的1米左右降到现在的不足20厘米，不少地方耕作层表土已流失殆尽，丧失了生产能力。在耕地中，质量较低的中下等地约占耕地总面积的69%，优质高产农田不断减少，低产低质农田不断增加，中低产田已占全国耕地总数的2/3以上。一些地区为了在量少质差的耕地上产出更大的经济效益，农民一般难以避免地复种，深耕，施用大量化肥、农药、生长调节剂，依靠地表水和地下水灌溉，这些办法虽然可以大大提高亩产量，但却极大地付出了环境代价，结果可能造成严重的环境恶化。

（四）耕地后备资源有限

尽管实行了耕地占补平衡，但受国土客观条件的限制，开发有限的后备土地资源来增加耕地数量越来越困难。2011年，根据国土资源部发布的数据，我国耕地后备资源仅有734.33万公顷，其中西部地区547.53万公顷，中部地区65.40万公顷，东部地区121.40万公顷（见图3）。

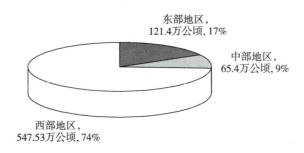

东部地区，
121.4万公顷，17%

中部地区，
65.4万公顷，9%

西部地区，
547.53万公顷，74%

图3　我国耕地后备资源东中西部分布情况图

中国西北部为干旱和半干旱地区，分别占全国的30.8%和19.2%，年降水量在400毫米以下，干燥度在1.5以上。其中半干旱地区，在无灌溉条件下，虽然还可以种植旱作物，但收成很不稳定，且容易引起风沙和土壤侵蚀，后备的耕地资源开发利用效益低，难度大。如果能够保证足够的投入，耕地补充量到2030年有望达到1.33亿亩左右。由于土地开发受生态环境保护和水资源的制约，未来的耕地补充，将以土地整理复垦为主要途径，所需投入也将越来越大。

三、城乡二元体制下我国耕地保护困境的原因分析

我国长期的"城乡二元结构"、"工农剪刀差"，耕地产权制度和农村经济社会管理严重滞后于城市、滞后于我国经济社会整体发展、滞后于农业现代化的发展要求，这些因素导致耕地保护主体的权利责任失衡，保护动力不强。在市场经济条件下，出于自身利益考量，非法占地、违法用地等各种现象大量出现，虽然中央三令五申，但是耕地非农化进程仍未得到有效而理想的控制，耕地保护效果不佳，对我国粮食安全和生态安全构成严重威胁。

（一）城乡二元结构下粗放城市发展模式，是造成耕地数量过度下降的直接原因

1. 城乡二元分离的城市化模式导致农民工"两栖占地"现象长期存在并不断加剧

城乡二元结构长期存在使进入城市的广大农民工被城市边缘化，农民工在城市定居所面临的住房、就业、子女教育、医疗等方面的制度性障碍，很难能够在城市立足。如果农民工选择改变户籍永久迁移，在目前土地制度下，就必然会失去在农村土地使用权，以及土地所提供的稳定保障。他们不愿放弃农村的耕地和宅基地，形成大量农民"既进不了城、也离不了村"的"两栖占地"的社会现实。这导致城市化不仅没有缓解耕地减少的压力，反而加剧了建设用地和耕地保护之间的矛盾。1997—2005 年，我国乡村人口减少了 9 633 万人，而农村居民点用地却增加了近 170 万亩。据国土资源部统计，2004 年农村居民点用地有 2.48 亿亩，占全国建设用地的 51%，人均居民点用地高达 229 平方米，是特大城市人均用地面积的 2~3 倍。

2. 城市发展片面强调产出效益总数，导致经济增长对土地要素过度依赖

国土资源部的统计数字表明，1990—2004 年，全国城镇建设用地面积由近 1.3 万平方公里扩大到近 3.4 万平方公里；同期，41 个特大城市主城区用地规模平均增长超过 50%；我国城市用地规模增长弹性系数（土地增长率与人口增长率之比）高达 2.28，而世界公认的合理的城市用地规模增长弹性系数为 1.12，土地资源丰富的美国仅为 1.6。这与我们目前片面强调产出效益总数的发展思路密不可分。由于只片面强调产出效益总数，土地作为生产要素的重要构成部分，就被过多用于扩张城市规模，促进产出效益的提高。

3. 地方政府直接参与和垄断土地一级市场，土地成为城市发展的"发动机"

地方政府通过垄断土地一级市场对土地掌握着实际的控制权，土地市场成为地方政府促进发展的"有力"工具，最近一轮的城市化基本上是靠土地推动的。突出表现在依靠土地的宽供应和高耗费来保障高投资，通过廉价土地来招

商引资推进工业化，依靠土地的抵押和融资来保证城市化推进，按农业产值的原用途补偿和经营性用途的招拍挂出让，给地方政府带来巨大的预算外收入，因此土地扮演着整个城市发展发动机的角色。2000—2011 年，综合地价的水平差不多涨了 297%，商业地价上涨了 309%，居住用地的价格上涨了 528%，而在此期间工业地价才上涨 71%。① 同时，政府基础设施投资主要也是依托于土地的抵押融资，以 2011 年为例，2011 年全国土地抵押的面积高达 420 万亩，抵押金额达到 4.8 万亿元。此外，为了加快城市建设和基础设施建设，地方政府预算外财政对土地出让收入的依赖越来越大。土地出让收入占地方政府财政收入的比重从 2001 年的 9.1% 提高到 2009 年的 30.8%。

（二）农村产权制度缺陷和社会管理滞后，是耕地难以有效保护利用的制度根源

目前，我国耕地产权制度仍存在巨大缺陷，表现为所有权主体不清，权利义务不明确，产权内容不完整，收益保障不力，处分受限，存在行政权力严重侵犯集体土地所有权的状况。此外，农村社会管理体制模糊不清，导致农业经济与农村社会管理一定程度上存在"经社不分"，导致集体经济长期承担的社会保障等功能难以分离。

1. 我国土地制度的"二元制"，导致集体土地产权未能得到平等保护

对不同市场主体的财产给予平等保护是市场经济的一条基本原则。虽然《物权法》明确规定，"国家实行社会主义市场经济，保障一切市场主体的平等法律地位"，"国家、集体、私人的物权和其他权利人的物权受法律保护，任何单位和个人不得侵犯"。这宣示了国有土地和农村集体土地的平等保护，但除此之外，有关法律法规对集体土地所有权的过度支配、干预和限制并没有去除，农村集体土地比国有土地"低人一等"的局面并未改变，使这种宣示性平等面对具体条文的不平等"相形见绌"。

2. 产权主体多元化，导致"乡、村、组"三级主体耕地保护的权责含混冲突

我国《宪法》、《物权法》、《土地管理法》等虽然都对农村土地产权主体做了相应规定，但并不统一，存在产权主体的"多元化"现象。规定了农地属于农民"集体所有"，包括三个层次，即村民小组农民集体、村民委员会农民集体和乡（镇）农民集体。然而，农民集体为何种民事主体，农民集体所有权依据何种民事规则得以确立，又依据何种规则行使此种所有权，却令人颇为困惑②；

---

① 该数据由国务院发展研究中心农村经济研究部的副部长刘守英于 2012 年提供。
② 胡吕银．论集体土地所有权的法律重构［A］．见孟勤国、黄莹编，中国物权法的理论探索［C］．武汉：武汉大学出版社，2004，178.

到底谁是集体，相关立法也没有明确指出。农村土地产权主体的多元化与多层级性实际导致产权主体的缺位，而产权主体的缺位又给非法转让侵占农民集体所有土地的行为提供了制度操作空间。

3. 耕地所有权权能残缺致使耕地难以得到平等保护、公平对待

我国法律法规对耕地集体所有权的过度支配、限制，造成农地所有权内容模糊、残缺，使农地集体所有制实质上成为一个空洞的概念。一是相关土地法规只规定了耕地所有权的归属，对于耕地所有权的内涵、法律形式、地位、界限、实现方式和保护手段等，也没有相应合理的规定，至于耕地所有权主体的经济地位、法律地位、财产地位以及其职能范围、行为方式等，更没有明确具体的规范。二是国家通过立法限制集体土地所有权，用以保障国家对于土地使用权出让的垄断地位以及由此产生的垄断利益（费安玲、田士永等，2007），国家实际上掌握着集体土地产权中最核心的土地处置权，取消了农民集体组织的处分权利，集体土地在某种程度上成了国有土地。

4. 土地承包经营权内容不完整，弱化了耕地保护能力，限制了耕地自由流转

一是土地承包经营权内容模糊，导致耕地流转中权利义务难以准确界定。一方面，对农民获得土地承包经营权的原权利规定缺失，仅仅指出农民依据集体成员身份取得，但这一身份的具体权利内容，法律并未明确。实践中造成土地承包经营权等同农民对集体土地所享有的权利，农民放弃承包权等同于放弃集体土地所有权相关利益。另一方面，对农民处分承包经营权（流转后）属于何种权利，实践中存在债权和物权的争议，这是土地流转过程中纠纷多发的重要因素。此外，耕地承包经营权流转抵押范围受限，阻碍了耕地资源和农民流动，弱化了耕地的财产属性。

5. 农村村民管理组织与集体经济组织的职责权限在法律上存在交叉重叠

村委会和村集体经济组织是我国农村两个最基本的社会组织。前者是农村群众的自治组织，后者是具有独立进行经济活动自主权的经济组织，两者之间并不存在隶属关系。但是，《村委会组织法》规定："村民委员会依照法律规定，管理本村属于村农民集体所有的土地和其他财产，引导村民合理利用自然资源，保护和改善生态环境。"据此，村委会在集体土地等资产管理方面，可取代村集体经济组织。此外，实践中，虽然绝大多数地方都成立了村集体经济组织，但是其功能虚化、弱化，村委会替代村集体经济组织的情况十分普遍。

6. 部分社会制度安排依附于耕地和集体经济组织，成为耕地市场化配置的阻碍

现行法律并未对农村的村民和集体经济组织成员的身份、权利作明确规定，

加之村民组织与集体经济组织界限不清，导致农村社会管理与经济经营交错混杂。随着国家对农村社会和公共服务建设投入加大，以农村集体经济发展、农村人口流动和利益分化，不同的村民和集体经济组织成员所享有利益存在不同。但是，由于立法缺失，实践中，多数农村以是否具有集体经济成员身份，甚至是否承包经营耕地为依据，确定社会权利供给，加之，我国农村社会保障水平仍较低，耕地所承载的社会保障功能尚未完全消退，造成农民对土地承包经营权流转顾虑重重，即使无耕种意愿和需要，也不愿流转，以防其他社会权利受损，这成为耕地适度流转和规模经营的阻碍。

（三）耕地保护的权利和义务失衡，导致各行为主体缺乏耕地保护动力

1. 中央政府"有管制、无激励"，难以有效激发耕地保护主体的积极性

中央政府既要保护耕地又要发展地方经济，提高人民生活水平，但这几个目标之间存在冲突，特别是中央政府对土地一级市场的行政控制与耕地保护相冲突，导致全国层面的耕地保护缺乏有效的统一规划，加之耕地保护框架未纳入外部性，对保护主体的激励和约束不相容，中央政府对地方政府、农民等的耕地保护行为缺乏有效监督，致使中央有些政策措施不仅没有纠正耕地保护中的市场失灵，反而更加扭曲了市场，进一步产生耕地保护的政府失灵，耕地保护相关主体在城市化进程中的违规行为普遍存在。仅 1999—2012 年查处的当年立案的土地违法案件就达 147 余万件，涉及耕地面积 57 多万公顷，平均每年立案的土地案件 11 余万件，平均每年减少耕地面积 4 万多公顷，且 1999—2007 年各年立案案件涉及的耕地面积总量呈上升趋势，虽然 2008 年以后，土地违法案件总量和涉及的耕地面积呈下降趋势，但仍然十分严重。

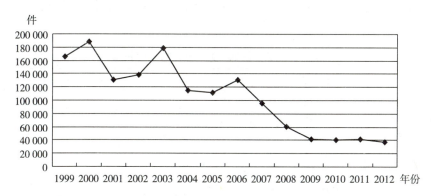

图 4　1999—2012 年查处立案的土地违法案件件数图

2. 地方政府"有责任、无动力"，GDP 导向下耕地"农转非"是必然结果

地方政府在耕地保护中的权利义务不对等，耕地保护的绩效没有直接与其

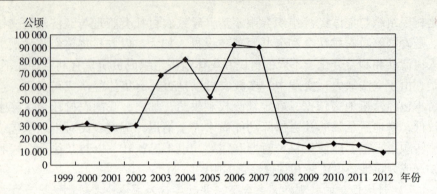

图5   1999—2012年土地违法案涉及耕地面积图

享有的权利及政绩考核相挂钩。在耕地数量保护上，地方政府对基本农田的划定与保护情况没有与地方政府享有的农用地转用指标量对等；在耕地质量保护上，中低产田的改良及土地整理、复垦、开发数量完成与否不影响其享有新增建设用地的土地有偿使用费；对于超额完成耕地保护任务的地方政府也无法享受到额外的补偿和奖励或政治加分。由于耕地保护的高成本、低收益和现行激励约束机制的不完善，地方政府更多地注重通过发展本地经济、提升财政收入水平，增加自身在职务升迁、表彰奖励等方面的收益，凭借手中的供地"垄断权"违法用地，非法对外转让土地、非法批地、非法占地以及破坏耕地等，在耕地保护方面出现了一系列"逆向行为"。

当前地方政府已逐渐成为土地违法主体，1999—2008年及2010年国土资源部立案查处的土地违法案件中，地方政府（包括省、市、县、乡）违法的土地案件共计37万件，占11年立案总数的2.75%，共涉及耕地面积3.5万公顷，占11年所立案件涉及耕地面积总数的6.68%。

表1   地方政府保护耕地行为的成本收益分析表

地方政府保护耕地的成本	地方政府保护耕地的收益
1. 由于耕地保护的困难性，地方政府执行中央政府耕地保护政策需要付出的大量人财物成本； 2. 因保护耕地而损失的土地非农化出让收益，以及因失去这笔收益而错失用此收益可能建立的地方发展政绩； 3. 因保护耕地，地方政府将其财政收入更多配置给耕地数量保护与质量提高，导致对当地其他非农产业的配置投入减少，进而阻隔各产业发展； 4. 由于耕地保护的公共物品属性，地方政府并不能全额独自享有其保护耕地带来的长期收益。	1. 因保护耕地而受到来自中央政府的表扬和奖励等； 2. 分享耕地保护带来的长远收益，包括耕地的可持续利用、粮食安全等； 3. 通过保护耕地而带动当地农业生产的进一步发展，增加农民收入； 4. 当地耕地生态景观等通过耕地保护而得以保持和发展； 5. 耕地保护给地方政府带来的其他收益。

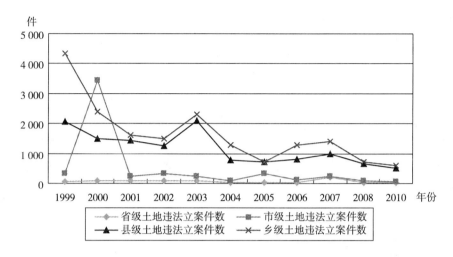

图6　1999—2010 年地方政府土地违法立案件数图

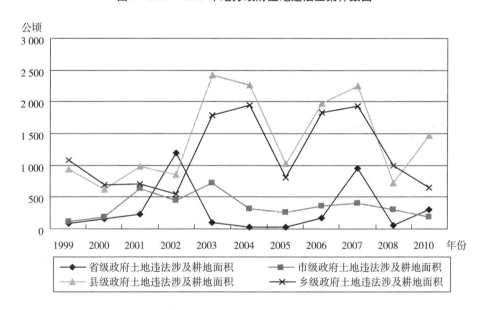

图7　1999—2010 年地方政府土地违法涉及耕地面积图

3. 农民及农村经济组织"无责任、无动力",产生个体与集体理性冲突

农民及农村集体组织虽然有保护耕地的义务,但在法律层面上并不是耕地保护的责任主体,实践中他们也没有把自己作为保护主体,缺少保护耕地的实际行动。同时没有赋予农民相关的权利,尤其农民在征地过程中没有参与权和监督权,农民不能作为独立的市场主体讨价还价,也很难对地方政府与村集体

组织的违法用地行为进行监督，他们最关心的是影响自己经济收益的问题，只要土地补偿费足够，大多数农民将接受土地征收，不会考虑耕地保护问题。

当前的法律法规对农村集体组织权责的规定太过笼统，对其耕地保护的责任仅限在"义务"与"鼓励"上，无法督促其监督农民，也无法激发其保护耕地的积极性，随着城市化进程的加快，许多农村集体组织受农地非农利用巨大经济利益的诱惑，产生很多违法用地的行为，给耕地保护带来严重威胁。1999—2010 年，国土资源部立案查处的农村集体组织的土地违法案件共 7.9 万件，共涉及耕地面积 3.1 万公顷；平均每年 6 612 件，每年涉及耕地面积 2 568.4公顷。

（四）农业经营方式滞后于现代农业的发展要求，导致耕地利用效率在低水平徘徊

1. 一家一户分散经营抑制了先进农业生产力应用和农业适度规模经营

当前，我国农业生产仍是停留在一家一户的、分散的小规模经营占主导地位的经营模式，现代农业生产技术，特别是农业高新技术难以充分推广应用，与发达农业大国相比存在显著差距，家庭承包制下农户分散经营的缺陷也日渐显露。

2. 传统农民"世代耕作"难以适应现代农业专业化、职业化的要求

我国农业经营仍主要依赖几千年来农民世代传承的耕作方式，难以适应农业现代化要求农业主体应不断专业化、职业化、组织化、社会化的要求。随着农民对土地的农业经营利益依赖不断降低，"耕种副业化"、"有地不愿耕"、"农民老龄化"、"弃耕抛荒"等问题日益突出，以出身确定的"世代农耕"制度正在逐渐动摇，但有利于农业经营主体向专业化、职业化方向发展的制度机制还没有真正建立起来。

3. "统分结合"的农业经营体制中"统"的制度红利尚未有效释放

以家庭联产承包为主的责任制和统分结合的双层经营体制，总体上适应我国农业特点和生产力发展水平。但长期以来主要发挥了"分"制度作用，在"统"的层面上进展不大，农业经营未能随生产力发展走向适度规模化。邓小平1990 年提出，中国社会主义农业的改革和发展，从长远的观点看，要有两个飞跃。第一个飞跃，是废除人民公社，实行家庭联产承包责任制，这是一个很大的前进，要长期坚持不变。第二个飞跃，是适应科学种田和生产社会化的需要，发展适度规模经营。因此，如何把农村基本经营制度中"统"的制度红利释放出来，是破解我国农业现代化难题的关键。

四、新型城镇化中我国耕地保护政策的构想

我们认为，第一，围绕"地权平等"改革健全耕地产权制度，稳固耕地保护的法律根基；第二，围绕"以人为核心"推进城镇化，解决城乡二元结构"两栖占地"问题；第三，围绕"集约用地"，进一步改革完善我国城市土地管理和利用体制；第四，围绕"利益平衡"建立耕地保护外部性补偿机制，调动各方保护积极性；第五，围绕"农业现代化"着力推动耕地适度规模经营，提升耕地利用质量。

（一）围绕"以人为核心"推进城镇化，解决城乡二元结构"两栖占地"问题

1. 让农民真正"离村进城"，是破解城镇化中"两栖占地"和过度占地的核心

在城镇化过程中，只有让农民真正进入城市、融入城市，完全退出农村，解决"两栖占地"问题，将大量的农村居民点用地复垦为耕地，有效增加耕地面积，实现以城镇化缓解工业化占用耕地的目的。这既是保障国家粮食安全的现实选择，也有助于缓解城镇化对耕地保护施加的巨大压力。因此，农民"离村进城"应包含两层含义，一是农民工真正融入城市，享受与城市居民同等的公共服务和福利待遇；二是农民工真正退出农村，放弃其在农村的土地承包经营权和建设用地使用权。

2. 构建"引力—推力"机制，通过合理"城乡利益置换"激励农民"离村进城"

解决农民"离村"和"进城"问题的实质，是通过给予农民适当的城市利益，让其放弃农村的利益，即合理的"城乡利益置换"。因此，首先应厘清所置换的主要利益（具体见表2）。总的来看，利益置换的核心要素是农村的集体经济组织成员权、土地承包经营权、宅基地使用权，城市的住房，适当的城市社保补偿、子女就学等，当然非经济因素也是需要合理解决的。也就是说，以城市稳定就业为前提，通过在城市给予农民适当的居住条件、养老、医疗等社保补偿激励，解决子女就学等，形成吸引农民进城的"引力"；同时，附加必要的"推力"条件，要求农民在获得相应城市利益，以放弃农民身份、退出集体经济组织、放弃土地财产权益、退出宅基地等为条件，形成让农民感觉"利大于弊"的合理利益置换，由农民自愿判断、选择放弃农村利益进入城市。

表 2　　　　农民"离村进城"中"城乡利益置换"中涉及的主要利益表

类别	经济利益	非经济利益
农村	1. 农民集体经济组织成员权（对集体所有土地等的财产权益）、土地承包经营权 2. 宅基地使用权（包括自有房屋） 3. 农村社会保障（养老、医疗、低保等）	主要是乡土乡情难以割舍、叶落归根的担忧（坟茔）
城市	1. 住房 2. 社会保障（养老、医疗、低保等） 3. 子女就学	适应城市生活方式、文明习俗

注：①不含就业利益，因为当前农民进城的基础是在城市有稳定可靠能支撑生活的就业。

②短期看，农村与城市的社会保障水平差异将长期存在，因此，存在利益置换。

③总的来看，利益置换的核心要素是农村的集体经济组织成员权、土地承包经营权、宅基地使用权，城市的住房以及适当的城市社保补偿、子女就学。但是，由于对进城的不安全感，进一步加强了非经济因素的担忧。

3. 农民进城是一个长期过程，应着眼长远、分步骤、分阶段稳步有序推进

从发达国家城市化发展的历程看，农民进城是一个长期的过程。近年来，我国重庆、成都和嘉兴的退地实践，也表明了农村土地制度改革的复杂性和艰巨性，很难一步到位地解决城镇化进程中农村土地问题。例如，美国不存在我们国家的城乡二元体制，其农民退出农村、进入城市的进程从 1840 年开始到 1970 年结束，跨度超过 120 年。因此，我国农民市民化必然也是一个长期过程，以尊重农民意愿为出发点，按照"分类管理、分阶段推进"的渐进性原则，中近期（10~20 年内），应主要发挥"引力"作用，给予充分的城市利益，吸引农民进城，同时，适当要求其放弃部分农村利益（比如土地承包经营权），考虑我国特有的故土难舍和叶落归根的乡土情结，对宅基地可先于保留；中远期（10~20 年后），农民在城市已稳定生活后，应重点发挥"推力"作用，鼓励农民放弃仍在农村享有的利益，特别是经过一代人的时间，故土观念在下一代可能已淡化，因此，应重点推进宅基地退出机制，通过建立全国统一的土地、房产市场，征收房产税（随时间增加税率），逐步提升其农村住房持有成本，或者进行农村集中立体化居住改造等方式，促使进城农民放弃宅基地。

4. 必须始终尊重农民意愿，并加强对城市吸纳农民进城的激励约束

尊重农民的意愿，为那些愿意退出农业并有能力在城镇长期就业的农民创造更好的生活和工作条件；同时，构建农地集约化生产的现代农业，让难以转业或不愿意转业的农民，有选择继续务农并获得稳定收入的机会。此外，将城市吸纳农民工定居的数量和为其提供的公共服务质量，作为城市建设考核的核

心指标之一。让 2010 年《国务院关于印发全国主体功能区规划的通知》"人地挂钩"政策落地，提升城市接纳农民积极性。

5. 农民"离村进城"中"城乡利益置换"的方式选择和差别化激励

表3　　　　　农民"离村进城"中"城乡利益置换"的方式选择表

离村进城的类别	农村利益	城市利益	保护耕地的效果	解析	方式选择
完全型：身份已转为市民	退耕地退宅基地	可置换住房（免费或极低价格），给予社保（医保、养老）补偿、与城市同等的子女就学机会	退出了农民集体和耕地承包经营权，促进了耕地规模化经营；退出宅基地，增加了耕地复垦资源，解决了"两栖占地"	因完全退出农村，应最大限度给予各种置换利益，尤其在住房方面	应为农民"离村进城"的标准方式和最终目标。中近期，鼓励农民选择此方式；中远期，努力实现
	退耕地不退宅基地	可低价购买城市住房，给予社保（医保、养老）补贴、解决就学	退出了农民集体和耕地承包经营权，促进了耕地规模化经营；但没有退出宅基地，未增加耕地复垦资源，未解决"两栖占地"	因其并未放弃农村宅基地，住房补偿条件不应过于优厚	应为中近期农民"离村进城"的主要选择方式；远期，以"压力"机制促使农民退出宅基地
过渡型：身份仍为农民	不退耕地不退宅基地	可给予廉租房，但并不额外给予社保（医保、养老）补贴、解决子女就学	未退出农民集体和耕地承包经营权，但由于进城可促进耕地流转，能短期促进耕地规模化经营；但没有退出宅基地，未增加耕地复垦资源，未解决"两栖占地"	这主要是让农民先进入城市，特别是让其家庭进入城市，逐步使其强化"离村进城"意识	应为当前解决农民进城的过渡期的必要安排，培育农民进城意愿，并向前述完全型转变，实现"离村进城"
	不退耕地退宅基地	可给予城市购买住房以适当补贴，并解决子女就学	未退出农民集体和耕地承包经营权，但由于进城可促进耕地流转，能短期促进耕地规模化经营；退出了宅基地，增加了耕地复垦资源，解决了"两栖占地"。但是，由于其仍保留农民身份，仍是农民集体成员，因此，存在不稳定性，有可能返回农村	此方式可能造成既有农民身份，又有市民待遇，因此，应把握好激励的尺度，否则如果长期不退出耕地，容易造成新的不公平	中近期可以鼓励此方式，让其在城市不断安定下来，但是不应给予城市户籍所有待遇。否则将违背农村基本经济制度，造成双重身份，致使大家都希望进城同时不放弃农民身份，扰乱农民进城的整体规划

说明：1. 本文认为户籍制度改革的关键，在于对不同户籍公民提供同样的公共服务，以及解除农民进入城市的户籍限制。在农村集体经济组织成员权，即农民身份的确定仍依赖农业户口为法律证明的情况下，完全取消农业户籍与城市户籍的区别，将可能造成城市户籍向农业户籍转移不可控的风险。因此，本文并不认为当前应取消农业户籍与非农业户籍的区别，但是应推动其他方面改革，为最终取消差别做准备。

2. 农民进城中，可以考虑家庭中的老、中、少区分对待，可以考虑中、少进城，保留老人农民身份，这样既安抚了农民进城的不安心理顾虑，同时，考虑到城市化的长期性，随着时间的推移，老人去世后自然退出农民集体。

综上所述，中近期，重点应以农民在城市有稳定就业并组织维持生活基础上，围绕农民退出农民身份和耕地，而保留宅基地，进行城乡利益置换，让农民进城，实现促进农业规模化经营的耕地保护目标；中远期，通过农村宅基地改造和提高房屋持有成本，鼓励农民退出宅基地和立体化居住，彻底解决"两栖占地"。总而言之，城乡利益置换的核心为农民集体经济组织成员权（耕地承包经营权）退出补偿与宅基地（房屋）退出补偿问题。

6. 农民"离村进城"耕地和宅基地退出的"城乡利益置换"措施

农民退出集体经济组织、放弃耕地的利益置换设计为：农户家庭中超过法定劳动年龄的人口和未达到法定劳动年龄的未成年子女，按照当地城镇居民最低生活保障线标准，逐年发放补贴；对于劳动适龄人口，按照当地城镇在岗职工标准，依据工作年限（包括务农与务工时间），以一定比例折算为一定数额的养老金计入城镇职工养老保险序列，如果不愿意接受上述方式的，或者已经参加城镇职工养老保险的，可以根据耕地的面积与质量，以现金的方式予以补偿，成为他们在城镇工作的生活补贴。补偿的标准不应以土地流转收益来计算，应该根据土地未来预期收益的折现来衡量。此外，对于已经退地的所有农民都应享受当地城镇居民基本医疗保障的同等待遇。

对宅基地利益置换设计为：愿意退出宅基地的，如果是就近转业的农民工，可以探索以宅基地置换城镇住房的方式进行补偿；如果是跨区域异地转业的，首先应明确，当地有为在本地就业农民提供进城城市支持的义务，此外可通过"人地挂钩"、"地地挂钩"、农地发展权，以及中央财政向人口流入省份安置农民工适度补偿等，来补偿当地为农民进城所增加的部分支出，提高其积极性。

7. 以房产税等经济手段"推力"，通过全国统一房产管理促进宅基地有序退出

随着我国经济社会发展，家庭拥有多套住宅将愈加普遍，如果强制农民退出宅基地，无疑成为对农民群体的又一次不公平对待。由于乡土情结，农民对土地的经济依赖随着我国经济社会发展会大大降低，但对宅基地"老家"的"根"的依赖降低会是一个长期过程，并且由于我国特有的儒家传统文化，农村宅基地的退出更是一个长期的、艰巨的、复杂的过程。因此，宅基地退出，应充分考虑我国特有的文化、农民的意愿、社会发展，充分尊重农民自主权，通过经济手段、柔性促使其稳步推出，坚决不应当采取"一刀切"的行政手段。笔者认为，宅基地退出必须与全国房地产统一的管理结合起来，通过全国统一的房地产市场管理来实现。从中长期来看，要改变宅基地无偿使用的分配属性，建立宅基地有偿使用制度（对于在仅在农村有住房的可以免征或减征，要结合城市房地产管理，公平处理），特别是对于在城镇有稳定住所的农民工，可以在

未来全国范围内，开征房产税的背景下，通过对其农村宅基地房屋征收房产税，增加其农村宅基地保有环节的税费负担，使其持有宅基地的成本高于收益，促使其退出宅基地。此外，房产税不仅考虑房产价值，对于城市和农村兼有住房的，要考虑住房占用土地面积的情况，提高税负，当然可以设置一定阶段的免征、减征期作为过渡，循序渐进地增加持有成本。在增加持有成本的同时，待城市化发展到一定程度后，有必要对农村居住进行适度集中改造，对于已进入城市脱离农业的，要求其立体化居住，否则，大幅增加其平面宅基地的持有成本。

8. 围绕推动农业规模化经营，促进农民进城后的耕地有序退出

对"完全型离村进城"，农民自动失去村民权和集体组织成员权，完全融入城市，耕地进行退出处理，应分两种情况予以考虑。第一，当该耕地土地承包期已经到期时，该农民工所承包的耕地应无条件被其原来所属的集体经济组织收回。第二，当农民工所耕种土地的承包期尚未到期时，可以选择，①退回其承包期限尚未到期的耕地，将土地使用权的全部权能退给土地所有权，这种行为有利于农村土地的规模化经营，因此建议农民工流出地方政府设立投入专项资金对此种行为予以经济鼓励，资金来源既可以是地方政府土地增值收益的分成，也可以来自耕地保护基金、土地发展权、土地保持权收入等，补偿金额由该地作为耕地的市场价值决定；②农民工可以选择将该耕地流转给他人，待承包期限到期后，再无条件被集体经济组织收回；③农民工也可以选择继续耕种此处耕地，但同样，当承包期限到期时，不能再继续承包，应无条件被收回。对于"过渡型离村进城"，由于本质上还是农民身份，仍为集体经济组织成员，享有包括土地承包经营权在内的所有农村权益，因此，其耕地主要是基于农民自愿的土地市场化流转配置，此时主要是让农民先进城，逐步融入城市、稳定生活、淡化乡情，培育和强化其最终决定进城的意愿。

（二）围绕"集约用地"，进一步改革完善我国城市土地管理和利用体制

1. 政府退出经营性用地供给，以集体土地直接入市建立城乡统一的土地市场

通过集体土地直接入市为突破口，建立城乡统一的土地市场制度，实现城乡土地产权的对等和城乡土地市场的对接。在符合国家城乡建设规划、土地用途管理、耕地占补平衡等制度前提下，充分发挥市场对土地配置的基础性作用，经营性用地由耕地所有权主体农民集体经济组织，与开发商直接谈判进行市场化交易；公益性用地由农民集体经济组织与政府有关部门直接谈判以市场价格为基础进行补偿，政府不再参与土地收益的直接分配，而主要通过土地增值税、农地发展权等形式间接分享有关收益，政府对土地一级市场的宏观调控不再采

取征收后再出让等具体行政审批项目用地的形式，而通过税收经济杠杆、法律、规划等手段来实施。其本质是城乡土地市场的有机统一，其核心是在国家宏观调控下市场对土地资源的配置起决定性作用。

2. 集体土地直接入市交易规则的初步设计

第一，利用现代网络信息技术建立土地利用信用体系，进入土地流转市场的土地对于进入市场的供求双方，按信用等级进行交易前资格审查。第二，对于进入市场交易的，必须符合土地利用规划，对未被列入建设用地规划的农地、耕地一律禁止交易。第三，交易方式可以多种多样，拍卖、入股等均可。第四，集体土地交易前必须经村民同意按照民主决策同意。第五，对于土地交易价格，可通过土地评估机构给出的土地价格应该是一个区间价格，由土地供求双方具体协商。第六，地方政府负责服务和监督，为防止集体财产流失，可以设定最低交易价格。第七，通过建立交易信息管理、发布平台等将土地市场的交易状况透明化。

3. 坚持发展集中型城市，提高城市土地利用效率

相较于小城市，大城市更有利于集约和节约使用土地、保护耕地。以日本为例，东京、名古屋和阪神三大都市圈土地面积仅占全国土地面积的10%，但集中了近60%的人口、55%的工业生产、70%的商品批发和72%的大学生，这种集中型的发展战略极大提高了日本土地的利用效率，对缓和日本国内土地资源短缺的矛盾产生了非常明显的效果。目前我国的大城市与世界相继形成的美加五大湖大都市群、日本大东京都市群相比，人口密度仅相当于50%。① 因此，在城乡一体化、新型城镇化过程中，要注意发挥城市群、都市圈引领带动的核心作用，防止小城镇遍地开花的乱象发生，造成新的土地浪费。

（三）围绕"地权平等"改革健全耕地产权制度，稳固耕地保护的法律根基

不论是实现城乡一体化，还是建立城乡统一市场，在土地领域，其前提都必须是在城乡地权平等的基础上明晰产权，这是在市场经济条件下保护耕地必需的法律根基。此外，促进村民自治组织和农村集体经济组织"政经分离，社经分离"，是进一步推进耕地市场化配置的重要条件，也是农村社会发展的现实要求。

1. 贯彻平等原则强化耕地所有权，确保农地与城市用地市场地位平等

把《物权法》的物权平等保护原则落到实处，赋予耕地所有权以完整的权能，让集体土地所有权享有与国有土地所有权同等的权能与权益。在进一步明确耕地所有权主体对耕地的占有、使用权的基础上，重点赋予耕地所有权的收

---

① 参见蔡继明在2013年9月9日召开的"新型城镇化带来的十大商机解读峰会"上的讲话。

益权和处分权，特别是集体土地直接进入建设用地市场的处分权。

2. 坚持集体方向明确耕地产权主体，准确界定乡、村、组三级保护责任

根据民法"一物一权"原则，废除乡、村、小组"三级所有"的产权体制，明确耕地产权为唯一的确定范围内的农民集体。其中，乡镇集体经济组织拥有农地的情况已不多见，乡镇政府存在耕地保护和开发的自我利益冲突；而农村地区村民小组大多结构松散，无独立活动能力，因此，我们认为应把村农民集体确定为所有权主体的常态主体，同时保留组农民集体作为一种补充。让乡镇政府专门履行国家赋予其的耕地管理和保护职责，避免其直接参与和干预土地市场，陷入利益选择的纠结中。

3. 完善集体经济组织成员权，明晰农民对耕地所有权的财产权利

要实现每一集体成员对集体耕地所有权的具体权利，从《物权法》定义来讲，就必须明确集体土地成员权。根据《土地承包法》、《物权法》，可定义集体经济组织成员权为集体经济组织成员依照法律和章程的规定对集体经济组织的享有的利益和承担的义务，并以法律形式把集体耕地所有权的成员全体，依法按照平等民主、多数决议的原则，把对集体耕地、福利设施、公有设施使用、获得集体福利资助等财产占有、使用、收益、处分权利明确规定下来。明确了成员权，则不论土地承包经营权是否存在、流转，均不影响身份的得失，其仍可依据身份享有对集体经济组织包括耕地在内的所有利益的分享权。这就解决了放弃承包经营权等同于放弃土地所有权相关权利的问题，强化集体耕地财产属性，消除了农民个体和集体对土地承包经营权流转的重重顾虑。

4. 以成员权区分村民权，"经归经、社归社"，重构农村社会和经济管理结构

明确了集体经济组织成员权，可以解决实践中的脱离集体经济组织是否脱离村民组织、成为村民是否就自然成为集体经济组织成员的政策纠结和现实矛盾，可以从法律上进一步厘清集体经济组织与村民自治组织的边界。应进一步从法律和制度层面对成员权和村民权的关系作出更为清晰的规定，明确村委会承担社区公共服务功能，依法代理国家做好农民的社会保障、基础性公共服务等，剥离其在农村集体资产经营管理方面的功能，使之成为单纯的村民自治组织，其所需经费由公共财政和集体经济收益支付；村集体资产经营管理职能则由村集体经济组织全权负责，引导集体经济组织建立科学、规范、民主的实体组织（并不排除两组织在人员构成上一定比例的重合），发展壮大农村集体经济组织，为农业现代化、耕地保护提供强大的基层组织保障。

5. 赋予完整处分权完善耕地承包权，增强自主经营促进耕地流转和规模经营

修订完善土地法规，从法律上尽快打破耕地承包经营权的主要局限于本集体经济组织的成员的规定，给予农民完整的土地承包经营权。同时，从法律上明确流转的权利为在土地承包经营权本身（不超过原承包期限），即仍为用益物权，而非经营权。确立耕地承包经营权的有限继承权。从稳定承包关系和经营预期来看，在承包期内即使户内人口减少，也应保持承包稳定，即可有限继承。如果为原承包权，则应为本集体经济组织成员；流转后的承包经营权，则必须是农业经营者。

6. 推动耕地全面登记、确权和信息公示，促进耕地保护政策刚性落实

建立城乡统一的土地登记制度，这不仅有利于保护农民利益，也能实现国家对土地用途的管制。加快推进农村集体土地所有权、土地承包权的确权登记，"明晰产权"、"勘界发证"。实施耕地信息全面动态公开，维护交易安全，便利公众监督。

（四）围绕利益平衡建立耕地保护外部性补偿机制，调动保护积极性

改变过去层层分解下达行政命令的保护方式，在强调耕地保护责任的同时，明确其享有的与保护责任相对等的权利，统筹考虑各方利益诉求，采取能够激发其主动性的激励措施，引导其通过保护耕地实现自身利益。

1. 将外部性纳入耕地保护的整体框架，以经济激励调动保护积极性

基于"保护者得补偿，受益者付费"的原则，将耕地保护的外部效益纳入耕地非农化成本核算体系，纳入到耕地利用和保护主体收益之中，显化耕地利用和保护的生态社会效益，运用耕地保持权奖励和耕地发展权购买等政策手段实行耕地保护外部性的内部化，构建耕地保护经济补偿机制，抑制耕地非农化趋势，激励耕地生态社会效益这种"公共物品"的足额提供。

2. 周密开展耕地分等定级工作，明确界定耕地保护区类型

建立"数量、质量、生态"三位一体的耕地分级评分系统，参照国土资源主体功能区划分，改变灌溉水田、望天田、水浇地等模糊标准，将耕地划分为永久保护区、规划期内保护区、动态平衡保护区三种保护类型，明确各类型保护区的责任和保护期限，不得擅自突破。

3. 创设耕地保持权补贴，激励引导保持耕地用途不变

在不同保护类型的基础上，对处于保护期的耕地，应用耕地保持权予以补偿。当前，政府应对耕地保持权的补贴主要表现在为耕地保护区提供道路、教育、医疗卫生等基本公共服务和农田水利基础设施的建设，确保耕地保护区居民保持一定的生活水平，能够安心种粮。当新型城镇化达到较高水平后，在稳定增加耕地保护区公共服务、基础设施投入的同时，通过采用耕地保持权换养老金等方式，对农民进行补贴。

4. 创设耕地发展权购买，以利益平衡为基础构建区域耕地占补平衡机制

综合考虑耕地资源禀赋和经济发展水平差异，对耕地保护区各级地方政府试行耕地保护资金的财政转移直补，经济发达地区用市场化手段购买耕地保护地区的"耕地发展权"，对耕地保护重点区进行补偿，实现"宜农则农、宜城则城"，促进土地资源的优化配置，减少或消除地方政府违法占地冲动。

5. 建立耕地保持权、发展权补偿资金的筹集和分配机制

循序渐进地建立包括新增建设用地有偿使用费、土地出让金、政府财政、耕地生态社会效益税在内的多元化资金渠道。第一阶段，将新增建设用地有偿使用费和缴入市县的土地出让金作为主要部分，不足部分可由财政资金补足。第二阶段，本着"谁受益，谁补偿"的原则，以耕地生态社会效益税的形式予以征收，但保持较低税率，不足部分仍以土地收益、政府财政资金等作为来源。第三阶段，建立完善的"耕地生态社会效益使用税"制度，用于补偿耕地生态社会效益的生产者，维持生态社会产品的再生产。

6. 把土地当量作为评价依据，构建区域互动的占补平衡制度

建立以城市土地使用效率和耕地产出为核心的综合指标体系，把各类具有不同粮食生产能力的耕地基于某一产出标准折算为标准当量，以对不同位置、自然条件和生产能力的土地进行统一计量、核算、评估和交易，从保证耕地数量转向保证以产量加权的土地当量。以此为基础，构建区域性土地当量交易市场，同一功能区内各省市区县可以确定计划年份各年增减的土地当量，由各省级行政区汇总审核，完成初始定价后可以进行区域间以购买耕地发展权的方式进行市场交易。

7. 完善地方政府、农民集体和农户耕地保护的权利和责任体系

首先，采用行政与利益机制双管齐下的方法，对地方政府实施差异化的政绩考核标准，对耕地保护重点地区主要考核其耕地保护效果。其次，将农户和农村集体经济组织纳入耕地保护主体范围，赋予农民完整的土地权利，通过耕地保持权、发展权让其分享耕地用途转变后的增值收益，发挥农民监督地方政府、用地单位违法、违规行为的作用。对农村集体组织保护耕地的行为通过耕地保持权予以激励，通过耕地发展权让其分享耕地用途转变后的增值收益。

（五）围绕"农业现代化"着力推动耕地适度规模经营，提升耕地利用质量

1. 坚持农地农用，建立全国统一的耕地承包经营权流转市场

首先，加快完善农村社会保障制度，消除农民对耕地流转的后顾之忧。其次，坚持严格的耕地用途管制，积极培育土地流转市场，完善中介服务机构，建立耕地使用权评估、交易、登记、信息公示等市场体系，积极培育市场化运作的农村土地流转中介服务组织，解决土地供需双方因不能及时沟通而使流转

受阻的矛盾；制定专门的土地承包经营权流转法律法规，对土地承包经营权流转进行专门规范。初期可以设定审批程序，限定流转标的、流转范围等，待机制成熟时，再逐步放开管理，并最终实现市场化运作。

2. 坚持家庭经营，以专业化、职业化促进农业经营主体升级

农业主要由家庭经营是各国农业发展历史的选择。家庭经营要实现现代化，加强适应现代农业生产的新型专业农户的培养，促进传统农民向专业化、职业化农民、农业工人、组织等新型经营主体转变。应把加快农村粮食等各种种植专业户人力资源的投资开发，作为确保我国粮食安全的一项重要战略措施。首先，充分利用提升现有的农业劳动力的潜在生产能力，使他们成为农业的主力军和动力源。其次，探索建立农业从业人员与生产组织准入制度，使耕地由"想种田、会种田"主体经营。

3. 坚持适度规模，因地制宜地推动农业耕作现代化

受到土地状况等多重因素制约或影响，规模经营不能搞"一刀切"，不是越大越好，不能搞大跃进。以日本为例，其农地户均规模仅为 23 亩。应大力支持家庭经营发展并促进其现代化，同时支持专业大户、家庭农场、农民专业合作社、村镇集体经济等规模经营主体的发展。坚持土地适度规模和农业适度规模相适应，实现各生产要素有机结合。由于我国大多数地方农业生产的地块分散、种植品种不同、产业集中度不高的情况将长期存在，应通过发展各类为农业产前、产中、产后服务的新兴行业和专业机构，实现农业服务的规模化经营。此外，要大力提高农业生产的科学技术含量。

参考文献

［1］陆铭. 大城市人口还有增长空间［J］. 中国改革，2013（3），68 - 71.

［2］刘守英. 走出城镇化误区［J］. 中国改革，2013（8），39 - 41.

［3］高艳梅，汤惠君，陈玲. 省域耕地保护价值补偿研究——以广东省广州市和茂名市为例［J］. 安徽农业科学，2013，41（11）.

［4］方斌，王波，王庆日. 省域耕地易地补偿经济补偿的理论框架与价值量化探讨［J］. 中国土地科学，2012，26（8）.

［5］俞艳，何建华，刘耀林. 耕地保护绩效评价的情景模拟方法［J］. 武汉大学学报（信息科学版），2013（2）.

［6］靳相木，杜茎深. 耕地保护补偿研究：一个结构性的进展评论［J］. 中国土地科学，2013（3）.

［7］蔡继明，周炳林. 论城市化与耕地保护［J］. 社会科学，2005（6）.

［8］赵金芸，李培仁．城市化工业化与耕地保护［J］．中国土地，1997（9）．

［9］卫海燕，张君．城市化水平与耕地面积变化的关系研究——以陕西省为例［J］．西北大学学报（自然科学版），2006，36（4）．

［10］陈玮．城市化发展与耕地保护中的规划引导［J］．中国土地科学，1997，11（增）．

［11］奕维新，王茂军．提高城市化水平与耕地面积变化的关系研究——对大连市的实证研究［J］．地理科学，2002，22（2）．

［12］贾绍凤，张豪禧，孟向京．我国耕地变化趋势与对策再探讨［J］．地理科学进展，1997，16（1）．

［13］宋戈，吴次芳，王杨．城镇化发展与耕地保护关系研究［J］．农业经济问题，2006（1）．

［14］吴群，郭贯成．城市化水平与耕地面积变化的相关研究——以江苏省为例［J］．南京农业大学学报，2002，25（3）．

［15］史育龙．我国城市化进程对土地资源影响程度的分析［J］．中国人口·资源与环境，2000（4）．

［16］谈明洪，吕昌河．城市用地扩展与耕地保护［J］．自然资源学报，2005，20（1）．

［17］孙海兵，张安录．农地外部效益内在化与农地城市流转控制［J］．中国人口·资源与环境，2006（1）．

［18］陈杰．城市化对我国土壤资源的影响：现状与问题［A］．见：周建民，石元亮编．面向农业与环境的土壤科学［C］．北京：科学出版社，2004.

［19］钱文荣．不同城市化形态下的农地保护实践与启示［J］．世界农业，2003（10）．

［20］王家福，黄明川．土地法的理论与实践［M］．北京：人民日报出版社，1991.

［21］周诚．土地经济学［M］．北京：农业出版社，1989.

［22］王万茂．土地生态经济学［M］．北京：科学技术文献出版社，1992.

［23］曲福田．中国农村土地制度的理论探索［M］．南京：江苏人民出版社，1991.

［24］曲福田．中国土地制度研究——土地制度改革的产权经济分析［M］．徐州：中国矿业大学出版社，1997.

［25］钱忠好．中国农村土地制度变迁和创新研究［M］．北京：中国农业出版社，1999.

［26］郑景骥. 中国农村土地使用与管理制度研究［M］. 成都：西南财经大学出版社，1997.

［27］陈东琪. 新土地所有制［M］. 重庆：重庆出版社，1989.

［28］王景新. 中国农村土地制度的世纪变革［M］. 北京：中国经济出版社，2001.

［29］刘传江. 中国农民工市民化进程研究［M］. 北京：人民出版社，2008.

［30］蔡昉. 劳动力迁移的两个过程及其制度障碍［J］. 社会学研究，2001（4）.

［31］刘洪仁. 转型期农民分化问题的实证研究［J］. 中国农村观察，2005（4）.

［32］葛晓巍. 市场化进程中农民职业分化及市民化研究［D］. 浙江大学，2007.

贫困地区农村资金互助机构发展路径探究

——基于叶县贫困社区资金互助社案例研究

中国人民银行平顶山市中心支行课题组①

摘要： 在借鉴国际和民间组织信贷扶贫模式的基础上，利用财政扶贫资金直接支持建立贫困社区资金互助社是一种农村金融和扶贫的创新模式。2006 年 12 月，国务院扶贫办和财政部在四川省旺苍县和河南省叶县开展了"贫困村村级发展互助资金"试点工作，探索解决贫困农户发展生产过程中的资金短缺问题。本文选择叶县贫困村资金互助社作为典型案例，通过对叶县贫困社区资金互助社的研究，对互助社的进一步完善发展提出了可行性的对策建议，总结了推广应用此类互助机构的原则，对贫困地区农村资金互助机构发展路径进行研究探索。

关键词： 贫困　金融　互助社　农村　信用

一、引言

（一）研究背景

1993 年，社科院农村发展研究所将小额信贷模式首次引入中国，1995 年联合国开发计划署和中国国际经济技术交流中心开始在全国 17 个省展开小额信贷扶贫试点。但实践表明，非政府的小额信贷可持续性较差，服务单一，贫困瞄准度不高，而且贫困农户缺乏有效的组织，难以应对市场风险、提高收入水平。这些问题的出现对我国减贫措施提出了新的挑战和要求。在此背景下，贫困社区互助资金作为农村金融和扶贫的创新模式应运而生。贫困社区互助资金是在借鉴国际和民间组织信贷扶贫模式的基础上，利用财政扶贫资金直接支持贫困农户的一种新的扶贫方式。它不仅提高了财政扶贫资金使用效率，也增强了贫

---

① 课题主持人：王强；
课题组成员：扈永军、王玉芝、马予东、闫冬、石广峰、陈晓东、李宏。

困社区和农户的自我发展能力。同时，金融改革的主要目标就是发挥金融服务实体经济和改善民生的作用。为此，我国大力发展包容性金融，提高金融服务的可获得性和对欠发达地区、低收入人群的覆盖程度，并于 2011 年加入了相关国际组织。贫困社区互助资金在一定程度上弥补了贫困地区农村金融市场发育不足的问题，增加了金融服务的数量和种类，成为我国发展包容性金融的重要途径之一。

尽管贫困社区互助社试点取得了良好效果，但受内控机制、外部监督、经济环境等因素的制约，仍面临着风险防范、经营管理等方面的问题。如何解决存在的问题，进一步完善贫困社区资金互助社的管理，总结并推广这种模式，成为需要认真研究的重要问题。

（二）研究意义

本课题通过对叶县贫困社区资金互助社运行模式的深入研究分析，找出该模式的优点和发展过程中面临的诸多制约因素，运用多种研究方法进行系统分析，探索适合贫困地区特点的资金互助机构发展路径，为其他贫困地区建立发展资金互助机构提供借鉴，因而具有较强的现实意义和实际应用价值。

二、贫困地区农村资金互助机构理论分析

（一）贫困的一般含义

从经济学的角度来看，贫困是经济、社会、文化贫困落后现象的总称，但首先是指经济上的贫困，即物质生活的匮乏。从这个一般认识出发，人们将贫困分为两类：一类是绝对贫困，也称极度贫困，是指个人或家庭依靠其收入难以维持基本生存需要的状况；另一类是相对贫困，指个人或家庭解决了基本温饱，但低于社会公认的基本生活水平，没有或严重缺乏发展机会和手段的生活状态。这一分类主要是从收入与消费角度考虑的。

（二）互助合作组织的国际原则

根据 2003 年 9 月国际合作社联盟全球大会通过的《国际合作社联盟章程》，合作社是人们为满足自身在经济、社会和文化等方面的共同需求而自愿组成的、通过财产共有和民主管理的企业而实现自治的协会。大会还确定了 7 项合作社原则：①入社自愿和开放办社，②社员民主管理，③社员经济参与，④独立性与自主性，⑤教育、培训与信息，⑥合作社间的合作，⑦关注社区。

（三）贫困地区农村资金互助社

贫困地区农村资金互助社是指设立在贫困地区，主要由当地贫困农户组成，为社员提供资金融通服务，实行民主管理的资金互助组织。

由于贫困地区单个农户的资金实力十分有限，这类资金互助社通常需要借

助财政扶贫资金或捐赠资金的支持才能成立，因此，在设立之初就得到了来自政府部门或其他组织（比如非政府组织）的技术帮助，能够较好地坚持合作制的原则，运行相对规范。具体而言就是，政府部门或其他组织利用较为成熟的小额贷款技术和适合农村金融需求特点的资金互助形式，无偿提供互助资金所需的大部分资金并吸收农户的互助金，帮助农户在合作制的基础上组建资金互助社，为农户的生产生活提供必要的资金支持，缓解贫困农户融资难的问题。

本课题所称的贫困地区农村资金互助社就是指这种旨在增加贫困群众收入，提高贫困村、贫困户持续发展能力的非营利性资金互助合作组织。

三、叶县贫困社区资金互助社模式的实证研究

（一）叶县贫困社区资金互助社产生的背景

20 世纪 90 年代初期以来，以改善贫困社区和农户的生产和生活条件为核心内容的开发式扶贫在中国取得较大进展，但贫困农户因农村金融市场发育滞后而得不到足够的生产性资金支持的矛盾越来越突出。为缓解贫困家庭生产性信贷资金的约束，各种小规模的小额信贷和社区基金试点在全国各地展开，但都因为金融政策的限制和管理问题没有发展起来。近几年来，一些地方的扶贫和财政部门尝试将社区基金的模式运用到财政扶贫资金的使用和管理中，在部分贫困村实施村级互助资金项目，以提高扶贫资金的瞄准和使用效果。

在这种情况下，国务院扶贫办和财政部与世界银行合作，利用世界银行第五期技术援助项目组成项目专家组负责农村社区滚动发展资金运作模式的研究与试点。在国务院扶贫办外资项目管理中心的组织下，2006 年 11 月启动了TCC5 项目。河南省叶县与四川省旺苍县被国务院扶贫办和财政部选定作为试点县，利用世界银行第五期技术援助资金，实施农村社区滚动发展资金运作模式，即支持贫困村成立社区资金互助社，吸纳农户尤其是贫困户入社，向社员提供发展农业生产的贷款，解决农村贫困人口发展的生产资金缺乏难题。

几年来，经过国务院扶贫办外资项目管理中心和 TCC5 项目专家组的直接指导、培训，经过地方政府的努力，截至 2012 年底，叶县已发展 4 批 70 家贫困社区资金互助社。入社农户总数达 7 934 户，入社贫困户 6 071 户，分别是 2007 年的 29.1 倍、30 倍，入社农户占所在村农户总数的 41%，入社贫困户占当地贫困户总数的 50%。贫困户在互助社农户总数中的占比逐年提高，截至 2012 年末达76.52%。通过互助社盈利资金的累积和社员自愿缴纳互助金数量的增加，截至2012 年末互助资金总额已达 1 430 万元，其中政府安排互助资金 1 170 万元，占比 81.82%；吸纳农户缴纳互助金 190.64 万元，占比 16.29%；占用费转入69.37 万元，占比 4.84%。政府安排资金和农户缴纳互助金分别较项目启动时增加 1 150 万元和 187.82 万元。互助资金总额达到项目启动时的 62.45 倍。70 家互助社累计放款 5 794.78 万元，累计收到还款 4 798.79 万元。2012 年末，70 家互助社借款余额 1 013.53 万元，逾期借款 6.04 万元，逾期率仅为 0.6‰。2012 年，实现资金占用费收入 221.33 万元，同比增长 65.41%（见表1）。

表1　　　　叶县贫困社区资金互助社业务发展一览表

时间	2007 - 12	2008 - 12	2009 - 12	2010 - 12	2011 - 12	2012 - 12
互助社个数	2.00	28.00	69.00	69.00	28.00	70.00
互助资金总额（元）	229 004.10	1 667 711.13	8 189 012.05	8 847 171.71	10 928 153.45	14 300 076.78
其中：政府安排互助资金	200 000.00	1 220 000.00	6 729 000.00	7 149 000.00	10 290 000.00	11 700 000.00
交股金（元）	28 200.00	439 650.00	1 362 950.00	1 470 230.00	1 666 980.00	1 906 380.00
公积金（占用费转入）	804.10	8 061.13	97 062.05	227 941.71	435 070.03	693 168.78
互助社行政村户数	405.00	4 160.00	18 833.00	18 988.00	19 173.00	19 553.00
入社农户数	273.00	3 257.00	7 551.00	7 522.00	7 618.00	7 934.00
入社率（%）	67.41	78.29	40.09	39.61	39.73	40.58
入社贫困户数	203.00	2 472.00	5 792.00	5 797.00	5 806.00	6 071.00
贫困户社员占比（%）	74.36	75.90	76.71	77.07	76.21	76.52
互助小组数	52.00	635.00	1 449.00	1 486.00	1 522.00	1 583.00
本年累计放款笔数（笔）	95.00	723.00	3 495.00	5 323.00	6 350.00	7 707.00
本年累计放款额（元）	179 500.00	1 156 500.00	6 114 300.00	12 016 600.00	16 381 600.00	22 099 318.00
借款余额笔数（笔）	87.00	629.00	2 469.00	3 485.00	4 274.00	4 517.00
借款余额（元）	137 100.00	871 050.00	3 306 840.00	6 144 045.00	7 948 910.00	10 135 270.00
应回收款	30 650.00	304 150.00	2 429 172.00	7 371 062.00	15 662 842.00	26 271 242.00
实回收款	42 400.00	464 950.00	4 143 460.00	13 322 855.00	27 899 590.00	47 987 948.00
提前还款	11 750.00	160 750.00	1 705 638.00	5 943 848.00	12 241 498.00	22 266 560.40
还款率（%）	138.00	153.00	171.00	181.00	178.00	183.00

（二）叶县贫困社区资金互助社运作机制

1. 贫困村的选择

叶县在试点村的选择上，改变了过去完全由上级安排项目村的做法，通过项目组摸底确定预选村范围，组织乡（镇）、村相关人员进行项目培训，预选村委、村组讨论制定竞选方案，多部门组成竞选评审组委，现场陈述和民主评选，预选村通过竞争获得项目。这样做不仅能充分体现公开、公平、公正的原则，也能够调动社区参与项目的积极性。

2. 叶县贫困社区资金互助社的组成构架

叶县贫困社区资金互助社是以行政村为单位在当地民政部门注册的非营利性民间社区组织，互助社设在行政村内，不得跨行政村设立，农户加入互助社自愿，退出互助社自由。村互助社成立理事会作为社区资金的村级管理机构，理事长为该组织的法人代表。

（1）互助社社员

加入互助社实行以户为单位，社员必须是年满18周岁以上且为本行政村户籍的常年居住农户，每户最多一人可以成为互助社的社员，社员申请加入互助组织并缴纳一定数额的互助金。

（2）社员大会

社员大会为互助社的最高权力机构。社员大会决定互助组织的成立和解散、审议通过互助社章程、决定互助资金的具体操作规程、选举产生和罢免理事会及其成员、审议批准财务预决算以及决定其他重大事项。

社员大会实行一人一票表决制，有2/3以上的社员出席并同意才能表决生效。

（3）互助社理事会

互助社理事会由会员大会选举产生，成员包括理事长、执行组长、会计、出纳、监督组长。理事会是互助组织的执行机构和日常管理机构，代表全体社员负责互助资金的运行与管理，在理事长领导下开展工作。

执行小组包括执行组长、会计和出纳，执行小组经理事会授权后承担村互助社放款、还款的日常经营和管理工作。

每个村民小组推选1名监督员组成监督小组成员。监督小组成员在监督小组组长领导下，对执行小组工作情况及社员借款、还款情况进行监督。

3. 互助资金来源

（1）互助资金来源及构成

根据制度设计，叶县贫困社区资金互助社的互助资金主要由三部分构成：财政扶贫资金、村民自愿缴纳的互助金和捐赠资金。财政扶贫资金增值部分扣

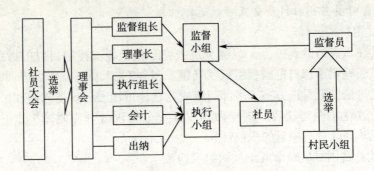

图1　叶县贫困社区资金互助社组织框架

除支付贫困户的收益分配后，剩余部分和捐赠资金增值部分转入本金。

（2）互助金的产权归属

所有权归属。互助资金中财政扶贫资金和捐赠资金及其增值部分归所在行政村的全体村民所有，村民缴纳的互助金及其增值部分归其本人所有。

使用权归属。互助资金运转正常的情况下，资金使用权属互助社全体成员所有；在互助资金运转不正常的情况下，进入退出程序。

收益权归属。互助资金使用中产生的占用费收益，在扣除运行成本和风险准备金后，根据互助资金构成按比例分配。村民缴纳的互助金增值部分归其本人所有，财政扶贫资金增值部分扣除支付贫困户的收益后，剩余部分和捐赠资金增值部分转入本金。

4. 业务运作与管理

（1）借款人资格

根据章程和合作制的原则，只有互助社的社员才可以向互助组织申请互助资金借款。同时，借鉴国际扶贫经验，优先向符合条件的贫困户成员和妇女成员发放借款。

（2）联保小组制度

在叶县贫困村社区资金互助社的制度安排中，借鉴了孟加拉国"乡村银行"模式中五人小组联保制度的思路，但没有全部照搬其规定，本着自愿、就近的原则，以实现联保、互助、交流信息、保证资金安全为目标组成5~7人的互助小组，并签订联保协议。

（3）借款用途

根据实际，借款用途主要分为三种。

一是一般借款。必须将借款用于生产创收项目，借款期限最长不超过12个月。

二是特困借款。在互助社运作正常以后，经社员大会讨论，设立特困借款。特困借款第1轮借款额度最高不能超过1 000元。借款周期、还款方式与一般借款相同。

三是紧急借款。在互助社运作正常以后，经社员大会讨论，考虑设立紧急借款。在互助社成员的家庭处于特别紧急情况时，可以申请紧急借款，借款额度最高为1 000元，借款期限为1～3个月，占用费率与正常借款相同，一次性还本清息。

（4）收益分配

社员使用互助金收取占用费，占用费归互助社所有。互助社占用费的60%用于管理人员报酬和互助社办公费用，30%作为国家财政资金返回本金，10%作为公益金用于本村的公益事业。公益金的使用由社员大会讨论决定。

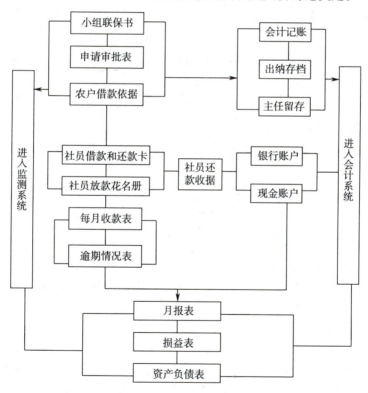

图2 村级互助资金的管理程序图

（5）风险管理

①风险控制

总量控制：互助组织的借款为无抵押品的信用借款。根据设计，借款余额的任何时点不能超过互助资金总额的90%。

额度控制：借款额度由小而大。

行为控制：对不能按时还款的借款人停止发放借款。

担保控制：5~7户组成小组联保。

期限控制：鉴于农业生产周期，一般借款宽限期设置为90天，以使从事农业生产的社员能够按时还款。

价格控制：对逾期借款提高一倍占用费率，加大经济惩罚。

对象控制：优先向妇女成员发放借款，降低挪用风险。

法律控制：必要时采取法律诉讼。

社会控制：对外公示，加大社会舆论监督。

②风险准备金管理

互助社建立借款风险准备金管理制度。风险准备金的标准为年底借款余额的1%加上逾期借款总额一定的百分比，借款风险准备金的提留比例见表2。

表2　　　　　　　　　　资金互助社的风险准备金比例　　　　　　　　单位：元,%

风险准备金	比例	举例	风险准备金
年底借款余额的百分之一	1	年底借款余额十万元	1 000
按逾期借款的逾期时间提留			
借款逾期30~60天	20	借款逾期30~60天5 000元	1 000
借款逾期61~90天	30	借款逾期61~90天5 000元	1 500
借款逾期90~120天	50	借款逾期90~120天3 000元	1 500
借款逾期120天以上	100	借款逾期120天以上2 000元	2 000
		风险准备金总额	7 000

风险准备金可用于呆坏账的核销。互助社呆坏账的认定和核销由互助社社员大会讨论通过，报村委会并向县级主管部门提出书面申请，由县扶贫办和财政局审查批准后，予以处理。

5. 运行机制与监督

目前，县扶贫办作为互助社的业务主管部门，是互助社主要的外部监督机构。叶县扶贫办监督的主要手段为现场监测与非现场监测相结合。现场监测主要是实地走访和调查，接受举报和实地核实。非现场监测主要是统一全县互助社财务管理和账务报表，按月监测各互助社业务进展情况，对出现管理混乱或多笔逾期贷款时，由县扶贫办没收互助社印章，暂停办理借款业务，待整改落实和规范管理后重新启动业务。县财政部门主要监测资金的拨付和使用。民政部门主要对社团章程及社团制度落实情况进行合规管理。村委会作为互助金种子资金的所有人对资金使用情况进行能效监督。实际上，在运作以后，实际的外部监督主要靠扶贫办来实施。

互助社的内部监督主要通过社员监督和监督小组实施。监督小组承担对执行小组、互保小组和社员借款用途及借、还款情况进行监督。叶县贫困互助社基本上形成了以理事长决策、执行小组执行、监督小组内部监督、扶贫办外部监督、其他单位和社员辅助监督的运行机制。资金互助社的监督制度如图3所示。

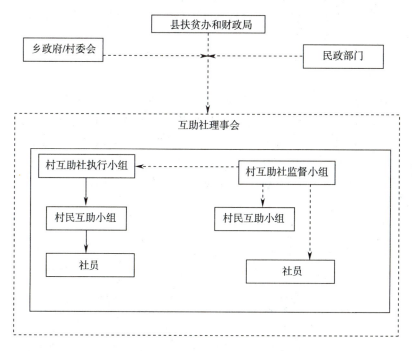

图3　资金互助社监督程序示意图

（三）叶县贫困社区资金互助社的效果分析

1. 缓解贫困社区资金紧张状况作用明显

目前，叶县农村地区金融供给主要集中在叶县农村信用社，随着国有商业银行的战略调整，基本上退出农村金融市场，农村金融市场基本上被农村信用社绝对垄断。尽管近几年邮储银行和农业银行对农村金融市场开始涉足，但基本上对农村信用社没有影响。根据调查，农村信用社一般只向其认定的信用户发放贷款，而根据统计，叶县当地农村信用社其认定的信用户仅占农户总数的20%左右，80%的农户（多为中低收入农户）不能从正规金融机构获得信贷服务，尤其是贫困农户，受金融风险控制和担保限制，贫困农户的金融需求基本完全得不到满足。根据课题组委托叶县扶贫办对农户的随机调查，被调查的20户农户中，有7户农户向当地金融机构申请了19次信贷申请，只有5户农户5次获得了金融信贷支持。获取金融支持的农户占全部被调查农户的25%，申请获批次数占全部申请次数的26.32%。互助社的成立，有效解决了部分农民生产融资难题，村级互助资金成为了农村金融市场的有效补充。叶县扶贫办统计资料显示：截至2012年末，累计有8 062户①农户和6 172户贫困户获得了互助社的资金支持，分别占所在村农户总数的41.23%和贫困户的50.79%，所有入社社员均获取过互助资金支持，资金支持覆盖社员的102%。2007—2012年共累计发放互助金借款5 794.78万元，其中贫困户累计使用互助金4 544.72万元，占全部互助金借款的78.43%，户均使用款项7 353.19元。农户和贫困户覆盖率均取得了令人满意的效果。

　　从入社率变化图（见图4）的情况看，叶县贫困社区资金互助社从2007年到2009年出现下滑，主要是由于2009年互助社数目增幅较大，初步发展阶段部分农户尚且没有认识到位，自2010年起，农户入社率开始逐步提高。从首期试点的西刘庄互助社发展情况看，社员入社率逐年稳步攀升。户均借款余额逐步提高，户均使用额提升较快，在缓解农户发展中资金短缺中的作用凸显。

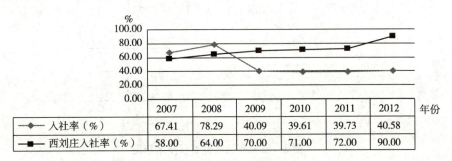

	2007	2008	2009	2010	2011	2012	年份
入社率（%）	67.41	78.29	40.09	39.61	39.73	40.58	
西刘庄入社率（%）	58.00	64.00	70.00	71.00	72.00	90.00	

图4　资金互助社入社率

　　2. 投放结构合理，增收效应突出

　　根据统计整理，从叶县互助社资金投放结构表来看，互助金重点投放在与涉农相关的养殖业上，商业及运输业其次。种植业随着农业的发展变化占比不断增加。养殖业是农业发展的重点方向，也是农民脱贫增收的最主要的手段，因此，养殖业成为互助社资金支持的重点行业。商业及运输业是农户增收的重

----

① 这里的农户有部分农户是重复使用和重复统计的。

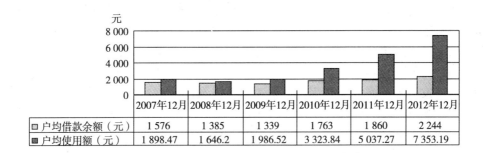

元	2007年12月	2008年12月	2009年12月	2010年12月	2011年12月	2012年12月
户均借款余额（元）	1 576	1 385	1 339	1 763	1 860	2 244
户均使用额（元）	1 898.47	1 646.2	1 986.52	3 323.84	5 037.27	7 353.19

图5　社员互助金使用情况

要补充，个别农户从最简便和最贴近农村经济的商业及运输业途径来实现脱贫和增收，而且这部分农户基本上都是农户中的精英和领头人，在农村经济中的确起着重要的补充作用。因此，商业及运输业成为互助资金支持的第二大行业。而随着近年来经济作物的推广，种植业在农村经济中也开始形成一定的影响力，并逐渐脱离传统的种植业而不断发展，部分从事养殖业农户开始转而从事经济作物种植，因此，种植业受互助资金的扶持在养殖业逐渐下滑的基础上稳步增长。这也与近期农业和农民的经济特点基本相吻合。

表3　　　　　　　叶县贫困社区资金互助社资金投放结构表　　　　单位：元,%

时间	2007	2008	2009	2010	2011	2012
累计投放	179 500.00	1 336 000.00	7 450 300.00	19 466 900.00	35 848 500.00	57 947 818.00
种植业	7 000.00	58 500.00	458 700.00	1 388 300.00	3 240 400.00	5 996 100.00
占比	3.90	4.38	6.16	7.13	9.04	10.35
养殖业	131 000.00	1 061 000.00	5 729 300.00	13 962 200.00	23 793 200.00	36 538 400.00
占比	72.98	79.42	76.90	71.72	66.37	63.05
工业及加工业	2 000.00	13 000.00	60 000.00	208 000.00	449 400.00	760 400.00
占比	1.11	0.97	0.81	1.07	1.25	1.31
商业及运输业	29 000.00	179 000.00	862 000.00	2 813 800.00	6 002 900.00	10 254 818.00
占比	16.16	13.40	11.57	14.45	16.75	17.70
其他行业	10 500.00	24 500.00	340 300.00	1 094 600.00	2 362 600.00	4 398 100.00
占比	5.85	1.83	4.57	5.62	6.59	7.59

叶县扶贫办统计，截至2012年底，70个互助社扶持了5 500户贫困群众参

与发展主导产业，其中从事养殖业 3 750 户、从事林果蔬菜种植业 1 050 户、从事商业运输业 450 户、从事其他产业 250 户。廉村乡甘刘村成立由 200 多户农户参加的獭兔养殖协会；项目实施较早的西刘庄村的养牛、养羊，韩庄村的养猪及罗圈湾村的果桑养蚕业等已形成规模，成为全村主导产业。很多农户通过互助社扶持发展生产摆脱了贫困，并迅速走上致富的道路，互助社借款农民人均收入由 2006 年的 1 790 元提高到 2012 年的 5 830 元，年人均增收 3 290 元，户年均增收 4 500 余元。

3. 贫困覆盖面逐步增加，扶贫效果明显

贫困社区资金互助社互助资金的主要目标群体是贫困农户和中低收入农户，这部分农户参与和使用互助资金的情况是衡量互助资金扶贫成效的重要指标。从农户入社率情况图中可以看出，尽管由于各村具体情况的差异和贫困户认定标准的变化的因素，总的贫困户入社率从 2008 年起开始逐步下降，但整体仍然高于互助社所在贫困村农户的入社率。以西刘庄可比口径来看，西刘庄整体贫困户的入社率仍然是逐年增加的，并且至 2011 年起实现了贫困户全部入社的目标。

同时，从另外两个指标看，贫困社员占比逐步攀升，贫困户互助金使用占比也基本维持在 78% 左右，说明贫困资金主要的服务对象为贫困农户，贫困户为互助社的主要成员和力量。这主要是贫困农户受资金约束的情况更严重，而且更难从其他渠道获取资金支持。贫困资金社的这种社员构成和资金使用结构也与其目标设立相一致。另外，我们委托叶县扶贫办的随机调查可以得出，所有被调查的社员均认为使用资金后增收效果明显。

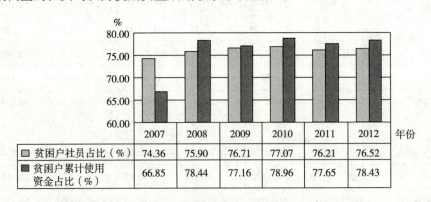

%	2007	2008	2009	2010	2011	2012	年份
贫困户社员占比（%）	74.36	75.90	76.71	77.07	76.21	76.52	
贫困户累计使用资金占比（%）	66.85	78.44	77.16	78.96	77.65	78.43	

图 6　贫困户社员占比及资金使用情况变化图

4. 农户诚信意识不断增强，乡村社会信用环境不断优化

由于叶县贫困农村资金互助社以行政村为界定范围内，互助社的互助金除

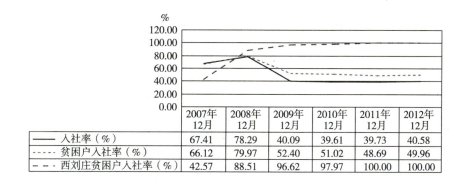

	2007年12月	2008年12月	2009年12月	2010年12月	2011年12月	2012年12月
—— 入社率（%）	67.41	78.29	40.09	39.61	39.73	40.58
······ 贫困户入社率（%）	66.12	79.97	52.40	51.02	48.69	49.96
— — 西刘庄贫困户入社率（%）	42.57	88.51	96.62	97.97	100.00	100.00

图7　贫困户入社率情况图

了国家财政投入的种子基金外，其余的全部由社员缴纳。一方面村民作为互助金的所有者，会加大对资金使用者的监督；另一方面互助社社员全部来源于本村村民。村民之间彼此了解农户背景，无论是理事会成员还是普通社员，对借款人的经济状况、还款能力、道德品质和资信状况都有清晰的了解，可以有效解决互助社与借款人之间的信息不对称的问题。同时，由于引入互助小组制度，互助组社员之间的利益一致，借款人一旦违约，其他小组成员也将失去借款资格，借款人受到小组成员的监督更加严格。另外，在农村这种以"熟人社会"为基础的社会环境下，违约人违约的代价将是声誉的损失，这种损失不仅影响当事人与其相关的其他人的社会生存环境和质量，甚至还可能影响到后代。多种内外监督的合力形成了对借款人更强的约束。这种机制使贫困社区资金互助社借款违约率极低。

　　下面，我们通过一个简单的博弈模型，对互助小组制度的约束机制进行简要的分析。

　　互助小组制度规定，在小组成员拖欠贷款时，除了拖欠人无法获得新贷款外，其他成员的贷款申请也无法获得批准。在这种情况下，仍有贷款的小组成员也可能选择不偿还贷款，故意拖欠。假设全部还款，则每个人都可以继续贷款，回报为2；由于拖欠贷款减少了还本付息的资金支出，但丧失了未来的贷款机会，拖欠人的回报为1；如果一人拖欠，其他成员偿还贷款后还是无法获得新的贷款，回报为0。对于最先拖欠的成员以及其他成员，其回报矩阵（Payoff Matrix）如下：

		有贷款的其他成员			
		还款		拖欠	
已拖欠成员	还款	2	2	0	1
	拖欠	1	0	1	1

从矩阵可以看出，共有两个纳什均衡，即全部还款或全部拖欠，而没有占优均衡。因此，仅从能否获得未来贷款机会的角度看，如果小组出现一个拖欠的情况，则小组中有贷款的其他成员的最优选择就是全部拖欠。但是，实际操作中也出现了许多小组成员代为还款的情况，对此简要分析如下：

假设某小组出现拖欠，其他成员代替本组人员归还互助社 M 元，利率为 r，归还贷款后，小组其他成员可以继续获得贷款，并利用贷款从事生产项目，项目完成归还贷款后获得净收益 G。生产项目和贷款的期限相同，小组其他成员可获得 N 期贷款。则其他成员的净收益现值为

$$PV = \frac{G}{1+i} + \frac{G}{(1+i)^2} + \cdots + \frac{G}{(1+i)^n} = \frac{G}{i}\left[1 - \frac{1}{(1+i)^n}\right] \gg 0$$

当 $n \to \infty$ 时，$PV \to \dfrac{G}{i}$

如果 $PV > M$，则小组其他成员应选择替本组拖欠人员还款。

小组其他成员的回报矩阵变为：

		有贷款的其他成员			
		还款并替他人还款		拖欠	
已拖欠成员	还款	2	2	0	1
	拖欠	1	0	1	1

此时，其他成员出现占优均衡，即总是选择还款。在这种情况下，已拖欠成员的最佳策略应该是"还款"。出现所有成员都自觉还款的前提是，社员按时还款后，从未来贷款支持的项目中得到的收益大于拖欠贷款带来的收益。因此，未来获得贷款的可能性以及生产项目的回报是社员还款的最大动力。在贫困地区资金供给稀缺的条件下，农户选择还款的意愿远远大于拖欠借款。

通过实际数据分析，也验证了这种约束机制在实践中的重要作用：从叶县贫困社区资金互助社资金还款情况表我们可以看出，截至 2012 年末，70 家贫困社区资金互助社逾期借款仅为 60 400 元，违约率仅为 0.6%。还款率由 2007 年的 138% 提高到 2012 年的 183%。

表4　　　　　　　叶县贫困社区资金互助社资金还款情况表　　　　单位：元,%

时间	2007	2008	2009	2010	2011	2012
借款余额	137 100	871 050	3 306 840	6 144 045	7 948 910	10 135 270
其中：正常借款余额	137 100	871 050	3 300 740	6 133 140	7 918 310	10 074 870
逾期借款余额	0	0	6 100	10 905	30 600	60 400
违约率			0.18	0.18	0.38	0.60
还款率（含提前还款）	138	153	171	181	178	183

5. 合作制的优越性充分体现，农户和社员的满意度不断提升

叶县贫困社区资金互助社实行的是"一人一票"的合作制管理模式。这种所有制模式最大的特点就是"一人一票"，可以有效防止一股独大，股份决定权利的现象。由于贫困社区资金互助社主要的资金来源于财政扶贫资金，而且资金的所有权归全体村民所有，扶贫资金优先用于解决贫困户的增收和脱贫问题。另外，贫困社区资金互助社采用的是普惠政策，并没有明确排除富裕户，只是通过强调贫困户优先的原则和采用控制额度和分期还款的方式来保证贫困农户能有机会使用资金。这种资金的性质决定了资金的运作必须将效率性和公平性完美结合。单纯追求利润和效率，会造成对村民所有权利的伤害；而放弃效率仅仅追求公平，往往又失去了扶贫的意义。这种"一人一票"的合作制模式，达到了两者的结合。

所有叶县贫困社区资金互助社的最高权力机关均为社员大会，而且这种以户为单位的社员资格规定又可以有效避免以自然人为单位的社员资格带来的家族式弊端。社员通过投票选举产生理事会，并且及时从理事会公布的信息中了解互助社状况，理事会下设的执行小组和监督小组通过内部制约有效解决了权力集中问题。社员既通过投票和监督行使自己的"参与式"管理权限，又通过借款实现了增收目的，两者实现了完美结合，得到了村民和社员的积极认可。根据公务员扶贫办对贫困社区资金互助社行政村的抽样调查，有84%的农户有意愿参加资金互助社。在我们委托叶县扶贫办的调查问卷中，100%的被调查对象对互助社持肯定的态度，并且所有被调查社员均愿意增加社员基金。90%的调查对象均认为互助社能够给自己带来增收机会，10%的调查对象认为用钱方便，解决了急用资金的难题。

6. 促进了农村文明和谐

经过6年多的运行和发展，叶县贫困社区资金互助社在带来农村经济效益的同时，也带来了广泛的社会效率，其作用远远超出了满足农户信贷资金的需

求。社会效果主要体现在村民之间的关系和干群关系的改善，互帮互助风气的形成，文化活动和环境卫生的改善以及村民参与公益活动的积极性提高。根据国务院扶贫办项目专家组委托叶县扶贫办对农户的抽样调查，超过80%的人都认为在这些方面都变得更好了，极少有人认为变差了。

更为值得关注的是，除了对获得帮助的评价略有不同外，是否参加互助社并不影响人们对这些社会影响的评价，但是否使用互助资金和是否参与了项目的宣传发动过程对这些社会影响的评价有明显的区别。参与过宣传发动和获得互助资金的家庭对社会影响给予更多正面的评价。可见，广泛参与对获得较大的社会影响具有重要作用。

表5　　　　　　　　　　农户对社区变化评价结果　　　　　　　　单位:%

		村民关系			干群关系			获得帮助		
		更好	没变	更坏	更好	没变	更坏	更好	没变	更坏
总样本		80.00	20.00	0.00	78.50	21.00	0.50	77.50	22.00	0.50
是否参与互助社	参与	84.84	15.16	0.00	83.55	16.13	0.32	85.48	14.19	0.32
	没参与	85.26	14.74	0.00	83.16	15.79	1.05	78.95	20.00	1.05
是否使用互助金	使用	87.80	12.20	0.00	86.83	13.17	0.00	87.32	12.20	0.49
	没使用	79.05	20.95	0.00	77.14	21.90	0.95	81.90	18.10	0.00
是否参加宣传发动	参加	86.22	13.78	0.00	84.94	14.74	0.32	85.90	14.10	0.32
	没参加	66.67	33.33	0.00	66.67	33.33	0.00	72.22	22.22	5.56
		文化活动			环境卫生			公益积极性		
		更好	没变	更坏	更好	没变	更坏	更好	没变	更坏
总样本		83.50	16.50	0.00	92.00	8.00	0.00	86.00	14.00	0.00
是否参与互助社	参与	85.16	14.84	0.00	90.97	9.03	0.00	89.68	10.32	0.00
	没参与	85.26	14.74	0.00	92.63	7.37	0.00	89.47	10.53	0.00
是否使用互助金	使用	85.85	14.15	0.00	92.68	7.32	0.00	91.71	8.29	0.00
	没使用	83.81	16.19	0.00	87.62	12.38	0.00	85.71	14.29	0.00
是否参加宣传发动	参加	85.26	14.74	0.00	91.67	8.33	0.00	89.74	10.26	0.00
	没参加	83.33	16.67	0.00	83.33	16.67	0.00	83.33	16.67	0.00

四、叶县贫困村资金互助社发展的制约瓶颈及完善建议

（一）制约叶县贫困社区资金互助社发展的瓶颈因素分析

1. 制度设计制约因素

（1）理事会监督出现盲区，内部制约机制有待完善

根据现有的制度设计，互助社由社员大会选举产生理事会，理事会下设理事长、执行小组和监督小组长，理事会在理事长的领导下开展工作。监督小组

组长带领义务监督员对执行小组的执行情况和农户以及互助小组进行监督。这种制度安排造成了互助社内部制约机制中仅执行小组、互助小组和社员受到监督小组的监督。作为互助社常设机构和实际执行机构的理事会除了向社员大会负责外，没有安排其他监督机构和机制对其进行内部监督。由于社员大会召开的期限跨度较长，造成事实上没有机构和个人对理事会进行监督，这为理事会的违规操作提供了机会，内部监督显然出现盲区，内部制约机制仍需完善。

（2）资金配置不够科学，资金规模相对较小

在制度设计上，初期的资金规模没有考虑到村子的实际户数，而是一般按照10万元的规模起步，逐步增加。虽然这种保守的规模设计有利于互助社逐步发展和完善，但没有按照村子户数规模和入社户数的规模进行资金配置容易造成资金闲置或紧缺。根据统计，2012年末，70家叶县贫困社区互助社的借款余额为1 013.53万元，资金使用率为70.87%。发展较好和村子户数规模较大的互助社资金已经满负荷运转，而规模较小的村子互助社资金出现闲置，互助金的效率得不到实现。

2. 内部制约因素

（1）产品相对单一，金融供给过于简单

从目前看，受互助社管理人员的管理水平限制，叶县贫困社区资金互助社的信贷产品相对单一。主要表现就是小组联保，小额信贷，分期还款。从产品设计上，目前各村互助社均设计为12个月的分期付款信贷产品，利率也实行统一的固定利率。这种产品设计相对简单，有利于实际操作，但实际上单一的产品设计割裂了农户的多方面金融需求。不同行业、不同农户各自的特点不同，面临的具体情况也是千差万别，往往会有不同期限和不同价格的金融需求。金融供给的相对单一没有考虑到农户的具体需求。

贷款产品不是固定不变的，需要根据不同的发展阶段设计不同的产品，以满足变化了的市场状况和需要。这都需要理事会的管理人员不断提高管理能力，在基本原则和灵活性方面达成合理的平衡。

（2）信贷投放相对集中，经营风险相对较高

从实际走访来看，部分贫困社区资金互助社信贷投放集中已经表现出来，主要表现在四个方面。

一是贷款"垒大户"现象已经出现，根据问卷调查，3户农户信贷金额超过10 000元，最大的单一农户信贷金额达到30 000元，最大单户信贷额占互助社全部互助金总额的8.36%，已经远远超出了制度设计的限额。二是发现个别农户通过私下协商，将分散获取的信贷支持转移给某一农户集中使用，造成信贷资金向单一农户集中。三是转移资金用途，将资金没有用在增收上，进而用

在消费上。四是没有将资金投在熟悉的行业中，而是转移用途，投入风险更高、收益更大的项目中，经营风险放大。无论上述四种资金转移的方式如何变化，都违背互助金"分散经营"和"普惠制"的投放宗旨，增加互助资金的损失风险。

（3）人才队伍相对贫乏，经营水平仍需提高

互助社是农村的一个准金融组织，业务管理方面涉及相关金融、财务、产业等方面的政策、知识。由于互助社不以盈利为目的，且资金规模小、业务量有限，管理费用提取受到严格限制，收入报酬相对较低，难以吸引具备专业知识的专业人士加入进来。实践中部分知识水平相对较高的年轻人在受到扶贫办的专项培训后，由于无法长期接受较低的薪酬，转而外出打工，造成相对的专业人员流失，短时期内给互助社的运转带来困难。互助社的客观限制导致现有的管理操作人员普遍年龄大、文化低，普遍不具备专业的金融知识、金融风险防范技巧和金融会计及金融业务操作技能。对于会计、计算机、资金收付记账等业务都十分生疏。在现阶段低水平的运行条件下尚能维持，一旦经营规模和水平达到更高层次，现有的工作人员难以适应业务需求。

（4）风险拨备严重不足，风险抵御能力有待加强

尽管制度安排上对风险拨备提出要求，按照正常贷款和逾期贷款的规模比例进行计提，但截至2012年末，叶县70家贫困社区资金互助社仅仅累计计提风险补助金528元。相对应1 013.53万元的借款余额和60 400元的逾期借款余额，风险补助金几乎可以忽略不计。当然，在目前这种低水平的运作情况下，收入主要用来覆盖支出，风险拨备严重不足，面对潜在的风险，抵御能力有待加强。

（5）违规冲动初步显现，违规规模逐年上升

根据统计，叶县70家贫困社区资金互助社2012年末借款余额笔数为4 517笔，我们假设每笔借款为1户，那么年末使用互助金的农户共计4 517户，其中涉嫌违规的户数达到1 032户，涉嫌违规户占比达到了22.85%。

在涉嫌违规户中，主要包括三种情况：一是超过借款限额违规户，主要是单户借款余额超过规定的限额，涉嫌户数606户，占全部借款户的13.42%。这还不包括超过缴纳互助金会费10倍限额的户数，如果考虑这个因素，估计涉嫌户数仍会增加。二是借款重置嫌疑户，主要是指长期还旧借新，事实上变相长期占用互助金。此类农户2012年末达到424户，占全部借款户的9.39%。三是前账不清续借户，实际就是逾期不还的，2012年末为2户，占比较小。

违规发放借款无论哪一种，都形成了破坏制度约束，长期占有或超限占用互助金，实际上也是对其他社员资金使用权利的侵占，违背了"普惠制"的资金使用原则，影响了互助金的使用效能。而且根据统计数字来看，涉嫌违规农

户的增长速度非常快，呈阶梯形上升。如果长久下去，必然会影响互助社的进一步发展，也会影响到其他社员的入社积极性，为互助社的良性发展埋下恶性因素。

（6）制度落实有待加强，财务管理仍需规范

根据制度设计，占用费收入的60%用于支付工资补助和办公经费，但前提是应该按照会计准则要求，首先应计提风险补助金拨付准备，但几乎所有互助社都没有按照这一会计准则进行账务处理。另外，随着收入的不断增加，办公经费列支也快速增长，办公经费的增长列支与实际业务办理的刚性支出出现差异，办公经费应当列支多高比例，办公经费列支具体项目，办公经费列支流程应该进一步明细和披露，防止出现财务混乱现象。同时，在互助社实际发展过程中，有部分互助社还存在账务记载不清晰，明细账不全，二级科目缺失，部分村连续几个月没有手工账、只做电脑账等问题，都表明了目前互助社在财务管理中存在财务制度落实不佳、财务管理不规范等问题，影响了互助社的资金安全。互助社的财务管理仍需进一步加强和规范。

3. 外部制约因素

（1）法规支持空白，资金互助社身份不明

目前，国务院及相关部门出台了一些法律规章来促进和规范农村资金互助合作组织的发展，与资金互助社相关的法律法规主要有以下内容。一是《农民专业合作社法》，其规定农民专业合作社在工商管理部门注册登记，取得法人资格，而关于对合作社内部成立的资金互助社未作规定。二是银监会发布的《农村资金互助合作组织管理暂行规定》中规定，农村资金互助社是独立的企业法人，由银监会颁发金融许可证，并按工商行政管理部门规定办理注册登记。同时，并就其规定的具有银行性质的农村资金互助社，银监会、人民银行也陆续出台了一些规范性文件。如银监会2006年发布的《关于调整放宽农村地区银行业金融机构准入政策，更好支持社会主义新农村建设的若干意见》、2007年发布的《农村资金互助社组建审批工作指引》、人民银行和银监会2008年联合发布的《关于村镇银行、贷款公司、农村资金互助社、小额贷款公司有关政策的通知》等。但上述两部具有法律法规并没有就叶县这类扶贫性质的民间团体类型的贫困社区资金互助社给予肯定和明确。

现行中叶县贫困社区资金互助社主要依赖于国务院扶贫办、财政部发布的《关于进一步做好贫困村互助资金试点工作的指导意见》中的有关规定，其规定，互助社指由贫困村村民自愿参加成立的非营利性互助资金组织。但国务院扶贫办和财政部下发的该指导意见仅仅是以文件形式下发的，没有法律法规效力。

　　实际上并没有一部真正意义上的法律法规给此类贫困资金互助社给予明确，造成叶县资金互助社的组织性质和法律地位不清晰，管理和监管缺乏法律依据。这种不明确造成了许多农民对此类互助社认识不清、无所适从，从而影响了农村资金互助组织的规范有序发展。同时，也给实际上负有监管职责的地方扶贫办带来了监管上的法律风险，并在监管形式、监管内容、监管力度上出现争议和摇摆。

　　（2）农户投资风险意识薄弱，外部投资缺乏合理规划

　　贫困地区的农民，由于受到知识结构、投资能力、社会经济活动范围的限制，在投资上缺乏合理的规划和计划，往往在投资上容易出现冲动或者盲目。在调查过程中，发现投资缺乏规划的现象占有一定的比例。在调查的20户农户中，有6户农户的信贷投资比例（信贷需求/投资需求）在100%以下，占比30%；有8户农户的信贷投资比为100%，占比40%；信贷投资比超过150%的6位（1户150%，1户200%，1户300%，2户400%，1户600%），占比30%，最高的信贷投资比居然达到600%。这种现象一方面说明贫困地区农户资金的确相对稀缺，但另一方面也说明农户的投资风险意识薄弱，外部投资缺乏科学规划。农户投资风险意识的脆弱决定了农户投资的盲目性和风险性增大，进而通过传递效应给互助社带来潜在的风险。

　　（3）外部监管缺乏法律支持，监管力量过于薄弱

　　根据制度设计，叶县贫困社区资金互助社的行业监管单位的扶贫办，对资金互助社的监管主要依靠县、乡两级扶贫办人员。由于缺乏法律层面的支持，目前扶贫办对互助社的监管主要是依据国家及省、市扶贫办以及项目办的文件执行，在监管上除了日常督促管理外，在业务监管上也是处于摸索阶段。尤其是在对部分业务开展较差的互助社的监管上，缺乏必要的手段，只能简单依靠没收互助社和理事会印章暂停其业务办理这一简单的手段进行。但是根据制度设计，扶贫办只是互助社的业务指导管理单位，扶贫种子基金在拨付村子后所有权已经归全体村民所有，扶贫办对拨付后的扶贫金没有支配权，也就是说，扶贫办没有办法通过经济手段取得对互助社的控制。当然，由于法律法规的空白，扶贫办的监管手段也没有取得相应的法律法规支持。在市场经济条件下，这种单一的监管手段是否合法和合理仍有待商榷。

　　另外，目前叶县70家村级贫困社区资金互助社分布在7个乡（镇），面宽量大，两级政府扶贫办除了对互助社人员进行培训和其他扶贫项目进行管理，对如此多的互助社进行监管存在人力和物力上欠缺。而且随着互助社的逐步推进，互助社数量逐年增加，增加监管力量，丰富监管手段，强化监管力度已经成为外部监管亟待解决的问题。

（4）战略规划不明确，发展方向不明朗

从实地调研来看，由于在制度设计上，仅仅将贫困资金互助社作为提高贫困地区农村和农户的收入和脱贫的一种实验模式，没有涉及互助社未来的发展方向，造成从一开始贫困村级资金合作组织的发展战略就存在发展目标定位不明确的问题。在随着互助社和贫困地区的发展，未来互助社何去何从，走向什么样的发展方向，从县扶贫办到各村互助社对此都没有一个清晰的共识。

（二）叶县贫困社区资金互助社发展完善的政策建议

1. 完善制度设计，优化资金效率

（1）完善贫困社区资金互助社内部制约机制，增强内部控制

在目前理事会缺乏监管机制的情况下，建议从制度设计上调整理事会的结构和监督小组的职能，完善内部制约机制，解决理事会内部监督空白问题。在设计上，可以尝试监督小组直接由社员大会产生，直接向社员大会负责而不向理事会负责，并对理事会的日常工作进行监督，扩大监督小组的监督权限，对理事会产生内部制约，并定期向社员大会和社员披露监督报告，以形成合理的内部制约机制；或者由社员大会选举产生新的监督机构——互助社监事会，对理事会工作和成员进行事前控制和事后监督。在互助社发展规模较小的情况下，我们更倾向建议采取第一种模式，改变监督小组的产生形式，扩大监督小组监督权限，在不增加成本的基础上实现科学的制约机制，增强监管效率。

（2）调整资金规模配置，优化资金使用效率

通过理论分析，我们认为200户农户的行政村初期发展时资金规模为20万元即可满足各方面的诉求和维持正常的低水平运转。这种规模的分析是有前提条件的，但由于每个村庄的农户规模并不都是这一前提，有的村庄规模较大，有的村庄规模较小，经济情况也是千差万别，因此，在规模配置上，应适当根据行政村的农户规模给予适当配比，而不应局限于千篇一律的资金配置计划。同时，在资金配置上也要考虑农户入社因素，可以根据互助社社员的加入情况分批次配置和调整，以满足农户的实际需求和实现互助社的可持续发展。

2. 优化外部条件，推动规范发展

（1）完善法律法规，明确法律地位，提供法律支撑

任何组织的规范发展均离不开法律法规的约束和调整。鉴于贫困社区资金互助社目前的法律空白现状，建议立法部门在《农民专业合作社法》的基础上出台规范贫困社区资金互助社的条例或部门规章，规范此类互助社的审批准入和运营模式及范围，明确此类互助社的监管部门、职能地位，互助社的权利义务，以调整各方面的利益和关系，明确参与各方的基本权利、义务和风险；同时，为农村资金互助社的规范运营及进一步发展提供司法保障。

（2）强化农户投资引导，探索建立新型农业保险制度，降低互助社导入型风险

一方面，扶贫机构作为贫困地区扶贫的指导机构，在做好互助社监管服务的同时，强化对农户尤其是贫困户的投资培训和指导，避免出现农户盲目投资，由农户个人投资损失引发互助社资金损失风险。另一方面，借鉴成功经验，探索建立"联办共保"的新型农业保险制度。各级财政补贴农业保费的一部分比例，农民自身支付一部分比例，解决贫困地区农业保费来源。政府和保险公司按照收益和损失共担的指导原则共办农业保险，发挥各自资源优势，实现利益共享，风险共担。这样，既发挥了政府的主导作用，解决了农业保险的市场化参与意愿较低问题，也调动了保险公司参与农业保险的积极性，为互助社的外部风险提供了弥补保障，降低互助社导入型风险。

（3）成立专门的互助资金管理机构，丰富监管手段

一是在缺乏法律法规支撑的条件下，最好先以文件的形式来明确监管部门的监管地位和监管权限，实现监管有依据。二是考虑成立贫困社区资金互助社管理中心，挂靠扶贫部门，设置专职人员，明确其具体职责并建立目标考评体系。三是短期内为弥补扶贫部门力量不足、监管经验不足的缺点，建议由政府金融办牵头，组织银行业监管机构、人民银行等相关部门联合扶贫部门实施联合监管，研究现场和非现场的监管手段，细化制定相应的监督管理标准和监管措施，将其纳入区域金融风险分析和预警系统，丰富监管形式和内容，确保农民资金互助合作社健康发展。

（4）积极发展自我，明确发展方向

叶县贫困社区资金互助社是"在特定阶段针对特定地区的特定群体的特定需求所采取的特定扶持措施"，主要目的是解决当前贫困农户贷款难的问题。但随着农村经济的发展和农户经济范围和规模的增大，农户的资金需求将会越来越大，这对互助社有限的资金规模和有限的服务能力提出挑战。互助社的发展方向可以在不同的阶段采取不同的战略，逐步向新型农村金融机构发展。

在贫困地区经济发展初步脱贫，农户资金需求逐步增大，在互助社资金不能满足农户发展资金需求初期，可以考虑互助社利用自己的信息和成本优势，与金融机构合作，以互助社自有资金作为担保，根据市场状况协商放大倍数，向社员提供融资担保，满足社员资金需求。互助社通过收取一定比例的担保费用，通过规模效应，实现自身可持续发展。

农村经济发展到一定程度，规模经济效应初步显现，社员自有资金和互助社均有较大提升，在农村经济发展水平和外部信用环境均有大幅提升的同时，关联较大的农村资金互助社可以联合并引进战略合作机构，以互助社为股东单

位，成立局部性的村镇银行，实现金融服务和自我发展的双向目标。

在农村经济发展已经比较发达，社员普遍富裕，贫困问题已经基本解决时，可以考虑将运作成熟的村镇银行整合，成立区域性的农村商业银行，使互助社在完成历史使命之后向市场化靠拢，并在新的环境和形势下提供新的金融服务，满足农村金融需求。

3. 强化内部建设，实现自我发展

在金融市场中存在众多的资金供给者和需求者，良好的市场运行机制可以节约交易成本，使资源得到最佳配置。完善的金融市场运行机制需要遵循市场规律，在法律许可范围内给予借贷双方充分的自由和权利，并建立个人信用制度控制金融风险。

（1）丰富产品供给，适应市场需求

互助社应借鉴合作机构尤其是专业合作社和合作金融机构的经验，尽管不能提供更多的金融产品，但可以依据农户自身的特点不同，根据其收入状况、经营特点、使用周期等，探索新的担保模式，利用资产担保的风险不同制定不同期限、不同利率的资金支持，为农户提供更加丰富的支持，并利用利率杠杆作用，引导农户使用资产担保模式，降低经营风险。

（2）坚持分散经营，防止过度集中

一方面要认真调查和监督资金使用对象，防止出现分散借款、集中使用的现象，对发现的农户要实行惩罚性措施，并通过排除资格、利率调整等惩罚性措施，引导农户合规借款；另一方面根据当地农业经济特点，将互助金投放到更多的农业行业中去，防止出现行业集中风险。

（3）强化事前控制，认真执行比例控制

针对发展中出现的违规冲动，一方面理事会成员操作过程中要注意加大审核力度，执行章程规定，确保公平公正；另一方面监督小组要切实肩负监督职责，强化事前监督，制止违规行为。另外，监管部门要根据现场及非现场监督和分析，对互助社违规行为进行监督和管理，对落实和追究理事会成员责任，加大惩戒力度，规范经营行为。

（4）加大借款后续监督，防止资金异化

针对挪用资金用途，尤其是脱离增收扶贫用途的要加大监督力度，通过提前收款、违约罚息、排除资格等手段打击不良习性，防范出现经营风险，并由此带来连锁的反向示范作用。

（5）强化风险拨备，提升抵御能力

在贫困社区资金互助社发展初期，受规模制约可以适当降低风险拨备，但随着逐步规范和规模增加，扶贫办要督促和引导互助机构按照制度设计，足额提取风险准备，提升互助机构的风险抵御能力，促进互助社健康运行。

（6）强化人员培训，提高经营水平

受历史和现实以及自身条件的限制，贫困地区社员从农户中产生，文化水平较低，社员和管理者对市场经济的法制精神、信用文化、风险管理理念等都较为淡薄。多数管理人员受文化程度所限，金融知识基础薄弱，对互助社开展的金融业务活动风险防范意识不足，对贷款的审批、发放、回收行为操作不规范，经营水平低下，因此应建立互助社人才培训和吸收规划，定期组织开展人员培训，加强对资金互助社的管理人员进行有针对性的政策和业务培训，提高管理能力和业务水平，帮助资金互助社建立完备的章程，完善内控机制和业务操作流程。另外，还要广泛吸纳人才，提高管理人员素质，适时加强与银行业金融机构的合作，通过人员的交流等方式培养一批专业管理人才，提高经营管理水平，促进贫困社区资金互助社依法合规经营和可持续发展并达到预期的目标。

五、"叶县模式"的推广启示

（一）"叶县模式"持续发展的基本原则

贫困资金互助社的持续性可以分为两个层次，第一，操作持续性或操作的自负盈亏水平，即收入能够覆盖操作成本的水平；第二，社员社会满足持续性。

1. 操作可持续性的原则——自负盈亏

村级互助资金试点村庄在初期阶段工作量较大，收入很低，资金的占用费收入无法覆盖操作成本。根据统计，在项目运行的第一年中，理事会成员每月需要在互助社的工作时间一般在 6~7 天。执行小组长每月需要在社区资金的管理上花费 5~6 天时间，监督小组长 4~5 天，会计每月花费 7 天左右。随着管理的成熟和操作的熟练，理事会成员一般每月的工作时间集中在 3~5 天。相反，由于互助社初期占用费收入较低，第一年很难覆盖费用支出。随着逐步走向成熟，借款规模不断增大，从第 2 年起，互助金占用费收入逐渐增加，基本可以覆盖相应的费用开支和管理费支出，实现操作自负盈亏水平大大提高。按照目前叶县贫困社区资金互助社的分配标准，占用费的 30% 转入互助基金，10% 转入村公益金，60% 用于支付办公经费和管理费用。从年度收益及分配情况表中可以看出，2007 年开始运转的 2 家互助社，收取的占用费根本不足以覆盖费用支出。由于 2008 年和 2009 年，分别新成立互助社 26 个和 41 个，因此，2008 年和 2009 年没有可比性。从 2009 年起，互助社总共设立 69 个，一直到 2011 年均为 69 个，2010 年以后的数据参考价值更高。2010 年，69 家互助社实现占用费收入 42.22 万元，互助社工作人员获得工资补助 169 915 元。按照实际的每个互助社理事会配备 5 名成员计算，69 家互助社配备 345 名工作人员人均获得工资补助 492.51 元。2011 年，实现占用费收入 69.04 万元，获取工资补助 299 513 元，人均获得工资补助 868.15 元。2012 年，70 家互助社实现占用费收入 87.52 万元，350 名工作人员获得工资补助 377 051 元，人均获得工资补助 1 077.26 元。根据扶贫办的统计，按照目前的规模和实际情况，理事会成员每月的工作量为 4～6 天，平均工作时间按人均 5 天计算，2010 年日均工资 7.7 元，2011 年日均工资为 14.47 元，2012 年为 17.95 元，日均工资已经接近当地农村的收入水平。与当前叶县村干部年实际工资 3 000 元的收入相比，考虑工作量因素，其实际收入应高于村干部收入。随着互助金规模的不断增大，理事会成员的收入仍会不断提高。另外，理事会成员在村庄中为本村村民服务，除经济收入外，乡村社会地位有所提高，村镇个人影响力有所提升。因此，目前理事会成员的收入已经基本与其付出的劳动相匹配。同时，理事会的管理费用主要是启动阶段开办成本高，为 2 000～5 000 元。日常的办公费用很低，每年的各种凭证及相关耗材花费基本为 1 000～2 000 元。互助社目前的现状，已经基本实现村庄低水平可持续运作。表 6 给出了互助社各年度收益的分配情况。

表 6			各年度收益及分配情况表			单位：元
项目 ＼ 年份	2007	2008	2009	2010	2011	2012
收取占用费	1 288.20	24 190.10	199 898.00	422 228.00	690 427.00	875 233.00
其中：公积金	804.10	7 257.03	89 000.90	130 880.00	207 128.00	258 099.00
公益金		1 737.15	31 710.80	43 208.40	69 042.80	86 032.50
农户互助金分红	97.65		0.00	0.00	0.00	0.00
办公经费	386.46	4 749.73	56 847.60	78 424.60	114 744.00	139 144.00
工作人员工资补助		10 455.20	121 671.00	169 915.00	299 513.00	377 051.00

当然，由于互助社处于初级阶段，上述描述和分配方案没有考虑到制度设计的风险准备金拨备。一方面是由于目前还款比较及时，逾期借款率仅占 0.6%，目前逾期的借款也没有造成损失；另一方面，如果按照 2012 年底借款余额 1 013.52 万元，计提 1% 风险金 10.1 万元冲减占用费，按照比例计提后的费用不足以支付日常开支和人员补助。在目前整体情况下，互助社的收入水平仅仅能够覆盖费用支出和人员工资补助，尚没有能力计提风险准备金。

我们对叶县西刘庄村（见表 7）和韩庄村（见表 8）贫困社区资金互助社的

经营情况进行分析，从其收益分配情况表来看，随着互助社管理的日益提高和互助资金额度的增加，两家互助社的收入与支出均呈增长态势，而且增速较快。2008年西刘庄和韩庄分别收取占用费7 154元和6 818.63元，按比例提留后基本可以满足日常的经费开支，可以做到覆盖费用，但理事会人员工资补助明显过低，人均工资补助显然与工作付出不匹配。2011年，两家互助社的互助资金分别达到了18.88万元和18.25万元，分别实现占用费收入13 916.8元和11 464.46元，人均工资补助达到1 252.51元和920.53元，人均费用分别为417.5元和455.2元，日均工作收入分别达到20.88元和15.34元，略低于当地农村日均工资收入，无论是收入水平还是费用支出均可被收入完全覆盖。需要指出的是，大部分理事会成员与村干部重叠，理事会成员的互助社工资补助与其村干部工资重叠，两项收入叠加，基本可以满足村干部的收入意愿。从实际走访来看，目前尚没有理事会成员因报酬过低而影响其工作积极性。另外，根据互助社理事会成员反映，在当前的规模和条件下，理事会成员的收入不易过高，月均100元的工资补助基本合理，如果收入过高，会对村民和社员造成不良影响，影响农户加入互助社的积极性，进而影响互助社的长远发展。

表7　　　　　西刘庄贫困社区资金互助社收益及分配表　　　　单位：元

项目	年份	2007	2008	2009	2010	2011	2012
互助资金构成	互助资金总额	114 511.00	119 865.00	125 984.00	130 973.00	188 848.00	358 764.00
	其中：政府安排互助资金	100 000.00	100 000.00	100 000.00	100 000.00	150 000.00	300 000.00
	农户缴纳互助金	14 000.00	17 100.00	19 900.00	21 600.00	25 300.00	38 300.00
年度收益及分配情况	当年收取占用费	815.20	7 514.00	11 063.80	10 964.00	13 916.80	23 049.80
	其中：公积金	511.33	2 254.20	3 319.14	3 289.20	4 175.04	6 914.90
	公益金		751.40	1 106.38	1 096.40	1 391.68	2 305.00
	农户互助金分红	59.31	0.00	0.00	0.00	0.00	0.00
	办公经费	244.56	1 502.80	1 659.57	1 644.60	2 087.52	2 305.00
	工作人员工资补助		3 005.60	4 978.71	4 933.80	6 262.56	11 524.90
理事会成员（5名）收入情况	人均工资补助（年）	0.00	601.12	995.74	986.76	1 252.51	2 304.98
	人均办公经费（年）	48.91	300.56	331.91	328.92	417.50	461.00

表8		韩庄村贫困社区资金互助社收益及分配情况表				单位：元	
项目	年份	2007	2008	2009	2010	2011	2012
互助资金构成	互助资金总额	114 200.00	116 600.00	117 800.00	119 200.00	182 472.00	355 180.43
	其中：政府安排互助资金	100 000.00	100 000.00	100 000.00	100 000.00	150 000.00	300 000.00
	农户缴纳互助金	14 200.00	16 600.00	17 800.00	19 200.00	20 800.00	37 200.00
年度收益及分配情况	当年收取占用费	473.01	6 818.63	10 558.00	9 089.50	11 464.46	21 028.28
	其中：公积金	292.77	2 045.59	3 167.40	2 726.85	3 439.34	6 308.48
	公益金		0.00	1 055.80	908.95	1 146.45	2 102.83
	农户互助金分红	38.34	0.00	0.00	0.00	0.00	0.00
	办公经费	141.90	1 165.00	1 843.00	1 004.50	2 276.00	1 616.97
	工作人员工资补助		3 608.04	4 491.80	4 449.20	4 602.67	11 000.00
理事会成员收入（5人）	人均工资（年）	0.00	721.608	898.36	889.84	920.53	2 200.00
	人均费用（年）	28.38	233.00	368.60	200.90	455.20	323.394

2. 互助社资金规模的基本原则

（1）利润收入规模的基本原则

由于2007—2009年分别有大量新的互助社成立，因此这3年的数据不可比。目前互助社执行的利率多为月息8厘至1分不等，但执行8厘居多，剔除资金闲置因素，按照目前的数据来看，运行2~3年后基本可以达到年收益率6%左右。如果按照20万元的规模计算年收益可以达到12 000元，按照60%的运行经费提取，费用和工资补助可以达到7 200元，人均月收入100元，年办公经费1 200元，基本可以覆盖日常的运行成本。

表9		叶县贫困社区资金互助社利润变化表				
年份 项目	2007	2008	2009	2010	2011	2012
互助资金总额（元）	229 004.10	1 667 711.13	8 189 012.05	8 847 171.71	10 928 153.45	14 300 076.80
占用费收入（元）	1 288.20	24 190.10	199 898.00	422 228.00	690 427.00	875 233.00
利润率（%）	0.56	1.45	2.44	4.77	6.32	6.12

表 10　　　　　　　　西刘庄与韩庄互助社资金收益对比表　　　　　　单位：元,%

项目	年份	2007	2008	2009	2010	2011	2012
互助资金总额	西刘庄	114 511	119 865	125 984	130 973	188 848	358 764
	韩庄	114 200	116 600	117 800	119 200	182 472	355 180
占用费收入	西刘庄	815. 20	7 514	11 063.80	10 964	13 916.80	23 049.80
	韩庄	473. 01	6 818.63	10 558	9 089.50	11 464.50	21 028.30
利润率	西刘庄	0. 71	6. 27	8. 78	8. 37	7. 37	6. 42
	韩庄	0. 41	5. 85	8. 96	7. 63	6. 28	5. 92

从西刘庄与韩庄两个互助社的实际数据来分析，西刘庄互助社执行的利率为月息 8 厘，韩庄互助社执行的利率为月息 7 厘，因此从整体上看西刘庄互助社的利润率略高于韩庄互助社。两者在 2011 年均实现了费用覆盖，正常运转。当年两个互助社的互助金总额都在 18 万元以上，因此，如果仅仅考虑正常运转，20 万元的互助金总额可以基本实现低水平的正常运转，但仍然实现不了互助金风险拨备。

（2）资金规模的基本原则

数据显示，截至 2012 年末，叶县 70 个互助社行政村总共 19 553 户农户，村均 279 户。入社农户 7 934 户，村均 113. 3 户。实际上各村因实际情况不同，入社农户差异较大。如西刘庄村入社农户为 202 户，韩庄村为 179 户，杜楼村入社农户为 46 户，府君庙村为 76 户。

表 11　　　　　　每村 15 万元财政配套资金，200 户农户社会需求测算

财政资金（元）	社员数（户）	会员费（每户300 元）	会员费（每户500 元）	互助资金总额（元）	周转次数	每年发放贷款总额（元）	户均贷款3 000 元户数	占总户数比率（%）	户均贷款5 000 元户数	占总户数比率（%）
150 000	200	60 000		210 000	1. 2	252 000	84	42.00		
					1. 5	315 000	105	52.50		
150 000	200		100 000	250 000	1. 2	300 000			60	30
					1. 5	375 000			75	37. 50

我们以一个村的入社户数为 200 户农户，每户缴纳 300 ~ 500 元的会员费，贷款额度以会费的 10 倍为上限进行测算，如果会费设定为 300 元，则该村的互助资金总规模为 21 万元。由于试点村都采用按月分期还款的方式，资金的使用效率一般可以放大到 1. 2 ~ 1. 5 倍。如果户均借款按 3 000 元计算，则该村入社

社员平均 2 年左右可以获得一次贷款；如果按会费标准 500 元计算，该村互助资金总规模可以达到 25 万元，如果按照户均借款 5 000 元计算，则入社社员大约每 3 年可以获得一次贷款。如果 3 年才能获取一次信贷支持，这显然不能满足村民的贷款需求，会影响到村民的参与积极性。为此，对于社员农户 200 户、总规模在 20 万元左右的互助社，建议以 300 元入会费为标准，3 000 元贷款规模上限为佳。这样就基本可以保证入社农户在 2 年时间内就可以获得贷款机会。

当然，20 万元的规模可以低水平运转，解决基本问题，但难以满足风险拨备和农户日益高涨的资金需求意愿。在走访的过程中，我们向各个村互助社征求意见，大部分互助社理事长认为一个村级的互助社，如果能够兼顾各方面的利益和要求，基本 30 万~50 万元的总规模即可满足现阶段农户资金需求和工作人员薪酬愿望，各方面的诉求均能实现。相当普遍的理事长认为村级互助社的资金规模不易突破 50 万元，他们认为更大的规模往往会引起各方面诉求的膨胀，互助社带来的经济利益会被产生的社会争议和矛盾所冲淡，互助社的综合效益会出现转折，社会效能可能下滑。

综上分析来看，基本上 200 户社员的互助社互助金规模达到 20 万元即可实现理论上的低水平运转，达到自身正常运作和农户的基本需求。规模达到 30 万~50 万元，基本可以满足各方面的需求，但 50 万元的规模应为上限。因此，贫困地区资金互助社在发展初级阶段，20 万元可以实现低水平运转，在当地经济发展到一定的规模，社会环境进一步优化，理事会成员经营能力进一步提高的基础上可以适当增加规模，直至达到 50 万元的水平。

（二）"叶县模式"对贫困资金互助社普及推广的启示

1. 区域的贫困性瞄准

以信贷为基础的互助资金成功的先决条件是农户对小额度的资金有需求，并且没有从其他渠道得到满足。从实际情况看，对小额资金的需求不仅受到当地农村经济发展水平和经济结构的影响，而且也与当地金融机构（特别是信用社）现有的金融服务有关。一般而言，经济发展水平较高和信用社覆盖农户比例高的村庄不适宜开展互助资金项目。这样的村庄不仅需要的是大额资金，往往也是信用社的优先服务对象。在这样的村庄发展互助资金，如果借款额度小，基本上没有什么需求，而在资金总额一定的情况下提高额度就只能服务少数农户，而且这些农户一般都能从信用社借到资金。最终的结果是不仅不能扶贫，反而与信用社形成竞争。因此，缺乏金融服务的贫困村是农村贫困社区资金互助社普及推广的基础，这也与财政扶贫资金的性质和投向一致。

2. 良好的"熟人社会"环境要求

贫困社区资金互助社必须建立在一个良好的"熟人社会"环境之上，因为农村贫困地区本身受农业经济的高风险影响较大，投资和经营风险面临的不确定性更大，信贷资金风险较高。另外，受经济规模和担保资产的限制，资金的安全性不能受资产保障，基本上都是靠农户的信用借贷和互助组之间的信用担保。只有在良好"熟人社会"背景下，农民和互助社之间的借贷行为不是一次性博弈，而是一种重复博弈。互助社和农民之间的行为选择是理性的，经济利益不是双方考虑的唯一因素，在"熟人社会"中，名声作为一种非物质报酬更被双方所看重。

3. 范围的行政村限制

农村贫困社区资金互助社是建立在"熟人社会"环境之上的，同一行政村内，村民之间相互了解，"熟人社会"的熟悉关系能够更好体现，一旦突破行政村的限制，"熟人社会"的地域环境进一步扩大，理事会成员辐射度将难以达到。另外，农村地区和农民受小农意识影响较深，在贫困社区资金互助社"脱贫"优先的原则下，各行政村之间容易在经济利益面前产生隔阂和矛盾，破坏"熟人社会"的环境和条件，为互助社的进一步发展埋下障碍。所以，互助社的普及推广要以行政村为范围限制，严格遵守"不跨村"的原则。

4. "联保"的互助小组制度

互助小组制度的引入，将不同社员之间的利益捆绑一起，为"熟人社会"关系创造了更佳的监督和制约模式。同时，有效地解决了农村地区资产担保的难题。根据我们对农户的调查，20个被调查对象除5家农户获取信用社借款外，其余15个人有11个认为没有获取银行贷款支持的原因是无担保资产或没有合适的担保人，占全部被拒贷款的73.33%。可见，有效担保是解决农户获取金融支持的主要条件。互助小组制度的引入，解决了农户资金支持的担保瓶颈，并在实际运行中发挥了良好的经济和社会作用。

5. 理事会成员与村委会干部适度兼职

叶县贫困社区资金互助社政府拨付的互助金明确表明为村集体所有，村委会作为行政村的代言人，显然拥有知情权和管理参与权。在实际操作中，70家互助社的理事长绝大部分由村委书记或村主任兼任。个别没有兼任理事长的，也通过执行组长或监督组长的职位进入互助社理事会。实践表明，在农村目前的社会经济环境条件下，村委会干部与理事会成员重叠是互助社顺利运作的重要保障。第一，互助社良性发展需要稳定的干群关系和和谐的村委领导班子。第二，村委会作为互助金政府拨付部分的所有人，互助社发展需要与村委会进行沟通，村委干部兼职理事会成员能够解决沟通上的障碍。第三，由于初级阶段理事会成员的报酬相对较低，长时间低报酬的工作必然影响理事会成员的工作积极性，也给理事会成员造成寻租借口，影响互助社的发展。村干部的兼任，可以获取村委干部工资和互助社工资补助双份补贴，能够有效缓解互助社报酬较低的难题，提高理事会工作人员的积极性。

当然，随着互助社的发展和规模的壮大，适当引进非村委会干部进入理事会更具有公平性，吸引非村民的专业人士加入互助社也有利于互助社的发展壮大。

6. 坚持"一户一票"的合作制模式

合作制实行的是"一人一票"的参与式管理模式。这种所有制模式最大的特点就是"一人一票"，可以有效防止一股独大，股份决定权力的现象。实行以"户"为社员单位的制度设计，实际上形成了"一户一票"制，避免了因部分农户由于家族成员过多而形成对互助社的家族式控制，较传统的"一人一票"合作制更体现互助社的公平性和普惠制原则。由于贫困社区资金互助社主要的资金来源于财政扶贫资金，而且资金的所有权归全体村民所有，扶贫资金优先用于解决贫困户的增收和脱贫问题。另外，贫困社区资金互助社采用的是普惠政策，并没有明确排除富裕户，只是通过强调贫困户优先的原则和采用控制额度和分期还款的方式来保证贫困农户能有机会使用资金。这种资金的性质决定了资金的运作必须兼顾效率性和公平性，而"一户一票"的合作制模式，恰巧达到了两者的结合。实践也表明合作制与叶县贫困社区资金互助社完全相适应，并在实践中发挥出越来越突出的优越性。

7. 必要的财政资金支持

农村贫困地区本身就处于经济不发达的区域，经济规模较小，农民收入较低，多数农户仍处于贫困线以下，农民自有资金有限，仅仅依靠农民自身筹集互助社资金显然难以实现。因此，贫困地区资金互助社的互助金主力仍然是以财政注资为主，农户自筹为辅。农户缴纳一定额度的会员费，主要是增强农民的参与意识和自我约束意识。增收扶贫，提高贫困地区的农民收入，本身就是政府的职责，因此这种通过财政注资的方式符合国家的政策和财政使用原则。同时，通过探索和多种比较，显然这种通过扶贫基金方式引导农户筹资参与相比较其他直接给予资金安排成效更好，能够充分发挥其良好的经济效应和社会效应。因此，在贫困地区社会资金有限的条件下，财政资金注资应当是贫困地区资金互助社的主要资金来源。

当然，在目前各级地方财政并不宽裕的条件下，贫困村资金互助社的启动资金来源可探索通过以下几种方式解决。

一是积极向国务院扶贫办申请，凡是符合贫困标准和条件的地区，以县为单位，通过各级扶贫机构逐级向国务院扶贫办申报，争取获取此类国家层面上的扶贫专项基金。实践中，除叶县试点外，河南省信阳、安阳等地的县（市），以及平顶山鲁山县均通过申请获得了批准，部分地方资金已经划转到位。二是暂时争取不到资金支持的县（市），可以利用现有的年度扶贫基金，在不增加财政负担的情况下，积极向省级扶贫部门和财政部门申请此类项目的专项资金，每年安排10%～20%的扶贫资金计划额度对县域贫困村进行推广，逐年增加财政投入，解决资金问题。相比较一次性投入基建项目，我们认为这种"授人以渔"的方式比"授人以鱼"的资金投入更具有社会功效。三是财政收入相对宽裕的县（市），可以考虑通过财政预算的方式自筹资金进行财政投入，提高财政资金的使用效率。

8. 坚持非盈利性原则

由于贫困地区资金互助社的资金来源主要是财政扶贫资金，这种资金的性质决定了互助社的主要功能应该是增收扶贫优先，尤其是应该对贫困户和妇女给予倾斜支持。这既是资金互助社的资金性质决定的，也是国内外贫困地区互助机构探索的成功经验。如果互助社追求利润最大化的目标，那就失去了贫困地区互助社增收扶贫的意义。当然，互助社收取一定的资金占用费或者利息，主要是满足自身的正常运转和风险防范的需要。互助社的利润分成应该随着规模的增大有所调整，降低费用列支，重点寻求新的增收扶贫突破点。

9. 适度的外部监管

贫困社区资金互助社尽管由村民自主管理，但实践表明，任何脱离监管的机构和行业都不能长期稳定地生存和发展。尤其是互助社这种带有金融性质的高风险机构，更需要有专门的机构（特别是县乡两级）来提供外部监管和服务，及时发现运作中的问题，协助解决村级互助社自身难以解决的问题。尤其是在互助社发展的初期，村级监督小组的工作还不能完全适应内部监督要求的时候，外部监督尤为重要。只有当内部监督逐渐发挥作用的时候，外部监督才能逐步减少。给予适度的外部监管是互助社规范发展的重要保证。

10. 不吸储、不分红、封闭运行、分散经营原则

贫困地区农村资金互助机构是不以盈利为目的的合作互助机构，其不是金融机构，而且在贫困这一现实没有改变前，其自身不能也难以发展成为金融机构。同时，互助社的经营管理水平、内部控制水平、外部监督能力也没有条件使之成为金融机构。资金封闭运作和业务分散经营实现合作制和普惠制准则的要求。社员缴纳互助基金，是社员获取服务资格的要求，并不是社员投资收益的要求。不吸储、不分红一方面排除了资金的逐利性要求，另一方面，这种原则坚持可以保证互助社没有外债负担，可以将经营失败的社会影响控制到最低。

11. 适度的政府介入

互助社的注册、成立、生存、发展、外部协调、矛盾调解无不与地方环境

紧密相关，地方政府的重视与否直接关系到互助社的生死存亡。从叶县的实际情况来看，互助社的每一个环节无不与地方政府的支持有关。无论是制度的设计和落实、社会宣传、村庄的选择、互助社的成立，还是机构的注册、理事会成员的选举、人员的培训均离不开地方政府的强力支持。尤其是前期准备，需要地方政府投入大量的物力和人力作为保障。地方政府的适度介入是互助社健康发展的基石。

12. 竞争性的区域选择

在互助社资金有限的情况下，不可能对全部具备条件的农村区域进行普及推广，在区域选择上制定科学合理和公平公正的竞争方案，实行多指标、多部门公平的竞争机制，既可以解决决策过程中的寻租行为，又可以降低普及推广过程中的地方矛盾。另外，通过竞争，可以提高贫困地区优化外部环境和条件的积极性，有利于创造更好的社会环境，实现互助社的"正向示范"效应。

六、结论与展望

（一）研究结论

本文在对贫困社区资金互助社理论分析和实践介绍的基础上，选择叶县贫困社区资金互助社这一典型案例进行了研究。通过对叶县贫困社区资金互助社的深入调查和数据统计，指出了该互助社发展的制约瓶颈并提出相应的政策建议，另外还对该模式可持续发展的经验进行总结为资金互助社的推广给出启示。本文研究结论如下。

第一，通过比较农户参加互助社之前和之后的情况，叶县贫困社区资金互助社对缓解贫困社区资金紧张状况和对贫困农户的扶贫效果都十分明显，而且该互助社还增强了农民的诚信意识，促进了农村文明和谐。

第二，随着互助社的进一步发展，一些瓶颈制约因素逐渐显现。如资金规模小、缺乏规模效应；内部机制不完善，经营风险较大；人才缺乏，经营水平较低等等。一些违规现象开始出现。另外，互助社仍然身份不明，缺乏相关的法律法规对其支持和监管。

第三，要促进叶县资金互助社的完善与发展，既需要从国家层面上完善法律法规，明确法律地位，提供法律支撑，又需要从地方政府层面上探索建立农业保险制度，加强农户投资培训引导；成立专门管理机构，丰富监管手段，加强监督管理，降低互助社外部风险；调整资金配置方案，提升资金规模，满足实际需求。同时，叶县贫困社区互助社也需要完善内控制约机制增强内部控制；强化人员培养，提升经营水平；完善市场运行机制，控制资金风险。

第四，根据叶县资金互助社的运行情况总结，基本上 200 户社员的互助社互助金规模达到 20 万元即可实现理论上的低水平运转，达到自身正常运作和农户的基本需求。规模达到 30 万～50 万元，基本可以满足各方面的需求，但 50 万元的规模应为上限，超过则可能导致利益冲突和矛盾加剧。在利率方面，贫困地区农村资金互助社合理的利率水平应该是在月息 7‰到 10‰之间。

第五，叶县贫困社区资金互助社的成功也为其进一步推广给出启示。如坚持区域性、合作制、竞争性、非营利性、封闭运作、分散经营等原则。同时，互助社的进一步推广也需要地方政府的强力推进，政府资金的配套支持，"熟人社会"的环境培养，必要的外部监管和适宜的人员安排，等等。

（二）进一步研究的展望

贫困地区农村资金互助机构的发展和完善任重道远，关键在于科学规划，完善机制，政府推动，部门配合，合作模式，区域定位，封闭运作，分散经营。同时要在人员、技术、资金上予以支持，不同地区要结合实际，以叶县贫困社区互助社的模式为参考，选择适合开展的贫困区域，坚持普及原则，积极推广普及，希望叶县贫困社区资金互助社模式可以在更大的范围和领域进行普及推广，解决农村贫困地区发展的金融抑制问题，提高农村贫困地区农民收入，为"三农"经济发展提供金融补充服务，推动贫困地区社会主义新农村建设。

虽然我们的课题研究告一段落，但是，关于贫困地区农村资金互助机构的研究却没有结束，我们在今后会沿着这一问题，进一步深入研究更多的实践和模式，为贫困地区农村资金互助机构的发展找到一个更加合适和优越的模式，为推动贫困地区农村经济发展提供更多的参考和选择。

参考文献

［1］程郁，韩俊，罗丹．供给配给与需求压抑交互影响下的正规信贷约束：来自 1 874 户农户金融需求行为考察［J］．世界经济，2009（5）．

［2］国务院扶贫办，财政部．关于开展建立"贫困村村级发展互助资金"试点工作的通知．国开办发〔2006〕35 号，2006.

［3］国务院扶贫办政策法规司．国家扶贫开发工作重点县和连片特困地区县的认定［EB/OL］．国务院扶贫办，2013－03－01.

［4］吕焱．贫困村村级互助资金发展的理论基础与运行条件研究［J］．农村金融研究，2010（5）．

［5］罗荷花，李明贤．农村资金互助社试点中的问题及对策［J］．湖南农业大学学报（社会科学版），2008：9（6）．

［6］马九杰，周向阳．农村资金互助社的所有权结构、治理机制与金融服务：案例分析［J］．江汉论坛，2013（5）．

［7］田霖. 我国农村金融排斥与过度负债［J］. 金融理论与实践, 2012 (2).

［8］王宇欣. 哈尔滨市贫困村"发展生产互助资金"的研究［D］. 东北农业大学, 2010 - 09.

［9］夏英, 宋彦峰. 以农民专业合作社为基础的资金互助制度分析［J］. 中国合作经济评论, 2010 (1).

［10］闫海洲, 张明珅. 金融包容性发展与包容性金融体系的构建［J］. 南方金融, 2012 (3).

［11］中国银行业监督管理委员会. 关于调整放宽农村地区银行业金融机构准入政策 更好支持社会主义新农村建设的若干意见. 银监发〔2006〕90 号, 2006.

［12］中国银行业监督管理委员会. 中国银行业监督管理委员会关于印发《农村资金互助社管理暂行规定》的通知. 银监发〔2007〕7 号, 2007.

［13］中国银行业监督管理委员会. 中国银行业监督管理委员会关于印发《农村资金互助社组建审批工作指引》的通知. 银监发〔2007〕10 号, 2007.

［14］周天芸, 周彤. 中国农村人际圈层与抵押替代的实证分析［J］. 中国农村观察, 2012 (1).

［15］周小川. 推进包容性金融发展［J］. 求是, 2013 (18).

［16］周振, 陈东平, 田妍. 农村金融的诱致性制度变迁改善农户福利了吗［J］. 农村经济, 2011 (7).

［17］Benjamin Feigenberg, Erica M. Field, Rohini Pande. Building Social Capital Through MicroFinance. NBER Working Paper No. 16018, May 2010.

［18］Hans Dieter Seibel. Mainstreaming Informal Financial Institutions. *Journal of Developmental Entrepreneurship*, Vol. 6 No. 1 (April 2001): 83 - 95.

金融支持农民专业合作社发展的调查研究

——基于河南省新型农民专业合作组织发展的调查分析

河南财经政法大学课题组①

摘要： 发展农民专业合作社是当前我国农村经济体制改革的重要内容，也是解决我国农户小生产与大市场之间矛盾、提高农户参与市场竞争的能力、增加农户收入的根本举措。2007 年《中华人民共和国农民专业合作社法》正式实施以来，我国的农民专业合作社发展迅速，到目前为止已经形成一定规模。然而，从整体上来看，我国的农民专业合作社整体发展水平不高，还存在诸多问题。其中，资金短缺问题尤为突出，这成为制约农民专业合作社进一步发展的重要原因。农民专业合作社的数量众多、资金缺口较大，仅仅依靠政府财政补助远远不能满足其发展需求，探索一条通过农村金融支持农民专业合作社发展的道路成为必要选择。尽管多年来农村金融对农村经济的发展起到了重要的作用，但是当前农村金融机构对农民专业合作社的资金供给仍然严重不足，主要表现为农村信贷资金供给数量不足、信贷资金的供给结构错位、信贷服务效率低下等方面。为此，提出建议对策：为农民专业合作社融资创造良好的政策环境；确立农民专业合作社法律保障系统；尽快加强和完善农业保险体系和担保制度；进一步创新现有金融管理体制；规范农村的民间借贷与农村金融活动，构建真正的农业合作金融体系。

关键词： 农民专业合作社　农村金融　农村金融支持体系

一、我国农民专业合作社发展现状

农民专业合作社是指在家庭承包经营的基础上，由农民自愿参加，围绕信

---

① 课题主持人：王桂堂；
　课题组成员：闫盼盼、王久莲、赵紫剑、原亚辉、马明、李甜甜。

息、技术、收购、储运、加工、销售等环节，通过入股建立的一种互助合作经济组织。

我国农民专业合作社从 20 世纪 80 年代开始萌芽，但真正起步是在 20 世纪 90 年代。经过一段时间的发展，尤其是在 2007 年 7 月 1 日实施的《中华人民共和国农民专业合作社法》颁布之后，我国的农民专业合作社已经稍具规模，并且正处于加速增长状态。根据国家工商行政管理总局发布的《2011 年上半年全国市场主体发展总体情况》，截至 2011 年，农民专业合作社实有 44.6 万户，比上年底增长 17.66%，出资总额 0.57 万亿元，比上年底增长 26.12%。其中 2011 年上半年新登记农民专业合作社 6.44 万户，比上年同期增长 0.36%，出资总额 0.11 万亿元，比上年同期增长 31.95%。

（一）覆盖面不断增大

调查表明，我国部分省份和地区农民专业合作社的数量规模不断扩大，农民专业合作社的覆盖面也相应增大，呈现了加速增长的趋势。如表 1、图 1 所示，2007 年《中华人民共和国农民专业合作社法》颁布以后，农民专业合作社更是高速发展，截至 2010 年，全国的农民专业合作社的总数已经达到 379 058 个，比 2009 年同期增长 53.61%。2012 年底，全国农民专业合作社的数量已经超过了 55 万个，实有入社农户 3 870 万户，约占全国农户总数的 15.5%。

表 1　　　　　　2007—2012 年我国农民专业合作社数量增长情况　　　　单位：个

年份	2007	2008	2009	2010	2011	2012
数量	26 700	100 900	246 762	397 058	485 000	552 000

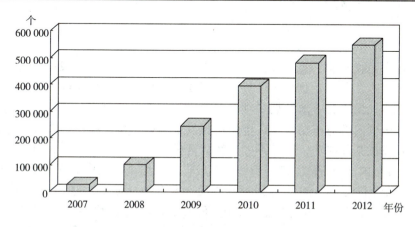

资料来源：根据各年度《中国农业年鉴》数据整理。

图 1　2007—2012 年我国农民专业合作社数量增长趋势

（二）产业涉及广泛

目前，农民专业合作社从事的产业分布广泛，几乎遍布了农村各个行业和领域。合作组织开展的经营和服务涉及了种植业、畜牧业、水产业、林业、农产品加工与手工业、农机服务、农产品运销、物资供销、技术信息、水利建设等 10 个行业。现有合作组织的主要经营服务活动，大多数是围绕发展当地主导产业和特色产品建立起来的。合作社的服务集中在种植业、农产品运销、养殖业、农产品加工领域。但总体看来，主要集中在种植业、养殖业。其中，从事种植业的合作社占三成以上；从事养殖业的合作社，占近三成；从事其他产业的合作社占四成，如图 2 所示。

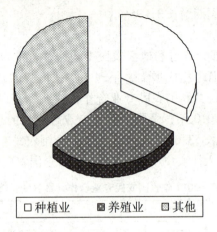

□ 种植业　■ 养殖业　▨ 其他

资料来源：根据有关网站数据整理绘制。

图 2　农民专业合作社产业构成

（三）资本规模总体偏小

我国农民收入水平低，对农民专业合作社的投入能力很有限。在目前的法律政策环境中，农民专业合作社贷款、借款都有相当的难度，这些因素导致农民专业合作社无法有效地开展各项业务活动，扩大经营规模，提高竞争力，难以在更大范围内参与市场竞争，增强自我发展后劲。目前我国绝大多数农民专业合作社发展基础薄弱，硬件不硬，经营规模小，综合实力不强，自我发展后劲不足。《全国工商行政管理局市场主体报告》数据显示，从出资规模看，截至 2012 年末，出资总额 100 万元以下的农民专业合作社最多，为 10.87 万户，比上年底增长 22.71%，占实有总户数的 78.85%，出资总额 100 万～500 万元的有 2.52 万户，增长 36.86%，占 18.43%，500 万～1 000 万元的有 2 720 户，增长 36.96%，1 000 万～1 亿元的有 987 户，增长 35.76%，1 亿元以上的有 12 户。偏小的农民专业合作社的规模在形成人的联合、规模的联合等方面的作用大为降低，严重制约着其作用的发挥，如表2所示。

表2   我国农民专业合作社资本规模情况   单位：个、%

资本规模	100 万元以下	100 万~500 万元	500 万~1 000 万元	1 000 万~1 亿元	1 亿元以上
数量	108 700	25 200	2 720	987	12
占比	78.85	18.43	1.98	0.718	0.022

资料来源：根据《全国工商行政管理局市场主体报告》有关数据整理。

（四）分布地域差异显著

一般在农业商品率高的地区专业合作社发展较快，规模较大，运行比较规范。山东、江苏、山西、浙江、河南等省都是农民专业合作社发展较快的地方，其合作社数量较高，而福建、甘肃、广东、河北、吉林等省份发展较为落后。

除了农民专业合作社的数量分布不均衡之外，对拥有农民专业合作社的乡镇数、拥有农民专业合作社的乡镇比重以及有实体型农民专业合作社乡镇的比重等指标的考察，也可以从另一个侧面反映出农民专业合作社分布的不均衡，其中浙江省、河南省、江苏省以及山东省的排位仍然靠前，说明了这些省份的农民专业合作社发展程度较高，而农业基础较为薄弱的广东、广西、西藏、贵州、海南[①]等省份发展程度较低，如图3所示。

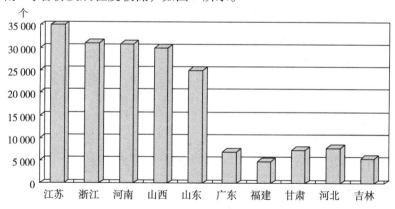

资料来源：根据《中国农业年鉴》有关数据整理。

图3   农民专业合作社分布情况

① "农业基础薄弱"分两种情况：一是该地区已进入工业化发展阶段，农业所占比重迅速下降，其地位对区域经济发展已无足轻重；二是因自然、历史等因素导致这些地区农业发展长期以来处于较低级的水平。

二、金融支持农民专业合作组织现状——以河南省为例

（一）农民专业合作社的资金需求

根据前面对农民专业合作社的发展情况、特征等分析我们得知，目前我国大多数农民专业合作社仍处于初创期，其所需要的资金主要用于对合作社成员进行产前、产中和产后的生产性服务以及合作社为扩大生产规模所进行的再投资。

目前，我国许多农民专业合作社的发展进入了一个新的发展时期，合作组织成员共同投资，兴建从事农产品加工的经济实体，成为一种趋势，是现时期的突出特点。我国农民专业合作社发展实际情况是发展比较好的、得到社员拥护的合作社必然拥有自己的经济实体，社员可以从与之交易中得到更多的利益。甚至有的以自己拥有的经济实体作为判断合作社能否发展壮大的重要标志。实体的兴办必然需要大量资金，能从各种途径得到资金支持建立经济实体的合作社的发展质量和发展速度得到提高，许多不拥有经济实体的合作社则由于不能满足社员的需求，功能得不到扩展而在市场竞争中逐渐消失。兴办经济实体服务内容由单一转为多元化，服务的系列化程度提高。经营范围也变广，合作社由于服务功能扩展对资金的需求大大增加。众多有条件的合作社都有扩大业务范围或经营规模的计划，而投资同样需要资金的支持。随着农民专业合作社的不断发展壮大，相应地对资金的需求也在增加。

1. 农民专业合作社的资金用途

目前我国大多数农民专业合作社仍处于初创期，其所需要的资金主要用于对合作社成员进行产前、产中和产后的生产性服务以及合作社为扩大生产规模所进行的再投资。

（1）生产性服务

对河南省焦作、南阳、信阳、济源、商丘、开封等地农民专业合作社的调查显示，这些合作社为成员提供的生产服务主要包括四个方面的内容。

①合作社统一组织销售社员产品。有80.17%的专业合作社为会员提供销售服务，接近一半的合作社制定了最低收购价格，对社员的农产品进行保价收购，大部分合作社对产品进行统一加工、统一包装、统一商标出售，需要大量的流动资金。调查表明，成员通过合作社销售的产品中，主要产品的销售额就达9 870.84万元。

②合作社为社员统一提供生产资料。有77.14%的专业合作社统一为会员提供生产资料，并多以低于市场价格或者赊购的方式提供，一些合作社还为经济困难的成员提供赊购服务，对特困社员提供无偿资金或农药、化肥等生产资料。

合作社提供的生产资料种类繁多，其中 19 种良种、肥料、饲料、农药和兽药是提供较多的种类。2011 年，焦作菡香沿黄稻米合作联社为会员提供的 3 种主要投入品的价值合计达到了 117.94 万元。

③合作社为会员提供技术培训，组织标准化生产。有 91.69% 的专业合作社为会员提供技术培训，组织标准化生产。合作社聘请专业技术人员作为合作社常年技术顾问，举办学习培训会，并利用集中资金进行新技术试验，试验成功后在成员中推广。此外，合作社对内部成员实行统一的技术标准，提供统一的技术服务，有条件的合作社还提供了无公害生产技术、有机农业生产技术方面的培训，大多数的培训活动都需要一定的资金投入。

④提供信贷支持，解决社员资金紧缺问题。信贷服务主要有两种方式：一是直接为成员提供贷款。调查显示，2011 年，115 个农民专业合作社中有 23 个（占 20%）合作社共为 1 349 个社员提供了直接贷款，平均每个合作社为 58 个成员提供贷款。二是为成员提供担保，从金融机构获得贷款。2011 年对 27 家合作社的调查表明，这些合作社共为 1 598 个成员担保贷款，平均每个合作社为 59 个成员担保贷款，担保一般不收取费用。南阳蘑菇协会、蔬菜协会等 5 家合作社自成立以来累计借给成员资金 341.1 万元，累计为成员担保贷款 952.3 万元。

（2）扩大经营规模

尽管目前农民专业合作社的总体发展水平并不高，但仍涌现出了部分初具规模的合作社，尤其是在那些农民合作基础较好、经济水平相对较高的地区，已经有一定数量的农民专业合作社发展较好，这些合作社的服务已不仅仅局限于生产资料供应、产品销售和技术服务等内容，而是开始谋求合作社自身的进一步发展，将服务内容延伸到了产后的储藏、营销、加工等方面，并建设自己的生产基地，大量引进新技术新品种，经营内容广泛。例如，济源市隆旺农产品加工合作社为了实现夏季蔬菜、瓜果的反季节销售，已经开始建造冷库储藏水果，与此同时为了获得更多的农产品增加值，开始扩建水果加工生产线。

2. 农民专业合作社的资金需求特点

（1）不同类型合作社资金需求量差别较大

由于我国不同地区的农民专业合作社以及同一地区不同行业的农民专业合作社的发展水平参差不齐，因此对资金需求的额度也存在较大的差距。对于那些仍处于初创期的农民专业合作社而言，其为社员提供的服务内容较为单一，规模不大，对资金的需求额度也相对较小；而那些已经初具规模的合作社正处于扩张期，因此对资金的需求额度相对较大。但从总体上看，我国农民专业合作社普遍对资金需求强烈，并且随着合作社的进一步发展，处于扩张期的合作社数量将大幅度增加，对资金的需求额度也会相应增大。

（2）对资金需求的期限具有多样性

由于农民专业合作社在一定程度上实现了农业的规模化生产，其对资金的需求已不再局限于传统的简单再生产的资金投入，而是遍布了农业生产的各个环节的服务和经营活动，不同环节所需要的资金周转期限存在的差异使农民专业合作社对资金需求的期限具有多样性。

如用于集中采购销售的资金周转最快；用于购买种子、化肥和农药的资金往往要等农产品收获后才能收回；如果是建造大棚、厂房、添置农业生产机械，则资金的周转时期就更长。另外，不同行业的农民专业合作社投入资金的回收期限也不相同：从事农产品运销服务的合作社资金周转相对最快，其次是进行种养业生产合作的合作社，进行农产品加工和农机服务的合作社由于对设备和厂房的投入相对较多，因此资金回收最慢。

（3）对获得资金的时效性要求很高

由于农业生产的周期性和季节性特点，农民专业合作社对于资金的需求往往也具有季节性的变化规律，尤其在收获季节对产品进行统一收购、统一出售时，对资金的需求常常来势较快，以便规避自然风险，及时把握市场信息出售产品，因此要求有一个方便、快捷的资金获取渠道。

（二）农民专业合作社的资金来源

农民专业合作社的资金来源通常可以分为社内资金和社外资金两个部分，社内资金主要包括农民专业合作社社员缴纳的股金和会费、合作社的盈利收入；社外资金主要包括国家财政补贴、企业借款、银行贷款和外部捐赠。对南阳、信阳、驻马店、周口4个地区77家合作社的调查表明，农民专业合作社营运资金的28.02%来自社员股金和会费，27.42%来自合作社营销利润，19.48%来自财政补助，企业和个人借款占14.76%，金融机构贷款占9.25%，外部捐助占1.07%。由于企业和个人借款难以统计同时具有不稳定性，外部捐助所占比例很少可以忽略不计，因此，我们可以认为农民专业合作社的资金来源主要是社员股金和会费、政府财政投入以及金融机构的贷款。我们首先就国家财政、社员股金和会费以及合作社营销利润对农民专业合作社的资金投入状况进行分析。

1. 政府财政投入

改革开放以来，随着全国范围内农村家庭联产承包责任制的建立，农业投资主体多元化的格局逐渐形成，以往由政府在农业投资领域占主体地位的格局逐渐改变，尽管财政资金投入的绝对量逐年增加，但从1978年到2011年国家财政对农业投入的变化趋势来看，农业支出占国家财政总支出的比重从总体上呈下降态势，农业支出占国家财政总支出的比重由1978年的13.43%下降到了

2011 年的 5%，下降幅度为 8.08 个百分点（见图 4）。当然，这其中有随着产业结构的变化，农业产值在国民经济当中比重不断降低的趋势因素，但这并不能掩盖农民专业合作社获得财政支持力度不足这样一个事实。并且，财政支农资金主要是支援农村生产和农林水利气象等部门的事业费、农业基本建设支出、农村救济和农业科技三项费用的投入，只有很少一部分资金直接用于支援农业产业化发展特别是农民专业合作社建设。

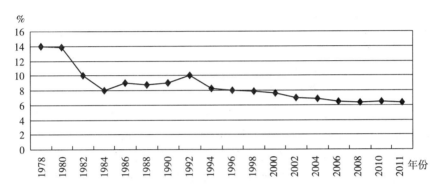

资料来源：根据各年度中国财政年鉴有关数据整理。

图 4　1978—2011 年财政对农业投入占比变化情况

从 2003 年起，财政部开始在全国选拔发展较好的示范性农民专业合作组织给予财政支持，但数量很少，到 2011 年，中央财政累计投入资金 3.5 亿元，共支持各类农民专业合作组织 1 700 余个，扶持数量仅占全国农民专业合作组织数量的 1.26%。地方财政在中央财政的带动下也安排一定的资金支持合作社发展，近年来安排的资金合计在 3 亿元左右，支持农民专业合作组织 2 000 多个，但仅占全国农民专业合作组织数量的 2.1% 左右。根据所获得的分省数据，财政资金对农民专业合作社的扶持中，平均每个合作社所获得的资金以江苏省最高，但也仅为 19.52 万元，最少的为辽宁省，仅 0.53 万元。值得指出的是，中央及地方财政对所扶持的农民专业合作组织的规模和发展状况都有比较高的限制，符合条件的合作社只是极少数，且两级财政资金对合作社的扶持有较多的重叠现象，一些合作社既是国家级示范合作社又是省级、市级示范合作社，大量的财政资金被极少数的合作组织占有，大多数处在初创期或遭遇资金瓶颈的合作社仍被排除在财政资金的扶持范围之外，这种现象在河南省也比较突出。

2. 合作社盈余资金投入

调查显示，目前我国农民专业合作社规模不大，实力不强，可支配的资金不多。据对南阳、信阳、驻马店三地农民专业合作社的调查，在调查的合作社中，约占一半多一点的合作社（83 个）有总资产和净资产数据，总资产在 300 万元以下的合作社占调查总数的 70.79%，其中，以 10 万~50 万元的居多，占调查总数的 24.72%。

表3　　　　　　　　　　83 家专业合作组织税后利润分配　　　　　　　单位:%

	公积金	公益金	风险基金	二次返利	按股分红（包括股息）	其他
平均比例	31.26	11.8	8.2	16.93	22.31	9.5

资料来源：2012 年实地调查资料汇总。

　　在被调查的合作社中，2011 年度单个合作社的营运资金较多集中在 10 万~50 万元，占有统计总数（107 个）的 37.34%；其次是 10 万元以下的和 50 万~100 万元的，分别占 31.13% 和 12.26%；100 万元以上的不多，1 000万元以上的仅有 3 家。只有约一半的组织（78 家）有公共积累，每家合作社平均 23.49 万元。公共积累主要集中在 5 万元以下，占有统计组织数（78 个）的 37.18%；其余是 5 万~10 万元和 10 万~20 万元，各占 16.67%；20 万~50 万元的占 15.38%；50 万~100 万元的占 7.69%；100 万元以上的占 6.41%（见表4）。

表4　　　　　　　　　78 家专业合作组织 2011 年底公共积累　　　　单位：万元,%

累额	0~5	5~10	10~20	20~50	50~100	100 及以上
频数	29	13	13	12	6	5
比例	37.18	16.67	16.67	15.38	7.69	6.41

资料来源：2012 年实地调查资料汇总。

　　3. 社员自有资金投入

　　部分合作社规定，缴纳入门费是成员的一项重要义务，大部分合作组织成员需要缴纳会费。农民专业合作社社员投入资金主要以股金和会费的方式，单个农户的这种低积累率必然造成社员缴纳的股金和会费数额很少，满足不了合作社日常运营和扩大规模的需要。

　　部分有经济实体的农民合作经济组织一般都要求成员最少缴纳一般股金，作为身份股，有的对成员认购的最高股数进行限制。据调查，每股股金的金额一般从 50 元到 100 元不等。合作组织举办经济实体，特别是加工企业的，股金标准相对较高，有的农民合作经济组织在章程中明确规定，股金永远归成员所有。大多数合作社规定股权可以在本组织成员之间流动，但要经过社员大会或理事会的同意。

表 5 信阳地区合作社成员缴纳会费和年费的情况 单位：元

合作社类别	会费		年费	
	核心会员	普通会员	核心会员	普通会员
茶叶合作社	1 000	100	20	20
蔬菜合作社	0	0	25	25
水果合作社	50	50	50	30
养殖合作社	500	100	100	100

资料来源：2012 年实地调查资料汇总。

4. 向正规金融机构融入资金

主要向农村信用社、农业银行、小额贷款公司、村镇银行及其他金融机构贷款。根据调查地农村信用社提供的资料，2002 年以来，该类贷款每年绝对额、比例都在增加，但依然远远赶不上专业合作社发展对资金的需求（调查数据及具体分析见下一部分）。

通过以上的分析我们不难得出结论，财政支农力度的不足，农民专业合作社盈利能力有限以及社员收入的较低水平，使以上各投资主体对合作社的资金投入严重不足，在农民专业合作社进一步发展面临迫切资金需求的情况下，可以预见在今后相当长的一段时间内，金融支持必然要在合作社发展中发挥关键性作用。

（三）调查问卷反映农村金融服务存在的不足

金融资本是现代农业发展必需的一种生产要素，金融资金是农业资金要素中的重要组成部分，现代农业发展所依赖的农业技术进步、农业公共投资以及大规模的农业私人生产投资都离不开金融支持。农民专业合作社的金融支持，是指在政府部门宏观调控和严格监管的前提下，通过市场机制直接配置资源的作用，农村金融机构对农民专业合作社法人提供的各种金融产品和金融服务，从而实现金融产业和合作社自身的快速发展和两者之间的协调互动。从狭义上来讲，农民专业合作社的金融支持就是指金融机构对农民专业合作社的信贷资金支持。从我国农民专业合作社的发展现状上来看，合作社目前在持续发展过程中最主要的金融需求仍是对资金的需求，合作社希望银行等金融机构能满足其经营过程中的流动资金需求和扩大生产规模的资金需求，以维持其正常经营和提高竞争实力。

通过调查发现，农民专业合作经济组织普遍反映，由于缺乏必要的外部融资途径，缺乏金融机构的支持，大多数合作社发展都处于资金极度匮乏的状态。因资金不足，许多合作组织仅能维持简单再生产状态，由于缺乏资金，新成立的合作社难以吸收专门人才、引进先进技术、应用最新科技成果，影响了合作组织健康发展。

1. 农民专业合作组织对金融服务的需求顺序与类型

（1）农民合作组织对金融服务的需求顺序

在本次调查中，通过座谈及调查问卷的方式了解到，针对新型的农民合作组织而言，对于有关金融服务需求顺序如下。

①贷款服务；

②贷款担保服务；

③通存通兑服务；

④结算服务；

⑤农业保险服务；

⑥贫穷地区的扶贫服务；

⑦合作社理财服务。

由以上顺序可看出，融资不足和融资困难位于金融服务短缺的第一位，第二位是贷款担保服务，实际上这一需求也是由贷款需求直接衍生出来的，正是因为贷款难，才会产生较为强烈的贷款担保需求。

（2）农民合作组织对金融服务需求的类型

从合作金融需求类型看，可简略分为以下三种类型，见表6。

表6　　　　　　合作社发展阶段与对应金融服务需求

类型	带动农户数量	资产规模（不包括土地）	生产经营特征	对应金融服务需求类型
初级萌生型：结构松散、规模较小	20～50户	2万～20万元	启动规模化生产，连接市场	小额信贷需求：满足流动资金需求
初级成长型：结构较紧密，具备规模化生产经营特征	50～100户	20万～100万元	发挥地域、资源、劳动力等方面比较优势，扩张规模，进一步向市场延伸	中等额度的信贷需求：满足流动资金及一部分固定资金的需求
初级成熟型：治理结构比较完善，已经具有农业企业的雏形	100户以上	100万元以上	规模化、标准化生产经营，与市场紧密衔接	较大额度的信贷需求及相关的综合金融服务：满足全方位联结市场的需求

资料来源：2012年实地调查资料汇总。

以上只是对农民合作组织的金融需求类型做一个大致的分类，这种分类是基于河南省农民合作组织典型特征作出的。全国其他地区的农民合作组织可能与之有一些差异，但由于河南省是农业大省，因此这一分类可以代表我国中西部大部分省区的实际情况。将三类合作组织的金融需求做进一步分析，可以得出以下推论。

第一类需要得到政策性金融的大力扶持，第二类需要得到政策性金融与商业性金融综合支持，第三类是在政策性金融支持的基础上，拓展商业性金融支持。

表7 **合作社类型与金融服务关系**

类型	金融应支持力度
初级萌生型	较大
初级成长型	大
初级成熟型	适中

2. 金融服务支持合作组织发展的频率与力度

由于我国目前提供金融服务的除了国家指定的金融机构之外，商业性金融机构及农村信用合作社的一部分业务实际上也是具有金融性质的，以下分析将国家正规金融界定为可以提供金融服务的部门。

（1）正规金融机构信贷支持的频率

在调查中，分别对取样的合作组织作了问卷调查，问题是：近五年来，已经向信用社提出申请，从金融机构获得几次贷款支持？结果如下：

尚未得到一次支持的占30%，这类合作社类型主要是初级萌生型；

得到一次支持的占30%；

得到两次支持的占25%；

得到三次支持的占7.5%；

得到三次以上支持的占7.5%；这类合作社类型主要是初级成熟型。

当问及合作社是否每年的经营过程中都有资金缺口时，回答几乎众口一词：每年都有较大的资金缺口，特别是农产品丰收年份，商品流转性贷款需求较大，此时如不能及时融通到资金，就很容易导致增产不增收的结果。可见，金融支持的频率与合作社的金融需求之间有较大的差距。

（2）金融支持力度

在调查过程中发现，所有金融机构的涉农贷款（这里指与"三农"活动发生直接联系的贷款）当中，信用社提供的比重最大（根据河南省信用联社提供的数据，截至2007年7月末，在信用社的全部贷款中，对农村合作经济组织提供的贷款占比达 12.8%）；农业银行次之，农业发展银行提供的比重最小。

对被调查的农民合作组织问及是否得到过中国农业发展银行或中国农业银行的项目资金支持时，只有一家合作社回答：有关部门已经帮助上报了一个项目，能否获得贷款尚不得知，其余所有的合作社均不知道中国农业发展银行是我国支持农业的金融机构。对于中国农业银行的印象也很陌生，因为农业银行近年来营业网点大量从农村撤离，农民合作社已很难与农业银行打上交道、发生信贷业务的联系。在 2006 年 8 月与农业银行河南省分行信贷部门的交谈中了解到，目前农业银行的主要工作是股份制改革，其他一切工作均围绕这一中心进行，至于支持农民合作经济组织的发展，不是其工作重点。显然，中国农业银行对农民合作组织的金融支持力度是较为薄弱的。

（3）来自其他方面的政策性资金支持

在本次调查过程中发现，一部分合作社虽然没有得到金融部门的信贷支持，但是，根据自身经营的项目可从财政部门或者农业主管部门获得一部分农业产业化专项资金支持，该资金是以项目资金的方式拨付，由上级主管部门对合作社的特允项目考察合格之后直接拨付给合作社使用。根据河南省的情况，经考察合格的合作社可按照自身项目情况，获得 1 万～50 万元不等的专项资金。获得专项资金合作社反映，这些资金解决了合作社起步阶段面临的困难。

（四）金融支持短缺原因的分析

1. 信用社角色定位的限制

从目前的情况看，对农民合作组织提供有效金融供给的实际上是农村信用合作社。目前农村信用合作社开办的农户小额信用贷款、农机具贷款、联保贷款及部分信用社试办的大额信用贷款，均是面向农户的，具有政策金融性质的贷款业务（见表8）。

表8　　　　　　　　　信用社针对农户贷款品种及条件

贷款名称	贷款对象	贷款条件	其他说明
农户小额信用贷款	农户	居住在信用社的营业区域之内；具有完全民事行为能力，资信良好；从事土地耕作或者其他符合国家产业政策的生产经营活动，并有合法、可靠的经济来源；具备清偿贷款本息的能力	农户小额信用贷款是指信用社基于农户的信誉，在核定的额度和期限内向农户发放的不需要抵押、担保的贷款，采用"一次核定，随用随贷、余额控制、周转使用"的管理办法
农户大额信用贷款	农户	同上，贷款额度高于小额信用贷款	正在试点过程中

续表

贷款名称	贷款对象	贷款条件	其他说明
农机具贷款	农户	借款人的首期付款不得少于购机款的60%，贷款额度不得超过购机款的40%。贷款约定由河南省辖内特约销售单位出具担保。贷款利率实行优惠，比同期限档次其他贷款利率适当下浮，现执行利率为5.7%	是指农村信用社向申请购买农机具的借款人发放的人民币担保贷款。借款人购买农机具在自付一定比例款项的基础上，由销售单位担保，可以向信用社申请贷款，用于付清不足部分贷款
联保贷款	农户	从事符合国家政策规定的生产经营活动；在农村信用社开立结算账户，能够存入本项业务所规定限额的活期存款；资信情况良好，能遵守联保协议，具有按期偿还贷款本息能力，无原欠贷款及不良担保；贷款人规定的其他条件	是指农村信用社向农户、个体经营户等发放的，用于支持农业生产或个体经营户经营周转，并由农户、个体经营户在自愿基础上组成联保小组（一般由4~6户无直系亲属关系的借款人组成），实行成员联合担保的贷款，采取"一次核定，随用随贷，限额控制，周转使用"的管理方式

资料来源：2012 年实地调查资料汇总。

　　然而，从目前信用社发放此类贷款积极性来看，不是很高。主要因为：第一，面对农户的各类贷款金额小且经办成本高；第二，贷款风险较大；第三，由于信息不对称难以甄别符合信贷条件的贷款对象；第四，经办这类贷款得不到国家政策强有力的支持。此外，由于银监会加大了对信用合作社风险监管的力度，在信用社有多种信贷选择的前提下，倾向于将贷款放给县域经济当中经济效益较好的大项目或大企业，而不愿放给风险较大、收益较低的农户或农民合作经济组织。

　　上述现象后面的深层原因是：目前进行的信用社改革基本上是一种商业导向改革，信用合作社实际上的治理结构与真正意义上的合作金融相去甚远，在这种情况下，虽然有关部门要求信用社成为"农村金融服务的主力军"，但实际改革的过程中并未将信用社定位成一个政策金融供给载体，在实践中尽管"信用合作社"与"农民专业合作社"虽然名字上极为接近，但实际上没有什么血缘关系，因此，二者之间的相互支持就失去了基础。

　　2. 中国农业发展银行的业务目标不明确

　　中国农业发展银行是我国唯一的农业金融机构，该金融机构从成立以来，业务定位于支持农产品流通企业。因而其业务并不与农民发生直接联系，因此政策性支农的作用极为有限。近年来，由于粮食流通体制改革接近完成，原有的业务已经走到尽头，而农业发展银行新的业务范围还没有明确的界定，极大地影响了该银行政策性功能作用的发挥。

3. 中国农业银行商业化改革与政策性责任不兼容

自四大国有银行走上商业化改革的道路之后，农业银行大幅度收缩县以下的业务网点，大量压缩涉农信贷业务，使中国最大农字号国有金融机构"脱农"趋势不可遏制，与此同时，农业银行所承担的政策性支农业务也呈迅速萎缩之势。

4. 金融机构与合作组织之间信息不对称

在本次调查中了解到，由于农民合作组织是近年来出现的新生事物，在许多金融机构的信用档案中，没有农民合作经济组织的相关记录，基层信用社对于新型农民合作组织的治理结构、经营方式，运作特征不甚了解，因而农村信用往往将合作组织与农户等同对待，以考察单个农户的方式来考察合作组织的信用状况、还款能力等；另外，合作社一方对信用社的贷款程序、贷款要求、贷款条件也不甚了解。结果是，信用社提供金融产品不符合合作组织的要求，而合作组织也不了解获得金融服务的路径与渠道。

三、结论与政策建议

（一）调查研究结论

农民专业合作社的建立是为了解决我国农户"小生产"与"大市场"的矛盾，也是我国农业走向产业化道路，提升农民收入水平的必经之路。我国的农民专业合作社还处于发展初期，虽然近年来发展迅速，数量急剧增加，但总体上存在着发展规模小、内部治理结构不完善、过度依赖农业大户、地区分布不均衡、资金严重缺乏等问题。

农民专业合作社以农民为服务对象，并非纯盈利的组织，并且其有服务农业的特性都决定了其自身积累能力不够，要想做大做强光靠自身的力量是不够的，必须依赖强有力的金融支持。当前，制约农民专业合作社进一步发展的最重要的因素就是缺乏有力的金融支持。农民专业合作社的融资难题一方面在于当前合作社基础薄弱，并且存在着信息不对称，金融机构贷款有巨大的潜在风险；另一方面，农村金融机构的缺失也导致大量的信贷资金从农村流向高收益的城市地区。因而，为了促进合作社的长远发展，对合作社的金融支持显得非常必要。

本调查报告利用机制设计理论对农民专业合作社信贷融资困境分析，推导出影响农民专业合作社金融支持的参数，其中金融供给方的机会成本、农民专业合作社抵押担保不足、金融供给者的监督成本高等因素都共同制约着金融机构提供充分的贷款。文章对这些参数进行了必要的分析，从理论上提出改进的办法；接着在总结我国农民专业合作社的融资经验的基础上，提出了几种比较典型的融资模式，并对这些模式进行比较分析，总结不同的融资模式的优缺点。通过对不同模式的比较分析发现，解决合作社的资金问题需要系统的农村金融体制改革、商业金融深化改革，政策金融改善服务职能，农业保险、农民专业合作社担保机构的设立等都是解决农民专业合作社贷款难的必要措施，需要有系统性的思维去解决这些问题，因为"融资难"问题是多方面原因造成的。

（二）政策建议

通过对农民专业合作社融资需求与金融支持现状的分析及对金融供需矛盾成因的深入研究，我们发现，要想改变对农民专业合作社金融支持不足的情况，我们必须要降低金融机构放贷的机会成本和监督成本弥补农民专业合作社抵押品不足的缺陷，积极挖掘农村社会及专业合作社的自身潜力，通过有步骤地改变种种不利条件，逐渐梳理农村社会由来已久的不合理的金融制度安排，以满足农村经济的金融需求为根本，建立商业性、政策性、合作性和其他金融组织互补的农村金融体系，以此来较为彻底地扭转农民专业合作社融资难的状况，通过专业合作社整体发展水平的提高，来推动农村社会生产生活水平的整体进步。

为了推进我国农民专业合作社的进一步发展，解决其金融支持困境问题，本文提出以下建议。

1. 为农民专业合作社融资创造良好的政策环境

政府在农民专业合作社的发展过程中的作用尤为重要。一方面，需要对其进行必要的政策、法规方面的干预，引导其发展。但另一方面，政府也不能对其过度干预，从而使合作社丧失市场主体的功能。当前我国政府扮演好合作社的服务角色应当从以下几个方面入手：

首先，政府要加大在财政和减免税收等方面对农民专业合作社金融支持。其次，积极创建市场信息交流平台，帮助合作社采集市场信息并根据这些信息合理安排生产。再次，要加大对合作社社员的培训。包括农业知识技能、合作社管理、市场营销等方面，提高合作社社员的技能水平，使其能够担任现代化合作社的管理者。最后，政府还需要通过立法的形式明晰合作社的产权制度，提高合作社社员参与的积极性，为合作社的发展扫清制度障碍。

2. 确立法律保障系统

完善法律保障系统是建设农民专业合作社金融支持体系的基本前提。迄今为止，中国尚未制定任何关于农业金融的专门法律，立法滞后造成多头管理、责任不清、监管不力等体制问题，不利于中国农业发展。因此"有必要制定

《农村合作金融法》、《农村政策金融法》、《农业保险法》、《中小金融机构破产法》、《农村社区再投资法》等专门法律"，为农业产业化经营提供一个良好的金融生态环境。必须通过法律确定农民专业合作社的法律地位，维护其合法权益；通过制定规范民间融资的地方性法规，使非正规金融合法化，使其充分发挥为经济主体服务的功能。打造公平合理的法律支撑体系，"一方面迅速建立、健全相关法律、法规，让不守信用者没有空子钻；另一方面加大执法力度，增强处罚力度，提高违法和不讲信用行为的成本，使其得不偿失"。另外，还应加强法制宣传，推进金融法制工作全面开展。

3. 尽快完善农业保险体系和担保制度

构建农业保险体系是农民专业合作社健康发展的保障。国家应该尽快完善农业保险体系，成立专门的政策性农业保险机构进行宏观引导农业保险发展。各省市的农业保险公司以区域性经营管理为主导业务，再在广大农村地区按照自愿互助原则由地方财政、农业龙头企业和农户按一定投入比例成立农业保险基金，逐级分散风险。

在农村产业化的过程中，要解决农民专业合作社"融资难"的问题，降低银行信贷风险以及提高银行贷款的积极性，最根本的途径就是建立和健全农村信用担保体系。第一，要扩大农民专业合作社贷款担保物的范围，不仅固定资产可以作为抵押提供担保，而且农户的土地经营权、承包权都可以作为有效的担保物向金融机构申请贷款。第二，政府要加大对农业信用担保体系建设的支持力度。首先组建由地（市）级政府出资的农业信贷担保公司，为农业产业化项目提供担保，撬动其他社会资本进入该领域，提高了财政支农资金的使用效益；其次协调工商、税务等部门，积极为农业担保公司服务，营造良好的政务环境和金融环境；最后各地对贷款担保实行低保费率，降低龙头企业和农户的融资成本。第三，全面探索建立信用担保机制、风险分散机制，加快农村信用体系建设。

4. 创新金融管理体制

创新金融管理体制是建设农民专业合作社金融支持体系的制度基础。政府在创新金融管理体制的过程中，应当特别重视为农民专业合作社的发展创造良好的融资环境，采取更多的创新手段和更大的创新力度，为农民专业合作社的发展资金来源提供制度基础。把政府部门以往对金融机构直接以指令化和行政手段等形式的直接管理转变为以法律、经济为主的间接管理，制定一系列有利于农民专业合作社融资的方针、政策。改变传统的政府财政拨款为投资，采用"以拨改投"资本投入新机制，放大资金的效应，通过政府搭建投融资平台，扩大与金融机构合作促进农民专业合作社的发展。

5. 规范民间金融，构建真正的农业合作金融

发展新型农民合作金融组织是规范民间金融的一个重要思路。在加强监管、防范风险的条件下，中央银行应当允许给予一定的政策和制度空间，由农民自己成立和发展真正合作金融组织。但是，必须注意控制风险。民间金融之所以被政府金融部门排斥的重要原因就是其风险性，发展成新型农民合作金融组织并不意味着就能解除风险，必须有相应的监督、制约机制，否则也是换汤不换药。农村金融业是一个存在信息不对称现象的市场，风险很大，它们的健康发展是需要有效的监管体系来维护的。过去民间金融出现了不少问题，并不是这种经营组织本身的形式有问题，而是它们没有纳入到国家的监控体系中去。相对于外在的政府监管，新型农民合作金融组织内在的风险控制机制更为重要，因为政府监管更多属于事后监管，此时风险已经爆发，而内在风险控制机制则可以将风险消灭在萌芽状态，更多属于事前、事中控制。

参考文献

[1] 孔祥智. 金融支持与农民专业合作社发展 [J]. 中国农村信用合作，2007（3）.

[2] 赵鲲，门炜. 关于合作社基本特征的分析和思考——从合作社与有限责任公司对比的角度 [J]. 中国农村观察，2006（3）.

[3] 袁炳杰，傅忠伟. 农民专业合作社发展状况及金融支持的调查 [J]. 浙江金融，2006（3）.

[4] 尤庆国，林万龙. 农村专业合作经济组织的运行机制分析与政策影响评价 [J]. 农业经济问题，2005（9）.

[5] 郭晓鸣，曾旭晖. 农民合作组织发展与地方政府的角色 [J]. 中国农村经济，2005（6）.

[6] 徐家琦. 农村合作经济组织的组织形式、问题及对策 [J]. 中国农业大学学报（社会科学版），2005（2）.

[7] 傅晨. 农民专业合作经济组织的现状及问题 [J]. 经济学家，2004（5）.

[8] 夏英. 政府扶持农民合作社的理论依据与政策要点 [J]. 农村经营管理，2004（6）.

[9] 周文根. 基于企业框架的专业合作社激励机制 [J]. 中央财经大学学报》，2007（7）.

[10] 国鲁来. 农民合作组织发展的促进政策分析 [J]. 中国农村经济，2006（6）.

[11] 刘秀娟，赵慧峰，张桂春．对规范农民合作经济组织的探讨 [J]．农业经济，2006 (1)．

[12] 郭红东，钱崔红．关于合作社理论的文献综述 [J]．中国农村观察，2005 (1)．

[13] 褚保金，戴国海．加强政府扶持引导促进农村合作组织发展——对江苏省农民专业合作经济组织调查与思考 [J]．现代经济探讨，2004 (9)．

[14] 曹鸣风．试析对浙江省农民专业合作社的金融支持 [J]．浙江金融，2007 (3)．

[15] 赵凯．我国农民专业合作社融资模式的比较研究 [J]．农村经济，2011 (5)．

中原经济区农业适度规模经营与金融支持研究

中国人民银行焦作市中心支行课题组①

摘要： 以家庭土地承包责任制为基础的农村经济体制改革已进行了 30 多年，近年来，随着农村新型经济主体的快速发展和农村土地流转的规模增长，农业适度规模经营已成为新形势下我国农业发展的共识。如何顺应农业发展的新形势，在体制机制政策等方面因势利导，加快推进，是目前相关主要部门的重要任务和责任。金融作为促进农业适度规模经营发展重要的助推器，在充分发挥现有金融功能的前提下，要不断理顺农村金融支持服务体系，完善农村金融市场，创新农村金融产品供给，改善农村金融生态环境，才能实现农业适度规模经营的快速健康成长。

关键词： 农业经营　适度规模　金融支持

一、研究的意义

2013 年的中央一号文件指出，坚持依法自愿有偿原则，引导农村土地承包经营权有序流转，鼓励和支持承包土地向专业大户、家庭农场、农民合作社流转，发展多种形式的适度规模经营。适度规模经营是在一定适合的环境和适合的社会经济条件下，各生产要素（土地、劳动力、资金、设备、经营管理、信息等）的最优组合和有效运行，取得最佳的经济效益。近几年来许多农经界的专家学者，从不同的角度，对农业适度规模经营问题进行了有益的探讨，提出了许多有价值的观点和见解，并在一定程度上达成了共识，即必须改变当前狭小的农户生产现状，扩大和优化农户土地经营规模。

农业作为国民经济的基础部门，以单户生产性质的农业发展面临生产效率

---

① 课题主持人：王雨舟；
　课题组成员：汤金升、刘建伟、薛文明、张安高、曹晓黎。

低，农民种粮收益低，种粮积极性低和专业农民质量低等问题。近年来，以河南省为核心区域的中原经济区出现了农民专业合作社、家庭农场等新型农业生产组织，促进了农业适度规模经营向更为广阔的区域发展。同时，金融作为推进农业适度规模经营的重要的助推器，充分发挥金融的功能，才能实现中原经济区农业适度规模经营的快速健康成长。

二、农业适度规模经营与金融功能作用理论

（一）农业适度规模经营与农业适度规模经营的必要性

1. 产生背景

在不同的生产力发展水平下，农业规模经营的适应值不同，一定的规模经营产生一定的规模效益。农业经营规模的扩大必须以提高劳动生产率和土地生产率为目的，才能使农民经营种植业同经营其他行业获得相当的平均利润，从而稳定务农积极性，增加农产品生产总量，满足社会日益增长的需要。许多国家在坚持家庭经营为主的条件下实现农业规模经营，并取得显著的经济和社会效益。农业劳动力的转移是实现规模经营的前提，农业科学技术的发展和普遍推广应用是规模经营的物质基础，社会化服务体系的建立是规模经营的重要保证条件。

从国外现代农业发展的规律看，发展农业适度规模经营是推进农业现代化的普遍经验。农业规模化经营是农业发展的一个历史趋势，是发达国家推进现代化进程的共同做法。在人少地多的欧美等经济发达国家，通过家庭大农场发展规模经营，而人多地少的日本、韩国及中国台湾地区，通过鼓励引导农民发展多种形式的合作和土地流转，也较好地解决了农业规模经营问题，实现了农业现代化。

中国农村于20世纪70年代末实行家庭联产承包责任制后，出现了农户承包的耕地分散、经营规模太小等问题，不利于商品经济的发展和农业现代化。尤其是在当前，土地承包经营权的流转已经成为一种发展方向，集中经营十分普遍，呈现出规模化、组织化、集群化的趋势，为农业适度经营创造了条件。

2. 农业适度规模的经济理论及实践

农业适度规模经营的理论依据，主要是规模经济理论。所谓规模经济，描述的是生产规模与单位产品平均成本的关系。随着生产规模的扩大，单位产品平均成本不断下降，下降到某一点，开始上升。生产单位的规模在 Q 之前，随着规模扩大，单位产品平均成本不断下降，只要小于 Q 的规模投入仍然处于规模经济区；规模扩大经过 Q 点继续扩大，单位产品平均成本则随着规模扩大而不断上升，故大于 Q 的规模投入，处于规模不经济区。而 Q 点的规模则为产品市场成本最低点，是最佳经济规模。

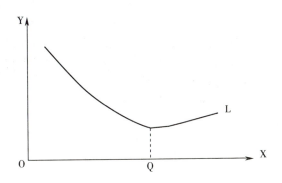

注：X 代表规模的增长，Y 代表单位产品平均成本，L 代表生产规模与单位生产成本关系曲线，Q 点代表生产规模与单位产品平均成本最优点。

图1　生产规模与单位产品平均成本关系图

规模与单位产品平均成本的这种关系，是由内在经济与外在经济决定的。所谓内在经济是指生产单位的规模扩大时，可从其自身内部的经济资源配合与利用引起其收益的增加。如规模扩大，可以使用更先进的技术，可以综合利用副产品和原材料，可以充分利用劳动潜力或相对减少管理人员，可以减少一些共同生产费用等。但是，如果生产规模过大，则又会由自身内部资源配合不协调或利用不充分，而引起收益减少，这叫内在不经济。如由于规模扩大而引起管理不便，或某种资源闲置，或某种费用增多，或某些效率减低等。所谓外在经济，是指由于生产单位规模扩大，能给有关的生产单位带来收益的增加。如由于生产规模的扩大，而使相关的原材料供应、信息、技术和销售服务等生产单位，得到较多的业务量，获得较高的收益。与外在经济相对的是外在不经济，这是指由于生产单位规模扩大，会给别的有关生产单位带来损失或损害，如引起竞争加剧、销售困难、运输紧张和污染等。

国内早期农业规模经营的概念是针对我国家庭联产承包责任制度下的农户经营规模过小而提出的，即通过土地的流转实现要素的重组，进而扩大经营规模，提高规模效益。土地经营规模的扩大，绝不单纯是土地数量的简单相加，而是通过生产要素的优化组合进一步提高土地产出率和劳动生产率及投入产出率，从而达到现有条件下的最佳效益。研究者普遍认为土地规模的适当扩大，可以通过促进技术进步与扩散的方式来提高土地的产出水平；适度的规模化也可以促进资本的投入，因而土地的适度规模化经营又可以通过提高资本投入的方式，促进产出水平的增长。此外，在我国目前农业劳动力"过密化"的情况下，适度的规模经营可促进劳动生产率的提高。在推进土地适度规模经营的政策方面，学者们提出了几方面的建议：保护农民的承包权益，建立和完善土地流转制度，发展新型农民合作组织。

随着人们对农业规模经营认识的深入，农业规模经营的界定已经逐渐走出传统农业范畴，并向外围的现代农业规模经营转变。有学者提出现代农业规模不仅包括农业内部自身的规模经营，还包括农业外部规模经营，即通过各种农业组织如农业合作社、协会等和社会化服务体系，把分散经营的一家一户有机地结合起来，并为其提供农业产前、产中和产后服务，解决一家一户难以解决的问题。

（二）金融功能理论

金融结构主义、金融功能观、金融抑制主义和金融深化论、金融可持续发展理论从不同角度研究和回答了有关金融发展与经济增长之间的关系。

金融结构主义认为，发达的金融结构对农业适度规模经营的增长与经济转型具有积极的作用。金融结构越发达，金融工具和金融机构提供的选择机会就越多，人们从事金融活动的欲望就越强烈，金融吸纳能力就越强。同时，在一定量的城乡金融总量之下，金融活动越活跃，资金的使用效率就越高。因此，对于我国农业适度规模经营而言，地区金融越发达，金融活动对当地经济的渗透力越强，该地经济的增长和转型就越容易。根据金融结构主义观点，涉农金融机构改革的多元化发展和金融结构的上档升级会对农业生产和农村经济结构的上档升级和经济增长起到重大促进作用。金融机构的多元化和金融活动的活跃程度都对农业适度规模经营和发展起着重要的推动作用。同时充分利用当地现有的资金总量，提高现有资金的使用效率也是推进农业适度规模经营发展的重要途径。

金融功能观认为，建立在一定发展环境上的金融结构总和（即各种金融安排，如合约、市场、中介、规制等）构成了整个金融体系。它能够为经济发展和成功转型提供金融服务。金融体系最基本的功能是在不确定环境下跨时空地配置资源，无论什么样的社会制度，这一基本功能都是相同的，而且金融体系基本功能的变化是很小的。不同的金融体系因为金融服务总的质量与数量不同，对改善资源配置效率和经济增长的作用程度也不同。

金融功能观意味着，改善和提高当地银行体系与市场体系的功能对提高金融资源配置效率，促进农业适度规模经营发展与增长至关重要。由此，提高现有的商业银行在当地运行效率问题对当地农业适度规模经营增长更有帮助。这种理论为我国主要农村地区（主要农产区）各生产要素的市场化改革，推动农村地区资本剩余（或称沉淀资本）参与流通，促进商业金融产品创新和金融活动活跃都有理论指导意义。

麦金农和肖的金融抑制主义和金融深化理论对于我国健全多种形式的农村地区金融，促进当地经济发展和转型非常有益。消除我国农村地区金融抑制，减小政府干预，激发当地金融活力，对于促进该地区金融市场形成，支持农业适度规模经营发展和提高资金使用效率都至关重要。同时，也可以将现有体制外的资金回到体制内，促进金融深化。从目前我国农村地区金融的供给情况看（国内金融供给也大体如此），供给不足的主要原因是过度管制问题，过度管制一方面抑制了现有金融机构的组织和产品的创新能力，降低了商业金融的盈利性，压制了金融的生存空间。导致了商业性金融相对于较为贫乏的农村地区金融资源，存在着商业的不可持续，选择退出市场的方式也不足为奇。另一方面，过度管制则扼杀了民间金融的诞生与发展。实际上多年来我国地方性金融组织的发育不良，均与我国严格的金融管制有较大关系。

交易费用和风险控制理论对于支持农村地区农业发展转型提供了操作基础。在农村小农生产经营日益难以为继的经济背景下，金融发展的主要制约是交易费用过高和风险敞口过大的问题。小农经济效益相对下降后，多数呈现的是主体经济不景气和分流人员增多，金融机构则面临重新筛选客户，金融资源下降，管理成本增加等问题。在金融产品的风险控制上，农村青壮年劳动力外流进入城市客观上存在着较大的风险敞口，加上没有相互影响的金融产品对冲，随时都有可能造成金融风险。

三、影响农业适度规模经营与金融支持主要因素分析

（一）农业适度规模经营发展难的因素分析

1. 土地产权的不完整和流转的制度性约束，使农业适度规模经营举步维艰

在我国，由于实施土地的家庭联产承包责任制，农业适度规模经营瓶颈最基本的问题发生在土地适度规模上。土地产权归属、控制、使用、流通等一切问题交织，使农业适度规模举步维艰，主要表现在以下几个方面。

（1）土地承包经营权流转的排他性有限。诺斯认为"产权的本质是一种排他性的权利"。但我国土地产权权利中的所有权、使用权、占有权、支配权分属于国家、集体、个人，分权权利功能残缺，分主体权利排他性很弱。土地的所有权最终产权是集体、国家，意味着代表集体、国家的"一些人垄断一定量的土地，把它当作排斥其他一切人的，只服从个人意志的领域"。这增加了土地使用权流转的交易风险并降低了交易价格，制约了需求与供给市场，导致土地流转不畅。

（2）土地承包经营权流转的对象有限。承包权流转对象以社区内农户为主，如果"发包方将农村土地发包给本集体经济组织以外的单位或者个人承包，应当事先经本集体经济组织成员的村民会议三分之二以上成员或者三分之二以上村民代表的同意，并报乡（镇）人民政府批准"。

（3）土地承包经营权流转的功能有限。承包经营权的占有、使用、收益和处分限于农业生产功能范围之内，承包方违法将承包地用于非农建设的依法予以处罚。土地作为财产，除荒山、荒沟、荒丘、荒滩等可以直接通过招标、拍卖、公开协商等方式实行承包经营，可以依法采取转让、出租、入股、抵押或者其他方式流转，其他土地没有抵押权功能。

（4）促进土地承包经营权流转的配套组织制度缺失。土地承包法规定经营权可以依法采取转包、出租、互换、转让或者其他方式流转。但在这一制度之后，我们没有制定组织规范土地流转市场的相关制度，农民组织能力不足，分散的农户多是自发组织土地流转，有关资金、信息等的社会支持以及防范问题产生的流转限量规定都没有相应制度规定。作为发包方的农村集体经济组织、村民委员会或者村民小组并没有在土地流转中起到中介组织作用，在出现土地流转受阻，农民选择"抛荒"情况下，这些组织并未进行有效阻止。例如，在一村人都出外打工时组织留守种植户等。

（5）促进土地流转的社会保障制度不完善。农村土地在外部收入不确定、社会保障不完善的情况下，具有重要的社会保障功能。只要脱离土地后的保障问题不解决，土地流转的困境就不会改变。

2. 农业生产的弱质性并没有完全改变，农业适度规模经营仍处于曲高和寡阶段

农业在世界上都是一个公认的相对弱质的产业。农业的弱质性根源于生产周期长、受自然条件等人力不可抗拒因素影响大、农产品供给和需求弹性小、农业技术革新缓慢等农业特性。然而，与世界平均水平相比，我国农业还表现出更强的弱质性。农业的弱质性首先表现为对自然的高依赖。农业生产周期长、对自然因素的依赖是农业生产难以改变的本质问题。在生产方面，农业生产易受外界（包括自然灾害和社会各方面）冲击，同时抗冲击（或风险）的能力差，造成供给方面的不稳定。在市场方面，面临着经营规模小、行业壁垒低、需求弹性小和市场风险大等因素。另外，生产收益仍处于较低水平，收益难以覆盖风险和机会成本。从我国目前农业生产看，存在着农业整体科素质低，农业生产经营方式落后，农业产业链短而细，集约化程度低，规模效益小，农产品加工增值率低等，农业生产的总体收益难以覆盖投入风险和机会成本。当前农业的现代化和产业化进程仍处于较低水平，农业收益水平不可能大幅提升。就

目前我国的农业生产技术和产业化水平，仍处于较低水平，还属于传统农业的基本范畴，离农业的现代化还有很大差距。因此，当前的农业生产（包括农业适度规模经营）收益低问题仍要持续相当长一段时间，是一个渐进性的发展问题。

由于当前农业的弱质性，即便国家和社会均认可农业规模经营是农业产业化、现代化的发展方向，也是提高农业收益的必由之路，但现实的问题使社会资本进入农业领域积极性不高，实现农业适度规模经营仍处于曲高和寡阶段。

3. 农村适度规模经营的新型生产组织正处于萌发阶段，总体的生产经营能力和抵御市场风险能力不突出

近年来，在国家和地方促进下，各地大量涌现了以农业适度规模经营的农村新型生产组织，但就目前的情况看，大多属于起步阶段，总体的生产经营能力和抵御市场风险的能力不突出，部分地区的新型农业生产组织出现了生产难以为继的情况。合作社、家庭农场规模不大，运作不规范，抵御市场风险能力低。农民专业合作社是由农民自发组织起来的民间合作团体，运作上还不是很规范，缺少规范的章程和完善的法人治理结构，普遍存在规模不大、制度不健全、稳定性较差等问题。家庭农场刚刚起步，辖区注册的农场以个体法人、合伙法人为主，公司法人较少，而且目前家庭农场的认定标准、名称核定、经营范围、经营场所等注册要素尚无明确规定。农民专业合作社是农业高风险微利行业，不良贷款清收难度大，金融机构对农村新型生产经营组织贷款更加谨慎。

（二）农村金融或县域金融相对农村经济的发展滞后成为制约农业适度规模经营的重要方面

1. 农村金融或县域金融组织体系不健全，适应性差

近年来，农村经济组织的产权结构、组织形式发生了深刻的变化，实现了多元化和市场化，其特点是综合性、区域性、层次性、差异性和开放性。目前存在的县域金融组织体系不健全的现状，已无法与之相适应。除东部经济较发达的县域，金融服务主体的区域布局相对较为完善，县域金融商品供给较为充分外，大多数县域金融机构一般只有部分国有商业银行分支机构、农业发展银行、农村信用社、邮政储蓄和少量的保险机构。金融分业经营和分业管理制度实施以及事实上存在的"农村金融歧视"，导致了县域金融体系不健全，金融创新产品供给匮乏。目前，绝大多数农村县及县以下没有证券交易网点，保险机构特别是人寿保险机构也不健全，股份制商业银行、信托公司、金融租赁公司、财务公司等其他类金融机构几乎为零，而国有商业银行分支机构又大量退

出，即使保留下来的县域国有商业银行分支机构，其服务面也非常狭窄，不少已成为实际上的"大储蓄所"。

2. 金融主体弱小，服务品种传统、单一

在农村及县域经济发展中，银行业务发展主要依托于农村信用社开展，虽然近年来村镇银行、小额贷款公司等新型农村金融组织也开始在农村地区出现，但存在着金融主体弱小的问题，难以弥补农村信用社业务覆盖不足所留下的缺口。金融产品基本上属于卖方市场，在产品开发、业务创新和金融服务方面，商业性金融机构缺乏市场竞争意识，仍然固守计划经济体制下的经营观念和工作思路，维持着传统的存贷款业务，低效运转。金融创新和金融电子化产品缺乏，广大县域和农村居民根本享受不到现代金融的便利。

3. 农村金融组织体系调节机制发育不全，培育不足，稳定性差

农村金融组织体系自我调节机制失灵。一是自1994年进行农村金融体制改革至今，我国虽然业已形成了农村信用社、农业银行、农业发展银行三足鼎立的局面，但是，由于资本的趋利性与欠发达县域经济主体特别是农业和农村经济比较效益低、风险性大的矛盾，以及受政策性因素限制，正规商业金融机构大幅缩减，政策性金融机构业务狭窄，合作金融机构实力弱化，农村资金大量非农化。近年来，由于"三农"问题突出，在国有商业银行基层分支机构退出县域市场后，国家极力强调农村信用社不能脱离"三农"，农村信用社无论怎么改革都不能摆脱支农任务。但是，金融"嫌贫爱富"的本性使其总是出于规模经济和利润最大化来考虑业务发展模式。农村信用社为了自己的脱困，也选择规模经营、撤并集中之路，大量撤并基层业务代办点，清退农民代办员，推行一级法人管理，将资金回收到县联社层次。二是人民银行基层行职能定位不清，转变较慢。自银行业监管职能分离后，人民银行县支行职能定位还不是十分清晰，转变没有完全到位，在县域金融竞争不充分、道德风险依然比较严重的情况下，人民银行基层行传导货币政策的功能和调节金融的作用均十分有限。三是银行监管部门基层机构的外部调节错位。从县域金融监管的现状来看，重审轻监、重查轻罚、重救助轻防范等现象仍比较普遍。另外，监管权力的运作缺乏有效的再监督机制，县域监管机构之间缺少协调合作机制。

4. 农村金融生态环境不容乐观，效率性差

一是农村金融结构与农村经济结构不协调。目前我国农村经济结构进行了重大调整，第二、第三产业的比重上升，对融资的规模、渠道、方式有了更高的要求。但是，农村金融结构的调整却没有跟上县域经济结构优化的步伐，金融机构单一，金融品种不多。从金融服务方面看，20世纪90年代以

来的农业产业化经营，不仅打破了行业界限、地区界限，而且规模越做越大，从而需要有全方位的金融服务，从贷款融资、货款结算到保险、咨询、代理服务等，但是由于农村金融组织资源供给不足，不能提供农业产业化经营的技改信贷、进出口结算等金融服务，至于保险、证券以及其他代理业务更不能完全提供，缺乏较为完整的金融服务体系。二是金融供给与金融需求矛盾加剧。经济决定金融，农村经济发展水平直接决定县域金融的发展程度。同时，农村金融是农村经济发展的催化剂、助推器。从目前我国农村金融的现实情况看，农村金融供给虽不能领先于金融需求，却主导和制约着金融需求的发展。

（三）金融支持农业适度规模经营中的现实问题

1. 新型农业经营体系存在诸多发展中的不足

首先，管理欠规范，经营证件不全。大多数管理松散，缺少长远发展规划，内部规章不够健全，特别是财务管理不规范。同时，由于新型农业经营主体设立门槛较低，多数组织经营证件不齐，限制了金融支持。其次，有效抵押担保不足。由于新型农业经营主体处于起步阶段，普遍生产经营规模较小、固定资产少而缺乏可供抵押的资产，金融机构评级、授信、贷款以及监督难度较大。农村金融服务高风险低收益的矛盾较为突出，又缺乏风险补偿和信用担保政策机制，同时社会信用环境差，贷款违约惩戒和银行债权维护力度不够，以及部分农户认识存在误区，将支农贷款视为扶贫救济，因此涉农贷款质量偏低，影响了银行业支农服务的积极性。最后，农业适度规模经营发展项目的初始低效、周期长的特点和信贷利益驱动及贷款期限短之间的矛盾突出。对于农业适度规模经营新上项目，在产业化经营初期具有投入多、风险大、效益低等特点，行、社信贷资金要遵循安全性、流动性、效益性原则，必然在产业初始阶段谨小慎微，从而在很大程度上限制产业化发展的速度和规模。

2. 农业项目一哄而上与谨慎支持之间的矛盾

部分地区的党政部门在实施农村适度规模经营发展项目时，盲目追求政绩，不切实际乱调整、乱上马，只图数量多，不求质量优。在选项上不结合本地资源和技术优势，不进行严密的项目论证，而是凭主观臆断想当然、定项目。根据金融部门信贷择优扶持原则，低产低效的项目自然得不到支持。

3. 过高的融资成本与低效益的农村经济之间的矛盾

由于国有银行强化风险管理，贷款权限上收，逐渐从农村市场淡出，信贷支农资金大部分源于农村信用社。但农村信用社在贷款利率政策执行方面基本上是"一浮到顶"，这样不仅偏离了中央"多予少取"的支农惠农政策导向，而且拉大了农村与城市贷款利率水平的差距，使本来低效益的农村经济融资成本过高，制约着农村经济的发展。

4. 农村社会化服务体系不健全

首先，缺乏统一规范的涉农信用等级评定。农村经营主体信用评级结果不能共享，信贷主体的信用价值难以有效发挥作用。农信社对农业经营主体的信用评级，其他涉农金融机构不能共享，致使农村普遍存在贷款程序繁琐。受信息不对称的制约，金融机构信息来源比较单一，难以全面掌握新型农业经营主体的产销、成本、市场、盈利及风险等全面信息，无法对贷款对象的信用和风险状况进行全程跟踪。其次，缺乏社会化中介服务。由于目前农村土地、财产等流转所需的评估、登记、交易等配套中介服务不健全，受现有土地集体所有、家庭承包经营制度双重约束，农村依法可抵押的土地承包经营权、林权等面临抵押、处置及变现难的问题，严重阻碍了金融信贷的投入。

四、结论与政策建议

（一）结论

一是从当前我国农村地区农业生产情况看，我国农业实施适度规模经营的条件已基本成熟或正达到成熟，各地农业适度规模经营的种种尝试正将这种必然趋势打破。二是通过农业适度规模理论探讨了我国实施农业适度规模经营的经济性规律。三是金融在支持农业适度规模经营中的效用功能和目前我国农村地区金融资源的相对短缺，需要放松对农村地区的金融管制，促进我国农村地区（主要农产区）各生产要素的市场化改革，推动农村地区资本剩余（或称沉淀资本）参与流通，促进商业金融产品创新和金融活动活跃，建立和完善与支持农业适度规模经营相配套的农村金融制度等。四是当前农地问题已成为农业适度规模经营的关键性基础问题，解决好该问题可得到农业适度规模经营与金融支持"牵一发而动全身"的效果。

（二）政策建议

1. 对促进农业适度规模经营的建议

以家庭承包经营为基础，实施农村土地管流分离，实现市场化的农村土地流转交易机制。

实行农村土地承包经营权流转，推进农业适度规模经营，是发展现代农业、建设社会主义新农村的客观要求，是稳定农村土地承包经营制度、发展农村经济、增加农民收入的重要举措。加快农村土地流转，促进土地适度规模经营，实现农业增效、农民增收，这是在发展现代农业工作中的一项十分重要的任务。以家庭承包经营为基础、统分结合的双层经营体制是我国农村经济体制的基础，是党的农村政策的基石。但是要在长久坚持并不断完善的基础上，通过土地承包经营权流转、合作经营和统一服务，加快农业适度规模经营步伐，进一步激发农业和农村经济活力。要发挥市场机制的基础性作用，加快探索建立市场化的土地流转机制、股份化的土地经营机制、合作化的经营组织形式和产业化的农业经营方式，创新农村土地经营制度，推进农业适度规模经营。

①增强土地承包权权利价值。明晰国家、集体、承包户（甚至更微观的家庭承包户成员之间）、流转对象的责任、权利、义务。在操作上，现在推行了土地使用证制度，在土地确权情况下，确保承包权人作为所有权集体成员参与土地利益分配进而提升承包权价值。强化承包权流转中的契约关系，规范流转程序，增强交易安全性。只有流转合同有效实施才能激励流转行为，逐渐形成人们对承包权的信任，提高交易者的信心和需求。现在我国农民的经济契约意识不强，契约管理不严的局面要逐渐改变。

②拓展土地承包权内容。可给予农村集体土地进入一级市场的权利，使农村土地实现其非农用途的价值。可给予实际土地利用者以抵押权利，使其获得更多的与土地权利相连的潜在经济机会，这一方面可不至于使这部分收益流失，另一方面也会促进农村土地与城市土地有更加同等的权利。

③放开民间的农村流转中介，建立农村土地流转交易市场。当前，我国农村地区土地流转交易信息仍处于封闭状态，土地自发流动缺乏有效的信息传递机制以及资金支持，阻碍了土地流转的实现。即使出现自发的流转也是在较小范围内或者在村、乡镇等管理者的积极组织管理下促进的，存在着交易成本高、潜在风险大等问题。新制度经济学家科斯认为，交易成本是利用价格机制的费用或利用市场的交易手段进行交易的费用，包括提供价格的费用，讨价还价的费用、订立和执行合同的费用等。当市场交易成本高于企业内部的管理协调成本时，企业便产生了，企业的存在正是为了节约市场交易费用，即用费用较低的企业内交易代替费用较高的市场交易；当市场交易的边际成本等于企业内部的管理协调成本时，就是企业规模扩张的界限。在土地交易信息不对称的情况下，便存在着交易成本高的问题，就需要成立中介企业促进土地交易成本的降低。

目前，乡、村政府管理的农村土地流转市场，自身既是管理者，又是土地流转的中介，这种身兼两职的身份难以摆脱与民争利之嫌。建议放开农村土地流转交易中介管理权限，允许民间资本进入农村土地流转交易中介，逐步建立多层次的农村土地流转交易市场。政府管理部门专司执行制度制定和市场管理，并确保农地的专项使用。

2. 加快农村金融机制改革，完善以县域为载体的金融体系

①完善以县域为载体的农村金融体系。加快国有银行的产权多元化改革，鼓励民营经济和国外资本参股国有银行，一是有利于改善国有银行的资产质量，提高其抗风险能力；二是能克服其经营中的政企不分和政府干预问题，逐步实现其相对独立发展；三是可以逐步提高宏观金融政策的公平性，减少金融抑制和对非国有银行发展的金融歧视。积极改造农村信用社，使之发展为中小银行，以改变金融结构调整滞后于经济结构调整的状况，对于促进农业产业结构的战略性调整，具有至关重要的作用。

②建立县域信贷资金回流与补充机制。一是发挥货币政策的工具引导作用，合理增加金融机构对县城的资金投入。综合运用存款准备金率、再贷款、再贴现等多种货币政策工具，积极引导和鼓励银行业机构切实加大县域实体经济的信贷投入。二是适当提高实体经济信贷投放奖励比例，积极鼓励银行业机构将资金用于当地，进一步提高对县域企业及涉农经济贷款奖励比例，规范增量奖励资金管理机制，建立完善财政促进银行业机构支持实体经济的长效机制。三是努力打造资金要素流动"洼地效应"，建立县域经济金融之间的联动协作机制，运用法律、经济及行政等手段，在实体经济组织中开展诚信教育，普及法律和金融知识，培育企业诚信意识，稳步推进社会信用体系建设，为实体经济发展创造良好的金融生态环境。四是结合金融市场准入制度的改革，调整商业银行的分布结构。凡在县城及以下设立网点的商业银行，对农业（包括农业产业化龙头企业）的贷款必须达到其吸收存款额的一定比例，以减少农村资金外流。国外的一些经验证明，这样做不仅促进了农业信贷投入的持续增加，还有效地推动了农村金融市场的竞争。

③调整优化信贷结构，加快增长方式转变。一是银行业机构要认真贯彻落实国家各项宏观经济调控政策，充分发挥信贷政策的导向作用，充分考虑地方经济发展态势和区域差异等因素，合理优化与配置县域信贷资金在行业、地区之间的平衡，结合存贷比、风险控制等实际情况，科学合理安排信贷投放，切实加大对发展较为落后的县域小企业及涉农经济组织的支持力度，避免信贷资金过度向大城市、大企业集中。二是银行业机构要把服务实体经济作为首要职责，正确处理好自身利益与社会责任的关系，积极根据自身特点和资源优势，加快自身经营机制和增长方式的转变，加大产品创新力度，提升服务水平，进一步增强发展的可持续性，确保有充裕的资金投向实体经济。

④培育、壮大新型农村金融机构，完善农村金融体系建设。一方面是积极培育村镇银行、小额贷款公司等新型农村金融机构，构建多元化、竞争性的农

村金融市场，拓宽农村金融服务的主体；另一方面是拓宽小额贷款公司、村镇银行的融资渠道，鼓励民间资金等其他资金的进入，降低小型农村金融机构的准入门槛。扩展小型农村金融机构的业务种类，引导其在农户、农村新型经济主体以及农村经济发展中发挥作用。

⑤建立实体经济信贷资金风险补偿机制。一是对服务县域实体经济发展的县域银行业机构实行优惠的税收政策，建立县域农业及小微企业信贷风险损失奖励或补贴制度等，鼓励县域银行业机构加大实体经济的支持力度。二是有效整合财政支农资金与信贷支农业务，提高财政资金使用效益，降低信贷资金支持实体经济的风险。三是大力发展政策性担保业务，建立和完善以县域为重点的多层次的担保体系，加大县级担保体系建设力度，加大各级政府对担保公司的扶持力度，增加担保公司的出资份额，壮大担保公司实力。四是加快推进农业政策性保险试点，推进建立市场化的新型防灾减灾机制。采取政府引导、企业及农民自愿、市场运作、政策支持、适度保障的运作模式，扩大涉农保险的覆盖面，提高农业抵御风险能力，调动县域银行业机构服务县域实体经济发展的积极性。

3. 转变服务观念，加强产品创新，积极支持农业适度规模经营顺利发展

①规范新型农业经营主体管理，提高金融机构的认可度。首先，农业主管部门要转变观念，重视培育和引导新型农业经营主体改进管理方式，帮助新型农业经营主体解决发展中的困难和问题，在加强业务指导、技术培训、提供政策咨询、搜集市场信息等方面提供优质服务。同时，积极宣传推介先进典型，形成鼓励支持新型农业经营主体发展的良好氛围，吸引更多的农户加入到新型农业经营主体中来。其次，引导新型农业经营主体规范经营管理。从规范章程和制度、股金设置、工商登记、组织和内部管理机构、成员管理、民主决策、财务管理、生产经营、盈余分配等方面规范新型农业经营主体运行机制，重点扶持提升产业规模、品牌效应、带动力强的新型农业经营主体做大做强，增强金融机构信贷投放的吸引力。

②强化金融创新支持新型农业经营主体力度。一是强化服务新型农业经营主体的意识。农村金融服务创新，遵循的是需求创造供给的规律。涉农金融机构要充分认识到新型农业经营主体能将特色农产品转变为品牌和效益，有效抵御自然灾害和市场风险，进而降低银行信贷风险，从而为实现农村信贷从"零售式"向"批发式"转变创造了条件和基础。二是建立符合新型农业经营主体特点的信用评价机制。把现代金融的风险控制机制与农村传统信用资源对接起来，将新型农业经营主体纳入信用评定范围，建立健全符合新型农业经营主体特点的信用评价体系，规范开展信用评定工作。三是量身定做金融产品。多方

构建新型农业经营主体自愿参加、政府监督指导、金融机构提供贷款支持的授信管理模式。四是加大金融产品创新。积极研究新型农业经营体系金融需求的特征，在坚持风险可控、成本可算、利润可获、信息披露到位的前提下，结合实际创新差异化金融产品，以符合条件的新型农业经营主体为平台，扩大信用贷款发放，建立绿色通道，精简审贷流程，多方满足新型农业经营主体信贷需求。五是改进服务模式。认真做好对现有涉农金融服务模式的总结提高工作，针对现代农业的特征，在经营理念、支持对象、营销手段、个性化需求等方面进行差异化服务创新。六是扩大新型农业经营主体担保的财产范围。鼓励金融机构发放新型农业经营主体依法用权属清晰、风险可控的大型农用生产设备、林权、仓单、可转让股权、专利权、商标权等权利质押贷款以及在有条件的新型农业经营主体之间开展互助担保业务。

　　③优化支持新型农业经营主体的金融环境。一是认真落实国家扶持新型农业经营主体的优惠政策。二是完善税收政策优惠。根据新型农业经营主体带动农户数量、对农户收入的贡献度等进行评估，对新型农业经营主体实行税收优惠减免政策，对金融机构支持新型农业经营主体的贷款适当减免营业税。三是建立风险保障机制。进一步扩大政策性农业保险的试点范围，地方财政出资设立风险补偿基金或提供保费补贴，引导商业性保险公司拓展涉农保险业务，开发适应市场需要、新型农业经营主体能够接受并有一定盈利空间的保险产品。四是完善农村中介服务，建立多种形式的担保体系。促使信贷资金向新型农业经营主体投放，尽快完善农村财产法律法规，尽早实现集体财产分权、农村住宅有权、土地流转授权的"三权"有法有规可依。在落实中央一号文件提出用5年时间基本完成农村土地承包经营权确权、登记、颁证工作，妥善解决农户承包地块面积不准、四至不清等问题的基础上，积极推进集体用地抵押登记、产权交易市场、司法实践等方面探索，为实现农村产权的担保、流转和变现打好基础。引导各类新型农业经营主体之间建立多种形式的贷款担保组织机构，以实现与银行信贷的有效对接。

　　④强化项目论证，选准支农的"振兴点"。选好项目，科学论证，是倾力支持农业产业化的重要环节。选准选好农业产业化项目的意义不仅仅在于保证金融部门信贷资金的良性循环，更重要的是利用信贷杠杆，全面提高农业产业化经营质量，加快农业产业化持续发展。在当前一哄而上的农业产业化热潮中，有出于地方领导政绩考虑的，有出于短期利益驱动的，有行政干预盲目匆匆上马的。因此，信贷人员要对每一个项目都经过严密的论证评估，要看其产品和市场是否有前景；各个生产环节存在的问题是否有稳固的契约关系；经营主体是否是利润共享、风险同担的共同体；龙头企业是否可以为基地和农户提供配

套服务；产业化信贷支持环节是否有充足的自有资金或稳定的资金来源；产业化经营是否符合环保政策要求。同时要树立贷款是对农业产业化的支持、严把项目贷款审批关也是对农业产业化支持的新观念，把有限的资金用到"刀刃"上。

参考文献

［1］朱希刚，钱伟曾．农户种植业规模研究［M］．北京：中国人民大学出版社，1990．

［2］毛林根．产业经济学［M］．上海：上海人民出版社，1996．

［3］张凯．我国汽车产业规模经济的问题及对策分析［J］．中国商界，2009．

［4］黎新平．论中国汽车工业的规模经济问题［J］．经济评论，2008．

［5］伯纳德特·安德鲁索，戴维·雅各布森．产业经济学与组织（第2版）［M］．王立平，等译．北京：经济科学出版社．

［6］Porter M. E. The competitive advantage of nations［M］．London：Macmillan.

［7］陈鸿婷，谢善高．松香企业垂直一体化成本与收益分析［J］．绿色财会，2006．

［8］李彬，黄伯勇．我国农业垂直一体化经营组织探析——以山东为例［J］．中国集体经济．

［9］钱贵霞．粮食生产经营规模与粮农收入的研究［D］．中国农业科学院，2005－06．

［10］张红宇．粮食增长与农业规模经营［J］．改革，1996．

［11］张文渊．当前农村土地适度规模经营探析［J］．农业经济，1999．

［12］刘兆军．土地适度规模经营政策探析［J］．农村经营管理，2009．

［13］黄莉新．加快完善农业适度规模经营，推进农业现代化建设［J］．江苏农村经济，2009．

［14］钱文忠，张忠明．农民土地意愿经营规模影响因素实证研究——基于长江中下游区域的调查分析［J］．农业经济问题，2007．

［15］张侠，赵德义，赵书海．河北省土地适度规模经营研究［J］．商业时代，2010．

［16］杨李红．宜春市袁州区农地适度经营规模测度模型研究［J］．江西农业学报，2010．

［17］张忠明．农户粮地经营规模效率研究——以吉林省玉米生产为例

[D]．浙江大学，2008 – 04.

　　[18] 贾林蓉．对农业适度规模经营的内涵理解和实现途径初探 [J]．安徽农业科学，2009.

　　[19] 齐城．农村劳动力转移与土地适度规模经营实证分析——以河南省信阳市为例 [J]．农业经济问题，2008.

河南省微型金融发展研究

中国人民银行商丘市中心支行课题组[①]

摘要：近年来，我国微型金融体系建设进入了快速发展阶段，微型金融供给主体实现了多层次、多元化发展，城乡微型金融组织数量大幅增加，越来越多的正规金融机构参与到微型金融服务中。长期以来我国形成的以国家银行为主体的金融体系和"一行三会"模式的分业监管体制，都没有将微型金融的发展与管理纳入到有效的制度框架内，使微型金融在发展中还存在后续资金不足、法律地位不明确、部分业务处于正规金融与非法金融的边缘、监管主体不明确等诸多问题，特别是部分区域爆发的微型金融风险问题已经影响到社会经济的稳定。本课题以河南省为例，按照理论发展—实践运作—战略评述—制度探讨—政策建议的思路，对微型金融发展的现状进行剖析，对其发展的优势、劣势、机遇与威胁进行了全面的评述，提出推进微型金融可持续发展的若干建议。

关键词：金融监管　微型金融　新型农村金融机构　互联网金融

一、绪论

（一）选题背景

2004—2012 年，连续 9 年的国务院 1 号文件均对我国发展新型农村金融机构出台了相关政策，旨在从农村地区开始建立普惠金融体系，以满足农村多层次金融需求。与此同时，民营资本进入金融领域的步伐也在不断加快，融资性担保机构与理财性担保机构发展方兴未艾，P2P 模式的网络金融也渐渐步入人们的视野。2013 年国务院提出继续加快农村金融改革发展，鼓励组建民营银行，拓宽民间资金进入金融业的渠道。

中原经济区金融发展相对滞后，金融对经济社会发展的支持能力不足。相

[①]　课题主持人：李高建；
　　课题组成员：蒋龙兴、江行义、杨安堂、丁涛（执笔）。

对于河南省经济发展处于全国前列、中部领先的地位，河南省金融发展明显落后于全国与中部各省，整体水平较低，金融支持能力不强。在新型农业现代化、新型工业化和新型城镇化建设进程中，"三农"问题突出是制约"三化"协调发展的最大症结，人多地少是制约"三化"协调发展的最现实问题，城镇化水平低是制约"三化"协调发展的最突出矛盾。传统金融在解决"三农"金融需求中普遍存在着效率偏低、供给不足和风险较大的困惑，"成本、风险、收益"三大因素导致传统金融业开展小微金融服务动力不足。在此背景下，近年来以小贷公司、村镇银行、理财性担保中介服务等为代表的微型金融在解决小微企业融资难、化解民间融资风险、推动P2P民间融资上发挥了积极的作用。

但也要看到，当前我国微型金融体系具有诸多薄弱环节，如小额信贷机构后续资金来源不畅，信贷产品与服务同质化，微型金融监管体系不健全，地方政府还没有建立有效的微型金融管理机制等。同时，微型金融组织的升级与转制都存在较多的现实约束，可持续发展能力差异较大，如何选取适于中原地域文化和经济特点的微型金融组织模式，构建微型金融服务体系，推进微型金融的可持续发展，实现包容性金融的长远发展目标，成为当前我们所面临的重要课题。

（二）微型金融组织的界定

微型金融（Micro Finance）是在小额信贷（Micro Credit）基础上的延伸。现有的研究观点普遍认为，产生于20世纪70年代初的一些向贫困妇女提供小额贷款的试验项目，是现代小额信贷产生的标志。小额信贷也被认为是信贷机构向低收入阶层和弱势群体主要是低收入客户和个体经营者提供一种可持续发展的金融服务方式。2006年，世界银行扶贫协商小组（The Consultative Group to Assist the Poor，CGAP）对微型金融定义为对低收入人口提供的小额金融服务。目前在我国微型金融主要从事的还是以信贷为核心的小额贷款、信用中介和担保服务机构。

微型金融是一个非常宽泛的概念，只要是以低收入群体为目标的各种类型的金融服务，无论其性质、规模和发起人如何，都应该算作是微型金融业务（刘雅祺，2009）。因此，微型金融既包括正规金融机构（如商业银行）所开展的微型金融，也包括非正规机构和个人所开展的微型金融服务，既包括商业化的、以盈利为目的的微型金融，也包括非商业化的微型金融项目。相应地，微型金融机构（MFIs）既包括以经营小额信贷为主的微型金融组织，如各项微型金融机构、非政府信贷小额信贷组织（NGO），甚至一些民间的信贷中介组织，也包括一些大中型金融机构设立的微型贷款部门。

本课题所研究的微型金融，主要包括微型金融机构和微型泛金融性公司两大类。微型金融机构是指由监管当局批准设立的微型银行和非银行金融机构，受监管机构的监管，具体包括村镇银行、资金互助社、小额贷款公司、融资性担保公司等。微型泛金融性公司则包括各类半正规的金融组织形式，如理财公司、典当行等，这些机构一般要经过工商注册的，有合法的法人地位，开展信贷、信用中介等金融服务，但其业务不受监管机构的监管，是具有影子银行性质的微型金融性公司，其构成见图1。

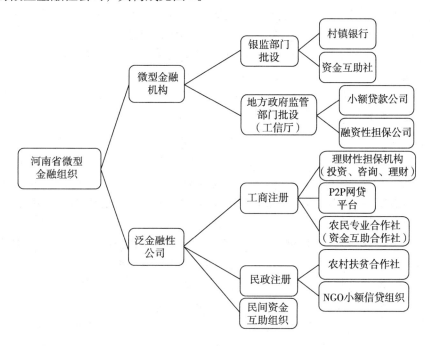

图1　河南省微型金融组织概览

事实上，以村镇银行为代表的三类新型农村金融机构中，通过几年的推广和发展，已基本将贷款公司淘汰出局，农村资金互助社的发展也受到多种因素的制约而进展缓慢，小贷公司组建快速，但受制于后续经营资金而出现后劲不足。在泛金融性公司中，理财性担保公司、P2P网贷平台以民间借贷为介入点，大量开展着民间借贷中介业务，但由于缺乏必要的监管制度，经营风险最为突出。因此，本课题在对微型金融的研究中，将研究重点放在已经纳入金融监管与急需纳入金融监管的微型金融组织上。

（三）微型金融的产生与发展

早在20世纪50年代，很多发展中国家开始通过建立发展银行为低收入人群提供政府贴息贷款。但是这些项目对于应对贫困的效果并不理想，还款率很低。

如孟加拉国的政府贴息贷款项目1980年的还贷率只有51.6%，1988—1989年更是因洪灾而下降到了18.8%。其间，中国政府也开展了大量的补贴性低息扶贫贷款，虽然进行了多种扶贫模式的探讨和改进，最终也没有取得突破性的进展。

从20世纪70年代开始，一些发展中国家开始寻求通过专业的微型金融机构来解决低收入群体的贷款缺乏问题，把小额信贷当作一种全新的制度安排来发展。最早涉足小额信贷领域的机构是拉丁美洲的ACCION。ACCION是一个美国非政府组织，1973年ACCION开始在巴西为微型企业提供贷款，该项目在4年的时间里取得了巨大的成功。ACCION由此认识到，低收入人群对于微型金融服务同样有着巨大的需求，并通过在巴西的实践经验认为，微型金融有助于解决拉丁美洲下层工人的就业和福利问题。

BRAC成立于1972年，是孟加拉国最大的NGO（非政府组织），它的目标是消除贫困和提高穷人的能力。BRAC采用整体方法来消除贫困，将微型金融与经济发展项目（包括医疗、教育、人权和法律服务）相结合，微型金融项目向穷人提供小额贷款，还鼓励穷人储蓄。BRAC发展十分迅速，2002年在阿富汗注册为国际NGO，2004年进入斯里兰卡，2006年进入非洲，已经在坦桑尼亚和乌干达开展扶贫为目的的微型金融项目和社会发展项目，进而使BRAC已经成为世界上最大的国际性非政府组织（顾建强，2009）。

1976年，孟加拉国经济学教授尤努斯（Yunus）在孟加拉国成立了世界上第一个专门为穷人提供贷款的组织。1983年成立格莱珉银行（Grameen Bank）。Grameen Bank是世界上运作最成功的微型金融机构之一，在很多国家设有分支机构，其小组贷款模式也被许多国家先后效仿和借鉴，用于本国微型金融的实践。尤努斯教授也因为在微型金融方面的突出贡献获得了2006年诺贝尔和平奖。Grameen Bank的小额信贷成功模式已经在全球100多个国家和地区得到推广，数百万贫困人口成功脱贫。

在世界范围内目前已有数百种小额信贷形式，根据目标导向的差异可分为福利主义小额信贷和制度主义小额信贷两类。前者包括非政府组织（NGO）、国际社会资助资金会的乡村银行（Village Banking）、孟加拉国乡村银行（Grameen Bank）等小额信贷模式。后者主要有印度尼西亚人民银行（BRI）、孟加拉国社会进步协会（ASA）、玻利维亚阳光银行（BancoSol）等。

二、河南省微型金融组织发展状况

近年来，中央对民间金融发展的逐步松绑与扶持，推动了河南省微型金融的快速发展，逐步形成了以村镇银行、小额贷款公司、融资性担保公司为主体，以资金互助组织、理财性担保公司、P2P网贷平台为补充的多元化微型金融组织体系。

（一）河南省村镇银行发展情况

1. 河南省村镇银行发起设立情况

2008 年 6 月 16 日河南省栾川民丰村镇银行挂牌开业以来，村镇银行这种新型金融机构逐渐在河南省"生根发芽"。2010 年河南组建村镇银行 15 家（含分支机构），2011 年新组建 37 家。2012 年 5 月 26 日银监会发布了《关于鼓励和引导民间资本进入银行业的实施意见》，支持民间资本参与村镇银行的发起设立或增资扩股，并将村镇银行主发起行的最低持股比例由 20% 降低到 15%。受此利好的影响，河南省组建村镇银行的步伐正在加快，当年新批设村镇银行机构 43 家，2013 年上半年又增设了 26 家。

截至 2013 年上半年，河南全省已经批设的村镇银行总数达到 130 家，其中总行 60 家，支行 70 家。村镇银行的主发起行类型已覆盖所有类型的商业银行，全省 18 个省辖市实现了村镇银行全覆盖，其中郑州、南阳、信阳等市实现了县区全覆盖。

2. 河南省村镇银行组织模式

（1）单一银行制。由主发起银行控股设立的独立法人机构，在县（市）设立的村镇银行，其注册资本不得低于 300 万元人民币；在乡（镇）设立的村镇银行，其注册资本不得低于 100 万元人民币。这种模式是早期河南省村镇银行设立的主要管理模式，如栾川民丰村镇银行、方城凤裕村镇银行等。

（2）总部管理制。对设立 10 家（含 10 家）以上新型农村金融机构的主发起人，为减少管理成本，提高管理效率，允许其设立新型农村金融机构管理总部。管理总部不受地域限制，履行管理和后台服务职能，不从事金融业务。目前，河南省采用这一管理体制的村镇银行主要包括澳洲联邦银行（在河南省设立 7 家村镇银行）、广州农商银行（在河南省设立 6 家独立法人银行和 1 家总分行制村镇银行）等。总部为村镇银行提供后台服务和管理职能，如广州农商银行为旗下的村镇银行提供银行卡服务、公司与个人网上银行和手机银行服务等。

（3）总分行制。以地（市）为单位组建总分行制的村镇银行，总行设在地（市），办理除贷款以外的经银行业监管部门批准的其他业务，支行设在地（市）辖内所有县（市）。采用这一模式的包括南阳村镇银行和信阳珠江村镇银行，其中南阳村镇银行设立总行 1 家，设立县区支行 13 家，乡镇二级支行 8 家；信阳珠江村镇银行设立总行 1 家，设立县区支行 6 家。

3. 河南省村镇银行发展中存在的主要问题

一是融资渠道狭窄。村镇银行的发起人仅局限于符合设立条件的银行业金融机构，将具有竞争实力的非银行类金融机构甚至其他社会资本都排除在制度安排之外，无法让更多优质资金注入村镇银行。当地商业银行更热衷于异地开设分支机构，投资参股村镇银行只是它们的次优选择或"政治任务"，积极性并不高。债务融资方面，村镇银行还没有在农村站稳脚跟，加上其服务对象为"三农"，客观上制约了村镇银行储蓄存款的增长。

二是信誉认知度不高。河南省村镇银行是农村地区新兴的银行，目前网点覆盖率不足，绝大多数机构只有一家网点，老百姓的认知度不够，加之前几年"三会一办"（储金会、基金会、光彩基金会、供销社扩股办）的冲击，农村居民对村镇银行的信誉普遍持怀疑态度，以致不敢把钱存进村镇银行。

三是风险控制能力较弱。从河南省已经设立的村镇银行来看，注册资本普遍偏低，村镇银行的资金不足，抵御风险的能力较弱；村镇银行缺乏对客户的评价体系，还没有能力建立一套完整而科学的信用安全评估和预警体系，贷款业务中存在大量的控制盲点；组织机构不完善，内部控制制度不健全，容易产生大量的内部关系人贷款或关联方贷款，从而弱化了村镇银行金融风险的自控力度。

（二）小额贷款公司

1. 河南省小额贷款公司的政策变迁与重组

2008 年 12 月，河南省人民政府办公厅印发了《关于开展小额贷款公司试点工作的意见》（豫政办〔2008〕100 号），决定在河南省开展小额贷款公司试点工作。2009 年 2 月印发了《河南省小额贷款公司试点管理暂行办法》。在经过 3 年多的试点运行后，2012 年 7 月重新印发了《河南省小额贷款公司试点管理暂行办法》，进一步规范了小额贷款公司的设立与管理，对小贷公司的经营实力、融资能力、合规经营、监督管理等提出了更高的要求。

2012 年 5 月，河南省工业和信息化厅印发了《关于做好小额贷款公司重组工作的通知》（豫工信企业〔2013〕381 号），要求对注册资本金不足 5 000 万元、缺少法人股东（主发起人）或法人股东实力较弱、公司法人代表、董事长、总经理同时变更的小贷公司要进行重组。鼓励省内外国有大型骨干企业、行业龙头民营企业、其他战略投资者通过股权投资进入现有小额贷款公司，明确重组后的小额贷款公司，采用有限责任公司形式的注册资金不低于 1 亿元，采用股份有限公司形式的注册资本金不低于 2 亿元。

2. 河南省小额贷款公司发展状况

自 2009 年试点以来，河南省小额贷款公司在试点中不断完善发展，由于其产权明晰，法人治理结构完整，经营机制灵活，在缓解小微企业融资难中发挥了积极的作用。

（1）小额贷款公司成为民间资本进入金融领域的重要渠道

河南省开展小额贷款公司试点以来，本着"政府引导、企业自愿、市场运作、依法推进"的原则，有序批设，推动了小贷公司的稳健发展。2009—2010年，全省新设小贷公司108家，2011年新设73家，2012年新设60家，2013年上半年新设50家。截至2013年6月，全省已设立小贷公司291家，实收资本达到147.1亿元，各项贷款余额达到151.8亿元。随着机构数量的增长和资本实力的增强，小贷公司已成为河南省民间资本进入金融领域的一个重要渠道。

（2）小额贷款公司资本实力不断壮大

河南省在扎实推进小贷公司试点工作中，实现了从积极布点到强化提升小额贷款公司资本实力的转变，通过引入合格法人股东，特别是鼓励行业核心企业、优势企业作为主发起人，增加小贷公司注册资本起点，完善治理结构，提高行业风险防范能力，有力地促进了小额贷款公司做大做强。截至2013年6月末，全省小贷公司平均注册资本已达到0.51亿元，较2010年6月末的0.30亿元提高了70%。

（3）小贷公司信贷能力较强

河南省小贷公司试点以来，贷款总额呈现出较快发展的态势。2010—2012年，小额贷款公司贷款余额实现了每年翻一番的速度增长，2010年末小贷公司贷款余额31.79亿元，2011年达到64.87亿元，2012年达到112.41亿元。在小贷公司贷款余额快速增长的同时也要看到，新增贷款主要源于投资者对小贷公司的资本注入，外源融资相对较少，这也使小贷公司的放贷潜力受到了较大的约束，信贷投放增长的潜力不足。

3. 小贷公司监管真空与过度监管并存

对于小额贷款公司来说，目前既存在着监管体制不健全、专业监管机构缺位的现象，也存在监管过度的问题。总体来看，目前河南省小贷公司监管制度，一方面是参照正规存款性金融机构审慎性监管制度，建立了较为严格的监管办法，如"是否按规定要求充分计提贷款损失准备金；资产损失准备充足率不低于100%、是否执行从银行业金融机构融入资金余额不得超过规定的比例、是否按规定坚持'小额、分散'的原则，提高贷款覆盖面，防止贷款过度集中"等内容，实施审慎性的监管制度，存在过度监管的情况。另一方面，由于政府相关部门人员多数没有金融业监管经验，缺乏相应的专业监管人才、技术手段，对小额贷款公司的日常运作和监管尚无力顾及，导致小额贷款公司实际上处于"无人监管"的局面。过度监管与监管的不到位都不利于小额贷款公司信贷风险的防范和稳健经营，对小额贷款公司的发展形成了明显制约。

（三）资金互助社与农村资金互助组织

1. 资金互助社批设情况

2009 年 12 月 31 日，安阳县黄口村惠民农村资金互助社挂牌成立，这是河南省第一家持有金融许可证的农村资金互助社。该社注册资金 130 万元，由该村的吕改勤等 10 名村民发起，154 户村民自愿入社联合组建，报经中国银行业监督管理委员会河南监管局批准，为本社社员提供存款、贷款、结算等业务的互助性银行金融机构。2010 年 4 月，安阳县柏庄镇四方农村资金互助社获准设立，2011 年 9 月民权县城关镇聚鑫农村资金互助社通过银监会的批复。截至 2012 年末全省仅有 3 家互助社拿到了银监会的金融牌照。

2. 其他类型的民间资金互助组织

与较为正规的农村资金互助社发展缓慢形成鲜明对比的是，在广大农村，随着近年来农民专业合作社的快速发展，以专业合作社为基础的资金信用互助合作得到了快速发展。这类合作社是具有类似或关联生产模式的农户共同发起、拥有和管理，为了获取便利的融资服务或经济利益，按照资本入股、民主管理、互助互利的原则建立的互助性金融组织，在社员小范围内开展业务，对缓解农村金融流动性约束，促进农民增收发挥了一定的作用。这类非正规资金互助组织大体可以分为三类：一是在工商部门进行注册登记为专业合作社，在合作社内部附带开展资金互助业务；二是在民政部门注册为 NGO 类型的互助组织，在极为有限的范围内开展资金互助业务；三是无任何注册的纯民间资金互助组织。

通过对河南省农村信用合作模式的调查和比较，可以看出不同模式之间的差异主要表现为，扶贫资金互助社属于小额信贷产品，目前还处于试点阶段；农村专业合作社的信用合作大多建立在实物基础上，处于信用合作的起步阶段；信用共同体属于互助信用担保，通过农民自发、政府支持、人民银行指导与农信社对接，已经取得了较为成熟的经验。

（四）融资性担保与理财性担保机构

1. 河南省担保体系建设与担保机构分类

河南省是融资性担保公司发展较快的省份之一，省政府先后出台了《关于加快全省中小企业信用担保体系建设的若干意见》、《河南省融资性担保公司管理暂行办法》等一系列行政法规和扶持政策，使河南省融资担保行业的发展迈入一个新的时期。目前，河南省担保公司已形成政策性担保机构为龙头、商业性和互助性担保机构为两翼的省、市、县三级中小企业信用担保体系。

2. 河南省融资性担保公司发展状况

融资性担保是指担保公司与银行业金融机构等债权人约定，当被担保人不履行对债权人负有的融资性债务时，由担保人依法承担合同约定的担保责任的行为。融资性担保行业是伴随着国家经济、金融改革发展产生的新生事物，对促进国家经济和中小企业的发展有着重要意义。截至 2013 年末，全省经省工信厅核准设立的融资性担保公司共计 334 家，按出资方式大致可以分类三类。

（1）财政出资担保公司

随着国家对信用体系建设和担保体系建设的政策推进，河南省在 2002 年开始由财政出资组建中小企业担保公司，截至 2008 年全省基本实现了每个县市以上政府部门组建一家由财政出资设立的担保机构。2012 年，全省已建成以政府财政资金为依托、信用担保机构注册资本达到 100 亿元以上的中小企业政策性信用担保体系，其中省辖市、县（市、区）财政出资控股或参股的信用担保机构注册资本分别达到 1 亿元以上和 3 000 万元以上。

（2）商业性担保机构

2010 年银监会等七部门联合制定了《融资性担保公司管理暂行办法》（银监会令〔2010〕第 3 号），明确了融资性担保公司的设立变更、业务范围、经营规则和风险控制、监督管理。随后，河南省开始规范融资性担保公司的发展，从发放担保机构经营许可证入手，按照"扶优一批、移交一批、变更一批、注销一批、重组一批"的原则，加强行业监管，打击违法行为。截至 2012 年 7 月，已取得经营许可证的担保机构 329 家，注册资本 256.08 亿元。

（3）互助性担保公司

互助性担保公司是中小企业为缓解自身贷款难而自发组建的担保机构，它也是中小企业信用担保体系的基础。其资金来源有会员入股、其他民间投资以及会员风险保证金、国内外捐赠等，个别地方政府也给予一定的资金资助。这类担保机构以自我出资、自我服务、独立法人、自担风险、不以盈利为主要特征，主要以工商联、私营协会及私营企业等自发组建，一般在区县和社区设立。

3. 理财性担保机构兴起与风险堆积

（1）担保业的"郑州模式"兴起

从 2003 年起，河南邦成投资担保有限公司积极探索利用合法规范的担保平台为民间借贷提供担保，通过专业化的操作，为借贷双方提供信息调查、风险控制和信用担保服务，使原始、散乱、风险频出的民间借贷变得更加合法、规范，有效满足了借贷双方的需求，促进了社会资源的合理流动和优化配置，形成了民间借贷担保的"郑州模式"。这种担保主要为民间融资提供中介和保证服务，属于理财性担保机构，操作流程见图 2。

从图 2 可以看出，理财性担保公司有限解决了投资人和借款人信息不对称的问题，通过提供中介担保服务，一方面能为投资人获取高于银行存款利息 1 ~ 4 倍的收益，另一方面能够为中小企业融资提供便利。

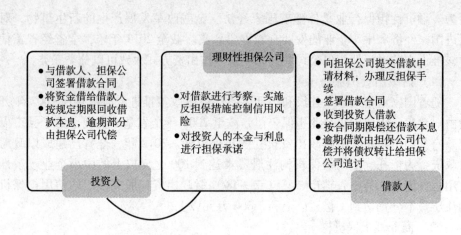

图2 河南省理财性担保公司基本业务流程图

（2）河南省理财性担保机构的疯长

2006年以来，河南省担保行业出现了快速发展和迅速疯长。据网上不完全统计，截至2010年河南省已有各类担保公司1 640家，占到全国的1/4。这些担保公司除了少数规模较大的机构与银行合作开展融资担保服务外，大量的担保机构由于资金实力较小，主要为中小企业提供了融资中介服务，同时也为广大市民、百姓的闲散资金创造了一个获得相对较高收益的投资平台。但是，由于经营者素质、经验、管理水平参差不齐，加上监管缺位，部分理财性担保公司出现违规吸收资金、违法放贷经营等乱象，原本继承和创新"江浙模式"、"青岛模式"所形成的"郑州模式"也出现了一系列的问题。

2008—2013年河南省理财性担保公司出现了频频"跑路"现象，超过100家担保公司出现挤兑风险，仅郑州就有圣沃、宝银、诚泰等数十家担保公司"跑路"，给社会造成了极大的不良影响与后果。2013年8月，河南洛阳明星企业的大华、国担、恒生三家担保公司老板相继"跑路"，涉案金额达10亿元，涉及人数达3 000多人。大华和国担已被当地政府定性为非法集资案，且大部分涉案资金无法收回，对当地经济秩序和社会稳定带来了严重影响。

（3）河南省理财性担保机构的风险

从理论上来讲，因为具有"不摸钱"、"一对一"和"担保代偿"三大特点，郑州模式能够在最大限度上保证放款人的利益，且符合相关法律规定。但事实上，"郑州模式"在操作中早已被异化，担保公司数量几何式增长背后的管理能力和从业人员专业性却有所缺失，加之监管缺位，其积聚的风险也日益加大。其风险主要表现在：一是市场准入门槛低，诱发担保道德风险；二是担保基金管理缺位，诱发担保信用风险；三是担保业务操作混乱，诱发非法经营金融业务风险；四是高利放贷，诱发担保行业风险。

（五）P2P 网贷平台

1. P2P 网络平台概述

P2P 网络借款是英文 Peer to Peer 的缩写，是指个人通过网络平台相互借贷，贷款方在 P2P 网站上发布贷款需求，投资人则通过网站将资金借给贷款方。P2P 网贷最大的优越性在于，使传统银行难以覆盖的借款人在虚拟世界里能充分享受贷款的高效与便捷。

全球第一家提供 P2P 金融信息服务的公司始于 2005 年 3 月英国伦敦的一家名为 Zopa 的网站。Zopa 网贷平台为不同风险水平的资金需求者匹配适合的资金借出方，而资金借出方以自身贷款利率参与竞标，利率低者胜出。国内的 P2P 借贷服务平台是 2006 年由宜信引入，2007 年拍拍贷和宜信网络平台先后上线。在其后的几年间，国内的网贷平台还是凤毛麟角，鲜有创业人士涉足其中。直到 2010 年，网贷平台才被许多创业人士看中，开始陆续出现了一些试水者。2011 年，网贷平台进入快速发展期，一批网贷平台踊跃上线。进入 2013 年，网贷平台更是蓬勃发展，以每天 1 ~ 2 家上线的速度快速增长，平台数量大幅度增长所带来的资金供需失衡等现象开始逐步显现。

2. 河南省 P2P 网贷发展基本情况

在全国 P2P 网贷出现爆发性增长的情况下，河南省 P2P 网贷却是千呼万唤始出来。截至 2013 年 9 月，能在互联网上监测到的全省已上线 P2P 平台只有 8 家，而且规模普遍较小，成交规模也不大。以较为活跃的中原贷为例，截至 9 月底注册用户数 3 271 人，成交笔数 10 823 笔，成交金额 3.53 亿元，风险保障金 103.8 万元。豫商贷已成交笔数 412 笔，成交金额 3 837.7 万元，风险准备金 134.3 万元。联投网成交 205 笔，成交金额 9 590.1 万元。

与遍布全省每个地市县的理财性担保机构相比，河南省 P2P 网贷平台起步晚、发展慢、规模小。其原因一是理财性担保机构发展迅速，对民间资本进入金融领域的替补效应。二是 P2P 网贷平台竞争更加激烈、更加透明，民间资本投入组建 P2P 平台也更加谨慎。三是缺乏政府的引导和支持。特别是在理财性担保公司出现大批风险后，河南省对民间金融的发展与引导十分谨慎。

3. P2P 网贷平台与河南省理财性担保公司比较

从全国 P2P 网贷平台的发展情况来看，其经营模式、监督管理、业务发展等方面与河南省理财性担保公司几乎是如出一辙，甚至可以说 P2P 就是理财性担保机构在互联网上的变身。河南在理财性担保机构的放任发展后造成的风险与后果，也为 P2P 未来的发展与监管敲响了警钟。

三、对河南省微型金融发展的评述

（一）河南省微型金融呈现多元化发展格局

随着近几年来民间资金进入金融服务领域的门槛适度放开，河南省微型金融得到了较为快速的发展，初步形成了以新型农村金融机构和融资性担保服务机构为主体、以过渡性创新型金融组织和互助性合作金融组织为两翼的多元化微型金融发展格局。

截至 2012 年末，全省已有经银行业监管部门批设的村镇银行、资金互助社分别为 130 家和 3 家，由河南省工信厅批设的小额贷款公司 241 家、融资性担保公司 326 家，在工商部门注册的理财性担保（投资、咨询类）机构以及 P2P 网贷平台公司共计 1 200 余家、农村资金互助组织 1 000 余家，此外还有在民政部门注册的 NGO 类小额信贷组织及资金互助组织 300 余家。

在河南省微型金融发展中，商业化运作已成为微型金融发展的主要模式，绝大部分微型金融组织将经营利润的最大化作为主要的经营目标，这是河南省微型金融的投资主体及资金来源所决定的。在河南省微型金融投资中，除了部分融资性担保公司由财政出资组建或财政资金入股外，仅有少量具有扶贫性质的农民资金互助组织有政府资金投入，而大量的微型金融则主要依靠民间的商业资本投资。河南省虽然存在数量庞大的互助性合作金融组织，但其发展基本处于民间自发状况，缺乏足够的外援资金，其运营也以追求盈亏平衡或略有盈余为重要目标。

微型金融服务对象趋于多样化。我国早期的微型金融主要是面对广大农村地区的金融服务空白区，服务对象倾向于农村中小企业和农户。但随着近几年的发展，微型金融服务主要在县城及县级以上的城市中开展，服务对象覆盖了中、小、微型企业。这一变化反映了民间资金进入金融领域后一方面规避农村信贷的高成本与高风险，另一方面由于政策扶持的缺位，民间资本逐利性成为其主要经营目标。

微型金融的创新模式不断涌现。在微型金融的运作机制特别是小额融资机制中，传统的联保贷款得到了广泛的运用。同时，一些微型金融组织也运用动态激励、定期偿还、设定贷款保证金等手段控制信用风险，而更多的微型金融机构则充分发挥地域熟人的信用机制，与客户建立密切的联系，及时监控贷款融资资金的使用并发现潜在的风险隐患。在理财性担保机构、P2P 网贷平台中，则通过引入担保中介，实现信用风险的转移，在一定程度上保护了投资人的权益。

（二）民间金融的阳光化推动了全省微型金融的快速发展

首先，正规金融的金融供给不足，营造了微型金融组织的生存空间。从微型金融发展情况看，多集中在民营经济发达和经济活跃的大中城市，这些地区往往金融需求最旺盛。然而，由于受银行严苛信贷条件及信贷定位偏向等因素制约，大多数中小企业和居民被挡在了信贷大门之外，使金融有效供给与金融需求不匹配，造成较大资金缺口。这种缺口倒逼大量中小企业和居民转向民间借贷市场融资，而作为民间借贷主要形式的微型金融营造了巨大生存空间。

其次，信贷监管的缺位为微型金融发展提供了"秘密通道"。从银行信贷投放和监管方式看，国有大型企业因资金实力雄厚和效益可观，银行对其贷款有求必应，甚至为扩大信贷规模央求其贷款。但银行对企业的贷款使用却处于粗放模式，导致监管严重缺位，造成了信贷资金"体外循环"，流入民间借贷市场。

最后，居民储蓄存款利率过低，为微型金融培植了充足的资金来源。从居民储蓄存款利率看，我国几十年实行低利率政策，使民众蒙受了一定的经济损失。随着经济社会发展，民众投资理财意识觉醒，而正规投资渠道相对狭窄，微型金融通过提供民间借贷中介，为居民提供相对较高的资金利息收入，而在这一过程中也衍生出较多的非法金融活动。

（三）河南省微型金融监管体制的缺陷突出

近年来，河南省的微型金融发展迅速，微型金融机构的类型呈现出多元化的趋势，但在微型金融的监管上还存在较大的缺陷，主要表现在以下几个方面。

1. 微型金融立法缺失

在监管法规建设上，除村镇银行、资金互助社、小贷公司、融资性担保公司等类型的金融组织有一定的监管制度外，其他泛金融性公司都没有相应的专门法规来规范其经营模式及业务监管，更没有一部单独的法律来规范和监督微型金融的发展。微型金融法规的缺失，一方面造成各类微型金融机构的法律地位不明确，另一方面也致使这些微型金融机构很难对未来形成稳定的预期，可能会造成经营上的短期行为，不利于其长期稳定的发展。

2. 缺乏系统有效的微型金融监管体制

目前我国对金融监管的基本原则是，对存款性金融公司实施审慎性监管，对非存款性金融公司实施非审慎性监管，而在监管机构上也实行专业监管与地方政府监管的双重管理模式，即全国性金融机构的监管由"一行三会"根据分工实施专业监管，而对地方性金融机构则实行由银监部门与地方政府双重模式的监督管理模式。

（四）河南省微型金融风险防控迫在眉睫

目前河南省微型金融机构的信贷风险管控中，村镇银行、小额贷款公司、资金互助社和融资性担保公司等具有正规金融牌照的机构中，基本都能按照相关的金融法律合法开展经营，风险处于可控范围之内。大量的泛金融性公司由于缺乏有效的监管制度和监管主体，大多处于自发状态。这类机构受自有资金实力限制，以及市场准入门槛偏低、业务经营范围不规范、风控经验不足、信用约束机制不健全、经营者素质良莠不齐等因素影响，面临着较大的风险，加强风险防范更是迫在眉睫。

四、对河南省微型金融的 SWOT 战略选择

SWOT 分析法通过确定企业自身的优势（Strength）、劣势（Weakness）、机会（Opportunity）和威胁（Threat），将公司的战略与内部资源、外部环境有机结合，按照通用矩阵或类似的方式打分评价。我国的微型金融产生时间不长，虽然已经取得了较快发展，但同样也存在着较多的问题。本课题组用态势分析法对微型金融发展的优势、劣势、机会和威胁逐一分析，从中寻求其合适的发展战略。

1. 村镇银行

通过对村镇银行的 SWOT 分析，课题组认为应该按照 S－O 的发展战略，即增长型战略规划村镇银行的发展。依靠自身的优势去抓住外部机遇，利用对当地中小企业的信息优势积累，采取金融服务的差异化竞争策略，参与到市场机会的竞争中去。在当前的政策支持下，要大力引导现有金融机构组建村镇银行，特别是通过组建村镇银行总部、建立区域性的总分行制村镇银行等模式，引导大型商业银行进军农村金融领域。

2. 贷款公司

在对贷款公司的 SWOT 分析中，课题组认为其市场前景并不乐观，银行业金融机构对发起组建全资贷款公司的认可度不高。因此，对其实施 W－T 战略，即防御战略，逐步退出新型农村金融组织体系。事实上，贷款公司在组建与经营管理上，远没有小额贷款公司灵活，加上对其实施审慎性监管，商业可持续性一直受到社会各界的质疑。

3. 农村资金互助社

经营成本偏高、资金筹资渠道狭窄是农村资金互助社发展的主要障碍。在对众多农村合作金融案例研究中，我们认为当前农村经济中已具备了开展资金互助与信用合作的基础，特别是农民专业合作社的快速发展为信用合作提供了操作平台与载体。但由于信用合作的规模偏小和非盈利性，应该实施 W－O 发

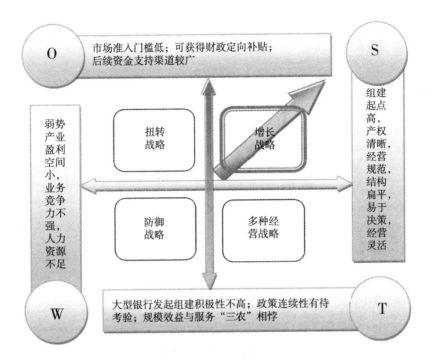

图3　村镇银行发展战略示意图

展战略，即扭转战略。通过政策支持和资金引导，鼓励农民专业合作社开展多种形式的信用合作，依靠其生产合作的内生力推动信用合作的发展，实现生产、信息、资金的互动与共赢，而不用急于对农村资金互助社改造和转化。

4. 小额贷款公司

小额贷款公司实行"只贷不存"的准金融机构，是目前新型农村金融机构中最具活力的一类，但资金筹资渠道狭窄、发展方向不明也限制了其发展的可持续性。对此，在小额贷款公司的发展上，可以采取两种策略，一是按 S－O 即增长战略，通过大力引导和支持，鼓励更多的民间借贷资本"阳光化"，为农村地区的经济发展提供更多的资金支持；二是按 S－T 发展战略，即多种经营战略，适当扩大小额贷款公司的业务范围，如开展中小企业咨询服务、委托贷款业务等，在风险可控的前提下使之能够经营更多的信用产品，增强其可持续发展能力。此外，小贷公司还可以加强与 P2P 网贷平台的合作，利用正规牌照开展线下业务，缓解自有资金不足的矛盾。

5. 融资性担保公司

对融资性担保公司，一是要进一步规范融资性担保公司的经营模式，建立

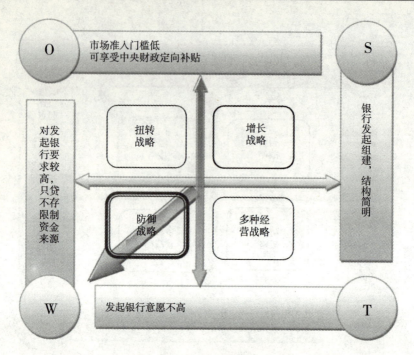

图 4　贷款公司发展战略示意图

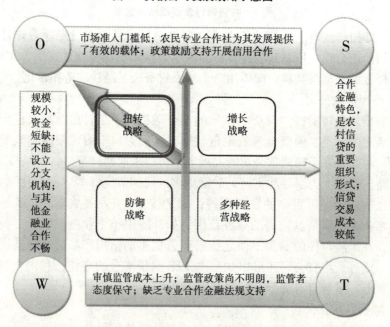

图 5　农村资金互助社发展战略示意图

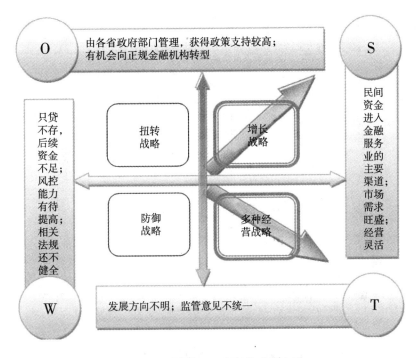

图 6　小额贷款公司发展战略示意图

完善的风险防控机制，切实提高风控能力，降低担保坏账比率；二是要通过财政资金建立风险补偿机制和奖励机制，激励融资性担保公司开展担保业务的活力，不断提高担保基金的杠杆率；三是要与金融机构建立风险共担机制，防止将风险全部压给担保公司；四是加大对非融资性担保公司的清理、整顿力度，为融资性担保公司的发展创造良好的外部环境。

6. 理财性担保公司

在规范和整顿担保行业中，大量的担保机构因资金实力不足、担保操作不规范而难以与银行达成合作协议，这类公司中绝大部分转向为民间借贷提供中介与担保服务。通过对理财性担保公司的 SWOT 分析，我们认为对其应该实施 W-O 战略组合，即扭转战略。一是要建立和完善理财性担保公司的监管法规与制度，尽快改变其无序的发展状态，明确理财性担保公司的监督管理部门，并实行注册工商登记与辅助性金融公司牌照制度，纳入微型金融监管框架；二是推行担保机构信用评级制度，依据其资金实力确定业务开展的规模上限；三是对其担保基金实行托管制度，切实防范业务风险的过度膨胀；四是积极推进其与小贷公司、村镇银行等新型农村金融机构开展业务合作；五是鼓励部分经营稳健、绩效显著的理财性担保机构发起设立小贷公司、民营银行等正规金融机构。

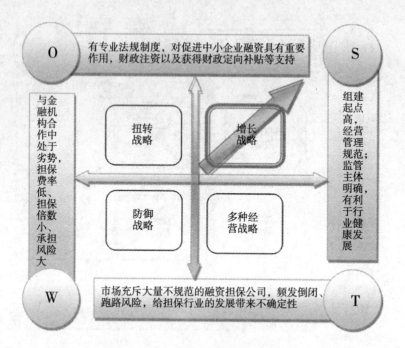

图7 融资性担保公司发展战略示意图

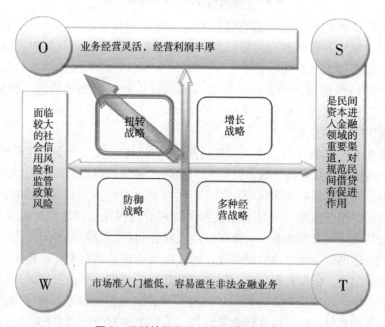

图8 理财性担保公司发展战略示意图

7. P2P 网贷平台

P2P 网贷在中国发展过程中通过不断创新和改善，已由单纯的网络借贷异化为一个微型的互联网金融机构。我们认为对其应该实施 W－O 战略，即扭转战略模式。一是从完善信用风险和政策风险着手，尽快制定 P2P 网贷平台运营标准，纳入金融监管范畴，实施适度的非审慎性监管与服务；二是要加快社会征信体系建设，将 P2P 网贷平台纳入到征信服务体系之中，合理引导 P2P 网贷平台的健康发展和线上业务的风险防控；三是建立 P2P 网贷资金托管制度，严禁网贷平台对资金的直接操控，有效保护投资人的利益。

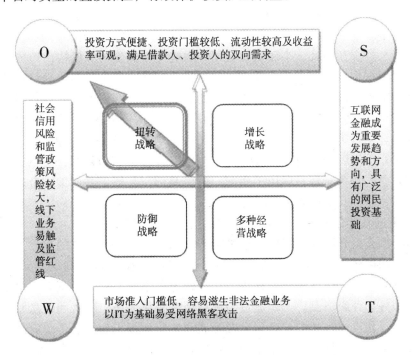

图 9　P2P 网贷平台发展战略示意图

五、推进河南省微型金融发展的建议

1. 设立地方金融服务局，构建微型金融服务与监管体系

针对我国现行"一行三会"金融监管体制难以有效监管微型金融的现实，构建由中央、地方分工协作的微型金融监管与服务体系。在中央层面，由"一行三会"牵头组织对微型金融发展进行立法研究，逐步规范和完善微型金融组织设立、运营和退出机制，使微型金融的设立与发展有规可依；组建金融消费者保护机构，建立微型金融消费者保护数据库，通过保护金融消费者权益规范

微型金融经营，有效防范微型金融经营中的风险；进一步加快征信系统建设，构建适于微型金融组织开展业务需要的征信服务体系，为微型金融防控信用风险提供数据支持。

在省级和地市级设立独立的地方金融发展服务局，明确微型金融的服务与监管主体。其中，省级地方金融发展服务局承担地方性法人金融机构的监管与服务工作，统一承担区域微型金融组织的市场准入管理、机构监督管理、风险防范管理、现场与非现场金融监管等。地市级与县级金融发展服务局主要承担微型金融的申报、日常管理、风险防控等。

2. 对微型金融组织实施分类监督与管理

地方金融发展服务局对区域微型金融实施分类管理制度。其中民营银行、村镇银行、资金互助社、小额贷款公司、融资性担保公司等机构由地方金融发展服务局根据中央相关部门确立的组建条件、高管人员、法人治理结构等为基础，确立本省的市场准入条件，在给定的业务范围内开展经营。对理财性担保公司、P2P网贷平台等民间借贷服务类的准金融机构，实施注册备案制度，并对其担保基金实行第三方托管，积极防范民间借贷担保可能出现的金融风险。对农村资金互助组织、信用合作组织以及各类NGO小额信贷组织，实施"半许可化"的监督与服务管理，即由工商部门或民政部门注册，并向地方金融发展服务局备案，防范其衍生非法金融活动。

3. 推进微型金融评级制度，促进微型金融正规化发展

对微型金融开展评级工作是推进微型金融稳定、持续发展的重要手段，对此一是要积极建立我国的微型金融评级制度。针对我国微型金融的多元化特征，以标准化的方法建立微型金融评级方法，确定为不同类别的微型金融提供规范的评级服务和评级产品。二是通过为微型金融提供升级、融资和信息服务等方面的便利，积极鼓励和引导微型金融开展和参与评级工作。三是政府部门在评级行业发展之初给予一定的补贴或者税收优惠，降低评级费用。

4. 搭建民间融资登记平台，规范民间融资服务

针对当前理财性担保机构、P2P网贷平台在开展民间融资中介服务中面临的较大风险，要积极搭建全省的民间融资登记平台，建立民间融资信用信息数据库，积极防范和化解由民间借贷引发的信用风险。具体可由省级地方金融发展服务局牵头组建全省民间融资信息登记中心，为100万元以上的大额民间借贷提供登记服务。同时，将全省所有的理财性担保公司、P2P网贷平台开展的融资中介服务与民间借贷交易信息全部纳入到系统中。其作用，一是实时监测微型金融经营活动，坚决杜绝自融、集资等非法金融业务，防范和化解微型金融组织的政策风险与道德风险；二是通过民间借贷信息共享，防止部分信用不良者

在民间借贷市场多头借贷、过度授信等，为微型金融发展创造良好的大数据支撑；三是可以及时了解和掌握民间借贷的规模、资金流向、利率成本等，为管理层提供决策服务；四是可以适时将民间借贷信用信息与央行征信系统进行数据交换。

5. 有效解决资金来源，促进利率公平合理

针对目前微型金融机构信贷利率普遍过高的情况，一是传统大型银行要着重研究小微企业融资难与融资成本高的根源，切实加大对小微企业的融资力度。同时要严防大型企业利用自身优势将银行资金转移到民间借贷市场赚取超额利润的情况，逐步缓解小微企业资金紧张局面，促进微型金融利率向公平合理的方向发展。二是要不断拓宽微型金融机构的融资渠道，在风险可控的前提下适度放宽融资杠杆，提高微型金融的融资能力。三是要鼓励经营规范、规模较大的小额贷款公司通过上市、发债等途径筹集所需资金。

参考文献

[1] 何广文，李莉莉. 正规金融机构小额信贷运行机制及其绩效评价 [M]. 北京：中国财政经济出版社，2005.

[2] 杜晓山，刘文瑰，张保民等. 中国公益性小额信贷 [M]. 北京：社会科学文献出版社，2008.

[3] 焦瑾璞，杨骏. 小额信货和农村金融 [M]. 北京：中国金融出版社，2006.

[4] 广州民间金融研究院课题组. 中国民间金融发展研究报告 [M]. 北京：知识产权出版社，2013.

[5] 第一财经新金融研究中心. 中国 P2P 借贷服务行业白皮书（2013）[M]. 北京：中国经济出版社，2013.

[6] 李振江，张海峰. 微型金融业务的四种模式 [J]. 农村金融研究，2008 - 12.

[7] 欧阳红兵，胡瑞丽. 微型金融及其在我国的发展 [J]. 改革与战略，2007 - 10.

[8] 李颖，王颖. 中国村镇银行发展问题研究 [J]. 中国农业通报，2013 (29)：110 - 115.

[9] 刘志国. 小额贷款公司发展现状、问题及对策分析——以河南省为例 [J]. 时代经贸，2013 (3).

[10] 杨先道. 国际微型金融发展的经验及对中国的启示 [J]. 国际金融，2013 (3)，(4).

［11］谭帅．微型金融发展历史综述［J］．山东经济战略研究，2011（7）．

［12］杨苗苗．我国微型金融运作模式问题研究［D］．北京：首都经济贸易大学，2010.

［13］高彦彬．河南村镇银行的比较优势与发展方向策论［J］．征信，2013（3）．

［14］李思冉，杨渊．简析微型金融机构的信用评级体系建设［J］．经济研究导刊，2009（12）．

小额贷款公司可持续发展问题研究

中国人民银行驻马店市中心支行课题组[①]

一、我国小额贷款公司的产生与发展

小额贷款公司是我国对只进行商业化小额贷款业务机构的称谓，国外一般将从事商业化小额贷款的机构称为小额信贷机构，所以本文统一将国外从事商业化小额贷款的机构称为小额信贷机构。

（一）小额贷款公司产生的背景

1. 贫困地区金融供给严重不足

在我国，自 20 世纪末以来，由于正规金融机构不断撤出，农村的金融供给日益下降，贫困地区金融供给严重不足，难以满足穷人的金融需求。2006 年底，我国农村金融机构营业网点 111 302 个，占全国银行业金融机构网点总数的56%，然而，平均每个乡镇分布银行业金融机构网点 3.69 个，每 5.81 个行政村才拥有 1 个，县及县以下农村地区平均每万人拥有机构网点数 1.26 个（而城市却平均有 2 个），拥有银行业金融机构服务人员仅 12.48 个。同时，30% 以上的网点都集中分布在县城城区，还有 8 231 个乡镇只设有 1 家银行业金融机构网点，甚至还有 3 302 个乡镇（占到全国乡镇总数的 10%）并未设有任何银行业金融机构营业网点[②]。

2. 贫困地区资金流失严重

金融压抑下的贫困地区资金流失严重。由于资本的逐利性，金融资源不断从贫困地区流向发达地区，从农村流向城市，从农业流向非农业，导致大量农村资金外流，直接减少了农村地区可获得的金融资源总量。仅仅通过农村信用社和邮政储蓄机构资金外流看，1979—2005 年的 27 年间，我国农村资金净流出

① 课题组主持人：张宏伟；
　 课题组成员：李香稳、刘士谦、王燕、张勇杰。
② 中国银监会官方网站 http://www.cbrc.gov.cn/。

量高达 13 644.8 亿元，并且呈逐年上升趋势。1997 年，资金的净流出量达到 996.7 亿元，2002 年和 2003 年分别为 1 132.5 亿元和 1 347.7 亿元，2004 年更是高达 2 021.8 亿元，以上数据并不包括从其他正规金融机构流出的资金（何德旭、饶明，2007）。

3. 农村金融改革的中央政策支持

在深化我国农村金融体系改革的背景下，2004—2006 年连续 3 个中央一号文件先后提出"要从农村实际和农民需要出发，按照有利于增加农户和企业贷款，有利于改善农村金融服务的要求，加快改革和创新农村金融体制。鼓励有条件的地方，在严格监管、有效防范金融风险的前提下，通过吸引社会资本和外资，积极兴办直接为'三农'服务的多种所有制的金融组织"（2004）；"培育竞争性的农村金融市场，有关部门要抓紧制定农村新办多种所有制金融机构的准入条件和监管办法，在有效防范金融风险的前提下，尽快启动试点工作。有条件的地方，可以探索建立更加贴近农民和农村需要、由自然人或企业发起的小额信贷组织"（2005）；"鼓励在县域内设立多种所有制的社区金融机构，允许私有资本、外资等参股。大力培育由自然人、企业法人或社团法人发起的小额贷款组织。引导农户发展资金互助组织，规范民间借贷"（2006）。这三个文件为进行农村金融改革创新，发展小额信贷组织提供了强有力的政策支持。

（二）小额贷款公司的发展情况

1. 试点阶段

2005 年开始商业性小额贷款公司的试点工作。《关于小额贷款公司试点的指导意见》对小额贷款公司作了以下规定：小额贷款公司坚持"只贷不存"，是按照《公司法》成立的、在工商管理部门注册登记的企业法人；小额贷款公司不得跨行政区域经营，贷款服务立足于农村经济的发展，在此基础上自主选择贷款对象；小额贷款公司的贷款利率由借贷双方在法定范围内自主协商，最高不能超过中国人民银行规定的同期基准利率的 4 倍。

2005 年 12 月 27 日，晋源泰、日升隆两家小额贷款公司在山西省平遥县成立，标志着我国小额贷款公司的试点工作正式拉开了序幕。截至 2006 年 12 月，在山西省平遥县、四川省广元市市中区、贵州省江口县、陕西省户县和内蒙古自治区鄂尔多斯市东胜区已经成立了晋源泰、日升隆、全力、江口、信昌、大洋汇鑫和融丰 7 家小额贷款公司（见表 1）。这些小额贷款公司的注册资本为 1 600 万 ~5 000 万元不等，注册资本最高的是融丰，为 5 000 万元，其中中国扶贫基金会持有融丰小额贷款公司部分股份。股东数均不超过 5 人，多为民营企业或个人。7 家小额贷款公司中，有 6 家是有限责任公司，江口为股份有限公司。此外，这 7 家试点设立的小额贷款公司还得到了来自亚洲开发银行、德国技术合作公司等国际机构的技术和资金援助。

表1 首批小贷公司试点情况

省份 项目	公司名称	股东（个）	注册资本（万元）	贷款利率（月,%）	开业时间
山西	晋源泰	4	1 600	15.66% ~22.32%	2005.12.27
	日升隆	3	1 700		
四川	全力	3	2 000	7.83% ~23.4%	2006.04.10
贵州	江口	2	3 000	12% ~22.2%	2006.08.15
陕西	信昌	4	2 200	22.32%	2006.09.18
	大洋汇鑫	1	2 000		
内蒙古	融丰	3	5 000	16.74% ~24.48%	2006.10.12

资料来源：中国人民银行小额信贷专题组（2007）。

首批成立的7家小额贷款公司受到了试点地区的欢迎，缓解了当地紧张的贷款需求。但是，身份缺失、资金来源和监管不力一直是困扰小额贷款公司发展的主要问题。只贷不存的经营模式导致了小额贷款公司资金来源渠道受限；身份缺失直接导致小额贷款公司自身权益得不到法律的保护，也给其监管带来难度。

2. 试点推广阶段

2008年，中国人民银行、中国银行业监督管理委员会联合发布了《关于小额贷款公司试点的指导意见》（银监发〔2008〕23号，以下简称《指导意见》），小额贷款公司的试点工作在全国范围内展开，同时规定根据《村镇银行组建审批指引》和《村镇银行管理暂行规定》的有关规定，小额贷款公司可以改制成为村镇银行，这就明确了小额贷款公司未来发展的一个方向。《指导意见》下发后，全国各地小额贷款公司迅速发展。目前，全国31个省、自治区、直辖市都相继成立了小额贷款公司（见表2和表3）。2008年4月，中国银行业监督管理委员会在《关于村镇银行、贷款公司、农村资金互助社、小额贷款公司有关政策的通知》（银发〔2008〕137号）对这四类金融机构的存款准备金、存贷款利率、支付清算、会计、风险监管等方面做了进一步的规范。允许小额贷款公司转制村镇银行是对小额贷款公司发展前景的又一政策支持，2009年6月，中国银监会又发布了《小额贷款公司改制设立村镇银行暂行规定》，允许符合条件的小额贷款公司改制成立村镇银行，以银行的身份参与金融市场竞争。2012年2月1日，温家宝总理在主持召开国务院常务会议时又重申，"加快发展小金融机构，适当放宽民间资本、外资和国际组织资金参股设立小金融机构的条件，放宽小额贷款公司单一投资者持股比例限制"，这为小额贷款公司解决资金来源提供了希望。

表2　　　　　　　　　　　全国机构发展情况

项目＼年份	2006	2007	2008	2009	2010	2011	2012	2013.06
机构数量（家）	7	7	497	1 334	2 614	4 282	6 080	7 086
覆盖省份（个）	5	5	19	28	31	31	31	31
从业人数（人）	—	—	—	14 574	27 884	47 088	70 343	82 610

　　资料来源：中国人民银行网站 http：//www.pbc.gov.cn/。

　　2008 年以来，小额贷款公司呈现出全面发展的态势，中国人民银行统计数据显示，截止到 2013 年 6 月末，全国共有小额贷款公司 7 086 家，贷款余额为 7 043 亿元，上半年新增贷款 1 121 亿元，从业人员数量达到 75 481 人。从机构数量来看，在全国 31 个省区中，2013 年小额贷款公司机构数量在 500 家左右的主要集中在内蒙古自治区、江苏省和辽宁省；以贷款余额排名来看，江苏省的贷款余额超过千亿元居全国首位，其次是浙江省和四川省；以公司家数排名来看，江苏省以拥有 529 家小贷公司排在全国首位，其次是辽宁省，有 499 家，内蒙古自治区以 472 家居第三位（见表3）。

表3　　　　　　　　　　小额贷款公司分地区情况统计表

地区名称＼项目	机构数量（家）	从业人员数（人）	实收资本（亿元）	贷款余额（亿元）
全国	7 086.00	82 610.00	6 252.10	7 043.49
北京市	57.00	701.00	77.40	76.99
天津市	83.00	1 172.00	100.37	99.75
河北省	411.00	4 698.00	241.97	252.98
山西省	266.00	2 690.00	177.04	173.82
内蒙古自治区	472.00	4 650.00	354.22	362.89
辽宁省	499.00	4 553.00	290.02	270.65
吉林省	319.00	2 867.00	91.25	68.36
黑龙江省	244.00	2 174.00	98.60	85.61
上海市	94.00	950.00	124.75	157.17
江苏省	529.00	5 207.00	849.48	1 090.68
浙江省	287.00	3 280.00	593.50	818.82
安徽省	462.00	5 579.00	319.51	341.85
福建省	83.00	1 102.00	186.50	219.50

续表

项目 地区名称	机构数量（家）	从业人员数（人）	实收资本（亿元）	贷款余额（亿元）
江西省	200.00	2 341.00	206.94	234.20
山东省	282.00	3 194.00	308.64	357.64
河南省	291.00	4 172.00	147.11	151.80
湖北省	179.00	2 212.00	175.56	195.70
湖南省	97.00	1 154.00	67.07	74.63
广东省	265.00	6 098.00	306.52	320.13
广西壮族自治区	199.00	2 737.00	136.20	196.95
海南省	24.00	269.00	23.90	25.51
重庆市	189.00	3 941.00	341.62	401.54
四川省	259.00	4 608.00	391.72	432.73
贵州省	238.00	2 501.00	69.14	64.47
云南省	320.00	2 936.00	155.73	156.26
西藏自治区	4.00	35.00	1.80	1.78
陕西省	199.00	1 667.00	142.35	141.51
甘肃省	234.00	2 046.00	85.96	69.16
青海省	35.00	423.00	26.55	31.99
宁夏回族自治区	119.00	1 480.00	63.92	62.03
新疆维吾尔自治区	146.00	1 173.00	96.79	106.39

注：本表数据截至 2013 年 6 月 30 日。

资料来源：中国人民银行网站 http：//www. pbc. gov. cn/。

总结各地对小额贷款公司的做法：（1）制定试点办法，明确试点原则、监管规定和试点进度。（2）开展试点培训，对投资者和作业人员进行政策法律教育。（3）鼓励民间资本积极参与，做好审批设立工作。（4）出台扶持政策，江苏、浙江、内蒙古、上海等省（自治区、直辖市）分别在财务管理、抵（质）押登记和税收方面出台地方性便利政策。

二、河南省小额贷款公司发展实证分析

（一）河南省小额贷款公司总体情况

2008 年 5 月银监会与人民银行联合发布《中国人民银行关于小额贷款公司试点的指导意见》，小额贷款公司试点主要自 2009 年以后在河南省各地市全面展开。尤其是 2010 年以来，小额贷款公司机构数量及贷款余额快速增长。截至

2013年6月末，河南省小额贷款公司机构数量达到293家，贷款余额151.8亿元，从业人员达到4 234人，实收资本134.45亿元。

1. 试点机构的基本情况

自2009年以来，河南省小额贷款公司试点开始呈现快速增长趋势，全年共申请注册46家。主要以郑州市的民间资本申请进入小额贷款公司的居多，占到41家，其他的如开封市2家，洛阳市3家。主管部门为河南省工业和信息化厅。表4是10家试点公司的基本情况，它们的股东结构可以分为三类：一是股东全部是自然人；二是股东全部是企业法人；三是混合型的两类人都有。最高的注册资金是20 000万元，最低的注册资金是2 000万元。股东结构体现了低门槛、多元化、主要吸收社会闲散资金的特点。

表4　　　　　　　　　　　10家公司成立之初的基本情况

序号	机构名称	开业日期	注册机关	从业人员（人）	注册资本金（亿元）	第一大股东	
						名称	持有股份额（%）
1	宋基小额贷款有限公司	2009.06.25	郑州市惠济区经济委员会	16	2.00	法人	20
2	长信小额贷款有限公司	2009.07.01	郑州市郑东新区经济委员会	17	0.30	法人	20
3	铭盛小额贷款有限公司	2009.07.03	郑州市二七区经济委员会	15	0.50	自然人	20
4	富诚小额贷款有限公司	2009.07.06	郑州市郑东新区经济发展局	26	1.00	自然人	20
5	隆鑫小额贷款有限公司	2009.07.07	郑州市金水区经济委员会	27	0.50	自然人	20
6	邦成小额贷款有限公司	2009.08.19	郑州市金水区经济委员会	30	0.50	自然人	20
7	甲骨文小额贷款有限公司	2009.08.31	河南省工业和信息化厅	10	0.20	自然人	20
8	新大方小额贷款有限责任公司	2009.09.01	河南省工业和信息化厅	10	0.50	法人	20
9	融鑫小额贷款有限公司	2009.09.04	河南省工业和信息化厅	6	1.00	法人	20
10	汇银小额贷款股份有限公司	2009.09.14	河南省工业和信息化厅	41	1.50	法人	17

资料来源：中国人民银行郑州中心支行调查统计处相关资料。

2. 机构数量增长迅速，但明显低于全国平均水平

河南省小额贷款公司增长迅速，2009 年申请注册 46 家，2010 年 108 家，2011 年 181 家，2012 年 241 家，2013 年 6 月末 293 家，年均增长 21.07%。但与全国水平相比，仍然有相当的差距。如江苏省 2013 年 6 月末小额贷款公司机构数量占全国第一位，达到 529 家，排名第二位的辽宁省小额贷款公司机构数量达到 499 家，遥遥领先于全国其他省份。图 1 是 2010 年末至 2013 年 6 月末河南省及全国小额贷款公司机构数量增长变化趋势示意图情况。

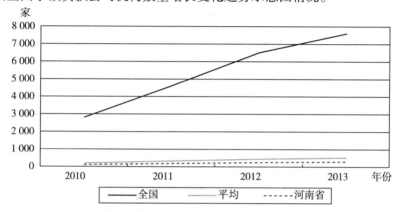

资料来源：中国小额信贷联盟网站 http://www.chinamfi.net。

图1　小额贷款公司机构数量增长趋势

从区域分布上看，如表 5 所示，2008 年末西部地区不论在机构总量还是在各省平均机构数目两个指标上都高于东部和中部。但是，到了 2009 年以后，东部在机构总量和各省平均机构数目都跃居第一位，中部在机构数量上虽然仍然最少，但是各省平均数量超过了西部，在 2010 年末甚至超过了东部。2010 年末，中部在各省平均机构数上一路超过了东西部。截至 2011 年末，总量上，小额贷款公司在东中西部分布格局基本保持不变。全国平均各省成立 138.1 家小额贷款公司，超过均值的有 6 个省，其中 3 个省属于东部地区，2 个省属于中部地区，1 个省属于西部地区。

表5　　　　　　　　东中西部小额贷款公司总量和各省平均数量　　　　　单位：亿元

地区＼年份项目	2006		2007		2008		2009		2010		2011	
	总量	均值	总量	均值	总量	均值	总量	均值	总量	均值	总量	均值
东部	0	0	0	0	196	18	564	51	9 797	89	1 533	139
中部	2	0	2	0	50	6	335	42	760	95	1 289	161
西部	5	0	5	0	251	21	435	36	875	73	1 460	122

资料来源：中国人民银行网站 http://www.pbc.gov.cn/。

3. 从业人员数量稳定增长

河南省小额贷款公司在吸纳从业人员方面也呈现出稳定增长的态势。2009年，从业人员数量为729人，2010年为1 362人，2011年为2 425人，2012年为3 375人，2013年6月末为4 234人，平均年增长率为20.69%（见图2）。其中高级管理人员主要来自曾经在银行等金融系统或供职的相当层次人员或实业界高级管理人才。一般操作人员主要来自新近毕业的大学生。

从全国情况来看，2010年，小额贷款公司从业人员27 884人，平均每个公司10.67人。2011年，全国小额贷款公司从业人员47 088人，平均每个公司11人。2013年6月末，全国小额贷款公司从业人员82 610人，平均每个公司11.66人。其中，广东省平均每个公司从业人员最多，为23.01人，辽宁省最少，为9.12人，河南省平均每个公司从业人员达到14.34人。

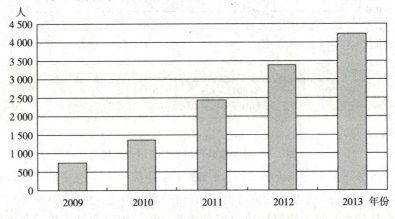

资料来源：中国小额信贷联盟网站 http：//www.chinamfi.net。

图2　小额贷款公司从业人员数量变化趋势

4. 实收资本稳健增长，但明显低于全国平均水平

河南省小额贷款公司实收资本稳健增长，2009年达到29.91亿元，2010年、2011年、2012年分别为34.53亿元、63.74亿元、102.77亿元，2013年6月末更是达到了134.45亿元（见图3）。但是与全国平均水平相比，仅相当于全国平均水平的近60%。与江苏省、浙江省等先进省份相比，更是差距悬殊。如江苏省2013年6月末小额贷款公司实收资本规模达到了849.48亿元，浙江省达到了593.52亿元。

从平均每家注册资本金来看，河南省小额贷款公司与全国平均水平相比差距明显（见表6）。全国小额贷款公司注册资本金平均为0.78亿元，其中，最高值为东部1.14亿元，其次为西部0.62亿元，最低值为中部0.47亿元，河南省

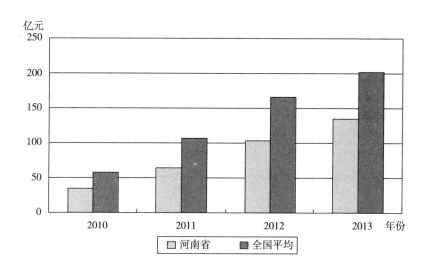

资料来源：中国小额信贷联盟网站 http：//www.chinamfi.net。

图3　小额贷款公司实收资本变化趋势

又低于中部的平均水平 0.46 亿元。

表6　　　　　　　2011 年平均每家小额贷款公司注册资本金

地区　　　　　项目	平均每家小额贷款公司注册资本金（亿元）
东部	1.14
中部	0.47
其中：河南省	0.46
西部	0.62
全国平均	0.78

资料来源：中国人民银行官方网站 http：//www.pbc.gov.cn/。

5. 贷款增长有力，有效地支持了"三农"及小微企业

河南省小额贷款公司自 2009 年以来，利用自身信息优势，有力地支持"三农"及小微企业发展，及时投放了大量贷款，较好地弥补了商业银行的信贷盲区，受到了"三农"及小微企业客户的好评。2010 年贷款余额为 31.79 亿元，2011 年、2012 年分别为 64.87 亿元、112.41 亿元，2013 年 6 月末更是达到了151.8 亿元。但是，与全国平均水平相比，还有一定的差距（见图4）。

同时，河南省小额贷款增速呈现前高后低的波峰形趋势，并且与全国小额贷款增速的趋势大体一致（见图5）。两者都是以 2011 年为增速波峰点，前期增速高的原因主要是基期数据小，后期增速回落的主要原因是贷款投放趋于回

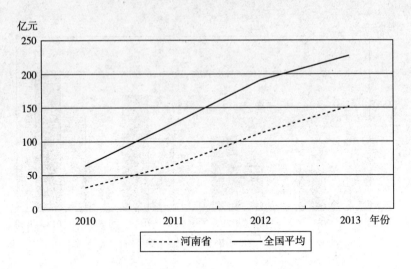

资料来源：中国小额信贷联盟网站 http：//www. chinamfi. net。

图4　小额贷款公司贷款余额变化趋势

归正常态势，后续发展态势将主要受经济基本面能否顺利实现产业升级转型以及中小微企业在国民经济中的活跃程度的影响。

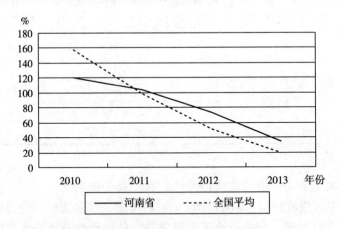

资料来源：中国小额信贷联盟网站 http：//www. chinamfi. net。

图5　小额贷款公司贷款余额增速变化趋势

（二）驻马店市小额贷款公司实证分析

1. 小额贷款客户来源结构

驻马店市小额贷款公司的客户主要是被银行排斥在外或者很难在银行取得贷款的客户，在金融理论上也称金融抑制性客户，主要来源于"三农"及小微企业发展及个体工商户等。

2012 年底，驻马店市小额贷款公司各项贷款余额为 21 372.2 万元，比上年增加了 5 135.7 万元。其中个体工商户贷款占比 55%，个人贷款占比 38%，小型企业贷款占比近 6%，微型企业贷款占比近 1%（见图 6）。

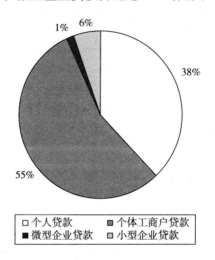

图 6　小额贷款客户按余额分布

发放贷款笔数 5 234 笔，比上年增加 4 871 笔。其中小微企业贷款笔数占比近 59%，农户贷款笔数占比 7%，个体工商户贷款笔数占比 34%（见图 7）。

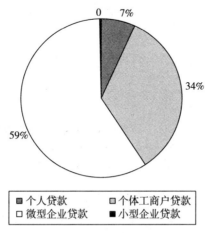

图 7　小额贷款客户按笔数分布

2. 小额贷款利率定价水平

由于金融市场的分割性以及金融资源的稀缺性，小额贷款公司在贷款利率定价方面具有相对的主动性和控制权。虽然全国各地的具体情况不尽相同，但高利率水平是全国性小额贷款公司的普遍特点。具体而言，驻马店市小额贷款公司的名义利率水平大致保持在18%～20%，这还不包括可能收取的财务咨询费、贷款申请费、业务指导费等贷款利率以外的各种相关费用。高利率是资金市场供求的一种表现和反映，对于弥补和覆盖小贷公司的损失风险具有一定的积极意义，但同时也可能伤害了小微经济、"三农"经济及个体工商户的经济利益，是市场经济的一把"双刃剑"。

如表7所示：2012年末，按贷款余额统计，利率分布最集中的区间为年利率15%～20%，占全部贷款的56.61%；另外，占比为36.83%的贷款利率水平分布在10%～15%。利率水平高于20%和低于10%的贷款合计占比仅为6.66%。

按贷款笔数统计，利率分布最集中的区间为年利率10%～15%，贷款笔数占全部贷款的95.70%；利率水平高于15%的贷款笔数仅占全部贷款笔数的4.3%。

表7　　　　　　　2012年末驻马店市小额贷款公司贷款利率定价分布

利率区间	笔数（笔）	占比（%）	金额（万元）	占比（%）
年利率低于10%（含）	0	0	0	0
年利率介于10%～15%（含）	5 009	95.70	9 131	36.83
年利率介于15%～20%（含）	206	3.94	14 009.5	56.51
年利率介于20%～25%（含）	10	0.19	880	3.55
年利率高于25%	9	0.17	770	3.11

同全国小额贷款公司相比，驻马店市小额贷款公司利率水平处于较为合适的中间水平，如表8所示，全国2006年最高水平为27.60%，最低水平为11.52%，平均水平为18.78%；2007年最高水平为29.88%，最低水平为14.40%，平均水平为22.62%；2008年最高水平为36.00%，最低水平为4.54%，平均水平为18.01%。但一个值得注意的现象是，小额贷款公司利率水平最高与最低出现两极分化的趋势，但平均水平趋于更加回归、合理。

表8　　　　　　　　全国小额贷款公司利率情况　　　　　　　单位:%

年份	最低利率	最高利率	平均利率
2006	11.52	27.60	18.78
2007	14.40	29.88	22.62
2008	4.54	36.00	18.01

资料来源：2006年、2007年、2008—2009年《小额信贷通讯合集》。

3. 小额贷款公司期限

目前，小贷公司的贷款期限一般以短期为主，其中，6 个月以内的占到全部贷款余额的 53%，另外是 6 个月至 1 年的贷款，占比达到 42%，期限超过 1 年以上的贷款非常少，只占到全部贷款余额的 5%（见图 8）。造成这种现象的原因，主要在于小额贷款门槛较低，但利率较高，许多企业为了应对紧急情况，往往更容易选择这种短、频、快的贷款方式。从客户提出贷款需求到最终取得贷款，全部手续时间最快的不超过 2 天，这种高效的作业方式极大地迎合和满足了客户的临时资金需求，从而存在着巨大的市场空间。主要情形为以下几种贷款需求：一是企业过桥贷款，满足企业在银行的借新还旧贷款需求。二是企业保证金贷款。一些小微企业在申请注册资本金、参与土地等招拍挂等类似问题时急需一批资金。三是企业在追逐销售返点时，为达到供货商要求，加大库存量，从而急需一批临时资金。

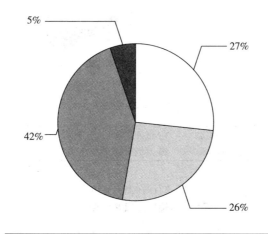

图 8　小额贷款客户按笔数分布

4. 抵押物处置及风险控制

目前，国有商业银行及股份制商业银行对于贷款风险的控制都有一套成熟的标准化流程体系，其核心思想比较偏重于风险抵押物。但对小贷公司来说，其客户群体就不符合大型银行体系对于抵质押的要求，同时，抵押登记费用高企加大了企业负担，也是制约与影响小微企业融资难的重要原因，因此，如何在抵质押缺失的前提下做好小微客户及"三农"类客户的风险控制，是一个全新的巨大的挑战。

　　事实上，小额贷款公司正在利用其巨大的信息优势，探索一条通过熟人贷款、关系人贷款来控制防范信贷风险的路子。重点考察贷款客户的第一还款来源，在实践中，取得了一定的成效，从而避免因抵质押物缺失而可能带来的风险损失。

　　2012 年末，驻马店市小额贷款公司各项贷款中，保证贷款占比高达 67%，信用贷款达到 7%，而抵押贷款仅占 22%，质押贷款占到 4%（见图 9）。

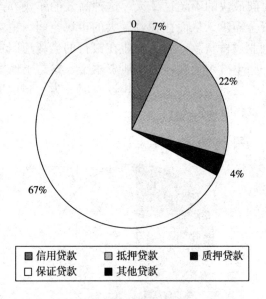

　　　　资料来源：中国人民银行驻马店市中心支行调查统计科相关资料。

图 9　小额贷款风险控制方式

　　同时，小额贷款公司贷款风险控制方式也在发生变化，整体而言，信用保证类贷款方式呈上升趋势，而抵押、质押类贷款方式使用率在下降。如图 10 所示：信用保证类贷款发生额从 2010 年的占比 30%，上升到 2011 年以后的 70% ~ 80%；而抵押、质押类贷款发生额在此时间内的变化正好相反，从占比 70% 下降到 2011 年以后的 20% ~ 30%。这两类贷款的变化趋势呈现出此消彼长的博弈格局。

　　目前，小额贷款公司贷款风险控制效果较为理想，运行近 4 年来，所有贷款均能正常收回，未出现一笔不良贷款现象。

　　5. 盈亏情况

　　从运行近 4 年情况来看，小额贷款公司盈利取得可喜的成绩。2010 年开业当年，实现营业利润 117.19 万元，2011 年增加到 330.99 万元，2012 年又增加

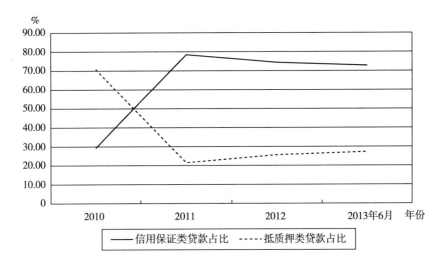

资料来源：中国人民银行驻马店市中心支行调查统计科相关资料。

图10　小额贷款风险控制方式变化趋势

到931.98万元。截至2013年6月末，又创新高，仅上半年营业利润就达到 1 163.80万元（见表9）。

表9　　　　　　　　　　　　　小额贷款公司盈利情况　　　　　　　　　单位：万元

指标名称　　　　　　　　　年份	2010 年	2011 年	2012 年	2013 年 6 月
一、营业利润	117. 19	330. 99	931. 98	1 163. 80
二、利润总额	117. 19	331. 36	929. 13	1 162. 79
所得税（减）	9. 19	86. 91	188. 63	211. 35
三、净利润	108. 00	244. 45	740. 51	951. 44
年度损益调整（加）		−49. 71	− 5. 95	−81. 99
留存利润	2. 12	90. 18	225. 66	551. 71
四、未分配利润	110. 12	284. 91	960. 22	1 421. 16

资料来源：中国人民银行驻马店市中心支行调查统计科相关资料。

同时，小额贷款公司盈利实现连续高速增长的势头，营业利润年平均增长率达到223.50%。由于小额贷款公司属于新设机构，所以没有任何历史包袱，因此，利润总额、净利润及未分配利润均呈现良好增长趋势（见图11）。从调查情况看，小额贷款公司投资人短期内均无进行利润分红的意愿，准备将近年来的净利润通过资本公积、增加注册资本金等形式扩大资本规模，壮大资本实力，从而带动增加贷款投放规模，实现扩大经营的目的。

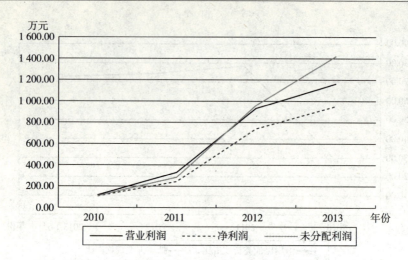

资料来源：中国人民银行驻马店市中心支行调查统计科相关资料。

图11　小额贷款公司盈利增长趋势

与全国情况相比，驻马店市小额贷款公司的盈利情况较为乐观。如表10所示，2011年底，全国小额贷款公司有4 282家，其中出现亏损的308家，亏损覆盖面达到7.19%，其中东部亏损面最低只有3.52%，中部亏损面最高占到10.40%，西部亏损面占到8.22%。这说明，东部小额贷款公司在机构发展、业务规模以及盈利能力方面都远远优于中部和西部。

表10　　　　　　　　　　亏损小额贷款公司数量及比例

地区　　　　项目	亏损小额贷款公司数量（家）	占小额贷款公司总量比例（%）
东部	54	3.52
中部	134	10.40
西部	120	8.22

资料来源：中国人民银行官方网站 http://www.pbc.gov.cn/。

三、小额贷款公司可持续发展存在的问题

1. 矛盾的身份定位

《关于小额贷款公司试点的指导意见》明确指出："小额贷款公司是由自然人、企业法人与其他社会组织投资设立，不吸收公众存款，经营小额贷款业务的有限责任公司或股份有限公司。"由此可以看出，国家对小额贷款公司的定位是经营贷款业务的工商企业，规定中并没有明确指出开办小额贷款公司需要获得银监部门颁发的"金融机构许可证"，因此，从法律意义上讲，小额贷款公司不属于金融机构。但《贷款通则》中明确规定"贷款人必须经中国人民银行批准经营贷款业务，持有中国人民银行颁发的'金融机构法人许可证'或'金融机构营业许可证'，并经工商行政管理部门核准登记"。目前没有金融机构许可证的小额贷款公司在日常的业务经营过程中却经营着资金、贷款业务，二者明显矛盾。因此身份性质定位上的矛盾给小额贷款公司的可持续发展带来一系列问题。

2. 缺乏完备的监管体系及法律法规

目前我国的小额贷款公司大都由各省（自治区）的金融办负责监管。但是由于目前我国对小额贷款公司的监管尚不成熟，既没有形成完备的监管体系，也没有相关的监管经验可以遵循，所以对小额贷款公司的监管还存在诸多问题。

目前，根据小额贷款公司性质而言，它应该像普通的工商企业一样完善公司治理结构，可是小额贷款公司经营的是金融资金贷款业务，而这一点在《公司法》中又无文可循。现行的《商业银行法》、《贷款通则》等金融机构法律文件对未取得金融机构许可证的小额贷款公司来说并不适应，同时人民银行发布的《农村信用社农户小额信用贷款管理指导意见》只是一般的规章制度，并不能上升到法律层面，因此我国小额贷款公司自身的法律法规尚且缺乏。

3. 后续资金来源有限

在银监会和中国人民银行 2008 年联合发布的《关于小额贷款公司试点的指导意见》中规定，小额贷款公司从银行业金融机构获得融入资金的余额，不得超过其资本净额的50%；单一自然人、企业法人、其他社会组织及其关联方持有的股份，不得超过小额贷款公司注册资本总额的10%。一直以来，银行再融资和股东增资扩股是小贷公司获得资金的两大主要渠道，但受限于1:0.5 的融资比例和10%的最大股东持股上限，这两种方式远难满足小额贷款公司的融资需求。

此外，虽然一些省份相继出台新规，放宽当地小额贷款公司从银行能够获得融资的比例，然而实际情况却是，由于银行只执行银监会所规定的50%的融资比例限制，各地金融办出台的融资比例新政难以得到有效执行和落实，小贷公司甚至很难按50%左右的融资比例从银行获得融资。

4. 税收政策优惠和支持不够

小额贷款公司原则上不享受减税、免税等优惠税收政策，税务机关按照《中华人民共和国税法》相关规定，依法对小额贷款公司征收各类税费。小额贷款公司的税收政策大部分都是执行普通工商企业25%的所得税、5.56%的营业税及附加这一标准。虽然允许试点的政府可以根据实际情况对当地小额贷款公司制定并实施优惠的地方税收政策，但是目前除江苏等少数省份外，全国的小额贷款公司大部分都没有享受到税收优惠政策。

在财政补贴方面,《国务院关于鼓励和引导民间投资健康发展的若干意见》(国发〔2010〕13 号) 提出,要对小额贷款公司的涉农业务实行与村镇银行同等的财政补贴政策。但财政、税务等有关部门至今还未制定相关税收优惠和财政补贴的实施细则,因此目前中央财政层面上没有针对小额贷款公司的财政补贴政策。由于身份问题,小额贷款公司不能享受到国家对农村金融和小企业金融的一系列优惠政策,在服务农村金融市场中处于不利地位。

5. 不能纳入央行征信体系

目前国内大部分小额贷款公司还没有接入人民银行征信系统,信用查询只能求助于当地银行等金融机构。与此同时,客户在小额贷款公司的贷款记录很难查询,同一客户同时在多家小额贷款公司贷款的现象时有发生,增加了信用风险。

2008 年,央行发布的个人信用系统管理办法中指出,小型金融机构包括小额贷款公司在内,在未来发展过程中是应当纳入到整个的征信系统里面来的。但小额贷款公司对接央行征信系统始终没有一个明确的时间表,目前也只有约 100 家小额贷款公司纳入到央行征信系统。由于未接入央行征信系统,小额贷款公司无法查询贷款客户在银行的贷款和负债结构,同时商业银行也无法查询客户在小额贷款公司的借贷情况,这直接导致了小额贷款公司与中小企业及个体工商户、商业银行与中小企业及个体工商户在融资对接中出现信息不对称问题,增大了小额贷款公司和商业银行的经营风险,进而可能导致小微企业重复融资现象出现,加大了整个行业的潜在风险。

四、小额贷款公司可持续发展思路对策

(一) 明确法律地位及发展方向

由于小额贷款公司身份模糊,市场定位不清晰,导致了一系列问题,融资难、监管难和税负重等不可忽视的问题。因此,对于小额贷款公司的性质界定是亟须解决的问题。

1. 明确金融机构身份

国家应该从立法层次上对小额贷款公司进行正名,确定小额贷款公司的法律地位,给予其金融机构的身份,将其纳入到我国金融机构系统之内。这样,小额贷款公司就能够以金融机构的身份实现与人民银行征信系统对接,按金融机构的待遇享受税收减免征缴,也同时可以进入资金拆借和票据市场进行融资,这种明确身份的做法或许能够解决小额贷款公司长期发展以来面临的资金来源困境,大大减少其经营成本,同时也为小额贷款公司未来发展方向的选择增加可能性。

2. 立足服务基层定位

在信贷市场竞争十分激烈的情况下，小额贷款公司应该与银行形成差异化竞争，在服务对象的选择上，专注于小微企业和农户贷款。小额贷款公司应该培育自己的核心竞争力，选择被排斥在银行系统之外的群体作为自己的目标客户，这样才能够在与银行的竞争中获得一席之地。小额贷款公司未来的发展方向不确定。在我国现有的金融组织系统各分层中，并不缺乏银行金融机构。因此，小额贷款公司应该利用自身优势，继续加强和银行类金融机构的合作，而不是朝着银行的经营模式发展。对于相关各方来说，应该防止小额贷款公司和银行的趋同性，以免造成金融服务功能的重复和资源浪费。

（二）优化外部环境

1. 健全监管体系

《关于小额贷款公司试点的指导意见》中明确指出小额贷款公司的监管责任人是地方政府，但在地方上由哪个部门具体负责，各地有所不同。

一是要完善小额贷款公司监管的法律体系。目前我国小额贷款公司相关法律法规阶位不高，应该将人民银行、银监会已经出台的规范性文件以及各地试点中比较成熟的制度上升到法律、行政法规和地方性法规的高度，并完善小额贷款公司在市场准入、退出、经营风险等方面的有关规定，进一步促进小额贷款公司健康发展。

二是应该将小额贷款公司纳入到我国宏观金融系统之中。改革农村金融体系，需要将各类农村金融服务主体整合到一个大的框架之下，统一领导，统一调配，目前各类金融法规仍然是政出多门、多头管理，这种金融监管体系根本无法适应我国的实际情况。

三是明确监管主体。《关于小额贷款公司试点的指导意见》规定应由省级政府明确一个主管部门作为小额贷款公司的监管部门，对于监管主体，笔者认为应该继续由地方政府负责。应该在省级成立一个专门的监管机构负责对小额贷款公司的日常监管——小额贷款公司监督管理委员会，它是一个隶属于省级政府的常设机构，赋予其一定的监管权力和职能，为了管理的需要，可以在县级设立派出机构，直接归小额贷款公司监督管理委员会管辖。

四是加强行业自律管理。为了加强对小额贷款公司的自律管理，设立试点的小额贷款公司应该成立行业协会，进行行业自律和维权，为自身争取发展空间。行业协会的自律比政府的监管更有优势，更能激发小额贷款公司内部监管和自我管理，保持小额贷款公司良性运作。

五是合作银行监管。向小额贷款公司融出批发资金的合作银行是小额贷款公司的一个重要的监督，合作银行应该从自身安全出发，对其加强贷中及贷后的管理，合作银行基本上掌握比较全面的关于小额贷款公司信息，与贷款给单个借款人相比，风险更加分散，合作银行能够对小额贷款公司更好地实施跟踪管理，监管其融出资金的使用状况。

2. 放宽相关融资政策

一是取消对小额贷款公司外部融资的上限。目前很多小额贷款公司在发展中都不同程度地遇到了资金短缺的问题，甚至部分公司出现无钱可贷局面。而且，银行业金融机构在风险控制方面发展得相当完善，可以自主对小额贷款公司融入资金进行资信审查。小额贷款公司从银行业金融机构融入资金50%的比例也应当适时取消。

二是继续加强与银行的合作。对于小额贷款公司来说，与银行错位竞争才是小额贷款公司的生存之道。对于资金来源不足问题，除了与银行合作，提高融资比例，还可以通过政策性银行给予小额贷款公司的优惠贷款，缓解其资金紧张的局面；借鉴其他企业融资的经验，开辟信托融资、私募股权融资等渠道。

三是参考全国其他省份做法，适当开展小额贷款公司发行企业债券试点。可以统一集中几家优秀的小额贷款公司，在一定范围内向社会打包联合发行小企业集合债券、短期融资债券和企业债券，或者允许其进入金融市场参与同业拆借，破除其从事金融业务而又游离于金融体系之外的尴尬。

四是积极推动，抓紧启动海外上市问题。一方面，鼓励有条件的小额贷款公司进行海外上市直接融资，树立典范，积累经验；另一方面，支持组建小额贷款公司控股集团公司，通过投资多家小额贷款公司形成一个控股集团，用控股公司上市解决小额贷款公司资金问题。

五是建立小额贷款公司再融资基金。由政府财政、政策性银行和其他金融机构共同出资建立小额贷款公司再融资基金，将资金批发给小额贷款公司，小额贷款公司则充当零售商，按照"小额、分散"的原则，重点解决小企业和"三农"的资金需求。

3. 制定优惠财政税收政策

一是建议参照农信社相关政策制定小额贷款公司的税收政策。可借鉴《财政部　国家税务总局关于试点地区农村信用社税收政策的通知》（财税〔2004〕35号及《财政部　国家税务总局关于进一步扩大试点地区农村信用社有关税收政策问题的通知》（财税〔2004〕177号）相关规定，将小额贷款公司的企业所得税减半征收，营业税按3%的税率征收，中西部地区可暂免征收企业所得税。

二是对小额贷款公司贷款业务中农户小额贷款的利息收入，免征营业税，农户小额贷款的利息收入在计算应纳税所得额时，按90%计入收入总额。

三是地方财政部门可对小额贷款公司向东部地区小、微企业贷款余额100

万元、个体户农户 10 万元，或中西部地区小、微企业贷款余额 50 万元、个体户农户 5 万元以下的月平均贷款余额给予贷款贴息或风险补偿。

四是以财政资金奖励补偿的方式加大对小额贷款公司开办初期的支持。对于涉农或中小企业支持贷款达到一定规模的，可按到位资本金的部分比例给予组织开办奖励，吸引更多的投资者及民间资本。

五是建议当地政府出台相关政策，小额贷款公司在日常贷款业务经营中办理房产、土地、动产及其他抵押或进行法律维权时，相关部门参照银行业金融机构程序制度执行。

4. 加入人民银行征信体系

尽快实现小额贷款公司与人民银行的征信系统对接，将小额贷款公司纳入到人民银行征信系统中。目前，全国大多数省份都相继将小额贷款公司接入人民银行征信系统。河南省可考虑由金融办、人民银行和小额贷款公司协会共同协商，将全省小额贷款公司打包建立一个统一的征信接口平台，所有小额贷款公司通过此平台与央行征信系统连接，从而最终解决小额贷款公司不能进入人民银行征信系统体系的问题。在成功接入人民银行征信系统后，尤其要加强管理，人民银行对小额贷款公司在数据报送、信息查询和使用、用户管理、异议处理、安全管理等方面进行监督管理，开展定期和不定期的检查，确保数据报送及时、完整、准确，保障信息主体合法权益。据介绍，全国已有重庆、江苏等地近 100 家小额贷款公司接入征信系统。人民银行济南分行披露，山东省首批 31 家小额贷款公司有望年内接入征信系统。

（三）加强内部治理

1. 扩展业务范围，合理市场定位

（1）目前，河南省工业和信息化厅给小额贷款公司批准的业务范围只有贷款一项资产业务，业务范围较为单一。应大力推动信贷外包、资产打包转让、信托发债、租赁代理、保险代理等业务，鼓励做实、做优、做广客户，努力打造成金融外包服务的平台。

（2）小额贷款公司的客户是"三农"及中小微企业。小额贷款公司的营销目的是满足目标客户群体的融资需求，因此小额贷款公司可以通过自有资金以贷款的方式投放给客户，也可以将部分客户推荐给银行、金融（融资）租赁公司、信托公司等机构，在既满足客户需求的同时也获取一些推荐费。同时小贷公司可以扩展代理业务，代理保险、信托等金融产品，开展票据贴现、担保等中间业务。

（3）在发展自身信贷业务的同时，小额贷款公司要"客信立身"，储备好大量的客户，在客户的选择上要符合自身"小额"、"快速"、"灵活"的特点。将自有资本金投放到达不到银行门槛或急需资金等不及银行放贷的客户身上，立足本土优势与银行等金融机构形成错位竞争。

2. 健全内部风险防范体系

（1）多方位防范小额贷款公司客户风险。首先是将客户的风险审查做到前置。小额贷款公司在日常经营过程中，应该立足本地域范围内积极储备客户，充分了解准客户的相关信息，长期进行关注。其次是引入相关保险产品加大客户风险担保措施。通过引入信用保证保险、财产保险、农业保险、借款人人身意外伤害保险等全面防范风险。最后，小额贷款公司应该坚持"小额"、"分散"的特点，避免将太多的资金集中在单一行业，防止行业的调整带来大量的资金风险。

（2）加强小额贷款公司信息化建设。建议以省为单位建设小额贷款公司信息管理系统，包括信贷管理系统、财务管理系统以及监管部门的监管系统，以便实现不良信息及潜在风险信息在全省共享、统一的监管信息掌握、统一接入人民银行征信系统等，选择具备当地区域条件和政策条件的 IT 系统软件。

3. 完善公司内部治理

（1）优化小额贷款公司股东资质和股本结构。建议相关监管机构引入小额贷款公司的招投标机制，真正引导有资金实力、社会责任感、经营诚信度高的企业家投身小额贷款公司行业。小额贷款公司股权要适度分散，控制最大股东及关联方的持股比例，全部股东应不少于一定数量的非关联法人或自然人。建议单个法人股东出资额控制在其上一年度末所有者权益的一定比例内，单个自然人股东出资额要有一定限制。

（2）完善权力制衡机制。按照董事会领导下的总经理负责制建立股东大会—董事会—总经理的权力制衡机制。充分授予总经理经营权力，建立规范的风险与信贷业务评审制度，由总经理领导的经营层对信贷业务及风险进行决策，充分发挥"快速、灵活"的业务特点。监事会可对业务、财务、经营管理等进行监督，及时发现风险点并督促整改。

（3）实施有效的约束激励机制。将总经理及业务部门的业务量、贷款回收率及贷款损失同薪酬挂钩，作为主要参考指标。财务、综合等后台管理人员薪酬可与公司费用开支及成本挂钩。这样可以在有效评估工作人员业务绩效的同时也控制了业务的质量和风险，提高工作责任心。对于总经理和部分重要岗位可尝试引入股权和期权的奖励，激励员工创业心态，将自身利益和公司利益有效统一，提高员工留存率。

参考文献

［1］陈方．小额贷款公司［M］．北京：经济科学出版社，2012：19 - 21.

［2］任常青．新型农村金融机构［M］．北京：经济科学出版社，2012：1 - 6.

［3］杨菲，李卓．国外小额信贷机构［M］．北京：经济科学出版社，2012：14 - 25.

［4］杜晓山，孙同全，何广文等．小额信贷发展概况国际研究［M］．北京：中国财政经济出版社，2012：24 - 37.

［5］刘文璞，孙同全，张保民等．小额信贷管理［M］．北京：社会科学文献出版社，2012：395 - 397.

临空经济、融资及金融政策研究

——基于郑州航空港经济综合实验区视角

中国人民银行郑州中心支行金融研究处课题组①

摘要： 依托机场设施资源并以机场为核心，在不同空间层次上进行布局，形成航空关联度不同的产业集群，由此而产生的一种新兴经济形态称为临空经济。依托大中型机场，具有明显临空指向性的产业及相关产业积聚，在空港周边所形成的具有较大影响力的经济区域称为临空经济区。从历史进程看，临空经济的出现，标志着工业化和城市化程度较高，经济发展达到了一定水平，是一个国家经济水平发展到一定程度的产物，它不仅是运输方式的改变，更是区域发展模式的革新，将推动区域在更高层面上的整合。

2013 年 3 月，郑州航空港经济综合实验区（以下简称实验区）上升为国家战略，在经济加快转型背景下，实验区将逐渐承担起中原经济区对外开放窗口和融入全球产业体系节点的角色，将成为未来较长时期内推动河南省经济持续快速增长的新引擎。随着实验区建设工作的深入推进，有关融资和金融政策等方面的课题，将逐渐进入研究者和决策者的视野。作为现代服务业重要组成部分的金融业，其发展规划和政策导向对实验区的发展至关重要。实验区的金融政策规划是一项系统工程，需要通盘考虑政策规划的原则、目标、总体框架、融资体系建立等一系列问题。同时基于区域经济发展差距，以及空港经济区的发展模式，实验区金融政策导向应具有其独特性。

关键词： 临空经济　临空金融　临空经济区　金融政策　融资

---

① 课题主持人：郑豫晓；
课题组成员：张欣、刘祥谦、李金良、宋鹏飞、高鹏。

第一章　相关概念界定及文献综述

一、相关概念界定

（一）郑州航空港经济综合实验区[①]

这是国务院批准的第一个以航空港经济为主题的国家战略层面的功能区，是郑汴一体化区域的核心部分，包括航空港、综合保税区和周边产业园区，规划范围涉及中牟、新郑、尉氏三县（市）部分区域，面积415平方公里。规划期为2013—2025年，其发展理念是建设大枢纽、培育大产业、塑造大都市。战略定位是建成国际航空物流中心、以航空经济为引领的现代产业基地、内陆地区对外开放重要门户、现代航空都市、中原经济区核心增长极。

（二）临空金融

本文尝试从广义和狭义两个方面初步探索临空金融的含义。广义的临空金融，是指依托于临空经济区的建设和发展，促进与临空经济区相关联的交通体系、以临空经济为引领的现代产业、现代航空都市建设等的发展，并面向国内国际市场的一系列金融工具、金融制度与金融服务的系统性、创新性安排，是由向临空经济提供融资的金融机构、政府、企业、市场、社会中介机构等各种主体及其在临空经济融资过程中的行为活动共同组成的一个整体，是现代金融的创新和深度延伸。它在临空经济区的资金融通流转、资源配置、产业升级、国际接轨等方面发挥着重要作用，对辐射和带动区域经济发展具有重要意义。狭义的临空金融是指临空产业、临空相关产业与金融业联合发展形成的新兴金融业态，主要包括航空器材金融、临空物流金融、临空金融租赁、临空经济区离岸金融和临空文化金融等。促进临空经济、包括临空金融自身发展而采取的一系列金融方针和措施则是临空金融政策。

二、临空经济产生的理论依据

（一）基于竞争力视角的产业集群理论

哈佛商学院教授迈克尔·波特20世纪90年代提出全球经济下的产业集群理论，其含义是：在一个特定区域的一个特别领域，集聚着一组相互关联的公司、供应商、关联产业和专门化的制度和协会，通过这种区域集聚形成有效的市场竞争，构建出专业化生产要素优化集聚洼地，使企业共享区域公共设施、市场

---

① 参见《郑州航空港经济综合实验区发展规划（2013—2025年）》。

环境和外部经济，降低信息交流和物流成本，形成区域集聚效应、规模效应、外部效应和区域竞争力。德国经济学家阿尔弗雷德·韦伯（1909）[1]认为聚集能使企业获得成本节约。Dunning（1993）提出"随着经济全球化的迅速发展，跨国公司的区位选择不仅要考虑传统的要素及其成本，又要考虑聚集经济和交易成本、动态外在经济性"。

（二）基于经济要素流动视角的理论

一是增长极理论。法国经济学家弗朗索瓦·佩鲁在20世纪50年代，提出增长极概念，增长极同时具有极化效应和扩散效应。增长极理论认为区域内的高速增长点能够通过乘数效应扩展成为带动区域经济增长的增长极，并产生"虹吸"和"墨渍"双重效应。通过"墨渍"效应，生产要素向外围渗透转移，从而带动和促进外围地区的经济发展；通过"虹吸"效应，极点会将周边竞争力不强地区的要素吸引过来。二是中心—外围理论。克鲁格曼（1991）提出中心—外围理论，该理论强调，一个经济区域的空间集聚能加速要素和能量的集聚，进而获得比其他地区更强的经济和竞争优势。中心—外围结构的形成取决于规模经济、运输成本和区域国民收入中的制造业份额，认为资源、市场、技术和环境等要素在区域间的分布差异是客观存在的，这种客观存在决定了区域系统都是由中心和外围组成。某些区域的空间聚集形成累积发展之势时，就会获得经济竞争优势，形成区域经济体系的中心；未获得经济竞争优势的地区就处于外围。三是"点—轴系统"理论。陆大道（1984）认为，该理论以增长极理论和生长轴理论为基础，将二者有机结合起来，在理论上更完善，对区域开发的实际指导意义更强。社会经济客体在空间或区域的范畴内处于相互作用之中，存在空间集聚和空间扩散两种倾向，大部分社会经济要素在"点"上聚集，并由线状基础设施联系在一起而形成"轴"。轴线上集中的社会基础设施、产品、信息技术、人员、金融等，对附近区域有扩散作用，并与区域生产要素相结合，形成新的生产力。

（三）基于区域经济发展战略视角的产业链理论

郑学益（2000）认为，产业链是以市场前景比较好的、科技含量比较高的、产品关联度比较强的优势企业和优势产品为链核，以产品技术为联系，以资本为纽带，上下联结、延伸而形成的链条。通过产业链，一个企业的单体优势可以得到加强，从而转化为一个区域和产业的整体优势及核心竞争力。

---

① Alfred Webber，1909年在著作《工业区位论》中，从产业集聚带来的成本节约角度讨论了产业集群形成的动因。

（四）基于工业化和城市化进程有机结合视角的产业—空间结构理论

产业—空间结构是指区域内各种生产要素投入所形成的生产组合，在空间形态上形成的综合物质实体①。在一定范围内，区域产业结构和空间结构相互联系、相互作用，形成一个中观层次的结构，作用于区域的经济增长及区域的微观经济组织。产业—空间结构通过不断优化生产要素的配置而实现产出的优化，同时通过不断升级换代，实现动态化、协调化、高级化发展。

目前基于省域角度，产业结构变化反映生产和消费结合的程度，一定程度上可以视为工业化的进程。空间结构变化反映经济空间集聚或分散趋势，而判断空间集聚程度的主要指标之一是区域的城市等级规模，因此空间结构的变化与发展，一定范围内可以认为是城市化的进展过程。由于产业结构与工业化、空间结构与城市化的密切关系，产业结构和空间结构二者构成的有机整体，即产业—空间结构，其变化的实质是工业化和城市化进程的有机结合。

三、临空经济与金融、金融政策的关系

临空经济在一定意义上属于区域经济，因此区域经济金融关系理论大体上适用于临空经济区。

（一）金融发展理论

1. 国外研究

1955 年托宾第一次将货币因素引入到经济增长的研究中来，由此关于经济增长理论的研究开始由资本积累、劳动力增长和技术等实际变量拓展到货币领域。20 世纪 60 年代以后，许多学者对金融发展和经济增长之间的关系进行了深入探究。Gurley 和 Shaw（1984）在《金融理论中的货币》一书中指出，货币是影响产出水平和产出组成的重要因素，并指出了货币对经济增长的作用。

Goldsmith（1969）首次提出了金融结构论，并提出了金融相关比率这个概念，以此作为金融结构发展程度的度量衡。②

20 世纪 70 年代，Mackinnon 和 Shaw 提出了"金融抑制"理论，认为利率和汇率价格的扭曲将会极大地阻碍经济的发展。与"金融抑制"相对，Shaw（1973）还提出了"金融深化"理论，认为广大发展中国家需要放开过多的金融管制，消除"金融抑制"。

2. 国内研究

谈儒勇（1999）研究发现中国金融中介发展和经济增长之间有显著的正相

---

① 赵改栋，赵兰花．产业空间结构：区域经济增长的结构因素 [J]．财经科学，2002（2）．

② 1969 年出版的《金融结构与金融发展》一书，认为"金融的发展和经济的发展是平行关系，随着一个国家的经济增长，它的金融结构规模和复杂程度也会增大"。

关关系。韩廷春（2001）建立了金融发展与经济增长关联机制的计量模型进行实证分析，得出金融深化和金融发展是中国经济发展的关键因素。王景武（2005）运用误差修正模型和格兰杰因果检验，发现我国金融发展和经济增长存在密切的关系。

（二）金融资源论和金融地理学

以白钦先（1998，2002）为代表的我国经济学家提出"金融资源论"，认为金融资源是相对稀缺的，是一种核心性、战略性的资源。金融资源论重视并研究金融生态环境系统，认为金融可持续发展的两个根本问题是金融资源的永续利用和金融生态环境的保护和维持。

金融发展理论解决了金融发展如何作用于经济发展的问题，但是金融发展理论偏重于研究金融纵向运动问题，即金融在国民经济系统内的运行；却忽视考察金融的横向运动问题，即金融的地域之间运动问题。当金融发展的研究深入到区域层面，研究者需要使用空间和地理视角来考察区域金融问题，以此为主要研究方向的金融地理学逐渐兴起，借助这一理论，可以更加清晰地了解微观金融主体的地理分布及其流动演化，可以观察到较长时期内金融资源的集中和扩散、金融格局的变迁等。

金融作为一种战略性资源，它的运动具有区域选择性。区域间的金融资源流动已成为影响区域金融发展和经济增长的重要因素。黄解宇、杨再斌（2006）提出，金融集聚的过程即是货币资金、金融工具、金融机构、金融市场等整体功能性金融资源的时空动态运动以及有机结合的过程。一定的地域空间在吸纳、动员、引导、传输、配置、开发金融资源上具有不同的能力和初始条件，从而形成不同层次的金融集聚。

经济史学家 Gras（1922）提出了都市发展阶段论①，认为金融业的发展处在都市发展的最高阶段，而且具有更大的集中度。金融聚集能够提高跨地区支付效率和金融资源跨地区配置效率，有效降低交易成本（Kindleberger，1974），实现规模经济（Pak，1999），进而有效提升产业集群竞争力及区域经济增长。

（三）区域金融发展、经济增长与区域金融政策

区域金融（张军洲，1995）是指一个国家金融结构与运行在空间上的分布状态，在外延上表现为具有不同形态、不同层次和金融活动相对集中的若干金融区域。

区域金融理论从本质属于金融发展理论范畴，金融发展理论中金融发展与

---

① 经济史学家 Gras（1922）提出了都市发展阶段论。他认为都市发展为内地经济服务应有四个阶段：第一阶段是商业，第二阶段是工业，第三阶段是运输业，第四阶段是金融业。

经济增长关系的一般性结论应该适用于区域金融发展与区域经济增长的相关性研究（杨德勇等，2006）。陈先勇（2005）也认为，国家层面上的分析研究方法，在很大程度上可以适用于区域金融与区域经济增长之间的相关性研究；并认为在经济起飞阶段，金融甚至是第一推动力，而且对经济具有显著的结构调整功能。

区域金融发展促进区域经济增长。Rodfiguez－Fuentes（1998）研究了区域信贷的可得性与区域经济增长之间的联系，认为银行信贷对区域经济增长具有重要的促进作用。支大林（2002）把区域金融对区域经济的促进作用概括为增加区域的资本投入和提高区域的要素生产率两个方面。刘睿（2006）运用回归分析的方法，得出我国区域金融发展对经济增长、产业结构升级的正相关关系。胥嘉国（2006）对我国东、中、西部的金融发展对经济增长的贡献进行实证研究，表明各地区金融发展无论是在量的增长上，还是在质的提高上都有助于各地区经济增长。

区域经济增长推动和制约区域金融发展。Greenwood 等（1990）的研究表明，经济增长有助于金融体系的发展。Levine（1992）强调，经济增长可以影响金融中介体系。

从区域金融政策的来源看，区域金融政策主要包括中央政府区域金融政策和地方政府金融政策。我国各个区域的资源禀赋以及历史发展情况的不同，使区域金融差异化明显。张军洲（1995）提出，区域金融的差异表现为空间差异、金融机构与发展水平差异、吸纳与辐射功能差异以及环境差异。之后，张杰、李炜、蔡志刚、伍海华、金雪军、田霖等学者也提出了区域金融发展差异。郭金龙和王宏伟（2003）利用 GDP 和资本流动量作为计量研究，得出区域金融发展的特点与差异。我国实行全国统一的货币政策，中央政府主要通过差别化的信贷政策和国家财政补贴等手段实施其区域金融政策，因此面对区域金融的巨大差异，更需要地方政府制定特色化的区域金融政策。

第二章　国内外临空经济区发展模式：地区实践及经验借鉴

一、国际主要临空经济区实践及演进

国外临空经济的发展起始于 1959 年的香农机场自由区，此后欧美各机场周边陆续出现了临空经济发展形态。

（一）爱尔兰香农国际航空港自由贸易区

香农国际航空港自由贸易区是全球临空经济区发展的典范，20 世纪 60 年代，爱尔兰围绕香农机场进行深度开发，在紧邻机场的地方建立了世界上最早以从事出口加工为主的自由贸易区，以其免税优惠和低成本优势吸引外国特别是美国企业的投资。在此带动下，香农地区成功实现了由农业主导（20世纪60年代之前）向工业主导（70年代到80年代初）的转变，进而实现向服务产业（80年代末到90年代）和知识经济（90年代后）的高速转变，产业结构不断向价值链高端攀升。香农临空经济区的优势突出，一是得天独厚的地理位置和与欧美之间的天然联系。香农机场是连接美国、欧洲及中东的重要交通中转站，同时爱尔兰既是欧盟成员国，也是欧元区国家，据统计，香农自由贸易区的外国投资94%来自欧美国家。二是国际先进水准的基础设施和良好的科研与实业相结合传统。三是税收优惠和政府政策扶持。

（二）荷兰阿姆斯特丹史基浦临空经济区

阿姆斯特丹的史基浦机场是欧洲的第三大货运机场、第四大客运机场。据估计，临空经济区的相关活动为荷兰全国创造了29万个就业岗位。一是临空产业多元化综合发展。临空产业全面覆盖空港服务业，并实施三次产业联动发展，形成了物流园区、商务区、航空航天产业集成区三大板块。二是典型的总部经济。拥有机场配套的高端核心商务园区，入驻有超过1 500家国际公司，其中多数公司将其在荷兰或欧洲的总部、营销部门、训练中心、零件中心（后备）、共享服务及研发中心等布局在这里。这个商务区被誉为整个欧洲商业界的神经中枢，是欧洲物流和商务活动中心。

（三）新加坡樟宜机场临空经济区

一是快捷中转成就世界品牌。在旅客运送上，机场采用计算机控制的高架快运系统，航站楼间通过轻轨连接，两航站楼间的运送时间仅1分钟，将航站楼群融为一体；在提高入境手续办理和行李运送效率上，在飞机落地12分钟内，飞机上的第一只行李箱，必须出现在传输带上，入境手续的办理和行李的提取可以在半小时内完成。二是依托机场繁盛临空经济。机场3座航站楼中间是购物区，有230多家零售和服务商店，100多家食品和饮料商店，被誉为"购物天堂"；机场周边形成完善的临空经济圈，涵盖了会展、物流、国际商住、高科技制造、健康休闲等相关产业。

（四）德国法兰克福临空经济区

法兰克福机场是全球十大机场之一，是全球国际航班重要的集散中心。一是典型的物流商务并重发展模式。法兰克福地区拥有飞往世界各主要城市的客运航线，四通八达的货运航线，以及密如蛛网的地面交通网。机场附近的法兰克福货运物流城进驻有数百家物流运输公司。二是发达的国际会展业。法兰克福机场发达的航线网络、便捷的地面交通连接和运输途径，使法兰克福成为欧洲最大的展会举办地，其中国际汽车展、书展、春季国际消费品展、礼品展等15 个展会是其行业中规模最大的世界级展会。三是临空经济的强辐射效应。法兰克福的企业中比例最大的是各类服务性企业，尤其是航空业及其相关行业，世界各国的航空公司、航空货运公司在法兰克福大都有分支机构。得益于拥有法兰克福机场这一欧洲枢纽机场，法兰克福地区奠定了其作为德国经济心脏的地位。2011 年，法兰克福地区人均 GDP 达 8.5 万欧元，远远超过了德国 3.1 万欧元的平均值；法兰克福市也是德国人均就业岗位最多的城市，是德国最大的工作场所。

（五）美国孟菲斯临空经济区

孟菲斯国际机场拥有得天独厚的交通区位，属于典型的航空货运枢纽驱动型临空经济，临空经济区具有完善科学的开发规划，始终贯彻以货运为主的发展策略，是世界航空物流规模最大、货运效率最高（机场的货物能在 48 小时内到达世界任何一地）、服务设施最齐全的空港，被誉为“全球最繁忙货运机场”。有关资料显示，孟菲斯机场的航空货运业务经济影响力占到孟菲斯经济和就业的 94%，孟菲斯临空经济区是世界上最大的航空物流基地，众多优秀的合作伙伴涵盖了物流产业链中的诸多世界知名公司，是世界上最大的航空物流企业 FedEx 的总部所在地，其他世界知名的航空物流企业如全球快递巨头——UPS、DHL、KLM 等都在机场设有物流机构。此外，还有物流产业链中专营仓储、物流的服务商，物流分拣设备制造商，仓储地产开发商等。

二、国内主要临空经济区实践及演进

我国临空经济起步较晚，但发展势头强劲，国内一些机场的业务规模迅速扩大、对周边地区经济和社会发展的聚集和辐射作用日趋明显，作为区域经济发展的引擎正逐步显现。2012 年，我国民航机场旅客吞吐量达 6.8 亿人次，同比增长 9.5%；货邮吞吐量达到 1 200 万吨，同比增长 3.6%；起降 660 万架次，同比增长 10.4%。

（一）首都临空经济区

以首都国际机场为圆心的 10 公里范围内，天竺综合保税区、空港经济开发区、林河经济开发区、国展产业园、国门商务区、空港物流基地、北京汽车生产基地等七大功能组团紧密联系、互为补充，组成了一个“临空经济区”的大平台。2011 年，临空经济区对北京市 GDP 的贡献达 8%以上，目前已成为继中关村、CBD、金融街等之后拉动首都经济发展的又一重要引擎。首都临空经济区以航空金融租赁为突破口发展特色金融，2010 年 4 月，与北京天竺综合保税区集中签约的 11 家企业中，有 5 家是金融租赁企业。依托临空经济，顺义区提出了"产业金融、离岸金融、生态金融"等金融概念，目前金融业已成为区内的重点产业和主要支柱产业之一。

（二）天津临空经济区

2007年空客A320总装线落户天津，其产业带动作用明显，产业链上下游数百家航空制造等企业落户机场附近。航空租赁业助推形成"东疆租赁模式"，成为我国融资租赁特别是飞机租赁业发展的重要创新平台和缩影。东疆保税港区针对飞机租赁业务，在租赁项目子公司管控、飞机引进指标、外债指标规模、优惠税率安排、出口退税等各方面率先突破；东疆注册的租赁公司享受海关绿色通道待遇；担保、外汇结算等方面也建立了一整套便捷的模式。目前，东疆保税港区内各类租赁企业达501家，累计完成222架飞机租赁，资产总额约106亿美元。

（三）深圳航空城

一是主导产业发展方向涉及空港物流业、宾馆会展、国际商务业和高新技术、外向型产业。二是依托珠三角经济走商贸路线。珠江三角洲是全球重要的高新技术产品出口区，深圳临空经济区位于珠三角重要地带，与香港国际机场有着最接近的地理优势。香港机场国际航线众多，但国内航线很弱。在此情况下，深圳机场在完善国内航线网络的基础上，与香港机场互补发展。三是以航空物流业为主要特色。深圳拥有大量的高端产业，这些产业具有较强的航空运输需求，同时现代物流是深圳的支柱产业之一，航空物流配套服务发展很快。四是政策支持。2008年，出台了《深圳航空业财政奖励资金管理暂行办法》；2009年，扶持物流企业应对金融危机的专项资金措施中，有五项是专门支持空港发展。

（四）成都临空经济区

一是着力建设总部基地。2008年"空港总部基地"启动，并采取了一系列优惠扶持措施。二是加强临空金融中心建设。优化金融生态环境，积极引进金融机构，建立银政企三方会商机制；完善企业、个人征信数据库，加快推进社会信用体系建设；规范金融发展机制，出台有关促进金融发展的扶持政策；组建投资基金公司，成立中外合资公司，完善股权投资基金运作；加快推进企业上市。

（五）厦门临空经济区

始建于1993年的厦门航空工业区是我国唯一以民航维修为专业的工业区，以厦门太古飞机工程有限公司的飞机维修中心为龙头项目，形成了以大修和改装波音747大型客机为主的飞机维修能力。在此龙头项目带领下，英国卢卡斯宇航空公司、美国联信航空工业公司、通用电气公司、美捷特传感器件公司等著名的国际航空公司，也在维修中心内设立了飞机燃料、电气、飞行控制系统及飞机汽动、起动机、液压等系统的大修厂。

三、国内外经验总结

（一）吸引聚集临空产业与发展当地传统产业并重，促进产业结构升级

临空服务业包括会展、物流、金融、飞机后勤服务等以及其他一些航空指向和时间指向强的产业；临空制造业主要包括电子产品、航空设备等。临空经济区的形成是一个渐进的结果，临空经济的发展一定程度上离不开当地传统及特色产业的支撑，就一般规律而言，在发展初期，靠近空港区域内的产业可能集中在地方传统产业上；而随着临空经济区的形成及发展，空港周边将越来越多地集聚一些更加依赖空港的产业，这些产业不断带动临空经济区产业结构进化。

（二）发展总部经济，发挥科研优势，实现价值链高端化

总部经济是价值链高端环节聚集的经济，临空经济区内所聚集的总部大都是大企业、大集团内部的融资、结算、研发、营运、公关等中心。充分发挥研发机构在知识资源和科研设施方面的优势，推动临空经济发展，如香农机场建立了五个科技园区，每个科技园均建立了企业孵化中心。这些设在临空经济区域内的研发机构，为临空经济区吸引研发、产品设计等知识密集型的高端产业，提供了强有力的技术及人力资源支撑，进而带动了临空经济区产业的高端化发展。

（三）优惠政策扶持

临空产业的发展离不开政策支持，当地政府可以在土地、税收、融资以及鼓励解决当地人就业等方面实施优惠政策，利用建立保税区、自由贸易区等方式推动临空经济发展。

（四）通过临空经济带动相关产业及城市发展

北京首都临空经济区形成了航空、高新技术、现代物流等特色产业；广州花都空港经济区以广州新白云机场和联邦快递亚太转运中心为依托，高新技术和先进制造业发达。美国、韩国等地经验表明，临空经济区发展对于推动城市发展都起到了很好的作用，它不仅是交通枢纽，而且极大地改善了区域面貌，吸引了大量的人口聚集居住，缓解了城市人口压力。

（五）发展航空物流业

在国内外临空经济区的形成和发展过程中，航空物流的发展起着引擎作用，属于现代经济的高端领域，其发展水平是衡量市场开放度、经济发达度和物质交换便利度的重要标准。发展航空物流，有助于电子信息、生物制药等高时效性、高附加值的高新技术和现代制造业及相关服务业产业链形成，并产生巨大的辐射作用。此外，依托其带来的人流、物流、信息流，将极大促进金融保险、会展中介、检验检测等服务业的发展。

（六）科学规划发展，筑巢引凤

一是邀请国内外一流规划设计团队高起点、高标准、高水平编制规划，实现临空产业与所在区域经济的协调发展，使整个区域经济通过临空经济区的纽带与国际紧密接轨，与临空经济区共同参与国际竞争。二是大力完善基础及辅助设施，营造一流营商、就业和生活环境。三是创新临空经济区机制体制，探索扁平化、高效率、大综合的行政管理体制。四是注重发展城市功能。五是推动生态环境建设，宜人的自然环境一定程度上已成为投资项目进驻的决定性因素。

第三章 郑州航空港经济综合实验区概况：发展优势及工作着力点

一、实验区发展临空经济的意义

（一）有利于优化航空货运布局，发展内陆开放高地

可以加快在内陆腹地形成国际货运集散中心，促进我国民航布局战略性调整。此外，有观点认为在经济全球化和区域经济一体化背景下，中国面临的重大挑战之一是如何把内陆城市推向世界。河南省人口占全国总人口的13.3%、地区生产总值占全国生产总值的9%、地处内陆的中原经济区，需要依托航空枢纽走向世界，拓展发展空间。

（二）有利于形成中原经济区核心增长极，激发整个河南省的发展潜力

随着中原经济区上升为国家战略，河南省巨大的市场、要素成本、人力资源和产业基础等优势不断显现，一批依托航空物流而集聚的电子信息、精密制造、光学材料、生物医药等产业，加速向郑州航空港转移，实验区有望成为中原经济区最具活力的发展区域。并由此激发整个河南省的发展潜力，促进产业结构升级和发展方式转变，带动更高层次的对外开放、贸易和就业增长。

（三）有利于引入高端产业，推动郑州嵌入世界经济链

临空经济区所覆盖的高端制造业、现代服务业、跨境贸易、电子商务等是全球产业链的重要环节，以富士康为代表的龙头企业入驻实验区，将引领郑州逐步嵌入全球产业链，实现与世界经济融合。

（四）有利于新型城镇化建设

实验区规划面积达 415 平方公里，集中了几乎所有陆地所具备的要素，某种程度上是中原经济区的缩影。建设实验区有利于构建中原经济区建设的战略突破口，探索"四化"协调发展路径的重任，为中原经济区，乃至全国提供路径和示范。

二、实验区发展临空经济的优势

（一）政府的政策导向及推动

一是中央政府及民航局从战略规划层面给予支持。《国务院关于支持河南省加快建设中原经济区的指导意见》、《郑州航空港经济综合实验区发展规划（2013—2025）》陆续获得国家批复，中国民航局与河南省政府签署了《关于加快河南省民航发展的战略合作协议》，逐步提升了河南在国内、国际发展格局中的优势地位。同时国务院赋予了实验区一系列先行先试的优惠措施，并在组织实施方面的给予大力支持。二是地方政府的全力支持。货运方面，省委省政府提出郑州航空枢纽建设战略方针；先行先试方面，制定了相应的优惠政策，海关等诸部门出台了一系列具体支持措施。

（二）龙头企业拉动，产业基础良好

富士康科技集团是全球最大的电子产业科技制造服务商，富士康的引进使航空港的智能手机产业走向产业全链条，初步成为全球重要的智能手机生产基地。2012 年河南省进出口总额中的 56.8% 由富士康下辖企业完成。在富士康的带动下，电子信息、生物医药、航空运输等企业加快向空港集聚，UPS 等 160 多家国内外知名企业已进驻；超过 70 家富士康配套企业在港区办理注册登记手续，上百家富士康协理厂商落户港区周边，并将带动 100 多个产业、400 多个配套企业陆续落户河南。

（三）交通区位优势突出，基础设施不断完善

郑州地处内陆腹地，历来是交通枢纽，河南有发达的铁路和高速公路网络，通车里程全国第一。四通八达的地面交通，为郑州机场货运客源的集聚提供了极大便利，以机场为中心半径 1 000 公里以内，全部可通过卡车向机场集聚货源。陆空衔接高效，具备构建现代综合交通体系的便利条件和发展空运的优势，适宜衔接东西南北航线，开展联程联运。同时实验区内基础设施逐步齐全，环境建设加快推进。

（四）货运、客运发展潜力大，中部地区航空枢纽地位初显

一是航空货运、客运快速发展。2012 年，郑州机场货邮吞吐量 15.1 万吨，排名全国第 15 位；同比增长 47.1%，高出全国平均增幅 43.7 个百分点。旅客

吞吐量 1 167.4 万人次，排名全国第 18 位；同比增长 15%，高出全国平均增幅 5.5 个百分点。二是航空货运已跻身国内大型空港和繁忙机场行列。2012 年下半年起，国际货运巨头陆续在郑州开通国际航线，目前郑州机场的国际货运航线占中部六省的九成，已打通了通往欧美、亚太国际城市货运通道，并加速增开国内货运航班，加密郑州至欧洲和香港地区的货运航班。三是本地市场容量大、辐射周边能力强。以郑州为中心、半径 800 公里的范围内，覆盖 6 亿人口、经济规模约 18 万亿元；一个半小时航程内覆盖中国 2/3 的主要城市和 3/5 的人口。随着国际货运航线及货运量的快速增长，辐射能力大幅提高，货物来源覆盖中原经济区，并辐射长三角、环渤海、西安、武汉、珠三角、成渝等主要经济区。客运方面，河南本身就是一个庞大的航空运输消费潜力市场，有航空客运的优势基础。

（五）临空经济区周边辐射区域的经济发展水平稳步提升

辐射区域以郑州、开封、许昌、新乡四市为一级辐射圈，该区域结合优势重点发展金融贸易、机械制造、高新技术、高效农业等产业；以中原城市群及省内 18 个省辖市作为二级辐射圈，重点发展精密加工、光电组件、手机构件、自动化设备、超硬材料、机器人、LEC、锂电池等其他产业。从长远来看，立足中原经济区，郑州临空经济区的辐射区域将继续扩展至中部地区乃至全国。

（六）开放条件日益具备

一是郑州综合保税区让河南拥有接轨世界的大平台。郑州新郑综合保税区是中部地区首个综保区，2012 年，综保区累计完成进出口报关单 12.7 万票，进出口额在全国 31 个综保区中排名第二位，在 110 个海关特殊监管区中排名第五位。二是 2012 年郑州成为全国唯一一个利用综合保税监管场所进行跨境贸易电子商务服务试点的城市。三是郑州海关快件监管中心使进出境更加便利。2013 年 3 月，监管中心在机场开通运行，郑州机场也因此成为能直接开展国际航空快件分拣、交付和收运等业务的机场。四是航油保税经营许可制度提高了机场的吸引力。从 2013 年 5 月起，郑州机场成为中部六省首家对国际航班提供保税油加注的机场，将大大增强航空公司开辟国际航线的动力和能力。

（七）项目引进和产业聚集逐步夯实了发展基础

目前，国货航货运基地项目、中国航空器材集团公司航材制造项目、俄罗斯伏尔加—第聂伯航空公司飞机维修及零部件制造项目等一批"国际级"合作项目，或洽谈中，或已签订合同，或已开工建设。较早落户的郑州台湾科技园，截至 2013 年 6 月，一期项目区共引进企业 53 家。此外，电子、医药、汽车零部件等对航空运输依赖程度较高的先进制造业企业正在向空港附近聚集。2012 年，郑州航空港产业集聚区成为河南省首个年产值超千亿元的产业集聚区。

三、郑州航空港经济综合实验区工作着力点

（一）关于产业发展

临空经济是高端的经济形态，从国际经验看，临空经济区产业具有从价值链低端走向高端的趋势，处于产业价值链低端的一般是制造业，而研发、总部、售后等则居于高端。应适时调整产业结构，发展与航空、物流运输相关的产业，尤其在临空经济区成熟后，要重视研发、总部经济，推动产业向高端发展。一是发展临空核心产业。核心产业始终是临空经济能否持续发展、临空经济区能否由运输经济阶段、产业集聚阶段向航空都市区演化的前提和保障。二是发展产业集群。迈克尔·波特曾提出，一个国家或地区在国际上具有竞争优势的关键是产业竞争优势，而产业竞争优势来源于产业集群。临空经济需要产业集群支撑，应按照不同发展阶段规划"临空产业集聚区"，当前应以富士康为中心，发展其上下游配套产业，并引入互联网、物联网等，同时发展生物制药等航空偏好型产业，打造产业集群。三是发展航空物流。航空物流是临空经济的重点产业之一，应以国际货运枢纽为目标，进一步完善货运、交通基础设施，建造航空货运集散中心，集聚关联企业，吸引航空货运货代企业，支持大型航空运输快递企业设立基地、区域总部和运营中心。四是发展总部经济。我国被称为"世界制造工厂"，但是在国际高端市场，国产品牌几乎没有自己的核心技术，巨大的制造能力没有带来相应的丰厚利润。近年来，我国许多大城市土地价格、制造业工人工资水平等不断上涨，传统的依靠低廉劳动力成本和丰富自然资源的经济增长模式已不可持续。发展总部经济能使我们逐渐占据产业链和价值链的高端，并促使人才、信息、技术等战略资源和土地、能源、材料等常规资源在区域间的均衡分布，缩小地区差距。五是发展通用航空。民航部门估算，中国通用航空未来的市场容量可达万亿元，并提供数万个就业岗位。

（二）关于基础设施

一是构建综合交通体系，便捷的综合交通体系有助于发挥临空经济区的优势。二是推动郑州航空枢纽建设，加强机场建设，完善航站网络。三是加快航空货运及会展基础设施建设步伐。

（三）关于政府及相关职能部门作用的发挥

一是"小政府、大福利"原则和组织协调机制。二是规划和政策引导。三是落实国家赋予的特殊优惠措施，支持政策应涵盖资金、航空物流发展、临空金融发展等多方面。四是构建创新平台，深化与科研院所的技术研发合作，加强创新型龙头企业引进，组建产业技术创新战略联盟。五是加强人力资源

支撑。

（四）关于面向全球与内陆开放并重发展

一是构筑内陆地区开放高地。推动实验区加快提升开放门户功能，为内陆地区利用全球资源和国际市场提供平台，促进区域联动互动发展。二是提升开放平台服务功能。三是营造国际化的营商环境。

（五）关于临空经济与区域经济的协调发展

临空经济的发展路径受到所在区域经济发展水平、产业结构、地理区位、资源禀赋及政府政策等的影响。同时，临空经济又是带动型经济，通过航空港资源的合理配置，促进带动整个区域经济的快速增长。应进一步提升郑汴一体化发展水平，增强中原经济区发展活力，加强与长江中游、成渝等地区的联动发展。

（六）关于临空经济和现代航空都市相互促进

实验区可以为城镇化建设、现代航空城市建设起引路和引领作用。把握建设大枢纽、培育大产业、塑造大都市这一主线，构建以航空港为核心的"一网两链三港"一体的国际化综合交通枢纽。坚持规划引领，吸取国内外航空都市、临空经济区的先进经验，推进基础设施先行，坚持生态优先理念。

第四章　郑州航空港经济综合实验区金融发展：理论与实证

临空金融是临空经济发展的杠杆和血液，通过发挥对经济的渗透、支撑和保障功能，实现资源优化配置。提高临空经济区金融资源的配置效率，需要大量的金融产品和金融服务创新，需要一个与经济发展相配套的、系统的、开放视野的金融政策支撑体系。国外临空经济发达地区，都充分发挥了金融的力量，将金融资源和临空经济有机结合起来，实现了"双赢"。

一、郑州航空港经济综合实验区金融业发展的 SWOT 分析

（一）优势因素分析

一是政策支持优势。金融政策领域，国家赋予实验区诸多先行先试优惠政策。二是行业优势。目前，多家金融机构筹划在实验区设点布局，金融机构向实验区聚集将逐渐成为趋势，将有效促进实验区金融产业的结构升级。三是环境优势。实验区金融环境逐步改善，金融法律法规不断完善和司法效率不断提高；政府金融意识不断增强。四是硬件优势，金融业进驻的基础设施条件基本具备。五是前景优势。实验区具有独特的区位和政策优势，将为河南省金融业的发展提供广阔的市场空间和有力的支撑。金融业在发展传统业务的同时，将

会重点发展与航空密切相关的融资租赁、离岸结算、航运保险、供应链融资和进出口贸易融资等业务。将吸引和产生一批规模大、影响力强的租赁企业，发展飞机和大型设备租赁业务，同时吸引跨国公司在实验区设立财务中心、结算中心等。

（二）劣势因素分析

一是实验区所在区域的金融约束。一方面融资结构失衡，突出表现在过度依赖间接融资，直接融资比例过低，实践中融资结构失衡易于导致金融风险在间接融资体系中过度积累，也极易造成实验区内融资渠道不畅和融资难局面。另一方面金融产业基础薄弱。2012年河南省金融业增加值仅占当年地区生产总值的比重为3.5%，这一比例低于全国平均水平。此外，金融国际化程度较低。二是经济总量不够大，金融资源总量低。当前实验区大项目、有带动性和延伸产业链的项目偏少，产业聚集效应有待进一步加强，与发展较早的北京、上海等地的临空经济区相比，实验区的GDP总量偏小，金融资源总量、金融业发展规模也远不如上述地区。三是金融机构种类较少，规模较小。四是金融支持政策的系统性不够。系统性金融发展政策体系不仅对鼓励造就一个发展充分、运作高效的金融产业和金融市场具有十分重要的意义，而且一定程度上还决定着未来区域性金融产业发展的速度和质量。但在实践过程中，政策制度的安排常常滞后于产业发展的需要，而且出台的支持政策实用性不强，实际执行起来难度较大。

（三）机会因素分析

一是政府高度重视，金融政策措施力度大。二是银政战略性合作不断深入，银行等金融机构进驻步伐在加快。三是金融市场对外开放程度将进一步扩大。实验区发展规划中的金融支持政策，为引进境外银行、证券公司等金融机构提供了政策基础。此外，新一届中央政府高度重视金融业的改革开放，所提出的一系列金融改革开放方针政策，更容易在具有较大外向程度的临空经济区进行实践，将为临空金融发展带来难得的政策机遇。

（四）威胁因素分析

一是国家的相关配套政策还处于实施初期，或者处于研究规划阶段，不能及时完全满足实验区金融发展的需要。二是国内金融行业竞争激烈。多个城市都在争取成为区域金融中心或者向世界级金融中心迈进，而国内相关临空经济区金融发展步伐也在加快，区域间对金融资源争夺的趋势和力度不断加强，将对实验区金融聚集带来较大压力。

二、典型临空金融工具与郑州航空港经济综合实验区的适应性

（一）离岸金融

离岸金融是指在高度自由化和国际化的金融管理体制和优惠税收制度下，在一国金融体系之外，由非居民参与的资金融通。由此形成的金融市场称为离岸金融市场。[①] 离岸金融市场的发展一般与自由贸易区紧密联系，除刚设立的上海自由贸易区外，我国没有其他严格意义上的自由贸易区，但现行的保税港区制度在区域功能、管理体制、优惠政策、海关监管等方面与自由贸易区存在相同之处，可视为自由贸易区的一种雏形或过渡。

1. 郑州综保区发展离岸金融的有利条件

一是独特的区位优势，交通等基础设施完备。二是腹地经济优势明显。保税区直接经济腹地是河南省乃至中原经济区，间接腹地可拓展至整个中西部地区，对外贸易增长迅速。三是实验区对离岸金融的巨大需求。四是具备发展离岸金融业务的金融机构载体。目前郑州已引进汇丰、东亚等外资银行，其他外资银行的引进工作也在积极进行中；全国性中资银行基本上在郑州市都设有分支机构，其中浦发、交通、招商和平安等已获得离岸金融业务牌照的银行在郑州均有分支机构。

2. 不利条件

一是金融创新型人才缺乏。开展离岸金融需要精通国际业务的专业人才，目前，实验区乃至郑州市精通国际金融业务的高层次人才还相当缺乏。二是综保区内的金融机构发展还处于起步阶段。

（二）物流金融

物流金融是指银行和第三方物流企业在供应链运作的全过程中，向客户提供的融资、结算、资金汇划、信息查询等服务。它将金融活动引入到物流中，组织和调节物流运作过程中的货币资金运动，实现物流、信息流与资金流的有效融合。

1. 实验区发展物流金融的意义

一是能有效解决信息非对称下的"逆向选择"和"道德风险"。由于我国信用评级体系还不完善，授信主体很难通过市场获得授信主体的真实信息。另外经济转轨时期我国的立法及执法体系还不健全，制造虚假信息几乎不受成本的约束，而虚假信息的普遍存在加剧了信息不对称程度。物流金融可以较好地缓

---

① 巴曙松，郭云钊. 离岸金融市场发展研究——国际趋势与中国路径 [M]. 北京：北京大学出版社，2008.

解这一矛盾，物流企业的工作性质使其对库存物品的规格型号、质量、原价和净值、销售区域、承销商等情况非常了解，物流企业开展物流金融服务，可降低金融机构由于信息不对称产生的风险。二是能够降低交易费用。根据新制度经济学中的相关理论，交易费用是指人与人之间交互行动所引起的成本。如果交易成本过高，则会引起经济发展的停滞甚至崩溃。物流企业在提供物流服务的过程中，可以很方便地掌握供应链成员的详细信息，可以为资金供需双方提供中介服务，以便降低交易成本，特别是信息成本，也大大节约了监督成本。三是实现物流金融整合。开展物流金融服务之后，物流企业作为联结客户企业与金融机构的综合性服务平台，具有整合和再造会员企业信用的重要功能。物流企业与金融机构之间的合作伙伴关系可降低供应链成员交易成本和机会成本，提高供应链的动态响应性和稳健性，使各成员实现共赢。

2. 实验区发展物流金融的可行性及模式选择

一是有信息、资源优势。我国第三方物流市场潜力巨大，而临空经济区具有独特的信息、资源汇聚优势，为物流金融发展提供有力支撑；而物流金融的发展也会促使物流企业进一步在实验区聚集。二是有广大需求主体。在实验区，尤其是临空物流园区开展物流金融服务，具有庞大的中小企业服务群体和来自第三方物流企业、金融机构的支持。三是实验区可重点借鉴孟菲斯以物流为主的发展模式，建设航空物流园区，并依托航空物流园区发展物流金融。实践中，国内已有物流园区与银行签署"物流银行"业务合作协议。

（三）保税区与商业银行中间业务

一是保税区为商业银行中间业务发展带来的机遇。保税区享有的政策优惠和独特的区位优势会吸引众多的企业聚集，逐步形成产业集群，为商业银行办理中间业务提供了广泛的企业需求基础；保税区内的企业大多为外向型企业，国际贸易持续时间较长，而且风险管理需求强烈，可办理的中间业务种类较多；国际贸易与国际金融的发展相辅相成，开展国际中间业务有利于提升商业银行国际业务水平。二是国内商业银行发展中间业务面临的问题，突出表现在产品同质化严重和缺乏高素质的人才。三是保税区商业银行发展中间业务的关键在于，增强与区内企业互动，提供针对性的金融服务，细分客户，实行产品创新和差异化服务；健全内控机制，提高风险防范能力；引进和培养人才。

（四）航空金融租赁

国际上，融资租赁是仅次于银行信贷、资本市场的第三大融资方式。飞机租赁是金融租赁的主要业务领域之一，也是现代服务业中的朝阳产业，起步较早的临空经济区均较重视飞机租赁业，全世界超过50%的商业飞机由在爱尔兰的航空金融公司拥有或管理，目前通过"东疆模式"租赁的飞机占国内约90%

的市场份额。专家测算认为未来 20 年内，中国约需新增运输干线飞机 2 800 余架，被认为是"世界上最有潜力的市场"。郑州航空港经济综合实验区开展融资租赁具备一定的可行性。

（五）通用航空融资

通用航空是指除了军事、警务、海关缉私飞行和公共航空运输飞行以外的航空活动。根据航空拉动产业链发展 1:10 的比例，未来十年，我国通用航空市场将以年均 20% 的速度增长，最终市场规模将与美国相当。通用航空业是资本密集型行业，同时具有高投入、高风险、资本投资回报周期较长等特点。而我国针对通用航空发展的金融政策、财政政策扶持不够、税负较高等问题比较突出。因此，需要政府出台相应的金融政策进行扶持，包括补贴和投资政策等；通过资本市场优化资源配置；通过各种渠道加大投入。

三、基于机场建设的临空经济区基础设施融资模式与实验区的适应性

机场建设是临空经济区基础设施建设的核心和重点，机场具有公共产品、自然垄断和基础产业等属性，既要提供公共服务，又要取得一定的经济效益。机场的属性决定了机场必须由政府主导推动，适度超前建设，同时要充分培育市场，发挥市场的作用。

（一）国内机场的融资模式

一是地方政府投资机场。民航总局 1988 年把厦门高崎机场移交给厦门市政府，1994 年将上海虹桥机场移交给上海市政府管理。2002 年，国务院关于《民航体制改革》文件提出按照"政企分开、属地管理"原则将民航局管理的机场下放给各地，原则上由各省（自治区、直辖市）为单位组建机场管理公司，实行企业化经营。二是航空公司单个项目投资或参股机场。海南航空 2000 年控股海口美兰机场；东方航空 2001 年入股青岛流亭国际机场；东航 2002 年出资成立上海东航投资有限公司，其主要投资方向是机场业。三是外商投资机场。《外商投资民用航空业规定》于 2002 年 8 月开始实施，同年 11 月，海南美兰机场 H 股在香港上市，其中哥本哈根机场公司作为国际战略投资者认购了美兰流通股的 20%，并实际参与了机场的日常管理。四是民营企业投资机场。2003 年，有关部门批准民营企业上海均瑶集团购买三峡旅游胜地的宜昌机场，未来将有更多的民营资本进入机场业。

（二）国外机场的典型融资模式

国外机场融资主要通过两类渠道，一类是投资者直接投资，另一类是资本市场融资。一是 BOT 融资模式。采用 BOT 模式进行融资，可以有效吸引私营资本、减轻政府的财政负担；保持市场机制发挥作用；减少项目融资者的自有资

金，提高总投资收益率，对于机场建设具有重要意义。BOT模式也为政府干预提供了有效的路径。二是特许经营。专业的机场经营管理企业通过购买特许经营权或租赁权，获得一段确定期限对机场设施经营的权利，把机场吸引的大量客流、货流、飞机流等市场资源优势转化为经济效益优势。三是股权出售。通过股权出售，机场所有者放弃了全部或部分所有权，同时将经济风险和有效控制权交给新的股权所有者。不过，即使全部民营化，一定程度上政府影响仍可通过保留"金股"而维持。四是同行拍卖。通过同行拍卖，机场设施或整个机场被卖给同业者或者投资财团等战略伙伴。

（三）国内外机场多元化融资实践

多元化资金筹措途径主要包括转让经营权和转让所有权两个方面。美国大部分机场投资资金来源于机场设施经营和土地开发等收入、发行机场和专项债券、航空公司和旅客处收取的费用、FFA提供的资金，据统计，美国机场投资建设所需资金的72%左右是通过发行专用债券方式筹集的。日本民用机场采用分类投资、管理模式，将民用机场分为三类，一类是主要提供国际航运服务，有成田、关西等机场。成田机场是由新东京国际机场公团（NAA）建设和管理，NAA相当于一个准事业单位，目标是通过上市实现政府持股全部减持，实现全民营化。关西机场采用股份公司形式，由国家、地方公共团体和民间三方组成的"关西国际空港股份公司"作为经营主体。二类是主要提供国内航运服务，由运输省建设和管理，或者由运输省建设、地方自治管理。三类机场主要提供地方性航空运输服务。香港机场对能够转让、委托经营的设施和服务，全部采取转让、委托的方式进行，一般不直接参与经营活动。经营期满后，设施产权归机场当局所有。浦东国际机场一期工程：组建"浦东国际机场公司"，由公司法人对项目的策划、资金筹措、建设实施、生产经营、债务偿还和资产保值增值的全过程负责。二期扩建工程：总投资207.8亿元，其中机场工程197.2亿元，供油工程9.4亿元，航管配套工程1.2亿元。机场工程中，民航总局安排民航基金8.7亿元，市政府专项资金40亿元，其余的148.5亿元由上海机场（集团）有限公司筹措；供油工程由上海机场（集团）有限公司和中国航空油料集团公司共同投资，其中自有资金、商业贷款各占50%；航管工程全部由民航总局安排民航基金实现。

（四）郑州航空港经济综合实验区基础设施融资借鉴

实验区建设包括大量基础设施项目，这些项目需要的资金单纯依靠财政出资远远不够，需要开辟更多的融资渠道。

1. 融资渠道

包括政府和机场的直接投资，金融机构商业贷款，国家政策性贷款，国际贷款，机场单个项目或整体包装公开上市筹集资金，通过 BT、BOT、集合委托贷款、社保基金投资等，通过债券、股权等方式广泛吸纳社会投资。

2. 融资策略

一是整体包装、集团营销，提升融资能力。整合航空港自然、人力、人文、区位、制度、交通等资源优势，突出特色产业，特别对重点区域和项目，要进行综合分析和策划包装，实施集团化整体营销，增强融资能力，有效吸引外部资金。二是搭建平台、健全机制，发挥引导作用。成立政府投融资管理中心，打造高效投融资平台；发挥贷款贴息功能，加大贷款支持力度；制定投融资计划，形成"借用还"良性循环。出台税收、用地、项目审批和银行贷款等优惠政策，鼓励民间资本多渠道参与。三是发挥风险投资机构作用，广泛吸纳资金，分散投资风险。

3. 融资模式选择

针对实验区基础设施建设的项目融资问题，可根据实际情况采取多种模式：一是直接融资模式，由项目投资者直接安排项目的融资，并承担相应的责任和义务，从理论上讲是结构最简单的一种项目融资模式。二是杠杆租赁融资模式。杠杆租赁模式是指在项目投资者的要求和安排下，由杠杆租赁结构中的资产出租人融资购买项目的资产，然后租赁给承租人（项目投资者）的一种融资模式。这种融资模式在项目初期并不适合，但在工程完工后便于出资企业迅速获取流动性。三是 BOT 融资模式。四是资产证券化融资模式。

第五章　郑州航空港经济综合实验区
金融政策：规划构想及建议

一、郑州航空港经济综合实验区金融政策规划构想

（一）金融政策规划原则

金融政策规划需要结合实验区的实际特点统筹谋划，并根据形势发展变化及时微调甚至局部大调，需要政府、金融机构、企业和中介组织等主体的共同参与，政策的实施效果应能够充分体现政府主导、市场化运作思路。

（二）金融政策目标

实验区金融政策从制定完善到切实落实到位、充分发挥预期作用是一个长期渐进的过程，政策目标分三个阶段：一是近期目标，即实验区金融起步阶段，这一阶段主要体现在金融对实验区的支持上，需要较多地发挥金融的支持、引领作用。二是中期目标，即实验区金融成长时期，这一阶段是临空金融发展的

较高阶段，金融与实验经济出现较紧密、良性的互动，并不断融合。三是长期目标，即实验区金融成熟时期，这一阶段是临空金融发展的高级阶段，临空金融进一步面向国内市场发展，服务范围和影响力辐射全球，成为实验区乃至整个中原经济区金融产业的明珠。

（三）金融政策总体框架

一是指导思想。协同发展实验区经济和金融，力求二者相互推动、相互提升。把实验金融创新作为郑州金融的特色窗口、金融对外开放的突破口，辐射全省、中原经济区，乃至更广范围。二是实现目标。依据商业原则和创新思维并重视国际趋势，构建多维度临空金融体系，基本覆盖实验区金融需求。三是突破口。探索融资租赁、物流金融、离岸金融等具有临空经济区显著特征的金融创新。四是保障机制。建设实验区临空金融高效运转的风险承担体系。五是必要任务。谋划综合金融政策，解决实验区建设过程中的民生、环境保护等基础问题。六是实践支撑。基于临空金融发展的内生机制原理—区域金融系统"自组织"能力和区域金融效率的帕累托改进，坚持临空金融创新探索的长期性和持续性，为完善实验区临空金融体系提供经验积累。

（四）实验区融资体系

1. 金融机构和金融制度创新

金融机构包括银行、保险、证券、基金、租赁、金融衍生品等各类金融机构，以及跨国公司设立的财务中心、结算中心等。鼓励创新型银行机构、消费金融公司、货币经纪公司、保险机构特别是国际再保险机构，以及国际国内临空经济区其他新型金融机构在实验区落地、集聚、发展。鼓励银行在实验区设立特色分行、主办国际业务等的专业行。金融制度创新包括建立服务于实验区的金融办和"一行三局"工作协调机制，基于实验区的外汇管理政策倾斜、特别的金融法规、金融放松政策等。

2. 基于实验区规划实践的融资安排

一是建立实验区融资服务平台：实施绿色通道，组建多机构参与的专项金融服务联盟，实现银企对接常态化、网络化。二是开辟多元化融资渠道：面向国内外市场引入创投及风投；助力实验区企业实现境内外上市，努力形成郑州航空港板块；探索发展股份转让代办、担保融资、企业债券和信托计划、并购重组、保险和贸易融资等，拓展融资渠道。三是发展创新型金融工具：借鉴国际、国内经验，加大金融创新力度，鼓励物流金融、离岸金融、进出口贸易融资、融资租赁、银团贷款、航空运输保险、网络金融、生态金融以及各类临空产业金融的发展。四是引入增信机构。

3. 金融生态体系

实验区的金融竞争力与金融生态环境息息相关，其本质上是金融人才、资本和服务的聚集，很大程度上是一系列配套基础设施、工商服务、财税扶持等软环境的竞争。建设相对完善的信用体系，是实验区融资体系顺畅高效的保障。信用体系建设要结合实验区实际情况，完善相关金融立法、政策保障，并借鉴国内外临空经济区实践经验。

二、金融政策建议

（一）强化"区域金融"概念

单纯从资金的角度分析，区域经济发展差距的背后是资金利用效率和规模上的差距。资金利用效率主要是通过资金周转率来实现，而资金利用规模主要通过资金利税率、物价波动、引进资金的能力等来实现。由此可见，区域经济发展差距的一部分原因必然是金融差距，而金融差距的背后也必然存在地方政府金融发展政策的较大差距，特别是在金融工具创新和金融市场建设等方面。因此，政府金融政策，特别是地方政府金融政策，对于缩小区域金融差距必不可少。

1. 梳理完善实验区金融发展政策体系

通过系统性的金融政策体系，明确实验区金融业的发展方向、目标约束和实现手段。政策体系应包括金融业的组织政策、结构政策、布局政策等几个方面。具体内容应涉及金融业政策目标、金融各行业与金融市场各子市场的发展规划、金融业结构调整与优化、金融业技术进步和对外开放、金融业监管和政策手段等，其中，政策目标和发展规划是金融发展政策的核心内容。

2. 以区域金融政策促进临空金融和临空经济良性互动

地方政府的金融政策要根据区域的特点和条件、区域经济的发展水平和模式、区域金融的特点科学制定。地方政府通过金融政策，健全金融机构，完善金融市场，创新金融工具，形成金融中心，搭建融资平台和拓展融资渠道，提高实验区可用资金规模和资金利用效率，推动临空经济发展。

3. 加快落实国家对实验区的金融政策

（二）大力发展金融及相关中介咨询业，鼓励机构布点

1. 结合实验区实际需求及未来发展趋势，有选择地引进银行业金融机构

鉴于未来入驻的企业中有较多涉外业务及临空产业资金需求特性，应主动引进主营进出口业务的银行，或主营进出口业务的银行分支机构，以及业务偏重于临空经济的银行、支持重点产业发展和新兴产业开发的国家开发银行、提供外贸信贷支持的中国进出口银行等。

2. 加大非银行金融机构的引进力度

一是实验区对保险的需求主要体现在非寿险领域，包括财产保险、意外伤害保险和健康保险等，因此应侧重于引进非寿险类保险公司。二是租赁业，尤其是飞机租赁是临空经济区的特色业务之一，应吸引一些国际、国内知名的租赁公司入驻。三是实验区内高科技企业和航空类企业数量较多，上市融资需求会逐渐增加，应有计划地引进证券机构，为企业上市提供便利。

3. 加强担保、会计师事务所、法律咨询等中介咨询机构的引进

大力引进和培育贷款担保机构，鼓励各种经济成分的资本参与担保公司投资，引进会计师事务所、律师事务所等中介咨询机构，满足实验区内企业逐渐增加的资金融通、理财、贸易洽谈、市场预测等需求。

（三）改善实验区金融环境

1. 建立金融联络机制，及时沟通协调

建立一个由省政府牵头、成员广泛的金融高层联络平台，协调解决实验区内经济金融重大问题，通告金融信息、项目进程、资金需求、劳动力和土地资源、服务支持等信息。联络成员应涵盖市政府、省金融办、"一行三局"、各金融行业协会、航空港经济区、机场、各航空公司、入驻的大型企业、各类型中小企业代表等各相关主体。

2. 适当放松管制，促进金融资源向实验区聚集

放松对资金要素的流动管制，开放式发展实验区金融产业，降低金融市场准入门槛，为金融资源的自由流动建立一个体系完整、活跃度高的区域性金融市场。

3. 搭架公共信息平台，加强产融对接

4. 优化金融生态环境

金融业的稳健发展，依赖于良好的信用环境和健全的法律法规基础建设。一是推进信用建设，增强外部约束，探索建立会计、审计、资产评估、信用评级等中介机构诚信档案和责任追究机制。二是实施担保机构外部信用评级试点。三是建设完善金融、法律、金融监管等方面的制度，完善支付结算等金融基础设施建设。

5. 实施财税扶持

一是出台扶持措施，支持企业发展，如组织成立中小型科技企业产业基金、重大项目产业引导资金等。同时，为企业制定税收优惠、贷款贴息等政策。二是在每年的财政预算中，安排一定的金融专项资金，用于项目建设、媒体宣传、国际会议、人才培训和课题研究等。

（四）加大对实验区的资金支持

1. 拓展融资渠道，集聚金融资源

一是加大信贷投入。鼓励外部金融机构将实验区列为信贷重点支持区域，制订专项融资计划，在存贷比考核、信贷规模配置、差别化信贷政策、授信政策等方面给予倾斜。并适当提升实验区内网点级别、扩大权限。二是发挥股票和债券市场融资功能，争取实验区内重点建设项目公司在银行间市场发行短期融资券和中小企业集合债券等工具。三是发展股权投资基金、产业投资基金等创新型直接融资方式。尝试筹建郑州航空港经济综合实验区产业投资基金，在发展模式上可借鉴"渤海产业投资基金"的成功经验。四是发挥信托、租赁融资功能，加大受益权信托计划、租赁类集合资金信托计划发行力度。五是以实验区内产业项目为试点，探索使用创新型金融工具——资产支持证券。实践中，资产支持证券能突破间接市场融资的规模限制，使基础资产由间接融资市场进入直接融资市场，帮助企业筹集巨额长期资金。

2. 加快融资方式创新

一是知识产权和所有稳定现金流应当都可以纳入抵押范围，如订单、品牌、存货、信用证及其项下的买方融资、卖方融资等产品。二是拓展租赁土地、经营权抵押及多户联保贷款业务。三是大力拓展银团贷款、联合贷款、信贷资产转让、承兑汇票、融资性保函等业务。四是加快实验区融资担保体系建设。

3. 构建专业园区建设投融资平台

政府可参股控股，吸收园区企业法人入股成立投融资平台，按照融资、建设、经营、偿债一体化的投融资体制，开展整合园区土地、基础设施、经营性资产、特许权经营等有形无形资产的归集，增强平台投融资能力。

4. 培育和发展地方金融控股集团

加强金融微观主体的建设，培育实验区内金融产业集群，为地方金融控股集团的建立和发展奠定基础。

（五）充分利用郑州新郑综合保税区优势

发挥保税区"境内关外"功能，加快研究推进离岸金融结算、保税租赁等多种业务，满足实验区内国际化企业的金融需求。借鉴上海自贸区经验，在郑州综合保税区基础上，不断完善条件，做足准备，开展以综保区为核心的自贸区申请筹备工作。

（六）促进融资租赁发展

一是出台促进融资租赁业发展的政策和司法保护措施。融资租赁业发展初期，政府的积极扶持至关重要。建议省政府协调金融办、商务厅、高级法院、人民银行、财政厅、银监局、税务局、工商局、海关、法院等部门，在机构设立、人才引进、投资、纳税以及行政支持等方面出台政策和法律，营造融资租赁业发展环境。二是引进、组建融资租赁公司。出台与航空金融租赁相配套的金融财税支持政策，引进金融租赁公司。此外，由于外资融资租赁公司设立门槛较低，省内有一定自主审批权，适合作为河南发展法人融资租赁公司的突破口，可以研究投资成立中外合资融资租赁公司或设立内资试点融资租赁公司。三是大力发展航空金融租赁。航空金融租赁是航空产业链中的重要环节，应鼓励银行、保险机构加强航空租赁产品、工具创新，探索成立飞机租赁担保基金和飞机租赁投资基金，允许金融租赁公司发行飞机租赁专项债券。

（七）加大对通用航空的金融支持

通用航空可以带来巨大的经济、社会效益，对通用航空的金融支持是一项系统工程。一是把通用航空融入地方经济社会发展的平台，在资金、政策、土地、财税、融资等方面给予重点扶持。二是在投融资体制上，可借鉴发达国家做法，经营性通航按市场法则运作，鼓励社会各种资金介入；社会公益性通航由财政扶助发展。三是激活民间资本进入通用航空领域。四是鼓励金融机构开展通用航空领域的融资、贷款、担保、保险等业务。

（八）依托临空经济区优势发展物流金融

基于郑州的交通、区位和航空物流优势，加强资金流和物流协调配套，在物流金融创新方面，进行有针对性、特色化的金融服务探索，如在风险管控前提下，商业银行可开创属于物流类企业贷款的新标准，担保公司对有贷款倾向的物流企业放宽部分反担保条件等。在鼓励本土金融机构开展物流金融业务的同时，大力引进国外物流金融专业金融机构；提高物流金融服务水平，提供一站式服务；引进一批具有国际水准的会计师事务所、律师事务所和管理咨询机构，为物流金融开展提供财会、法律、战略咨询、市场研究等专业服务。

（九）加强金融人才引进和培养工作

一是对于高端人才，可考虑兼职引进；对于境外金融人才，可从归国留学生和境外金融机构中聘请经验丰富、熟悉国际金融市场运作的人才。二是建立实验区金融人才培养中心，并与金融院校、海外著名金融人才培养机构合作，通过联合办学、建立科研实践基地等方式培养人才。

参考文献

[1] 曹允春. 临空经济：速度经济时代的增长空间 [M]. 北京：经济科学出版社，2009.

[2] （美）卡萨达，（美）林赛. 航空大都市：我们未来的生活方式[M]. 郑州：河南科学技术出版社，2013.

［3］罗纳德·麦金农.经济发展中的货币与资本（中译本）［M］.北京：三联书店，1998.

［4］约翰·S.格利，爱德华·S.肖.金融理论中的货币［M］.北京：三联书店，1994.

［5］计小青等.上海国际航运中心建设的金融引擎［M］.上海：上海财经大学出版社，2012.

［6］苗得雨.中国民用航空工业金融服务系统研究［M］.北京：航空工业出版社，2009.

［7］刘怀廉，欧继中.中原经济区发展报告（2011）［M］.北京：社会科学文献出版社，2011.

［8］刘怀廉.中原经济区发展报告（2013）［M］.北京：社会科学文献出版社，2013.

［9］汤宇卿，王宝宇，张勇民.临空经济区的发展及其功能定位［J］.北京：城市规划学刊，2009（4）.

［10］临空经济发展战略研究课题组.临空经济理论与实践探索［M］.北京：中国经济出版社，2006.

［11］郭琳.物联网环境下物流园区金融业务创新研究［J］.物流工程与管理，2013（5）.

［12］金融创新促进临港发展［R/OL］.http：//www.rzzlxx.com/news_ detail/321.html，2013-01-21.

［13］韩元俊.航空港经济有望带动河南"平地起飞"［R/OL］.新华网，2013-04-03.

［14］仝新顺，郑秀峰.郑州航空港经济综合实验区临空经济发展研究［J］.区域经济评论，2013（1）.

［15］石永强，熊小婷，张智勇，杨磊.物流园区发展物流金融的模式研究［J］.物流技术，2012（12）.

［16］金雪军，田霖.金融地理学：国外地理学科研究新动向［J］.经济地理，2004（11）.

金融支持郑州航空港经济
综合试验区建设研究

中原证券股份有限公司课题组①

摘要：郑州航空港经济综合试验区的建设将有利于推进河南省经济结构调整和发展方式转变，金融是现代经济的核心，金融对于港区建设的重要作用毋庸置疑。长期以来，金融偏重于间接融资，偏重于银行体系，需要充分发挥直接融资的作用，利用资本市场直接融资链接投融资双方，加快港区建设。为此，本文分析了港区建设的资金需求及特征；然后，系统梳理并比较了主要的直接融资模式和间接融资模式，归纳总结各自的特点；最后，结合港区的具体情况，提出了金融支持港区建设具有针对性和可操作性的措施建议，并为未来融资方式的选取提供了有益思路。

关键词：航空港区　直接融资　资本市场

一、引言

（一）研究背景

2013年3月7日，郑州航空港经济综合实验区发展规划获国务院正式批复。4月3日，在国务院新闻办公室举行的新闻发布会上，80多家媒体的100多名记者向世界飞快地传递着同一个信息——中原梦，开始从大地延伸到云天。这是全国第一个上升为国家战略的航空港经济发展先行区。继河南粮食生产核心区、中原经济区成为国之方略后，河南发展史上迎来了又一个具有里程碑意义的重大事件。4月6日，海南博鳌"郑州航空港经济综合实验区发展规划高端对话会"，有专家认为，建设好郑州航空港，曾是古代丝绸之路起点的中原，有望成为新兴航空工业"丝绸之路"的又一个崭新起点。

---

① 课题主持人：李智；
　　课题组成员：米志略、肖飞、路鹏飞、张彦杰。

据中国民航局统计，截至 2012 年底，共有 27 个省（区、市）的 51 个城市先后提出 54 个临空经济区的规划与设想，涉及 51 个机场。重庆、成都、西安、武汉、长沙，竞争如群雄逐鹿。作为中部省会的郑州脱颖而出，对此，省委常委、郑州市委书记吴天君认为这是"郑州发展史上有过两次重大机遇。一次是河南省会从开封迁到郑州，另一次就是郑州航空港经济综合实验区"。

郑州航空港经济综合实验区的发展目标是：到 2025 年，建成富有生机活力、彰显竞争优势、具有国际影响力的实验区。到 2025 年，实验区将成为"大枢纽"——航空货邮吞吐量达到 300 万吨左右；拥有"大产业"——与航空关联的高端制造业主营业务收入超过 10 000 亿元；建成"大都市"——建成进出口额达到 2 000 亿美元的现代化航空都市。成为引领中原经济区发展、服务全国、联通世界的开放高地。

长期以来，金融偏重于间接融资，偏重于银行体系，这容易导致所有资源都走"独木桥"，一方面导致融资的困难，另一方面又由于过于集中而导致金融风险。据初步统计，港区目前在建、签约及洽谈项目重点过亿元的超过 100 个，总投资超 1 500 亿元，其中，2013 年计划投资超 250 亿元，包括基础设施建设项目 30 多个、工业服务业项目 80 多个。基础项目资金需求为中长期资金，而间接融资多为中短期贷款，存在匹配问题；工业项目为初建，一般较难获得贷款支持。为此，需要更多地考虑和借助直接融资的方式，充分利用资本市场。

（二）研究意义及目的

中原经济区建设已经上升为国家发展战略，关系到未来十年、二十年国家经济社会发展的动力源泉，也是将来相当长一段时期内国家金融经济资源配置的重要指标。郑州航空港经济综合实验区，作为国家战略的航空港经济发展先行区，肩负着"内陆开放高地"先行先试的重大责任，在推进河南省经济结构调整和发展方式转变上起着重要作用，对于中原经济区建设也极具战略意义。

在航空港综合实验区建设过程中，资金匮乏的问题将逐步显现，并将成为制约其发展的主要因素，通过金融服务支持郑州航空港经济综合试验区建设，可以提高投融资水平，有利于缓解部分资金压力，同时也为吸引社会资本参与航空港区建设提供途径。

二、郑州航空港现状及战略

（一）郑州航空港区的现状及发展目标

1. 郑州航空港区的现状

郑州航空港经济综合实验区位于郑州市区东南约 20 公里，面积 415 平方公里，代管 42 个行政村和 2 个自然村，户籍人口约 6.8 万人，入住富士康员工约

9.6 万人，耕地面积 79 688 亩。

郑州机场是我国主要的干线运输机场、国家一类航空口岸，机场飞行技术等级 4E，年旅客和货邮保障能力分别为 1 200 万人次、15 万吨。2008 年郑州机场被中国民航总局确立为全国八大区域性航空枢纽之一。

目前，在郑州机场运营的有 21 家客运航空公司和 10 家运航公司，通航城市 67 个，开通航线 96 条，其中国空客运航线 74 条、国际地区客运航线 10 条、国内货运航线 4 条、国际地区货运航线 8 条。全货机航班每周平均达到 57 班。

2. 郑州航空港区发展目标

到 2025 年，建成富有生机活力、彰显竞争优势、具有国际影响力的实验区。到 2025 年，实验区将成为"大枢纽"——航空货邮吞吐量达到 300 万吨左右；拥有"大产业"——与航空关联的高端制造业主营业务收入超过 10 000 亿元；建成"大都市"——建成进出口额达到 2 000 亿美元的现代化航空都市。成为引领中原经济区发展、服务全国、连通世界的开放高地。

（二）郑州航空港区的优势

1. 大型航空枢纽地位持续提升

郑州机场地处内陆腹地，空域条件较好，便于接入主要航路航线，一个半小时航程可覆盖中国 2/3 的人口，规划建设 4 条跑道，是国家确定的八大区域性枢纽机场之一。

2. 陆路交通集疏体系支撑有力

全省高速公路通车里程 5 830 公里，所有县城均可 20 分钟内上高速；铁路通车里程达 4 822 公里，以郑州为中心的"米"字形快速铁路网加快规划建设。连接机场的城际铁路、高速公路、干线公路建设全面展开，以机场枢纽为核心，陆空高效衔接、内捷外畅的综合交通体系日益完善，货物集疏的物流成本和时效成本优势明显。

3. 航空关联产业加快集聚

一批电子信息、生物制药、航空运输等企业加快向郑州航空港集聚，美国联合包裹、俄罗斯空桥、富士康等国际知名企业已经进驻发展，航空枢纽和航空关系产业互动发展的良好局面初步形成。

4. 开放条件不断完备

中部地区首家综合保税区毗邻郑州机场落户，保税物流中心、出口加工区、铁路集装箱中心站等在实验区范围内集中布局，口岸功能正不断完善，各类园区与航空港联运机制初步建立，郑州跨境贸易电子商务服务试点即将启动。

（三）郑州航空港区发展战略阶段划分

1. 初步发展阶段（2013 年以前）

港区功能分为核心区和主体区。一是核心区。以总规划面积为 356 平方公里的航空城为主体，主要发展航空服务保障和维修、飞机零部件制造和航空租赁等航空产业，电子信息、生物医药和医疗器械、光电与半导体、新材料等高端制造业，以及教育培训、商务休闲、医疗保健等城市配套服务业。二是主体区。以郑汴新区和上街通用航空产业基地为主体。以郑州新区为依托，主要发展总部经济、金融证券、汽车制造、文化旅游、高端居住等产业；以汴西新区为依托，主要发展家电生产基地；以上街通用航空基地为依托，重点发展商务运输、飞机 4S 店、飞机租赁、通航飞行器组装制造等通航核心产业。

省市政府成立了两级专项工作领导小组机构，同时，也正着手准备具体执行层，省级领导小组办公室设在省发改委基础产业处；市政府也成立了专项工作领导小组机构，办公室设在市发改委；具体执行层方面，由郑州市政府具体负责。

2. 深入发展阶段（2013—2017 年）

分为概念性规划与对应的控制性项目规划（2013 年上半年）和具体项目规划建设阶段（2013—2017 年）。实验区基础设施、公共服务、产业体系初步形成，主要功能区开发建设初具规模，航空港经济发展初见成效。机场二期工程建成使用，国际航空货运能力大幅提升，连接实验区内外的主要交通通道基本建成；航空设备制造维修、与航空关联的高端制造业和现代服务业快速发展，集聚一批具有国际竞争力的知名品牌和优势企业，航空港开放门户地位基本确立；市政基础设施和公共服务设施支撑有力，航空都市框架基本形成。

3. 完善发展阶段（2017—2025 年）

到 2025 年，建成富有生机活力、彰显竞争优势、具有国际影响力的实验区。国际航空货运集散中心地位显著提升，航空货邮吞吐量达到 300 万吨左右，跻身全国前列；形成创新驱动、高端引领、国际合作的产业发展格局，与航空关联的高端制造业主营业务收入超过 10 000 亿元；建成现代化航空都市，营商环境与国际全面接轨，进出口总额达到 2 000 亿美元，成为引领中原经济区发展、服务全国、连通世界的开放高地。

三、区域发展的融资模式研究

郑州航空港经济综合实验区战略目标的实现将基于区内所提供的综合配套服务，金融服务则是其中的关键，如何通过融资渠道建设解决区内企业发展所面临的资金问题，将成为航空港经济发展核心课题之一。本部分内容通过系统分析直接融资和间接融资的方式和特性，归纳出适合区域发展特性的几种融资模式。

（一）直接融资

1. 土地出让金融资源

指地方政府依照法律程序，运用市场机制，对通过收回、收购和征用等方式取得的土地，进行前期开发、整理，予以储存，以满足城市各类建设用地的需求，确保政府垄断土地一级市场的一种管理制度。土地储备制度主要通过"土地收购—土地储备—土地出让"来实现融资，包括以下几种方式。

（1）苏州模式

新区政府委托苏新集团公司融资、征地、配套，政府出让土地，并将土地出让金支付征地成本、财务费用，回购基础设施资产，不足的部分逐年用财政收入弥补。一是以苏州新区经济发展集团总公司的名义进行资本运作。开发初期，集团总公司依靠 2 000 万元的启动资金，采取银团合作的方法，滚动发展。1997 年发行债券，筹集资金 4 000 万元用于标准厂房建设。1996 年在上海证券交易所上市，发行 A 股股票 1 500 万股，至 1998 年底，公司总股本已达 28 716 万股。二是积极开发海外融资市场。1997 年苏州新区经济发展集团总公司与美国嘉吉财务公司共同合作，在美国发行国际债券进行融资。1999 年 10 月，"苏州发展信托证券"在美国股市发行成功，筹集了 1 亿美元的资金用于新区的基础设施建设及土地开发。

（2）重庆模式

建立政府全资的土地储备中心，土地一级开发的主体是市政府，代表市政府实行一级开发的机构是八个国有控股集团（城市建设、高速公路、高等级公路、水务、地产、水利投资、开发投资集团、渝富）。土地一级开发与土地储备紧密联系在一起，八个集团拥有土地储备和土地一级开发的权利，将纳入储备范围的土地委托一些公司进行一级开发"生地"变"熟地"后，再到土地交易中心进行"招拍挂"出让。出让所得的收入在市政府和企业之间按一定的比例进行分配：出让所得综合价金扣除应支付的土地储备开发成本后的 10%，作为土地储备开发发展专项资金存入土地储备开发资金专户；其余上交财政，按市政府颁布的土地使用权出让金标准，由市与区县政府按规定比例分配；剩余资金集中市里，专项用于城市基础设施建设、公益事业等建设。

（3）长沙高新区模式

长沙高新区园区建设的融资模式是：一切按市场化运作，以土地抵押获取贷款，专款专用。一是实施银企诚信合作，建立良好的信贷关系。高新区总公司在建区的十年中一直与银行保持着良好的信贷合作关系，获得了大量贷款。高新区守信守法，按约定使用资金并如期偿还，赢得银行的信赖。二是实施建设工程公开招标，鼓励建设单位垫资承包。以前，垫资承包是《建筑法》禁止的，但作为一种项目融资的方式，垫资承包实际上在国际项目运作中十分普遍。随着《建筑法》的修改，垫资承包极有可能得到认可，这也能为开发区建设节约资金。

2. 有偿出让无形资源

如冠名权、广告权、特许经营权。港区管委会可将路标、显著位置的广告权，道路、桥梁等的冠名权，区内餐馆、超市、书店、运动场馆等的特许经营权以一定价格出让给企业，甚至可以进行拍卖来获得收益。

3. 上市融资与再融资

沪深主板上市、全国中小企业股份转让系统、河南省区域股权转让中心等渠道进行股权融资。

4. 企业债、中小企业私募债发行融资

精选一批重点符合发行中小企业私募债的相关企业，以及地方政府债务融资、地方政府企业债务融资，或者采用中小企业集合债券的形式进行融资，由航空港的管理单位主导牵头，统一组织、统一冠名、统一担保和分别负债、集合发行，可以有效降低中小企业的融资成本。

（1）中小企业私募债定义及规模

中小企业私募债是指在中国境内注册为有限责任公司和股份有限公司的未上市中小微企业，依照法定程序，以非公开方式发行、约定在一年以上期限内还本付息的有价证券。中小企业私募债券可以拓宽企业融资渠道，改善企业融资环境，通过发行中小企业私募债，有助于解决中小企业融资难、综合融资成本高的问题，有助于解决部分中小企业银行贷款短贷长用，使用期限不匹配的问题，增加直接融资渠道，有助于在经济形势和自身情况未明时保持债务融资资金的稳定性。

截至目前，沪、深两个交易所共发行146只中小企业私募债，合计金额169亿元。中小企业私募债加权平均利率为9.02%，最低的为7%，为浙商证券承销的12孚信债；最高的为13.5%，为中银国际证券承销的12巨龙债，也是唯一一家BBB+级的企业。

（2）中小企业私募债优势

由于银行信贷规模受限，中小企业私募债的发行可以拓宽企业融资渠道，改善企业融资环境；有助于解决中小企业融资难、综合融资成本高的问题；有助于解决部分中小企业银行贷款短贷长用，使用期限不匹配的问题；增加直接融资渠道，有助于在经济形势和自身情况未明时保持债务融资资金的稳定性。

私募债规模占净资产的比例未作限制，筹资规模可按企业需要自主决定。发行条款比较灵活，期限可以分为中短期（1~3年）、中长期（5~8年）、长期

（10～15 年）；债券可以附赎回权、上调票面利率选择权等期权条款；增信设计可为第三方担保、抵押/质押担保等，也可以设计认股权证等；可分期发行。

　　私募债的资金使用的监管较为宽松，资金使用灵活，债务结构合理。允许中小企业私募债的募集资金全额用于偿还贷款、补充营运资金；若公司需要，也可用于募投项目投资、股权收购等方面。

　　私募债的发行能够提高企业资本市场影响力。债券发行期间的推介、公告与投资者的各种交流可有效提升企业的形象。债券的成功发行显示了发行人的整体实力，有助于企业在证监会、交易所面前树立良好印象，有利于企业未来的上市等其他安排。

　　私募债的发行得到宏观政策鼓励，审批速度最快。"十二五"规划提出，要显著提高直接融资比重，债券融资首当其冲。目前中小企业私募债在发行审核上率先实施备案制度，接受材料至获取备案同意书 10 个工作日内。

　　（3）发行主体

　　符合工信部《关于印发中小企业划型标准规定的通知》的未上市非房地产、金融类的有限责任公司或股份有限公司，只要发行利率不超过同期银行贷款基准利率的 3 倍，并且期限在 1 年（含）以上，均可以发行中小企业私募债券。

　　在具体实施上，为降低中小企业私募债风险，发行企业还应尽量满足以下条件：

　　应符合国家相关政策对于中小企业定义的标准；

　　应有企业纳税规范；

　　主营业务不能包含房地产和金融类业务；

　　年营业收入达到一定规模，以年营业额收入不低于发债额度为宜；

　　能获得大型国企或者国有担保公司担保；

　　信用评级达到 AA 级以上则为优先考虑对象。

　　部分中小企业标准如下：

　　①工业企业。从业人员 1 000 人以下或营业收入 40 000 万元以下的为中小微型企业。其中，从业人员 300 人及以上，且营业收入 2 000 万元及以上的为中型企业；从业人员 20 人及以上，且营业收入 300 万元及以上的为小型企业；从业人员 20 人以下或营业收入 300 万元以下的为微型企业。

　　②交通运输业。从业人员 1 000 人以下或营业收入 30 000 万元以下的为中小微型企业。其中，从业人员 300 人及以上，且营业收入 3 000 万元及以上的为中型企业；从业人员 20 人及以上，且营业收入 200 万元及以上的为小型企业；从业人员 20 人以下或营业收入 200 万元以下的为微型企业。

　　③仓储业。从业人员 200 人以下或营业收入 30 000 万元以下的为中小微型

企业。其中，从业人员 100 人及以上，且营业收入 1 000 万元及以上的为中型企业；从业人员 20 人及以上，且营业收入 100 万元及以上的为小型企业；从业人员 20 人以下或营业收入 100 万元以下的为微型企业。

④批发业。从业人员 200 人以下或营业收入 40 000 万元以下的为中小微型企业。其中，从业人员 20 人及以上，且营业收入 5 000 万元及以上的为中型企业；从业人员 5 人及以上，且营业收入 1 000 万元及以上的为小型企业；从业人员 5 人以下或营业收入 1 000 万元以下的为微型企业。

表1　　　　　　　　　　部分中小企业标准　　　　　　　单位：人，万元

项目 行业　类型	中型企业		小型企业		微型企业	
	从业人员	营业收入	从业人员	营业收入	从业人员	营业收入
工业企业	300 ~ 1 000	2 000 ~ 40 000	20 ~ 300	300 ~ 2 000	0 ~ 20	0 ~ 300
交通运输业	300 ~ 1 000	3 000 ~ 30 000	20 ~ 300	200 ~ 3 000	0 ~ 20	0 ~ 200
仓储业	100 ~ 200	1 000 ~ 30 000	20 ~ 100	100 ~ 1 000	0 ~ 20	0 ~ 100
批发业	20 ~ 200	5 000 ~ 40 000	5 ~ 20	1 000 ~ 5 000	0 ~ 5	0 ~ 1 000

（4）发行转让

中小企业私募债发行由承销商向上海和深圳证券交易所备案，交易所对承销商提交的备案材料完备性进行核对，备案材料齐全的，交易所将确认接受材料，并在 10 个工作日内决定是否接受备案。如接受备案，交易所将出具接受备案通知书。私募债券发行人取得接受备案通知书后，需要在 6 个月内完成发行。接受备案通知书自出具之日起 6 个月后自动失效。

中小企业私募债采用非公开发行的方式，发行、转让及持有账户合计限定为不超过 200 个，在上交所固定收益平台和深交所综合协议平台挂牌交易或证券公司进行柜台交易转让。私募债券面值为人民币 100 元，价格最小变动单位为人民币 0.001 元。私募债券单笔现货交易数量不得低于 5 000 张或者交易金额不得低于人民币 50 万元。私募债券成交价格由买卖双方在前收盘价的上下 30% 之间自行协商确定。私募债券当日收盘价为债券当日所有转让成交的成交量加权平均价；当日无成交的，以前收盘价为当日收盘价。

（5）政府机构支持

为了激励中小企业参与私募债融资，不少地方政府向私募债申报企业抛出了贴息及其他财政优惠的"橄榄枝"。据了解，深圳市针对前 10 家发行企业提供优惠政策，在 10 家企业全部完成转让后将整体打包报送地方金融办，由地方财政划拨优惠款项。北京中关村管委会的贴息措施为对企业发债利息进行 30% 贴息，贴息额度不超过 50 万元，贴息年限最长 3 年。例如发行总额 1 000 万元，

票面利率 8.5%，则第一年可以获得 25.5 万元的补贴。

除此之外，部分地区正在制订对发行私募债中介机构的费用补贴。据了解，北方某地区将对中介费用按 50% 比例进行补贴。目前承销机构收取私募债承销费率为 1% ~ 1.5%，担保机构收取费用则超过 1%，评级、审计和法律机构会收取数十万元不等的费用。按债券发行额为 5 000 万元计算，承销费用和担保费用合计最低为 100 万元，政府补贴则约为 50 万元。

各地政府对中小企业发债的支持度，为部分融资成本压力较大的企业减少了一些负担。相信在政府的积极支持和推动下，更多企业将考虑通过私募债进行融资。

5. 资产证券化

在当前银监会控制地方政府融资平台贷款规模的条件下，地方政府和国企有巨大的流动资产，资产证券化能让资产流动循环发挥最大效益，通过以证券化的方式出售部分资产，偿还已有负债，因此资产证券化或将成为可行之举。

（1）资产证券化定义及市场规模

资产证券化是将缺乏流动性，但能够产生可预见的、稳定的现金净流量的资产，通过一定的法律和融资结构安排，对资产中的风险和收益要素进行分离和重组，进而转换成在金融市场上可以出售和流通的证券的过程。这种融资方式是由原始权益人将其特定资产产生的、未来一定时期内稳定的可预期收入转让给专业公司（SPC），由专业公司将这部分可预期的收入证券化后，在国际或国内资本市场上进行融资。这种融资方式的关键在于是否存在稳定的可预期收入。但是，由于 ABS 方式隔断了项目原始权益人自身的风险和项目资产未来现金收入的风险，使其清偿债券本息的资金仅与项目资产的未来现金收入有关，加之在国际高等级证券市场发行的债券是由众多的投资者购买，从而分散了投资风险。因此，ABS 成为近 20 年来发展最为迅速的融资工具。

截至 2013 年 3 月 31 日，沪、深两个交易所共登记 12 只专项计划产品，合计金额 306.65 亿元，平均规模 25.55 亿元。其中，上交所登记了 4 只，总额 214.06 亿元，平均规模 53.52 亿元；深交所登记了 8 只，总额 92.59 亿元，平均规模 11.57 亿元。

（2）资产证券化的重要作用

①资产证券化能够刺激消费，促进经济增长。据统计，美国一半以上的住房抵押贷款、四分之三以上的汽车贷款都是靠发行 ABS 产品提供资金。

②资产证券化提高了金融体系的稳定性和安全性。亚洲金融危机之后，韩国和中国台湾等亚洲经济体引入资产证券化，提高了金融体系的安全稳定性。

③资产证券化完善了债务资本市场结构。大陆法系的国家，通常间接融资

占据融资方式的主流，如德国、日本、意大利等，随着这些国家引入资产证券化，其债务资本市场的结构更加丰富。

④资产证券化改善了中小企业融资困境。资产证券化为企业提供了又一重要的融资平台，作为一种创新的融资工具可以为企业的融资难题提供有益的帮助，是拓宽融资渠道的有效补充。

⑤资产证券化为投资者提供了新的投资渠道，在维护金融市场平稳的同时，增加了投资者收益。

（3）资产证券化的参与主体

资产证券化的参与主体主要包括：原始权益人、特殊目的主体（SPV）、信用增级机构、信用评级机构、证券承销商、服务机构和受托人等。

①原始权益人。原始权益人是基础资产未来现金流的权益人，也是基础资产的转出方。

②特殊目的主体（SPV），特殊目的主体是资产支持证券的真正发行人，设立特殊目的主体的主要目的是为了实现被证券化资产与原始权益人其他资产的风险隔离。

③信用增级机构。信用增级机构对特定目的主体发行的资产支持证券提供额外的信用支持，即信用增级，以提高资产支持证券的评级，保护投资者利益，并为此承担资产证券化交易活动中的风险。

④信用评级机构。信用评级机构负责对特定目的主体发行的资产支持证券进行评级，以增强投资机构信心，保护投资者利益。

⑤证券承销商。证券承销商负责销售特定目的主体发行的资产支持证券。

⑥服务机构。服务机构主要对资产池的资产及其产生的现金流进行管理。

⑦受托人。受托人是投资者利益的代表，受托管理基础资产以及对资产支持证券进行偿付。

（4）企业资产证券化基本流程

在整个资产证券化过程涉及多家参与主体，每个主体发挥不同的作用，在经过一系列的操作后，最终完成证券化。典型的资产证券化运作一般包括七个步骤：第一，原始权益人选择拟证券化的基础资产，通过捆绑组合形成资产池；第二，设立特殊目的的载体SPV；第三，原始权益人将基础资产出售给SPV；第四，信用增级机构对资产支持证券进行信用增级；第五，信用评级机构对资产支持证券进行信用评级；第六，证券承销商对资产支持证券进行设计，在此基础上发行上市；第七，服务机构负责现金流管理及偿付有关费用。

（5）国内企业资产证券化一般交易结构

目前我国的资产证券化在实践中采取了两条路线：

①以银监会为主导的信贷资产证券化，包括 CLD 和 MBS/RMBS；

②以证监会为主导的企业资产证券化，主要是 SAMP（专项资产管理计划）。

以下内容主要阐述以证监会为主导的资产证券化。

资产证券化一般交易结构如图 1 所示。

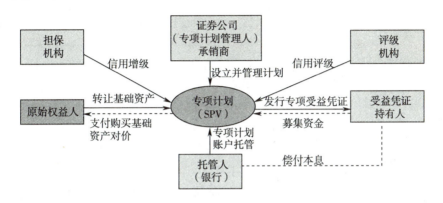

图 1　资产证券化交易结构示意图

具体操作模式如下：

①由证券公司发起设立一个专项资产管理计划作为资产证券化的 SPV。

②专项资产管理计划向合格的投资者发行固定收益类的专项计划受益凭证来募集资金。

③专项计划募集所得资金专项用于购买原始权益人持有的特定基础资产。

④原始权益人转让基础资产并获得相应对价，该基础资产产生的现金流将在未来特定时点用于向受益凭证持有人支付本息。

（6）国内企业资产证券化产品发行情况

中国联通作为发起人于 2005 年 8 月完成了首个企业资产管理计划交易。担任计划管理人的证券公司通过设立专项资产管理计划发行了不同系列的资产支持受益凭证。这是我国企业资产证券化的标志性事件，之后一年中，另外 8 个专项资产管理计划陆续诞生，"基础资产"的范围扩大到与高速公路收费、设备租赁、电力销售、基础设施建设等相关的各种应收账款或未来现金流（对应收益权）。

①已发行企业资产证券化产品

如表 2 所示，各专项计划产品涉及的基础资产涵盖较广，一类是既有资产，一般为既有债权，如网通的应收账款、联通的网络租赁费、吴中集团及浦东建设的 BT 项目回购款。另一类为未来收益权，如华能澜沧江的电费收入、华侨城的入园凭证现金流、南京公用控股的污水处理费等。

表2   资产证券化产品

资产支持证券名称	发起人	发行时间	发行规模	最长期限	基础资产
中国联通 CDMA 网络租赁费收益计划	联通新时空移动通信有限责任公司	2005 年 8 月	95 亿元	2.7 年	网络租赁费
莞深高速公路收费收益权专项资产管理计划	东莞发展控股有限公司	2005 年 12 月	5.8 亿元	1.5 年	公路收费权
中国网通应收款资产支持受益凭证	中国网通集团公司	2006 年 3 月	103.4 亿元	4.68 年	应收账款
华能澜沧江水电收益专项资产管理计划	云南华能澜沧江水电有限公司	2006 年 5 月	19.8 亿元	5 年	电费收入
远东首期租赁资产支持收益专项资产管理计划	远东国际租赁有限公司	2006 年 5 月	4.77 亿元	2.4 年	设备租赁费
浦东建设 BT 项目资产支持收益专项资产管理计划	上海浦东建设股份有限公司	2006 年 6 月	4.1 亿元	4 年	BT 项目回购款
南京城建污水处理收费收益权专项资产管理计划	南京市城市建设投资控股（集团）有限责任公司	2006 年 7 月	7.21 亿元	4 年	污水处理费
江苏吴中集团 BT 项目回购款专项资产管理计划	江苏吴中国外贸团有限公司	2006 年 8 月	15.88 亿元	5.34 年	BT 项目回购款
南通天电销售资产支持收益专项资产管理计划	南通天生港发电有限公司	2006 年 8 月	8 亿元	3 年	电费收入
远东二期专项资产管理计划	远东国际租赁有限公司	2011 年 8 月	10.89 亿元	1.9 年	设备租赁费
南京公用控股污水处理费收益权专项资产管理计划	南京公用控股（集团）有限公司	2012 年 3 月	13.3 亿元	5 年	污水处理费
华侨城主题公园入园凭证专项资产管理计划	华侨城股份有限公司	2012 年 12 月	18.5 亿元	3 + 2 年	入园凭证现金流

②南京城建污水处理收费资产支持收益专项资产管理计划案例简介

于 2006 年 7 月成立的南京城建污水处理收费资产支持收益专项资产管理计划，是首只对市政公共基础设施收费收益权进行资产证券化的产品。该专项计划基础资产为南京市城建集团所拥有的未来 4 年内的污水处理收费收益权。该项目发行量为 7.21 亿元，预期收益率根据 1~4 年的期限不同为 2.9% ~3.9%，该收益水平高于同期银行存款利率。管理人为东海证券，托管和担保银行为上海浦发银行，信用增级主要采用银行外部信用增级，上海浦东发展银行为受益凭证的本息偿付提供不可撤销的连带责任担保，辅助以南京市政府的信用担保。该计划的推广对象为合格机构投资者，收益分配方式均为 1 年期的计划到期还本付息，其余年限的计划每年年末支付利息收益，到期还本付息，该计划交易结构如图 2 所示。

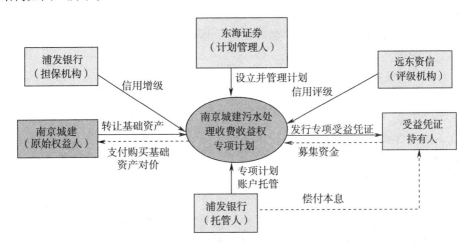

图 2 南京城建污水处理收费专项资产管理计划交易结构示意图

该项目是典型的对于市政公共基础设施收费收益权进行资产证券化的产品，上述计划的成功实施开辟了一条市政基础设施建设融资的新渠道，对我国其他城市的市政基础设施建设融资起到了示范作用。首先，水务等基础设施项目基础资产提供的服务（污水处理）具有需求弹性小、价格稳定、未来现金流能较易预测等特点，这就决定了其先天适应资产证券化的融资方式。其次，水务等基础设施项目为关系到民生的重点工程，并且基础资产本身可提供的现金流稳定，违约风险较小，较易获得评级机构较高的评级，从而得到银行等机构的担保作为信用增级措施。

6. 信托模式融资

信托模式指以城市建设的资产及收益为保证面向公众和机构发行信托凭证来筹集资金的一种模式。这种模式是近几年来比较流行的一种资产证券化形式，这种模式只使用于能够产生经营回报的经营性建设项目，而不适用于非经常性经营项目。依托模式主要有三种形式：（1）信托贷款；（2）以项目公司为载体发行企业债券或股票在资本市场直接或间接融资；（3）以城市建设信托投资基金为中介进行股权融资。

7. 产业投资基金

产业投资基金是以个别企业为对象的一种投资基金，它是借鉴国外市场经济条件下"创业投资基金"的运作形式，通过发行基金收益债券募集资金，交由专家组成的投资管理机构运作，基金资产分散在不同的实业项目上，投资收益按投资分成。产业投资基金的特点有：（1）投资到不同的行业和不同的企业以分散风险；（2）大多投向能源、基础设施建设等低风险的行业；（3）不以控股为目的，不参与对企业的直接管理。

用产业投资基金作为项目本金可以降低债务率，减轻财务负担也有利于降低项目建设的融资成本。

（二）间接融资

1. 银行贷款

银行贷款分为国内银行贷款和国外银行贷款，前者又分为政策性银行贷款和商业银行贷款。国内外银行贷款主要的区别在于利率高低、准入条件和介入领域等方面的不同。按贷款形式来看，主要包括：（1）商业信用贷款。最普通的融资方式，但会令航空港区和企业背上债务负担，而且由于要求项目有一定的资本金，因此贷款规模相当有限。（2）抵押（质押）贷款。以固定资产抵押，或以土地使用权质押获取银行贷款。（3）政府担保贷款。作为政府的重点扶持对象，可争取由政府担保申请贷款。（4）放大基金效应贷款。可与商业银行建立合作关系，将一定数量的发展基金存入银行，取得贷款指标，成倍放大基金效应。该发展基金作为向银行贷款的保证金，不断积累，不得挪用，为企业提供担保或贴息的资金来源。

2. 政策性扶持资金

及时了解和掌握一定时期内中央和地方政府的资金投向和扶持对象，争取政府的特殊支持和专项拨款。

3. 租赁融资

（1）直接融资租赁

直接融资租赁指单一投资者租赁，体现着融资租赁的基本特征，是融资租赁业务中采用最多的形式。

（2）转租赁

两家租赁公司同时承继性地经营一笔融资租赁业务，即由出租人 A 根据最终承租人（用户）的要求先以承租人的身份从出租人 B 租进设备，然后再以出租人身份转租给用户使用的一项租赁交易。

（3）售后回租

售后回租指由设备的所有者将自己原来拥有的部分财产卖给出租人以获得

融资便利，然后再以支付租金为代价，以租赁的方式，从该公司租回已售出财产的一种租赁交易。对承租企业而言，当其急需现金周转时，售后回租是改善企业财务状况的一种有效手段；此外，在某些情况下，承租人通过对那些能够升值的设备进行售后回租，还可获得设备溢价的现金收益，对非金融机构类的出租人来说，售后回租是扩大业务种类的一种简便易行的方法。

（4）杠杆租赁

杠杆租赁指在一项租赁交易中，出租人只需投资租赁设备购置款项的20%～40%的金额，即可在法律上拥有该设备的完整所有权，享有如同对设备100%投资的同等税收待遇；设备购置款项的60%～80%由银行等金融机构提供的无追索权贷款解决，但需出租人以租赁设备作抵押、以转让租赁成员和收取租金的权利作担保的一项租赁交易。

4. 项目融资

主要包括以下几种方式。

（1）特许经营，如 BOT 方式。对于部分大型的营利性基础设施项目，可由政府与私人投资者签订特许协议，由私人投资者组建项目公司，实施项目建设，并在运营一定期限之后再移交政府的方式，称为 BOT（Build－Operate－Transfer）模式。

BOT 模式的参与者主要包括：①项目发起人。作为项目发起人，首先应作为股东，分担一定的项目开发费用。②产品购买商或接受服务者。在项目规划阶段，项目发起人或项目公司就应与产品购买商签订长期的产品购买合同。③债权人。债权人应提供项目公司所需的所有贷款，并按照协议规定的时间、方式支付。④建筑发起人。BOT 项目的建筑发起人必须拥有很强的建设队伍和先进的技术，按照协议规定的期限完成建设任务。⑤保险公司。保险公司的责任是对项目中各个角色不愿承担的风险进行保险，包括建筑商风险、业务中断风险、整体责任风险、政治风险，等等。⑥供应商。供应商负责供应项目公司所需的设备、燃料、原材料等。⑦运营商。运营商负责项目建成后的运营管理，为保持项目运营管理的连续性，项目公司与运营商应签订长期合同，期限至少应等于还款期。⑧政府。政府是 BOT 项目成功与否的最关键角色之一，政府对于 BOT 的态度以及在 BOT 项目实施过程中给予的支持将直接影响项目的成败。

实施 BOT 的步骤：①项目发起方成立项目专设公司（项目公司），专设公司同东道国政府或有关政府部门达成项目特许协议；②项目公司与建设承包商签署建设合同，并得到建筑商和设备供应商的保险公司的担保，专设公司与项目运营承包商签署项目经营协议；③项目公司与商业银行签订贷款协议或与出口信贷银行签订买方信贷协议；④进入经营阶段后，项目公司把项目收入转移给一个担保信托，担保信托再把这部分收入用于偿还银行贷款。

在BOT模式的基础上，又衍生出了BOOT、BOO等相近似的模式，这些一般被看作是BOT的变种，它们之间的区别主要在于私人拥有项目产权的完整性程度不同。

（2）公私合营，如PPP模式。由政府与私人企业共同投资建设，或私人投资，政府提供配套条件的建设模式，称为PPP模式（Public – Private – Partnering）。

（3）施工承包商垫资，并交付履约保证金。由承包商预先垫付资金，并交付履约保证金，也是一种减轻航空港区资金压力的方法。但必须挑选真正具备垫付资金实力的施工单位，否则会导致拖欠工程款等社会问题。同时，航空港区也应恪守信用，在项目完成之后如期付款。

（4）使用者预付费（User Reimbursement Model，URM）是指政府通过招标的方式选定合适的基础设施项目民间投资主体，同时，政府制定合理的受益人收费制度并通过一定的技术手段将上述费用转移支付给项目的民间投资者，作为购买项目服务的资金，其运作流程如图3所示。

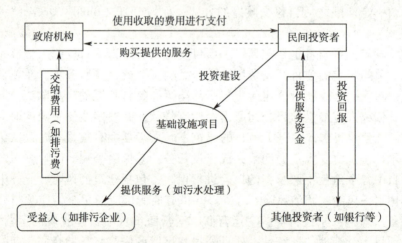

图3　使用者预付费运作流程示意图

在URM模式下，与BOT一样，资金的平衡来自于项目的收费，但与BOT不同的是，此种模式中的产品和服务的收费是在政府的中介下完成的。对于一些不适合私人直接进行收费、市场风险较大的基础设施项目，如污染治理工程等，比较适合采用URM方式来运作。对于一些服务型设施的建设，如供水、供暖等，如有可能，可向用户预收一部分费用作为建设资金。

四、金融服务航空港区模式

基于上述分析，综合考虑航空港经济区实际情况，本部分我们提出几种适宜区内经济发展的融资方式，致力于解决区内基础设施和产业发展面临的资金需求，构建区内多层次融资渠道。

（一）IPO 融资

充分利用国内资本市场的机遇，推动实验区内优秀企业上市筹资，积极引入中介机构开展前期各项准备工作，做好项目储备。按照行业划分，特别关注新兴产业和高新技术产业，选择 IPO 前景良好的企业，帮助其进行改制辅导，在适当时机完成首次公开发行并上市。同时，支持企业做大做强，积极引导已上市公司用足、用好上市资源，利用相对宽松的融资渠道，扩大再融资。

（二）成立专项经营公司融资

就综合区内成立城投公司、资产经营公司、交投公司、水投公司等相应的集团公司或者实行基础设施产业投资基金的可行性进行研究分析之后，制定可靠的措施方案。

（三）中小企业私募债融资

按照相关规定，除了地产、金融类企业，符合条件的企业可以发行中小企业私募债。港区内目前项目主要涉及基础设施项目，按照港区的发展规划，航空港以其特殊的区域优势、交通优势和政策优势，必将会聚集大量的高端制造业、交通运输业、仓储业和批发企业，这些企业都是符合国家产业政策引导方向。同时，作为国家战略发展的临空港区，可以向国家争取更有利的财税、费用返补等多种优惠政策。港区政府也可成立相关单位来主导牵头，统一组织、统一冠名、统一担保和分别负债、集合发行，这样可以有效降低中小企业的融资成本。随着各专项规划的形成，以及国家、地方政府扶持政策的到位，将更有利于我们港区内企业私募债的发行。

（四）资产证券化融资

寻找航空港内企业融资主体信用评级在 AA－级以上、融资主体下有未来能够产生稳定现金流的资产，如债券类（政府 BT 项目回购款、企业应收款）、收益类（门票收入、水电煤等经常性收入、高速公路收费、租金收入）进行相关资产证券化，由证券公司成立发起相关的资产管理专项计划，向投资者公开募集。

证券公司过去发行的"专项资产管理计划"主要集中于对企业资产进行证券化。根据 2013 年 3 月 15 日证监会最新发布的券商资产证券化业务新规，券商开展此类业务的运行模式与资产范围均有了颠覆性的重大突破，对证券公司未来业务的开展将产生巨大的影响。原《证券公司企业资产证券化业务试点指引（试行）》的基础资产范围仅包括"企业资产"，新规允许包括可以是企业应收款、信贷资产、信托受益权、基础设施收益权等财产权利，商业物业等不动产财产均可作为可证券化的基础资产，为实务操作提供了明确指引。此外，还允许以基础资产产生的现金流循环购买新的同类基础资产方式组成专项计划资产。其中，信贷资产、信托受益权与商业物业等不动产财产三大资产类别当属此次新增基础资产的亮点。

航空港区适合证券化的资产包括：BT合同的回购款、贷款合同项下的债权、租赁合同的租金收益、供水系统水费收入、污水处理系统排污费收入航空、路桥收入等；航空港区适合证券化的企业包括工程建设公司、城建公司、租赁公司、水务公司、高速公路，路桥、港口，航空公司，轨道交通企业等众多的企业。

随着资产证券化基础资产的不断丰富，我们将能有效地结合航空港区相关企业的实际情况，提供更为多样化的资产证券化产品，有效拓宽港区企业的融资渠道。

当前阶段航空港区比较适合证券化的资产及企业类型如表3所示。

表3　　　　　　　　　航空港区适合证券化的资产及企业类型

基础资产类型	基础资产	航空港区内企业
应收账款、债权（在一定条件下资产可实现出表，即不增加企业负债）	BT合同的回购款	工程建设公司，城建公司
	贷款合同项下的债权	银行，小贷公司
	租赁合同的租金收益	汽车金融公司，租赁公司
	其他应收款	有稳定中长期应收款实业企业，如商贸企业
未来收益权	供水系统/水费收入	水务公司
	污水处理系统/排污费收入	城建公司
	路、桥/过路、过桥费收入	高速公路，路桥
	航空、地铁/客货运费收入	地铁，航空公司，轨道交通企业
	港口、机场/泊位收入	港口，机场企业
	物业租金收入	工业区，开发园区企业
	门票收入	景区企业

（五）信托融资

信托一般运作的业务模式。一般信托业进行业务开展模式时，它的盈利模式主要是有好多投资人委托信托机构运作基金。实际上受托人将资金运用到相关的项目上，形成典型的基金概念。然后通过项目运作，结束后受益人再分红。比如资金委托给信托公司了，股权委托，以股权分红方式转让，或者不是受让股权，受让股权的收益权通过收益权的转让或者处置，然后将由此得到的利益再分给委托人。受托人只是一个代人理财的角色。

基本的业务架构，在开展私募股权投资就是运用最基本的信托模式。投资人A、B、C，这些投资人有时是个人投资人，有时是机构投资人，若干投资方通过一个合格投资人的界定方式，把资金委托给信托公司来管理、运用，这时信托公司就变成一个管理者，实际上典型私募股权基金架构已经形成了。可以把资金托管给商业银行，然后找好项目，把委托的基金投到项目A、项目B、项目C中，最后通过法律程序、契约规定到项目结束时把投资收益分配给投资人。信托另一方面的业务模式可以通过典型的有限合伙方式建立。

若干投资人委托信托公司，信托计划集中若干投资人的资金，委托给信托公司，信托公司代表投资方形成一个合作伙伴，投资顾问形成另一个合作伙伴，资金收集起来返还给投资人的时候，可以避免双重纳税的问题。

（六）产业投资基金融资

以自有资金或合作基金对港区内优质企业进行直接股权投资或与股权相关的债权投资；或与港区合作成立基金管理公司，共同发起设立基金，重点对港区内企业进行投资。

券商直投和直投基金是一大类概念，一般是指向具有高增长潜力的未上市企业进行股权或准股权投资，并参与被投资企业的经营管理，以期所投资企业发育成熟后通过股权转让实现资本增值。

2012年9月，延安市政府与广发证券签订了战略合作协议，双方将通过资本市场的运作，促进延安实现经济结构的调整和产业的转型升级。广发证券旗下直投公司广发信德与延安鼎源投资公司计划设立延安广发产业整合和升级并购基金，该基金首期规模20亿元，这也是广发信德的第一只并购基金。

2012年11月，上海市政府批准成立上海文化产业股权投资基金。上海文化产业股权投资基金目标规模为100亿元人民币，首期募集30亿元，由海通证券全资子公司海通开元与上海东方传媒作为主发起人，联合上海新华传媒、上海强生集团等共同发起设立，上海诸多传媒巨头几乎尽数参股。上海文化产业股权投资基金重点投资领域为文化及相关产业，包括广播影视业、新闻出版业、网络文化产业、动漫产业、旅游广告业、休闲娱乐业、创意设计产业、文化用品及设备产业等。

河南PE市场发展尚处起步阶段，特征之一就是，多数PE机构没有在河南进行长期、有规划的投资，对个别企业的投资具有偶然性，资金供求双方缺乏有组织、成规模的平台，整个河南股权投资市场缺乏足够的主体，也缺乏统一性和流通性，尤其是还没有形成能够覆盖全省、市场导向性强、具有足够信誉度的股权投资机构。

（七）OTC 市场融资

全国中小企业股份转让系统、河南省区域股权转让中心、柜台市场、并购重组等资本市场的推介服务，解决部分企业的资金需求。

通过以上几种融资方式解决港区基础设施、内部交通网络、公共服务以及完善陆路交通运输体系所需要资金缺口，提升港区平台服务功能，在此基础上，解决部分优质企业的资金需求。

五、结束语

随着经济全球化深入发展，航空运输正成为在全球范围内配置高端生产要素、提升国家和区域竞争力的重要途径，航空港经济日益成为推动经济发展的新引擎。建设郑州航空港经济综合实验区，将有利于推进河南省经济结构调整和发展方式转变；有利于探索中西部地区全方位扩大开放新途径；有利于构建中原经济区战略突破口，带动新型城镇化、工业化和农业现代化协调发展。

在航空港区建设中，城市基础设施和项目建设是发展的基础，而金融支持是关键，在财政资金投入不足，传统融资方式不能满足需要的困境下，根据港区的现状以求航空港区投融资方式不断创新，摆脱融资渠道缺乏的困境。通过本文对融资模式的介绍与对比分析，以期对郑州航空港区融资模式有一个整体认识，为未来融资方式的选取提供有益思路。

参考文献

[1] 支大林.长吉图先导区基础设施融资模式研究 [J].经济纵横，2010.

[2] 蔡建春.项目融资在城市基础设施建设中的运用 [J].南通职业大学学报，2009.

[3] 庄倩，仇向洋.我国开发区基础设施建设项目融资模式研究 [J].中国集体经济，2008.

[4] 郭晓琨.重点开发区基础设施投融资问题研究 [J].中小企业管理与科技，2009.

[5] 王博.基础设施项目融资的模式与比较 [J].经济与科技，2008.

[6] 刘钦文，张春锋.加快我国私募股权投资基金发展的建议 [J].时代金融，2009.

[7] 陈启明.私募股权投资在中国市场环境下的运作分析 [N].复旦大

学，2008.

[8] 韩孟浩. 浅析我国投融资体制改革发展历程与改革思路 [J]. 湖南科技学院学报，2008.

[9] 王曦. 常熟市城市建设投融资模式研究 [N]. 上海交通大学国际与公共学院，2007.

[10] 康绍大，陈金香. 我国政府发展 BOT 的政策选择 [J]. 合作经济与科技，2010（1）.

[11] 陶荣庆，陆凌彬. 刍议当前开发区融资方式 [J]. 学理论，2009.

[12] 黄如宝，王挺的. 我国城市基础设施建设投融资模式现状及创新研究 [J]. 建筑经济，2009.

[13] 周东方. 我国基础设施建设中的融资问题研究 [J]. 青年科学，2010（1）.

[14] 蔡宇飞. PPP、BOT、ABS 三种模式融资的比较探析 [N]. 企业导报，2010.

[15] 张伟，朱宏亮. 经济技术开发区的融资模式 [J]. 城市问题，2007.

[16] 朱彦恒，曾维良. 开发区融资模式对比及可能选择 [J]. 中国外资，2006.

[17] 曹允春. 临空经济——速度经济时代的增长空间 [M]. 北京：经济科学出版社，2009.

[18] 周茜，葛扬. "十二五"规划框架下的苏州工业园区基础设施投融资形式分析 [J]. 现代管理科学，2011.

[19] 于玲玲，张建萍. 旅游基础设施资产证券化融资模式初探 [J]. 特区经济，2010.

中原经济区与航空港建设背景下，打造郑州区域金融中心的对策研究

中原证券股份有限公司课题组①

摘要：在中原经济区与郑州航空港两大国家战略的全面推动下，郑州区域金融中心建设不仅迎来重要契机更肩负着历史使命。本课题围绕郑州区域金融的发展设想，详尽梳理了海外区域金融及航空金融服务业发展的经验教训，以资借鉴。本课题还深刻剖析了当前郑州区域金融建设中存在的主要问题，并针对这些问题及当前郑州建设区域金融中心的比较优势与主要任务，从多维度构建出了一个政策建议框架，涵盖区域金融的基础体系、配套环境、资本市场以及航空金融等，以期对郑州区域金融发展有所裨益。

关键词：中原经济区　郑州航空港　郑州区域金融中心　资本市场

自 2012 年 11 月以来，中原经济区与郑州航空港相继上升为国家战略。加快郑州区域金融建设不仅迎来重要契机，更肩负着历史使命。在此背景下，深入探讨如何充分依托本土优势，打造郑州区域金融中心，不仅有着较深的理论意义，更有较强的实践指导价值。

围绕依托于中原经济区与航空港的郑州区域金融发展设想，课题组梳理了海外区域金融及航空金融服务业发展的经验教训，以资借鉴。课题组还详尽分析了当前郑州区域金融建设中存在的主要问题，并针对这些问题以及当前郑州区域金融建设的主要任务，从多维度构建了一个加快区域金融建设的对策体系，以期对郑州区域金融发展有所裨益。

一、当前加快郑州区域金融中心建设的重要意义

河南省地处全国中心地带，东连沿海区域，西接中西部省份。2012 年河南

---

① 课题主持人：周小全；
课题组成员：张青、王启敢、张坤、赵寸兰、罗敏、张文利。

省 GDP 达到 2.96 万亿元，居全国第五位，稳居中部之首。然而，河南金融业发展却相对滞后，金融发展对实体经济的支撑作用有待提升。与此同时，2013 年初郑州航空港上升为国家战略，在此背景下，大力建设郑州区域金融中心不仅迎来重要历史机遇，更是推动航空港与中原经济区建设的重要举措，同时也是在区域竞争中脱颖而出的必然选择。

（一）支持郑州航空港综合实验区建设的内生性诉求

航空港建设规划的顺利实现，有赖于郑州区域金融中心的大力支持。这不仅源自于航空港建设巨大的资金需求，更是临空经济向高级化演进的客观需要。

1. 区域金融发展为航空港建设提供充足的资金来源

资金筹集是郑州航空港建设的核心环节，只有具备充足的资金来源、高效的融资机制，才能保证航空港建设的持续推进，但按照目前河南省的可供资金规模远无法满足航空港建设需要。从国内外临港、临空以及工业园区的融资经验看，郑州航空港必须构建多元化的融资体系才能保证资金供给的顺畅，这必然要以强大的区域金融中心为载体，通过区域金融中心的集聚效应，实现各种金融资源的整合，有效填补般空港建设的巨大资金缺口。

2. 以航空港为依托的航空金融是产业高级化演进的重要表现

航空港的出现，表明一个国家或区域的经济发展达到了一定水平，是产业形态演变和运输方式变革的共同产物。当航空港发展到一定水平，往往会衍生出现代航空金融产业链条，如航空租赁、离岸结算、航空保险、贸易融资、供应链融资等，相应也会吸引大量优秀国内外金融机构来此设立金融分支机构，由此强化区域金融中心的产业集聚效应。综观当前郑州航空港的发展战略规划，定位在于成为重要的航空物流中心，并未明确将其上升为重要航空金融中心的战略高度。课题组认为，以航空物流为中心的航空港建设仅是临空经济发展的前期重点，从更远层面看，以航空港为依托的航空金融不仅是临空经济产业演进的必然结果，更是提升航空港乃至中原经济区综合实力的有效路径，同时也是郑州区别于其他区域金融中心建设的独特优势。

（二）推动中原经济区建设的保证与要求

从中原经济区的发展规划来看，中原经济区被定位于工业化、城镇化与农业现代化的"三化"协调发展示范区。工业化主要表现为工业生产量的快速增长，新兴部门的大量出现，高新技术的广泛应用，劳动生产率的大幅提升等，其本质是以制造业为核心的产业升级。现代产业结构理论表明，产业升级的重要前提与抓手是促进投资结构的变迁，而通过区域金融中心的资源配置效应，引导社会优势资本流向符合产业升级的新兴行业正是产业升级的核心表现。城镇化是一个农村人口向城镇人口全面转化的过程。城镇化进程中，不仅伴随着第二、第三产业向城镇集聚，即农村产业结构的变迁，还伴随着原农村人口医疗保健、文教娱乐等社会公共服务的均等化。在这一过程中，不仅需要金融业引导资金作用于产业结构的优化，更需要通过创新多种金融手段促进社会公共服务的有效供给。农业现代化是城镇化的重要基础，其本质在于促进农业生产效率的提升。农业生产的自身特性以及农村资金供给不足的历史现状，决定了在促进农业现代化进程中，要切实加强对农村金融改革与发展的扶持和引导，一方面充分发挥政策性金融和合作性金融的基础支撑作用，另一方面要大力创新金融产品和服务，探讨农村金融的新型发展模式。总之，中原经济区的"三化"协调发展，离不开现代金融的全力支持，区域金融发展水平的高低，直接决定了"三化"协调发展的程度。

（三）提升区域经济竞争实力的客观需要

区域金融对区域经济发展意义重大，全国多个城市均已高度重视，并付诸行动。根据课题组统计，近年来全国明确提出建设国际、区域金融中心的城市已上升至 29 个，其中与郑州毗邻且竞争关系较为明确的武汉、石家庄、济南、西安等城市均在其列。区域之间关于金融资源的激烈争夺，客观上要求郑州要立足于区域经济竞争的整体需要，加快区域金融中心的建设步伐。尤其近年来，同处于中部地区的武汉区域金融的建设步伐呈加速态势，业已成为郑州市最重要的角逐对象，倒逼郑州加快区域金融中心建设。

二、海外区域金融中心建设的经验借鉴

不同区域金融中心的成长轨迹虽各有特色，但也不乏共同之处，对这些共性经验的总结与梳理，无疑对郑州区域金融中心建设大有裨益。

（一）区域金融演进的模式总结

20 世纪 70 年代，西方发展经济学家提出了需求反应与供给引导金融体系理论，认为金融体系的产生有两种途径，即需求反应和供给引导。相应地，金融中心的形成与发展也有两种不同模式：自然演进模式和政府推进模式[①]。在自然演进模式中，金融体系的建立与健全高度依赖经济发展，区域金融中心产生于经济增长内生的对金融业的引致需求，如伦敦、纽约金融中心的演进均是此模式。政府推进模式则是在经济发展尚未达到特定水平情况下，通过政府部门人为设计、强力支持而打造出来的金融中心，新兴市场如新加坡、香港则基本以该模式为主。

---

① 王传辉．国际金融中心产生模式的比较研究及对我国的启示［J］．世界经济研究，2000（6）．

表1　　　　　　　　　　主要区域金融中心的演进模式总结

城市	形成时间	驱动模式	驱动因素
伦敦	18世纪中后期	自然演进模式	灵活的监管制度，丰富的专业人才，金融创新
纽约	19世纪末20世纪初	自然演进模式	细化的监管制度，相对完善的税收制度，移民政策，金融创新
香港	20世纪70年代	政府推进模式	透明的监管，简单透明的税制，优才计划，金融创新
新加坡	20世纪80年代	政府推进模式	灵活的监管，简单透明的税制，人才吸引，金融创新

（二）区域金融发展的经验梳理

对于这两种金融演进模式，课题组借鉴全球金融中心指数的评价体系，并充分考虑具体经验的可复制与可借鉴性，将分别从监管体制、金融政策、金融创新、商务环境、人才吸引五个层面对其经验进行梳理。此外，考虑到依托于航空港的航空金融是郑州区域金融中心建设的独特优势，故课题组也对海外航空金融的发展经验进行了总结。

1. 采取适宜的监管模式

建立系统、透明、高效、符合国际规则的金融监管机制对于区域金融中心的良性发展极为重要。首先，应明晰监管责任划分、杜绝监管漏洞出现。伦敦北岩银行挤兑事件的教训在于：监管责任不清而迟迟拿不出有效解救方案，最终致使监管层的公信度下降；纽约安然公司丑闻则暴露出：被监管者可利用监管漏洞打擦边球，从而给市场带来重创。其次，监管制度不是一成不变的，要根据环境不断调整变化。新加坡曾因严格的监管而受益，但亚洲金融危机事件使其开始暴露出弊端，通过反思新加坡开始逐渐审慎放宽监管，这充分说明监管模式要富有适应性。

2. 实施宽松的金融政策

金融中心的规模既受制于当地市场运作资金的多寡，还取决于当地行政当局的相关金融政策。宽松的金融政策尤其是税收优惠政策，有利于吸引境外金融机构的入驻，为发展金融市场创造条件。香港和新加坡的税率一直处于全球偏低水平，新加坡个人所得税最高税率为20%，香港为17%，而美国的联邦税率则高达35%，且香港、新加坡对银行等金融企业不征收间接税（营业税）[①]。简单、透明的税制使新加坡和香港大获裨益，从而吸引大量外资流入。当然，金融政策无论怎样宽松，均不能脱离金融中心的实际情况以及当地经济所能够

① 周天芸. 香港国际金融中心研究［M］. 北京：北京大学出版社，2008.

承受的范围。

3. 加强金融产品创新

金融创新为金融中心带来商业先机。在经济和金融全球化进程中，金融功能被日益扩展，新金融工具、金融市场和金融技术不断出现，这促使金融中心必须不断创新才能稳居其位。如纽约金融机构就以其卓越的创新能力闻名于世，从而巩固其全球金融中心的地位；不断的金融创新也使香港经受住了金融危机的考验。此外，创新还应注重差异化，形成自身独特优势，如新加坡利用财富管理人才及学院优势，成功打造出全球顶级财富管理中心。

4. 营造高效的商务环境

高效商务环境的营造，有利于吸引外商投资，为金融中心的形成和发展创造有利条件。例如，新加坡稳定的政局、廉洁高效的政府，降低了入驻金融机构的公务成本，提高了办公效率，为商务经营创造了良好环境，有效促进了新加坡金融机构聚集地的形成。

5. 实行有吸引力的人才引进政策

聚拢人才是金融中心的制胜法宝。伦敦的经验表明，吸引人才仅靠高薪是不够的，还需要一系列配套的软件和基础设施，如优惠政策、教育体系、生态环境及文化氛围等。此外，金融中心所在地的人口受教育程度、道德修养程度越高，与域外文化的融合性越强，就越有助于人才的吸引，美国正是由于开放、包容的文化氛围，才促使世界各地大量优秀人才移民。

6. 依托航空港，大力发展航空金融

航空金融的出现与壮大，是临空经济产业向高级化演进的必然结果。航空金融的发展，有赖于临空经济的逐步成熟以及当地基础金融市场的不断完善，但反过来航空金融的发展又进一步促进了航空港经济实力的提升以及当地金融集聚能力的趋强。例如，航空租赁市场的培育，为当地航空企业提供了一种有效融资模式，为航空公司的发展壮大破解了融资瓶颈；离岸金融中心的形成则为当地国际贸易以及国际资本流动提供了一种便利服务；航空物流金融的繁荣，不仅有助于物流业的可持续发展，为物流企业创设了一种新的盈利模式，更是为中小企业提供了一种重要的融资方式。

三、当前郑州区域金融中心建设存在的主要问题

从当前郑州经济金融基础、区域优势以及航空港上升为国家战略的重要宏观背景看，大力推进郑州区域金融中心建设的时机已经到来，但当前郑州区域金融中心仍旧存在诸多问题亟待解决。对这些现存问题的深刻剖析，是构建有针对性的且富有成效的对策体系的前提与基础。

（一）金融发展的整体水平有待提高

近年来,河南省金融业虽然取得较快发展,但与北上广等发达地区相比仍有不小差距。如 2012 年北京、上海两地区的金融业增加值分别为 2 593 亿元、2 450 亿元,占地区 GDP 的比例分别为 14.56%、12.19%,而 2012 年河南省金融业增加值仅有 1 038 亿元,占 GDP 的 3.48%。再者,从河南省金融资源的利用率来看,存在部分金融资源外流情况。以存贷比为例,2012 年河南省存贷比为 64%,低于全国 69% 的平均水平,这也一定程度说明当前河南整体金融发展水平有待提升。

表 2   2012 年河南省及全国存贷比的比较   单位:万亿元,%

区域	各项存款余额	各项贷款余额	存贷比
全国	91.60	62.80	69
河南	3.20	2.03	64

资料来源:Wind 资讯。

（二）区域金融的差异化优势有待显现

2007 年 11 月,河南省政府颁布了《郑州区域性金融中心建设规划纲要》,明确提出要把郑州建设成为"全国有重要影响力的区域性金融中心"。规划为郑州区域金融中心的发展指明了一个基本方向,且自规划实施以来区域金融建设正逐步取得成效。不过,考虑到中部其他多个省份均已明确提出要打造区域金融中心,郑州市的发展规划较之其他省份并无明显差异,定位有所趋同,这使得不同区域金融中心之间的竞争异常激烈,金融资源的集聚效应不高。鉴于此,充分集中区域内的优势资源,对区域金融中心进行合理定位,走差异化竞争道路,对于改变当前的竞争格局尤为重要。

（三）本地金融机构数量偏少,综合实力有待提升

2012 年在郑州市注册的金融机构为:银行 1 家、证券公司 1 家、信托公司 2 家、期货公司 4 家;其他金融机构的省级分支机构 80 多家,其中银行 21 家、保险 56 家、资产管理公司 4 家①。这一金融机构数量不仅不能与河南省庞大的经济体量相匹配,且较中部其他省市也不具有优势。以湖北省武汉市为例,2012 年在武汉市注册的金融机构 12 家②,其中银行 3 家,证券公司 2 家,信托公司 2 家,保险公司 2 家,租赁公司 1 家,期货公司 2 家。③另从本地金融机构的资产规模来看,郑州市除信托业以 48.6 亿元的总资产领先武汉、长沙之外,证券、

---

① 资料来源:2012 年度河南省银行业运行情况。

② 资料来源:荆楚网。

③ 不同城市金融机构的统计口径略有差异,但对分析结论影响不大。

保险和银行的资产规模与武汉、长沙均有一定差距。

表3　　　　　**中部三市2012年本地金融机构资产规模比较**　　　　单位：亿元

机构类别	城市	机构名称	数据类别	营业收入	营业利润	资产总计
证券	郑州	中原证券	母公司	9.5	2.4	107.8
	武汉	长江证券	合并	22.9	7.8	312.7
		天风证券	母公司	2.9	0.3	80.0
		合计		25.8	8.1	392.7
	长沙	方正证券	合并	23.3	6.2	279.8
		湘财证券	合并	8.9	2.2	105.5
		财富证券	母公司	4.3	0.6	97.3
		合计		36.5	9.1	482.7
银行	郑州	郑州银行	合并	33.0	18.8	1 037.3
	武汉	湖北银行	合并	30.2	13.1	1 022.8
		武汉农村商业银行	母公司	42.3	21.8	1 120.4
		汉口银行	合并	43.5	24.0	1 623.8
		合计		116.0	58.9	3 767.0
	长沙	长沙银行	合并	42.1	22.8	1 626.0
		华融湘江银行	母公司	29.3	14.2	1 325.1
		合计		71.4	37.0	2 951.0
信托	城市	公司名称	—	营业收入	净利润	总资产
	郑州	百瑞信托	—	8.1	4.7	27.4
		中原信托	—	6.0	3.2	21.2
		合计		14.1	7.9	48.6
	武汉	方正东亚	—	7.5	4.0	19.2
		交银国际	—	7.1	3.4	28.3
		合计		14.7	7.3	47.5
	长沙	湖南省信托	—	6.4	3.4	16.5
保险	城市	公司名称	—	12年保费	11年保费	—
	郑州	—		—		—
	武汉	长江财产	—	1.11	0.0	—
		合众人寿	—	80.85	99.8	—
		合计		82.0	99.8	—
	长沙	吉祥人寿	—	0.26	0	—

资料来源：Wind资讯。

（四）外部金融机构的引进力度有待加强

虽然河南省各级政府近年来出台了一些优惠政策，吸引省外或者境外金融机构来河南设立总部或者分支机构，但距郑州金融产业高度聚集、金融资源高度集中的目标相比仍有较大差距。此外，相关的政策法规与其他城市相比并未有明显优势。深圳综合开发研究院的一项研究表明，各区域金融中心的金融促进政策较为雷同，缺乏特色，同质化竞争严重，降低了政策促进的力度和意义。

表4　　　　　　　　部分城市引进金融机构的相关奖励政策[①]

注册资本	北京	深圳	重庆	西安	南京	杭州	武汉（%）	郑州（外资）
10 亿元以上	1 000	2 000	1 000	1 000	1 000	1 000	1	1 000
5 亿~10 亿元	800	1 000	800	500	800	800	1	700
2 亿~5 亿元	500	800	600	200	500	500	1	400
1 亿~2 亿元	500	500	500	200	500	500	1	400
1 亿元以下	—	500	500	—	—	—	—	—

注：①除武汉为注册资金的1%外，其余城市货币单位均为万元；其中郑州市仅对外资金融机构实施该办法。

资料来源：各政府网站。

（五）金融人才的引进步伐有待加快

金融人才是区域金融中心的制胜法宝，但郑州在教育资源和高端人才培养方面较之其他省市相对匮乏。例如，以"211工程"高校数量来看，武汉7所、长沙3所，而郑州仅有1所，这使郑州在人才培养和吸引方面处于天然劣势。

此种状况下，郑州必须要加大人才引进力度，增强对高端人才的吸引力，才能弥补先天劣势。2011年《河南省金融人才发展中长期规划（2011—2020年)》提出金融从业人员2015年达到32万人，2020年达到40万人，为实现这一目标，河南省及郑州市需进一步强化金融人才的培养和引进力度。

表5　　　　　　　　中部省会城市部分人力资源指标　　　　　　单位：个，人

人力资源情况	长沙	合肥	南昌	武汉	郑州
"211工程"高校数	3	3	1	7	1
普通高等学校在校学生数	504 111	352 091	484 890	846 315	770 583
普通高等学校数	45	43	41	56	42

资料来源：2011年CDI中国金融中心指数报告。

（六）金融生态环境有待改善

一个地区的金融生态环境，是区域外金融机构、金融人才能否引进的重要

影响因素，同时也是区域内金融机构发展和人才成长的关键。据中国金融中心指数报告，2011 年可比较的 29 个省会城市或直辖市中，郑州市金融生态环境排第 23 名，低于武汉的第 10 名和长沙第 21 名。可见，当前郑州的金融生态环境较之中部其他省份并无优势，有待进一步改善。

四、郑州区域金融中心建设的基本思路

考虑到当前郑州面临周边省会城市的激烈竞争，处于相对劣势。课题组认为，郑州区域金融中心建设，应充分借鉴国内外政府强力推动金融中心发展的成功经验，积极选择政府主导型推进模式，大力加强对区域金融发展的政策扶持，并通过比较优势的发挥以及金融创新的持续推进，构建特色化区域金融中心。

（一）加强政府的引导与扶持力度，充分发挥后发优势

对于区域金融中心建设，后发地区的优势是可以充分借鉴其他地区的成熟经验，通过一系列扶持政策与优惠措施实施赶超战略。政府作为制度红利的供给者，其连续性的、富有成效的产业引导与扶持政策，可以有效减缓原有路径依赖，弥补先天之不足。郑州区域金融中心建设，当前条件下较适宜政府主导的推进模式，这也就相应要求政府要充分发挥对区域金融建设的引导功能，规划为先，同时加强对重点金融机构及关键领域的扶持力度。

（二）将大力支撑实体经济作为打造区域金融中心的核心目标

当前打造郑州区域金融中心，应抓住中原经济区及郑州航空港上升为国家战略的历史契机，充分发挥虚拟经济对实体经济的支撑作用。要特别重视区域金融中心融资功效的发挥，不断创设新型融资工具与融资模式，以解决实体经济建设中的资金瓶颈。此外，考虑到中原经济区致力于打造全国"三化"协调发展的重要示范区，以及农业经济在河南省内的特殊地位，郑州区域金融中心建设还必须构建完善的农村金融体系，以更好支持"三农"经济发展，促进农业现代化。

（三）完善基础金融与配套体系，为区域金融纵深发展奠定基础

基础金融体系是区域金融发展的基础，尤其是作为高端金融服务业态的航空金融，运作过程极为复杂，其功效的发挥更有赖于基础金融与配套体系的完善。此外，优越的金融生态环境、高素质的金融人才队伍等相关配套体系建设，不仅有助于高端金融服务业的开展，更有利于吸引国内外优秀金融机构的入驻，快速形成区域金融的产业集聚。

（四）加强资本市场建设，提升区域金融中心的层次与质量

加快多层次资本市场建设是构建现代金融体系的基本方向。通过资本市场的大力发展，社会融资中的直接融资比例会显著提升，有助于降低整个区域的

债务风险，增加区域金融的风险抵抗能力。与此同时，通过多层次资本市场的完善，市场参与者的多样化需求得以满足，区域金融市场的活跃度得以提高，有助于吸纳资金、人才等各类资源，提升区域金融的集聚能力。

（五）以航空金融为突破口，充分发挥比较优势

在中部六省的省会城市角逐区域金融中心的过程中，当前郑州尚处于相对劣势。若纯粹效仿其他区域的金融发展模式，同质化竞争所导致的激烈程度不言而喻，无疑是陷入一片红海。从战略层面看，选择具有相对比较优势的领域进行重点开发，以点带面，则是开拓了一片蓝海，更有利于提升区域内金融资源的集聚效应。郑州航空港是唯一上升为国家战略的综合实验区，以此为依托，大力发展航空港经济衍生的各类航空金融服务，是打造郑州区域金融中心建设的重要砝码与独特优势。

五、加快郑州区域金融中心建设的具体对策

根据上述郑州区域金融中心建设的基本思路，关键举措有三个：一是要适时完善区域金融的基础体系与配套环境，二是要加快区域内多层次资本市场建设，三是要依托于航空港大力发展航空金融，形成比较优势。

（一）完善区域金融的基础体系与配套环境

1. 加快发展地方金融机构，促进正规金融体系发展

这一方面要求大力培育地方龙头金融机构，要在郑州区域金融中心的战略规划基础上，充分整合中原城市群现有资源，形成以"银行、信托、证券、保险、期货"五大正规金融为基础的市场体系，搭建区域金融中心的基本框架。另一方面要积极引进外部金融机构，促进金融集聚效应的发挥，这样既能实现与本地金融机构功能上互补，又能扩大地区的金融业规模，实现规模经济，促使金融集聚效应的更大发挥。

2. 引导规范非正规金融体系发展

促进非正规金融的发展，关键在于确立其在当前经济体系中的合法地位，从制度上为非正规金融发展提供保障。2012 年上半年出台了《温州国家金融综合改革试验区总体方案》，拉开了金融体制改革序幕。建议河南省政府借鉴温州金融改革经验，尽快出台当地金融改革的总体方案，统筹规划，对非正规金融予以引导，从制度上保证民间金融的有序发展。

3. 构建农村金融体系，积极探索支农建设新模式

中原经济区定位于打造全国"三化"协调发展的示范区，"三农"建设被提升至新的战略高度。党的十八届三中全会提出要"鼓励土地流转，发展规模化经营"。这要求河南省农村金融体系的构建，要充分发挥对土地流转的支持作

用。可考虑探索以土地抵押为核心的信贷支持模式，为土地流转提供强力资金支持；尝试土地要素的资本化，引入土地信托、土地资产证券化等创新模式，拓宽融资渠道；以十八届三中全会提出的发展普惠金融的思想为指导，探索村镇银行为代表的小额信贷支农新模式。

4. 完善区域金融的配套环境

金融业的生存与发展，离不开其所处的外部环境优化，包括法律法规、司法执法体系、社会信用体系、诚信环境以及各类中介服务体系等。与此同时，金融业是典型的人才集聚型行业，高端人才的培育与引进，也是配套环境建设的重要内容，一方面要考虑以优惠的政策吸引高级人才入驻，如采用股权激励、给予高端人才一定行政级别等①；另一方面要充分依托郑州商品交易所、中原证券等区域大型金融机构，加强博士后流动站管理与建设，培育本土化高端金融管理人才；同时充分利用郑州大学、河南财经政法大学、郑州航空工业管理学院等区域内高等学府资源，给予相应财政倾斜，定向培养航空金融方面的复合式金融人士。

（二）加快资本市场建设，提升区域金融的层次与质量

健全的资本市场有助于拓宽区域金融中心的功能。以资本市场为核心的现代金融体系，不仅是一种媒介资金的供求关系机制，更是一种风险分散机制，具有资源配置尤其是存量资源调整、分散风险和财富成长与分享三大功能②。资本市场的发展，还有助于对资金、人才、信息等稀缺资源的争夺，从而在区域金融中心的竞争之中脱颖而出。

当前河南省较低的资本市场发展水平，一方面意味着河南区域金融发展的相对劣势，另一方面也意味着河南省资本市场的发展空间巨大。尤其是随着中原经济区以及郑州航空港建设上升为国家战略，实体经济的巨大需求进一步打开了资本市场的发展空间。

1. 大力发展股票市场，提升直接融资比例

2013 年底，新股发行改革意见出台，IPO 再度启动。河南省应抓住这一契机，尽快着手扩大上市后备企业的范围，加强对企业上市全过程的指导和服务，争取在一个较短的时间内使河南上市公司数量有一个较大幅度的提高，提高河南省证券化率。除扩大上市公司数量之外，还要充分利用股票市场增发融资这一便捷融资渠道。近年来中国证券市场每年增发融资的资金占当年实际募集资金的比例平均达到 40% 左右，2005 年增发融资额占比甚至一度达到 82.20%。

---

① 周小全. 中原经济区建设要发挥金融业核心作用 [N]. 河南日报，2010 - 10 - 13.
② 吴晓求. 中国资本市场六大作用与五大发展背景 [N]. 中国证券报，2011 - 02 - 22.

可见,增发是上市公司的一种重要融资方式,而本土上市企业在过去相当长时间忽略了增发融资这一重要方式。鉴于此,建议政府积极引导、培育上市公司的再融资意识,充分利用好增发融资这一宝贵资源。

2. 适时推动河南省区域股权交易市场与区域柜台市场建设

区域性股权交易市场是多层次资本市场的重要组成部分,在拓宽中小企业直接融资途径、丰富金融资本投资渠道、培育上市公司后备资源、支持高新企业发展等方面具有极其重要的意义和作用。2012 年 9 月,中国证券业协会发布了《关于规范证券公司参与区域性股权交易市场管理办法的指导意见》,明确券商参与区域性市场的具体方式。在此背景下,河南省区域股权交易市场建设过程中积极引入本土唯一券商——中原证券参与其中,充分利用其在河南省内的优势资源与专业的资本整合能力,不仅有助于股权交易市场的有效运作,更有助于各类新型金融工具与创新业务的孵化。

柜台市场是我国多层次资本市场的底层设计,一般以券商为主导,是根据客户个性化需求创设私募产品并进行交易的平台。2012 年 12 月 21 日,中国证券业协会发布《证券公司柜台交易业务规范》,标志着证券公司柜台交易业务试点正式启动。目前,本土券商中原证券已初步完成柜台市场的业务准备,后期应密切关注管理层动向,紧跟监管部门工作安排,积极申请资格,早日完成柜台市场的组建。

3. 大力扶持省内私募股权投资基金发展

私募股权投资基金是一种有别于传统银行信贷以及证券融资的创新融资方式,有助于实现金融资本和产业资本的有效融合,推动科技成果转化,促进产业升级。成熟市场的发展经验表明,当地政府的大力支持和积极引导,为本地私募股权基金的发展营造一个良好的外部支持环境,是私募股权基金高速成长的重要因素。为此,在建设中原经济区、发展创新型经济的背景下,河南省各级政府应积极借鉴其他地区发展私募股权投资基金的经验,从创业投资环境建设、税收优惠等方面出台扶持政策,鼓励社会资本积极参与,多方位拓宽私募投资基金的资金来源。在政府推动中,尤其要重视设立地方政府引导投资基金,并聘请专业基金管理机构进行管理,引导更多的社会资金投入,实现政府资金的杠杆效应。

4. 依托于郑州商品期货交易所的区位优势,完善金融衍生品市场建设

证监会曾明确将"期货与金融衍生品市场的发展"列为资本市场建设的重大战略性课题之一[①]。可见,加强金融衍生品市场建设,发挥其特有的价格发现

---

① 祁斌. 我们需要一个什么样的资本市场. 新华网,2013 – 07 – 23.

与套期保值功效，是完善多层次资本市场的重要内容。尤其是郑州区域金融中心拥有三大商品期货交易所之一的郑州商品交易所，这更加凸显了加强区域内金融衍生品市场建设的重要性，同时这也是郑州较之其他区域金融中心的一项独特优势。对期货交易所市场的监管放松，赋予其在上市品种方面更大自主权，这是中国期货业市场化改革的重要方向。郑州商品交易所除继续稳步拓展现有农产品及能源化工类商品期货品种之外，还应审时度势，提前准备，争取尽快上市其他种类的期货、期权交易品种，抢占金融衍生品制高点，逐步形成在国内乃至全球具有重要影响的期货价格中心和信息中心。

（三）发挥比较优势，开展航空金融业务

当前郑州区域金融中心建设，要充分利用航空港上升为国家战略的历史契机，一方面以融资功效的发挥为先导，构建多样化融资体系，创新融资方式，大力支撑航空港建设；另一方面则要依托于航空港建设，将发展航空金融业务作为打造区域金融中心差异化优势的重要突破口。

1. 以融资功效的发挥为先导，大力支撑航空港建设

航空港经济是典型的资本密集型发展模式，资金筹集是核心环节。从国内外航空港及工业园区的建设经验看，郑州航空港建设在融资层面要构建起多样化、立体式的融资体系，充分发挥货币与资本市场两种融资渠道，综合运用财政支持、银行信贷、股票融资、债券发行、BOT 项目融资等多种融资方式，并不断尝试创设新型融资工具与融资方式，尤其是大力开展资产证券化业务，全方位满足航空港建设大规模资金筹集的需要。

2. 开展航空金融业务，构建高端金融业态

郑州航空港上升为国家战略，使郑州区域金融中心依托于航空港建设，大力打造航空金融产业链，走差异化竞争道路成为可能。

（1）依托航空港，积极拓展航空租赁业务

近年来为打破航空租赁业务的外资垄断，国内众多航空港开始努力探索可行业务开展模式，其中天津东疆保税区探索的 SPV 租赁模式发展良好，值得借鉴。借鉴东疆模式，郑州航空租赁业的发展可考虑：第一，实施优惠的航空租赁税收与折旧优惠政策，如营业税优惠、所得税减免，采用加速折旧等；第二，加大产业政策的扶持力度，鼓励成立航空租赁公司，并给予相关的扶持与优惠政策，大力鼓励租赁公司通过增资扩股、兼并重组等手段扩大经营规模，打造租赁业的航母；第三，完善配套支持体系，积极发展税务、保险、资产评估等航空租赁的专业服务机构，通过专业化的分工，降低租赁业务的风险与成本。

（2）大力发展离岸金融业务，打造离岸金融中心

郑州是国内唯一把综合保税区建设在航空港内的城市，这为依托航空港区开展离岸金融业务提供了极大便利。借鉴海外成熟经验，郑州离岸金融市场的构建，可采取内外分离为基础并适度渗漏的离岸金融市场模式。第一，在航空港区内开辟一块专门区域开展离岸金融业务，并通过税收优惠、政策扶持等措施，积极鼓励外资金融机构在此设立离岸金融机构；第二，在保证在岸市场和离岸市场互不干扰、充分防范金融风险的前提下，建立离岸存款向国内企业提供外汇贷款的转换机制，从而达到为境内企业提供新的融资渠道，拉动当地经济发展的目的；第三，随着离岸金融市场规模的逐步扩大，可考虑扩大离岸金融市场的业务品种，如发行外币股票、债券、从事各种外汇交易活动等；第四，完善离岸金融中心的配套建设，建立离岸金融中心支持平台，不断发展与完善相关配套设施，为离岸金融中心的发展提供强有力的保障。

（3）开展以供应链融资为核心的航空物流金融服务

航空港物流的快速发展，必然衍生出以供应链融资为核心的物流金融，这是航空金融的重要组成部分。为鼓励航空物流金融的发展，建议对策如下：第一，鼓励金融企业开展各种针对于航空港区内的供应链融资业务，如出口应收账款融资业务、出口发票融资业务等，鼓励金融创新；第二，建立完整的信用评价体系，降低资金风险，信用评价不仅要考察中小企业自身的风险因素，还应对企业所处行业的成长性、宏观因素影响、供应链整体运营情况等进行综合评价，从而更加全面、系统地把握供应链的整体信用状况；第三，搭建供应链融资平台，使银行、融资公司等金融机构与供应链核心企业实现有效对接，并在此基础上为供应链提供一体化金融服务，提升融资效率。

六、结束语

总之，在中原经济区与郑州航空港建设相继上升为国家战略的宏观背景下，打造郑州区域金融中心迎来重要发展机遇期。郑州应充分把握这一历史契机，实施政府推动为主导的"赶超战略"，依托中原经济区与郑州航空港的整体规划，加快郑州区域金融中心建设，将郑州打造为中西部地区重要的投融资中心，极大提升中原经济区的核心竞争力！

参考文献

[1] 曹源芳. 中国区域金融中心体系研究［M］. 北京：中国金融出版社，2010.

[2] 冯邦彦，彭薇. 香港与伦敦、纽约国际金融中心比较研究［J］. 亚太经济，2012（3）.

［3］高材林．离岸金融市场及其在中国的发展［J］．中国货币市场，2008（3）．

［4］河南省人民政府．郑州区域性金融中心建设规划纲要，2007.

［5］河南省人民政府．郑州航空港经济综合实验区发展规划（2013—2025年）．

［6］黄若尔．香港和新加坡国际金融中心的比较研究［D］．浙江大学硕士论文，2005.

［7］霍华德·戴维斯．英国的统一监管及对其他国家的借鉴意义［J］．世界银行，2003.

［8］鲁国强．离岸金融市场对世界经济的影响分析——兼论我国发展离岸金融市场的战略意义［J］．金融教学与研究，2007（6）．

［9］秦海芳．郑州国际物流中心发展物流金融研究［D］．河南工业大学硕士学位论文，2011.

［10］祁斌．未来十年：中国经济的转型与突破［M］．北京：中信出版社，2013.

［11］青岛市发改委．北京、上海、深圳三市扶持金融业发展的优惠政策，2006.

［12］谭延伟．济南建设区域性金融中心研究［M］．济南：济南出版社，2012.

［13］唐洋，王静．UPS 成功物流金融模式的探讨［J］．大众商务，2010（4）．

［14］仝新顺．多元化、综合性发展模式：郑州航空港经济实验区的必然选择［N］．经济视点报，2013（519）．

［15］王传辉．国际金融中心产生模式的比较研究及对我国的启示［J］．世界经济研究，2000（6）．

［16］王欢．供应链金融主要融资模式探析［J］．商场现代化，2010（31）．

［17］王力．中国区域金融中心研究［M］．北京：中国金融出版社，2008.

［18］王苏生，谭建生．深圳建设金融中心研究［M］．北京：人民出版社，2010.

［19］王篆．天津滨海新区离岸金融市场模式的国际比较与借鉴［N］．天津行政学院学报，2009：11（2）．

［20］谢太峰，高伟凯．北京金融中心建设研究［M］．北京：知识产权出版社，2011.

［21］徐劲松．飞机租赁：国际模式及对我国的借鉴意义［D］．复旦大学

硕士学位论文，2007.

　　[22] 徐志钢，钱钢. 香港金融制度与经济 [M]. 上海：上海三联书店，
2000.

　　[23] 闫云凤，杨来科. 国际金融中心建设中的财税政策：纽约的启示
[J]. 上海金融，2009 (2).

　　[24] 余秀荣. 国际金融中心历史变迁与功能演进研究 [D]. 辽宁大学博
士学位论文，2009.

　　[25] 周天芸. 香港国际金融中心研究 [M]. 北京：北京大学出版社，
2008.

　　[26] 周小全. 城乡统筹中的农地金融问题研究——以河南省新乡市为例
[M]. 北京：经济科学出版社，2012.

　　[27] 朱斐然. 航空港临近区域发展分析与借鉴——临空产业是临空经济的
内核 [N]. 中州大学学报，2012 (1).

打造河南经济升级版的金融支持研究

——基于产业升级视角

中国人民银行南阳市中心支行课题组①

摘要： 当前，河南经济发展已经跨上了新的战略起点，进入了全面提升产业层次、加快经济转型、促进统筹协调发展的新阶段，但河南省长期形成的产业结构粗放、质量效益低下的状况未从根本上得到改变。在经济发展的关键时期，如何有效运用金融聚集、融资、分配等功能，充分发挥金融引领现代经济和社会发展的"发动机"作用，优化产业结构、提高产业高度、提升产业效益，打造"经济升级版"，无疑是河南面临的亟待解决的课题。本文基于产业升级的视角，对打造河南经济升级版的金融支持问题进行了深入研究。该课题从产业结构合理性、产业结构高度、产业结构效益三个方面，对河南产业结构演变历程和特征进行了阐述、剖析，从总量和结构两个层面对金融支持产业结构升级进行了数理分析与规范性评价；同时，运用灰色关联分析法、最小二乘法等计量分析方法，对河南金融对产业发展、产业优化升级的支持作用进行了分析评价，并进一步研究了金融对具体产业发展的支持力度，得到了一些独到新颖的结论；在经验和实证分析的基础上，结合河南经济、金融、产业发展实际，有针对性地提出推动产业升级的金融发展政策建议。

关键词： 产业升级　金融支持　研究

在 2013 年 3 月 17 日的中外记者见面会上，李克强总理首次提出"打造中国经济升级版"。经济升级版的概念一经面世，立刻在国内外引起强烈反响，这是中国新一届政府提出的战略目标。打造中国经济升级版，是中国经济高速增长 30 多年后"百尺竿头，更进一步"的必然选择，也是实现"中国梦"的重要路径。自改革开放后，经济走到今天，增长中潜伏着风险，成就中积累着矛盾，

---

① 课题主持人：赵德旺；
　课题组成员：李相才、祁敬之、武鑫海、张晓东、王聚伟、王玉良、李明运、朱东升。

不转型升级则举步维艰。打造经济升级版，就是要改变粗放的经济发展方式，调整不合理的经济结构，让经济的质量和效益、就业和收入、环境保护和资源节约等方面有新的大幅度提升。由"中国经济升级版"延伸到"李克强经济学"同样得到各界的全面解读，巴克莱银行称：李克强经济学政策的三大支柱为经济减速、财政货币去杠杆化、改善经济增长质量。并认为，"李克强经济学"恰恰是中国经济实现可持续发展的正确道路选择。经济减速以及改善增长质量必然涉及产业结构的优化升级问题，无论是总量上的降速还是结构上的增长质量，其作用过程要靠一个个产业的变动发展来实现，这就需要金融发挥资金导向、资本形成的作用，与实体经济相适配和谐，并在经济升级转型过程中发挥重要作用。

当前，我国经济运行总体平稳，但结构性矛盾依然突出。要实现经济持续健康发展，提高经济发展质量和效益，必须着力解决经济产业结构战略性调整问题，推动产业结构转型升级。现阶段金融运行总体稳健，但资金分布不合理现象仍然存在，部分领域融资难、融资贵的问题尚未解决，盘活存量，优化增量仍需努力。与服务实体经济发展，推动产业结构调整和转型升级的要求相比，还需要不断深化金融改革，不断提高金融服务水平。近期，国务院制定出台了《国务院办公厅关于金融支持经济结构调整和转型升级的指导意见》，就是为了更好地发挥金融对经济结构调整和转型升级的支持作用，推动解决制约经济持续健康发展的结构性问题，真正提高金融服务实体经济的质量和水平，促进经济与金融、实体经济与虚拟经济的和谐、健康发展。

第一章　河南省金融支持产业结构优化升级研究

一、总量分析

产业发展主要有三种途径：一是技术进步；二是结构调整；三是要素积累。河南省产业结构调整处于工业化中期阶段，这一时期资本要素成为经济发展和结构调整的核心要素，金融部门动员和配置资金的能力和水平在很大程度上影响到产业结构调整的进程。

1. 间接融资

（1）信贷资金为产业发展提供了有力支撑。银行存贷款状况是衡量一个国家和地区资本形成机制的重要方面，同时也是衡量金融支持产业发展的基础强弱的首要因素。截至 2011 年末，河南省金融机构人民币存款余额 26 646.15 亿元，贷款余额 17 506.24 亿元，分别较 1978 年底增长 581.97 倍和 175.07 倍，银行存贷款大幅攀升，间接融资规模稳步扩大。1978—2011 年，贷款年均增长

16.41%，较同期国民收入高 0.17 个百分点。以上数据说明银行系统通过动员社会储蓄、发放信贷，有力地支持了河南省国民经济的高速发展。

（2）银行信贷取代财政拨款成为产业资金的主要来源。产业结构从价值形态上看，表现为资金的结构，资金的存量结构反映目前的产业结构；资金的增量结构决定将来的产业结构。这里的资金，既包括固定资产投资，也包括流动资金的投入。这两种资金共同支撑着产业的运转，这两种资金的存量结构和增量结构，在很大程度上决定着产业的现状及其发展的方向。

在河南省目前的经济运行中，生产和流通的资金供给结构发生了巨大的变化。从固定资产投资来源看，1980 年以前没有商业银行的信贷资金，全是财政资金和企业的自筹资金，到 2011 年末，固定资产投资中银行的贷款余额已经达到 2 093.3 亿元，占当年投资的 11.78%，且和国家预算（财政拨款）相比，二者之间的差距越来越明显。国内贷款与国家预算资金之比总体呈增大趋势，2011 年达到最高点，固定资产投资中国内贷款资金是国家预算资金的 5.92 倍。

（3）银行信贷在产业融资体系中将长期占据主导地位。由于以证券市场为主的直接融资要求具备发达健全的信用体系和完善的市场机制，这些条件在经济发展初期通常是不具备的，而以证券市场为代表的直接金融发展时间较短，规模不大，因此以银行为主的间接融资体系在我国产业融资体系中必将长期占据主要的位置。

从资金的规模看，从 1995 年到 2012 年，每年新增股票融资额与银行贷款相比，股市募集资金额占当前贷款新增额最高占 17.31%，最低的仅占 0.47%，表明在一个较长时期内，河南省产业结构升级调整的资金支持方式更多地依靠商业银行的贷款行为来完成。

2. 直接融资

（1）直接融资占比偏低。截至 2011 年底，河南省共有上市公司 63 家，上市公司数量占全国境内上市公司总数的 3.05%，2011 年末河南省证券市场筹集资金总额达 269.6 亿元。2011 年，河南省间接融资共筹资 17 506 亿元，占全部融资金额的 96.83%，高于全国平均水平 6.7 个百分点，直接融资 572.8 亿元，占比仅为 3.17%。

（2）股票市场不能满足产业结构升级调整的资金需要。从资金的集中程度看，河南上市公司的规模呈逐渐递增的趋势。1993 年的上市公司平均募集资金 1.91 亿元，2012 年达到 14.8 亿元，增幅高达 6.75 倍，一直呈扩大趋势。说明河南省股票市场的资金集中程度逐步提高，加大了对核心企业的支持力度，通过培育和发展核心企业来推动产业的发展。从社会集资的角度来分析，河南省上市公司可流通股基数小，股票市场对上市公司的资金支持有限，同时可通过股票市场筹资的企业数量少，因此，国内的股票市场对省内企业融资的支持作用是非常有限的，未能真正发挥其对产业结构调整的资金形成功能。

二、结构分析

1. 金融支持产业结构合理化分析

（1）三次产业固定资产投资比重失调。新中国成立以来，第一产业固定资产投资比重不超过8%，且总体呈下降趋势，其占比由2000年的7.18%下降到2011年的4.06%，第一产业的固定资产投入比重一直处于偏低地位。由于河南省人口众多，人均耕地面积相对不足，对第一产业投资的长期偏低势必不利于第一产业的发展，从而将影响到产业结构的合理化发展。

到了20世纪90年代以后，随着改革的深入和经济的迅速发展，经济增长也开始进入结构调整时期，第三产业的各行业在经济增长中发挥着越来越重要的作用，所以商业银行的信贷资金开始积极向第三产业内部注入，从1995年开始，对第三产业的固定资产年均投资比例达57.26%，超过了之前一直处于绝对优势的第二产业，至2006年底，第三产业的固定资产投资占总投资的比重达到了54.43%。随着第三产业投资的加快，产业结构的升级调整开始朝高级化和合理化发展。

（2）对轻、重工业的投资比例相对合理。工业化进程中，随着人均国民收入水平的提高和工业投资的增加，第二产业（尤其是工业）成为拉动经济增长的主导力量，反映到工业内部的产业结构演变上，则表现为由轻工业为主导向以重工业为主导转变。2000年至今，随着工业投资额和增加值的大幅攀升，工业结构正得以不断调整。轻重工业增加值结构由2000年的1∶2.15演变为2011年的1∶2.27，产业结构"重化"倾向加剧。这一过程中，轻重工业投资结构由2000年的1∶3.81演变为2011年的1∶2.09，重工业投资比重远大于轻工业。

与发达国家工业化中期情况比较，河南省轻工业与重工业投资比例略微偏小，但基本合理。投资结构的相应调整，使河南省机器设备和各种制造机械重工业快速增长，形成了以煤炭、农副食品加工、钢铁、有色冶炼等为支柱产业的，门类比较齐全的，综合配套能力比较强的工业体系，有力地支持了河南省产业结构的优化调整。

（3）上市公司的产业结构分布与河南省产业结构现状存在矛盾。截至2011年底，在河南省的66家上市公司中，属于第一产业的共2家，占总数的3.03%；属于第二产业的62家，占总数的93.94%；属于第三产业的2家，占总数的3.03%。三大产业的上市公司家数比例结构与2012年三大产业增加值的比重12.65∶57.10∶30.25相比，第一产业上市公司中所占比重过小，这与河南省第一产业的生产经营模式有关，农业生产主要实行分散的农户经营模式，难以形成规模，难以达到上市所需条件；但另一方面如果仅靠落后的生产方式来发展农业，势必会影响到河南省乃至全国经济发展基础，也不利于第二、第三产业的顺利发展，因此需要通过证券市场来发展一批农业的核心大企业，通过融资促进其进行先进生产方式的探索与推广，从而促进整个农业生产率的提高，以实现产业结构的合理化调整。从上市公司的数量上来看，股票市场过分偏重于第二产业，2012 年末，第二产业的增加值仅占国内生产总值的 57.10%，而在上市公司的数量中，第二产业所占比重达到 93.94%；第三产业增加值占国民生产总值的 30.25%，而股票市场中的第三产业上市公司仅占总数的 3.03%。所以，从河南省上市公司数量可看出，上市公司的产业分布与各产业在国民经济中的地位并不完全一致。

（4）资本市场对第二产业的支持与其内部结构存在着不一致。从第二产业上市公司内部结构看，制造业上市公司占第二产业上市公司的绝对比重，达到 87.66%。其中上市最多的行业包括机械、设备、仪表（16 家），金属、非金属（12 家），石油、化学、橡胶、塑料（6 家），煤炭、电力（6 家），前四位行业上市公司数占上市公司总数的 64.52%，说明河南省股票市场与制造业结构基本上是适应的，能够反映出制造业以重工业为主、轻工业为辅的局面。

2. 金融支持产业组织结构优化分析

按照产业结构演进规律，产业组织结构演进的一般趋势是大企业、大集团以及与之具有密切的分工协作关系的大量中小企业共同发展。在此过程中，金融是否有效支持企业集团化以及中小企业多样化发展，将成为一个地区产业组织结构是否优化的关键。

（1）企业集团化发展的金融支持薄弱。河南省经济总量列全国第五位，但是产业集中度较低，缺少大的有支撑力、带动力的企业集团，要实现中原崛起的目标，必须培育出一大批大型企业集团、具有支撑力和带动力的企业集团，这需要通过企业的重组和兼并来实现。河南省按照《国资委关于加快省管企业战略重组的指导意见的通知》的目标，掀起了河南省管企业重组运动，经过整合重组，河南省煤炭、电解铝、造纸等行业集中度得到了提高。企业集团化发展主要通过自身积累、银行信贷以及资本市场并购重组等途径来实现，而目前银行信贷是河南省企业集团化发展的主要资金来源，国外广为运用的通过资本市场直接融资开展并购重组的存量调整较为缺乏。但河南省企业之间的并购重组，主要是由政府主导下完成，且大多通过资产置换、协议转让、无偿划拨等计划方式进行，筹融资主体大多是政府，企业自主利用资本市场开展并购重组、实施集团化发展的案例非常有限。

（2）中小企业特别是小微企业融资难问题依然突出。随着国有商业银行的股份制改革以及股份制银行、地方性银行、新型金融机构的快速发展，银行业市场竞争行为日趋理性和规范，各行不约而同地调整了信贷策略，其共同特征是确保核心客户，放弃部分边缘客户，在争揽大型优质客户上的"羊群效应"比较明显，从而强化了信贷集中的趋势。大量的信贷资金追逐很少的企业，致使部分大客户的资金"过度宽裕"，出现了滥用贷款、盲目投资的问题，社会资金的配置效率明显下降，银行的风险则相应增加。在大企业资金过剩的同时，大量的中小企业由于规模小、资金实力有限，市场竞争力弱，不同程度地面临贷款困难。对河南省5 000家中小企业的调查显示，2012年1—7月，接受调查的企业中有4 352家中小企业向银行机构申请贷款，但企业满足率只有34.97%；企业共申请贷款1 473.7亿元，贷款满足率只有28.23%。

三、金融支持产业结构优化的效率分析

1. 储蓄动员率相对较低

储蓄可以定义为当期收入减去当期消费后的剩余，它代表着尚未加以利用的实物要素。通过金融机构将储蓄转化为投资，投入到再生产过程中，可以刺激供给和需求，以促进经济增长。储蓄率是当年金融机构的储蓄金额占国民收入的比重，能够显示金融机构吸纳资金和将资金转化为投资的能力。按照哈罗德—多马模式，一个国家或地区的经济增长与其储蓄率相关，储蓄率越高，经济增长越快；储蓄率越低，经济增长越慢。从1978—2008年河南省储蓄动员率整体呈下降态势，储蓄动员率对名义GDP增长率具有1阶滞后期，即上一年度储蓄动员率与本年度名义GDP增长率成正比；2008—2012年呈上扬趋势。2012年，中部六省的储蓄动员率分别是河南1.3、湖北1.44、江西1.36、湖南1.33、安徽1.27、山西1.84，在中部六省中，河南省的储蓄动员率相对较低，金融机构的融资功能有待进一步提升。

2. 储蓄投资转化率偏低，金融资源配置效率相对不高

储蓄投资转化率是描述金融资源利用能力的有效指标，可以从一定程度上说明金融机构运筹资金的能力，评估金融资源的配置效率。1979—2012年河南省存贷差呈逐年增加趋势。在各大国有商业银行未改制前，由于政府财政资金介入和政策性银行贷款发放规模较大，银行业的存贷差存在负值，即贷款额度大于存款额度，到1999年，河南省存贷差为18.59亿元，到2012年增长到11 614.69亿元，占2012年金融机构存款余额的36.70%；与此相对应，存贷比由1979年的2.08下降到2012年的0.633，巨额的存贷差以及存贷比的持续下降，意味着资金闲置或利用率不高，也暴露了经济金融运行中的一些深层次问

题。一是地方经济对信贷资金的有效需求不足，企业生产及项目建设对资金的凝聚吸纳能力不强；二是反映了储蓄向投资转化出现梗阻，金融没有充分发挥引导资源配置、支持经济发展的作用；三是反映了金融机构信贷资金使用效率不高，在银行体系中存在"惜贷"现象；四是造成社会资金的短缺与闲置并存，银企、银政关系紧张，金融机构经营压力也将加大。

第二章　金融支持产业升级优化的实证分析

一、金融支持三大产业发展实证分析

要研究金融支持产业升级，首先要研究金融发展与产业发展的关系，因为只有证实了金融发展对产业发展具有推动作用，才能进一步分析金融发展对产业升级和优化的影响。在分析金融支持产业发展关系时，最简单方法是找到产业发展与资金投入之间的函数关系。对以制造业为主的第二产业，我们容易想到柯布—道格拉斯生产函数。

柯布—道格拉斯生产函数最初是美国数学家柯布（C. W. Cobb）和经济学家保罗·道格拉斯（Paul H. Douglas）共同探讨投入和产出的关系时创造的生产函数，是以美国数学家 C. W. 柯布和经济学家保罗·H. 道格拉斯的名字命名的，是用来预测国家和地区的工业系统或大企业的生产和分析发展生产途径的一种经济数学模型，简称生产函数。这是经济学中使用最广泛的一种生产函数形式，它在数理经济学与经济计量学的研究与应用中都具有重要的地位。

柯布—道格拉斯生产函数的基本形式为：

$$Y = A L^{\alpha} K^{\beta} \mu \tag{1}$$

式中，Y 是工业总产值，A 是综合技术水平，L 是投入的劳动力数（单位是万人或人），K 是投入的资本（单位是亿元或万元，但必须与劳动力数的单位相对应，如劳动力用万人作单位，固定资产净值就用亿元作单位），α 是劳动力产出的弹性系数，β 是资本产出的弹性系数，μ 表示随机干扰的影响，$\mu \leqslant 1$。

根据 α 和 β 的组合情况，它有三种类型。

① $\alpha + \beta > 1$，称为递增报酬型，表明扩大生产规模来增加产出是有利的。

② $\alpha + \beta < 1$，称为递减报酬型，表明扩大生产规模来增加产出是得不偿失的。

③ $\alpha + \beta = 1$，称为不变报酬型，表明生产效率并不会随着生产规模的扩大而提高，只有提高技术水平，才会提高经济效益。

那么，我们不禁要问河南省第二产业是否服从柯布—道格拉斯生产函数？如果服从，问题就比较简单。因为此函数中资金作为一项生产要素，它对产出不仅有重要作用，而且容易计量。实际上，对公式（1）变形可得：

$$\ln Y = C + \alpha \ln L + \beta \ln K + \varepsilon \qquad (2)$$

这里：$C = \ln A$，$\varepsilon = \ln \mu$。

容易验证第二产业增加值与第二产业贷款、第二产业从业人员取自然对数后，二阶差均为平稳的。同时，第二产业增加值与第二产业贷款、第二产业从业人员之间存在长期关系。

由此可得：

$$\ln(Y_2) = -13.66 + 2.47\ln(L_2) + 0.66\ln(K_2) \qquad (3)$$
$$(-15.15) \quad (12.60) \qquad (8.05)$$

$R^2 = 0.993$　　$ajR^2 = 0.992$　　$F = 1\,245.1$　　$DW = 1.63$

从所得模型各项统计指标看，模型堪称完美！这充分说明随着我国第二产业积极参与国际化的社会分工和制造业大国地位的确立，河南省第二产业完全服从柯布—道格拉斯生产函数模型。同时由于 $2.47 + 0.66 = 3.13 > 1$，说明处于递增报酬期，表明继续扩大生产规模来增加产出是有利的，证明目前河南省处于工业化上升时期。

那么河南省第一、第三产业是否服从柯布—道格拉斯生产函数模型？

遗憾的是，对第一、第三产业来说，得到的模型并不理想，无法通过统计检验。因此，河南省第一、第三产业不服从柯布—道格拉斯生产函数模型。说明河南省第一、第三产业的发展单靠信贷和劳动力投入远远不够。实际上对第一产业而言，农田基础设施的改善主要依赖财政支农投入，生产资料投入主要由农户自身承担，而这些不包含在农业贷款内，因此用农业贷款计量第一产业资金投入自然得不到理想结果。

同样，对第三产业而言，众多中小服务企业的资金投入大多依赖自身积累和亲朋借贷，商业贷款不能反映第三产业资金投入。

二、金融支持产业升级、优化实证研究

在我国区域产业结构升级的过程中，不可忽视的是金融发展对其重要的影响作用。金融资源通过产业选择更多地被配置到区域主导产业中，从而促进了区域产业结构的升级调整、建立了产业竞争优势。不管是主导产业的发展，还是传统产业的升级、改造或退出，都需要有健全而便捷的金融服务的支持。金融通过供给、需求和宏观政策等方面对中国区域产业结构升级产生影响。本文所涉及的指标包括产业结构调整和金融发展两个方面。产业结构调整包括产业结构优化与产业结构升级，因而本文选择产业结构优化率 ISR（第二产业与第三产业的产值之和与当地 GDP 之间的比率）和产业结构升级率 ISU（第三产业产

值与第二产业产值的比率）来衡量产业结构调整状况。根据配第—克拉克定理，产业结构变动应该表现为经济中第二产业和第三产业产值比重上升，第三产业比重最终上升超过第二产业所占比重。金融发展的内容包括贷款规模、金融效率与金融深化三个方面，因此本文分别从这三个角度对各区域金融发展状况进行衡量。（1）贷款规模 TS（银行贷款余额）用于反映金融发展中金融支持力度的变化；（2）金融深化指标 FIR（金融机构存贷款余额/GDP），用于反映金融深化的程度，总量上衡量金融发展状况；（3）金融效率指标 PE（金融机构贷款余额/金融机构存款余额），用于反映金融系统配置资本的效率。

　　为什么产业结构由第一产业向第二产业和第三产业转移我们认为是产业结构升级，最直接的原因是后者全员劳动生产率高于前者，具有比较优势。河南省第一产业全员劳动生产率远远低于总体全员劳动生产率，而第二产业全员劳动生产率远远高于总体全员劳动生产率，说明发展第二产业具有比较优势。

　　以下是河南省有关经济、金融指标。

表1　　　　　　　　　　　　　河南省有关经济、金融指标

年份	GDP（亿元）	ISR	ISU	TL	FIR	PE
1990	934.65	0.65	0.834805	773.04	1.46258	1.301502
1991	1 045.73	0.68	0.832358	945.90	1.625592	1.254459
1992	1 279.75	0.72	0.698116	1 127.26	1.612268	1.204286
1993	1 660.18	0.75	0.635344	1 366.98	1.51227	1.195268
1994	2 216.83	0.75	0.577265	1 704.82	1.492117	1.063552
1995	2 988.37	0.75	0.595277	2 170.17	1.439533	1.018051
1996	3 634.69	0.74	0.607664	2 665.41	1.478272	0.9844
1997	4 041.09	0.75	0.629277	3 320.89	1.631404	1.015016
1998	4 308.24	0.75	0.670348	3 878.53	1.775908	1.028103
1999	4 517.94	0.75	0.713619	4 179.51	1.854299	0.995572
2000	5 052.99	0.77	0.696232	4 356.94	1.802962	0.916593
2001	5 533.01	0.78	0.712311	4 885.73	1.8825	0.88347
2002	6 035.48	0.79	0.714535	5 553.58	1.989099	0.860808
2003	6 867.70	0.83	0.712616	6 422.66	2.044453	0.843087
2004	8 553.79	0.81	0.650965	7 092.31	1.838261	0.82165
2005	10 587.42	0.82	0.576929	7 434.53	1.647095	0.743159
2006	12 362.79	0.85	0.553406	8 567.33	1.622601	0.745468
2007	15 012.46	0.85	0.544738	9 545.48	1.473569	0.758998
2008	18 018.53	0.85	0.497053	10 368.05	1.422062	0.679631
2009	19 480.46	0.86	0.51777	13 437.43	1.674113	0.700776
2010	23 092.36	0.86	0.499599	15 871.32	1.689743	0.685621
2011	26 931.03	0.87	0.518032	17 506.24	1.639461	0.656989
2012	29 810.14	0.87	0.529819	20 033.81	1.733716	0.63301

容易验证 ISR、PE 为一阶平稳，ISU、FIR、ln（TL）为二阶平稳。同时 ISR、ISU 分别与 FIR、PE、ln（TL）之间存在协整关系。

我们由此可得如下 MA（1）模型：

$$ISR = 0.2724 + 0.0610\ln（TL）+ u_t \qquad (4)$$

$$(5.78) \qquad (11.04)$$

$$u_t = 0.7415\varepsilon_{t-1} + \varepsilon_t$$

$$(4.87)$$

$$R^2 = 0.951 \quad ajR^2 = 0.946 \quad F = 194.25 \quad DW = 1.62$$

说明信贷的扩张能够提升产业结构优化率。贷款增长率每提高 1 个百分点，产业结构优化率提升 6.1 个百分点。同时可得如下 AR（1）模型：

$$ISR = 0.2350FIR + 0.2382PE + u_t \qquad (5)$$

$$(6.15) \qquad (2.99)$$

$$u_t = 0.6217u_{t-1} + \varepsilon_t$$

$$(5.03)$$

$$R^2 = 0.911 \quad ajR^2 = 0.902 \quad DW = 1.60$$

说明金融效率与金融深化的提升能够提高产业结构升级率，而且两者对产业结构升级率的影响基本相当。

三、金融对具体产业发展支持力度分析研究

上述分析可以明显看出，金融发展不仅对产业发展有促进作用，而且对产业结构优化和升级存在正向关系，但总体来说信贷资金仍然是短缺资源，那么选择信贷的具体产业投向就显得十分必要。以下我们选择灰色关联分析法，分析金融对具体产业发展支持力度，该方法弥补了样本有限情况下用计量模型分析的不足，可以较好地识别各因素对主因素的相互影响程度。

对于两个系统之间的因素，其随时间或不同对象而变化的关联性大小的量度，称为关联度。在系统发展过程中，若两个因素变化的趋势具有一致性，即同步变化程度较高，即可谓二者关联程度较高；反之，则较低。因此，灰色关联分析方法，是根据因素之间发展趋势的相似或相异程度，亦即灰色关联度，作为衡量因素间关联程度的一种方法。灰色系统理论提出了对各子系统进行灰色关联度分析的概念，意图通过一定的方法，去寻求系统中各子系统（或因素）之间的数值关系。因此，灰色关联度分析对于一个系统发展变化态势提供了量化的度量，非常适合动态历程分析。

灰色关联分析法的研究对象恰恰是"小样本"、"贫信息"的不确定性系统，弥补了回归分析等方法"大样本"要求的缺陷。通过灰色关联度的计算，用灰

色关联度来描述因素间关系的强弱、大小和次序的多因素分析技术。

表2是河南省近年分行业增加值数据。

表2			河南省近年分行业增加值数据		单位：亿元	
年份	2006	2007	2008	2009	2010	2011
生产总值	12 362.79	15 012.46	18 018.53	19 480.46	23 092.36	26 931.03
第一产业	1 916.74	2 217.66	2 658.78	2 769.05	3 258.09	3 512.24
农业	1 196.85	1 337.48	1 514.57	1 670.25	2 080.77	2 108.83
林业	57.72	63.56	74.27	80.78	69.48	76.50
牧业	595.04	736.62	975.22	913.15	993.79	1 205.96
渔业	20.21	30.50	40.32	44.24	48.36	49.10
农林牧渔服务业	46.92	49.50	54.40	60.63	65.69	71.85
第二产业	6 724.61	8 282.83	10 259.99	11 010.50	13 226.38	15 427.08
工业	6 031.21	7 508.33	9 328.15	9 900.27	11 950.88	13 949.32
采矿业	892.31	1 036.67	1 416.48	1 730.11	1 694.88	2 278.07
制造业	4 754.01	6 036.40	7 450.70	7 826.02	9 897.99	11 116.14
电力等生产和供应业	384.89	435.26	460.97	344.14	358.01	555.11
建筑业	693.40	774.50	931.84	1 110.23	1 275.50	1 477.76
第三产业	3 721.44	4 511.97	5 099.76	5 700.91	6 607.89	7 991.72
交通运输、仓储和邮政业	739.29	866.73	802.25	823.57	873.30	961.50
信息传输、计算机服务和软件业	180.36	205.73	244.84	249.97	263.23	325.90
批发和零售业	682.40	765.76	916.50	1 057.81	1 293.50	1 586.09
住宿和餐饮业	377.94	493.40	511.71	526.51	605.23	797.99
金融业	219.72	302.31	413.83	499.92	697.68	868.20
房地产业	348.70	447.44	512.42	622.98	773.23	987.00
租赁和商务服务业	92.94	107.53	133.74	163.37	195.97	265.04
科学研究、技术服务和地质勘查业	81.17	93.87	111.17	117.77	148.32	166.04
水利、环境和公共设施管理业	33.42	43.05	51.12	58.84	61.06	63.65
居民服务和其他服务业	168.63	180.94	112.88	150.99	161.63	220.66
教育	271.10	367.66	406.09	501.76	565.59	739.02
卫生、社会保障和社会福利业	146.44	174.43	201.75	215.75	242.64	263.97
文化、体育和娱乐业	37.74	49.05	64.22	60.26	64.47	74.33
公共管理和社会组织	341.59	414.07	617.24	651.41	662.04	672.33

我们根据表2数据，分别以银行贷款、金融相关比率、金融效率、社会融资规模为参考数列，可得到有关灰相关系数见表3。该系数反映金融对具体产业发展的支持力度。

表3　　　　　　　　　河南省金融发展对各行业灰相关系数

参照因素	银行贷款	金融相关比率	金融效率	社会融资规模
生产总值	0.794504	0.698332	0.699317	0.626414
第一产业	0.716365	0.718574	0.72869	0.577312
农业	0.760162	0.727743	0.711143	0.585813
林业	0.494453	0.790783	0.785493	0.497812
牧业	0.67444	0.708412	0.707938	0.579411
渔业	0.671993	0.651371	0.642567	0.641469
农林牧渔服务业	0.632281	0.799296	0.753884	0.543294
第二产业	0.787941	0.682986	0.692558	0.62862
工业	0.77784	0.678958	0.696651	0.627722
采矿业	0.634479	0.669171	0.650743	0.632124
制造业	0.802525	0.667041	0.694996	0.638441
电力等生产和供应业	0.430764	0.659428	0.750133	0.477161
建筑业	0.867115	0.715877	0.659435	0.639461
第三产业	0.777287	0.723027	0.696509	0.61303
交通运输、仓储和邮政业	0.486658	0.811833	0.866527	0.481923
信息传输、计算机服务和软件业	0.655087	0.759869	0.749439	0.566632
批发和零售业	0.775871	0.675497	0.661265	0.61286
住宿和餐饮业	0.678302	0.750809	0.729773	0.573846
金融业	0.59208	0.575518	0.587814	0.659163
房地产业	0.761393	0.641308	0.630424	0.627409
租赁和商务服务业	0.706818	0.64137	0.624242	0.620446
科学研究、技术服务和地质勘查业	0.831689	0.689654	0.699356	0.630041
水利、环境和公共设施管理业	0.659745	0.714443	0.697278	0.583959
居民服务和其他服务业	0.47326	0.723674	0.825491	0.560703
教育	0.757588	0.695463	0.640819	0.620787
卫生、社会保障和社会福利业	0.698603	0.747223	0.734042	0.568696
文化、体育和娱乐业	0.638298	0.726323	0.703171	0.560906
公共管理和社会组织	0.630725	0.656526	0.641724	0.593509

由此我们可以看出：

①对河南省总体经济发展而言，银行贷款的影响最为明显，其次是金融效率和金融深化指标，社会融资规模略逊一筹。

②河南省银行贷款对产业发展的影响大小依次是：第二产业、第三产业、第一产业；影响最显著的三个行业分别是建筑业，科学研究、技术服务和地质勘查业，制造业。这说明目前银行贷款最明显的仍是第二产业。

③金融深化对产业发展的影响大小依次是：第三产业、第一产业、第二产业；影响最显著的三个行业分别是交通运输、仓储和邮政业，农林牧渔服务业，林业。这说明随着金融深化的发展，最终将惠及到受金融抑制的行业发展。

④金融效率对产业发展的影响大小依次是：第一产业、第三产业、第二产业；影响最显著的三个行业分别是交通运输、仓储和邮政业，居民服务和其他服务业，林业。这说明提高金融效率对河南省发挥交通优势尤为重要，而对涉农的中小金融机构实行差别的存款准备金率，有助于提高金融效率，从而促进第一产业发展。

⑤社会融资规模对产业发展的影响大小依次是：第二产业、第三产业、第一产业；影响最显著的三个行业分别是金融业，渔业，建筑业。

本部分主要结论：

①河南省第二产业完全服从柯布—道格拉斯生产函数模型，而且处于递增报酬期，表明继续扩大生产规模来增加产出是有利的，证明目前河南省处于工业化上升时期。但河南省第一、第三产业不服从柯布—道格拉斯生产函数模型。

②银行信贷的扩张能够提升河南省产业结构优化率。贷款增长率每提高1个百分点，产业结构优化率提升6.1个百分点；金融效率与金融深化的提升能够提高产业结构升级率，而且两者对产业结构升级率的影响基本相当。

③银行贷款、金融效率、金融深化和社会融资规模对河南总体经济发展和产业发展均有不同程度的支持作用，其中银行贷款、社会融资规模对第二产业，尤其是对建筑业支持较为明显；金融深化对第三产业，尤其是对交通运输业支持较为明显；金融效率对第一产业，尤其是对林业支持较为明显。同时提高金融效率对河南省发挥交通优势，建设郑州航空港尤为必要。

第三章　打造河南省"升级版"产业的金融政策建议

当前，河南省经济增速趋缓，呈现出"缓中有稳、危中有机"的运行态势，调结构、促转型正当其时。作为实体经济血液的金融业，应该在保证信贷总量合理增长的前提下，"有扶有控"，进一步优化信贷资金流向结构，多渠道加强企业融资能力建设，在河南省经济转型升级的过程中找准位、站好队，让金融业成为打造河南省"升级版"经济的新引擎。

一、保持信贷资金合理增长，满足产业升级的资金需求

（一）盘活信贷存量，挖掘存量资金在产业升级、结构调整中的资金支持潜力

在调结构的过程中，盘活信贷存量，意味着要压缩房地产、平台贷、产能过剩行业领域的信贷资金，这难免会导致坏账的提前暴露，以及不良率、不良额短期内的迅速回升。人民银行、银监部门一方面要加强对商业银行的引导，引导金融机构主动完善资产负债结构，加强流动性管理，抑制杠杆过度上升；另一方面也要适度容忍商业银行资产质量阶段性变差，进一步完善考核机制，允许银行经营绩效先抑后扬。

（二）多渠道增加信贷供给，发挥新增资金支持产业升级的生力军作用

各国有银行、股份制银行河南省分支机构，要通过积极向总行争取信贷倾斜、争取总行直贷项目、广泛开展银团贷款及吸引区外资金等方式，保证河南省重大续建、在建项目的资金需求以及中小微型企业等实体领域产业升级的资金需求。地方法人金融机构要着力提高信贷资源配置效率，保证河南实体经济的资金需求。各银行业金融机构河南分支机构要在风险可控的前提下，提高工业投资在固定资产投资中的比重；积极支持保障性安居工程、教育、卫生、水利等方面的投入，重点支持"三农"、节能环保、社会事业等领域的基础设施建设。

（三）发挥民间资本在资源配置方面的积极作用

人民银行、银监部门应出台激励政策：鼓励民间资本进入金融领域，推进股权多元化，切实打破垄断，放宽准入门槛；鼓励、引导和规范民间资本进入金融服务领域，参与银行、证券、保险等金融机构改制和增资扩股。通过有组织的敞口渠道，使民间资本获得长期且稳定的回报，既有效解决民间资金投资的出路问题，也让实体企业获得新的发展资金，有效减轻金融体系服务实体经济的负担。

二、优化信贷投向结构，重点支持城镇化、现代服务业、民营企业升级发展

（一）加强产业政策、信贷政策的协调配合

政府在产业规划、结构调整和招商引资方面让金融部门参与，便于政策的协调一致；适时出台指导意见和金融工作要点，引导金融机构的信贷投放和政府的产业发展方向一致，将信贷资金引导到重点产业上；引导政府加大协调力度，将政府的重大决策、产业发展、产业集聚区企业概况、资金需求、联系方

式等方面汇编成册或编印成简报发送金融机构，以利于金融机构快速、高效、有选择性地与企业对接，把银企合作变成日常性的工作。通过召开各种层次、多种形式的项目推介会、银企洽谈会，积极搭建银企合作平台，促进银行资金与企业、项目的有效对接。加大对重点银行、重点地区、重点项目的督促协调，深入调研，跟踪服务，协调解决信贷投放中的问题。

（二）加大对河南省城镇化的金融支持

"升级版"经济，首先是经济内生增长动力的改善。当前，投资、出口对河南省经济增长的推力趋于减弱，内需贡献有所增强。2012年末，河南省有42.4%的人口生活在农村，收入水平仅相当于城镇居民的1/3。以这样庞大的农村人口基数和这样的农民收入水平，提振内需几乎无太大空间。因此，要增强河南省经济增长的内生动力，突破的重点领域应是就地的城镇化。要完成就地的城镇化，目前的金融机构不仅要在基础设施建设上予以重要支持，也需要在构建可持续性的产业方面增加支持。人民银行因加强信贷指导，督促各金融机构逐步将投资重点由大企业、大项目转向城镇化需要的基础设施投资和集聚区、中小微企业贷款等领域，加大对农业加工、流通、技术研发和其他资源类先进小企业的支持。

（三）把推动服务业大发展作为河南省产业结构优化升级的战略重点

产业结构深化规律表明，地区经济发展到一定水平后，服务业产值及就业比重的提高就成为产业结构优化升级的主要标志之一。河南省服务业内部结构不很合理，主要表现在以金融保险、现代物流、商务服务、信息服务为代表的现代物流业所占比重较小，但最大的问题还是总量不足。因此，金融业要以打造"升级版"经济为出发点，为现代服务业发展营造好的环境：一是重点支持生产性服务业的规模化发展，以构建大物流体系战略为目标，满足现代物流、专业市场、信息技术、研发设计、商务服务等行业资金需求；二是强力推进生活性服务业的层次提升，以建设华夏文化传承区、世界知名旅游胜地和全国文化综合改革示范区为目标，全面支持旅游业、文化产业、商贸流通、餐饮住宿等行业的发展；三是积极推进生产性服务业与农业、工业产业链条的融合，确保各项服务业发展建设项目及提升工程资金的有效满足，通过支持现代服务业的发展来推进河南经济的转型升级；四是加强各金融机构之间信息沟通和资金配合，通过银团贷款、委托贷款、融资租赁等多种方式开展个性化项目金融服务，确保在建续建项目、铁路公路、重大装备等项目资金需求，推动河南大流通体系的构建。

（四）重点支持民营企业和小微企业的转型升级

长期以来，各路信贷资金热衷于追逐大企业、大项目，这使低效益的投资项目得以上马，客观上也加大了河南省"两高一剩"行业的转型成本。民营企业和小微企业，作为当下数量最多、最具活力的市场主体，理应占据各家金融机构信贷扶持的战略高地。人民银行应加强信贷指导，制定支持民营企业和小微企业的信贷管理政策及措施：一是要求金融机构建立的专营小微企业金融服务机构，单列信贷规模，确保全年贷款实现"两个不低于"，即增速不低于全部贷款平均增速、增量不低于上年同期水平；二是督促金融机构建立小企业信贷人员尽职免责机制，明确将小企业不良贷款的容忍度放宽至3%，实行差异化考核；三是鼓励金融机构下放审批权限、缩短审批流程、实行限时审批承诺等，开辟民营企业、小微企业贷款审批的"绿色通道"；四是吁请地方政府建立小企业贷款风险补偿基金，对金融机构发放小企业贷款按增量给予适度补助，对小企业不良贷款损失给予适度风险补偿。

三、各银行业机构要不断提升效率与防范风险，夯实经济转型升级金融服务平台

（一）不断改进业务流程，提高服务效率

一是创设标准化业务操作平台，将原有分散在不同部门、不同环节的部分标准化信贷业务集中在一个平台横向依次处理，充分满足不同客户的共性金融需求；对新兴战略性产业的优质客户、重大项目，开辟绿色通道，实施一站式审批。二是整合项目贷款业务流程。将评级、授信、项目审查审批合并，一次完成调评报告和年度评级授信方案。对客户在授信有效期内的项目贷款新需求，可在原年度授信基础上直接追加项目贷款授信额度。

（二）加强客户信贷管理，建立健全风险防控机制

一是把好贷前调查。面对不可预测性趋强的开放型经济微观个体的变化，银行在积极发展市场的同时，应审慎进行客户贷前的全方位调查，把好信贷业务贷款投放第一关。二是细化贷时审查。在贷款审查时应坚守"三条监管红线"不动摇（贷款资金不得违规入股市、期市和房市，二套房贷首付必须达到40%，项目资本金必须足额到位），确保信贷资金进入实体经济。三是强化贷后管理。完善贷后管理办法、强化贷后的早期预警和信贷组合分析、增加信贷监管检查频率，确保在出现风险萌芽时做到快速响应与及时退出。

（三）在创新体制机制上下功夫

鼓励督促各银行业金融机构深化改革，进一步建立健全公司治理结构，优化发展战略，明确市场定位，增强服务实体经济的科学性和经营活力。推进银行机构转变经营方式，引导银行机构进一步完善资本约束机制，强化精细化管理，不断提高资本使用效率；完善考核体系，持续优化业务流程，提升管理技

术，走效益、质量、规模、结构协调发展之路；牢固树立审慎经营、科学发展理念，增强可持续发展能力。

（四）着力提升对小微企业的金融服务水平

各金融机构要深入推动"小巨人"企业信贷培育计划，做细对企业的财务辅导、综合融资方案设计等一系列创新性工作措施，重点培育一批行业细分领域居于领先地位、持续成长能力强的"小巨人"企业集群；要细化落实政策，根据"小巨人"企业客户分类情况和需求差异，设计差异化的"产品包"，提供"一对一"或"一对多"综合融资方案，全面满足处于创业、成长、转型等不同时期小微企业的融资需求。要进一步整合金融资源，打造"一站式"金融服务平台，集银行、保险、证券、担保、评估、法律咨询等机构为一体，建立实体和虚拟两大融资需求受理平台，通过调整内部业务流程，合理有序地提供服务，满足小微企业融资需求，提升对小微企业的金融服务水平，发挥金融资源的集聚作用。

四、政府部门要出台配套政策，为金融引擎"升级"创造好的外部环境

（一）国家应加大对中原经济区包括金融领域在内的财税政策扶持

建议提高县域金融机构涉农贷款增量2%的奖励标准，提高部分由中央财政负担。增加对河南省中央财政政策性农业保险的覆盖品种范围、提高中央财政承担比例。对河南省设立的小额贷款公司执行等同于村镇银行、贷款公司和农村资金互助社的定向费用补贴标准。加大中央财政对中原经济区建设的财政转移支付力度，提升河南财政杠杆能力，支持中原经济区"三化"协调发展。以更多的政策支持和财力扶持粮食生产，包括农业产业化、农业综合开发、土地整治、优势农产品基地建设、水利建设等投入，促进中原地区传统农业向现代农业转变。

（二）从省级层面上开展了农村"三权"抵押融资探索

一是探索建立农村产权交易市场。适应农村产权关系变化加剧的趋势，探索建立农村产权交易市场，为农村房屋产权、宅基地使用权、林权、土地承包经营权交易提供平台，促进农村产权的有效流转和价值实现。二是借鉴重庆市做法，由财政建立农村"三权"抵押融资风险补偿资金，在区县可直接对金融机构和担保公司"三权"抵押融资业务的损失进行补偿，在省级则主要建立再担保机制，避免小的担保公司因资金量小、补偿能力不足造成的金融风险，分层次建立"三权"抵押贷款的风险分散和损失补偿机制，消除金融机构开展"三权"抵押贷款的顾虑。

（三）完善农村金融机构定向费用补贴政策，加大对河南省基础金融服务薄弱地区的支持力度

进一步完善农业保险保费补贴制度。鼓励农业保险经办机构对农业保险实行自营保险模式，凡对主要种植业参保品种实行自营的，财政在正常的保费补贴以外再给予一定保费奖励。同时注意总结、完善农业大灾风险准备金制度和农村金融税收优惠政策。

（四）推进小微企业信用担保体系建设

建立以政府投资为主导的小微企业信用担保体系，设立中小企业信用担保基金，通过资本注入、风险补偿等多种方式增加对担保公司的支持。税务部门也应对担保公司实行所得税减免或抵扣的优惠政策，间接支持企业转型升级的融资需求。此外，小微企业、银行、担保机构之间还需要建立起一种利益共享、风险共担机制，推动小微企业贷款融资的顺利开展。

（五）加强政策引导，建立小微型企业贷款风险补偿机制

一是对微型企业政策性扶持贷款出现的呆坏账按照市财政、区县财政、金融机构（含担保）各承担三分之一的原则进行风险补偿。二是继续实施中小企业流动资金贷款担保费补贴办法，对担保公司收取保费在 2.5% 以内的担保业务，给予不超过 1 个百分点的风险补助，以激励担保公司加大贷款担保力度，缓解中小企业融资难压力。

参考文献

［1］钱志新. 产业金融［M］. 南京：江苏人民出版社，2010.

［2］肖兴志. 中国战略性新兴产业发展报告［M］. 北京：人民出版社，2013.

［3］李建军等. 金融业与经济发展的协调性研究［M］. 北京：中国金融出版社，2011.

［4］田霖. 我国中部地区协调发展的金融地理学分析［M］. 北京：经济科学出版社，2011.

［5］邵馨眉，高雷. 江苏沿海地区金融发展与经济增长的实证研究［J］. 金融纵横，2011（6）.

［6］李超. 比较优势、适宜性技术进步与中国现代产业发展［D］. 暨南大学博士学位论文，2012（5）.

宏观审慎政策框架下金融支持区域经济发展研究

——来自 2003—2011 年省际面板数据的证据

中国人民银行郑州中心支行课题组[①]

摘要： 金融在支持地区经济发展过程中具有重要作用，增加金融机构信贷投放规模，提高金融深化程度，扩大融资渠道往往是各地政府采取的主要政策措施。金融危机以来，宏观审慎管理成为各国货币政策的共识，我国自 2011 年开始实施以差别存款准备金动态调整为标志的宏观审慎政策。本文从理论上分析了宏观审慎政策框架下金融深化和融资渠道多元化这两种金融发展路径对经济发展的速度和质量具有的不同影响，把信贷投放在社会融资规模中的占比作为融资多元化的代理变量，运用 28 个省区 2003—2011 年的相关数据构建面板数据模型进行实证研究。结果发现，金融深化和融资渠道多元化对地区经济增长速度具有显著的正向影响，融资渠道多元化可以显著提高地区经济增长质量；宏观审慎政策与金融深化、融资结构多元化的交互作用提高了经济增长速度，宏观审慎政策框架下融资结构多元化显著提高了经济增长质量。因此，相对于通过增加信贷投放加强金融深化，降低金融机构信贷规模在社会融资总规模中的比重并倡导多元化融资是金融支持地区经济长期发展的更优选择。

关键词： 宏观审慎政策　金融深化　融资多元化　经济增长

一、引言

（一）研究背景

1. 现实背景

我国幅员辽阔，东、中、西、东北各地区自然禀赋、经济特征、发展目标

---

① 课题主持人：庞贞燕；
　　课题组成员：蒋颖、赵庆光、李金良。

存在较大差异，比较优势不同，产业结构形态各异。从经济总量来看，东部地区占全国 GDP 的比重在50%以上，处于绝对优势地位，中部地区、西部地区均在20%以上，东北地区在10%以下；从经济结构来看，产业结构和比重差异较大，东部地区第三产业发达，中西部地区第二产业比重较大。

表1　　　　　　　　2012年末银行业金融机构分区域指标占比　　　　单位：%

	机构个数占比	从业人数占比	资产总额占比	法人机构个数占比
东部	39.5	44.3	59.5	33.4
中部	23.4	21.1	14.9	23.3
西部	27.7	24.1	18.5	33.6
东北	9.4	10.6	7.1	9.7
合计	100	100	100	100

2012年中国区域金融运行报告显示，东部地区银行业金融机构网点个数、从业人员和资产总额在全国占比最高（见表1），其中，广东、北京、江苏、上海、浙江和山东六省（直辖市）银行业资产总额合计占全国的比重为49.4%。截至2012年末，全国共有27个省（自治区、直辖市）有外资银行入驻，外资银行82.5%的机构网点和93.5%的资产集中在东部；48.8%的小型农村金融机构资产集中在东部；东部地区外币存款占全国的比重高达83.6%，明显高于其他地区。从贷款投放来看，2012年末，东部地区、中部地区、西部地区、东北地区本外币贷款余额占全国的比重分别为58.5%、14.9%、19.4%和7.1%。

从融资结构来看（见表2），金融机构贷款占比逐渐减少，债券和股票融资等直接融资额占总融资量的比重上升，全国比重从2009年的15.9%提高至2012年的32.7%，提高了16.8个百分点；2012年东部、中部、西部、东北各地区比重较2009年分别上升了10.7个、12个、13.4个和14.3个百分点。与此同时，可以看到贷款、债券和股票融资量均呈现"东部最高，西部、中部、东北依次降低"的格局。

由表2可以看出，不同经济功能区、省市区金融总体差异较大，内部比重结构不同。"十二五"规划中明确提出，要促进区域良性互动、协调发展，积极解决区域间发展不平衡问题。党的十八大提出要继续实施区域发展总体战略，充分发挥各地区比较优势。在此背景下，作为现代经济的核心，金融对经济的支持带动作用较为重要和突出，各地区如何根据经济的差异性，选择适合当地实际和具体情况的金融发展模式是一个重要和影响长远的问题。

表2		2012 年各区域融资渠道情况			单位:%
	东部	中部	西部	东北	合计
贷款	53.1	16.7	23.1	7.2	100
债券（含可转债）	72.6	10.8	12.4	4.2	100
其中：短期融资券	75.1	9	12.4	3.4	100
中期票据	70	11.8	13.5	4.6	100
中小企业集合债	78.1	18.4	3.5	0	100
股票	66	13.4	15.8	4.8	100

2. 理论背景

多数研究认为金融发展会推动经济增长。Schumpeter（1912）认为运行良好的银行能将资金提供给最具有成功实施创新产品和生产工艺机会的企业家，鼓励技术创新从而促进经济增长。Motern（1995）和 Levine（2005）认为金融可以减少信息收集和加工成本、避免由于信息不对称造成的委托代理问题，分散投资风险，实现储蓄向投资的转化，优化资源配置，促进专业化分工等功能，推动经济增长。与此观点相异，Robinson（1952）认为企业的成长引导金融系统的发展，金融系统无法推动经济增长而只是对实体部门的需求变动作出反应。Lucas（1988）则认为过分强调了金融在经济增长中的作用。

我国多数学者也认为金融中介发展、货币化程度提高和金融深化加深对经济增长具有推动作用，但股票市场对经济增长的影响并不显著（谈儒勇，1999；李广众和陈平，2002；王志强和孙刚，2003；张军和金煜，2005；闫丽瑞和田祥宇，2012；张鹤、黄琨等，2012）。也有学者认为我国的信贷规模受政府控制，过多的信贷投放会激发企业过度投资，从而拖累经济增长（赵立彬，2012）。我国区域经济差异也可能会对金融发展对经济增长的效果造成影响，不同地区二者之间的关系存在显著差异（张珂和严丹，2009；王永剑和刘春杰，2011）。

（二）研究问题、内容与创新之处

转变经济发展方式和金融市场化是我国当前的两大重点任务。一方面全要素生产率（Total Factor Productivity，TFP）是经济持续增长的引擎，提高全要素生产率对调结构、转方式、促发展具有重要意义；另一方面金融是现代经济的核心，通过优化资金资源配置促进创新推动经济发展。然而，以往研究往往偏重于经济发展对经济增长数量即 GDP 增长的影响，忽略了对经济增长的质量即全要素生产率的研究，而全要素生产率恰恰是长期经济增长的源泉。现实中，各地方政府仍把增加信贷投放规模作为支撑经济增长的重要手段。

国际金融危机后，宏观审慎管理已成为世界货币政策措施的重要趋向，我国已正式将构建逆周期的金融宏观审慎管理制度框架写入"十二五"规划。但是，宏观审慎政策相关理论描述较多，而经验证据不足。本文将以2003—2011年各地区的面板数据为样本，在宏观审慎政策框架下研究金融发展对支持区域经济增长的支持作用。首先，探讨了金融深化和融资多元化对经济增长的速度（GDP）和质量（TFP）的不同影响，然后进一步研究了宏观审慎政策与金融深化、融资多元化交互作用如何促进经济增长。

本文新颖之处表现在三个方面：第一，用信贷规模总量在社会融资规模中的比重作为社会融资多元化的代理变量，来研究对经济增长的影响；第二，比较研究了金融深化和融资多元化对经济增长数量（GDP）和质量（TFP）的不同影响，结果发现金融深化和融资渠道多元化对地区经济增长数量具有显著的正向影响，融资渠道多元化可以显著提高地区经济增长质量；第三，分析并实证研究了宏观审慎政策框架下金融深化和融资多元化对经济增长的影响。结果发现，宏观审慎政策与金融深化、融资结构多元化的交互作用提高了经济增长速度，宏观审慎政策框架下融资结构多元化显著提高了经济增长质量。

（三）研究方法

本文主要采取文献梳理、理论分析与实证检验的方法。实证检验方法主要采取面板数据模型，为了避免样本分布和数量较少的问题，采取Bootstrap方法进行稳健性估计。

（四）结构安排

本文第一部分详细介绍了研究的现实背景和理论背景以及研究问题和内容；第二部分对已有的国内外金融发展对经济增长和全要素生产率的影响以及宏观审慎政策进行理论综述；第三部分就宏观审慎政策框架下金融发展促进经济增长的机理进行了分析，在此基础上提出了理论假设；第四部分是实证研究，详细介绍了数据来源、变量测度以及模型的设定；第五部分是实证结果和分析；第六部分是研究结论、政策建议和进一步研究方向。

二、文献综述与本文研究视角

（一）金融发展与经济增长关系相关研究

1. 国外研究

20世纪70年代，Mckinnon和Shaw（1973）在《经济发展中的货币和资本》及《经济发展中的金融深化》中提出了"金融抑制"（Financial Repression）和"金融深化"（Financial Deepening）理论，他们把发展中国家经济增长较为落后的现象归结于金融抑制，提出发展中国家应当实行金融深化以促进经济增长。

在金融指标绝对规模发展与经济增长关系的研究方面，King和Levine

（1993）较早运用计量方法对金融发展规模与经济增长关系进行跨国实证研究，认为金融规模的发展推动了经济增长。Calderón 和 Liu（2003）对部分发展中国家的金融发展与经济增长之间进行因果关系检验，结果发现金融规模发展对经济增长具有长期影响，发展中国家的金融发展与经济增长是双向格兰杰因果关系（Granger Causality）。Aghion，Howitt 等（2005）采用部分发展中国家的数据分析了金融发展对增长收敛性的影响，得出"金融规模发展水平越低，趋同于发达国家经济增长率的可能性就越小"的结论。

在金融体系、结构的变化发展与经济增长关系的论证方面，Demirgüç – Kunt 和 Levine（1999）、Levine，Loayza 等（2000）、Edison，Levine 等（2002）学者都做出过相关研究。Levine 和 Zervos（1998）发现股市的流动性促进增长，但股市规模不是增长的主要驱动因素；Levine（2002）认为发展中国家的股票市场和银行中介机构发展都能够促进经济增长。Beck 和 Levine（2004）采用 GMM 技术处理了遗漏变量和因果关系问题，并部分验证了 Levine（2002）的观点。Atje 和 Jovanovic（1993）研究表明经济增长与股票市场发展有明显的相关关系，金融中介机构对经济增长的促进效应主要存在于低收入的发展中国家。

但是，金融发展促进经济增长的渠道存在争议。King 和 Levine（1993）认为金融中介主要是通过提高国内的储蓄率从而提高资本积累的途径促进经济增长，受资本边际报酬递减的限制，金融发展对经济增长作用有限；而 Mankiw，Romer 等（1992）开创的内生增长模型认为研发可以产生非递减的资本边际报酬，从而突破了传统的金融发展与经济增长数量和规模之间的实证关系研究，进而经济增长关注重点转移到经济增长质量上。

在金融发展和经济增长质量实证研究方面，经济增长质量的提高主要表现在全要素生产率的进步，全要素生产率可以分解为技术进步、技术效率增长、规模经济效应增长和资源配置效率增长四个部分。Arestis 和 Demetriades（1997）认为金融发展通过改进技术效率从而提高 TFP 以促进经济增长；Nourzad（2002）认为金融发展降低了生产的技术无效率而促进经济增长，在发达国家这种作用更大一些。通过减少与获取信息、执行合约和完成交易等相关的成本，金融系统能够缓解市场摩擦，改善储蓄和投资决策，促进资本积累和技术创新，并最终实现经济增长（Merton 和 Bodie，1995）。金融系统通过发挥五个功能来提高经济增长质量：一是提供关于宏观经济形势、企业经营和经理人能力的信息，优化资源配置（Boyd 和 Prescott，1986；King 和 Levine，1993）；二是代表投资者监督企业，节约监督成本，消除搭便车行为，促进公司治理（Bencivenga 和 Smith，1993；Harrison 等，1999）；三是实现跨部门（地区）的风险分散和跨时期的风险承担，改善风险的分散和管理（Diamond 等，1983；Allen 等，

1997）；四是克服信息不对称，利用规模经济，动员和汇集储蓄并将其转移到合适的投资项目（Boyd 和 Smith，1992；Lamoreaux，1995）；五是完善商品和服务的交易，促进专业化和技术创新（King 和 Plosser，1986；Williamson 和 Wright，1994）。Benhabib 和 Spiegel（1994）等验证金融发展是通过要素积累的途径还是通过提高 TFP 的途径来促进经济增长；Rioja 和 Valev（2004）认为金融发展与 TFP 之间的关系与一国的经济发展状况有关，在中等收入和高收入国家，金融发展主要通过影响 TFP 进而对经济增长产生影响，在低收入国家，金融发展主要通过加速资本积累的途径来促进经济增长。

2. 国内研究

在金融发展与经济增长规模和速度的实证研究方面，周立和王子明（2002）发现金融发展与经济增长密切相关，金融发展差距可以部分解释中国各地区经济增长差距。张珂、严丹等（2009）认为经济发展水平是影响金融发展与经济增长关系的阈变量：在经济发展水平高的地区，金融发展促进了经济增长；在经济发展水平低的地区，金融发展阻碍了经济增长；在经济发展水平中等的地区，金融发展不能用来解释经济增长。杜家廷（2010）发现我国东部和中部的金融发展在区域内部存在较强的空间溢出效应，而西部内部省域间却存在显著的空间依赖效应。马颖和李静（2012）发现我国区域金融发展和经济增长均呈长期收敛趋势，金融发展差距每缩小 1%，区域间经济增长差距便缩小 0.214% 左右。孙林和杨俊（2012）认为我国东、中、西部三大区域金融发展与其经济增长、产业结构、城市化之间的关系具有明显的区域差异。

在金融发展与经济增长质量的实证研究方面，张军和金煜（2005）研究发现金融深化和生产率增长之间呈显著正相关关系，沿海和内地地区生产率差距是金融深化模式差异的结果。卢宁（2009）发现我国西北金融发展对全要素生产率的影响较弱，全要素生产率对金融规模的响应程度和显著性不高。师文明和王毓槐（2010）认为金融发展与技术进步之间存在着门槛效应，即金融发展在早期的低水平阶段不利于技术进步，但是越过某个门槛值以后，在高水平阶段金融发展就会对技术进步有促进作用。王永剑和刘春杰（2011）认为金融发展对资本配置效率的影响在不同区域差异较大，东部和中部地区金融发展对资本配置效率的促进作用最为显著，而西部并不是很明显。江曙霞和陈玉婵（2011）则认为金融规模扩张对经济效率的影响不显著，金融效率提高对经济效率则有显著的促进作用。

（二）宏观审慎政策的相关研究

1. 国外研究

库克委员会（Cooke Committee）在 20 世纪 70 年代末首次提出"宏观审

慎"，主要关注发展中国家贷款的快速增长带来的金融风险，在监管理念上从宏观视野进行"审慎监管"（Prudential Measure），重新加强金融监管应从整个宏观经济的角度进行兼顾。2008 年金融危机表明，仅仅依靠微观审慎监管很难维护金融体系的稳定难以确保长期的宏观均衡和经济可持续增长。

A. Crockett（2000）首次从目标上把宏观审慎和微观审慎的方法进行区分，对认为宏观审慎管理区别于微观审慎监管在于更加关注金融系统风险和金融机构整体行动造成的"合成谬误"。White（2004）界定了"宏观审慎管理"的狭义和广义概念，认为狭义的宏观审慎管理是宏观审慎监管行为，用各种审慎监管工具巩固宏观金融系统的稳定状况；广义的宏观审慎管理包括宏观审慎监管和宏观调控政策在内的整体框架，用协调的组合政策维持金融和经济的平稳运行。

在监管方面，C. Borio（2003）认为宏观审慎监管在直接目标、最终目标、金融机构间的关联性与共同风险暴露、风险模型以及审慎监管标准方面存在着差异，前者的最终目标是实现宏观经济的平稳发展，后者是保护存款人和投资人的权益。就风险性质而言，前者风险内生于金融机构的集体行为，后者的系统性风险源于"外生"。在监管手段方面，宏观审慎是"自上而下"，微观审慎是"自下而上"。Borio 指出，宏观审慎监管涉及时间和横截面两个维度：一个维度考察系统的总体风险随时间的变化；另一个维度是在某段时间内金融机构间的风险分布以及交互感染。

2006 年，IMF 编制了金融健全指数用于分析不同国家金融体系的稳定性，但各国在会计和数据方面的标准存在差异，难以进行金融健全指数的跨国比较。后来，欧洲央行（European Central Bank，ECB）在金融健全指数的基础上构建了宏观审慎指数（Prudential Measure Indicators），统一编制了银行等部门的相关指标标准。随后，大量关于金融稳定性的定量研究都基于金融健全指数和宏观审慎指数，Geal 和 Hermánek 在两个指数的基础之上构建了金融稳定指数，对捷克 1997—2006 年的金融稳定状况进行了研究。

Segoviano 和 Lowe（2002）与 Kashyap 和 Stein（2004）证实了内部评级法强化银行信贷活动的顺周期现象。Enria（2004）证明了公允价值会计准则推进了金融的顺周期性。Kashyap 和 Stein（2004）认为巴塞尔新资本协议框架允许银行使用内部评级法使得银行系统产生顺周期，导致银行使用的风险参数调整跟随经济周期波动，且内部评级法所造成的顺周期性还会随同资本的风险敏感度而改变。

2. 国内研究

彭刚和苗永旺（2010）介绍了世界主要国家或地区的宏观审慎监管框架，

并总结了中国宏观审慎监管的实践和探索，提出了中国宏观审慎监管框架的构建方式、货币政策与资产价格的联系机制、有效宏观审慎监管工具的开发以及构建中国与其他国家宏观审慎监管的协调机制。随着金融市场的日渐发达和复杂化，在传统微观审慎监管的基础上全面建立和完善宏观审慎监管已成为大势所趋，监管当局需要从经济活动、金融市场以及金融机构行为之间相互关联的角度，从整体上评估金融体系的风险，并在此基础上健全金融体系的制度设计并作出政策反应（陈雨露和马勇，2012）。

陈静（2012）从系统性金融风险的来源出发，提出了专门用于监测系统性风险的指标和工具，并根据我国实际构建了"宏观＋微观"双层次的系统性风险评估框架，通过构造系统性风险压力指数实现对系统性风险的量化评估。黄聪和贾彦东（2010）构建中国金融网络的风险传递模型，并以单一时点压力测试的方式衡量金融网络稳定性，证明了网络稳定状态的存在性与唯一性，认为我国银行间网络表现出明显的重要节点与局部团状结构共存的结构特征。董小君（2012）对中国银行业风险进行综合评估，发现银行金融机构运行从微观审慎指标看非常稳定，但这并不意味着银行系统不存在风险；从宏观审慎方面分析，未来5年中国银行业将面临融资平台不良贷款和房地产不良贷款两大系统性金融风险。冯科、刘静平等（2012）认为我国商业银行信贷存在顺周期行为，经济繁荣时扩张信贷，衰退时惜贷。

（三）文献综述与本文研究视角

1. 文献综述

由上述文献可以看出，金融发展对经济发展的研究结论并不完全一致，主要原因有三个方面。第一，选取的样本不同，如 Leviene 等一些学者的跨国别研究往往会产生遗漏变量的问题，而国内分区域就金融发展对经济增长影响的研究往往选取的时间段不同，早期谈儒勇（1999）的研究采取的是季度数据；第二，采取的研究方法不同，周立和王子明（2002），陈国进和王磊（2009）等采取的是回归的方法，李广众和陈平（2002），马轶群和史安娜（2012）采取的是VaR的方法，高辉（2011）采取的是联立方程组的方法；余利丰、邓柏盛等（2011）采取的是随机前沿的方法；第三，选取的变量和测度不完全一致，如张军和金煜（2005），赵勇和雷达（2010）以及姚耀军（2012）等在个别变量的测度和控制变量选取上都有差异。

2. 本文研究视角

考虑到近年来金融深化程度不断提高，社会融资规模持续扩大，融资结构发生较大改变，尤其是直接融资在社会融资总规模中的比重越来越大，各地区金融支持经济增长的路径也存在显著差异。金融危机以来，宏观审慎管理成为我国货币政策的重要手段，动态存款准备金调整日趋成熟，通过对信贷规模的调整来推动经济转型和发展。本文运用 28 个省区 2003—2011 年的相关数据构建面板数据模型对金融深化和融资多元化这两种途径对经济增长的数量和质量进行比较研究，为了控制样本选择对结论的影响，本文采取 Bootstrap 的方法进行了稳健性估计。

三、理论分析与理论假设

（一）金融发展缓解企业融资约束

在资本市场不完善的情况下，企业内部融资无法满足企业的资金需求时，企业往往会转向外部融资，但是往往无法支付过高的外部融资成本导致投资不足而出现融资约束现象（Fazzari 等，1988）。良好的金融体系不仅可以缓解企业的融资约束，而且还可以通过分散风险和利益共享机制对技术具有长效性的激励功能（Solomon，2002）。Gorodnichenko 等（2010）证明了发展中国家和转型经济较低的金融发展水平制约了企业融资和创新活动，降低了微观经济的运行效率。沈红波和寇宏等（2010）证实了我国上市公司存在着明显的融资约束现象，金融发展可以显著地缓解企业的融资约束。翟淑萍和顾群（2013）认为金融发展能够缓解高新技术企业融资约束，金融发展对国有高新技术企业融资约束缓解作用和研发投资效率的促进作用更为显著。

（二）金融发展促进技术进步

企业研发对技术进步的影响更为关键，金融发展水平对企业的研发行为具有重要影响。解维敏和方红星（2011）研究发现银行业市场化改革的推进、地区金融发展积极地推动我国上市公司的 R&D 投入，金融发展水平对企业 R&D 投入的这种正向影响对小规模企业和私有产权控制的企业更为明显，政府干预弱化了金融发展对企业 R&D 投入的积极影响。黄凌云和徐磊等（2009）认为外商直接投资（FDI）的技术溢出存在显著的金融发展"双门槛效应"：1994 年以来，我国大多省份金融发展程度跨越了最低门槛值，FDI 在这些省份存在显著的技术溢出效应；但由于还未跨越更高的门槛值，使得这些省份对溢出效应的吸收还不够充分。师文明和王毓槐（2010）认为金融发展在早期的低水平阶段不利于技术进步，但是越过某个门槛值以后，在高水平阶段金融发展就会对技术进步有促进作用。冉光和和张冰等（2013）研究也发现金融发展和外商直接投资均对我国内资企业研发投入具有显著的正向效应，并且影响存在明显的区域差异。

（三）金融发展通过激励企业家精神推动经济增长

一个国家和地区的长期经济发展离不开企业家的创业和创新精神。熊彼特认为企业家是经济发展的主要原因，企业家承担"创造性破坏"功能，推动技术进步和经济增长。Salgado – banda 和 Hector（2007）发现了金融发展与创新之间存在正相关关系。但是，金融市场的抑制，如价格扭曲、过度储蓄、资本分配不理性以及投资回报率低下等，都将对企业家形成进而对经济增长产生不利影响。尹宗成和李向军（2012）证明了我国企业家精神对经济增长具有显著的促进作用，但企业家创新精神的经济增长效应远远低于企业家创业精神的经济增长效应；金融发展主要是通过为企业家创业提供资金支持来促进我国经济增长。

（四）金融发展优化产业结构

产业结构优化是经济增长的重要推动力，金融发展是影响产业结构优化的重要因素之一。Luintel 和 Khan（1999）发现金融发展与经济增长之间存在双向因果关系。后来，Bech 和 Levine（2002）、Loayza 和 Ranciere（2002）的实证研究都表明金融深化对经济增长有明显的正向影响。王春丽和宋连方（2011）证明了我国金融发展对产业结构优化有明显的推动效果，但产业结构的优化并不一定带来金融发展总量的增长。黄德春和闵尊祥等（2011）研究发现无论是金融发展规模还是金融发展效率，都对中国高新技术产业的技术创新有明显的促进作用，但金融发展规模对技术创新的作用存在门槛效应，目前我国所有地区的金融发展规模都已经越过了这道门槛。

（五）宏观审慎政策下金融发展与经济增长

综上所述，金融发展通过缓解企业融资约束，增加 R&D 投入等投资、推动技术进步、激励企业家精神以及优化产业结构等方面推动经济增长。但是，金融深化过程中也会存在"门槛效应"，过度的金融深化也可能拖累经济增长。事实上，在金融发展对经济增长的促进过程中，还受到法治水平、经济发展水平、人力资本存量以及市场化程度等因素的影响（苏基溶、廖进中，2010；郭云南、徐谦等，2012）。我国各地区的金融发展水平、政府干预程度以及人力资本等自然禀赋存在较大的差异，通过增加银行信贷和扩大金融深化程度是推动经济增长的重要手段。考虑到当前我国仍处于经济金融发展的初级阶段，金融发展对经济增长的推动作用仍然有效。

理论假设 1a：金融深化和融资结构多元化能刺激经济增长。

金融危机后，我国首先提出并开始宏观审慎管理政策实践，2011 年正式引入差别存款准备金动态调整机制。考虑到目前我国采取的"稳中求进"宏观经济政策总基调，在稳健的货币政策背景下，央行采取的宏观审慎管理措施也会有利于稳定经济增长。

理论假设 1b：在宏观审慎政策框架下金融深化和融资结构多元化会维持经

济增长。

　　金融体系风险分散与流动性供给、削减事前的信息不对称及其引发的逆向选择、弱化事后的信息不对称及其产生的道德风险三大基本功能，通过这些基本功能的发挥，以及其延伸的优化资源配置和推进技术进步的作用，金融发展可以推进 TFP 增长。考虑到我国各地政府竞相追求本地经济增长的情况下，过度地增加融资规模，会使得货币刺激经济的边际收益递减，对经济增长的刺激作用减弱。同时，在信贷宽松的条件下，企业可能会产生过度投资的行为，从而降低了投资效率，不利于各地区经济增长质量的提高。如果拓宽融资渠道，增加从资本市场获得资金的规模和比例，尽可能地通过市场化融资，可以降低融资成本，通过市场机制甄别出更加有效的投资机会，提高各地区经济增长的质量。因此，提出以下假设。

　　理论假设 2a：金融深化没有提高经济增长质量，社会融资多元化（银行信贷占比减少）会提高经济增长质量。

　　理论假设 2b：宏观审慎政策会通过融资结构多元化提高经济增长质量。

四、样本选择、变量测度与模型设定

（一）研究样本与数据来源

　　受数据可得性的限制，本文实证分析采用的是 2003—2011 年中国 31 个省、自治区、直辖市的面板数据。由于西藏、海南的数据缺漏值较多，且已有数据变化较大，本文予以剔除。重庆 1997 年才成为直辖市，本文将其与四川省合并，剩下共 28 个地区为样本来考察金融深化和融资模式对经济发展的不同影响。数据主要来源于 Wind 金融数据、《新中国 60 年统计资料汇编》和 31 个省市 2012 年统计年鉴。

（二）变量测度

　　被解释变量。本文用经济增长的数量和质量分别来测度经济发展。经济增长采取传统的人均国内生产总值（GDP）来衡量；经济发展质量用各省区的全要素生产率（TFP）来测度，运用数据包络分析（DEA）的方法，采用 Malmquist 指数法（Fare，1994）运用软件 DEAP2.1 来计算 TFP 增长。其中，投入为各省区的资本存量（K）和就业人数（L），产出指标为各省区的实际 GDP（以 1952 年为基期，用各省区的 GDP 指数折算）。在各省区资本存量的测算资本存量的方法是戈德史密斯于 1951 年提出的永续盘存法，计算公式为：$K_{it} = K_{it-1}(1 - \delta_{it}) + I_{it}$，$K_{it}$ 为 i 地区第 t 年资本存量，δ 为折旧率，I_{it} 为 i 地区第 t 年固定资产投资。考虑到永续盘存法计算资本存量时选择的基期越早，基期资本存量估计的误差对后续年份的影响就越小，考虑到数据可得性和已有研究成果

（张军，2005；单豪杰等，2010），本文以1952年为基期主要采用单豪杰（2010）的测算方法来计算。

解释变量。本文主要研究金融深化和社会融资多元化这两种金融发展路径对经济发展的影响，分别用金融相关比率（Financial Interrelations Ratio，FIR）和金融机构新增贷款在社会融资总规模中的占比来测度（Sfstr）。其中，金融相关比率（FIR）越高，说明货币化程度越高；金融机构新增贷款在社会融资总规模中的占比（Sfstr）越高，说明其他融资渠道获得的资金较少，融资多元化程度较低。

Goldsmith（1969）把某一时点上金融资产总值与国民财富之比来衡量经济的金融深化程度，通常多数研究将其简化为金融资产总量与GDP的比值。鉴于我国没有直接的各地区金融资产的数据，多数以各地区全部金融机构存贷款总额占GDP的比例作为一个窄的衡量（周立和王子明，2002；包群和阳佳余，2008；赵勇和雷达，2010），本文也以此作为测度金融深化的指标。

当前，全国各省市的社会融资规模数据尚未公开，我们搜集到河南、山东、安徽等18个省市的社会融资规模数据，其他省市的数据采取以下的方法获取。考虑到全国社会融资规模与GDP相关性较高（2002—2010年为0.85，2002—2011年为0.94），且存在相互的因果关系①，把全国的社会融资规模对GDP的回归系数作为参数，用各省区的GDP代入拟合方程来测算各地区的社会融资总规模。然后，根据各省区每年的金融机构贷款余额计算出新增贷款，用新增贷款除以社会融资总规模得到金融机构信贷在总社会融资规模中的占比，用来衡量社会融资多元化情况。

宏观审慎政策（Pmdum）。人民银行从2009年年中开始研究进一步强化宏观审慎管理的政策措施，2011年通过引入差别准备金动态调整措施，把货币信贷和流动性管理的总量调节与强化宏观审慎政策结合起来，正式开始实施宏观审慎管理政策。本文把宏观审慎政策变量设定为虚拟变量，2011年政策实施前为0，2011年实施后为1。

控制变量。根据既有Chen和Feng（2000）、陈钊和陆铭（2004）、陆铭和金煜（2005）等相关研究，如财政支出、人力资本、开放度等因素也会影响到各省区的经济发展，参考上述研究成果，采取以下控制变量。财政支出（Exp）：财政支出总额与GDP的比值。人力资本（Edu）：各地区的受教育年限以此来度量人力资本水平。其中文盲和半文盲记为0年，小学计为6年，初中计为9年，高中计为12年，大专及以上计为16年。开放度（FDI）：外商直接投资占国内

---

① 详见调查统计司网站调查统计研究，2012（1）。

生产总值的比率表示。国企改革（NSOE）：国企员工占全部从业人员的比重。城市化（Urban）：非农业户籍人口占总人口的比重。

（三）模型设定

为了考察不同金融发展路径对区域经济发展的不同影响，分别构建以下实证模型，分别研究金融深化、融资多元化对区域经济发展的不同影响。其中，方程 3.1a 为金融深化、融资多元化对区域经济发展数量即 GDP 影响的实证模型，预期金融相关比率（FIR）和融资多元化（Sfstr）的估计系数为正；方程 3.2a 为金融深化、融资多元化对区域经济发展质量即 TFP 影响的实证模型，预期金融相关比率（FIR）和融资多元化（Sfstr）的估计系数为负。

$$GDP_{it} = \alpha + \beta_1 FIR_{it} + \beta_2 Sfstr + \beta_3 EXP_{it}$$
$$+ \beta_4 Edu + \beta_5 FDI + \beta_6 NSOE_{it} + \beta_7 Urban_{it} + \varepsilon \qquad 3.1a$$

$$TFP_{it} = \alpha + \beta_1 FIR_{it} + \beta_2 Sfstr + \beta_3 EXP_{it}$$
$$+ \beta_4 Edu + \beta_5 FDI + \beta_6 NSOE_{it} + \beta_7 Urban_{it} + \varepsilon \qquad 3.2a$$

为了进一步研究宏观审慎管理框架下金融发展对区域经济增长数量和质量的不同影响，本文采取宏观审慎政策的虚拟变量宏观审慎政策（Pmdum）与金融相关比率（FIR）、融资多元化（Sfstr）的交互项来检验。其中模型 3.1b 表示宏观审慎政策框架下金融深化和融资结构多元化对经济增长数量的影响，预期 $FIR \times Pmdum$ 和 $Sfstr \times Pmdum$ 的符号分别为正；3.2b 表示宏观审慎政策框架下金融深化和融资结构多元化对经济增长质量的影响，预期 $Sfstr \times Pmdum$ 的符号为负。

$$GDP_{it} = \alpha + \beta_1 FIR_{it} \times Pmdum_{it} + \beta_2 Sfstr \times Pmdum_{it} + \beta_3 EXP_{it}$$
$$+ \beta_4 Edu + \beta_5 FDI + \beta_6 NSOE_{it} + \beta_7 Urban_{it} + \varepsilon \qquad 3.1b$$

$$TFP_{it} = \alpha + \beta_1 FIR_{it} \times Pmdum_{it} + \beta_2 Sfstr \times Pmdum_{it} + \beta_3 EXP_{it}$$
$$+ \beta_4 Edu + \beta_5 FDI + \beta_6 NSOE_{it} + \beta_7 Urban_{it} + \varepsilon \qquad 3.2b$$

五、实证研究

（一）统计性描述

在剔除个别异常值后，各变量的基本统计量由表 3 给出，在 2003—2011 年间各地区经济金融发展状况存在较大的差别。其中，2011 年天津的人均 GDP 最高，达到 85 213 元/人，贵州省 2004 年的人均 GDP 仅为 4 215 元/人。从经济发展的质量即全要素生产率来看，不同地区存在一定的差距，东部沿海地区普遍较高，如北京、天津、浙江、江苏和上海等地区都达到 1，而西部地区较低，如青海、贵州、宁夏、新疆等省份多数年份在 0.997 以下；从衡量金融深化的金融相关比率来看，北京、上海、浙江多数年份在 3.0 以上，而内蒙古、河南、山东等内地经济大省多在 1.8 以下；从社会融资渠道来看，浙江、上海、江苏（如 2009 年）的银行信贷在社会融资总规模中的占比较高，而辽宁、黑龙江、河北（如 2005 年）的银行信贷在社会融资总规模中的占比较低；从开放度（FDI）、人力资本（Ddu）和国企改革程度来看，上海、天津、江苏的东北沿海地区的开放程度、人均受教育年限和国企改革程度都远高于新疆、甘肃、贵州等西部地区。

表 3   变量的基本统计量

variable	mean	sd	min	p25	p50	p75	max
GDP	24 347.74	14 858.66	4 215.00	13 108.00	20 157.73	31 599.00	85 213.00
tfpch	1.00	0.01	0.94	1.00	1.00	1.00	1.00
FIR	2.29	0.53	1.28	1.84	2.28	2.64	3.90
Sfstr	0.56	0.22	0.03	0.41	0.58	0.72	0.99
pmdum	0.13	0.33	0.00	0.00	0.00	0.00	1.00
Exp	0.56	0.15	0.29	0.45	0.54	0.67	0.93
Edu	920 000	1 700 000	32 601	240 000	380 000	710 000	9 600 000
NSOE	0.10	0.04	0.05	0.07	0.08	0.13	0.25
FDI	0.37	0.36	0.05	0.15	0.21	0.50	1.78

（二）相关性分析

各变量的相关系数由表 4 给出。可以看出，各地区经济发展数量 GDP 与质量全要素生产率显著正相关，但相关系数较小，说明经济增长的质量对数量的支持程度不够。各地区的经济增长与金融相关比率、金融机构信贷占比分别在 1% 的水平上显著正相关，初步说明金融深化和融资结构多元化对经济增长都有正向影响。各地区的全要素生产率与金融相关比率显著负相关，与融资结构负相关但不显著，初步说明金融深化对经济发展的质量有显著的负面影响，而社会融资多元化也没有对经济发展质量发挥显著的正向促进作用。为了在控制其他因素对经济发展的影响，下文对此进一步构建面板数据模型深入研究。

表 4   变量的相关系数

	GDP	TFP	FIR	Sfstr	Exp	Edu	NSOE	FDI
GDP	1.000							
TFP	0.139 **	1.000						
FIR	0.231 ***	−0.153 **	1.000					

	GDP	TFP	FIR	Sfstr	Exp	Edu	NSOE	FDI
Sfstr	0. 221 ***	0. 019	0. 110	1. 000				
Exp	0. 087	− 0. 136 *	− 0. 005	0. 326 ***	1. 000			
Edu	− 0. 114	0. 103	− 0. 091	− 0. 446 ***	− 0. 234 ***	1. 000		
NSOE	− 0. 023	− 0. 090	0. 086	− 0. 170 **	0. 046	− 0. 153 **	1. 000	
FDI	0. 447 ***	0. 119 *	0. 320 ***	0. 018	− 0. 403 ***	0. 092	− 0. 042	1. 000

注：***、**、*分别表示 t 统计量在 1%、5%、10% 水平上的显著。

（三）实证结果

在对设定的模型 3. 1a 和 3. 1b 进行实证检验时，Hausman 检验显示固定效应模型优于随机效应模型，并且截面间存在异方差主要采取 White 稳健性估计；另外，考虑到样本数量和变量分布情况可能对估计结果的影响，本文采取 Bootstrap 的方法进行自主抽样估计，实证结果由表 5 给出。模型（1）是在控制了其他因素对经济增长的影响后，金融相关比率对 GDP 有显著的正向影响，模型（2）进行 200 次自主抽样稳健性估计仍然显示二者之间存在显著的正相关关系；模型（3）和模型（4）是在控制了其他因素对经济增长的影响后，融资多元化对 GDP 影响的稳健性估计和自主抽样 200 次估计，结果显示金融机构信贷在社会融资总规模中的占比滞后 1 期对 GDP 有显著的正向影响。综合上述实证结果，可以发现金融深化和社会融资多元化对各地区的经济增长数量具有显著的正向影响，这就证明了理论假设 1a。

模型（5）宏观审慎管理与金融相关比率的交互项及控制变量对 GDP 进行 200 次自主抽样的稳健标准误估计结果，结果显示宏观审慎管理与金融相关比率对 GDP 在 1% 水平具有显著的正向影响。模型（6）宏观审慎管理与融资多元化滞后 1 期的交互项及控制变量对 GDP 进行 200 次自主抽样的稳健标准误估计结果，结果显示宏观审慎管理与融资多元化对 GDP 在 1% 水平具有显著的正向影响。综上所述，宏观审慎政策框架下金融深化和融资多元化对经济增长数量都有显著的正向影响，证明了理论假设 1b。

表 5　　　　宏观审慎、金融发展与 GDP 关系实证结果

	模型（1）	模型（2）	模型（3）	模型（4）	模型（5）	模型（6）
_ cons	3. 2e + 04 *** (−3. 378)	3. 2e + 04 *** (−2. 683)	4. 1e + 04 *** (−3. 515)	4. 1e + 04 ** (−2. 105)	3. 9e + 04 *** (−3. 911)	3. 8e + 04 *** (−3. 628)
FIR	7 264. 505 * (−1. 944)	7 264. 505 ** (−1. 973)				

续表

	模型（1）	模型（2）	模型（3）	模型（4）	模型（5）	模型（6）
L. Sfstr			1 147.174 （ -0.946）	1 147.174 （ -0.892）		
FIR × Pmdum					3 168.150 *** （ -6.636）	
L. Sfstr × Pmdum						1.1e +04 *** （ -8.240）
Exp	2.5e +04 *** （ -3.334）	2.5e +04 *** （ -3.252）	2.9e +04 *** （ -4.878）	2.9e +04 *** （ -3.890）	2.4e +04 *** （ -3.926）	2.4e +04 *** （ -4.014）
Edu	-0.000 *** （ -3.728）	-0.000 *** （ -3.670）	-0.001 *** （ -2.826）	-0.001 （ -0.278）	-0.000 *** （ -3.410）	-0.001 *** （ -3.521）
NSOE	-2.7e +05 *** （ -3.326）	-2.7e +05 *** （ -2.804）	-1.9e +05 ** （ -2.083）	-1.90E +05 （ -1.228）	-1.8e +05 *** （ -2.730）	-1.7e +05 ** （ -2.289）
FDI	-3.5e +04 *** （ -6.640）	-3.5e +04 *** （ -5.964）	-4.1e +04 *** （ -5.261）	-4.1e +04 *** （ -4.560）	-3.6e +04 *** （ -4.715）	-3.5e +04 *** （ -5.301）
	232	232	176	176	200	173
r^2	0.718	0.718	0.712	0.712	0.791	0.796
r^2_a	0.712	0.674	0.704	0.648	0.753	0.751
F	48.053	—	41.806	—	—	—
p	0.000	0.000	0.000	0.000	0.000	0.000

注：***、**、*分别表示 t 统计量在 1%、5%、10% 水平上的显著。

金融发展对各地区经济全要素生产率影响（模型 3.2a 和模型 3.2b）的实证结果如表 6 所示，其中 Hausman 检验没有拒绝固定效应模型假定，故采取了固定效应模型进行估计，为了控制截面间存在异方差采取 White 稳健性估计；另外，考虑到样本数量和变量分布情况可能对估计结果的影响，本文采取 Bootstrap 的方法进行自主抽样估计。模型（1）显示控制了其他因素对全要素生产率的影响后，金融相关比率对全要素生产率的影响并不显著，模型（2）进行 200 次自主抽样稳健性估计仍然显示二者之间存在不显著的负相关关系；模型（3）和模型（4）是在控制了其他因素对全要素生产率的影响后，融资多元化对全要素生产率影响的稳健性估计和自主抽样 200 次估计，结果显示金融机构信贷在社会融资总规模中的占比滞后 1 期对全要素生产率具有显著的负向影响，说明贷款在社会融资规模中的占比越低，下一年的全要素生产率就越高。综上所述，金融深化对经济增长的质量影响并不显著,而融资渠道多元化显著提高了经济增长质量,证明了理论假设3.2a。

模型(5)宏观审慎管理与金融相关比率的交互项及控制变量对全要素生产率进行200次自主抽样的稳健标准误估计结果,结果显示宏观审慎管理与金融相关比率对全要素生产率并没有显著影响。模型(6)宏观审慎管理与融资多元化滞后1期的交互项及控制变量对全要素生产率的进行200次自主抽样的稳健标准误估计结果,结果显示宏观审慎管理与融资多元化对全要素生产率在10%水平具有显著的正向影响。综上所述,宏观审慎政策框架下融资多元化对经济增长质量都有显著的促进作用,证明了理论假设1b。

表6　　　　　　　宏观审慎、金融发展与 TFP 关系实证结果

	模型 (1)	模型 (2)	模型 (3)	模型 (4)	模型 (5)	模型 (6)
_ cons	0.999 ***	0.999 ***	1.001 ***	1.001 ***	1.000 ***	1.001 ***
	(-548.205)	(-1167.462)	(-1810.898)	(-571.948)	(-1178.930)	(-936.802)
FIR	0.000	0.000				
	(-1.074)	(-1.135)				
L. Sfstr			-0.001 ***	-0.001 ***		
			(-3.277)	(-2.878)		
FIR × Pmdum					0.000	
					(-1.599)	
L. Sfstr × Pmdum						-0.001 *
						(-1.762)
Exp	-0.001	-0.001	-0.001	-0.001	-0.001	-0.001 *
	(-1.396)	(-1.463)	(-1.590)	(-1.358)	(-1.485)	(-1.695)
Edu	0.000	0.000	0.000	0.000	-0.000 *	0.000
	(-1.198)	(-1.303)	(-0.615)	(-0.111)	(-1.820)	(-1.217)
NSOE	-0.017	-0.017	-0.022 ***	-0.022 **	-0.018	-0.026
	(-1.212)	(-1.266)	(-4.503)	(-2.288)	(-1.434)	(-1.479)
FDI	0.001	0.001	0.000	0.000 *	0.000	0.000
	(-1.342)	(-1.416)	(-1.132)	(-1.888)	(-0.797)	(-0.752)
N	239	239	186	186	206	179
r^2	0.019	0.019	0.200	0.200	0.170	0.243
r^2_ a	-0.002	-0.128	0.033	0.033	0.022	0.083
F	6.985	—	7.661	—	—	—
p	0.000	0.000	0.000	0.000	0.000	0.000

注: ***、**、*分别表示 t 统计量在1%、5%、10%水平上的显著。

（四）实证小结

本节在对数据进行了认真细致地筛选，相关测度变量进行详细计算后，对金融发展支持经济增长数量和质量的两个途径进行了比较研究。结果发现，金融深化和融资渠道多元化对地区经济增长数量具有显著的正向影响，融资渠道多元化可以显著提高地区经济增长质量即全要素生产率，降低银行信贷在社会融资规模的比重可以促进经济增长质量的提高。然后，本节进一步研究了宏观审慎政策框架下的金融深化和融资渠道多元化对经济增长的影响进行实证检验。结果发现，宏观审慎政策与金融深化、融资渠道多元化的交互作用对经济增长数量有显著地影响，宏观审慎政策融资渠道多元化的交互作用显著提高了经济增长质量。

六、研究总结

（一）研究结论与政策建议

本文从理论上对金融与经济增长的关系进行了系统的梳理，阐述了金融支持经济增长和全要素生产率的作用。然后，在考虑我国各地区经济金融条件和自然禀赋的条件下，提出了两个理论假说：金融深化、银行信贷都会推动 GDP 增长；金融深化没有提高 TFP；社会融资多元化（银行信贷占比减少）会提高 TFP。接着，运用 28 个省区 2003—2011 年的相关数据对理论假设的相关变量进行了详细计算和测度，构建面板数据模型进行实证研究。结果发现，金融深化和融资渠道多元化对地区经济增长速度具有显著的正向影响，融资渠道多元化可以显著提高地区经济增长质量即全要素生产率；宏观审慎政策与金融深化、融资结构多元化的交互作用提高了经济增长速度，宏观审慎政策框架下融资结构多元化显著提高了经济增长质量。

为此，我们提出以下政策建议。第一，改变通过增加金融机构贷款来提高经济增长速度的传统观念。过度依赖增加信贷投放可能会增加通胀预期，仅仅能够提高经济发展的数量，不能提高经济发展的质量，对长期经济发展具有不利影响。第二，在保持合理的社会融资总规模的条件下，加快金融体系改革，完善多层次资本市场，拓宽融资渠道。融资结构对经济发展的数量和质量有着不同的影响，融资渠道多元化，降低金融机构信贷在社会融资总规模中的比重，通过市场多元化融资渠道，不仅可以推动经济增长，对长期的经济发展质量也有积极的作用。资本市场直接融资与金融机构信贷具有互补作用，并且直接融资可以降低银行体系风险，减少实体经济融资成本，通过完善多层次资本市场增加直接融资的比重对长期经济增长更有利。第三，进一步完善和加强宏观审慎政策在调结构、促发展中的重要作用，通过建立健全宏观审慎管理制度，丰富宏观审慎政策手段工具（当前仅使用了差别动态存款准备金调整工具），提高整个金融系统的稳健性，促进经济持续健康发展。

（二）不足之处与进一步研究方向

本文的研究尽管取得了一些结论，具有一定的新颖性，但仍然存在一些不足之处，如金融支持经济发展路径的理论分析比较薄弱，内在机理和逻辑尚不完全清楚，有待于进一步深入总结分析。由于目前各省区的社会融资规模详细数据尚未公布，本文用回归的方法间接测算了部分地区的社会融资规模，尽管逻辑上具有一定合理性，但数据的准确性不够；同时，难以得到社会融资总额中各种贷款以及直接融资、间接融资的比重，使研究未能深入研究深化融资结构对经济发展的影响。另外，宏观审慎理论研究基础仍还薄弱，政策实施时间较短，研究样本不足，理论分析不够严密，实证方法不够严谨。

在未来研究中，我们将从以下三个方面深化研究。一是进一步梳理文献，厘清金融对经济发展作用的内在逻辑和作用机理，甄别分析二者之间的相关和因果关系。二是通过各种方法获取各地区详细的社会融资规模数据，仔细分析社会融资结构，包括直接融资和间接融资等，细化金融支持经济发展不同路径效果的研究。三是加强对宏观审慎政策和基础理论的理解，从差别动态存款准备金调整机制着手，运用更加严谨的实证方法探析对银行信贷、金融风险以及产业结构优化的影响。

参考文献

［1］陈国进，王磊. 法治、金融发展与经济增长——基于我国省际数据的经验证据［J］. 山西财经大学学报，2009（1）：15 - 20.

［2］陈志刚，郭帅. 金融发展影响全要素生产率增长研究述评［J］. 经济学动态，2012（8）：129 - 136.

［3］杜宏宇，岳军. 金融发展、政府支出结构与地区经济增长［J］. 财经问题研究，2012（4）：50 - 54.

［4］杜家廷. 中国区域金融发展差异分析——基于空间面板数据模型的研究［J］. 财经科学，2010（9）：33 - 41.

［5］高辉. 金融中介、股票市场与经济增长：基于联立方程模型的实证分析［J］. 上海经济研究，2011（2）：11 - 19.

［6］谷慎，邹亚方. 地区金融发展中地方政府的角色：基于面板数据模型的研究［J］. 当代经济科学，2012（6）：63 - 69 + 124.

［7］江曙霞，陈玉婵. 金融约束政策下的金融发展与经济效率［J］. 统计研究，2011（7）：21 - 26.

[8] 李广众，陈平. 金融中介发展与经济增长：多变量 VaR 系统研究 [J]. 管理世界，2002（3）：52 - 59.

[9] 卢峰，姚洋. 金融压抑下的法治、金融发展和经济增长 [J]. 中国社会科学，2004（1）：42 - 55 + 206.

[10] 卢宁. 金融发展、技术进步与区域经济增长——基于欠发达地区的分析 [J]. 经济问题，2009（1）：3 - 8.

[11] 马轶群，史安娜. 金融发展对中国经济增长质量的影响研究——基于 VaR 模型的实证分析 [J]. 国际金融研究，2012（11）：30 - 39.

[12] 马颖，李静. 中国金融发展促进区域增长趋同的经验分析：1978—2010 [J]. 当代财经，2012（12）：67 - 76.

[13] 彭国华. 我国地区全要素生产率与人力资本构成 [J]. 中国工业经济，2012（2）：52 - 59.

[14] 师文明，王毓槐. 金融发展对技术进步影响的门槛效应检验——基于中国省际面板数据的实证研究 [J]. 山西财经大学学报，2010（9）：38 - 45.

[15] 孙林，杨俊. 我国区域金融发展与经济发展关系再研究——基于我国三大区域面板数据的检验和分析 [J]. 经济经纬，2012（2）：32 - 36.

[16] 谈儒勇. 中国金融发展和经济增长关系的实证研究 [J]. 经济研究，1999（10）：53 - 61.

[17] 田菁. 中国区域金融发展：差异、特点及政策研究 [J]. 财经问题研究，2011（2）：63 - 70.

[18] 王书华，杨有振. 供给领先的金融发展与经济增长——理论假说与经验事实 [J]. 山西财经大学学报，2011（3）：41 - 47.

[19] 王永剑，刘春杰. 金融发展对中国资本配置效率的影响及区域比较 [J]. 财贸经济，2011（3）：54 - 60.

[20] 闫丽瑞，田祥宇. 金融发展与经济增长的区域差异研究——基于我国省际面板数据的实证检验 [J]. 宏观经济研究，2012（3）：99 - 105.

[21] 杨龙，胡晓珍. 金融发展规模、效率改善与经济增长 [J]. 经济科学，2011（1）：38 - 48.

[22] 姚耀军. 金融发展与全要素生产率增长：区域差异重要吗？——来自中国省级面板数据的经验证据 [J]. 当代财经，2012（3）：43 - 53.

[23] 易纲等. 关于中国经济增长与全要素生产率的理论思考 [J]. 经济研究，2003（8）25，32.

[24] 余利丰等. 金融发展与中国生产率增长——随机前沿分析的视角 [J]. 管理科学，2011（4）：105 - 112.

　　[25] 张军，金煜. 中国的金融深化和生产率关系的再检测：1987—2001 [J]. 经济研究，2005（11）（34）：5.

　　[26] 张珂. 中国金融发展与经济增长阈效应研究——来自中国各省市平行数据的经验证据 [J]. 上海金融，2009（10）：11 - 16.

　　[27] 赵立彬. 金融发展、信贷资源配置与过度投资 [J]. 上海经济研究，2012（8）：13 - 21.

　　[28] 赵奇伟. 金融发展、外商直接投资与资本配置效率 [J]. 财经问题研究，2010（9）：47 - 51.

　　[29] 赵勇，雷达. 金融发展与经济增长：生产率促进抑或资本形成 [J]. 世界经济，2010（2）：37 - 50.

　　[30] 周立，王子明. 中国各地区金融发展与经济增长实证分析：1978—2000 [J]. 金融研究，2002（10）：1 - 13.

　　[31] Aghion, P. , et al. （2005）. The Effect of Financial Development on Convergence：Theory and Evidence. The Quarterly Journal of Economics, 120（1）：173 - 222.

　　[32] Arestis, P. and P. Demetriades（1997）. Financial Development and Economic Growth：Assessing the Evidence * . The Economic Journal, 107（442）：783 - 799.

　　[33] Atje, R. and B. Jovanovic（1993）. Stock Markets and Development. European Economic Review, 37（2）：632 - 640.

　　[34] Beck, T. and R. Levine（2004）. Stock Markets, Banks, and Growth：Panel Evidence. Journal of Banking & Finance, 28（3）：423 - 442.

　　[35] Benhabib, J. and M. M. Spiegel（1994）. The role of Human Capital in Economic Development Evidence From Aggregate Cross - Country Data. Journal of Monetary Economics, 34（2）：143 - 173.

　　[36] Calderón, C. and L. Liu（2003）. The Direction of Causality Between Financial Development and Economic Growth. Journal of Development Economics, 72（1）：321 - 334.

　　[37] Christopoulos, D. K. and E. G. Tsionas（2004）. Financial Development and Economic Growth：Evidence from Panel Unit Root and Cointegration Tests. Journal of Development Economics, 73（1）：55 - 74.

　　[38] Demirgüç - Kunt, A. and R. Levine（1999）. Bank - Based and Market - Based Financial Systems：Cross - Country Comparisons. World Bank Policy Working Paper, （2143）.

[39] Edison, H. J. , et al. (2002) . International Financial Integration and E-conomic Growth. Journal of International Money and Finance, 21 (6): 749 - 776.

[40] King, R. G. and R. Levine (1993) . Finance and Growth: Schumpeter Might be Right. The Quarterly Journal of Economics, 108 (3): 717 - 737.

[41] King, R. G. and R. Levine (1993) . Finance, Entrepreneurship and Growth. Journal of Monetary Economics, 32 (3): 513 - 542.

[42] Kumbhakar, S. C. (1990) . Production Frontiers, Panel Data, and Time - Varying Technical Inefficiency. Journal of Econometrics, 46 (1): 201 - 211.

[43] Levine, R. (1997) . Financial Development and Economic Growth: Views and Agenda. Journal of Economic Literature, 35 (2): 688 - 726.

[44] Levine, R. , et al. (2000) . Financial Intermediation and Growth: Causality and Causes. Journal of Monetary Economics, 46 (1): 31 - 77.

[45] Mankiw, N. G. , et al. (1992) . A Contribution to the Empirics of Economic Growth. The Quarterly Journal of Economics, 107 (2): 407 - 437.

[46] Nourzad, F. (2002) . Financial Development and Productive Efficiency: a Panel Study of Developed and Developing Countries. Journal of Economics and Finance, 26 (2): 138 - 148.

[47] Rioja, F. and N. Valev (2004) . Does One Size Fit All?: a Reexamination of the Finance and Growth Relationship. Journal of Development Economics, 74 (2): 429 - 447.

[48] Zhu, A. , et al. (2004) . Stock Market Liquidity and Economic Growth: a Critical Appraisal of the Levine/Zervos Model. International Review of Applied Economics, 18 (1): 63 - 71.

河南省基础设施投融资渠道的创新研究

河南工业大学课题组①

摘要：河南省作为一个农业大省，城镇化水平低，财政实力相对薄弱，基础设施建设的资金问题是河南发展中面临的诸多问题中最突出的焦点之一。本文在阐述公共产品理论和项目区分理论的基础上，分析了河南省基础设施建设现状和融资问题。并基于1990—2012年河南省基础设施投资数据，应用生产函数法分析了河南省基础设施的产出弹性和最优投资规模。最后提出了基础设施投融资模式创新的途径，旨在为基础设施投融资的进一步改革提供借鉴和启示。

关键词：基础设施投资　融资模式　最优规模

引　言

在过去的十几年里，河南省基础设施水平发生了很大的变化。基础设施建设在用支出法衡量的国内生产总值账户中是以投资的形态存在的，作为投资能直接给当地带来经济增长。此外，基础设施具有外部效应和网络效应（Word Bank，1994），能通过提高当地的产出效率和投资环境来促进经济增长。

基础设施建设不仅表现为高速公路、城市道路、机场、地铁以及公用设施这些物质条件。在一定程度上，不同地区基础设施水平的差异实质上反映了地方政府政治治理和政府作为的差异。张军等（2007）指出一个国家的基础设施水平是它的政府治理水平、政治管理模式以及地方分权竞争效率的典型体现。

通过相关文献研究，我们发现地方政府热衷于基础设施投资，在公共物品及服务供给结构方面存在"政府偏好"，即硬公共品投入力度明显大于软公共品，于是便出现公共品发展失衡的局面。至于为什么会出现这种失衡的情况，

---

① 课题主持人：张树忠；
　　课题组成员：朱一鸣、刘晓露。

公认的理由是，在高程度的分权体制下，地方政府不愿提供需要更多的财力却政绩更少的软公共品（王永钦等，2007）。而这与张军等（2007）研究结果相一致，地方政府在基础设施投资建设中扮演着非常重要的角色，正是由于财政分权和对地方政府正确的激励，才能有今天这样良好的基础设施水平。

在本文中我们认为，地方政府偏好于基础设施投资是由于财政分权体制下，地方政府具有管理型、发展型双重身份的结果。地方政府在财政利益和政治晋升的双重激励下，有大力发展基础设施的动力。这是因为在财政分权体制下，地方经济发展的可度量的标尺成为中央政治治理的重要信息。地方政府大力发展基础设施可以招商引资，吸引外资企业等来本地发展，从而实现经济快速增长，而显著改善的基础设施本身就是最容易度量的地方官员的政绩。图1刻画出地方政府偏好基础设施投资的基本机制。

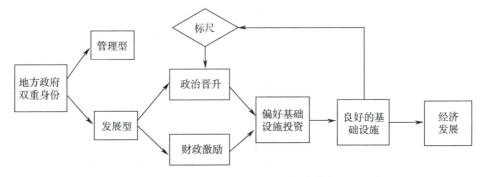

图1　地方政府偏好基础设施投资的基本机制

第一章　基础设施的相关理论

一、公共产品理论

公共产品是一种供人们共同消费的物品，纯粹的公共产品是指这样的物品，即每个人对这种物品的消费不会导致别人对这种物品消费的减少。

（1）公共产品的两个重要特性

公共产品两个重要的特性就是消费的非竞争性与消费的非排他性。所谓消费的非竞争性，是指消费者的增加不会引起成本的增加，即该产品为另外一个消费者提供服务的社会边际成本为零。由于非竞争性产品的社会边际成本为零，按照市场经济准则，这类产品必须由以政府投资的形式提供。

公共产品的非排他性意味着消费者可能做一个"免费乘车者"，免费且平等地享用公共产品。公共产品一旦提供给某些人，就不能阻止另外一些人从中受益，非排他性就是不能把他人排除在这种产品的消费之外。

（2）纯公共物品、准公共物品与私人物品

以竞争性和排他性为标准，社会中的所有经济物品都可以分为纯公共物品、准公共物品和私人物品。

纯公共物品既是非排他性的又是非竞争性的，比如国防建设，它是为整体社会成员而生产的，任何人都可以利用它满足自己的需要，而不会影响他人的利益。根据公共财政原理，纯公共物品由政府提供。

私人物品既是排他性的又是竞争性的，不具有外溢性，它能满足特定目标群体的消费需要，同时其他任何人未经同意不能随意分享。用公式可以表示为：

$$Ag = \sum A_i (i = 1, 2, 3, \cdots, n)$$

其中，Ag 是私人物品的总供给量，A_i 是第 i 个人的消费量。

现实经济产品的具体属性很复杂，还有许多物品介于纯公共物品和私人物品之间，被称为准公共物品。准公共物品是在消费方面具有较大程度外部性的一类公共物品，具有两个特性：第一，消费中的竞争性，即一个人对某物品的消费可能会减少其他人对该物品的消费（质量和数量）；第二，消费中的排他性，即只有付款的人才能享受该物品。通常，可以把准公共物品进一步划分为价格排他的公共物品和拥挤的公共物品。

综上所述，社会产品以竞争性和排他性为标准，划分为三类：纯公共物品、私人物品与准公共物品，纯公共物品表现为明显的非排他性和非竞争性的特点，包括城市道路桥梁、生态环境及城市绿化等；准公共物品具有不完全的非排他性和非竞争性的特点，包括公交、城市污水处理、铁轨和轻轨等；私人物品是个别主体使用和消费的产品和服务，该物品具有消费的竞争性和排他性，包括电力、自来水、电信等。本文对城市基础设施经济属性及分类的讨论基本上沿袭这一理论框架，将城市基础设施区分为纯公共物品性质的基础设施、私人物品性质的基础设施与准公共物品的基础设施。表1是对部分基础设施按经济属性进行的一个分类。

表1　　　　　　　　　城市基础设施的经济属性与分类

行业	项目	项目属性	分类
供热电力系统	热能生产和传输	消费的竞争性和排他性	私人物品
	供热分配	消费的竞争性和排他性	私人物品
	城市供电网	消费的竞争性和排他性	私人物品
	城市发电厂	消费的竞争性和排他性	私人物品
	电力终端	消费的竞争性和排他性	私人物品

续表

行业	项目	项目属性	分类
水资源供排水系统	制水	消费的竞争性和排他性	私人物品
	供水管道	不完全的非排他性和非竞争性	准公共物品
	分配系统	消费的竞争性和排他性	私人物品
	公用终端设备	不完全的非排他性和非竞争性	准公共物品
	私人终端设备	消费的竞争性和排他性	私人物品
	水库设施	不完全的非排他性和非竞争性	准公共物品
	污水处理厂	不完全的非排他性和非竞争性	准公共物品
交通系统	公共交通	消费的竞争性和排他性	私人物品
	铁轨和轻轨	不完全的非排他性和非竞争性	准公共物品
	城市道路和桥梁	明显的非排他性和非竞争性	公共物品
防灾系统	消防、人防设施	明显的非排他性和非竞争性	公共物品
	防洪排涝设施	明显的非排他性和非竞争性	公共物品

二、项目区分理论

非竞争性和非排他性特性反映了城市基础设施的经济属性，作为区分公共物品、私人物品、准公共物品的分类标准。在实践中，当需要解决基础设施项目的融资问题时，需要考虑基础设施项目的资产收益特性，从微观投资领域对政府与民间主体进行划分。项目区分理论就是将基础设施项目区分为经营性、准经营性与非经营性，根据项目的经济属性决定项目的投资主体、运作模式、融资渠道及权益归属等。

城市基础设施的非经营性项目，主要是指无收费机制、无资金流入的项目，完全按市场资源配置机制无法实现有效供给，是市场失效而政府有效的部分，主要体现社会效益与环境效益。这类投资只能由政府提供，如城市道路、城市绿化、城市防涝设施等。

准经营性项目介于非经营项目与经营项目之间，是指有收费机制和资金流入，但因其政策与收费价格没有到位等因素，无法收回投资成本的项目，此类项目一般附带部分公益性，需要通过政府适当的财政补贴或政策优惠维持营运，如地铁、轻轨等。

非经营性项目的投资主体由政府承担，资金来源以财政投入为主。但是，政府的这种供给职能与其生产、经营职能是可以分离的，政府主要对非经营性项目的建设进行规划、筹资等，而其生产经营可交付民营机构进行。

经营性项目属全社会投资范畴，应由市场机制自发运作，其投资主体可以是民营企业、外资企业等，应有的权益归投资方所有。目前城市基础设施项目分类见表2。

表2　　　　　　　　　　　城市基础设施项目分类表

项目属性	项目	投资主体	权益归属
经营性基础设施	收费高速公路、桥梁、电力通信等	社会资本	投资者
准经营性基础设施	地铁、轻轨、公交、自来水、煤气等	政府适当补贴吸纳各方投资	投资者 政府一般不考虑回报
非经营性基础设施	敞开式城市道路、城市绿化等	政府投资	政府

城市基础设施项目的经营性、准经营性和非经营性的区分并非绝对的，而是可以随着收费定价制度、技术进步、市场需求等因素变化而变化的。

第二章　河南省基础设施现状

一、河南省基础设施建设现状

河南在交通基础设施建设方面成就显著。铁路运输方面，河南地处全国路网中心，是重要的铁路枢纽，共有京广、陇海、焦柳、京九等10条铁路干线，至2012年底全省铁路通车里程4 822公里。公路运输方面，至2012年底全省公路总里程24.96万公里，高速公路在1994年通车里程只有81公里。2012年底通车里程达5 830公里。航空运输方面，2013年3月国务院批准《郑州航空港经济综合实验区发展规划》，规划提出以郑州航空港为主体，以综合保税区和关联产业园区为载体，以综合交通枢纽为依托，以发展航空货运为突破口，建设郑州航空港经济综合实验区。作为全国首个上升为国家战略的航空港经济发展先行区，其重要意义在于将在中国内陆地区形成一个重要的国际航空物流中心。

表3　　　　　　　　　　河南省基础设施发展概况

指标	年份	2006	2007	2008	2009	2010	2011	2012
交通	铁路里程（公里）	3 988	3 989	3 989	3 898	4 224	4 203	4 822
	公路里程（公里）	236 351	238 676	240 645	242 314	245 089	247 587	249 649
	高速公路里程（公里）	3 439	4 556	4 841	4 861	5 016	5 196	5 830

续表

指标	年份	2006	2007	2008	2009	2010	2011	2012
能源	电力可供量（亿千瓦时）	1 593	1 910	1 960	2 075	2 463	2 813	2 926.2
通讯	移动电话用户（万户）	2 351	2 914	3 498	4 016	4 449	5 061	5 671
	国际互联网用户（万户）	326	403	494	625	3 043	3 857	3 880
公共交通	每万人拥有公交车辆（台）	7.6	7.8	8	4.9	4.7	4.9	4.9
环境卫生	生活垃圾清运量（万吨）	723	737	757	679	694	730	796
	生活垃圾无害化处理率（%）	46.3	51.9	67.3	75.3	82.5	84.4	6.4

资料来源：2013 年《河南统计年鉴》。

河南是一个典型的发展中省份，处于我国中西部地区的集中位置，在中原经济区建设中起着至关重要的作用，然而其基础设施总体水平与东部发达省份相比有一定的差距。基础设施作为城市存在和发展的载体，其建设和发展状况直接影响着河南省城镇化发展的速度和质量。因此，河南省《"十二五"发展规划纲要》指出，"十二五"期间围绕中原经济区建设，要坚持基础设施先行，以综合枢纽建设和交通网络化为重点，加快铁路、民航、公路等交通建设，建成完善的高速公路网，基本完善的铁路网，提升河南省在全国综合交通运输大通道中的地位和作用。

二、河南省基础设施投资总量变化趋势分析

基础设施投资总量变化趋势是指随着时间变动，其投资规模变动的走向。20 世纪 90 年代以来，河南省基础设施建设从投资规模方面来看取得了很大的发展，在 2004 年投资规模达到了千亿元。

表4　　　　　河南省固定资产投资于基础设施投资情况表　　　　单位：亿元，%

	固定资产投资总额	固定资产投资增长率	基础设施投资总额	基础设施投资占比	基础设施投资年增长率
1995	805.03		224.2	27.85	
1996	1 003.61	24.67	290.86	28.98	29.73
1997	1 165.19	16.10	328.42	28.19	12.91
1998	1 252.22	7.47	382.03	30.51	16.32
1999	1 324.18	5.75	420.74	31.77	10.13

	固定资产 投资总额	固定资产 投资增长率	基础设施 投资总额	基础设施 投资占比	基础设施 投资年增长率
2000	1 475.72	11.44	509.22	34.51	21.03
2001	1 627.99	10.32	581.51	35.72	14.20
2002	1 820.45	11.82	628.57	34.53	8.09
2003	2 310.54	26.92	828.88	35.87	31.87
2004	3 099.38	34.14	1 052.59	33.96	26.99
2005	4 378.69	41.28	1 331.78	30.42	26.52
2006	5 907.74	34.92	1 633.77	27.65	22.68
2007	8 010.11	35.59	1 694.92	21.16	3.74
2008	10 490.65	30.97	1 972.73	18.80	16.39
2009	13 704.65	30.64	2 687.75	19.61	36.25
2010	14 124.69	3.06	2 626.73	18.60	-2.27
2011	17 770.51	25.81	3 080.58	17.34	17.28
2012	20 558.61	15.69	3 430.57	16.69	11.36

资料来源：2013 年《河南统计年鉴》。

发展经济学代表人物保罗·罗森斯坦·罗丹认为能源、交通、信息等基础设施建设周期长，必须先于直接生产性投资，在发展中国家工业化过程中，必须大规模地发展基础设施，基础设施投资通常应占社会总投资的 30% ~ 35%。从表 4 可知，河南省的基础设施投资占总投资的比重平均只有 28% 左右。相对来讲，投资有所不足。从表 4 中可以看出基础设施投资总量的变化主要有如下的特征。

（一）投资增长幅度大，投资总量规模不断扩大

从表 4 可以看出，2000 年河南省基础设施投资总额为 509.22 亿元，占当年社会固定资产投资总额的 34.51%；2005 年河南省基础设施投资总额为 1 331.78 亿元，2009 年河南省基础设施投资总额增至 2 687.75 亿元，期间增长了 4 倍多；2008 年年末国家出台了 4 万亿元的经济刺激计划，2009 年河南省基础设施投资年增长率达到 36.25%，虽然在 2010 年降至 -2.27%，但是随后便上升至 2011 年的 17.28%。社会固定资产与基础设施投资规模及增长率如图 2、图 3 所示。

（二）基础设施投资比重呈下降趋势，投资增长速度波动大

从表 4 以及图 2、图 3 可以看出基础设施投资占社会固定资产投资比重从 2003 年逐渐呈下降趋势，投资增长速度呈波浪式形态。1995—2011 年，基础设

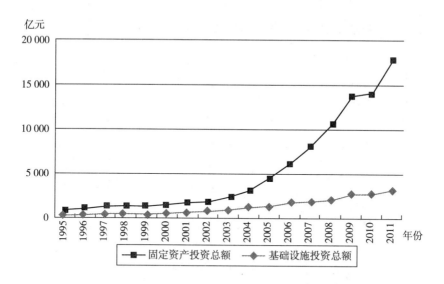

图 2 河南省固定资产投资与基础设施投资变化趋势

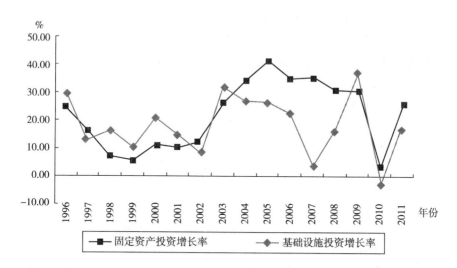

图 3 1996—2011 年固定资产与基础设施投资增长变化趋势

施投资大部分年份均保持较高速度增长，最高增速达到 36.25%，同时部分年份增长速度又很低，甚至形成负增长，说明考察期间整个增长速度波动很大，基础设施投资不稳定。基础设施投资占固定资产投资的比重，1995—2003 年呈平稳增长态势，2003—2011 年呈缓慢下降态势。

三、河南省基础设施建设投融资模式与制度的变迁

（一）财政性资金融通阶段

改革开放之前，由于我国实行计划经济体制，城市基础设施作为公共物品，长期以来一直由政府单独提供，融资渠道单一，融资额度有限，投资严重不足。政府承担了几乎所有城市基础设施的投资、建设、管理和运营，各级财政投资是唯一的资金来源，这种投资模式一直持续到 20 世纪 80 年代初。

在城市基础设施的财政性资金融通阶段，地方财政实行统收统支，城市基础设施投资作为城市固定资产投资的一部分，通过城市建设和城市财政预算计划投资。基础设施建设项目列入基本建设项目，其投资列入财政支出预算，建设部门完全按照计划进行建设。因此，基础设施投资不仅取决于国家和城市的财政状况，而且取决于国家和城市的投资政策和计划安排。在这个时期，由于城市主要是工业化带动发展，国家和城市在安排投资时对基础设施建设重视不足，河南省基础设施建设整体情况滞后。

以财政性资金融通为主的城市基础设施建设融资方式的资金来源有四类：

第一，财政税收（包括城市维护建设税和公用事业附加、城镇土地使用税、城市国有土地使用权有偿出让、国债专项资金等）。

第二，行政收费（实施基础设施产品和服务收费等）。

第三，项目配套投资。

第四，其他融资渠道（包括市政设施部门专营权有限期出让、引进外资等）。

（二）财政性资金融通和间接融资相结合阶段

20 世纪 80 年代，改革开放不断深入与扩大，国民经济出现了较快速度的发展，城市基础设施建设的资金缺口不断扩大。在单纯依靠财政性资金融通无法满足城市基础设施建设资金需求的情况下，银行贷款开始成为城市基础设施建设一个重要的资金来源渠道。财政性资金融通与间接融资相结合的阶段的一个主要特征是在城市基础设施建设开始利用银行贷款的同时，对财政性资金融通体制的改革也在不断完善。

在间接融资方面，国家开发银行河南省分行开发性金融贷款在推动我省基础设施建设方面发挥了重要的作用。1999 年国家开发银行在河南设立分支机构，作为一家以对公业务为主的政策性银行，国开行没有现金存取业务，其资金来源于发行金融债券。国开行支持了电力、公路、铁路、煤炭、城建、电信等行业及国家重点建设项目。为了解决各市建设资金不足、融资体制不顺的问题，国家开发银行运用政府组织增信原理，与各市政府加强开发性金融合作，开展城市信用评审工作，建立规范化的投融资平台，增强其融资能力。

（三）地方政府投融资平台的设立

城市基础设施投融资平台的设立有以下背景：目前分税制的行政体制，财力主要集中于国家财政，地方政府没有能力在短时间内筹集大量建设资金；我国《预算法》明确要求地方政府不得负债，这使得依靠市政债券融资的方式无法实现；国家开发银行的大额长期贷款也需要专门的投融资主体来承载这样的专项资金。规模庞大的开发性金融贷款必须以企业为载体，而不是项目融资来实现此部分资金的运营；我国资本市场也在不断壮大和完善，开始逐步摆脱以间接融资为主的融资方式，因此需要有专门的投融资平台作为直接融资工具的运营主体。

地方政府融资平台是地方政府主导型投融资模式的探索和创新，2008 年以来，河南地方政府融资平台快速发展，省、市、县三级政府纷纷设立融资平台。2009 年 8 月 15 日，河南省政府下发《关于推进地方政府投融资体系建设的指导意见》，要求省市县三级政府建立投融资机构，整合国有"四资"（资源、资本、资产、资金），拓宽融资渠道。河南交通投资集团有限公司、河南铁路投资有限公司、河南水利建设投资有限责任公司成立，河南省中小企业担保集团、河南省国有控股公司等省级投融资平台陆续成立，不仅省级平台规模迅速扩大，省辖市甚至县级投融资平台同样风起云涌。截至 2013 年 6 月底，河南省各级政府设立融资平台公司 369 家，其中省级 7 家、地市级 151 家、县级 211 家。

四、现有基础设施融资模式存在的问题

河南省已经形成了以地方政府融资平台为载体，多元化和多层次基础设施融资渠道。但目前仍然存在较大的建设资金缺口，而且没有稳定的、大规模的、可持续的资金融通模式。概括来讲，现有的融资模式存在以下几个方面的问题。

（一）资金供需矛盾突出

随着新型城镇化步伐的加快，各地基础设施建设正在积极推进，但由于土地市场的降温和投融资平台清理的政策性约束，地方政府融资能力受到较大影响，资金供需矛盾进一步加剧。如 2013 年郑州中心城区市政工程项目，资金缺口达 56 亿元。

（二）过度依赖土地财政负面效应显现

分税制改革以后，税收收入在地方财政收入中的比重明显下降，地方政府的事权支出范围越来越大，地方政府的负担也越来越重。土地作为地方政府手中最大的可以自由支配的经济资源，成为地方政府财政支出的保障。土地财政作为一种新型的政府运作模式有一定的合理性，但土地财政造成的不良影响也是多方面的。土地财政的正外部效应实现了地方政府的自身利益最大化，促进了城市化进程的加快，同样也带来了负外部效应。一是农民"失地"又"失

业"。由于地方政府增加财政收入的主观偏好，地方政府热衷于征收农地。大量征用农地的后果是大量失地农民的存在，而土地对于农民来讲，不但能为其带来收益，而且具有社会保障的功能。农民由于所处环境不同，所受教育程度不同，相对于城镇居民素质较低，掌握生存能力就较低，因此其失去土地之后的生活变得窘迫。二是弱化宏观调控效果。由于财政收入过度依赖土地收入，地方政府屡屡以"稳增长"为名放松房地产市场调控政策。三是随着房地产调控的持续、土地供需矛盾日益突出，依靠土地"投资拉动、资源投入、规模扩张"的发展模式不可持续，土地财政难以为继。

（三）地方政府债务规模快速膨胀

国家审计署 2011 年 6 月 27 日公布的"全国地方政府性债务审计结果"显示：截至 2010 年底，全国省市县三级地方政府性债务余额为 107 174.91 亿元，占全国 GDP 和地方政府综合财力的比重分别为 26.93% 和 70.45%，其中：政府负有偿还责任的债务 67 109.51 亿元，占 62.62%；政府负有担保责任的或有债务 23 369.74 亿元，占 21.80%。中央可能于近期发布对地方性债务的最新规模估算，渣打银行最新研究报告表示地方政府性债务规模可能达到 21.9 万亿～24.4 万亿元。从河南省财政收支平衡情况来看，从 2001 年以来一直处于赤字状态，至 2012 年财政赤字扩大到 3 000 亿元。

自 2008 年以来，我国实行宽松的货币政策和财政政策，使地方政府融资规模迅速扩大。当前，我国地方政府债务的总体规模已相当庞大，而且呈现不断膨胀的态势，成为宏观经济运行中的一个突出问题。根据审计署 2011 年对全省地方政府性债务的审计结果，截至 2010 年末，河南省政府性债务为 2 915.74 亿元，其中政府负有偿还责任的债务为 1 924.53 亿元，占 66%；政府负有担保责任的债务为 271.70 亿元，占 9.66%。从整体上来看，河南省政府性债务偿债压力较大，但债务风险将会随着经济的稳定增长而逐年消化，风险尚处于可控状态。

（四）融资平台机制不活

全省各级投融资平台中大多数投融资平台公司不能平稳有效运行。一是管理体制滞后，融资方式单一。平台公司政企不分，融资方式主要依靠土地储备、抵押等途径进行，经营职能弱化，没有真正成为投资市场主体，"融、建、管、偿"严重分离。二是资产规模偏小、融资能力较差。政府掌控的"资源、资产、资本、资金"整体利用率低，对融资的拉动和支撑作用不明显。

（五）民间资本投资弱化

近年来，河南省不断放宽民间资本的准入范围，鼓励民间资本投资市政建设，但由于基础设施项目投资规模大、专业技术门槛较高、运营管理要求较严，民间资本的竞争优势不明显。

（六）在定价机制方面

对经营性项目，通过市场化的竞争方式，已经基本建立了能够使运营企业获得合理利润、可持续稳定经营的体制，但是对于具有公共物品性质的城市基础设施，由于自身的特性无法建立收费机制或者收费无法补偿运营成本，定价问题未被重视。在运营体制的设计上，对公共物品的建设定价缺乏科学合理的标准，对准公共物品性质的城市基础设施定价也有不合理的地方。

第三章　河南省基础设施投资的产出贡献及最优规模研究

本文基于1990—2012年河南省基础设施投资数据，应用生产函数法分析了河南省基础设施的产出弹性和最优投资规模。实证研究发现：基础设施资本的产出弹性为0.2514，具有显著的经济增长效应；电力行业、水利管理业等各项基础设施和基础设施总投资均未达到其最优规模，而交通运输业基础设施的实际投资在2000—2006年超过了其最优规模，2006年之后在各项基础设施投资中最为接近其最优规模。

一、文献回顾

国内外学者对基础设施投资与经济增长之间的研究由来已久。在国外，Eberts、Aschauer、Barro、HoltzEakin等把基础设施资本从总资本中分离出来，单独研究基础设施投资对经济增长的促进作用。由于采用的基础设施代理指标不同、研究方法不同，研究结果并不一致。但总体而言，多数研究结果表明基础设施对经济产出的增长有正的影响。例如Aschauer（1989）利用美国1948—1987年的时间序列数据，在柯布—道格拉斯生产函数的基础上，估计基础设施资本对经济总产出的弹性为0.39。

在国内，范九利等（2004）用生产函数法对我国基础设施资本对经济增长的影响进行了研究，研究结果表明基础设施资本的产出弹性为0.695。张军等（2004）、金戈（2012）分别对中国省际物质资本存量和基础设施资本存量估算进行了研究，对折旧率的确定、期初资本量的计算进行了详尽的论述。张军（2007）运用GMM方法检验了可解释基础设施投资支出变动模式的重要变量，研究发现在控制了经济发展水平、金融深化改革以及其他因素之后，分权、Tiebout竞争、向发展式政府转型对改进政府基础设施投资激励至关重要。

通过对国内外文献的研究，我们发现多数学者使用了柯布—道格拉斯生产函数，将公共基础设施资本作为一种生产要素纳入总量生产函数中，从而估算基础设施资本的产出弹性。范九利等（2004）、王任飞等（2006）分别列举了国外学者使用柯布—道格拉斯生产函数的研究结果，在此我们重新整理国内外学者的研究结果作一比较：

表5 **C—D 生产函数研究概括**

作者	研究对象	产出弹性
Aschauer（1989）	美国 1948—1987 年时间序列数据	0.39
Ram、Ramsey（1989）	美国 1949—1985 年时间序列数据	0.24
Canning（2000）	57 个国家 1960—1990 年面板数据	电话（0.144） 电力（0.035） 交通（0.028）
Stephan（2000）	德国 1970—1995 年法国 1978—1992 年	0.11
Charlot 和 Schmitt（1999）	法国 1982—1993 年面板数据	0.3
Kamps（2004）	22 个 OECD 1960—2001 年面板数据	0.22
娄洪（2003）	中国 1978—1998 年时间序列数据	0.2347
姜轶嵩等（2004）	中国 1985—2002 年时间序列数据	0.13
范九利等（2004）	中国 1981—2001 年时间序列数据	0.695
王任飞等（2006）	中国 1981—2000 年时间序列数据	0.2972
彭清辉等（2009）	中国 1953—2007 年时间序列数据	0.2384

国内外众多研究文献中，相当大的比例都是在研究基础设施投资对经济增长的促进作用。然而考虑到最优投资研究的现实意义，越来越多的国内外文献尝试研究基础设施投资的最优规模问题。Barro（1990）提出了最优政府规模法则，Bougheas（2000）指出基础设施投资与经济增长之间是一种倒 U 形关系，存在最优投资规模。在国内，刘卓珺等（2006）、丁建勋（2007）、张光南等（2011）、孙彬等（2013）开始研究中国基础设施投资的最优规模。

本文将在已有研究的基础上，重点研究河南省基础设施投资对经济增长是否具有促进作用，估计各项基础设施对经济增长的贡献度，并分别从整体上和分行业估计基础设施投资的最优规模。

二、基础设施投资对河南经济增长的贡献研究与最优规模估计

（一）数据的选择与处理

（1）本文研究采用年度数据，数据主要来源于 1990—2013 年《河南省统计年鉴》，为了消除价格水平波动的影响，GDP 数据以居民消费价格指数平减，基础设施投资以固定资产投资价格指数平减。

《河南省统计年鉴》在 2003 年调整了固定资产投资行业的名称和分类，"交

通运输仓储和邮电通信业"在 2003 年之后改为"交通运输仓储和邮政业",被删除的"通信业"移至"信息传输、计算机服务和软件服务业"中的"电信和其他信息传输服务业",本文为了统一口径,将 2003 年之后的"交通运输仓储和邮政业"及信息传输、计算机服务和软件服务业"加总为"交通运输仓储和邮电通信业"。2003 年之前,"地质勘查业"和"水利管理业"是作为一项进行统计的,但是 2003 年之后,"水利管理业"并入"水利、环境和公共管理业","地质勘查业"并入"科学研究、技术服务和地质勘查业",从严格意义上讲,地质勘查业并不属于基础设施,考虑到数据的可得性,本文选取"水利管理业"作为代理变量。最后选取"电力、煤气及水的生产和供应业"作为能源基础设施的代理变量。

（2）基础设施包括存量和流量,历年统计年鉴中都只有当年投资流量指标,Agénor 和 Moreno – Dodson（2006）认为基础设施效应来源于资本存量而非当年投资额,本文重点研究基础设施的产出效应,故采用存量指标衡量。由于我国没有对资本存量的总量进行统计,本文这里借鉴范九利（2004）、张军（2004）等人的做法,根据统计年鉴中投资流量数据和永续盘存法（Goldsmith, 1951）,分别构造实证检验所需要的非基础设施资本存量和基础设施资本存量:

$$K_t = (1 - \delta)K_{t-1} + I_t \tag{1}$$

其中, K_t 和 I_t 分别为 t 期的资本存量和新增投资额, K_{t-1} 为第 $t-1$ 期的资本存量, δ 为资本折旧率。

（3）在阅读相关文献后发现,在测算物质资本存量时,国内外学者分别采用了不同的折旧率。如 Young（2000）采用了 6% 的折旧率,范九利等（2004）使用的折旧率为 5%,张军等（2004）经过加权计算得到固定资本折旧率约为 9.6%,金戈（2012）加权计算得到基础设施资本综合折旧率为 9.2%。为研究方便,本文采取金戈（2012）估算得到的折旧率数据。基期年资本存量按照国际常用方法计算: $K_0 = I_0 / (g + \delta)$,其中 g 是样本期基础设施投资的平均年增长率。

（二）基础设施资本存量的产出弹性分析

（1）理论模型 1:本文利用柯布—道格拉斯生产函数来估计河南省基础设施资本存量的产出弹性:

$$Y_t = A_t L_t^{\alpha} K_t^{\beta} G_t^{\gamma} \tag{2}$$

其中, Y_t 、 K_t 、 G_t 、 L_t 分别为河南省的实际产出、非基础设施资本存量、基础设施资本存量和总就业人数, A_t 是生产率,表示技术水平。 α 、 β 、 γ 分别为劳动投入、非基础设施资本和基础设施资本的产出弹性。生产技术具有规模报酬不变和规模报酬可变（递增和递减）两种情况,我们对两种情况分别给予验证。

首先假设生产技术对所有生产要素具有规模报酬不变的性质，即 $\alpha + \beta + \gamma = 1$。对（2）式两边取对数经变形得：

$$\ln \frac{Y_t}{L_t} = \ln A_t + \beta \ln \frac{K_t}{L_t} + \gamma \ln \frac{G_t}{L_t} \tag{3}$$

此外，假设生产技术对所有生产要素具有规模报酬递增的特性，而非基础设施要素规模报酬不变，即 $\alpha + \beta = 1$。则（2）式可转化为：

$$\ln \frac{Y_t}{L_t} = \ln A_t + \beta \ln \frac{K_t}{L_t} + \gamma \ln G_t \tag{4}$$

（2）实证1：我们利用河南省1990—2012年各个变量的数据进行拟合，由于采用时间序列数据，在对模型参数进行估计之前，进行了数据平稳性检验，防止伪回归现象。通过单位根检验，我们发现：lnYt/Lt、lnKt/Lt、lnGt/Lt 在水平条件下都是平稳的。对应方程（3）和方程（4），利用 Eviews6 进行回归，结果见表6和表7。

表6　　　　　　　规模报酬不变时基础设施产出弹性的 OLS 估计

变量	回归系数	标准差	T 统计量	P 值
$\ln A_t$	0.143825	0.063039	2.281520	0.0336
$\ln K_t/L_t$	0.363500	0.063756	5.701417	0.0000
$\ln G_t/L_t$	0.248146	0.072901	3.403887	0.0028
R^2	0.990816			
调整后 R^2	0.989898			
F 统计值	1078.896			
F 统计值的相伴概率	0.000000			
Durbin – Watson 统计值	1.895107			

表7　　　　　　　规模报酬递增时基础设施产出弹性的 OLS 估计

变量	回归系数	标准差	T 统计量	P 值
$\ln A_t$	−1.49073	0.499383	−2.98515	0.0073
$\ln K_t/L_t$	0.398983	0.063401	6.293036	0.0000
$\ln G_t/L_t$	0.182899	0.063953	2.859906	0.0097
R^2	0.989706			
调整后 R^2	0.988676			
F 统计值	961.4310			
F 统计值的相伴概率	0.000000			
Durbin – Watson 统计值	1.654203			

在规模报酬递增的假设下，技术水平的回归系数为负，这不符合经济规律，且变量的显著性水平、方程的拟合度均不如方程（5）的回归结果，规模报酬递增的假设应当予以拒绝。当规模报酬不变时，估计结果显示各个变量均很显著，调整后的决定系数仍比较高，说明模型的拟合度和解释力比较好，通过 White 检验与 Durbin – Watson 检验可知模型不存在异方差性和序列相关性。然而两个解释变量之间的相关系数高达 0.98，呈相同的变化趋势，模型各解释变量存在共线性问题。为了准确估算基础设施资本的产出弹性，我们采用岭回归（ridge regression）法进一步估算。

岭回归克服了当自变量存在共线性时，回归系数估计值不稳定这一难题，其实质上是一种改良的最小二乘法估计，通过放弃普通最小二乘法的无偏性，使回归系数值更符合实际。由于文章篇幅所限，具体算法不再详述。通过计算我们得到岭回归参数 $\lambda = 0.018$，最终回归结果为：

$$Y_t = 0.1438 L_t{}^{0.3882} K_t{}^{0.3604} G_t{}^{0.2514}$$

根据以上回归计算结果，河南省 1990—2012 年基础设施资本的产出弹性为 0.2514，非基础设施资本的产出弹性为 0.3604，劳动投入的产出弹性为 0.3882。基础设施投资具有显著的经济增长效应，基础设施资本每增加 1%，可使河南总产出增长 0.2514%。根据国内已有学者基于 C—D 函数的研究结果，范九利等（2004）、王任飞等（2006）、彭清辉等（2009）估算的基础设施资本的产出弹性分别为 0.695、0.2972、0.2384，本文估算的基础设施资本产出弹性应该是一个较为合理的结果。

（三）分行业基础设施资本存量的产出弹性分析

（1）理论模型 2：将（2）式中基础设施资本分离出三类生产性基础设施资本 G_j（交通运输、仓储和邮电通信业）、G_e（电力煤气及水的生产和供应业）以及 G_w（水利管理业），则生产函数形式为：

$$Y_t = A_t L_t{}^\alpha K_t{}^\beta G_{jt}{}^\delta G_{et}{}^\gamma G_{wt}{}^\eta \tag{5}$$

对（5）式两边取对数：

$$\ln Y_t = \ln A_t + \alpha \ln L + \beta \ln K_t + \delta \ln G_{jt} + \gamma \ln G_{et} + \eta \ln G_{wt} \tag{6}$$

即总产出受技术进步率、非基础设施资本、基础设施资本［包括交通运输、仓储和邮电通信业（G_j）、电力煤气及水的生产和供应业（G_e）以及水利管理业（G_w）］和劳动投入这几个因素的影响。其中 α、β、δ、γ、η 分别为各个要素的产出弹性。

（2）实证 2：本节在（6）式的基础上，利用河南省 1990—2012 年各个变量的数据对基础设施分行业进行产出弹性研究，实证结果如表 8 所示。

表 8　　　　　　　　　　　　　分行业基础设施产出弹性

变量	参数	标准差	T 统计量	P 值
常数项	0. 194804	0. 124760	33. 08716	0. 0000
lnk_t	0. 314794	0. 036409	8. 645946	0. 0000
lnG_{jt}	0. 049087	0. 022012	2. 230009	0. 0404
lnG_{et}	0. 253420	0. 077102	3. 286827	0. 0046
lnG_{wt}	0. 021457	0. 027026	5. 912064	0. 0000
R^2	0. 999143			
调整后 R^2	0. 998876			
F 统计值	3732. 071			
F 统计值的相伴概率	0. 000000			
Durbin – Watson 统计值	1. 954406			

　　对模型（2）的进一步分解，将"交通运输、仓储和邮电通信业"、"电力煤气及水的生产和供应业"及"水利管理业"同时纳入研究框架，通过检验发现，这一举措并没有引起模型异方差性、序列相关性等问题的出现。而对于模型（2）存在的解释变量之间的共线性问题，在新模型中依然存在，这里我们仍采用岭回归法进一步核算。通过计算得到岭回归参数 λ = 0. 01，具体估算结果见表 9。

表 9　　　　　　　　　　　　　岭回归估计结果

变量	OLS 估计结果		岭回归估计结果	
	回归系数	标准差	回归系数	标准差
lnk_t	0. 314794	0. 036409	0. 314786	0. 035322
lnG_{jt}	0. 049087	0. 022012	0. 048529	0. 021354
lnG_{et}	0. 25342	0. 077102	0. 249295	0. 074799
lnG_{wt}	0. 021457	0. 027026	0. 020532	0. 020315

　　由回归结果可知，"交通运输、仓储和邮电通信业"、"电力煤气及水的生产和供应业"及"水利管理业"三类基础设施的产出弹性分别为 0. 0485、0. 2493、0. 0205，与经济增长均呈正相关关系。在国内已有的基于全国层面各基础设施产出弹性的研究中，张光南等（2011）估计三类基础设施产出弹性分别为 3. 3%、4. 7%、5%，孙彬等（2013）的估计结果分别为：6%、27%、11%，吴俊杰等（2013）估计前两类基础设施产出弹性分别为 10. 8%、21. 7%。从这些研究结果的对比中，本文估算的河南省各类基础设施的产出弹性应该是较为

合理的，对模型（2）的进一步扩展也比较恰当。

上一节和本节分别从整体上和分行业研究了基础设施的产出弹性，并和国内已有研究结果进行了比较。我们发现基础设施投资对河南经济增长具有明显的拉动作用，这一研究结果在一定程度上证实了图5后半部分的内在逻辑性。而分行业的研究结果表明，交通类基础设施投资的产出贡献明显低于能源类基础设施的产出贡献。下一节将在已有研究的基础上，进一步研究基础设施投资的最优规模。

（四）河南基础设施投资最优规模估计

孙彬等（2013）基于1995—2011年全国30个省市地区分行业面板数据分析，对中国基础设施投资的最优规模与最优次序进行了研究，研究结果认为"电力、燃气及水的生产和供应业"、"交通运输、仓储和邮电通信业"以及"水利、环境和公共设施管理业"的最优投资规模分别为27%，6%和11%。本节基于巴罗模型的生产函数法对河南基础设施投资最优规模进行分析，生产函数定义为：

$$Y = F(K, N, G_I/N) \tag{7}$$

其中，Y 为实际产出，K 为初期资本量，N 为就业数量，G_I 为第 I 项基础设施具体投资。对（7）式求对数导数：

$$\frac{dY}{Y} = \alpha\left(\frac{dN}{N}\right) + MPK\left(\frac{dK}{Y}\right) + MPG_1\left(\frac{dg_I}{Y} \cdot N\right) \tag{8}$$

上式中资本边际产出 $MPK = \dfrac{\partial F}{\partial K}$，基础设施资本边际产出 $MPG_I = \dfrac{\partial F}{\partial G_I}$，$\alpha$ 是劳动的产出弹性。Barro（1990）把政府行为引入生产函数，假定"理性政府"追求自身效用最大化，推导出巴罗法则，即认为 $MPG_I = 1$ 时，基础设施投资规模达到最优，即当1单位的政府消费正好使产出增加1单位时，政府服务的提供是最优的；如果产出的增加多于或少于1单位，即 $MPG_I > 1$ 或 < 1，则表明政府提供的服务不够或过多。如图4所示。

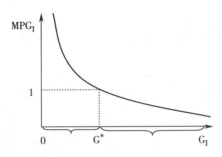

图4　基础设施投资边际产出与最优规模

令第 I 项基础设施的产出弹性 $\lambda_I = \dfrac{\partial F}{\partial G_I}\dfrac{G_I}{Y}$ ，第 I 项基础设施投资规模为 $\xi_I = \dfrac{G_I}{Y}$ ，则 $MPG_I = \dfrac{\lambda_I}{\xi_I}$ 。根据 Barro（1990）政府最优规模法则，求得第 I 项基础设施投资最优规模 $\xi_I{}^* = \lambda_I$ 。因此，根据前文研究"交通运输、仓储和邮电通信业"、"电力、燃气和水的生产与供应业"以及"水利管理业"的最优投资规模分别为 4.85%、24.93%、2.05%，基础设施投资的最优规模为 25.14%。

进一步计算河南省 1990—2012 年三大基础设施行业以及基础设施整体投资的实际规模见图 5。

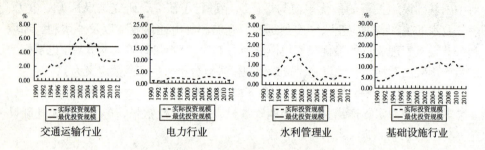

图 5　基础设施投资的实际规模与最优规模

从河南省基础设施行业整体来看，其最优投资规模为 25.14%，实际年均投资规模为 6.88%，河南整体基础设施投资并未达到其最优投资规模。从三大基础设施行业来看，电力和水利行业均未达到其最优投资规模，交通行业投资规模在 1990 年后呈递增趋势，2000 年之后实际投资规模开始超过最优规模，直至 2006 年。虽然 2006 年之后交通行业投资低于其最优规模，但是与电力行业和水利管理业相比较而言，最为接近其最优规模，这与地方政府一直以来重视交通基础设施建设密切相关。

第四章　河南省基础设施建设投融资渠道创新的实施路径

一、做大做强地方政府投融资平台

通过注入现金资产和优质国有城建资产，把分散的财政资金和城建的规费资源集中到这个平台，做实其资产，并逐步做大做强。通过经营实体资本的经营收入和财政补贴，建立收益模式，并匹配好平台内部的资产结构。河南政府投融资平台发展过程中最大的问题是投资规模与资金来源不匹配，融资渠道单一，风险分散程度小。因此，应把拓宽投融资平台的资金来源，改善平台公司单纯依赖银行信贷的间接融资格局，打通直接融资渠道作为当前发展的着重点。股权融资应作为河南政府投融资平台直接融资的有效措施之一，以形成包括间接融资和直接融资在内的多元化融资结构。依托该平台的主体地位，进行特许经营模式和政府采购模式的城市基础设施融资，在此基础上，将这些融资活动产生的具有稳定预期的现金流在资本市场上开展直接融资，扩大融资规模。

二、对纯公共物品性质城市基础设施实施政府采购模式

过去纯公共物品性质城市基础设施一般主要由政府进行投资，比如城市敞开式道路等，而由城市基础设施的投融资平台本着专业化、规范化、标准化和透明化的原则，与城市政府发展计划、财政、建设等主管部门签订政府采购协议，约定每年的支付规模，以此形成可预期的稳定的现金流，由该投融资平台对这部分现金流入进行市场化的运作，设计出资本市场内能够接受的产品，实现更大规模的融资。这样，通过形成一整套由政府对纯公共物品城市基础设施采购的机制，可以使纯公共物品性质城市基础设施的资金供给具有规模性和稳定性。

政府采购模式的实施可以是对新建项目在项目开工前与城市基础设施投融资平台签订采购协议，也可以对投融资平台资产范围内的存量基础设施项目资产签署回购协议。这样，既解决了纯公共物品项目建设所需的资金问题，又完善了城市基础设施的载体功能，使基础设施新建项目和存量资产都具备稳定的现金流，可以开展包括资产证券化在内的多种融资模式。

三、对准公共物品性质城市基础设施实施特许经营模式

针对具有消费的不完全非排他性的准公共物品而言，由于得不到合理的回报，单纯的市场机制无法完全发挥作用，需要政府进行补贴使此类项目的收益达到接近市场化的水平，以保证持续的供给。这就是对准公共物品实施特许经营模式融资的基本原理，项目的收益水平包括政府特许经营权的授予所产生的经营收入和适当的财政补贴，二者可以使得准公共物品性质的城市基础设施项目维持在合理的利润水平，既充分利用了社会资源，又使得此项目可以持续运营下去。

实施特许经营模式融资需要对项目的未来收入进行预测，包括主营业务收入以及衍生资源收入等，这些都需要有关部门通过科学的评估体系来完成，以保证政府财政补贴规模的合理性，为准公共物品项目带来相对稳定的现金流入。

四、利用资本市场实现大规模的融资

投融资平台的设立，使得纯公共物品实施政府采购模式融资和准公共物品实施特许经营模式融资都有了实施的主体，并且进一步以这些融资所形成的现金流为基础，通过金融工具的开发，在资本市场上实现更大规模的融资创造了条件。对于政府采购模式和特许经营模式产生的稳定现金流，可以根据建设项目资金需求，根据企业的财务成本状况开发出包括短期、中期和长期的结构型融资产品，既有直接融资工具，也可以进行间接融资。具体来看，就开发的金融产品而言，可以有规模较大、期限较长、适合大型基础设施建设项目的市政收益债券，也可以有规模较小，期限较短，适合一般建设项目和一般大中型城市应用的收益性企业债券，还可以是专项资产管理计划或者其他间接融资工具等，通过这些融资产品的组合，不仅可以改善企业的财务状况，还可以规避利率风险，降低企业财务成本。

参考文献

[1] 孙彬，段媛媛，杨丰魁，万荃. 基础设施投资还能拉动经济增长吗 [J]. 金融理论与实践，2013 (11).

[2] 金戈. 中国基础设施资本存量估算 [J]. 经济研究，2012 (4).

[3] 刘生龙，胡鞍钢. 交通基础设施与中国区域经济一体化 [J]. 经济研究，2011 (3).

[4] 张光南，周华仙，陈广汉. 中国基础设施投资的最优规模与最优次序 [J]. 经济评论，2011 (4).

[5] 刘生龙，胡鞍钢. 基础设施的外部性在中国的检验：1988—2007 [J]. 经济研究，2010 (3).

[6] 傅勇. 财政分权、政府治理与非经济性公共物品供给 [J]. 经济研究，2010 (8).

[7] 丁菊红，邓可斌. 政府偏好、公共品供给与转型中的财政分权 [J]. 经济研究，2008 (7).

[8] 张军，高远，傅勇，张弘. 中国为什么拥有了良好的基础设施 [J]. 经济研究，2007.

[9] 丁建勋. 基础设施投资与经济增长——我国基础设施投资最优规模估计 [J]. 山西财经大学学报，2007 (2).

[10] 郭庆旺，贾俊雪. 地方政府行为投资冲动与宏观经济稳定 [J]. 管理世界，2006 (5).

［11］范九利，白暴力，潘泉. 基础设施资本与经济增长关系的研究文献综述 ［J］. 上海经济研究，2004（1）.

［12］娄洪. 长期经济增长中的公共投资政策 ［J］. 经济研究，2004（3）.

［13］张军，吴桂英，张吉鹏. 中国省级物质资本存量估算：1952—2000 ［J］. 经济研究，2004（10）.

［14］Aschauer，D. A.. Public Investment and Producticity Growth In the Group of seven，Economic Perspectives ［J］. Federal Reserve Bank of Chicago，1989.

［15］Agénor，P. R.. Infrastructure Investment and Maintenance Expenditure：Optimal Allocation Rules in a Growing Economy ［R］. Journal of Public Economic Theory，2009，11（2）.

［16］Bougheas，S.，Demetriades P. O.，Public Infrastructure，specialization and Economic Growth ［J］. Canadian Journal of Economics，2000，33（2）.

［17］Barro，R. J.. Government Spending in a simple Model of Endogenous Growth ［J］. Journal of Public Economy，1990，98（5）.

［18］Canning，D. and Bennathan，E.（2000），the Social Rate of Return on Infrastructure Investments. World Bank Working Paper No. 2390.

河南省基础设施建设融资方式创新研究

中国人民银行开封市中心支行课题组①

摘要：随着河南省经济持续、稳定、快速高速增长，尤其是近 10 年来城市现代化建设和城市化进程不断深入，城市现代化步伐更是逐渐加速。这就要求在城市道路、环境保护、跨区域交通、能源、通信等城市基础设施方面持续大量投入。河南省基础设施建设经过多年的发展，取得了一定的成绩。但是，伴随着地方经济和城镇化建设的快速发展，基础设施建设的规模不断扩大，需要投入的资金日益增加。在当前财政分权的体制下，地方政府可用于履行基础设施建设职能的资金有限，远远不能满足基础设施建设的资金需求。基础设施建设融资面临的各种困难也日益突出，例如融资功能减退，缺乏可持续发展能力；缺乏相应的偿债机制，导致政府负债率持续增长；政府城市基础设施投融资监管体系不健全，不能按出资人制度规范投资行为，导致建设和运营成本居高不下，资金使用率低等。基础设施建设融资方式创新已成为推进中原经济区快速发展亟须研究和解决的问题。

本文通过对基础设施项目融资的几种典型模式进行简要介绍，分析基础设施建设中运用几种项目融资方式各自具有的优势，并对国内外发达地区基础设施建设融资的可借鉴的经验进行归纳概述。然后对河南省基础设施建设的现状、融资渠道、融资结构和融资方式进行概述，进而总结、归纳河南省基础设施建设融资方式的特点。通过对河南省基础设施建设融资现状的分析，找出存在的主要问题和制约因素，并分析上述问题产生的原因。结合河南省基础设施建设融资现状和存在的问题，从宏观层面给出推动河南省基础设施建设融资方式创新的政策建议，从微观层面探讨创新型融资方式的操作路径，为政府、人民银行等决策部门提出相关对策和合理化建议。

---

① 课题主持人：赵继鸿；
课题组成员：王伟、田俊领、葛延青、宋媛媛、梁柯、赵志亮。

关键词： 基础设施　融资模式　河南省　创新

一、引言

（一）选题背景

随着河南省经济持续、稳定、快速高速增长，尤其是近 10 年来城市现代化建设和城市化进程不断深入，城市现代化步伐更是逐渐加速。这就要求在城市道路、环境保护、跨区域交通、能源、通信等城市基础设施方面持续大量投入。伴随着 2011 年《国务院关于支持河南省加快建设中原经济区的指导意见》和 2012 年《国务院关于大力实施促进中部地区崛起战略的若干意见》的陆续出台，把以河南为主体的中原经济区正式上升为国家战略，进一步推动河南省经济持续、稳定的增长，就需要加强河南省基础设施建设的投入力度。

基础设施是为经济、社会、文化发展及人民生活提供公共服务的各种要素的总和，具体包括电力、电讯、道路、交通、水利、用水、文教、卫生、体育等设施，它是社会经济发展的重要支撑，是促进人民生产生活改善的物质基础。各种相关研究也证实基础设施建设投资具有显著的增长推动效应，基础设施资本要素的生产函数表现出显著的规模报酬递增特征，基础设施建设与经济发展存在正向相关关系。二者相互补充，相互影响，只有在同时满足基础设施建设与经济综合协调发展的条件下，才可能有所发展、有所增长。基础设施为发展和建设城市现代化提供物质装备和动力支持，为人类的长期经济活动过程奠定了基础条件。

河南省基础设施建设经过多年的发展，取得了一定的成绩。但是，伴随着地方经济和城镇化建设的快速发展，基础设施建设的规模也不断扩大，需要投入的资金日益增加。在当前财政分权的体制下，地方政府可用于履行基础设施建设职能的资金有限，远远不能满足基础设施建设的资金需求。基础设施建设融资面临的各种困难也日益突出，例如融资功能减退，缺乏可持续发展能力；缺乏相应的偿债机制，导致政府负债率持续增长；政府城市基础设施投融资监管体系不健全，不能按出资人制度规范投资行为，导致建设和运营成本居高不下，资金使用率低等。基础设施建设融资方式创新已成为推进中原经济区快速发展亟须研究和解决的问题。

（二）选题意义

随着我国经济的持续较快增长和城市化步伐的加快，理论界针对城市基础设施供给不足，就加快体制改革，通过企业化、市场化解决融资问题的研究在不断深化，提出了许多新的理论观点，如资产证券化、金融租赁、集合信托及项目融资等，但主要还是针对于可以市场化的、可经营性基础设施领域。对于需要大量资金投入的公共物品性质的基础设施融资模式鲜有深入的理论研究及新型金融工具的探讨和应用。此外，对于公共物品性质基础设施的定价机制、成本补偿机制的研究不够深入，有待进一步提升。

目前是河南省全面建设小康社会的关键阶段，也是经济加速腾飞的阶段，城市基础设施体系的完善是这一目标顺利实现的基础和先导。城市基础设施的适度超前性特征也要求在较短时间内集中大量资金完成重要基础设施的建设，特别是在 2008 年始于美国并波及全球的金融危机背景下，国家把扩大内需、加大基础设施投资作为保持经济稳定增长的一项重要措施，面对政府财力投入不足，资金缺口较大，严重制约城市基础设施投资建设的局面，研究并提出新的城市基础设施融资模式来实现公共物品性质城市基础设施的资金融通就显得极为必要。

深入研究分析河南省基础设施建设融资方式创新问题，一方面，能为丰富基础设施投融资学术内容提供一定的帮助。基础设施的根本功能是为生产和居民生活服务，一个地区的基础设施水平综合体现了该地区的经济发展水平和居民生活条件。国内外经验显示，一国或者一个区域经济发展的起步，大多从基础设施的建设开始，由政府组织或引领的资本注入基础设施建设可以迅速盘活金融体系和金融市场，并加速资本在区域内和区际间的流动，进而带动 GDP 增长。因此，对基础设施融资方式创新问题的研究，就加深了基础设施与资本流动之间的关系，为基础设施建设与区域资本流动更好地互动协调发展研究奠定了一定的学术基础。另一方面，深入研究分析河南省基础设施建设融资方式创新问题不仅可以改善河南省基础设施现状、提高生产效率、扩大内需、增加居民收入、拉动经济增长具有重要意义，并且还能为政府部门制定相关的政策提供理论依据。

二、相关理论概述

（一）政府管制失灵理论

政府对基础设施产业进行管制的原因是为了对垄断厂家的行为进行限制，目的是限制这些厂家获得的超额垄断利润，将利润维持在合理、有效的水平上。事实上，还有更为关键性的问题值得重视，即政府管制的目标能否顺利完成。随着技术进步与生产成本持续的下降，政府不能忽略垄断企业获得的超额垄断利润，随即采取相应措施逼迫垄断企业将价格往下调整，因此保护了消费者的利益。然而，若管制者仅把提高消费者利益作为目标去调整，此时被管制者就无法确保可以稳定地向消费者供给产品与服务所必要的投资和经营资源，这就要求政府为其提供帮助和补贴。可以说，政府管制的目的就是要在垄断企业与公众利益之间寻找某个均衡点。

若政府能够在不消耗较高的成本就能够明确特别产业的具体情况下，把握精确信息，就能够有效、合理地对企业进行管制，目的是使其行为与公共利益一致，因此，对社会的影响效果较好。但是，在现实生活中要满足上述条件是较为困难的，只有管制行为要完成上述目标是困难的，还要达到理想效果，那么有时候就会产生不好的影响。

（二）竞争理论

1. 区域比较竞争理论

随着区域垄断的出现，企业不能够在市场上直接开展竞争，但可以运用自身的比较基准业绩来展开竞争，因此我们便把这样的竞争称为区域间比较竞争。区域间比较竞争理论就是当一些自然垄断市场的状况出现下，在市场间若能产生若干形式的竞争，则可以鼓励这些垄断企业降低垄断成本。区域比较竞争理论是在政府管制机制情形下，促使某些区域间被管制企业间竞争的某种政府管制理论，然而这种区域间比较竞争的情况发生之前会有两个约束条件。

第一，垄断企业间不允许串谋，一旦出现垄断企业间为了得到高额补贴而串谋或者出现恶意经营情形，那么这种比较竞争就不存在意义。

第二，企业间无论经营规模还是成本结构都不能有较大差别，若差异较大情况出现，这种比较竞争将肯定不能很好地发挥作用。只有在满足上述两个条件下，由事实上不存在的进入而导致的大多数企业之间的竞争才会出现。

2. 芝加哥学派竞争理论

在理论上，芝加哥学派受传统的自由主义经济思想的影响，竞争机制的作用在自由市场经济中得到了肯定，明确了新古典学派价格理论在各种生产活动中的作用，该学派代表人物是德姆赛茨、波斯纳等。该学派认为，即便在市场中有某些垄断势力或不完全竞争机制的存在，只要政府不使用进入管制手段，那么从长期来看，竞争均衡状态在现实生活中是可以实现的。芝加哥学派还指出，即便市场中存在垄断的或者高度密集的结构，如果市场绩效较好，政府就不必采取相应措施进行管制。因此他们认为政府在许多领域中采用的市场干预措施是不必要的。他们还认为，只有自由竞争企业制度与自由竞争市场秩序，才是改善各种生产活动的基础，是确保消费者利益最大化的最根本条件，应当减少对生产活动采用各种干预措施，目的是扩展企业与私人的自由竞争活动范围。芝加哥学派的理论对西方尤其是美国竞争机制的调整起到了重大的提升作用，因此在当时的理论界逐渐占据了主流地位。

3. 可竞争性市场理论

此后，鲍莫尔、潘查与威利格等人又在芝加哥学派的理论上，提出了自己新的见解。并在 1982 年发行了《可竞争市场与产业结构》一书，这意味着"可竞争市场理论"（Theory of Contestable Markets）的正式形成，可竞争市场理论在内容上可以分为以下三方面。

第一，当出现范围经济甚至大多产品在生产出现经济性时，与一般意义上的规模经济性状况一样，这时只有单一企业或是少数企业能生存，此时存在产业结构效率。

第二，如果在进入时没有管制，那么该类企业就会在假设有新企业存在时，迅速进入市场并规定具有竞争性的价格，此时，由于价格与平均成本是相等的，那么新企业没有规模经济时进入市场的可能性较小。

第三，政府不实施管制，明确企业不存在沉淀成本，企业在退出市场时不存在回收的费用，即不存在沉淀成本或者说沉淀成本较小，此时，新企业的进入和退出都是比较方便的。然而，作为政策根据，该理论同样存在一些问题：一是传统意义上，在自然垄断产业中，基础设施产业的沉淀成本是比较大的。二是与新企业的快速进入相比，有企业利用价格竞争对新企业反击，使其进入市场的速度变得较为缓慢。三是对这一理论进行研究的实证分析很少。

（三）证券融资理论

证券融资分为资本化与融资证券化两个过程，是资本需求者与资本供给者运用发行和购买有价证券的手段来完成资金的融通。总体来说，证券融资的内容分为债券融资与股权融资。证券化的融资手段使得货币资本在运行中减少了众多中间环节，比如，证券融资可以不通过银行等金融机构，这样便可以简化融资时间，降低融资成本。证券融资不必经过间接金融机构，在资本市场上，货币能够直接转化成资本，极大地促进了资本的流动性，使得资本发挥了重要的作用。另外，资本证券化还能够把资本的所有权与经营权分离开来，使资本的流动性能力和对经济的渗透能力都有更大地提升，降低了资本在使用过程中出现闲置概率的发生，能够提升资本的利用率。

三、河南省基础设施建设及投融资现状

（一）基础设施建设及投融资基本情况

1. 基础设施建设概况

一是交通基础设施建设方面成绩显著。铁路运输方面，共有京广、焦柳、京九等 10 条铁路干线。省会郑州拥有亚洲最大的编组站和全国最大的零担中转站。河南省境内国家铁路重点工程郑州至徐州、新乡至月山铁路电气化改造全

部完成，至 2011 年底，全省铁路通车里程 4 203 公里。公路运输方面，至 2011 年底，全省干线公路总里程 1.79 万公里，高速公路通车里程 5 196 公里，持续保持全国第一位。航空方面，郑州新郑国际机场为 4E 级机场，是国内一类航空口岸，至 2011 年底，共开通 82 条航线，通航 52 个城市和地区，完成旅客吞吐量突破 1 000 万人次。

二是供电能力快速提高。2011 年，河南省累计完成发电量 2 598.36 亿千瓦时，全社会用电量累计完成 2 659.14 亿千瓦时，供需基本平衡。发用电量均居全国第六位。

三是通信能力持续增强。截至 2012 年末，全省通信光缆线路长度达到 73.3 万公里；移动电话基站总数达到 9.5 万个，其中 3G 基站总数达到 4.0 万个；互联网宽带接入端口总数达到 1 360.8 万个。3G 网络实现了乡镇以上全覆盖，宽带接入能力不断提升。移动电话用户总数 6 673.4 万户，3G 用户同比增长 105.0%，用户总数达到 1 136.4 万户，突破 1 000 万户，3G 用户渗透率达到 19.6%。全省互联网用户总数突破 5 000 万户，移动互联网用户总数突破 4 000 万户。

四是城市基础设施建设发展迅速。据统计，截至 2011 年底，河南省建成区面积 2 098 平方公里，年供水量 18.5 亿吨，每万人拥有公交车辆 4.2 台，人均道路面积 5.5 平方米，燃气普及率 76.2%，人均公共绿地面积 8.9 平方米，建成区绿地率 36.5%，生活垃圾无害化处理率 84.4%。

表 1　　　　　　　　　　　河南省城市基础设施发展概况表

指标	年份	2005	2006	2007	2008	2009	2010	2011
市政设施	道路长度（千米）	7 090	8 460	8 651	8 704	9 018	9 413	9 859
	道路面积（万平方米）	15 653	17 728	18 777	19 689	20 534	21 767	23 393
	排水管道长度（千米）	10 201	11 606	12 398	13 248	13 896	14 733	15 836
城市绿化	公园绿地面积（公顷）		14 066	15 493	16 301	17 154	18 361	19 207
环境卫生	生活垃圾清运量（万吨）	754	723	737	757	679	694	730
	生活垃圾无害化处理率(%)	58.1	46.3	51.9	67.3	75.3	82.5	84.4
供水、供气及供热	年供水总量（万吨）	183 436	181 590	167 348	168 294	173 377	179 122	184 588
	天然气家庭用量(万立方米)	18 649	12 675	10 746	32 092	38 969	48 243	55 857
	集中供热面积（万平方米）	5 361	6 043	7 042	8 625	9 283	10 737	11 831

资料来源：《河南省统计年鉴 2013》。

2. 基础设施投融资概况

1981 年"六五"时期，河南省基础设施投资为 56.05 亿元，到"十一五"

末，基础设施投资达到了 11 421.08 亿元，增加了 11 365.03 亿元，增幅达到了 20 276.59%，基础设施投资占全社会固定资产投资比例从 14.9% 增加到 20.88%，增加了 5.98 个百分点；从"六五"到"十一五"，基础设施投资环比增速均超过 100%，其中"八五"和"九五"时期，环比增幅达到了 366.42% 和 228.34%，而这十年正是贯彻邓小平同志改革开放重要思想的关键十年。同期，河南省 GDP 从 1 162.72 亿元，增加到 87 966.59 亿元，增加了 86 803.87 亿元，增幅为 7 465.59%；人均 GDP 从 2 187 亿元，增加到 93 408 亿元，增加了 91 220 亿元，增幅为 4 170.46%。相比之下，基础设施投资增幅是 GDP 增幅的 2.72 倍，是人均 GDP 的 4.86 倍，基础设施投融资超越国民经济发展指标 GDP 和作为社会经济发展和富裕程度主要指标的人均 GDP，持续快速发展。

表2　　　　"六五"时期至"十一五"时期河南省基础设施投资情况简表

单位：亿元,%

时间区间	全社会固定资产投资	基础设施投资	基础设施投资占比	基础设施投资环比增速
"六五"时期（1981—1985）	376.05	56.05	14.90	—
"七五"时期（1986—1990）	903.21	126.11	13.96	125.00
"八五"时期（1991—1995）	2 458.78	588.20	23.92	366.42
"九五"时期（1996—2000）	6 220.92	1 931.27	31.04	228.34
"十五"时期（2001—2005）	13 237.05	4 483.13	33.87	132.13
"十一五"时期（2006—2010）	54 699.00	11 421.08	20.88	154.76

资料来源：《河南省统计年鉴2013》。

（二）基础设施投资额与 GDP 实证分析

通过对河南省统计年鉴中相关数据的观察，可以直观地发现，20 年内基础设施投资量与河南省 GDP 均有大幅增长，但其相关性如何，基础设施投资对国民经济社会发展到底有多大贡献率，需要进行细致分析。本文在《河南省统计年鉴2013》中，选择 1993—2012 年 20 年的基础设施投资与河南省 GDP 为样本，进行了一元线性回归实证分析。得到如下结果：

通过分析得出 $Y = 7.612X + 1 047.5$　　$R^2 = 0.9781$

Y——GDP（亿元），X——基础设施投资额（亿元）

F 统计量为 805.56，检验的 P 值为，$2.13176E - 16 < 0.05$，在 5% 的置信度下，方程显著，X 的 T 统计量为 2.358848638，P 值为 $0.029837072 < 0.05$，在 5% 的置信度下显著。

基础设施投资与 GDP 存在较为拟合的线性关系，基础设施每投入 1 个单位，

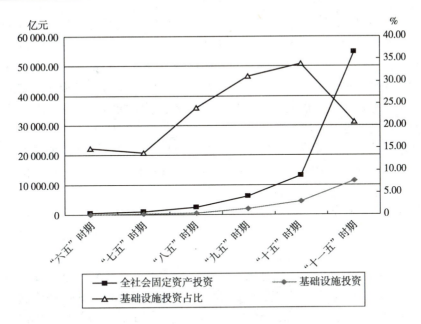

资料来源:《河南省统计年鉴2013》。

图1 "六五"时期至"十一五"时期河南省基础设施投资情况分布图

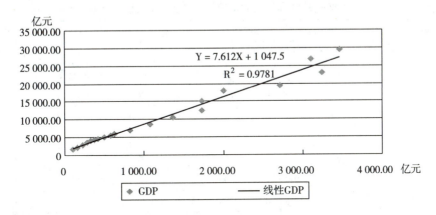

图2 河南省GDP与基础设施投资回归分析

GDP增加7.612个单位,基础设施投资对GDP具有显著的线性作用。实证分析表明,20年内基础设施投资对河南省经济社会发展起到了巨大的推动作用。

(三)基础设施融资模式现状

我国基础设施建设融资经历了从传统经济体制下财政主导融资方式到市场经济体制下的多元化融资方式的转变。特别是"十五"计划开始,明确提出了投融资改革方向,"投资主体自主决策,银行独立审贷,政府宏观调控,完善中介服务"，逐步形成中央、地方、企业共同参与的多元化投融资体制。其主要特征：第一，将投资项目分为公益性、基础性和竞争性三类。公益性项目由政府投资建设；基础性项目以政府为主，并广泛吸引企业和外资参与投资；竞争性项目由企业投资建设。第二，停止"拨改贷"办法，实行项目资本金制度。第三，中央与地方财政分权制度确立，基础设施投资转变为以地方政府为主，地方融资平台发展迅速。

在这种融资体制变革的背景下，河南省的基础设施建设资金来源也出现了显著的变化。特别是 2006 年以来，基础设施建设中财政性资金所占比例越来越小，自筹资金所占比重逐渐加大。

目前，河南省基础设施建设资金渠道多元化的格局已经形成，主要有以下渠道：一是财政资金渠道。包括城市委员会建设费、公用事业附加、中央和地方预算资金、国家批准的政策性收费等。这部分资金一般占各项资金来源的 2% 左右。二是间接融资渠道。包括国内外银行贷款等。这部分资金一般占各项资金来源的 10% 左右。三是直接融资渠道。一些新型的融资方式得以尝试，如融资租赁、BT、BOT、TOT、城投债等等。四是自筹资金，指各企事业单位筹集用于固定资产投资的资金，这部分资金一般占各项资金来源的 70% 左右。

表3　　　　　　　　2005—2011 年河南省基础设施资金来源规模及比例　单位：亿元，%

来源 年份	预算内资金		国内贷款		债券		外资		自筹资金		其他资金	
	规模	比例	规模	比例	规模	比例	规模	比例	规模	比例	规模	比例
2005	43.00	3.23	207.29	15.56	0.00	0.00	19.58	1.47	924.35	69.41	137.56	10.33
2006	33.11	2.03	193.55	11.85	0.00	0.00	20.58	1.26	1 227.29	75.12	159.24	9.75
2007	28.23	1.67	167.16	9.86	0.32	0.02	16.49	0.97	1 348.75	79.85	133.98	7.90
2008	41.98	2.13	160.02	8.11	0.00	0.00	17.93	0.91	1 611.05	81.67	141.75	7.19
2009	77.01	2.87	180.74	6.72	0.91	0.03	9.99	0.37	1 962.03	73.00	457.07	17.01
2010	70.35	2.19	304.65	9.49	0.00	0.00	8.90	0.28	2 564.45	79.90	261.27	8.14
2011	52.74	1.71	313.22	10.10	0.00	0.00	15.01	0.49	2 058.93	67.71	613.68	19.92
合计	346.42		1 526.63		1.23		108.48		11 696.85		1 904.55	

资料来源：《河南省统计年鉴 2012》。

（四）现有基础设施融资模式的主要特征

1. 多以地方政府融资平台为载体

地方政府融资平台是政府通过划拨实物、资金、无形资产等形式，组建资产规模和现金流均可达到融资标准的公司，必要时再辅之政府财政补贴、偿债基金及承诺函作为还款保证。融资平台往往资产规模庞大，内部资本运作能力

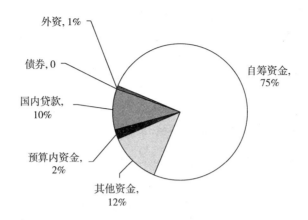

图3　2005—2011年河南省基础设施资金来源占比情况

较强，它的载体作用一方面体现在其银行信用水平较高，从银行获得贷款较为方便；另一方面则可以通过资本市场发行城投债，实现多渠道融资。

地方政府融资平台是基础设施建设的主要融资载体，是政府举债的最大主体。多以地方政府融资平台为载体，已经成为河南省当前基础设施融资模式的主要特征之一。据统计，地方政府性债务余额中，融资平台公司举债占比约为46.4%。尤其是2008年以来，河南省地方政府融资平台快速发展，截至2013年3月底，河南省各级政府设立融资平台公司378家，其中，省级8家、地市级152家、县级218家。

2. 多以银行信贷作为主要资金来源

根据审计署2011年公布的《全国地方政府性债务审计结果》显示，在10.7万亿元的全国地方政府性债务余额中，银行贷款为8.5万亿元，占比达到79.01%，国有商业银行和政策性银行是贷款供给的主力。

从河南省情况来看，截至2013年6月，各银行向基础设施建设项目贷款的占比分别为：五大国有商业银行合计占比约为58%，国家开发银行占比约为32.3%，农业发展银行占比约为6.3%，股份制商业银行合计占比约为3.4%。不难看出，国有商业银行已经快速超越以国家开发银行为首的政策性银行，成为基础设施建设最为主要的资金提供者。

3. 多以土地储备作为抵押支持和还款来源

近年来，随着城镇化进程的推进和房地产试产的发展，土地价格急剧膨胀，极大增加了土地抵押资产的价值和财政收入，为政府土地资本化和高额政府债务奠定了经济基础。自从2004年土地出让实行"招拍挂"制度以来，各个城市基本上都建立了土地储备中心。各地政府通过建立土地储备制度、土地批租融资、政府担保贷款等方式，不仅推动了土地要素市场的形成，更是通过"土地财政"获取巨额土地出让金收入，土地收入成为政府性债务还款的主要来源。2013年6月，国家审计署公布的《36个地方政府本级政府性债务审计结果》显示：18个省会和直辖市中，有17个承诺以土地出让收入来偿还债务，部分地区政府性债务大约有50%以上要靠土地收益偿还。

四、河南省基础设施建设融资中存在的问题

基础设施大量投资建设在过去的几十年对河南经济社会发展发挥了巨大的推动作用，但随着城镇化进程的不断加快，特别是河南省城乡建设"三年大提升"行动计划的实施，基础设施建设融资需求也逐渐趋于大规模、全方位、多层次、多渠道，在新形势新要求下，亟须认清制约基础设施融资创新和发展的诸多因素，为基础设施投融资疏通渠道，使其持续发挥促进经济社会发展的重大作用。

（一）基础设施投融资观念有待突破

长期以来，河南省城市基础设施沿袭过去政府计划、政府投资、政府建设、政府管理的路子，不少地方和部门受传统观念的束缚和计划经济的影响，思想比较保守，创新意识不强，想、闯、试的开拓精神不足。没有全面树立运用市场机制进行城市基础设施的理念，以致基础设施建设市场化程度较低，造成融资渠道窄、资金匮乏等问题，影响了基础设施建设的发展。

（二）财政投入难以满足城市建设发展需求

河南省是农业大省，人口多，包袱重，建设任务艰巨，经济社会发展的各个方面都需要财政资金投入，而基础设施项目又多是资金需求大、投资回报慢，财政收入增长速度难以赶超基础设施融资速度，以单线的财政资金来供给基础设施建设，不仅融资速度慢，而且融资规模也难以有效扩大，极大地限制了基础设施建设步伐。特别是对欠发达的市县来说，每年财政预算安排的资金在扣除以往年度贷款还本付息后，实际上可用于新开工建设项目的资金十分有限。

（三）政府相关部门职责模糊，市场机制难以发挥作用

土地、规划、市政公司、综合开发分属不同的行政部门管理，致使城市基础设施项目建设计划、资金筹集、建设管理、资产收益相互脱节，收费、投资和监管行为存在随意性和部门利益化。"由于政企不分、权责不明，部分地市将城建资产经营公司作为第二财政来源，城建资产经营公司背负了巨额债务，负担沉重；由于决策水平和经营管理水平不高，有的城建资产经营公司出现大量不良资产，持续亏损；由于产权关系和管理体制不顺，有的城建资产经营公司只是空壳，对被投资企业的人事、财务和经营没有控制权。城市土地资产的市

场配置比例低，应由政府取得的大量土地收益流失严重。城市基础设施市场化程度不高，存量资产效益没有得到充分发挥。"①

（四）融资渠道和方式相对单一，政府投资主导模式仍未改变

"在过去相当长的一段时间内，政府一直是城市建设的投资主体，政府投资范围不仅涵盖了公共产品领域，而且还涉及部分竞争性领域。"② 投资的政府依存度过于单一和集中，造成大量风险集中在政府，原有项目过高负债比例使新项目融资更加困难。尽管这几年河南省城市建设融资渠道逐步呈现为多样化趋势，但融资手段仍较为单一，融资渠道相对狭窄，基础设施建设缺乏稳定而长期的资金来源，导致基础设施无法有效满足城市发展需要。因此，要真正建立其"政府主导、产业化发展、市场化运作、企业化经营、法制化管理"的投融资体制仍任重道远。

（五）投融资风险加大，防范机制不完善

随着城镇化进程的加速推进，各地基础设施建设的历史欠账问题日益突出，各市每年都有一个庞大的基础设施投资计划，加之受政绩冲动的影响，往往会出现财政收支与基础设施投资计划相脱节的情况，权、责、利不对称以及还款措施和制度保证不完善，弱化了债务约束，无形中加大了城市投融资债务的风险，这不仅增加了地方财政和银行贷款的风险，还使融资项目损失了对民间资金和外来资金的吸引力，对拓宽融资渠道、创新融资方式都造成了不利影响。因此，河南省城建项目亟须完善投资风险约束机制。

（六）政府信用缺乏稳定性和规范性，承诺未能及时兑现

影响城市公用事业市场化进程的深层次原因与政府政策的一致性有关，通俗地讲就是政府的信用问题。地方政府管理措施不到位，稳定性和规范性不足，已成为民营企业介入公用事业的最大障碍和风险。以城市供水改革为例，我们在调研中发现，对于供水特许经营，政府无一例外都承诺在一定时期内关掉市区内的自备井，但是在规定时间内，河南省几乎没有一个地方政府能够履行承诺，进而严重影响了城市供水企业的经营发展。以焦作、许昌、新乡为例，在市区供水中，自备井占到城市供水量的一半左右，甚至更高；许昌市日供水能力为 24 万吨/日，实际供水量约为 6.5 万吨/日。因此，地方政府如果真的希望城市公用事业领域吸引民间资本，还需改进现有的政策决定和执行方式，增加政府管理机构的承诺能力及政府公共政策的连续性和一致性。

---

① 潘青. 山东省城市基础设施融资研究［D］. 天津：天津大学，2004（27）.
② 宋立根，屈晓婷. 完善地方政府城市建设投融资体制研究［J］. 地方财政研究，2005（11）.

（七）缺乏有效吸引民间资本和外资的手段

城市基础设施公有化过大，垄断经营程度过高，计划控制过于严格，是当前河南省城市基础设施发展中的主要矛盾。市政公用企业大多数都是国有独资企业，挂牌上市企业基本没有，混合经济性企业、私营企业、中外合资、合作企业都很少，明显存在公有化比例过高的问题。同时，由于长期受计划经济的影响，过于强调城市基础设施产品的福利性和公益性，以及出于对政治、社会承受能力等考虑，在城市基础设施投资建设、管理、产品或服务的价格、收费体系等方面基本上仍实行严格的计划控制运作模式。从而带来了一系列问题：投入越多，包袱越重，地方财政不堪重负，市政公用企业步履艰难；低价供给使政策性补贴违背了向低收入阶层补贴的初衷，掩盖了企业经营性问题，客观上纵容了对资源的浪费和对环境的破坏。这就必然造成城市基础设施经营垄断程度过高，投融资途径很难有大的拓展。

五、创新基础设施项目投融资模式的建议

河南省基础设施项目投融资，不仅要规范服务搭建平台优化投融资环境、把握建设关键程序完善投融资管理体系，创新投融资模式有效拓宽多元投融资渠道，还要以"中原经济区"为契机，抓住机遇，这样才能更好地缓解投融资困境。

（一）加速变革投融资体制机制

一是深化项目投融资体制改革。着重精简、统一、效率的原则，科学圈定政府职责权限，实现决策、执行与监督管理的协调，加快转变政府职能；进一步加强各级政府相关部门社会管理和公共服务职能；健全政府牵头、多方参与、科学优化的决策机制，完善决策、论证、公示和听证等工作机制。

二是强化项目投融资机制创新。逐步破除制约基础设施建设投融资创新的各种因素，强化投资和融资方沟通，打造投融资主体和各生产经营要素间的优化组合模式，以效率提升提高项目整体的竞争能力。如通过充分发挥市场的决定作用、以相对宽松的抵押贷款条件，推动资产证券化（ABS）等措施来获取发展资金。同时，要善于利用各种优势进行创新，"敢于进行包括竞争机制、经营机制、利益机制、发展机制、激励机制、约束机制等方面机制的创新。充分利用机制自动作用、调节与控制的功能和过程，对现行的融资模式、融资平台进行深度挖掘，推进市政债和企业债发展，积极提高政策透明度，鼓励民间资本健康发展"[1]。

---

① 占三红. 武汉市基础设施项目融资研究［D］. 武汉：华中科技大学，2012：34.

三是提升行政服务体系运转效能。以转变职能为导向，全面提升政府行政服务水平，以精简流程提高效率为方向，持续改革基础设施项目建设行政审批制度，以维护公平促进发展为准则，杜绝寻租、招投标潜规则等违规违法行为。规范并完善的信息公开与披露制度，如开辟网络专栏公布基础设施建设投融资信息，通过报纸定期介绍相关投融资项目和要求等，还可以以项目推介会、洽谈会等方式面对面地推介重点项目和规模性项目，广渠道、多手段地引导社会各方资金投资建设基础设施项目。同时，要以严厉的惩治措施和完善的奖励机制塑造积极正向的市场秩序和投融资氛围。

（二）有效拓宽和多元发展投融资渠道

一是积极采取股权和债券融资模式。预算、信贷、股权、债权和自筹五个资金来源中，股权和债权资金份额很小，利用不充分。股权和债权融资的利用和不断深化，不仅可以有效摆脱对财政和信贷资金的依赖，还能有效利用外部资源，拓展各类项目的渠道，提供稳定长期的资金来源。所以，当前要整合现有的省市县三级融资平台，重构高效率、高资产质量、高经营能力的融资平台体系，使融资平台公司成为基础设施建设股权和债券融资的最优主体，并在此基础上，将经营效益好、资产质量高的重点融资平台公司推介上市，在证券市场内吸纳全国范围的各类股权资金。同时，重视提升融资平台的信用状况，重点关注风险防控和债务比率，为实现较高债券融资评级创造条件，并尽可能地利用现有法规和政策，扩大债券融资规模。与此同时，省市两级政府还要为股权和债权融资不断完善外部条件，进一步完善申报、审批、发行、偿还的机制和流程以及规范化的监督管理制度，保障外来股权、债权资金的安全和有效利用。

二是强化财政贴息的杠杆作用。省市两级政府可以充分利用财政体制向公共财政方向发展的条件，加大财政资金的集中使用力度，充分发挥财政资金的杠杆作用，对重点尤其是关乎民生发展的基础设施建设项目，适度增加财政贴息资金规模，科学规划设计，并合理发放，与基础设施建设项目有直接关联的企业债券和银行贷款融资的利息补贴，实现以小财政投入撬动大资金投资的效果，不断强化对外部资金的吸引力，进一步扩大融资渠道。

三是合理引导并充分利用民间社会资本。民间社会资本是重要资金来源，河南民间个体财富值不高，但人口基数大，总和性民间资本规模可观。但由于缺乏相应的投资产品和融资机制，民间资本进入基础设施建设的渠道并不畅通。这样不仅造成有钱无法用的局面，还会由于民间资本寻找投资项目而引发巨大的金融风险隐患。应本着规范引导民间资本发展和充分利用的原则，将基础设施建设项目作为容纳大规模民间资金的"大容器"，实现民间资本和基础设施建设的互动共进。因此，要注重在基础设施建设重点项目确定与项目规划时，注重考虑民间资本作用，将其纳入融资范畴，充分发挥其价值。同时，提升对民间资本管理和利用的科学性，通过建立和完善一整套地方法规、制度，划定投资范围、确定投资渠道、设计投资产品、保障资本收入，还要充分保护民间资本的投资权利和投资安全，逐步使民间资本成为基础设施建设融资的重要组成部分。

（三）完善投融资风险管理控制体系

一是科学筛选投融资合作主体。政府部门要在确定合作对象时，注重考察其资本实力、资产质量、经营能力、经营经验等方面数据和指标，建立科学细致的考核审查体系，保证基础设施融资项目建设的安全和顺畅，防范因投融资带来的后续风险。同时，要充分利用征信体系数据，考察其企业信用和法人信用状况，还要从不同方面对其技术能力、经营管理能力、处置突发事件能力进行考察核对，以此保证基础设施建设的质量。

二是强化谈判能力，提升投融资效益。政府要选拔和引进一批既懂项目投融资又富有专业知识和谈判能力的专家，建立一支专业化的投融资谈判队伍，主要包括政府专业人员、技术专家、法律专家、谈判专家等，并以谈判团队代表政府与合作方进行具体合作事务的谈判与商讨，控制政府在投融资方面的成本支出，提升现有资金效率。同时，通过各种渠道吸引各种各类企业参与到项目的招投标中，适时营造合作对象的适度竞争环境，以高效益和低成本为导向，设定合作标准，使合作企业通过竞争主动降低风险，提升质量，提高投资收益。

三是加强项目监督，主动控制建设风险。政府相关部门要建立一整套较为完善的项目建设风险识别、监测、计量与控制体系，对项目建设质量、资金使用方向和效率实行事前评估、事中监测计量与事后检查的全方位监控。更重要的是，还要不断提升各种风险管理和处置水平，对可能出现的风险提前制定应急或处置预案，实施主动控制，在风险发生时要充分利用风险处理的回避、转移等方法，将风险损失降到最低。

（四）加速变革投融资体制

一是在项目选择上要注重以"中原经济区"为导向，在基础设施项目立项和实施过程中，必须紧紧抓住资源节约、环境友好这一根本，从而使有限的资金能够得到充分地利用，避免资源闲置或浪费。二是在基础设施项目建设过程中，既要注重"中原经济区"导向，对各种建设及节能材料的选择、建设带来的生态环境的补偿等都要注重"中原经济区"考量，着重提高投资的生态效益，实现基础设施项目整体效益的提升。三是按照精简、统一、效能的原则和决策、执行、监督相协调的要求，合理界定政府职责范围，推进政府职能转变，强化各级政府部门的社会管理和公共服务职能。

（五）把握建设关键程序完善投融资管理体系

把握关键程序，不仅要做好项目建设前期准备工作，同时还要努力做好项目建设过程中的管理、项目建设后的协调等工作，以此来提高投融资工作效率。

一是做好项目的评估与决策。一方面，要加强技术可行性论证，深入分析各类基础设施建设过程中技术成熟程度，执行不同的技术方案面临的风险，并注重技术创新；另一方面，要加强经济合理性分析，基础设施建设项目建设单位要按照既定的设计方案，借助于工程造价软件等软件来对经济合理性进行分析，从而为确定投融资成本提供基础。此外，不容忽视的还有，应该建立项目前、后评估机制，对项目进行科学的评估。

二是做好投融资策划和运营。要做好项目投融资策划，通过制定详细的投融资方案对投融资所涉及的主体、环节、内容进行明确界定和区分，并制定替代方案，对可能遭遇的困难、解决预案进行分析，从而为投融资运作提供基础。在项目的运营管理工作中：一方面，运营管理的对象是运营过程，基础设施建设的运营过程同样是一个投入、转换、产出的劳动过程或价值增值的过程，所以必须考虑如何对这样的生产运营活动进行计划、组织和控制；另一方面，基础设施建设的运营管理要控制的目标主要是建设质量，成本和工期，所以一定要学习先进管理技术，注重运用有效手段，使得这些目标顺利实现。

三是做好投融资监管与协调。由于投融资涉及的主体多，资金数量规模庞大，因此必须有效地预防各种腐败行为。在具体的监管过程中，一方面，要努力构建公开公平的管理制度，通过信息化手段对资金的异动进行监管；另一方面，要积极地引入纪委监察等部门参与监督，建立重大项目在纪检部门备案并邀请其动态跟踪的制度。同时，要努力做好协调工作。基础设施建设涉及的主体多，资金划拨也需要在进行决算的基础上通过财政部门统一处理，这就要求加强各方的沟通协调，定期召开工作协调会议，以保障各方利益和项目的顺利进行。

参考文献

［1］（英）亚当·斯密. 国民财富的性质和研究［M］. 北京：商务印书馆，1979：30 － 50.

［2］（英）凯恩斯. 就业、货币和利息通论［M］. 北京：商务印书馆，1988：20 － 35.

［3］程东跃. 融资租赁风险管理［M］. 北京：中国金融出版社，2006：39 － 60.

［4］丁向阳. 城市基础设施市场化理论与实践［M］. 北京：经济科学出版社，2005：70 - 90.

［5］尹竹. 基础设施产业的市场化改革［M］. 北京：经济科学出版社，2004：100 - 120.

［6］张旭明，刘则福. 项目融资理论与实务［M］. 北京：中国经济出版社，1999：50 - 70.

［7］邓淑莲. 中国基础设施的公共政策［M］. 上海：上海财经大学出版社，2003：276 - 284.

［8］朱会冲，张燎. 城市基础设施项目投融资理论与实务［M］. 上海：复旦大学出版社，2002：44 - 86.

［9］王放. 中国城市化与可持续发展［M］. 北京：科学出版社，2000：23 - 33.

［10］沈建国. 新世纪中国城市化道路的探索［M］. 北京：中国建筑工业出版社，2001：45 - 56.

［11］陈健，陶萍. 项目融资［M］. 北京：中国建筑工业出版社，2008：134 - 146.

［12］王辰. 基础产业融资论［M］. 北京：中国人民大学出版社，1998：76 - 82.

［13］卢福才. 企业融资效率分析［M］. 北京：北京大学出版社，2004：105 - 126.

［14］熊熙宝. 城市化进程中的投融资体制创新［J］. 管理探索，2006（10）：10 - 12.

［15］河南省统计局. 河南统计年鉴（2001—2013）［M］. 北京：中国统计出版社，2001—2013.

［16］潘青. 山东省城市基础设施融资研究［D］. 天津：天津大学出版社：2004（27）.

［17］占三红. 武汉市基础设施项目融资研究［D］. 武汉：华中科技大学出版社，2012（34）.

［18］宋立根，屈晓婷. 完善地方政府城市建设投融资体制研究［J］. 地方财政研究，2005（11）：11 - 14.

［19］王丽辉. 河南省基础设施投资与经济增长的实证分析［J］. 北方经济，2012（11）：62 - 63.

［20］朱春梅，戴泽兴，李红颖. 城市基础设施建设投融资新思维探讨［J］. 北方经济，2011（1）：113 - 115.

［21］邹传国. 城市基础设施建设的资金分析［N］. 郧阳师范高等专科学校学报，2006（5）：106－109.

［22］Antonio Estach. Decentralizing Infrastructure. World Bank Discussing Paper，No. 290.

河南省发行市政债券问题研究

中国人民银行许昌市中心支行课题组[①]

摘要： 市政债券对解决政府的融资渠道，解决基础设施建设资金紧张等问题具有较强的现实性和可行性。本文首先对市政债券的基本原理进行分析，然后通过对不同政治体制和财政体制下国际上主要代表性国家以及国内试点地区发行市政债券的实践比较分析，得出结论：市政债券的发行确实可以有效缓解城市化建设中资金短缺问题，发行市政债券成为地方政府融资市场化的路径选择。接着重点从河南省独特的状况方面分析河南省的基础设施建设，提出亟须政府通过新的融资模式取得大量资金，呼吁中央政府适当扩大地方政府自行发债试点范围，把河南省纳入地方政府自行发债试点的必要性和可行性的观点。紧接着分析了河南省发行市政债券面临的障碍并提出相应对策建议。最后对河南省发行市政债券的整体框架进行设计，并结合河南省依托资源、区位优势以及郑州航空港经济综合实验区吸引大量项目这一实际状况，针对收益型市政债券进行了融资模式设计。

关键词： 河南省　市政债券　收益型市政债券

第一章　　导　　论

一、研究背景和意义

（一）研究背景

近年来，随着我国城镇化水平的提高、城市人口的不断增加，用于城市化建设的资金需求与分税制条件下地方政府财政能力有限形成矛盾，并且矛盾有

---

① 课题主持人：王爱民；
　　课题组成员：徐庆炜、刘彪、王晓峰、刘春岭、刘倩、海云桃。

进一步激化的迹象，融资问题愈发突出，如何在原有财政资金和信贷为主要融资手段的基础上，探寻新的融资模式，开发新的融资工具是摆在各级政府面前的重要课题。

市政债券在国外已经成为一种非常成熟的融资模式，被广泛应用于公共投资的各个领域，尤其是可以有效弥补初始资金需求量较大的资本性建设项目，从而缓解城市化建设中资金短缺问题，对市政建设和地方经济发展作出重要贡献。然而在我国，由于法律的限制，市政债券在我国地方政府的发行尚属空白，迫于地方政府融资问题的亟待解决，2011 年 10 月财政部批准上海市、浙江省、广东省、深圳市开展地方政府自行发债试点，并且试点地区发行市政债券已有明显受益。至 2013 年又扩大至六个试点地区，增加的两个试点地区是江苏省和山东省。

河南省是农业、人口大省，历史上经济基础薄弱，虽然河南省的经济发展水平、财政运行水平和质量不断调高，但是财政仍然有很多问题，集中表现为财政收支矛盾尖锐、债务负担沉重、财政风险日益加剧等，特别是河南省基础设施支出以及城市维护费缺口较为严重，同时河南省基础设施融资渠道过于狭窄，再加上河南省在推动中原经济区建设、郑州航空港经济综合试验区建设方面都需要大量的资金，所以创新河南省的政府融资模式，探寻新的融资渠道显得尤为重要。

(二) 研究意义

从理论角度看，对河南省发行市政债券问题的研究尚不多见，同时结合河南省独特的资源优势以及区位优势去谈把河南省纳入自行发债试点的必要性，这一分析角度较为新颖，希望为今后研究河南省发行市政债券问题起到抛砖引玉作用。

从实践角度看，河南省能否纳入地方政府自行发债试点，一方面直接影响政府的投融资行为，另一方面关系到能否有效弥补财政收支缺口大、减轻中央财政负担的问题。

从地方政府的角度看，总结国内外债券的发展经验，梳理发行市政债券可能遇到的风险、目前河南省发行市政债券存在的障碍并提出的相应解决措施，以及本文最后针对市政收益债券模式的合理设计，对于地方政府来说不仅提出了一种新的政府融资途径，有效地防范了财政金融风险，而且具有很强的现实参考意义。

二、文章结构

本课题围绕研究主题，广泛搜集国内外资料，整理总结发行市政债券的理论依据、发行现状以及所取得的成效，对市政债券有整体上的了解；接着在此基础上，结合河南省特色状况，分析河南省为什么要发行市政债券，即用实证分析法去重点探析把河南省纳入自行发债试点范围的必要性；然后在分析河南省发行市政收益债券可行的基础上，梳理了河南省发行市政收益债券存在的障碍并提出相应的解决措施；最后提出了怎么做，即对市政收益债券模式进行设计。

三、文章创新

1. 研究角度较为新颖

对河南省发行市政债券问题的研究尚不多见，而本文对河南省发行市政债券问题的研究应当是较为系统的。

2. 紧密结合河南省实际状况，阐述把河南省纳入自行发债试点范围的必要性

在目前地方政府财政资金缺口较大，有发债需求的背景下，如何让中央政府批准把河南省纳入地方政府发债试点是河南省政府所关心的问题。

3. 得出河南省发行市政收益债券是可行性的结论

如何约束地方政府按要求履行偿债义务是自行发债面临的最大问题，从这一角度看，就目前的河南省，发行一般责任债券尚不合适，但是针对一些特定的项目来发行市政收益债券，却是可行的，既规避了开禁地方政府发行一般责任债券带来的巨大风险，也解决了城市基础设施建设的融资问题，是现阶段城市化进程中解决市政建设融资的最优选择。

4. 结合河南省实际情况设计了市政收益型债券模式

在借鉴河南省已有融资模式的基础上，针对河南省由于区位、资源、交通优势吸引大批优质项目的特点，设计了市政收益型债券模式，具有一定现实参考价值。

第二章　市政债券理论基础及国内外发展现状

一、市政债券内涵及理论基础

市政债券，又称地方债券，是指由地方政府或其授权代理机构，在经常性财政收不足的情况下，为满足地方经济和社会公益事业发展的需要，根据地方社会经济发展状况和资金短缺程度，在承担还本付息的基础上，按照有关法律

的规定向社会公开发行的一种债券。①

根据偿债资金来源的不同，市政债券主要可分为一般责任债券、收益债券和混合型市政债券三种②。

市政债券的三个显著特点为：一是市政债券信用风险较低，二是市政债券募集资金多用于地方公共设施建设，三是市政债券在很多国家中享有税收减免权。

1. 市政债券发行的经济学理论依据

市政债券的发行已经有 200 多年的历史，已经成为一种很成熟的融资模式，给西方发达国家的市政建设和地方经济发展作出重要贡献，这不仅仅是城市建设发展的需要，而且有其内在的经济学理论支持，即公共物品理论、公债理论以及财政分权理论。

2. 市政债券的经济效应

市政债券的经济效应是指市政债券在发行、使用过程中对国民经济所产生的影响和作用。主要有资源配置效应、调控地方经济效应以及总需求效应。

二、市政债券的国际、国内发展状况及启示

目前在世界 53 个主要国家中，有 37 个国家允许地方政府举债。③ 特别是在市场经济国家，如美国、德国、日本等地方债融资成为地方政府融资的重要手段。其中美国市政债券的发展规模最大、运作最为规范，市政债券是其地方基础设施融资的主要途径。同时日本对地方发债实行严格的审批制度，已成为维系、扩大地方财政的重要手段。

在国内，2011 年 10 月财政部批准上海市、浙江省、广东省、深圳市开展地方政府自行发债试点，并且试点地区发行市政债券已有明显受益。到 2013 年又扩大至六个试点地区，增加的两个试点地区是江苏省和山东省。

从国际、国内发行市政债券的实践经验来看，我们受到如下启示。

1. 市政债券的发行可以有效缓解基础设施建设资金短缺问题

美国市政债券发行起源于纽约州 1817 年筹资开凿伊利运河，现今美国的机场、桥梁、隧道等项目，许多地方政府均采取这一方法筹资。特别是波特兰市机场扩建，10 亿美元的投资中 50% 是通过发行债券融资的。发债成了美国城市基础设施建设最主要的融资渠道。

从地方政府自行发债试点地区来看，2012 年浙江省地方政府债券发行规模

---

① 马建春. 市政债券市场发展与基础设施融资体系建设 [M]. 北京：经济科学出版社，2007 (8).
② 赵晓男，王宇，申世军. 我国市政债券发展问题研究 [J]. 当代经济，2010 (10) 上.
③ 赵光磊，美国地方政府资本预算政策及对中国的启示 [J]. 地方财政研究，2010 (4).

为104亿元，全部优先用于保障性安居工程等重点公益性项目及铁路、普通公路建设；2012年上海市政府债券筹集资金将主要安排用于保障性安居工程、农村民生工程和农村基础设施、医疗卫生和教育文化等社会事业基础设施、水利基础设施、市政建设等方面。

美、日两国以及地方政府自行发债试点地区发行市政债券的实践经验表明，市政债券的发行确实可以有效弥补初始资金需求量较大的资本性建设项目，从而缓解城市化建设中资金短缺问题。

2. 市政债券的发行可以有效弥补地方政府财政收支差额

以上海市为例，2011年上海市发行71亿元政府债券，2012年发行89亿元，而历年上海市财政收支差额最低100亿元，最高450亿元。那么粗略估计这个融资规模可以弥补上海市财政收支差额的17%～90%，有效解决地方政府"土地财政"的局面。

3. 市政债券的发行可以完善地方政府的信用体系，提高地方政府的融资能力

在城市化建设中，越来越多的投资项目和融资安排将会分散、有序地从中央政府转移至地方政府，在责任转移的过程中，主要是如何控制地方政府预算。在预算支出的安排上，特别是在决定投资项目的优先顺序和具体项目资金计划方面地方政府起到决定性作用。相应地，在预算收入的安排上，地方政府也必须承担起对资本支出筹资的责任。那么地方政府不得不改善资源的利用效率，增加私人部门参与城市基础设施建设投资的程度，市政债券不失为地方政府获得巨大融资需求的方法之一。在这个过程中，要完善地方政府的信用体系，才能有效发挥市政债券的融资功能。

第三章　把河南省纳入地方政府自行发债试点范围的必要性

在目前全国财政吃紧、地方政府财政资金缺口较大、地方政府融资渠道不畅有发债需求的背景下，如何让中央政府批准把河南纳入地方政府发债试点是河南省政府所关心的问题。

一、从共性方面决定把河南省纳入地方政府自行发债试点范围的必要性

1. 城市化进程中产生的融资需求

近几年来，我国城市化进程开始进入快速发展阶段，加速城市化基础设施建设对于改善民生、吸引产业集群、促进地方经济发展有重要作用，为此，地方政府需要投入大量资金。因为没有资金的投入，就没有经济的发展。同时，地方支出责任和支出能力之间存在巨大的资金缺口表明传统的融资方式已妨碍

了城市化的进程。从未来发展趋势看，城市化进程的加速进行将更加激化城市基础设施建设资金供需矛盾。国务院发展研究中心曾经做过测算，每增加一个城市人口，按照 2003 年的价格水平需要投资 9 万元，而河南省每年转移将近 200 万人进城①，到 2015 年也就是要转移 600 万人，依据这个标准，且不考虑通货膨胀，到 2015 年河南省这 3 年间所需静态投资为 5 400 亿元，如果再加上利息附加费用、考虑通货膨胀，实际上需要更多资金。如此巨额的资金投入量远远超出河南省政府财政目前的承受能力。

2. 有利于减轻中央财政负担

目前很多地方的基础设施建设资金是通过国债转贷来实现的，即中央政府通过发行国债然后再转贷给地方使用，其实质是中央代地方发行债券，这无疑加重了中央的财政负担。如果让有条件的地方政府发行市政收益债券，承担起本地区的基础设施建设，则可以减轻中央的债务负担，减少中央财政承担的风险。

3. 逐步实现地方政府负债显性化的需要

近年来地方政府债务规模庞大，多头举债，种类多样化，既有直接负债，也有间接负债，如银行贷款、各种拖欠、挂账、政府担保、以政府辖属公司名义筹集资金、通过地方金融机构来提供政策性贷款、下级政府的财政负债等，就连政府自己也难以弄清负债规模，这造成了极大的地方财政风险。与其让地方政府通过变相手段来隐性融资，倒不如让其债务显性化，便于风险的控制。发行市政收益债券有利于扩大市政建设融资的透明度、规范融资方式，减少地方政府各类债务的隐蔽性。

4. 河南省基础设施融资渠道过于狭窄

城市建设维护税和公用事业附加费是河南省唯一的城市基础设施预算收入来源。税收和拨款一度是城市建设最主要的资金来源，但是从近几年的情况看，河南省的城市基础设施建设资金主要来自银行贷款。城市基础设施建设一般投资较大、回收期长，作为商业银行更愿意放贷给投资期限短、收益率较高的项目。政策性银行的贷款受制于其资金来源的有限性，更侧重于全国性的项目，对于地方政府项目的作用也有限。因此，河南省城市基础设施的投资存在着投资主体过于单一、融资渠道过于狭窄、缺乏有效融资模式等问题。

5. 政府投融资平台的最佳替代品

以河南省为例，剖析投融资平台资金去向。从平台贷款资金用途来看，项目贷款占到总融资规模的 90% 以上；从期限来看，主要是中长期贷款，1～3

---

① 河南省第九次党代会上卢展工书记提出未来五年河南城镇化率要达到接近 50% 的目标，年均增长率约为 2%，每年转移近 200 万人进城。

年、3~5 年期以及 5 年以上的项目贷款占项目贷款总额的 90% 以上，流动资金贷款①的比例很低，即用于短期资金周转的比例较低；从贷款实际投向的部门和领域看，主要用于水利设施、市政基础设施、农村基础设施建设以及土地收储，其中用于市政基础设施、农村基础设施和用于土地收购的资金规模较大。因此地方政府投融资平台较为有效地配置资源，促进经济增长，同时大大加快了城镇化进程，促进民生改善，对河南省的经济发展起到了极大地促进作用。

虽然投融资平台存在着责任主体不清晰、操作程序不规范、给地方财政造成巨大压力等种种弊端被中央政府大力整治，但是通过投融资平台所投放资金用途却具有合理性，政府确实需要资金去进行基础设施建设。当现行这种融资模式行不通时，那么政府亟须新的融资模式去融资，发行市政债券不失为一种最佳替代方法。

二、从个性方面即河南省特色状况决定把河南纳入自行发债试点范围的必要性

1. 河南省是第一人口大省

（1）河南省由于人口众多所吸引的项目投资需要大量配套资金。河南省是全国第一人口大省，这种丰厚的人力资源，全国其他省份都没有，即便是放眼全球，也没有几个大国的人口能与之相比。特别是在目前经济增长靠内需的大背景下，河南省人口的优势吸引了一大批项目进驻。从世界各地城镇发展历程来看，不管是哪个城市或者国家，基础设施的服务和质量在吸引新投资方面都发挥着越来越重要的作用，因此，河南省在吸引大量项目进驻的同时，解决道路、防洪等基础设施的配套资金也是必需的。譬如郑州机场二期扩建总投资 90 亿元，需筹措的配套资本金 45 亿元。

（2）解决河南省农业人口向非农人口转化需要大额资金。河南省虽是第一人口大省，但是农业人口居多，2012 年河南的城镇化率为 38.8%，比全国平均水平低 10.9 个百分点，并且河南省的城镇化水平与全国的差距还有继续加大的趋势。其中城镇建设融资渠道不畅，资金投入量严重不足，经济活力不够，尤其是城镇基础设施建设严重滞后更是阻碍河南省城镇化快速发展的重要因素之一。在城市化进程中，国务院发展研究中心曾经做过测算，每增加一个城市人口，按照 2003 年的价格水平需要投资 9 万元，而河南省每年转移将近 200 万人进城②，到 2015 也就是要转移 600 万人，依据这个标准，且不考虑通货膨胀，

---

① 资料来源：《流动资金贷款管理暂行办法》，中国银行业监督管理委员会令（2010 年第 1 号）。

② 河南省第九次党代会上卢展工书记提出未来五年河南城镇化率要达到接近 50% 的目标，年均增长率约为 2%，每年转移近 200 万人进城。

到 2015 年河南省这 3 年间所需静态投资为 5 400 亿元,如果再加上利息附加费用、考虑通货膨胀,实际上需要更多资金。如此巨额的资金投入量远远超出河南省政府财政目前的承受能力。

2. 河南省是粮食产量第一大省

农业以粮为重,百姓以食为天。粮食问题永远是人类生存发展面临的首要问题。在粮食产量方面,河南省小麦占全国小麦总产量的 1/4,河南的粮食总产量占全国的 1/10,除河南省自己用之外,每年调出省外 2 000 万吨的原粮和粮食制成品。所以,河南省在我国的粮食生产中的地位是非常重要的。其主要功能有两点:一是河南省粮食主要作为口粮,且功能主要是自给自足。中央从 2004 年起连续 9 年发布关于"三农"工作的一号文件,国务院下发《关于支持河南省加快建设中原经济区的指导意见》,提出要把发展粮食生产放在突出位置,打造全国粮食生产核心区。粮食核心区建设首先是河南省自身发展的需要,河南省一亿人口,解决自己的吃饭问题至关重要。二是河南省人口多,区域粮食安全居于首位。河南粮食产量占全国的 1/10,到 2020 年国家要求河南提供 1 300 亿斤粮食。河南粮食核心区建设,不仅是河南省自身的事情,也与中部乃至全国有重大关系。

而河南用占全国 1/16 的耕地生产了占全国粮食总产量的 1/10。河南这么少的耕地,却承担了那么大的粮食总量,因此河南粮食能否保持稳定持续增高是至关重要的。河南省农业厅厅长朱孟洲认为粮食连续增产经验就是"天、地、人",[①] 这些因素无一能缺少大量资金的支撑。譬如,利用农业政策扶持及种粮补贴提高种粮积极性需大量资金;提高农业基础设施需大量资金;提高科技对农业的支撑力度需要大量资金投入。因此,"钱怎么来"是摆在政府面前的首要问题。从中央来讲,就是要通过转移支付,不断加大对"三农"的投入;从地方讲,恐怕还要动员包括金融、企业在内的各种社会资本,对农业给予更多的关注。因此,通过发放市政债券的形式去吸引金融、企业在内的各种社会资本不失为政府筹资的一种优良选择。

3. 河南省是第一农业大省

河南省是第一农业大省,但却不是农业强省,要使农业资源优势转化为能源优势、经济优势需要大量资金。河南省农业资源总量巨大、种类丰富,除粮食等传统的农业资源之外,农业的生物能源资源也不容小觑。与传统的煤炭、石油等化石资源相比,农业资源具有低碳、总量大、可再生等特点,可源源不

---

① 河南电视台大型时评栏目《映象版》推出《转变领导方式推进中原经济区建设新十八谈》农业篇《新型农业现代化强基固本》。

断供应人类的需求。但是资源的价值体现，落脚于最终产品的价值。如果能充分利用前沿学科技术和先进工业手段，拓展农业资源开发的深度和广度，提升农业的经济价值，突破能源转化的关键环节，完全可以建立一个多层次、多品类的产业体系。作为农业大省，河南省完全可以利用现有的资源优势进行跨越式发展，建立完善的农业资源深度开发体系。尤其是在全球能源面临枯竭，传统工业能耗高、成本高的背景下，使农业资源优势转化为能源优势、经济优势，对于减少资源消耗、降低环境污染、转变经济增长方式有着重要的作用和巨大的意义。所以说，利用前沿学科技术，实现农业资源的深层次开发，对于河南省乃至全国而言，都是一次重要的历史机遇，而这些新技术的发明和应用是需要大量资金做铺垫的。

4. 中原区位优势、交通优势

利用河南省地处中原的区位优势和交通优势，承接产业转移以及建设郑州航空港经济综合实验区需要大量配套资金。

河南省地处中国之中、中部之中，中西交会、连贯南北，地理位置优越。这一地区处于我国由东向西的经济技术梯度转移和由西向东的资源要素梯度转移的交会区，对我国东西部发展起着重要的协调作用，具有优越的区位优势。同时与沿海经济发达地区相比，目前河南省处于工业化进程的第三阶段，工业化进程还相当落后，同时河南省的经济发展水平较低，处于经济发展的较低梯度，承接东南沿海发达地区的产业转移来发展自身的经济是很有必要的。而且，产业转移机遇性很强，新一轮国际产业转移的黄金周期可能只有 3～5 年，国内产业转移也不会无期限持续下去。国内东部地区这次大规模的产业转移估计 5 年左右完成，黄金期只有 3 年左右，机遇稍纵即逝。当前，面对第四次国际产业转移的浪潮、沿海产业的"退沿进中"以及中央关于中部崛起的重大战略决策的良好机遇，处于产业低梯度区的河南应采取何种方略，积极承接产业转移，优化产业结构，加快河南经济的发展，已成为河南产业发展需要面对的紧迫问题和严峻挑战。

同时依托河南省的区位优势和交通优势等所建设郑州航空港经济综合实验区，在促进河南省产业结构升级和发展方式转变、带动新型城镇化、新型工业化和农业现代化协调发展的同时，恐怕离开资金的支持是不可能实现的。

第四章　河南省发行市政债券的可行性研究

根据国外的经验，发行市政债券的基本条件主要有三个：一是国民收入达到一定水平并稳步增长；二是地方政府具有独立的收入来源并具有一定的财政实力和投资管理能力；三是债券所投资的项目具有稳定的收益。按此条件衡量，河南省已具备发行市政收益债券的能力。

一、河南省巨大的资本存量对市政收益债券提供了强大的需求动力

1. 河南省的宏观经济总量居全国前列

从宏观经济总量来看，自 2000 年以来，河南省的宏观经济发展态势良好，经济保持持续、平稳、较快增长。根据河南省 2012 年统计年鉴可得知，全省生产总值从 2000 年的 5 052.99 亿元增加到 2011 年的 26 931.03 亿元，再增加到 2012 年的 29 810.14 亿元，增加了 5.90 倍。从 2006 年以来，河南省生产总值稳居全国第 5 位。

2. 城乡居民人均收入增幅较大

全年城镇居民人均可支配收入由 2000 年的 4 766.26 元增加到 2012 年的 20 442.62 元，增加 4.29 倍，其中 2012 年较 2011 年实际增长 9.5%。

农民人均纯收入由 2000 年的 1 985.82 元增加到 7 524.94 元，增加 3.79 倍，其中 2012 年较 2011 年实际增长 11.3%。

3. 从恩格尔系数来看，河南省居民生活水平相对富裕水准

从恩格尔系数来看，2000 年以来，城镇居民恩格尔系数一直居于 30% ~ 40% 区间内，农村居民的恩格尔系数由 2000 年的 40% ~ 50% 的区间降至 2007 年的 30% ~ 40% 区间，近些年来继续呈现下降态势，联合国依据恩格尔系数对世界各国生活水平的划分标准①，河南省的恩格尔系数在 30% ~ 40%，达到了相对富裕水平。

表 1　　　2000—2011 年河南省 GDP、城镇以及农村居民人均收入数

年份	全省生产总值可比价（亿元）	人均生产总值可比价（元）	城市人均可支配收入（元）	农村居民家庭人均纯收入（元）	城镇居民恩格尔系数（%）	农村居民恩格尔系数（%）
2000	2 939.70	1 356.10	4 766.26	1 985.82	36.20	49.71
2001	3 204.30	1 476.80	5 267.42	2 097.86	34.67	48.62
2002	3 508.70	1 612.70	6 245.40	2 215.74	33.68	48.00
2003	3 884.10	1 783.60	6 926.12	2 235.68	33.64	48.16

---

① 联合国根据恩格尔系数的大小，对世界各国的生活水平有一个划分标准，即一个国家平均家庭恩格尔系数大于 60% 为贫穷；50% ~ 60% 为温饱；40% ~ 50% 为小康；30% ~ 40% 属于相对富裕；20% ~ 30% 为富足；20% 以下为极其富裕。

年份	全省生产总值可比价（亿元）	人均生产总值可比价（元）	城市人均可支配收入（元）	农村居民家庭人均纯收入（元）	城镇居民恩格尔系数（%）	农村居民恩格尔系数（%）
2004	4 416. 20	2 031. 50	7 704. 90	2 553. 15	35. 00	48. 57
2005	5 043. 30	2 311. 80	8 667. 97	2 870. 58	34. 20	45. 40
2006	5 769. 50	2 628. 50	9 810. 26	3 261. 03	33. 10	40. 90
2007	6 611. 85	3 014. 89	11 477. 05	3 851. 6	34. 60	38. 00
2008	7 412. 31	3 373. 66	13 231. 11	4 454. 24	34. 80	38. 30
2009	8 221. 63	3 716. 70	14 371. 56	4 806. 95	34. 20	36. 00
2010	9 249. 34	4 187. 06	15 930. 26	5 523. 73	32. 99	37. 20
2011	10 352. 24	4 710. 44	18 194. 80	6 604. 03	34. 10	36. 10

资料来源：《河南 2012 统计年鉴》。

综上所述，河南省居民收入达到一定水平并稳步增长。同时居民储蓄达到相当大的规模并呈现继续增长的势头（见图 1），同时投资渠道单一，进一步体现了河南省居民收入达到一定水平并稳步增长，这样巨大的资本存量有能力转化为对市政收益债券的稳定需求。

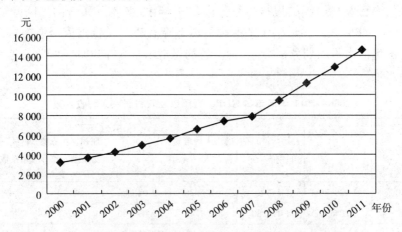

图 1　2000—2011 年河南省城乡居民储蓄存款余额

二、城市化的资金缺口为市政收益债券发行主体提供了强大动力

虽然河南省公共预算收入逐年增加，但是河南省的财政收支缺口越来越大。河南省的公共财政预算收入平稳增长，由 2000 年的 246. 47 百万元增加到 2011

年的1 721.76百万元（见表2），占全国的第十位。但是河南省的公共财政预算收入和支出的缺口越来越大，由2000年的199.06百万元扩大到2011年的2 527.06百万元（见表2），特别是2007年以来，逐年加剧。城市化的资金缺口使得发债主体有着强烈的欲望，是开放和发展市政收益债券市场的强大动力，为市政收益债券的发行提供了重组的供给。

表2　　　　2000—2011年河南省公共财政预算收入与公共财政预算支出

单位：百万元

年份	公共财政预算收入	公共财政预算支出	收支缺口
2000	246.47	445.53	−199.06
2001	267.75	508.58	−240.83
2002	296.72	629.18	−332.46
2003	338.05	716.60	−378.55
2004	428.78	879.96	−451.18
2005	537.65	1 116.04	−578.39
2006	679.17	1 440.09	−760.92
2007	862.08	1 870.61	−1 008.53
2008	1 008.90	2 281.61	−1 272.71
2009	1 126.06	2 905.76	−1 779.70
2010	1 381.32	3 416.14	−2 034.82
2011	1 721.76	4 248.82	−2 527.06

资料来源：《河南2012统计年鉴》。

三、河南省存在的"准市政债券"为市政收益债券的发展提供了经验

1. 河南省发行"准市政债券"的情况

由于我国预算法的约束，地方政府不能直接发行地方政府债券融资，因此地方政府通过其他方式变相进行市政债券融资，这些债券被称为准市政债券。"准市政债券"是地方政府为规避法律上的管制而进行创新的产物，是中国现阶段特有的产品。目前河南省存在的准市政债券主要有两大类型：一是企业债券型，二是资金信托型。

企业债券是由和地方政府有密切关系的企业发行、所募资金用于地方基础设施建设。截至2012年，河南省企业债券发行融资规模突破150亿元，申请上报发行规模突破200亿元。2012年11月22日，河南铁路投资有限公司28亿元

和驻马店市投资公司13亿元企业债券发行方案同时获得国家发改委核准批复。①通过企业债券形式募集到的资金主要用于城市基础设施、环境整治等领域的重点项目建设。

资金信托型其实就是地方政府采用变通的方法，由信托公司帮地方市政项目融资。募集的基础设施投资资金通过信托计划这种形式部分实现，譬如周口基础设施建设资金信托计划项目、濮阳新区水库建设项目资金信托等。

综上所述，从资金用途上判断，不管是企业债，还是资金信托，这些债券根据项目建设所发行的，筹集的资金主要用于私人投资不足的市政基础设施建设。由于其偿付资金主要来源于投资项目产生的收益，类似于美国市政债券中的收益债券。

2. 河南省发行市政收益债券是可行的

目前河南省在相关制度建设不够完善的情况下，在地方政府亟须大量资金的大背景下，让地方政府发行一般责任债券是不现实的，必然会带来严重的后果。但是鉴于河南省已有多年发行"准市政债券"的经验，针对一些特定的项目来发行市政收益债券，我们认为是可行的，既规避了开禁地方政府发行一般责任债券带来的巨大风险，也解决了城市基础设施建设的融资问题。

因此，河南省应首先推广收益债券，争取对特定的项目进行债券融资，类似于河南省已经存在的"准市政债券"，在条件成熟的情况下，再发展到一般责任债券。尽管目前地方政府对于市政债券的需求十分强烈，但也应该有步骤进行，防止出现失控局面。

第五章　河南省发展市政债券的障碍及对策建议

一、河南省发行市政债券的障碍分析

1. 法律和制度上的障碍

由于我国1994年《预算法》第二十八条规定："地方各级预算按照量入为出、收支平衡的原则编制，不列赤字。除法律和国务院另有规定外，地方政府不得发行地方政府债券。"也就是说，我国目前的相关法律法规不允许地方政府

---

① 其中河南铁路投资有限公司所募集的28亿元的资金将分为几部分，其中12.4亿元用于郑州至徐州铁路客运专线项目，5亿元用于山西中南部铁路通道项目，5.5亿元用于郑州至新郑机场城际铁路项目，5.1亿元用于郑州至焦作铁路项目，驻马店市投资公司所募集13亿元资金将分为几部分，其中4亿元用于驻马店市薄山水库引水及第三水厂建设工程项目，3亿元用于驻马店市北部片区市政基础设施建设项目，6亿元用于驻马店市产业集聚区市政基础设施建设项目。

在未经批准的情况下自行发债和直接向银行贷款，也不允许为项目的银行贷款提供任何形式的担保。

2. 地方信用环境较差

市政债券以地方政府的信用状况为基础，虽然市政收益债券是以项目的收益作为偿债来源，而不是以地方的税收为来源，但是发债项目却是政府决策的结果，因此和政府有着扯不断的关联，所以地方政府的信用状况对市政收益债券发行起着关键作用。

本文采用王卫芳《论我国政府的信用缺失和建设》一文中所界定的政府信用评价标准来评判政府信用状况。[①] 依据这样的标准，可以发现在河南省乃至全国都存在着政府决策的随意性、政府不能有效履职、政府公务员违法行政、行政腐败蔓延等政府信用缺失的表现。

3. 信用评级机构作用有限

按照规范的证券市场运作方式，发行市政债券必须进行信用评级，对债券的投资风险和信用水平进行评估，只有在信用评级机构获得投资等级以上的地方政府才有资格发行地方债券。

从河南省的实际状况来看，首先信用评级机构数量少。截至2012年5月3日，仅有河南资信评估有限公司、大华国信资信评估有限公司河南分公司等21家经河南省信用建设促进会备案的信用评级机构，包含专业的和不专业的评级机构。[②] 其次，评级质量低。在市场竞争激烈的情况下，有的评级机构通过"价格战"来争取市场份额，导致评级质量难以确保；有些评级机构为了迎合客户的需求，违背信用评级主动、独立、客观、公正的原则，这种不负责任的现象严重扭曲评级质量。最后，缺乏科学评级体系。现行的评级方法多采用"打分式"，而"打分式"的评级方法要求对各个因素赋予一定的权重，而这个权重是固定的，但实际上因素的权重会随着每个被评估机构的实际情况而变化。因此，评级结果难以准确地反映被评对象的信用风险。

4. 信息披露机制不完善

信息披露机制不完善也是发行市政债券的致命问题。因为市政收益债券的偿债来源是项目的收益，在中国救灾资金都可以被挪用的情况下，投资者必然十分关注项目的动态进展状况，包括募集资金的具体使用情况，发债项目的建设情况。信息的及时披露，既可以防止资金被非法挪用，杜绝舞弊勾结等违法

[①] 王卫芳指出，政府信用评价标准包含政府行为的法制化程度、政府决策的民主化程度、政府政策的稳定程度、政府公务员的行政道德水准以及政府服务的满意程度方面。

[②] 资料来源：http://wenku.baidu.com/view/531fb5708e9951e79b892777.html。

行为的发生，又可以保证项目的收益，维护投资者的利益。然而河南省的现实情况却不容乐观，证券市场上普遍存在信息披露质量不高的问题。主要是由于证券法的相关规定过于粗简，不够详细，使信息优势方缺少制度框架的约束。

二、相关的政策建议

1. 提议国家把河南省纳入自行发债试点

由于我国 1994 年《预算法》第二十八条规定："地方各级预算按照量入为出、收支平衡的原则编制，不列赤字。除法律和国务院另有规定外，地方政府不得发行地方政府债券。"也就是说，我国目前的相关法律法规不允许地方政府在未经批准的情况下自行发债，但是倘若在国务院批准的情况下，是可以自行发债的。

笔者目前并不倡导更改我们的《预算法》，打开地方政府自行发债的闸门，因为目前各级地方政府均有大量资金需求，在风险责任约束机制建立起来以前，让地方政府自行发债，将会带来难以估算的后果，引发不可预测的财政危机，导致局面失控。因此，我们提议国家把河南省纳入自行发债试点，这样就可以跨越法律和制度的羁绊通过发行市政收益债券来劈开一条政府融资新路径。

2. 进一步完善政府职能

如何约束地方政府按要求履行偿债义务是自行发债面临的最大问题，因此进一步完善政府职能意义自然非同小可。

一是改变现有领导干部的考核机制。在目前领导干部考核看齐 GDP 的机制下，非常不利于市政收益债券的发行。因为市政收益债券往往以具体的项目为载体，而这些项目一般周期较长，短则 3 年、5 年，长则 10 年、8 年，甚者 20 年，而我们领导干部通常最多任职两届，如果以 GDP 挂帅考核地方政府，地方政府为了追逐政绩和利益，很有可能把资金挪用，投入周期短、回报快、利润高的竞争性领域项目，而那些建设周期长、收益回报周期长但却是关系民生大计的基础设施项目无疑无人问津，这就违背了发债初衷。因此，地方政府的考核应走出唯 GDP 窠臼，实施把经济决策一并纳入绩效评价的考核机制。

二是地方政府债务显性化。地方政府债务隐性化不等于地方政府没有债务，与其难以测算，不如将其显性化、透明化，改变当前信息严重不透明的现状。首先应当摸清地方政府的债务总量，其次搞明白资金的来源和使用方向，尽可能追求债务总量均衡与结构协调。

三是强化地方债务的硬约束。建立地方政府投资责任制，必须把债务率控制在合理范畴之内，避免地方政府过度举债并转嫁于下一届政府，同时也防止地方政府将其债务风险向上级部门转嫁。

四是建立地方政府债务融资的预警系统和偿债机制。为了防范地方政府债务风险，应根据目前债务融资现状，研究确定科学合理的债务监控指标体系，如财政负债率、财政还款率、内外债比例、债务期限结构、直接债务与或有债务的比例等。另外，地方各级财政部门应通过年度预算安排、债务投资项目效益的一定比例的划转等途径，建立财政偿债基金，专项用于地方政府债务的偿还。保证地方政府债务要与当地经济发展水平和财政承受能力相适应，防止发生债务危机。

五是加强地方政府信用体系建设。虽然河南省存在着这样那样的问题影响到市政债券的顺利发行和流通，但是想提高政府信用还不是难事。我们不仅要进一步推动制度的民主化进程，构建法治政府和信用政府，还要增加重大事件或决策的透明度和工作的参与度、知情度。良好的政府信用不仅能维护社会的稳定，还能在一定程度上提高债券的信用评级，降低债券的发行成本。

3. 建立科学的信用评级体系

信用评级体系中与市政收益债券联系最紧密的应当是信用评级机构自身评级技术、自身市场公信力。短期内，在河南省评级机构对政府评级手段和经验尚不完善、可行性还不太高的情况下，可在政策允许范围内批准国际或国内知名评级公司为发债的地方政府评级；从长远来看，违约率检验是评价评级机构评级质量的最直接也是最科学的方法，应切实建立起以违约率为核心的考核指标体系，采取事后验证、信息披露的办法，在市场中筛选并产生具有较高评级质量的评级机构，树立评级机构的公信力和权威性。

4. 信息披露规则更完善、更有可操作性

对于专业的投资者来说，最关心的是持续的信息披露和分析报告，以尚在发展中的企业债券为例，业内几家资讯机构提供的相关信息都不够完整、准确和及时。国外发行市政债券的经验实践证明，信息披露越薄弱，其造成的损失会越大。因此，在未来发行市政收益债券时，必须建立有效的信息披露制度，务必确保信息披露规则更完善、更具有可操作性。所以公开的信息披露制度虽然短期内会给地方政府造成较大的压力，但从长期来看却可以帮助政府决策者避免债务风险的发生。

第六章 河南省发行收益型市政债券的模式设计及配套建议

一、河南省现行项目融资模式

面对财政上地方支出责任和支出能力间的巨大资金缺口和法律对地方政府

举债的明文禁止，在现阶段河南省地方政府大多借助投融资平台来发行"准市政债券"进行融资，这种特许经营下的具有准经营性的项目融资模式可以归纳为：由地方政府授权，某一经办单位出资，组建一个公司，然后通过构建的投融资平台——城投公司进行融资，为项目建设提供有力的资金保障，总体来说是采取政府为主，市场运作的筹资方式，具体见图2。

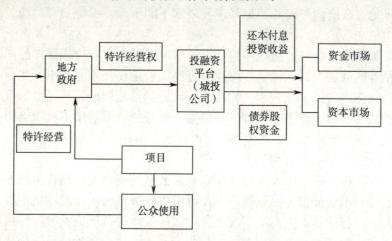

图 2　河南省现行项目融资模式图

那么这种融资模式的弊端可主要归结为三个方面：

一是投资主体和投资模式单一，过于依赖地方财政拨款和银行贷款。目前，虽然基础设施项目的社会价值以及所附带的经济作用得到了公众认可，但是由于无法量化或者无法估算具体的经济回报值，因此只能依靠政府投资和维持。并且目前河南省的资本市场不是很发达，银行储蓄仍是资金来源的主渠道，这种传统的财政拨款加银行贷款的融资模式不能有效满足基础设施建设项目发展对大额资金的可持续需求。

二是民间资本参与率较低，特别是民营性质和私人性质的企业集团参与较少。很多基础设施项目的投资者的准入门槛要求是资金雄厚、经营业绩优异的大型企业，而这类企业内部对于资本的使用都是通过严格标准来大力控制的，投资数额非常有限。因此，如何更多地吸引、利用民间资本，逐步实现基础设施项目融资方式的多样化、融资工具的市场化，成为河南省政府眼下最迫切需要解决的问题。

三是作为项目建设和运行的主体的定位不清晰。在特许经营下的基础设施项目融资模式中，作为项目建设和运行的主体到底是政府还是企业，这一定位模棱两可。很多的城投公司在一定意义上仍属于地方政府的派出机构，而不是真正意义上的企业，那么它们的经营行为很难实现市场化，因为政府和企业投融资的方式和目的不同，这很大程度上影响了项目建设的投融资。

二、河南省发行收益型市政债券融资模式设计

针对上述现阶段河南省"准市政债券"的弊端，加上河南省未来将有大量的市政项目这一发展态势，以及结合市政项目作为一种准经营性的特殊属性，本文设计收益型市政债券的融资机制，具体如图3所示。

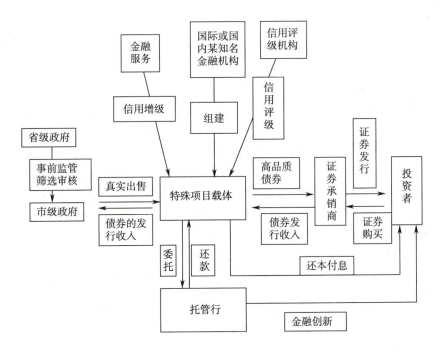

图3　河南省发行收益型市政债券融资模式设计

1. 发行阶段

在债券的发行阶段，首先予以发行主体限制，针对收益型融资项目，以河南省地市级政府为发债主体，分别经中央政府的全盘监控、河南省政府的事前审核监督，然后分期发行市政债券。区别于河南省现行融资模式的是我们把特殊项目载体引入该融资模式中。特殊项目载体从地市级政府手中购买债券，在信用增级后，将债券打包，再次发行高品质债券，这样保证到后期将债券的发行收入返还，从而筹集到建设资金项目。这种将债券打包投入资本市场的做法解决了单一债券的发行风险。

2. 融资阶段

特殊项目载体将信用增级后的市政收益债券可通过证券市场和银行这两种渠道进行融资。为了增强债券的流动性，可采用公募的方式将债券打包投入证券市场，这样利用证券市场竞争机制来达到提高流动性的目的；为了从投资者那里吸引更多资金，可采用银行托管形式，而托管行可通过金融产品创新渠道，譬如设计可转换债券、可赎回债券等，达到从投资者那里吸引更多资金的目的。通过这两种渠道既增强了市政债券本自身的吸引力，又能进一步分散风险，同时也拓宽了债券的销售渠道。

3. 风险管理及配套措施

本文提倡风险管理及配套措施的宗旨是通过外部信用评级与增级进一步降低市政收益债券的固有风险。

一方面，要保证特殊目的组成成员的知名度以及对特殊目的载体评级机构的信誉度。特殊目的载体的组建成员尽可能选择国际或国内的知名金融机构，同时特殊项目载体的评级机构应是国际或国内知名的评级机构，因为评级机构对发债主体起到很大的监督约束作用。并且在对特殊项目载体评级时，评级内容要全面，譬如财政收入状况、盈利能力、偿债能力、"高品质债券"发行的风险等方面都应包含在评级内容涵盖范围内，以最大限度地降低其信用风险。另外可通过市政债券保险、行业自律和社会机构监督等相关金融服务来增加发行市政收益债券的信用级别，增加投资者信心。

另一方面，要对地方政府进行评级。因为市政收益债券虽然以发债项目自身收益作为偿债保证，但是当发债项目的现金流出现问题无力支付时，地方政府难以置身事外，因为市政收益债券是地方政府决策的，地方政府负有承担全部或部分风险的连带责任。因此在地方政府出售债券之初，特殊项目载体利用自身优势对地方政府的经济实力、债券项目的盈利能力、现金流的偿还能力等方面进行内部评级，同时要确定政府达到某一信用等级所应具有的信用水平，即制定评级标准和评级政策，同时要尽可能逐步建立动态评级跟踪机制，以便最大限度地搜集信息，保证信息的准确及时，降低风险。

参考文献

[1] 马建春. 市政债券市场发展与基础设施融资体系建设 [M]. 北京：经济科学出版社，2007（8）.

[2] 赵晓男，王宇，申世军. 我国市政债券发展问题研究 [J]. 当代经济，2010（10）上.

[3] 赵光磊. 美国地方政府资本预算政策及对中国的启示 [J]. 地方财政

研究，2010（4）．

[4] 宋立，孙天琦．美国的市政债券及对中国的启示——以密西西比州为例 [J]．西安金融，2005（1）：4-7．

[5] 郭英，余建波．中国市政债券安全规模分析 [J]．广东金融学院学报，27（1）：36-43．

[6] 肖治合．美国市政债券及其对中国的启示 [J]．首都师范大学学报（社会科学版），2009（5）：136-140．

[7] 河南省第九次党代会．

[8] 流动资金贷款管理暂行办法，中国银行业监督管理委员会令（2010 年第 1 号）．

[9] http：//www.bankrate.com.cn/trust/3029http：//news.stockstar.com/SS2006052630385186.shtml．

[10] http：//wenku.baidu.com/view/531fb5708e9951e79b892777.html．

[11] 2011 年地方政府自行发债试点办法细则．

[12] 白艳娟．天津市发行市政债券的可行性分析 [J]，天津经济，2012（9），72-75．

[13] 河南电视台大型时评栏目《映象版》推出《转变领导方式推进中原经济区建设新十八谈》农业篇《新型农业现代化强基固本》．

[14] 杨子毅，张润泽．中美市政债券发行模式比较 [J]．商业现代，2012（1），58-60．

[15] 耿松涛．地方政府债券试点发行背景下的市政债展望 [J]．中国管理信息化，2012：15（5），22-24．

[16] 陈凌峰．市政债券的经济学效应分析 [J]．商业经济，2012（5）（总第 398 期），107-108．

[17] 马玮．我国发行市政债券的经济效应和风险分析 [D]．青岛大学，2010．

[18] 胡凯，徐在起．市政债券的经济效益分析 [J]．金融视界，2009（9），49-50．

[19] 宋立．地方公共机构债券融资制度的国际比较及启示——以美国市政债券与日本市政债券为例 [J]．经济社会体制比较，2005（3），76-83．

[20] 张磊，杨金梅．美国市政债券的发展经验及其启示 [J]．武汉金融，2010（1）：34-37．

[21] 资料来源：SIFMA．

[22] 资料来源：US Municipal Issuance Survey．

[23] 河南 2012 年统计年鉴．

河南省地方金融监管体系构建研究

中国人民银行洛阳市中心支行课题组①

摘要： 近年来，河南省地方金融取得了较快的发展，与此同时，地方金融风险事件也时有出现，不断出现的地方金融事件就像计算机网络中的病毒一样，侵扰着金融系统的健康发展。加强地方金融的监管势在必行。为此，本文结合河南省地方金融发展的实际，对河南地方发展及监管中存在的问题进行深入剖析，并在此基础上，提出了河南地方金融监管体系的初步构架。同时提出，短期内，地方金融机构应该由省金融办负责监管；长期内，金融监管应该实行"一行一会"结构，即中国人民银行继续监管货币市场和外汇市场，负责金融的宏观调控，成立直属国务院的中国金融监督管理委员会，将银监会、证监会、保监会、地方金融办的监管职能统一合并，设立省级分支机构，实现对地方金融机构的有效监管。

关键词： 地方金融　金融监管　金融风险

一、引言

（一）研究背景和意义

金融领域作为经济的核心领域，监管问题自 20 世纪以来就一直是影响世界各国金融与经济安全稳定的重大问题之一。20 世纪 90 年代以来频繁发生的金融危机，就像计算机网络中的黑客和病毒一样，侵扰着金融系统的健康发展。

国际上，始于 2007 年的全球金融危机余波未尽，国际金融和经济形势依然严峻，金融安全和经济复苏仍具有较大的不确定性。如何有效地加强金融监管成为备受关注的焦点之一。各国政府在贯彻执行全球经济复苏和改革计划的同时，纷纷提出必须完善金融监管体系，切实维护金融安全稳定。从国内情况看，

---

① 课题主持人：程亚男；
　　课题组成员：王戈锋、慕晓丰、牛世杰、贾玉新、刘献利、刘小辉。

一方面，在金融产业日益显现出混业经营趋势的背景下，受分业监管模式影响，监管机构之间缺乏互相配合，极易出现监管不到位和重复监管的问题；另一方面，近些年，地方金融的快速发展使地方金融监管中存在的各种问题日益暴露。因此，探索金融监管模式，构建河南省地方金融监管体系成为河南金融管理工作中一项亟待解决的问题。

（二）相关研究概念

1. 地方金融

本文对河南省地方金融的定义，是指在河南省行政区域内设立的，在省内具有法人机构，并主要为河南省当地居民或企业提供服务的金融机构和金融市场。从地方金融管理对象看，主要包括以下三类机构。

（1）地方正规金融机构。此类机构是指依法取得金融业务许可证的非中央管理金融企业，主要包括城市商业银行、农村商业银行、农村合作银行、农村信用社、村镇银行、贷款公司、资金互助社、信托公司、金融租赁公司、财务公司、消费金融公司、证券公司、期货公司、基金管理公司、保险公司。该类机构有明确的监管主体和相对健全的监管制度。

（2）地方准金融机构。此类机构是指经营业务具有金融性质，但不受人民银行、银监会、证监会、保监会直接监管。近年来，为弥补"三农"、中小企业等领域金融服务不足问题，国家降低了地方准金融机构的设立门槛，小额贷款公司、融资性担保公司、典当行等具有准金融性质的机构呈现高速增长态势。目前，该类机构一般由地方政府负责监管。

（3）其他提供金融服务的地方性机构。此类机构是指以合作制形式存在，主要为合作会员提供资金融通服务，如在民政或扶贫办登记注册的农民资金合作社。该类机构通常没有明确的管理部门，业务发展上也欠规范。

2. 金融监管

对"监管"和"金融监管"的含义，国外和国内已经有了较为完善的界定。《新帕尔格雷夫经济学大辞典》对"管制"的解释为：管制是政府为控制企业的价格、销售和生产决策而采取的各种行动，政府公开宣布这些行动是要努力制止不充分重视社会利益的私人决策。刘锡良在《中央银行学》中指出："金融监管"指一国政府根据经济金融体系稳定、有效运行的客观需要以及经济主体的共同利益要求，通过一定的金融主管机构，依据法律准则和法规程序，对金融体系中各金融主体和金融市场实行的检查、稽核、组织和协调。戴相龙、黄达在《中华金融辞库》中指出："金融监管"一词是金融监督和金融管理的复合词，它是指一个国家（地区）的中央银行或其他金融监督管理当局依据国家法规的授权对金融业实施监督管理的称谓。

　　金融监管的含义有广义和狭义之分。广义的金融监管，除中央银行或其他金融监管当局对金融体系的监管之外，还包括各金融机构的内部控制、同业自律性组织的监管、社会中介的监管等；狭义的金融监管仅仅指中央银行或其他金融监管当局的监管。除地方金融多层次监管体系章节外，本文所指的金融监管主要指狭义的金融监管。

二、河南省地方金融发展情况

　　（一）城信社变身商业银行，部分发展同质化、跨区域风险加大

　　2010年伊始，濮阳市城市信用社获得中国银监会批准筹建濮阳市商业银行。至此，河南省17家城市信用社（济源没有设立）全部实现了向商业银行的转型。"城信社"变为"城商行"意味着经营管理更加规范，建立了与现代商业银行相适应的经营模式。名称的变更意味着一次浴火重生。目前，郑州银行、洛阳银行、平顶山银行等多家城市商业银行已经完成更名，在省内部分地市已经设立分支机构，再度变身为"区域性商业银行"，并初步具备了跨省发展的实力。

　　河南省部分城市商业银行跨区域发展实践显示，大多数城商行以"跑马圈地"为指导思想，缺乏清晰科学的跨区域发展战略。一是跨区域发展缺乏特色，没有结合自身特色和所在城市经济特点选择跨区域发展的目标城市，跨区域发展后原有特色无法复制和发挥，异地分行业务开展受到影响。二是大多数城商行尚未建立起有效的异地分行管控模式，在很大程度上仍沿用传统对同城支行的管理模式，跨区域发展风险加大。三是跨区域发展冲击城商行原有定位，加剧与大型银行同质化发展问题。跨区域发展后，城商行异地分行需要在短时间内快速做大规模，倾向于抢大企业、做大项目，易丢失城商行的传统优势业务中小企业业务。

　　（二）农村信用社经营状况好转，治理结构仍有待完善

　　目前，全省农信社共有143家县级法人机构，其中19家农村商业银行、124家县级联社，5 326个营业网点，8万多名干部员工。近年来，河南省农信社积极转变发展方式、提升发展质量，各项业务保持了快速发展的良好势头。截至2012年底，全省农信社各项存款5 609.41亿元，各项贷款3 533.66亿元，资产总额6 825.06亿元，资本充足率从2010年的1.6%提高到11.34%，不良贷款下降190.80亿元，不良贷款率从2010年的13.96%下降到3.45%，全省143家县级行社首次全部实现盈余。

　　省联社在积极转变发展方式、提升发展质量取得成效的同时，也仍存在一些问题。一是河南省农信社省、县两级法人体制，有悖于现代企业运行规则，

导致全省农信社管理体制不顺畅，不利于县级行社实施有效管理。二是县级行社自身产权不清，股权约束缺位，形不成有效的监督机制。截至 2011 年底，全省各县级行社总股本 242.62 亿元，其中资格股 57.36 亿元，占比为 23.64%，由于资格股随时可以退股，且占比过高，致使整个股权结构很不稳定。三是经营管理水平相对不高、员工业务素质偏低、创新能力不足、风险防控能力弱等制约了可持续发展能力。

（三）村镇银行全省覆盖面迅速增加，公众认知、资金规模束缚其发展

截至 2013 年 3 月底，河南省已组建 58 家村镇银行法人机构，覆盖全省 18 个省辖市的 71 个县（市）和 4 个区，占全省 109 个应设村镇银行县（市）的 64%，其中郑州、许昌、南阳、信阳和济源 5 市实现了"县域全覆盖"，河南省村镇银行法人机构总量和覆盖县份居中部六省第 1 位、全国第 3 位。

村镇银行迅速发展的同时一些问题应引起重视。一是公众认知度不高，制约整体业务拓展。二是村镇银行资金来源不足，制约信贷投放量。由于公众知名度低、营业网点少，大部分村镇银行只有一个营业网点，没有 ATM，而且存款品种单一，没有理财产品业务，村镇银行吸附能力较弱，制约信贷的投放量，存在较高的信贷风险。

（四）小额贷款公司快速发展，面临资金和监管双重困境

一方面小额贷款公司取得了快速的发展。截至 2012 年底，河南省小额贷款公司机构数 241 家，较上年新增 60 家，增长 33.1%；从业人员数达 3 375 人，较上年新增 950 人，增长 39.2%；实收资本 102.77 亿元，较上年新增 39.03 亿元，增长 61.2%；贷款余额 112.41 亿元，较上年新增 47.54 亿元，增长 73.3%。

另一方面，小额贷款公司后续经营中面临着资金和监管的双重困境。一是小额贷款公司不能吸收公众存款。受规模相对较小，一旦出现几笔不良贷款，就会给公司带来沉重的打击。二是河南省小额贷款公司都主要是由工信部门审批成立的，但监管主体不明确，在这种情况下，很难对小额贷款公司形成有力的规范监管。

（五）担保公司潜藏风险隐患不容忽视

2007 年以来，河南省担保公司数量以年均两倍以上的速度增长，截至 2010 年末，经省工信厅审核批准的各类担保公司已达 1 387 家，注册资本总额 543 亿元，累计为中小企业提供贷款担保 750 亿元，在保余额 489 亿元。但不容忽视的是，担保机构良莠并存，尤其是一些担保公司更是主业不突出，严重偏离担保行业轨道，潜藏的风险隐患不容忽视。一是违规经营成为融资性担保公司健康发展最大的风险点。有部分担保公司以理财产品的名义变相吸收公众存款，涉

嫌非法集资；违规发放高息贷款，严重偏离担保主业；转移担保公司吸收的资金用于房地产开发。二是市场监管的缺失成为融资性担保机构生存的隐患。三是机制及自身建设存在缺陷，影响担保公司健康发展。四是单独承担风险，挫伤担保公司做主业的积极性。

（六）证券、保险业发展迅速，地方性法人机构明显不足

截至 2012 年底，共有境内上市公司 66 家，居全国第 13 位，上市公司总市值 4 027.69 亿元，比 2011 年增长了 14.4%，居全国第 13 位，证券化率为13.4%，比 2011 年提高 0.5 个百分点。2012 年河南省保险业实现保费收入841.3 亿元，规模居全国第 5 位，保险机构、从业人员在全国均排名靠前，河南省已经成为重要的区域性证券市场和保险市场。与此同时，应该注意到河南省地方法人证券机构和保险机构明显不足。截至 2012 年，总部设在河南省的证券公司仅 1 家，法人保险公司零家。

三、河南地方金融监管存在问题及原因分析

（一）河南省地方金融监管存在的问题

自河南省金融办成立以来，河南省逐步形成了由省委、省政府统一指导，省金融办、人民银行郑州中心支行、河南省银监局、河南省证监局、河南省保监局为主，财政厅、发改委、国资委为补充，行业协会为辅助，"政府协调、分业监管、协作发展"的分层地方金融监管体系，为河南省地方金融的快速发展提供了良好的制度保障，有效地防范了区域性金融风险的发生。然而，随着河南省地方金融的不断发展壮大，这一地方金融监管体系，也开始呈现出一些值得引起监管当局关注的问题。

1. 各部门监管边界不明确，监管重叠和监管真空现象并存

随着河南省众多新型金融机构的不断涌现，河南金融业态日益丰富。省政府相关部门依据各自职责，分别承担相应的金融监管职能：省金融办负责指导全省城市商业银行、城市信用社、农村信用社等金融机构的改革、发展和重组；省级农信社受省政府的委托，对农村金融合作机构行使管理、指导、协调和服务功能；省国资委或财政部门对信托、城市商业银行等行使出资人职能；省工业和信息化厅对小额贷款公司、担保公司进行审批。不难看出这种管理方式，职能过于分散，职能定位不准确、职能交叉、监管缺失现象大量存在。如金融监管部门以及省、市、县政府均可对农村信用社进行监管，而基层的证券、保险机构却处于监管真空状态，此外，小贷公司、股权投资基金、担保公司游离于现有正规监管体系之外，出现"有人批、无人管"的监管短板。

2. 基层监管力量整体较为薄弱

银监局虽然负责监管基层地方法人金融机构，但由于人力的困乏，对县域银行业的监管鞭长莫及；地方政府部门承担了准金融机构的管理职能，但金融专业知识和人力难以跟上准金融机构的扩张步伐；人民银行基层行承担着"区域金融稳定评估、区域金融协调"的职责，但金融稳定和金融协调的监管依据不完备，制约央行基层行发挥履职能力。

3. 金融办地位尴尬，制约其职能的发挥

一是在角色定位上的尴尬。21 世纪初，国家对金融事务的管理定位成中央集权为主，"一行三会"的垂直监管，在金融监管模式确定的同时，作为议事协调机构的金融办应运而生。然而在地方政府对金融产业越来越重视的大背景下，地方政府对金融办的定位往往不是协调机构，而是监督管理及执行部门，金融办自身也倾向于争得更多的行政权力，不满足于仅仅在监管部门、地方政府、辖区的金融机构之间充当沟通、协调平台的角色。二是在部门设置上的尴尬。虽然不少地方都设立了金融办，但是在国家部委中找不到一个可以垂直管辖或者业务指导的部门，而中央缺乏一个对金融办的业务指导部门，势必将严重制约地方金融办未来的发展。

4. 风险处置责权不对等、监管灵活性不足

由谁负责金融风险处置，始终是地方金融监管的核心问题。现行的体制下，金融风险的处置基本遵循"谁审批、谁负责、谁处置"的原则。但是由于部分金融案件或金融问题事关重大，在责任尚未区分清楚的情况下，需尽快处理，迫使地方政府从维护稳定大局出发，只能默默承担不惜付出高昂代价，工作比较被动。此外，地方监管机构作为中央监管部门的派出机构，既要依法高效履行监管职能，也要肩负推动地方经济发展责任。但在关系地方经济发展的重大问题上，容易出现监管过度和灵活性不足的问题。

（二）河南省地方金融监管存在问题的成因分析

1. 金融政策统一制定与地方金融经济差异化发展需求不匹配

金融政策制定权与操作权的高度集中，有利于确保国家金融政策的权威性与统一性，但同样也制约着金融政策的灵活性和可变性。在金融机构、地方政府和监管机构中，金融机构的目标是收益最大化，地方政府的目标是经济发展最大化，监管机构的目标是风险最小化，各自的发展需求并不一致。在地方金融办成立后，以前金融机构和监管机构的双方博弈演变为目前的金融机构、地方政府、监管机构三方博弈。在三方博弈当中，金融机构和地方政府之间更容易找到利益平衡点，容易使监管机构在博弈中沦为弱势，削弱其对地方金融监管的效能。

2. 地方金融立法缺失

法律法规是金融发展的制度基础。我国金融立法权主要集中在全国人大及相关部委。高度集中统一的法律法规保证了中央立法的权威性，却对金融业发展形成种种制度性的约束；金融资源高度垄断集中，造成金融机构"大而不倒"局面，中央财政部门成为风险的最后承担者；金融资源配置存在"马太效应"，加剧了地区之间经济金融发展的不平衡，落后地区、农村地区很难获得金融资源支持；地方正规金融高度压抑，导致民间金融只能向地下化、灰色化发展。在这种情况下，地方金融监管空白、缺失与薄弱不可避免。地方政府发布各种政策性文件支持地方金融发展，增加了中央金融法律法规贯彻实施的难度，造成地方金融管理的混乱。

3. 金融业垂直监管与地方金融监管权缺失不协调

"一行三会一局"、财政部金融司、发改委金融司是我国金融业的主要管理者，并形成分业垂直、高度集中的金融管理体系。由于金融市场信息不对称，监管链过长不利于及时防范地方金融风险。近年来，随着地方金融机构的培育和发展，我国金融监管部门受到成本与效率的制约，已无力激发地方各类金融市场主体的活力，难以完善对地方金融的管理，造成了地方金融监管真空、监管弱化、监管滞后的出现。

4. 金融资源供给与需求不适应

国家金融监管部门和国有大型金融机构是金融资源的主要供给者，而金融需求主要来自地方项目单位，这就造成金融资源供给与需求的不一致。一是金融资源配置难以满足贴近市场的差异化需求。金融资源过度集中，以权力配置资源成为必然，结果造成权力干预之"有形之手"代替市场之"无形之手"配置金融资源，带来金融资源配置效率低下，难以满足贴近市场、贴近基层的金融资源差异化需求。二是信用资金指导性配额不能满足地方项目市场化资金需求。1998年，我国取消了信贷计划指标，但事实上还存在变相信用资金计划分配问题。金融管理部门主要通过信贷额度发放指导性计划对各大商业银行信贷规模进行调节；各大商业银行通过信贷分配计划对各省级分行进行二次控制。信用资金计划分配制度安排造成对资金需求急切的落后地区信用资金流出情况不可避免。

5. 地方政府的事权与财权不匹配

1994年，我国分税制改革形成了"一级地方政府、一级财政"的财税体制。地方政府作为地方财权事权主要拥有者和承担者，事权大于财权的矛盾日益突出。由于我国金融资源高度垄断集中，加大了地方经济获取金融资源支持的难度，导致地方政府成为地方经济发展的主体，不得不通过举债来弥补财权不足所形成的资金约束，才能承担相应的事权。这种现象也在一定程度上影响着当前地方金融的发展和监管。

四、河南省地方金融监管体系构建的目标、思路与架构

（一）构建河南省地方金融监管体系的目标

从理论的角度看，经济政策和管理有一个终极的目标——促进社会福利最大化。金融监管也不例外。然而，社会福利最大化是一个抽象的概括，在实践中，落实到政策执行层面的金融监管目标往往是较为具体的。一般而言，作为监管当局采取监管行动的依据，金融监管目标的设定原则应该是建立和维护一个稳定、健全高效的金融体系，保证金融机构和金融市场的健康发展，从而推动金融发展和经济增长。近年来，随着河南省金融业的发展，地方金融监管的滞后性在改革与开放的双重要求下日益显露，确立一个明确有效，兼具现实性和有效的监管目标体系迫在眉睫。就河南省当前的情况而言，现阶段地方金融监管的目标应包括以下方面的基本内容。

1. 基本目标

金融监管的基本目标包括安全性与效率性两个相辅相成的基本方面。金融监管的安全性目标旨在确保金融机构稳健运营，维护金融体系的稳定与安全，化解和防范金融风险；金融监管的效率性目标旨在构筑金融业有序运转的制度基础和外部环境，并通过适当的激励与约束机制促进金融业高效经营，提高金融资源的利用效率。在当前地方金融寻求发展与风险不断暴露的情况下，尤其要重视安全性目标和效率性目标的结合，以安全性作为地方金融监管的前提，效率性作为地方金融监管的基础。

2. 具体目标

地方金融监管的具体目标可从规范市场行为主体、保护投资者权益、维护公平有序的市场环境、确保货币政策有效实施等方面进行定义。规范金融主体市场行为主要是指确保金融机构的稳健经营，提高金融机构的生存能力，避免金融机构发展乱象，增强金融市场的内在稳定性；保护投资者权益主要是指通过各种形式保护债权人、存款人的利益，约束债务人行为，减少逆向选择和道德风险，使资金使用遵循安全性、流动性和效率性相结合原则；维持公平有序的市场环境主要是指通过建设平等合作、有序竞争和促进创新的金融环境，鼓励金融机构之间的适度竞争，并通过完善金融市场基础设施建设提高金融资源的配置效率；确保货币政策有效实施是指金融监管要与货币政策进行必要的协调，一方面确保货币政策的顺利执行，另一方面促进货币政策传导机制的准确可控，使金融监管的微观基础和宏观经济调控呈现出一致性。

表1　　　　　　　　　　　　河南省地方金融监管目标体系

分类	内容	含义
基本目标	安全性（前提性目标）	确保金融机构稳健运营，维护金融体系的稳定与安全，化解防范金融风险
	效率性（基础性目标）	构筑金融业有序运转的制度基础和外部环境，并通过适当的激励与约束机制促进金融业高效运营，提高金融资源的利用效率
具体目标	规范金融市场主体行为	确保金融机构的稳健经营，提高金融机构的生存能力，避免金融机构发展乱象，增强金融市场的内在稳定性
	保护投资者权益	通过各种形式保护债权人、存款人的利益，约束债务人行为，减少逆向选择和道德风险，使资金使用遵循安全性、流动性和效率性相结合的原则
	维持公平有序的市场环境	通过建设平等合作、有序竞争和促进创新的金融环境，鼓励金融机构之间的适度竞争，并通过完善金融市场基础设施建设提高金融资源的配置效率
	确保货币政策有效实施	金融监管要与货币政策进行必要的协调，一方面确保货币政策的顺利执行，另一方面促进货币政策传导机制的准确和可控，使金融监管的微观基础和宏观经济调控呈现出一致性

（二）构建河南省地方金融监管体系的思路

金融监管体系设定，世界各国、各地由于体制、国情、省情的不一致，存在一定的差异性。结合黄达（1999）在其《货币银行学》中对金融监管原则的概括和河南省当前地方金融发展的实际情况，我们认为，河南省地方金融监管体系的构建思路应遵循以下几个方面。

1. 监管主体的相对独立性

监管主体缺乏必要的独立性会导致很多后果，为此，赋予监管当局必要的独立性，尤其是给予监管行为人稳定的行为原则和行为效果预期，对于长期中的监管稳定和监管效率具有重要作用，同时需要特意监管一线的权力边界界定问题，除了以立法形式对监管当局职责的给予明确界定外，应该完善相应的制度并在事实上支持监管当局的正确履职不受侵犯。

2. 依法监管原则

为保持金融监管的严肃性、权威性、一致性和有效性，河南省地方金融的监管必须遵循依法监管的原则。所谓依法监管，一是指金融市场主体的行为有系统的法律规定进行调节，并且必须接受金融监管当局的监督管理；二是指监管主体在实施监管过程中必须严格遵守既定的法律规定和法律程序，保证监管的权威性、严肃性、一致性和有效性。

3. 监管适度和适度竞争原则

对于金融业而言，一方面，要避免金融高度垄断引致竞争排斥，从而导致经济效率和社会福利损失；另一方面，又要防止过度竞争导致金融特许权价值丧失所引发的恶性竞争和金融动荡，这就意味着金融监管应该维持金融产业的"适度"竞争。与维持金融产业的"适度竞争"相适应，金融监管本身也要坚持适度原则：如果监管不到位，金融机构之间的恶性竞争将导致金融风险非正常积聚；反之，如果监管过度，又将制约金融业的发展效率，削弱竞争力。

4. 多层次监管相结合原则

多层次的金融监管不仅包括内部控制和外部监管两个基本层面，从更广阔的视角来看，随着金融体制改革的不断深入，应该逐步建立适应市场化、国际化、网络化需要的金融监管体系，除政府监管机构的法定监管和金融机构的内控制度外，行业自律、社会监督等监督力量也应该积极纳入"监管大系统"，拓宽监管渠道，形成监管合力。同时，与多层次监管原则相适应，各种金融监管手段要综合运用，监管工具要现代化、系统化、日常监管与重点监管、事前督导与事后监察要同时运用，金融监管机制和方案要科学化、系统化、层次化，确保金融监管的优质高效。

5. 监管协调原则

监管协调原则可以包括国内各监管机构之间的相互协调和国际各监管当局之间的相互协调。从完善监管、促进协调的制度设计角度看：首先监管主体应该由具备实质性权威的部门（如国务院）授权；其次，地方金融监管要与现行的国家层面的"一行三会"监管相协调；最后，在当前分业监管基础上形成的地方金融监管主体要发挥好整合作用，既要防止监管越位，又要防止监管真空，为此，其职能应该是关注中小金融以及一些监管空白地带。除了与国内各监管机构之间保持协调之外，在制定地方金融监管政策、法规、措施时应结合国际惯例和国际标准，尽量与国际接轨。

（三）河南省地方金融的监管结构体系

对河南省地方金融监管结构体系，我们从两个方面进行论述，一是层次结构；二是组织结构。前者从一个较宏观的角度对地方金融业的监管机制进行概括，后者则集中于官方监管组织构架的建设。

1. 河南省地方金融监管的层次结构

从整个监管体系来看，金融监管当局的监管是全方位的，外在的监管，其监管目标的实现必须通过金融机构的审慎经营实现，对河南省地方金融的监管应实现内部约束和外部控制（监督）相结合。从地方金融产业的角度看，内部约束包括个体层次的风险控制和群体层次的行业自律，它们共同构成地方金融监管过程中的第一道防线；而外部控制和监督，也就是通常意义上的外部监督（官方监督），构成了河南省地方金融监管过程中的第二道防线，同时也是内部约束弱化情况下的核心防线。在此基础上社会中介与大众监督将作为两道防线的补充和延伸，起到辅助性监督作用。

（1）地方金融机构内部约束：第一道防线（基础防线）。金融机构内部约束的作用基于自身稳健经营的需要，强化自我监督和管理，并通过内部程序和规范对各种风险施加控制。从当前的情况来看，地方中小金融机构和准金融机构的内部控制制度不完善，不能很好地满足抵御相关风险的要求。行业自律也基本上处于起步阶段，未能充分发挥行业自律组织的作用。

（2）金融当局外部监管：第二道防线（核心防线）。虽然风险控制的立足点和基础在于每个金融机构的风险控制能力，但完全寄希望于金融机构去实现彻底的自我监管是不太现实的。在地方金融快速推进的过程中，基于风险控制的需要，金融当局的外部监管将成为整个监管体系的"核心防线"。一方面，地方金融机构整体上尚处于产业发展的"幼稚阶段"，自我管理的传统、内部控制的经验和技术都非常不足，内部控制基础整体较差；另一方面，金融机构在市场化过程中面对日益严峻的竞争往往把追求利益放在首位，造成对内部控制的忽视。

（3）社会中介与大众监督：延伸防线（辅助防线）。在地方金融经营过程中，能够起到监督作用的社会中介包括会计师事务所和审计师事务所、评级机构、咨询机构等，它们分别通过外部审计、资信评级和投资研究报告等形式对金融机构施加监督作用。

总的来说，以地方金融内部约束为基础，以政府机构严格监管为核心，以社会中介和大众监督为辅助，共同构成了从内到外"三位一体"的多层次监管体系框架。需要指出当前的实际情况是：大众和媒体的监督是弱化的，尚无法起到普遍性的监督作用；社会中介的公允度和独立性尚需加强，需要在监管当局的引导下进一步规范方能发挥监督作用；金融机构内部约束依然面临技术、经验以及全面实施的难题，需要在监管当局的激励、引导、约束下逐步发展健全。在这种情况下，在今后相当长的一段时间内，河南地方金融监管应该牢牢抓住政府机构外部监管这一核心，并以此为基础推动地方金融进一步夯实内部约束，引导社会中介规范发展，鼓励媒体和公众共同参与到多层次的监管体系框架中来。

表 2 河南省地方金融多层次监管框架体系的现状和未来发展

实施主体		当前情况	未来发展
地方金融监管当局外部监管		在整个地方金融监管体系中起着最重要的监管作用，但相对于地方金融的快速发展的监管要求，在监管覆盖面、监管内容、监管方式等方面存在一定的不足和滞后性	仍将在整个监管体系中发挥核心监督管理作用，监管内容和方式不断合理化，不断加强与其他监管部门的协调
金融机构内部约束	内部控制	客观上缺乏技术和经验支持，主观上实施全面内控的动机不强	通过监管当局的引导和约束逐步发展成为整个监管框架的基础
	行业自律	流于形式，缺乏规范管理沟通和自律的机制，尚不能真正发挥自律作用	通过政府引导和监督，逐步发展成为重要的自我监督渠道和机制
社会中介大众监督	外部审计	独立性存在疑问，为争取业务而弱化审计职能的现象时有发生	通过政府引导和监督，强化外部审计职能与责任，逐步发挥重要的监督功能
	评级机构	评级缺乏独立性，公允度和社会认可度不高，监督功能弱化	通过监管当局的引导和约束，逐步走上规范发展道路并发挥重要的监督功能
	咨询机构	整体资质和经验能力较差，独立性和公允度不高，监督功能弱化	通过监管当局的引导和约束，逐步走上规范发展道路并发挥重要的监督功能
	社会公众	监督功能弱化，缺乏机制和途径、公众参与意识不强	通过政府引导和投资者教育，逐步通过多渠道发挥重要的监督功能
	大众传媒	仅发挥零星的、偶然的监督功能，深度和广度非常有限	发挥监督的程度和覆盖面取决于与政治框架的同步性

2. 河南省地方金融监管的组织结构

根据河南省地方金融业发展和监管资源的分布现状，未来地方金融业经营的监管组织结构的建立和完善可分以下步骤：第一步是明确地方金融监管机构，即不同的地方金融该归谁管理；第二步是建立统一监管的金融监管委员会。

（1）第一步：明确地方金融监管机构，进一步改进和完善现行的金融监管体系。

"一行三会"主要关心的是对大型金融机构的监管和宏观货币政策实施，虽然也为地方金融发展做了不少工作，但往往会出现心有余而力不足的情况。在统一监管规则下，对于一些准金融领域或者地方中小金融机构的监管职责，适当下放给地方，可以弥补解决当前"一行三会"对当前中小金融机构监管缺位的问题。同时考虑到地方金融机构的规模、性质以及被监管状况的差异，因此在明确地方金融监管主体时应区别对待。

①地方金融中的地方正规金融机构仍由原监管部门负责监管，即仍由银监局、证监局、保监局负责监管。这类地方法人金融机构主要包括城市商业银行、农村商业银行、农村合作银行、农村信用社、村镇银行、贷款公司、资金互助社、信托公司、金融租赁公司、财务公司、消费金融公司、证券公司、期货公司、基金管理公司、保险公司等。主要原因：这类地方金融机构正处在规范发展的道路上，且有明确的监管主体和相对健全的监管制度，短时间内当前的监管仍能满足要求，因此，像这类地方金融机构的监管建议仍由以前的监管主体负责。

②对小额贷款公司、融资担保公司、典当行等地方准金融机构和其他提供金融服务的地方性机构，应当由金融办来实施监管。主要原因：一是相关法规制度的规定。关于小额贷款的监管，"一行三会"2008年明确提出，凡是省级政府能够明确一个主管部门（金融办或相关机构）负责对小额贷款公司监督管理，并愿意承担小额贷款公司风险处置责任的，方可在本省、区市县范围内开展小额贷款公司试点，同时还谈到了关于设立方面的规定。这就是说只要地方愿意承担责任，"一行一会"就授权金融办实施监管。此外，2010年七部委关于融资型担保公司的规定，里边也提到了，由地方政府指定的监管部门承担责任，而地方政府中能对金融机构或准金融机构实行监管的通常就是金融办。再者，正在起草中的关于股权中心的文件也明确了由金融办监管。二是现有监管资源的缺乏以及"一行三会"监管部门对这类机构监管力度的把握还缺乏经验。三是由于这类机构借贷双方规模小和各自信息特点，属地管理有利于降低信息不对称程度，也有利于降低监管成本。四是金融办有做好监管的激励，因为监管好有利于发展，监管不好要承担直接的责任。

（2）第二步：在条件成熟时，建立统一监管的金融监管委员会。

随着地方金融机构的不断发展，地方金融监管部门之间在监管协调、信息共享和监管成本等方面的效率劣势将逐步显现，为了适应更高效率的监管需要，需要建立起横跨部门的监管机构，建立统一监管的金融监管委员会。

在我国，建立统一的、横跨部门的监管机构，需要由国务院的直接授权。设立统一监管的金融监管委员会，负责对地方金融监管工作进行部署和协调，最大限度地提高监管效率、避免重复监管。金融监管委员会的一个简单结构如图1所示。

从图1可以看出，改革后的金融监管体系，由中国人民银行和中国金融监

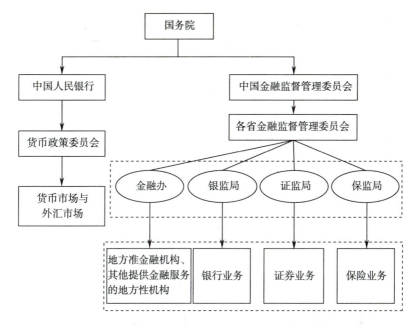

图1 设立省级金融监督管理委员会的统一结构

督管理委员会共同进行宏观审慎监管，中国人民银行主要职责是通过货币政策进行宏观调控而不是具体监管，中国金融监督管理委员会主要负责具体监管，两者之间要建立起固定信息交流机制。中国金融监督管理委员会履行银监会、证监会和保监会职能，分别对银行业务、保险业务、证券业务及各专业金融市场进行监管，下设各省金融监督管理委员会。在省级层面，省级金融监督管理委员会除作为中国金融监督管理委员会的派出机构行使对辖内银、证、保业务的监管外，还行使地方金融办的职责，负责对地方准金融机构、其他提供金融服务的地方性机构的监督管理。

总体而言，随着地方金融业的发展和金融监管法规体系的逐步完善，为了加强地方金融乃至整体金融监管体制的适应性和协调性，从明确地方金融的监管部门到实现统一监管，这种分步、平稳、有序的监管改革路径是国家整体"渐进式"改革在河南省金融监管领域的集中反映，最大限度地从省情、国情出发，在有限的条件下实现改革成本的最小化，综合效率的最大化和路径选择的最优化。结合前面部分的相关论述，河南省地方金融监管体系结构可由图2加以概括。

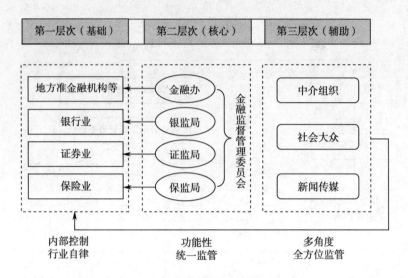

图2　河南省地方金融监管体系结构

五、完善河南省地方金融监管体系的配套措施

地方金融监管体系的总体改革和设计固然重要，但必须建立和完善与之相适应的制度、规章、法律法规并辅以其他实施措施，才能提高金融监管的效率。

（一）尽快启动河南省地方金融管理立法工作

要做好河南省地方金融管理工作，需要通过立法明确中央金融管理和地方金融管理的权限界定，明确地方政府与国家金融管理部门间的协调联动；需要通过立法赋予地方政府开展金融管理的职责，赋予相关部门有关金融管理的权责和手段；需要通过立法明确地方政府与司法体系之间的协调沟通机制，明确中央政府与地方政府、地方政府各部门之间在金融管理方面的分工合作机制，规范市与区县间的工作机制。

（二）健全河南省金融机构内部控制制度

金融机构必须通过完善的内控机制、合理的规章制度建立起信息管理系统，才能真正防范金融风险。地方金融机构的内控制度在实际操作过程中仍不同程度地存在着一些问题。应当从以下方面完善金融业的内控机制和制度：一是完善内部控制制度体系，推进内控体系标准化。内控体系应覆盖到所有机构岗位、产品、人员，在管理框架标准化的基础上，建立明晰的风险映射关系，制定完整的业务岗位说明书，优化业务流程，岗位职责和操作规程等。二是建立科学的内部控制流程和风险管理预警系统。三是完善法人治理结构，创造良好的内部控制环境。四是提高风险识别与评估的适时性与全面性，大力推行全面风险管理。五是完善自我评估和监控体系。六是加强文化建设，建立先进的风险管理文化，通过良好文化形成的强烈示范效应和相互影响的效应，在一定程度上弥补内控制度的缺漏。七是严格责任追究制度，加大责任追查力度。

（三）建立和完善同业自律机制

发挥自律组织的管理职能是发达国家完善地方金融监管体系的重要经验。随着地方金融业的不断发展，河南省也已经成立了若干金融行业自律组织或是金融行业自律组织的分支机构。为保障金融监管体系的有效运行，应进一步发挥这些行业自律组织的作用，弥补金融监管当局监管相对不足或不到位的问题，创造一种维护同业有序竞争、防范金融风险、保护同业成员利益的行业自律机制。在金融监管当局的鼓励、指导及舆论的倡导下，在自发、自愿的基础上建立和完善金融业同业公会。可根据金融机构的不同类型、不同地区建立不同的金融业同业公会，并在此基础上形成全国金融同业公会的联系机制，赋予金融业同业公会行业保护、行业协调、行业监管、行业合作与交流等职能。

（四）加快推进存款保险制度，健全地方法人金融机构风险防范体系

近年来，地方政府不断推动地方大型法人金融机构快速发展。为健全金融风险防范体系，完善法人金融机构自我保护的"防护网"，有必要加快推进我国存款保险制度，切实保护存款人利益，保持地方金融稳定。

（五）完善金融评级制度

完善金融机构评级制度最为重要的是完善商业银行评级制度。通过评级可以分出好银行、坏银行，按照评定级别隐性管理。一是将评级结果作为规划监管工作和配置监管资源的主要依据。运用评级结果时，监管人员应当针对评级结果，深入分析银行风险及其成因，并结合银行单项运作要素的评价和综合评级的结果，制定每家银行的综合监管计划和监管对象。二是应对不同评级级别的银行采取分类监管政策。对综合评级状况较好的机构，应积极支持其发展，可以在现场检查的频率上相应的放宽；对综合评级状况一般的机构应指出其存在的薄弱环节，督促其做出相应的调整和整改，在现场检查时应重点关注其存在风险的领域；对综合评级状况较差的机构，应通过增加对其的现场检查频率，密切关注其经营态势等措施积极降低风险。

（六）加强与国内外金融监管部门之间的合作

为了促进河南省金融监管能力特别是跨区域监管能力和新型金融机构监管能力的提高，使其与中央层面"一行三会"相协调、与国际金融监管接轨，不断适应地方金融蓬勃发展新形势带来的新需要。一是通过各种会议和组织加强与国内外不同地区的交流，及时了解和借鉴其他地区地方金融监管的最新进展和宝贵经验。二是加强与中部邻省、沿海发达地区的金融监管合作，把参与区

域金融监管合作作为河南省进一步推进地方金融监管不断提高的路径。三是加强与地区尤其是互设金融地区的监管机关的合作，促进双方监管当局的信息共享，互相学习监管经验。

参考文献

[1] 陈雨露，马勇. 现代金融体系下的中国金融业混业经营：路径、风险与监管体系 [M]. 北京：中国人民大学出版社，2009.

[2] 曹凤岐. 金融市场全球化下的中国金融监管体系改革 [M]. 北京：经济科学出版社，2012.

[3] 宋瑞敏，李燕. 地方金融风险研究：现状、对策 [M]. 长沙：中南大学出版社，2011.

[4] 武志. 中国地方金融体系的改革与重构 [M]. 大连：东北财经大学出版社，2006.

[5] 黄达. 金融学（第二版）[M]. 北京：中国人民大学出版社，2008.

[6] 崔凯. 权责明确是地方金融管理的关键——关于地方金融管理体制的思考 [J]. 中国金融，2011（18）.

[7] 闫达律. 地方政府金融管理体制亟待完善 [J]. 中国金融，2011（23）.

[8] 刘光溪. 完善地方金融管理体系 [J]. 中国金融，2012（15）.

[9] 中国人民银行扬州市中心支行课题组. 基层中小金融机构的风险监管 [J]. 中国金融，2013（12）.

[10] 宋立. 当前地方金融管理面临的几个问题 [J]. 宏观经济管理，2002（11）.

[11] 单飞跃，吴好胜. 地方金融管理法律问题研究 [J]. 法治研究，2013（6）.

农村致贫机理与金融扶贫政策研究

——基于河南省集中连片特困地区和54个贫困县的调查

中国人民银行郑州中心支行货币信贷管理处课题组[①]

一、引言

(一) 研究背景与研究意义

1. 研究背景

改革开放以来，我国农村扶贫工作取得了举世瞩目的成就。全国农村极端贫困人口从 1978 年的 2.5 亿人下降到 2010 年的 2 688 万人，贫困发生率由 30.7% 下降到 3.2%，在贫困人口大幅下降的同时，我国新时期的农村扶贫也同样面临着诸多挑战，主要表现在以下几个方面。

一是贫困和准贫困人口规模仍较大。2011 年，国家扶贫标准提高到农民年人均纯收入 2 300 元，对应的扶贫对象增至 1.28 亿人，贫困发生率约为 13.4%，贫困绝对量和发生率都较高。二是贫困有区域集中的态势。14 个集中连片特困地区[②]（以下简称特困地区）内贫困人口占全国的贫困人口比例高达 45.5%，贫困发生率约为 28.4%，贫困人口向老少边穷地区集中的趋势明显。三是扶贫的难度不断增大。经济增长偏离了"亲贫式"的发展路径，其减贫效应日益式微。同时，投入减贫的资金持续增长，但近年来贫困率下降速度在大幅减缓，甚至部分年度还有所上升，单位人口脱贫的成本提高。四是产业扶贫还没有形成有效的支撑。当前，农村贫困地区的产业发展相对滞后，金融机构信贷投放缺乏支撑点。

目前形势下，我国扶贫任务在某些方面甚至变得更加艰巨。伴随着经济高

---

① 课题主持人：李智军；
　课题组成员：韩其耘、秦向辉、袁灏、万昉、乔斐、文冠军、夏振洲。
② 六盘山区，秦巴山区，武陵山区，乌蒙山区，滇桂黔石漠化区，滇西边境山区，大兴安岭南麓山区，燕山—太行山区，吕梁山区，大别山区，罗霄山区和西藏、四川省藏族聚居区，新疆南疆三地州。

速增长，贫富差距越来越大，相对贫困问题越来越引起人们的关注等。那么，如何制定新时期扶贫战略？金融在支持扶贫开发中如何更有效发挥作用？为了厘清这些问题，本文选取河南省特困地区和贫困县，开展问卷调查，试图发掘新时期贫困的致贫机理，并提出相应政策建议。

2. 研究意义

调查发现，资金短缺一直是制约贫困人口生存和发展的重要因素。同时，农业产业发展、社会资本运用等在农村脱贫及金融扶贫中起着重要的支撑作用，因而，扶贫工作应该拓宽视野，扩大内涵。本文基于河南省特困地区和 54 个贫困县的调查统计数据，从经济发展、产业结构及物质资本、人力资本、社会资本等诸多方面对贫困发生率的影响因素进行论证，并找准影响金融扶贫的若干因素，试图在更宽泛的理念下为金融扶贫探索新的路径。

（二）国内外研究现状

贫困这种普遍的现象背后有着深刻的成因，其原因是多方位的。19 世纪以来，国内外学者围绕贫困的成因进行了大量的理论研究。

1. 农村致贫机理研究

宏观视角下认为一个国家或地区人均收入指标较低是贫困产生的原因，微观视角则从贫困的原因及如何摆脱贫困状况等角度进行研究，具有代表性的有以下几个方面。

比较著名的有：阿马蒂亚·森首创了"权利剥夺"理论；纳克斯提出"贫困恶性循环"理论；缪尔达尔认为，发展中国家的贫困是多种因素综合作用的结果；胡鞍钢等提出的"知识贫困"理论（Knowledge Poverty）。

从上述来看，对贫困机理的研究都只是在不同程度上揭示了贫困形成原因的一个或几个方面。贫困是一个复杂的社会大系统问题，尤其是在我国现有的制度框架下研究贫困机理，应选择新的分析框架，如研究金融如何发挥阻碍贫困机理的形成作用。

2. 金融扶贫机制研究

在相当长的时间内，很多学者是从经济的角度即收入不足的角度来研究扶贫，即金融扶贫的机制也突出了经济的作用。

金融在扶贫中的作用是促进经济发展。根据麦金农和肖提出的金融深化理论，金融体系可以通过改变储蓄率和储蓄再分配影响资本积累率，进而影响经济的增长。根据英国国际发展部的研究，金融机构通过向穷人借贷，也可以使穷人提高教育、健康等人力资本水平。

上面的分析表明，金融发展对扶贫作用的发挥是有条件要求的。一方面，金融通过促进经济增长减少贫困的效果受到产品和要素市场状况等多方面制约；

另一方面，信贷和储蓄对于扶贫的作用尽管较为直接，但前提是贫困人口能够享受到所需的金融服务。

3. 研究视角变迁研究

在研究视角上，早期的贫困研究主要是基于经济增长的视角对贫困发生机制进行解读。但从现实经济状况来看，一方面，经济增长的减贫（主要是绝对贫困）后劲不断弱化；另一方面，中国在经济高速增长的同时，收入不平等、相对贫困问题日益凸显。这充分说明单纯的经济增长并不能使所有人都能从中受益。

4. 对金融在扶贫中的重要性研究

主流观点认为，扶贫最重要的一个手段就是投入资金。金融扶贫是按照一定市场原则，通过外界力量增加贫困人口可以利用的资本存量及加大对贫困人口在农业领域的资金支持力度，是再生性资金资源。

金融是现代经济的核心，必须发挥其在扶贫中的重要作用。人民银行周小川行长提出了推动包容性金融①发展，使现代金融服务更多地惠及广大人民群众和经济社会发展薄弱环节，也是新时期金融在扶贫中重要作用的研究之一。

贫困发生的原因是多维度的，仅从一个层面很难窥得贫困的全貌。因而，研究贫困需要以更宽广的视野，综合考虑多方面的因素及贫困的演进变化。

（三）研究方法与研究对象

1. 研究方法

本研究将政策回顾、实地调查和定性、定量实证分析相结合。

（1）政策回顾。对中国扶贫历史进行回顾，深入分析现阶段农村扶贫定位。

（2）抽样调查。立足河南省特困地区和54个贫困县，进行问卷调查和数据采集。

（3）管理部门访谈。选取了河南省扶贫办、各市扶贫办、涉农金融机构及部分贫困家庭作为访谈的主要对象。

（4）拜年网②的应用。在抽样调查上，引入了拜年网的调查方式。

（5）定量分析。选取统计分析工具，对数据进行定量分析研究。

2. 研究对象

（1）河南省集中连片特困地区和54个贫困县的1 400个农村家庭样本。

（2）河南省经济指标（1986—2012年）：GDP增长率、农业增加值、服务

---

① 包容性金融强调通过完善金融基础设施，以可负担的成本将金融服务扩展到欠发达地区和社会低收入人群，向他们提供价格合理、方便快捷的金融服务，不断提高金融服务的可获得性。

② 调查农户春节拜访的社会关系人的数量多少与职业类别高低，以衡量农户的社会资本状况。

业增加值。

（3）河南省贫困指标。农村贫困发生率（1986—2012 年）。

（4）河南省金融指标。各项贷款增加额（1986—2012 年）。

二、农村扶贫政策回顾及面临的新形势

中国近 40 年的扶贫历程，经历了多种扶贫模式和推动了贫困的演进，表现出了明显的阶段性和渐进性，形成了中国农村扶贫历程独特的历史轨迹。

（一）农村扶贫政策回顾

1. 第一阶段：农村体制改革推动扶贫（1978—1985 年）

这一阶段以制度改革推动农村经济的快速发展，对贫困人口的减少起到了巨大的作用，这是一个制度改革带动大规模贫困群体脱贫的历史阶段。

（1）贫困状况。1978 年，全国贫困人口为 2.5 亿人，占农村总人口的近 31%。

（2）主要措施。把土地使用权直接赋权给农民，调动了农民经营土地的积极性；逐步放开农产品价格管理体制，使农民农产品收入逐步提升；探索特定贫困地区的扶贫开发。主要以甘肃定西市、河西及宁夏西海为对象。

（3）贫困变化分析。贫困人口由 2.5 亿人下降到 1.25 亿人，平均每年减少 1 786 万人，贫困发生率从 30.7% 下降到 14.8%。剩余扶贫对象主要集中在边远山区、条件较差的特殊区域。如秦巴山区、大别山区及其他集中连片特困地区。

（4）小结。政策的出台刺激了农村人口解决温饱的积极性，虽然贫困人口大幅减少，但贫困群体的地理分布也变得相对集中起来，扶贫的任务仍然艰巨、复杂。

2. 第二阶段：大规模开发式扶贫与扶贫攻坚（1986—2000 年）

这一阶段扶贫政策的最大特征是改革开放的重点向城市调头，以发展城市工业和推动市场发展为主基调，"三农"发展的瓶颈问题也日渐凸显。这是一个经济增长的减贫效应弱化、开发式扶贫已经实施但财力不足的阶段。

（1）贫困状况。1986 年，我国农村贫困人口为 1.25 亿人，占农村总人口的近 15%。

（2）主要措施。开展农田基本建设，增加畜牧产业；使大多数乡镇通路和通电，解决贫困村的饮水问题；将扶贫重点进一步放到中西部地区；在农村普及初等义务教育和医疗保健服务。

（3）贫困变化分析。扶贫的方式由原来的"输血式"扶贫向"造血式"扶贫演进，但这一阶段还主要是物质资本的投入由于国家财力有限，扶贫开发工作的重心还未向特困地区转移。

（4）小结。这一阶段贫困人口年均减少620万，和第一阶段相比减贫速度明显放缓，东西部的经济发展差距不断拉大，在全国592个贫困县中，中西部地区占82%，贫困人口占91%。在这一阶段，金融扶贫的作用得到了有效的发挥。

3. 第三阶段：21世纪扶贫十年（2001—2010年）

此阶段是国家经济发展较快较稳定的十年，国家的财力大幅提升，各种扶贫资金来源增加，注重发展贫困地区的科学技术、教育和医疗卫生事业，强调参与式扶贫。这是一个开发式扶贫力量不断增强，但市场扶贫机制功能进一步弱化的阶段。

（1）贫困状况。全国农村贫困人口为3 200万，贫困发生率为3.5%。

（2）主要措施。提高扶贫的瞄准性，主要对准贫困群体；因地制宜实施整村推进扶贫开发；加大培训力度，积极提升农村贫困人口的素质；调整农村产业结构，推进产业化扶贫。

（3）贫困变化分析。城乡二元化的差距在不断拉大，贫困地区、特困地区、贫困县、贫困人口从经济发展增长中享受收益的空间也在逐渐收窄。

（4）小结。在这一阶段，国家在推动经济增长带动减贫、物质资本投入降低贫困的同时，注重了人力资本（对贫困群体进行培训）在扶贫工作中的作用。农行扶贫模式下，逐年增加且最终高于50%的不良贷款使金融扶贫处在尴尬的境地。

4. 第四阶段：新十年的扶贫开始（2011—2020年）

这一阶段笔者称作"新十年的扶贫开始"，此阶段扶贫工作开始转入巩固温饱成果、加速脱贫致富、改善生态环境、提高发展能力、缩小发展差距的新阶段。

（1）贫困状况。按照2010年1 274元的扶贫标准，全国有扶贫对象2 688万人。同时，特困地区贫困问题严重。2011年，国家提高了扶贫标准最低收入2 300元，贫困人口大幅增加。

（2）主要措施。这一阶段金融扶贫工作以促进经济增长带动贫困下降的主动支持为主逐步向探索金融扶贫开发方式转变，对产业的支持成为商业金融扶贫的主要途径。此阶段，国家明确了金融在扶贫领域的重要地位。

（二）扶贫工作面临的新形势

不难发现，每一个扶贫阶段在取得较大成效的同时，都面临着新的问题和困难。特别是现阶段扶贫面临的形势依然严峻。

1. 经济发展方式转变与农村贫困群体的关联度变小

经济发展方式的转变使我国企业逐步向技术密集型和资本密集型迈进，高新技术产业对就业人员的素质要求较高，与我国6.5亿农民及近1个亿的贫困人口的人力资源存量结构明显不一致。现阶段农地规模经营已成趋势，贫困农户参与的可能性较低，因而部分地区贫困户在农业生产中也有被"边缘化"的趋势。第二产业、房地产领域、第三产业集劳动密集、资本密集、知识密集于一体，对贫困群体的就业拉动能力有限。上述变化似乎都意味着经济发展与处在知识水平、技术熟练程度弱势地位的贫困群体的关系越来越小。

2. 收入的全面提速与持续扩大的城乡收入差距

改革开放以来尤其是近十年，我国经济发展一直保持较快增长，但不同区域的不平衡程度也在加深。东西部 GDP 总量之比由 1978 年的 0.71:1 增加到 2011 年的 1.56:1，城乡居民人均纯收入由 1978 年相差 209.8 元扩大到 2011 年的 14 832.49 元（见图1），扩大的幅度非常惊人。总之，在城乡人均纯收入水平快速增长的同时，收入的差距也在持续扩大。基尼系数的扩大，贫富差距的加剧，这些都构成当今社会不和谐的因素，将为我国新时期的贫困地区、特困地区、贫困人口扶贫开发工作带来不利的影响。同时，在扶贫方式的选择上也应注重这些因素的影响。

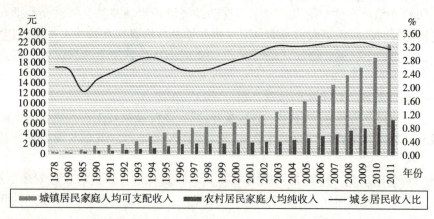

资料来源：《2012 年中国统计年鉴》。

图1　我国城乡居民收入增长及收入比较图（1978—2011 年）

3. 贫困瞄准精细化与更加艰巨的扶贫开发任务

《中国农村扶贫开发纲要（2011—2020 年）》对新十年的扶贫目标任务、总体要求及扶贫思路作出了详细的规划，确定了扶贫的主要对象，提出了 15 万个左右的重点贫困村，覆盖近 85% 的贫困人口，贫困的瞄准进一步精细化、越来越准确。然而由于贫困人口数量依然较多、贫困群体弱势地位更加突出决定了扶贫任务的艰巨，如果到 2020 年扶贫对象占比降到 3% 以下，未来几年年均需要减贫 1 000 万人，艰巨性可想而知。

4. 扶贫开发攻坚与破解集中连片特困地区发展瓶颈难题

2012 年底，国务院组织编制并批准了 11 个特困地区（其他 3 个是少数民族区域）区域发展与扶贫攻坚规划，通过统一规划明确各个片区区域发展与扶贫攻坚的总体要求、空间布局、重点任务和政策措施，确立了"以区域发展带动扶贫开发、扶贫开发促进区域发展"的总体思路，这是新一轮扶贫开发攻坚战的又一次重要举措。然而全国 11 个特困地区存在着自然条件总体恶劣、经济社会发展普遍滞后的特殊困难和制约瓶颈，对扶贫开发攻坚可称得上是最坚硬、最难啃的骨头。

三、河南省农村贫困现状及扶贫机制运行情况

（一）河南省农村贫困基本情况

1. 贫困概述

河南省地处中部地区，是我国典型的农业大省，由于地形多样，自然条件复杂，仍有 27 个特困县、31 个国家扶贫开发工作重点县和 15 个省级扶贫开发重点县，占河南省县（市）总数的近一半。2012 年底仍有 900 万（占河南总人口的近 1/10）的贫困人口和 10 000 个贫困村。按照其所处地理位置特征，河南的贫困地区可以分为以下几类。

（1）集中连片特困地区。分别为秦巴山区（共 11 个县）和大别山区（共 16 个县），片区内基础设施薄弱、经济发展水平低下，27 个县总人口约有 2 300 万人，其中农村人口 1 800 多万人，农村贫困人口约 385 万人，贫困发生率达到 20%。

（2）濮（阳县）范（县）台（前县）扶贫开发综合试验区。三县总人口 185 万人，其中贫困人口 37.2 万人，贫困发生率 21%。该贫困地区长期以来承担着黄河蓄洪滞洪、金堤河泄洪的艰巨任务。

（3）黄河滩区。河南境内黄河滩区面积约 2 600 平方千米，涉及 20 个县、1 550 个村、120 多万居住人口和 280 万亩耕地。这一区域在不断与洪涝灾害的斗争中作出了突出贡献和巨大牺牲。

（4）豫西、豫西南深山、石山区。这一区域聚集着 8 个国家扶贫工作重点县，贫困人口近 50 万人，占全省贫困人口的 5.6%，秦巴山区就在这一区域内。

河南省境内特困地区和 54 个贫困县由于多方面的原因，区域经济发展制约因素较多，农民增收难度大，发展空间狭窄，区域之间经济发展不平衡，贫困地区的差异性也非常明显。

2. 贫困现状

（1）贫困的整体情况

一是河南省的贫困人口基数大。贫困人口900万人，农村贫困发生率约为27.76%，高出全国13个百分点。特困地区涉及9个市、27个县，人口2 314万人，约占全省总人口的22.0%。其中，秦巴山区农村贫困人口约102万人，大别山区农村贫困人口约283万人，二者的贫困人口约占全省贫困人口的42%。

二是贫困分布呈现"大分散，小集中"的格局。从地域分布来看，贫困在大多数县域都或多或少的存在；从地形分布来看，主要集中在自然条件较差的偏远山区和省市等交界地带，贫困的集中度比较高。

三是农村贫困原因呈现多元化发展趋势。调查问卷显示，农村贫困人口面临就业形式单一、物质资产、人力资本、社会资本缺乏，多项原因交织，增加了农村贫困问题的复杂性。

四是特困地区农业产业落后成为扶贫的障碍。近年来，特困地区的农业产业化发展虽然取得了一定的成效，但与大量贫困人口的脱贫需求还不匹配，产业化扶贫也由于农业产业发展不足而不能大范围实施。

（2）集中连片特困地区的贫困情况

一是秦巴山区。区域内有8个国家扶贫开发工作重点县，2个省级扶贫开发工作重点县，1 199个贫困村，2012年农民人均纯收入低于2 300元国定扶贫标准的农村贫困人口有102.1万人，贫困发生率18.02%；农村低保人口26.11万人；61万户饮水困难，占区域内农村总户数的34.8%。二是大别山区。区域内共16个县，有11个国家扶贫开发工作重点县，12个是革命老区县，2 377个贫困村，2012年农村贫困人口283万人，贫困发生率20.11%。2012年，区域内农民人均纯收入4 599元，仅相当于全国平均水平的77.6%。137万户饮水困难，占片区农村总户数的39.4%。

（二）河南省农村贫困的特征

从对河南省特困地区和54个贫困县收集的1 400个有效样本数据分析中，我们发现河南贫困地区农村有以下几个方面的特征。

1. 集中连片特困地区的贫困特征

河南省辖内特困地区的贫困特征主要表现在以下几个方面。一是贫困群体集中，即贫困居民相对集中，贫困因素、状况相对一致，贫困区域相对连片。二是地理位置偏远，河南两个特困地区均处在偏远山区。三是经济发展滞后，财政收入低下，农民人均纯收入不足。四是产业发展落后，扶贫的着力点不足，扶贫的成本比较高。五是扶贫任务艰巨，贫困程度相对较深，对治贫手段综合性的要求特别高。

2. 贫困家庭的贫困特征

（1）主要劳动力不足。样本统计结果显示，存在严重疾病、一般疾病和体弱多病的贫困户占样本总数的 12.4%。家庭成员多、劳动力负担系数高是导致贫困的主要因素之一。

（2）家庭收入来源单一。贫困户样本统计显示，非农业生产收入和农业收入均在 5 000 元以下的占 22%。这些家庭的收入来源除了正常的农业收入外，其他收入来源非常狭窄。

（3）文化知识贫瘠。抽样调查显示，20% 的贫困家庭户主文化程度为初中以下，这类家庭由于文化水平低下，缺乏商业性的头脑，基本以务农和在周边干点收入微薄的零工维持基本的收入。

（4）社会关系简单。没有可利用的社会关系来获得外部的支持，如想贷款却找不到人担保。贫困户抽样调查样本数据统计显示社会关系比较丰富的家庭获得贷款的可能性最大，反之则相反。

（5）物质资产缺乏。由于缺乏必要的物质条件，贫困户即使有合适的投资机会，也很难得到正规金融机构贷款、民间借贷外部支持资金。调查结果显示，农村家庭物质资产与其获得贷款的可能性呈正相关。

（三）河南省扶贫机制运行情况

在 40 年的扶贫过程中，河南省摸索出了一条符合河南特点的扶贫机制和道路，取得了显著成效，但也存在集中连片特困地区扶贫进展缓慢等问题。

1. 地方扶贫工作开展情况

多年来，河南省的扶贫工作不断得到进一步深化，逐步建立起了全面的、科学的扶贫运行机制。

（1）大扶贫格局的联动机制基本形成。扶贫的力量和方式由原来的以扶贫办为主，已经逐步形成了中直单位帮扶，省直扶贫办、财政厅、交通厅、人民银行等十多个部门共同推动的扶贫联动体系。

（2）专项扶贫工作机制不断得到完善。一是特困地区规划编制和 1 044 万农村贫困人口的档卡建设工作已经完成，为新一轮扶贫开发攻坚奠定了基础。二是多种扶贫模式成效显著，均在不同的贫困地区、贫困村镇有效实施。

（3）省、市、县扶贫力度进一步加强。市、县扶贫工作的主动性、积极性不断增强，2012 年河南省市、县两级投入扶贫开发的资金比 2011 年增加了 1 倍多。

（4）金融在扶贫领域的作用得到发挥。省级国家开发银行、农业发展银行及地方中小法人金融机构对农村基础设施的投入、对农村小额信贷的发放年年增加。

（5）扶贫的重心需加速向特困地区转移。对特困地区的扶贫工作虽然有所推动，还没有形成有效的扶贫开发联动机制，对特困地区的扶贫还主要沿袭以往的扶贫模式。

2. 金融扶贫政策实施情况

河南省高度重视金融的扶贫作用，从多方面着手提高贫困地区的资金可得性和普惠程度。

（1）推动金融扶贫长效机制形成。人民银行郑州中支联合七部门设立大别山区、濮范台贫困地区、秦巴山区—南水北调水源地金融支持扶贫开发示范区三个示范区，探索建立符合贫困地区特点的金融支持扶贫开发工作新机制、新模式。

（2）政策引导，资金总量不断增加。综合运用多种手段提高贫困地区的资金供应总量。对主要涉农金融机构实施了较低的存款准备金率，增强了金融扶贫资金实力。发挥支农再贷款、再贴现等货币政策工具的作用，加大对特困地区的信贷投入。

（3）金融服务重心下沉，金融基础设施逐步完善。2012年，仅村镇银行及分支机构就成立了十多家。金融机构的多样化和新型金融机构的介入进一步增强了贫困群体发展的支持力量。

（4）金融机构和贫困地区实现对接。探索建立了金融支持扶贫开发重点联系行制度，各金融机构至少选择1个特困地区、5个国家扶贫开发重点县和3个省扶贫开发重点县作为重点支持对象推进金融扶贫的实施。

（5）金融产品的"适贫性"提高。河南省大力推动农村金融产品和服务方式创新，提高金融产品的"适贫性"。先后推动了信用共同体贷款、订单农业贷款、创业富民贷款等8大类、44种信贷产品，实现了对贫困县域的基本覆盖。

（6）金融扶贫还处在被引导的间接状态。围绕扶贫产业、贫困群体的贷款发放基本依托财政贴息资金的引导，在贫困领域的创新产品、创新服务及信贷规划基本还处在空白的状态。

3. 扶贫贴息贷款投向分析

从河南省的情况来看，扶贫贴息资金量不大，且大部分资金主要投放到了企业，对小额贷款及金融信贷的引导作用弱小。调查发现，由于贫困农户缺乏金融机构认可的抵质押物或担保，贫困户申请扶贫贷款难的局面较普遍。以河南省特困地区和54个贫困县为样本的问卷调查统计显示，获得贴息贷款的贫困户仅占有效问卷贫困户总量的9.1%，占比较低。同时，由于扶贫贴息贷款的不良率较高，近年来，金融机构出于规避经营风险的原因，而不愿意直接发放扶贫贴息贷款。

4. 分析结论

从河南省扶贫机制、金融扶贫政策实施及扶贫贴息贷款的投向结构来分析，我们可以得出如下结论。

（1）扶贫的主力战场应加速向特困地区转移；

（2）金融信贷扶贫还处在被引导的间接状态；

（3）扶贫贴息政策的瞄准性需要进一步加强；

（4）扶贫贴息资金对贫困个体增收作用发挥不强；

（5）进一步提高扶贫贴息的资金额度。

四、对致贫因素的实证分析

新时期应该把贫困的特点及贫困下降速度减缓的原因纳入研究的范畴，并据此探寻金融扶贫的创新模式。为此，我们通过实证分析来论证相关因素对贫困的影响情况。

（一）物质、人力及社会资本对贫困影响的实证分析

为进一步研究物质资本、人力资本及社会资本对贫困的影响，我们选取调查问卷作为样本数据进行实证分析。

1. 贫困农户样本数据分析

（1）数据来源及处理

一是数据来源。以河南省54个贫困及特困片区县的1 440个农村家庭为样本，依据农村贫困检查抽样调查方案，按县进行分层抽样。

二是数据处理。本文旨在分析物质资本、人力资本和社会资本对贫困发生率的影响，为了使模型得出的结论更加符合现实，各变量的含义见表1。

表1   **变量类别与定义**

变量类型	变量名称	变量含义
被解释变量	贫困状况（Poverty）	贫困 =1；非贫困 =0
物质资本变量	土地（Land）	2012年底该家庭耕种土地数量
	物质资产（Asset）	包括房屋、大型农机具在内的资产价值
人力资本变量	教育程度（Education）	小学及以下 =1；初、高中或中专 =2；大专及以上 =3
	健康状况（Health）	严重疾病 =1；一般疾病 =2；体弱 =3；一般 =4；健康 =5
社会资本变量	社会资本总量（Social）	由网顶、网络规模、网络差异、网络水平通过主成分分析法而获得

续表

变量类型	变量名称	变量含义
控制变量	户主年龄（Age）	2012 年末该户主实际年龄
	户主性别（Gender）	男 = 1；女 = 0
	户主父辈情况（Dad）	户主父辈担任过行政职务 = 1；否 = 0

三是社会资本的主成分分析。为了全面、系统地分析问题，我们调查了反映农村家庭社会资本状况的拜年网网络规模、网顶、网络水平、网络差异四个指标进行相关性分析，通过分析发现发现四个指标间相关性较强，直接将这四个指标引入回归模型，并通过主成分分析剔除不重要的因子。

基于此，采用主成分分析法来测量农村家庭社会资本，特征值与因子载荷矩阵。

通过分析发现，四个特征值中，前三个因子对应的特征值均较大，代表性较弱；从累计贡献率来看，前三个因子累计贡献率高达 98%，故我们选取前三个主成分的加权和来构造社会总资本的度量。通过所提取的主成分及各自贡献率进行算术平均加总，得到相应的社会资本总量，用 Social 表示社会资本，则公式如下：

$$Social = (0.5181 \times F_1 + 0.2645 \times F_2 + 0.1981 \times F_3) / 0.9807$$

（2）主要数据的统计特征分析

为了对河南省农村贫困家庭的致贫因素有一个最直观的了解，我们首先对贫困户和非贫困户的相关指标进行了描述性对比。

一是物质资本与农村贫困。从调查数据来看，贫困户户均耕地超过了非贫困户。我们按照黄宗智的劳均 14 亩全就业型农业的标准来衡量，发现贫困户获取土地经营权的能力弱于一般农户。

二是人力资本与农村贫困。人力资本存量是影响农村贫困的重要因素。在外出务工机会较多的情况下，只要有一定的文化知识和体力，也能通过务工提高收入。贫困户中文盲半文盲家庭比例较大，是未来扶贫工作的难点。健康状况直接影响医药费开支，因而是贫困发生率高低的重要参考。

三是社会资本与农村贫困。社会资本在贫困和非贫困农户间差别显著。根据推测，社会资本存量和贫困呈负相关，社会资本存量大的农户有更多的机会把自己的人力资本转化为收入流。

2. 农村家庭致贫因素的计量分析

鉴于农户均处于两种状态：贫困和不贫困，符合二元离散选择模型的要求，因而考察微观因素对贫困的影响可以采用 Logistic 回归模型。

（1）模型假定。本文用 1 表示家庭处于贫困，用 0 表示家庭处于非贫困。其他表示见表 2。

（2）Logistic 回归模型总体分析。模型的卡方值为 84.440，显著性水平为 0.000 < a = 0.05，卡方值较大且变量的变动中无法解释的部分是不显著的，意味着回归方程的整体拟合程度较好。

（3）模型结果分析

首先，物质资产与农村家庭贫困显著负相关。正如前文所述，农业经营规模和收入水平呈 U 形关系，而非严格意义上的负相关，因而在 Logistic 模型回归中显著性较弱。

其次，教育程度与农村家庭贫困呈显著负相关。贫困农户中，户主文盲和半文盲的比例较大，其从事非农产业的能力较弱，扩大农业经营规模又缺乏机会，这是农村减贫工作的难点。

再次，农村家庭的社会资本存量与其家庭贫困状况之间存在着负相关关系。贫困农户社会资本匮乏导致其物质资产难以转化成现实收入流，因而收入受到影响。

最后，户主性别和农村家庭贫困呈显著负相关，具体表现为男性户主所在的家庭更容易处于贫困状态。

3. 分析结论

（1）社会资本也对贫困有深刻的影响。因而，我们应该利用贫困农户的社会资本，弥补其他形式资本不足。

（2）社会资本的再造对农村减贫的意义重大。在实际中，由一个"能人"创业发挥带动一个区域脱贫的事例非常多，充分说明了社会资本在返贫中的重要作用。

（二）经济发展对贫困发生率影响的实证分析

1. 数据选取说明

我们选取了河南省 1986—2012 年 GDP 年增长率、服务业增加值、农业增加值、贷款增量四个指标作为自变量分析对农村贫困发生率（作为因变量）的影响，数据来源为《河南统计年鉴（1986—2012 年）》、河南省扶贫办相关资料。把相关年度对农村贫困发生率影响较为明显的提升扶贫标准等因素进行了相应剔除，分析工具为 SPSS 统计分析软件。

2. 实证分析过程

$$\gamma = b_0 + b_1 \times X_1 + b_2 \times X_2 + b_3 \times X_3 + b_4 \times X_4$$

γ——贫困发生率（%）

X_1——GDP 增长率（%）

X_2 ——农业增加值（亿元）

X_3 ——服务业增加值（亿元）

X_4 ——贷款增量（亿元）

（1）相关性分析。

表2 变量之间相关性分析表

		Y	X_1	X_2	X_3	X_4
Y	Pearson 相关性	1	0.088	-0.870**	-0.811**	-0.716**
	显著性（双侧）		0.664	0.000	0.000	0.000
X_1	Pearson 相关性	0.088	1	-0.148	-0.141	-0.219
	显著性（双侧）	0.664		0.460	0.483	0.272
X_2	Pearson 相关性	-0.870**	-0.148	1	0.988**	0.864**
	显著性（双侧）	0.000	0.460		0.000	0.000
X_3	Pearson 相关性	-0.811**	-0.141	0.988**	1	0.878**
	显著性（双侧）	0.000	0.483	0.000		0.000
X_4	Pearson 相关性	-0.716**	-0.219	0.864**	0.878**	1
	显著性（双侧）	0.000	0.272	0.000	0.000	

注：**表示在0.01水平（双侧）上显著相关。

从表2结果可以看出，X_1 与 Y、X_2、X_3、X_4 均不存在相关性，Y 与 X_2、X_3、X_4 均存在负相关关系，X_2、X_3、X_4 之间均存在正相关关系。由于模型中自变量之间存在强相关关系，可能存在严重的多重共线性。

（2）回归分析

由于 GDP 增长率与贫困发生率不存在相关关系，我们在回归分析中予以剔除。

由回归分析结果得：$Y = 26.525 - 0.021 \times X_2 + 0.007 \times X_3 - 0.001 \times X_4$

该模型 $R^2 = 0.855$，R^2 调整 $= 0.836$，可决系数很高，也通过 F 显著性检验，但是当显著性水平为 0.05 时，t 值查表可得，临界值应该是 1.76，由此可见 X_3 没有通过 t 检验——模型可能存在多重共线性。

（3）消除多重共线性

在 $SPSS$ 中对变量进行共线性诊断可得出 X_3 没有通过共线性检验，剔除 X_3。

最后的模型是：$Y = 22.552 - 0.007 \times X_2 - 0.001 \times X_4$。

以上结果说明所作模型通过了 F 检验和 T 检验，即在 0.05 水平下模型整体拟合优度高，回归系数显著性程度高，不存在异方差性。

3. 分析结论

一是利用经济增长带动贫困减少已不能作为扶贫的首选政策。

二是加大对农业领域的投入是当前扶贫的重要途径。

三是贷款的增长也有利于贫困发生率的下降。

五、影响金融扶贫的主要因素

通过以上分析和实证，我们得出影响金融支持扶贫的因素主要是经济发展不平衡、产业规模不足、社会关系缺乏、物资资本贫瘠及政策条块分割等几个方面。

（一）经济增长对降低贫困的边际作用递减

从 1999—2010 年的农村贫困发生率可以看出，这 12 年中国的贫困发生率基本处在一个很小的区间内停滞不动，在一些年份甚至还出现了贫困发生率回升的现象。2011 年扶贫标准调整，贫困发生率跃升了 11 个百分点，说明传统的扶贫模式，特别是经济增长带动贫困减少模式的效用边际在递减。以上情况表明，仅通过改变区域经济增长这一变量已经很难达到较好的减贫效果。

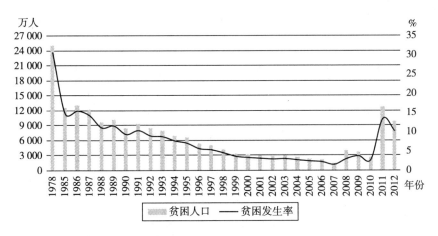

注：2011 年国家提高了扶贫标准，贫困发生率大幅增加。

图 2　我国 1978—2012 年贫困发生变化折线图

（二）经济发展不平衡，资金分配"马太效应"明显

随着经济的快速发展，我国经济增长上的二元结构有所显现，各地区经济和社会发展严重不平衡。而且，在市场经济体制条件下，由于市场机制的某些缺陷与不足，使富者更富、穷者更穷的"马太效应"更加明显。随着区域间的不平衡加剧，金融资源的分配也似乎随之发生变化，首先表现在东西部地区的

差异，其次是城乡之间的差异。如商业性金融利益最大化目标使资金不断流向效益高的地区，这是"马太效应"更趋明显的重要原因。

（三）农业产业基础薄弱，金融扶贫缺少产业支撑点

在关注经济增长对降低贫困作用程度的同时，人们最关注的是经济增长的整体效应作用，忽视了中国经济增长结构特征尤其是产业构成对降低贫困的作用。因此，注重以农业产业增长带动减贫应是新时期扶贫工作的有效选择。中国改革开放30多年来，产业结构的变化表现为工业化要求更高的技术精英和更专业的知识人才，这对于缺乏人力资本的贫困群体无形中形成了较大的排斥，贫困群体在这种趋势下可能会进一步被边缘化。

（四）物质资本①存量不足，对金融扶贫的制约明显

从贫困群体的生产发展来看，大部分贫困家庭追求的不是利润最大化而是温饱无忧，这也是他们无奈的选择。由于缺乏充足的物质资本和商业经营头脑，再加上几代人务农的现实，贫困群体家庭主要以自有的少量耕地小规模经营，除了应付生活支出及子女成长、教育和婚嫁的必需，实现现金富余的途径并不多。这也是很多贫困人口选择外出务工的原因之一。从对河南省1 400个样本分析得出，随着家庭资产增长，其获得贷款支持的比例成倍增加，说明家庭资产对降低贫困的影响作用很大。

（五）贫困户社会资本匮乏，外部资金可得性差

"信任机制"在农村金融市场中的作用可谓至关重要，农村信贷发放行为中，利用"信任机制"作用的案例比比皆是，如"信用镇、信用村及信用户"的建立，信用系统、信用档案的建立等，不仅使农户个人增强了信用观念，而且农户对于"信誉程度"等非物质性收益更加重视。从实际情况来看，信用村镇的小额贷款的还款比率明显高于周边地区或其他地区，充分说明了社会资本与信用机制的关系。所以，无论是政府部门、金融机构还是贫困个体都应当重视社会资本的培育和运用，以提高金融扶贫的效果。

（六）政策性扶贫资金条块分割，金融介入较困难

在现有的扶贫开发和财政扶贫资金管理模式下，没有完全形成对金融信贷资金投向贫困群体、贫困地区的引导之势。如水利、交通、扶贫、农业综合开发等各涉农部门的资金，都是定点、定项目下拨扶贫资金，一般不允许资金转移地点、更换项目，客观上导致了资金的条块分割和分散使用，资金整合和可操作性难度较大，造成了专项扶贫资金不够用，信贷资金富余不敢投，融资优

① 是指长期存在的生产物资形式，如机器、设备、厂房、建筑物、交通运输设施等。在此是指贫困群体的物资财产，如房屋价值、大型农机具价值、摩托车或汽车价值、牲畜价值、储存粮食价值等。

势难以发挥的局面。

综上所述，这些基本因素对农村金融供给产生了重大影响。而且，越是贫困地区这几项因素越发明显，因此围绕以上因素研究金融扶贫的政策切入点，瞄准贫困，有利于形成高效的农村造血机制，增强贫困人口的自我发展能力。

六、构建金融扶贫机制的政策建议

(一) 总体思路

《中国农村扶贫开发纲要 (2011—2020)》提出了"突出重点，分类指导"的扶贫开发基本原则，要求制定专门针对贫困的区域发展战略，采取针对性和瞄准性更强的区域扶贫政策。因此，在制度安排上，要注重开发扶贫与救助式扶贫的"两轮驱动"，立足于公共资源、公共服务的均等化；在资本积累上，重点关注社会资本对于贫困家庭改善金融状况、缓解贫困的作用，注重向贫困地区提供社会培训和技术支持；在金融扶贫上，推动包容性金融发展，要针对贫困地区不同经营主体的融资特点，坚持"抓两头，带中间"，以农村信用体系建设为基础，做实农户小额信用贷款，有效提高贫困农户的申贷获得率。

(二) 金融扶贫的策略选择

1. 立足"公共服务的均等化"，消除持久性贫困的制度根源

公共服务的均等化，可以理解为让社会中的所有人，都能享受到"无空间差异"的公共服务。均等化的公共服务有利于弥补贫困农户物质资本、人力资本和社会资本不足的局面，打破贫困的"代际"传递链条，提高对外部冲击的抵抗力，降低贫困脆弱性。实证表明，经济增长的减贫效应日益弱化，需通过在农村、特别是在特困地区为农户提供均等化的公共服务提高经济增长的"益贫性"，为贫困群体、个体发展提供公平条件与机会。

2. 构建扶贫联动机制，深化集中连片特困地区扶贫开发领域的合作

在新的扶贫形势下，任何单一的开发政策和措施在这样的巨大挑战面前都显得无力，必须通过多渠道、多方式的综合手段向贫困展开全方位的进攻。

(1) 发挥集中连片特困地区金融协调联动作用。人民银行总行已出台文件落实金融协调联动机制，明确了人民银行分行或省会中支作为特困地区牵头行，确定人民银行分支机构、各级金融机构在特困地区扶贫开发中的职能定位、金融创新的内容等。各金融机构积极优化信贷结构、调整信贷投向、开展金融扶贫创新以提高特困地区扶贫开发对资金需求的满足度。

(2) 建议实施集中连片特困地区综合融资联动。借鉴我国比较成功的城市基础建设及棚户区改造、保障房项目的融资创新模式。在特困地区所在省、市、县创设扶贫开发公司，建立财政、商业银行、扶贫开发公司与民营资本之间共

赢的互动融资机制，引导民间资本融入扶贫开发。

3. 深化农村金融改革，完善集中连片特困地区农村金融供给体系

通过农村金融改革，构建一个完善、高效、多元化的金融扶贫供给体系（见图3），与我国多个特困地区、不同贫困群体的经济发展特点及需求相适应，是金融扶贫必然要求之一。

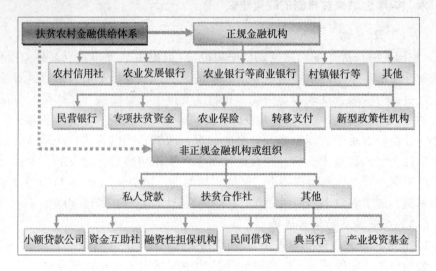

图3　特困地区及贫困县扶贫农村金融供给体系结构图

（1）再造政策性金融，强化扶贫开发的功能。世界发达国家的农村政策性金融结构各有特色，借鉴他们的做法，强化农业发展银行扶贫开发功能，探索建立对农业产业化龙头企业、农业科技企业、农产品加工企业等商业性贷款项目的发掘、进入与退出机制，充分发挥诱导功能，为商业银行及时跟进创造条件。

（2）加快推动农村金融机构改革。一是提升"三农"金融事业部面向市场、自主风险定价的能力，增强其服务县域能力。二是深入农村信用社改革，促进符合条件的加快转制为农村商业银行、农村合作银行。三是降低准入门槛，允许社会资本设立农村专业合作社、农村资金互助社等合作型金融机构。

（3）发挥农业保险的保障作用。由各省注资组建省级政策性农业保险公司，承担农村，特别是特困地区的农业保险业务，对关系国计民生的农作物保险实施强制保险，通过提高保险服务质量提高贫困农民的信用地位，分散目前由农业信贷机构独立承担的农业系统风险和社会成本，引导农业金融资本流入。

4. 大力发展草根金融，发挥其在扶贫开发中的补充作用

国际经验表明，小额信贷与联保贷款是最能接近贫困家庭的商业信贷模式，

因此在实际工作中，要重视推动农村金融本土化。

（1）组建真正服务农村的小型村组金融单元。一是建议由商业银行发起组建村级互助扶贫专业银行。借鉴世界银行对中国农村的互助基金扶贫模式，成立互助基金理事会，贷款由财政贴息。二是借鉴宁夏发展"草根金融"的模式，即银行、担保公司、小贷公司多方参与的"国有大银行—小额贷款公司—小额贷款者"的"直通车机制"。开放对非正规金融机构的市场准入限制，诱导、规范内生于农村经济的非正规金融机构。

（2）改进新型金融机构在扶贫中的作用。一是推动新型法人金融机构信贷业务向农村下沉。深化村镇银行服务农村的设立思路，定位民营银行服务对象，提高它们对开放农村金融市场、推动农村金融深化、扩大农村金融规模的作用。二是借鉴"尤努斯模式"为金融扶贫提供新思路。通过面向弱势贫困人口发放小额信贷，解决农村金融服务与其他商业银行服务的同质化问题，将支持贫困人口脱贫、支持"三农"经济和农村建设作为农村金融改革的新思路。

5. 探索农地金融制度，建立完善草根金融发展的微观基础

建立和完善农地金融制度，最基础的条件就是赋予农民土地抵押权。农地抵押权的确立及农地金融制度的引入，是土地所有者、土地承包人、金融机构利益关系的重新调整，通过发挥土地使用权的商品属性，上述三方主体的利益得到了体现。农户谈判能力不足的现状也因金融机构和所有权人的介入得到了改善。更重要的是，它使农户形成长期稳定的预期，金融机构对农业中长期技术进步和资金投入的预期看好，从而使农业发展有了一个长期的观念，促进农业可持续发展，有利于贫困地区非贫困户的就业转移、向城镇搬迁，提供给贫困群体更多的农业就业机会和发展途径。

6. 深入推动金融创新，提升信贷资金在扶贫开发中的瞄准度

将金融支持扶贫开发、农村金融产品和服务方式创新、农村金融创新示范县创建和培育三者有机结合，发挥金融扶贫的最大效能。

（1）深入推动贫困地区的农村金融创新。以农业科技园区、农业示范园区为依托，以农业产业化龙头企业为切入点，以农民专业合作社、行业协会等新型农村合作组织为纽带，围绕订单农业的合理定价机制、信用履约机制和有效执行机制，积极推动"公司+农户"、"公司+农民专业合作社+农户"、"公司+基地+农户"等信贷模式，促进农业产业化经营。

（2）积极打造"金融扶贫开发示范点"。改进和提升对贫困地区的金融服务水平。在贫困地区中选择若干贫困县，创建"全国金融支持扶贫开发工作示范县"，发挥典型引路和示范带动效应。在示范区内深入推动农村金融产品和服务方式创新，引导特困地区金融机构探索产业化扶贫金融服务新模式，推出一批

有特色、有效果、可复制、易推广的金融产品。

（3）研发适合贫困、缺少资本支撑的金融创新产品。以"近亲正常户、村委调查保证、风险担保基金"为一个整体，即实行"贫困农户＋近亲正常户＋贫困村诚信户＋贫困户所在村委会担保"的"多级联保"模式；以"公司＋农户＋基地＋扶贫贴息＋专项扶贫风险补偿担保基金"为龙头的农户信贷扶贫模式，为农户生产提供贷款担保，利用银行贷款致富。

（4）推动金融机构扶贫领域的业务创新。一是大力推广农户小额信用贷款和农户联保贷款。各农村金融机构可以利用多种方式建立和完善农户资信评价体系，积极发放不需要抵押担保的小额信用贷款和农户联保贷款。二是创新贷款担保方式，扩大有效担保品范围。原则上，凡不违反现行法律规定、财产权益归属清晰、风险能够有效控制、可用于贷款担保的各类动产或不动产，都可以用于贷款担保。

7. 做大农业产业项目，增强产业扶贫对金融的承载能力

从分析结果来看，依托贫困地区丰富的农业资源，做大做强农业产业项目，提高农业产业对金融信贷的承载力才是制胜之道。

（1）提高农产品生产的组织化规模化程度。每个贫困县在农业上都有独特的优势，具备一定的开发规模，有些尚还没形成产业规模，亟待地方政府积极引导，促使生产上规模，形成品牌，为金融支持提供切入点。

（2）建立优质农业中小型企业金融支持名录。对这类企业的金融支持的首要条件是企业的主业所在地必须是贫困村、贫困镇等贫困人口比较集中的区域，实施分等级的支持政策。

8. 整合财政扶贫资金，弥补贫困地区资本不足的需求

针对现有的扶贫资源条块分割、不能充分发挥其引导作用的格局，对其进行有效的整合，设立专项风险补偿担保基金（以下简称基金），并与金融机构合作。一是发挥基金对金融信贷的引导和放大功能。二是基金承担部分的风险补偿功能。当金融机构发放的扶贫开发贷款出现风险且难以追偿造成损失时，由双方根据签署的风险责任承担备忘录承担相应的风险额度。三是引导使用企业承担起扶贫开发的职责。对项目或企业申请使用扶贫贴息贷款的，贴息的比例以企业安排贫困人口就业的人数为准，设置适当的贴息基数和提高条件。

9. 构建有效激励机制，引导社会资金向贫困地区回流

发挥财政政策、货币政策导向和典型引导作用，综合运用奖励、风险补偿等经济手段，构建导向激励机制，引导社会资金向贫困地区回流。

（1）发挥财政激励政策的导向作用。一是通过财政资金、农业政策性信贷资金的先期投入，改善贫困地区的农业生产条件，增强对资金的吸纳力；二是

弱化投资风险，增强商业银行、农村信用社或其他社会经济主体的投资信心，诱导并促使资金更多地流入贫困地区的农业；三是通过专项奖补资金鼓励增加农村金融供给，加大对县域金融机构新增存款用于当地的奖励力度；四是对向乡镇等基层村组设立网点的村镇银行、小额贷款公司、基层信用社及农民互助金融组织一次性给予开业奖励。

（2）由财政出资建立扶贫贷款风险补偿机制。集中连片特困地区所在省、市、县及贫困县应当及时抽出专项资金注资设立扶贫贷款发放风险补偿机制，专门用于各类金融机构、农业担保机构发放扶贫贷款和担保的风险补偿，以此全面提高贫困户及农村金融机构抗风险能力，提高扶贫贷款的风险覆盖面，调动各类金融机构主动参与扶贫的积极性。

参考文献

[1] 帅传敏. 中国农村扶贫开发模式与效率分析 [M]. 北京：人民出版社，2010.

[2] 赵昌文，郭晓鸣. 贫困地区扶贫模式：比较与选择 [J]. 中国农村经济观察，2000.

[3] 刘云生. 农村金融与扶贫——理论实证与政策 [M]. 北京：经济科学出版社，2010.

[4] 王曙光. 告别贫困——中国农村金融创新与扶贫 [M]. 北京：中国发展出版社，2012.

[5] 王曙光，王东宾. 金融减贫——农村微型金融发展的掌政模式 [M]. 北京：中国发展出版社，2011.

[6] 牛凯龙，张薄洋. 金融抑制、金融改革与"三农"发展 [M]. 北京：中国财政经济出版社，2011.

[7] 艾洪德，徐明圣. 区域金融研究：以辽宁省为例 [M]. 大连：东北财经大学出版社，2006.

[8] 刘肖原，葛红玲，李怡，宛璐. 经济发展与金融发展——侧重北京地区的典型案例分析 [M]. 北京：中国经济出版社，2007.

[9] 甘少浩，张亦春. 中国农户金融支持问题研究 [M]. 北京：中国财政经济出版社，2008.

[10] 钱水土，姚耀军. 中国农村金融服务体系创新研究 [M]. 北京：中国经济出版社，2010.

[11] 徐同文. 城乡一体化体制对策研究 [M]. 北京：人民出版社，2011.

[12] 刘民权. 中国农村金融市场研究 [M]. 北京：中国人民大学出版社，

2006.

[13] 董晓林，洪慧娟. 中国农村经济发展中的金融支持研究 [M]. 北京：中国农业出版社，2006.

[14] 戴宏伟. 城乡统筹与县域经济发展 [M]. 北京：中国市场出版社，2005.

[15] 夏耕. 中国城乡二元经济结构转换研究 [M]. 北京：北京大学出版社，2005.

[16] 刘玲玲. 中国农村金融发展研究 [M]. 北京：清华大学出版社，2007.

[17] 徐忠，张雪春，沈明高，程恩江. 中国贫困地区农村金融发展研究 [M]. 北京：中国金融出版社，2009.

[18] 共济. 全国连片特困地区区域发展与扶贫攻坚规划研究 [M]. 北京：人民出版社，2013.

农村地区金融服务创新问题研究

——以河南省人民币发行和流通为例

中国人民银行郑州中心支行课题组①

摘要： 近年来，由于县域以下农村金融环境发生了巨大变化，人民币的投放、回笼渠道，以及人民币流通管理工作实际都发生了变化，人民币发行和现金流通面临着新的挑战和难题，为了适应新形势下"三农"对人民币发行和现金流通的新需求，更好地为"三农"，为社会主义新农村建设服务，河南省人民银行系统在人民币发行和流通管理领域进行了大胆的尝试，创新农村金融服务模式，收到明显效果。本课题就是从中央银行的基础业务——人民币发行、人民币流通管理的研究角度出发，在概括河南省农村地区人民币流通现状的基础上，分析了当前河南省农村地区人民币流通中存在如小面额人民币整洁度、小面额人民币投放、残损人民币回收等一系列问题，并采取 AHP 法与灰色关联法相结合的分析方法，认为农村地区人民币流通环境主要受反假宣传和群众反假知识及相关政策掌握程度、公安机关打击假币犯罪的力度、人民银行监督检查力度、银行内部现金业务考核机制和金融机构对农村现金需求特点的了解程度等因素的影响。最后，针对河南省工作实际，探索当前或未来人民银行在农村地区的人民币流通服务模式，提出在现有政策环境下，人民银行人民币流通管理工作的重点应放在加强反假货币宣传、发挥反假工作合力以及加强安全对商业银行的督促检查上，引入市场化手段并给商业银行适当的正向激励，以期能更好地指导基层行开展和巩固基础性工作，为上级行的正确决策提供理论依据。

关键词： 农村金融服务 人民币发行 流通 创新

---

① 课题主持人：周波；
　课题组成员：黄峰、郭继、宋真、冯健源、刘桂舟、张建、牛流明。

一、引言

（一）研究背景和目的

随着我国国民经济连续多年的健康快速发展，以及国家建设社会主义新农村战略的逐步实施，县域以下农村金融环境发生了巨大变化。就人民币流通环境来说，金融机构现金收支总量呈现巨量增加的同时，县域人民币投放、回笼模式和现金流通渠道也发生了根本性的变化，人民币发行和现金流通面临着新的挑战和难题。在新时期社会主义新农村建设中，人民银行如何以科学发展观为指导，创新金融服务模式，进一步加大对农村地区的金融服务，适应新形势下"三农"对人民币发行和现金流通的新需求，更好地为"三农"、为社会主义新农村建设服务，将是当前人民银行基层行货币发行和流通管理部门急迫而又实际的任务。

本课题就是从中央银行的基础业务——人民币发行、人民币流通管理的研究角度出发，确定河南省当前人民币流通管理工作的重点和努力方向，探悉当前或未来人民银行在农村地区的创新人民币流通服务模式，以期更好地指导人民银行基层行开展和巩固基础性工作，为上级行的正确决策提供理论依据。

（二）开展农村人民币流通服务创新的重要性和意义

党的十八大报告指出，"解决好农业农村农民问题是全党工作的重中之重，城乡发展一体化是解决'三农'问题的根本途径。要加大统筹城乡发展力度，增强农村发展活力，逐步缩小城乡差距，促进城乡共同繁荣"。同时，强调指出要进一步"深化金融体制改革，……完善金融监管，推进金融创新"。要着力"实施创新驱动战略……促进创新资源高效配置和综合集成，把全社会智慧和力量凝聚到创新发展上来"。

我国是一个长期以来以农业为主的大国，农村地域宽广，涉农人口众多，农业基础薄弱。推动农村经济的繁荣发展，金融支持大有可为。作为贯彻繁荣经济生活的重要媒介和纽带，大力开展农村地区人民币管理服务金融创新，不断改进金融服务，是落实党的十八大精神，更好地服务于农业农村农民的直接原动力。为此，围绕人民币发行和流通加大创新力度，不断拓展人民币服务的空间和领域，具有深层次的现实意义。

1. 开展农村地区人民币流通服务创新，是推进农村地区经济发展的迫切要求

随着我国国民经济连续多年的健康快速发展，以及国家统筹城乡发展，建设社会主义新农村战略的逐步实施，县域以下农村金融环境发生了巨大变化，"三农"地区的经济环境和居民收入也发生了巨大的变化，对农村地区的人民币

流通水平提出了新的要求。就人民币流通环境来说，金融机构现金收支总量呈现巨量增加的同时，县域人民币投放、回笼模式和现金流通渠道也发生了根本性的变化，人民币发行和现金流通面临着新的挑战和难题。在新时期社会主义新农村建设中，人民银行如何以科学发展观为指导，创新人民币发行和流通机制，进一步加大对农村地区的金融服务，适应新形势下"三农"对人民币发行和现金流通的新需求，更好地为"三农"、为社会主义新农村建设服务，将是当前人民银行基层行货币发行和流通管理部门急迫而又实际的任务。

2. 开展农村地区人民币流通服务创新，是进一步规范现金收付业务，更好地服务"三农"的客观需要

金融支持统筹城乡发展，服务新农村建设，最直接地体现就在人民币收付业务上。当前城市人民币收付业务已经渐趋规范，而农村人民币收付业务尚显薄弱，有些地方甚至还只是简单的现金收收付付，甚至难以满足群众基本的使用现金、调剂现金的基本需求，缺乏更长效的支持"三农"经济发展形势。开展农村地区人民币流通服务创新，为"三农"经济发展提供更优质、更有效的人民币收付业务，进而更好推进"三农"经济发展，彻底扭转农村地区人民币整洁度不高的事实，是大势所趋，人心所向，势在必行。

3. 开展农村地区人民币流通服务创新，是净化农村人民币流通环境的重要举措

人民币是我国的法定货币，是"国家名片"，设计精美、外表整洁的人民币代表的是国家的形象。从目前情况看，我国大部分农村地区经济环境仍相对闭塞，农村居民整体爱护人民币意识较弱，大量人民币长期在相对封闭的环境中流通，超期服役。加上县级发行库撤销后所带来的投放回笼渠道不畅的客观现实，我国农村地区人民币残破率极高。开展农村地区人民币流通服务创新，将有助于进一步激活农村人民币流通机制，提高流通中人民币整洁度，维护良好的人民币国家形象。

4. 开展农村地区人民币流通服务创新，是遏制假币犯罪的有效手段

近年来，国内假币案件新的形式层出不穷，并由重点地区扩散到非重点地区，由城市居民扩散到乡村的农民群众。以河南省为例，假币案件70%以上发生在偏远农村，受害的群众主要为经济收入较低，文化素质不高，自我保护意识较差，法制观念较薄弱的人群。特别是在农副产品收购旺季更是假币发案的高发期，对人均收入较低的农民群众造成巨大的负面影响，增加了社会的不安定因素。针对农村地区假币犯罪活动的新特点、新动向，要立足人民币流通服务创新，进一步建立人民币反假网络体系，增加打击假币犯罪活动的针对性和有效性，才能有效遏制假币的社会危害。

二、农村地区人民币流通的现状及特点

随着社会经济高速发展，农村地区人民币流通也受到相应的影响，呈现出一些新的特点，具体表现如下。

（一）农村地区人民币流通规模不断增大

近年来，农村地区社会经济高速发展，产值规模不断增大，农村地区居民收入快速增长，作为财富的一般表现形式，现金的流通规模与财富规模要相适应，因此，现金流通规模也快速的增长。再加上物价水平的大幅攀升，也加速了现金流通规模的增长。而随着科技水平的不断发展，支付电话、POS机等非现金支付工具在农村地区也得到了一定范围的使用，这一定程度上减少了现金流通规模，但是由于支付习惯、支付环境等方面因素的影响，现金支付仍然是主要支付形式，相关数据表明，90%以上交易是以现金支付来完成的。因此，目前农村地区人民币流通规模保持着快速上升的态势。

（二）农村地区人民币券别供应缺口以中小面额券别为主

当前，由于人民币印制能力的不断提高，在总量上充分供应，人民银行核定的商业银行业务库铺底金额能轻易满足人民群众的取现需求。此外，随着交通条件的大幅改善，到各银行业金融机构取现越来越方便，大面额人民币的财富储藏功能反而受到削弱，在家储存大额现金的行为越来越少，人民群众聚集一定数额的大面额货币大多会主动存到银行，农村地区大面额人民币的流通是顺畅的，农村市场上100元、50元券人民币的整洁度也相对较高。而中小面额货币主要是用于交易的，农村地区经济快速发展造成交易量的大幅增加，市场对中小面额货币的需求也大幅增加。因此，尽管人民银行近年来着力于推进中小面额人民币的供应，由于需求量过大，以及银行业金融机构在投放中小面额人民币新券、回收残损券上面不够积极，导致大量中小面额残损币滞留市场，超期服役。中小面额人民币供应上的缺口是农村地区人民币整洁度偏低的一个重要原因。

（三）农村地区成为假币危害的重灾区

一般来说，越是信息闭塞、贫穷落后的地区，假币犯罪越是疯狂。相较于城市地区而言，河南省农村地区假币流通更为严重，反假货币工作形势更为严峻，部分县（市）如濮阳市台前县、信阳市光山县等更是成为全国假币犯罪重灾区。这主要是因为反假货币知识等方面因素的限制，造成广大群众识假辨假能力低，从而为假币犯罪提供了土壤。此外，河南省为劳务输出大省，农村地区常住人口大多为老人和小孩，这类人防范意识更为薄弱，给了犯罪分子以可乘之机。就近年来全省收缴假币情况来看，全省假币总收缴量呈波浪形上下起

伏（见表1），假币收缴量和公安机关打击力度正相关，此外，如头一年假币收缴量较大，则随后一两年的假币收缴量会相对减少，说明反假货币工作力度对假币犯罪有较大的震慑效果。

表1　　　　　　　2005—2012 年河南省假币收缴情况　　　　单位：万元，%

	2005	2006	2007	2008	2009	2010	2011	2012
银行柜面收缴量	300.1	1 835.7	1 851.6	1 726.9	2 142	2 075	1 090.1	1 249.2
占比	12.38	29.59	48.28	32.80	26.27	62.55	65.33	37.55
公安机关破案收缴量	2 123.5	4 367.7	1 983.9	3 538.3	6 013.2	1 242.5	578.5	2 077.4
占比	87.62	70.41	51.72	67.20	73.73	37.45	34.67	62.45
合计	2 423.6	6 203.4	3 835.5	5 265.2	8 155.6	3 317.5	1 668.6	3 326.6

三、当前河南省农村人民币流通中主要存在的问题

（一）农村市场流通人民币残缺污损严重，整洁度差

2012 年，对周口、安阳等六个地市 12 个农村金融机构网点未经整点人民币抽样调查显示：市场流通中人民币残缺污损严重，特别是小面额纸币整洁度最低。调查统计显示：除 100 元券整洁度稍高外（不宜流通券占比为 19.5%），50元、20 元、10 元及 5 元券中不宜流通券占比分别为 31.42%、40.5%、31.83%、31.33%，1 元和 1 角券中不宜流通券占比更是分别达到 55.08%、80.92%，这反映我省县域流通市场残损币"体外循环"问题极为严重。同时也说明了农村地区人民币需求缺口以小面额人民币为主，小面额人民币的投放、回笼渠道不够通畅。

（二）版别多、识假难，小面额货币有边缘化趋势

目前市场上仍在流通的货币有第二套、第四套、第五套人民币，从材质上分，有纸币和硬币，不同材质或者同一种币种的大小尺寸、重量、薄厚、式样又各有差异，影响了小面额货币的反假、整理和流通。另外，第二套人民币中 5分、2 分、1 分硬币已经被边缘化，在市场流通中基本不被使用。通过对以农业为主的驻马店市现金流通情况进行的典型调查时发现，该市人口近千万，经济又属于欠发达地区，按说比一般的地区投放分币的概率要大得多，但是自 2000年以来，这三种硬币每年投放的合计总量均不足万元，且主要还是用于金融机构支付客户支取存款的利息。

（三）小面额票币券别调剂和供应能力不足

受商业银行体制改革、经营理念和成本核算变化等多种因素影响，县域以下基层金融机构在"五好钱捆"质量、现金调拨供应和库存现金管理、券别结

构调整和回笼券挑剔、银行柜面现金整洁度和不易流通人民币兑换等制度执行方面出现了一些没有落实规章制度的问题，人民群众不满意，已经成为群众向当地人民银行投诉的热点问题。目前，金融机构现金供应一般以总量不脱供为最主要目标，供应的现钞以大面额票面为主，对数额小、占压库存、调运麻烦的小面额人民币券种缺少主动供应和调节意识。特别是在满足货币流通市场人民币券别调剂方面，各级金融机构远远没有发挥出主力军的作用，这直接导致了 10 元面额以下低面额货币在银行体外循环，也造成了在县域和农村地区 10 元以下小面额票币十分紧缺，小商贩以小额商品抵当零钞的现象时有发生。

（四）人民币投放、回笼渠道不畅

首先是金融机构投放渠道不畅，导致季节性、地域性及行业性小面额货币短缺。这主要是由于商业银行体制改革后，其现金调运由原来的就地存取变为垂直调拨，增加了调运时间、成本和风险，为了压缩日常备用金额度，提高单位整体资金运营效率，这就客观上促使他们优先调运大面额票币，防止支付危机，从而影响了小面额货币的投放；尤其是到了投放或回笼旺季，即便是提前几天预约，既费时又费力的小面额人民币供应与回收都会显得更加紧张。其次从回笼渠道来看，国有商业银行体制改革和战略重点转移后，大量精简县区网点机构和人员，而其累计现金收支总量在不断增加。这就使基层金融机构人员在工作中显得非常紧张，造成残损人民币整点不及时，也造成了县域人民币流通中券别比例失调，5 元券以下小面额人民币紧缺和超期服役的残损小面额人民币增多。于是出现了农村地区小面额货币缺乏，人民币整洁度不高，农村地区残损人民币比率远远高于城市等问题。最后，硬币流通回笼受阻。硬币有制造成本低，使用寿命长等优势，也具有质量重、携带难、易丢失的缺点，这就形成大量硬币的沉淀。另一方面，有些金融机构不愿意回笼硬币，致使没有被沉淀的正常流通硬币无法回到银行，以至于形成了硬币单一投放式的流通。

（五）县域金融机构券别调剂和挑残能力差

为了减少工作上的麻烦和降低经营性风险，在对待残损人民币回收的问题上，金融机构和临柜人员法律责任意识淡薄，把残损人民币回收当作"脏活、累活、苦活、麻烦活"，能推就推，能不办就不办，甚至有拒收现象；金融机构对外支付的钱捆中，不同程度地夹带有不宜流通的人民币。商业银行股份制改革以后，对存贷款、库存现金等在内部实行了严格的数量考核硬指标，而忽视承担社会责任等软指标，导致了应该履行的社会职责不能有效得到实行。受上级核定库存现金限额指标和小面额票币单位调运成本较高等因素影响，导致县区小面额票币新券供应不足，残损人民币回笼不上来；为追求自身利益最大化，减少无效资金占压和降低调运费用，就以大面额现金投放为主，有时因天气、路况、车辆、时间等客观因素，而造成一定时期个别地区的券别供应脱节。

（六）流通中券别结构失衡或残损券比重过高

由现金券别供应不足而引起的商品交易活动中的以物抵零或者商品交易活动失败等现象，在现代社会应该是一种不正常的交易行为，也降低了人民币作为支付和交易手段的作用。特别是在货币投放旺季时，流通中人民币券别比例失调，流通中残损券比重过高或难以识别真假等，影响了单位和群众正常的生产生活。流通中票面质量差，难以辨别真伪，也加大了反假币工作难度，使没有掌握人民币防伪技术的广大老百姓增加了识别难度，也使制假、贩假人民币犯罪分子有了可乘之机，给假币的再次流通创造了机会。这些都在一定程度上影响了中央银行发行人民币、管理人民币流通职责的发挥，影响了金融机构的整体形象。

四、农村地区人民币流通障碍分析

针对河南省农村地区人民币流通存在的以上种种问题，深入分析出现这些问题的原因，才能找准努力的方向，更好地解决以上问题。本部分将采取 AHP 法与灰色关联法相结合的分析方法，遴选出影响农村地区人民币流通环境的主要因素，以期为河南省人民币流通管理工作提供指导。

（一）河南省农村地区人民币流通环境指标体系的确定

1. 农村地区人民币流通环境指标体系设计遵循的原则

（1）科学性原则。指标体系应具有清晰的层次结构，由局部到整体，由复杂到简明，在科学分析和定量计算的基础上，形成相应指标对农村地区人民币流通环境影响程度的直接结论。

（2）可行性和完备性原则。在设计河南省农村地区人民币流通环境指标体系时，应尽可能选择有代表性的主要指标，在考虑相对的系统性和完整性的同时，可行性尤为重要，既要防止面面俱到，指标过于繁杂，又要防止过于简单，难以反映影响河南省农村地区人民币流通环境因素的全貌。

（3）创新性原则。在人民币流通环境指标体系的构建过程中，坚持充分借鉴和吸收国内关于人民币发行和流通方面已有的研究成果和实践经验的基础上，根据河南省的现实情况，实现创新和突破。

2. 农村地区人民币流通环境指标体系的基本框架

表2　　　河南省农村地区人民币流通环境指标体系递阶层次结构

目标层	河南省农村地区人民币流通环境指标体系 A			
准则层	影响农村地区假币流通的因素 B1（持有者放心程度）	影响农村地区人民币整洁度因素 B2（票面整洁程度）	影响农村地区现金投放回笼的因素 B3（总量满足、结构合理程度）	影响农村地区人民币流通的基础性因素 B4

目标层	河南省农村地区人民币流通环境指标体系 A			
指标层	农村地区反假经费投入情况 C1	残损币兑换便利性 C7	银行人民币调运成本和调运目的地交通状况 C13	人民币流通法律法规的完善程度 C21
	人民币防伪标识易辨性 C2	银行柜台残损币兑换成本 C8	农村金融基础设施完善程度 C14	人民银行对农村区域人民币流通信息监测能力 C22
	反假宣传和群众反假知识及相关政策掌握程度 C3	银行人民币调运成本和调运目的地交通状况 C9	农村地区银行网点数量和覆盖率 C15	人民银行对商业银行执行人民币流通政策的监督检查力度 C23
	当地公安机关打击假币犯罪的力度 C4	爱护人民币宣传和群众爱护人民币的意识 C10	县域人民币清分整点机具数量和清分整点能力 C16	人民银行对县域商业银行现金库存掌握情况 C24
	农村地区金融机构反假培训力度 C5	现金业务委托代理机制合理性 C11	当地县域是否建立人民银行发行库 C17	农村地区金融从业人员数量和素质 C25
	反假机具性能及普及程度 C6	农村地区银行业竞争的充分程度 C12	县域银行现金库的库容大小与业务机械化水平 C18	人民银行和金融机构对农村现金需求特点的了解程度（时间特点、券别特点、总量特点）C26
			商业银行上级行核准的库存限额 C19	货币宣传兑换服务点运行情况 C27
			现金业务委托代理机制合理性 C20	银行业内部现金业务考核机制 C28
				农村地区金融知识普及程度 C29

（二）农村地区人民币流通环境指标体系中指标权重的确定

单个的农村地区人民币流通环境指标只是从一个方面去对农村地区人民币流通环境进行评价，同时，不同的人民币流通环境指标对农村地区人民币流通环境评价结果的确定所产生的影响大小也不一样。因此，国内外许多学者采用AHP法来量化。此法的优点是能将专家的思维数量化，但其缺点是不能将众多专家的意见融合在一起。因此，我们吸取了 AHP 的层次分析思想，同时采用了灰色关联分析来统一专家们的意见。指标体系权重的确定过程主要分为三个步骤：

（1）首先建立层次分析模型（见表2）。

（2）对每一层次的各组指标采用灰色关联分析求得其权重系数。此法可融合采纳众多专家们的意见。

（3）根据层次模型及各层次的权重系数，求得最底层的权重总数，即是所求的指标权重系数。

由于篇幅所限，本文将以准则层 B1、B2、B3、B4 四大指标的权重计算为例来演示指标权重的确定过程。

第一步：对准则层进行专家打分

	专家1	专家2	专家3	专家4	专家5
B1	4.3	4.1	3.8	4.5	3.9
B2	4.6	3.8	4	3.9	3.9
B3	3.9	4.2	4.3	3.7	4.2
B4	4.5	4.3	4.7	3.8	4.3

我们请5位专家对准则层四大指标打分如下：

第二步：归一化（纵向）

	专家1	专家2	专家3	专家4	专家5
B1	0.248555	0.25	0.22619	0.283019	0.239264
B2	0.265896	0.231707	0.238095	0.245283	0.239264
B3	0.225434	0.256098	0.255952	0.232704	0.257669
B4	0.260116	0.262195	0.279762	0.238994	0.263804

第三步：设以上最大权 0.283019 为参考因子，记为 B0，则 B0 = {0.283019, 0.283019, 0.283019, 0.283019, 0.283019}，计算各比较因子同参考因子的绝对差。可得：

	专家1	专家2	专家3	专家4	专家5
$\Delta 01 (k)$	0.034464	0.033019	0.056828	0	0.043755
$\Delta 02 (k)$	0.017123	0.051312	0.044924	0.037736	0.043755
$\Delta 03 (k)$	0.057585	0.026921	0.027066	0.050314	0.02535
$\Delta 04 (k)$	0.022903	0.020824	0.003257	0.044025	0.019215

由上表找出最大值和最小值：$\Delta (max) = 0.057585$，$\Delta (min) = 0$

第四步：求关联系数。取分辨率系数 $\rho = 0.5$，则计算公式为

$$\delta_{0i}(k) = \frac{\Delta(\min) + 0.5\Delta(\max)}{\Delta_{0i}(k) + 0.5\Delta(\max)} = \frac{0.028793}{\Delta_{0i}(k) + 0.028793}，\text{由此可得出表格如}$$

下：

	专家1	专家2	专家3	专家4	专家5
$\delta_{01}(k)$	0.455172	0.465814	0.33628	1	0.396879
$\delta_{02}(k)$	0.627078	0.35944	0.390588	0.432787	0.396879
$\delta_{03}(k)$	0.333333	0.516794	0.515451	0.363971	0.531791
$\delta_{04}(k)$	0.556962	0.580305	0.898378	0.395407	0.599749

第五步：求关联度。由关联度公式 $\delta_i = \frac{1}{n} \times \sum \delta_{0i}(k)$ （k = 1，2，…，n）（i = 1，2，3，4），计算得出：δ1 = 0.530829，δ2 = 0.441354，δ3 = 0.452268，δ4 = 0.60616，归一化得：δ1 = 0.261413，δ2 = 0.21735，δ3 = 0.222725，δ4 = 0.298511。

这样我们就计算出 5 位专家对准则层打分的权重系数为：B1 = 0.261413，B2 = 0.21735，B3 = 0.222725，B4 = 0.298511。

同理，可以求出准则层 B1 下 C1、C2、C3、C4、C5、C6 的权数，准则层 B2 下 C7、C8、C9、C10、C11、C12 的权数，准则层 B3 下 C13、C14、C15、C16、C17、C18、C19、C20 的权数，准则层 B4 下 C21、C22、C23、C24、C25、C26、C27、C28、C29 的权数。限于篇幅，其他指标的权重的确定过程省略，直接给出所得指标权重的结果，以及层次总排序。其结果如表 3 所示。

表3   B—C 层次总排序

C/B	B (1)	B (2)	B (3)	B (4)	CW	位次
Bi 权重	0.261413	0.21735	0.222725	0.298511		
C (1)	0.0920	0	0	0	20	0.024050
C (2)	0.1078	0	0	0	16	0.028180
C (3)	0.2742	0	0	0	1	0.071679
C (4)	0.2592	0	0	0	2	0.067758
C (5)	0.1166	0	0	0	15	0.030481
C (6)	0.1502	0	0	0	13	0.039264
C (7)	0	0.1965	0	0	8	0.042709
C (8)	0	0.2075	0	0	6	0.0451

续表

C/B	B (1)	B (2)	B (3)	B (4)	CW	位次
C (9)	0	0.1751	0	0	14	0.038058
C (10)	0	0.1964	0	0	10	0.042688
C (11)	0	0.1225	0	0	19	0.026625
C (12)	0	0.1020	0	0	23	0.02217
C (13)	0	0	0.191675	0	9	0.042691
C (14)	0	0	0.121608	0	18	0.027085
C (15)	0	0	0.107652	0	21	0.023977
C (16)	0	0	0.197995	0	7	0.044098
C (17)	0	0	0.18107	0	12	0.040329
C (18)	0	0	0.08111	0	25	0.018065
C (19)	0	0	0.07322	0	27	0.016308
C (20)	0	0	0.04567	0	29	0.010172
C (21)	0	0	0	0.093038	17	0.027773
C (22)	0	0	0	0.138583	11	0.041369
C (23)	0	0	0	0.184521	3	0.055082
C (24)	0	0	0	0.08012	22	0.023917
C (25)	0	0	0	0.063738	28	0.014196
C (26)	0	0	0	0.159568	5	0.047633
C (27)	0	0	0	0.061235	24	0.018279
C (28)	0	0	0	0.161298	4	0.048149
C (29)	0	0	0	0.057899	26	0.017283

（三）结论

通过以上指标权重分析结果，从指标层来说，影响农村地区人民币流通环境的前5位因素分别为反假宣传和群众反假知识及相关政策掌握程度、公安机关打击假币犯罪的力度、人民银行监督检查力度、银行内部现金业务考核机制和金融机构对农村现金需求特点的了解程度等。目前这些方面都或多或少存在不足之处。这需要人民银行找准着力点，着重从这5个方面做好工作，出台措施，加强对银行业金融机构的指导和管理，督促其营业网点在小面额货币供应、券别调剂及残损币回收等方面做出更为积极的努力，更好地承担其社会责任。同时，要加强与公安机关的协调配合，发挥合力共同打击假币犯罪。通过以上种种努力来优化农村地区人民币流通环境。另一方面通过准则层我们可以看出，反假币的环境的好坏相比人民币的投放回笼和农村地区人民币整洁度更加重要，这说明假币对群众的伤害程度更大，人民群众对假币的容忍度较低。光山县、上蔡县和台前县、项城市等地方假币犯罪的猖獗也说明目前河南省人民币流通环境中遏制假币流通的因素并没有充分发挥出来。需要进一步加大反假宣传力度，发挥反假货币联席会议的作用，形成打击假币的合力。做到对假币零容忍，与公安机关配合，始终保持打击假币犯罪的高压态势。

五、建议

（一）进一步加大反假宣传和打击假币犯罪工作力度

针对农村地区，特别是城乡结合部制假贩假现象较严重的状况，一方面，加强这些地区的反假宣传力度。县级人民银行要把此项工作作为优化人民币流通环境，提升为民服务的重点工作。发挥好引领监督职能，利用涉农金融机构网点多的优势，建立考核体系，督促金融机构做好宣传。同时进一步发掘"千乡助农——货币宣传兑换服务点"的潜力，在助农服务点可以悬挂人民币真伪鉴别示意图、打击假币的典型案例和人民币流通的法律法规。可以制作电影胶片，由服务点在农闲或春节民工回乡在家时候播放人民币真伪鉴别方面的宣传片，通过宣传提高人民群众的反假币意识，提升反假币的技能。另一方面，发挥反假货币联席会议作用，加大农村地区的假币犯罪打击力度。从2013年国务院反假货币联席会议文件可以看出，全国大部分假币重灾区都在县域地区，其中河南的光山县、上蔡县和台前县、项城市也被列为制假贩假的重灾区。因此，仅仅靠反假宣传是不够的，还需要反假货币联席会议成员单位携手，加大对假币犯罪的打击力度。例如，2006年和2009年河南省公安机关破获假币案较多，分别为68起和79起。相应的2007年和2010年，假币犯罪案件明显减少，假币收缴总量降低。2013年台前县破获的52.23万元假币案，就是公安机关打击假币犯罪的重要成果，有效地震慑了犯罪分子，遏制了假币流通。

（二）探索建立有效监督银行业金融机构的新机制

随着履职能力和工作重点的变化，人民银行应把更多的货币发行人员充实到人民币流通管理工作中，定期检查金融机构人民币流通政策执行情况。充分利用现有的非现场监管手段，通过钱捆质量检查、群众投诉处理和复点中的假币情况，了解银行业金融机构的执行人民币流通政策的情况。根据结果，可以采用加强政策教育，约见谈话，停止交存款等方式，督促金融机构积极履行职责。人民银行自身也要加强对员工的教育，坚决杜绝违反原则，不讲政策、只讲人情的监督腐败行为。同时为了适应县域发行库撤销的现状，从顶层制度上进行重新设计，改善现有管理人民币流通人员紧张、专业素质相对偏低的情况，建议在县支行设立人民币管理部，专门行使管理人民币流通和反假币的职责，达到库撤而监督职能不弱化的目的。

（三）开展专项调查，强化人民币发行政策的针对性

近几年，随着农村地区经济的发展和收入来源结构、人口流动、人们金融意识的变化，其现金收支和人民币流通环境发生了一定的变化。现金投放回笼的总量特点、券别特点和时间特点都发生了相应改变。受人民银行基层行基础职能弱化因素的影响，金融机构和人民银行对这种变化缺乏长期的调查和了解，我们有必要对农村地区现金收支的特点和农村群众的意见做一次深入全面的调查了解，对当前农村地区人民币流通的全面情况进行专项调查、分析和研究，采取有效的人民币券别机构政策调整，提高现金管理手段的有效性，提升人民币流通政策的针对性。

（四）探索解决银行现金业务成本收益不对称问题

一直以来，我们的政策都是在强调银行业金融机构履行社会义务，提升服务意识。但是，在市场改革的过程中，金融机构已经从旧经济体制下的服务机构脱胎换骨，变成新经济体制下的经济实体，它们有严格的成本管理体制。违背效益优先、效率优先的服务体制缺乏应有的活力和内在发展动力。特别是农村地区经济资源较少，但是无偿服务的人数较多，而现金整点和反假等更是一项成本高、收益低的工作。同时由于银行柜台兑换小面额人民币和假币鉴别、鉴定等需要花费比办理存取款或其他业务更长的时间，但是考核时却并不被计入员工业务量。上述机制不仅打击了银行的积极性，也打击了员工的积极性。但是这项工作对社会又是极其重要的。因此我们需要探索建立市场化手段，提升银行现金业务服务的积极性，使小面额票币能够投得下去，回得上来，不断向市场注入新鲜的"清水"，同时，"过滤"流通中的残损人民币，从而达到提高流通市场上人民币整洁度的目的。一方面，可以允许对小面额现金整点收取一定的费用。另一方面人民银行可以向上缴残损币的银行业金融机构按券别、金额支付一定比例的费用。同时对于现金整点和反假设备，可以由国家给予一定的补贴，提高社会现金整点和反假能力，优化农村地区人民币流通环境。

（五）充分利用发挥好代理发行库政策

当前，由于河南省县支行已全部撤销，县域金融机构无法在人民银行办理现金出入库的业务，现金出入库只能依靠代理商业银行的业务库。由于其代理行同样也受到现金库存的考核和限制，导致调动现金时间和券别结构很不确定，这对县、乡金融机构优质文明服务造成极大的不便。大范围恢复人民银行发行库不现实也不利于发行库管理风险控制，依托商业银行设立的代理发行库可以部分履行人民银行县支库的功能，县域银行业金融机构需要的现金可直接从设

立代理发行库的银行业金融机构业务库提取，回收的残损币也可以及时缴存，从而可避免受到现金库存的限制，降低银行业金融机构做好现金服务的成本，从源头上治理人民币投放、回笼不畅及券别结构失衡问题。

（六）探索县域现钞社会化清分新思路

县域流通人民币残损率高、假币案件频发历来受到诟病。通过建立县域社会化清分机制，吸引、借助社会力量参与到人民币现钞处理中，实现县域人民币现钞就地全额清分对加强人民币管理、净化人民币流通环境有着重大意义。从长期看，现钞清分社会化能促使现金物流及管理更加完整，提高钞票处理设备利用率，加速现金周转，有效缓解人民银行和商业银行现金处理压力。同时能够有效确保经过清分处理后的现金质量，提高流通中人民币整洁度，并能及时发现和收缴流通中的假人民币，让老百姓用上"干净钱"、"放心钱"。对建立的县域现钞社会化清分组织，人民银行要加强管理服务，通过有效建立动态监测机制，认真开展合规性检查和现钞清分处理标准化作业的指导，确保实行人民币回笼券统一标准、统一包装等，从而有效提高发行库钱捆质量，进而有效提高农村地区流通人民币整洁度。

（七）积极构建县域现金横向调剂机制

一是建立由人民银行主导的县域商业银行间现金横向调剂体系，灵活开展现金余缺调剂。对参与办理横向调剂业务的商业银行要明确责任，落实参与各方的责任和义务，根据需求可采取"一对一"、"一对多"、"多对一"、"多对多"等模式，满足不同时点、不同金额、不同券别的调剂需求。二是建立由商业银行牵头的现金回笼企业与需求企业之间的横向调剂，实现现金的快速周转利用。人民银行对建立现金横向调剂的商业银行和企业，要有相应的人民币收付业务指导，同时加强监督管理，并建立备案登记管理制度，及时处理横向调剂中出现的差错纠纷，保证横向调剂工作顺利开展。

（八）创新人民币管理综合执法工作机制

管理人民币流通，维护人民币的良好形象和声誉，是法律赋予人民银行的神圣使命。一是正视人民银行县级行人民币管理力量薄弱的现实，积极探索建立人民币管理新机制，在人员管理上可以以省或以市为单位，建立人民币管理执法检查人才库，对开展的人民币综合执法检查从人才库中选调，成立统一的检查组织，集中开展相应的执法检查活动。二是综合人民币管理法律法规，制定完善《人民币现场检查操作规程》，把《人民币管理条例》内容进行细化，明确检查程序、报告、处理、归档等规定，并附各类报表式样，以便于操作。三是针对基层发行库撤销、发行人员"转行"、金融机构点多面广，人民银行基层行难以对人民币流通各环节进行持续有效的监管的现状，可考虑建立人民币流通管理特约监督员制度，通过聘请人民币流通管理特约监督员、定期培训，职责公告、服务监督的形式，强化对金融机构人民币收付管理的社会监督，最大限度地消除监管的盲区，有效提高对人民币流通的监督管理和服务水平。

参考文献

［1］陈宝山．现钞货币运行概论［M］．北京：中国金融出版社，1994.

［2］孟建华．中国现代货币流通理论与实践［M］．北京：中国金融出版社，2010.

［3］张红地．现金管理［M］．北京：中国人民公安大学出版社，2002.

［4］中国人民银行货币金银局．中华人民共和国人民币管理条例［M］．北京：中国金融出版社，2000.

［5］朱纯福．银行竞争力评价方法及其指标体系的构建［J］．金融论坛，2007（10）：8－12.

［6］彭启超．上市公司行业分析指标体系构建及分析［J］．中国地质大学学报，2008（6）：37－39.

［7］张川，佟玉明，潘德惠．商业银行经营风险评价指标体系及模糊综合评判［J］．东北大学学报（自然科学版），2008，24（11）：5－9.

［8］李文茂．关于建立反假货币长效机制的实践与思考［J］．华北金融，2008（9）：55－57.

［9］中国人民银行货币金银局．国际货币金银业务考察与借鉴［M］．北京：中国财政经济出版社，1999.

［10］胡庆康．现代货币银行学教程（第2版）［M］．上海：复旦大学出版社，1996.12.

［11］中国人民银行货币金银局．《中华人民共和国人民币管理条例》学习辅导读本［M］．北京：中国金融出版社．

［12］金侃夫，胡伟敏．货币发行与现金出纳业务［M］．杭州：浙江大学出版社，1990。

［13］闵娟．人民币国际化问题研究［D］．厦门大学优秀硕士学位论文，2006.

［14］熊俊．论人民币结构体系［D］．西南财经大学优秀硕士学位论文，2000.

［15］［美］劳伦斯·H.怀特著，李扬、周素芳、姚枝仲译．货币制度理论［M］．北京：中国人民大学出版社，2003.

村镇银行发展模式问题研究

——以信阳市为例

中国人民银行信阳市中心支行课题组①

摘要： 村镇银行是近几年来出现的新型农村金融机构，它能否成为解决我国农村金融问题的一条途径？这是一个急需研究的问题。本文反思了村镇银行在我国发展的各种表现，认为村镇银行到我国后有很多"变味"，有不足的一面，也有积极的一面，其中，最大的亮点是对我国当前的金融改革有一些独特的促进作用。本文以信阳市为例，对目前已有的不同类型村镇银行发展模式进行比较研究。最后，分全国性政策、具体模式、信贷模式三个层面提出政策建议。

关键词： 村镇银行　农村金融　发展模式

一、绪论

（一）问题提出

村镇银行是指由境内外金融机构、境内非金融机构企业法人，境内自然人出资，在农村地区设立，主要为当地农民、农业和农村经济发展提供金融服务的银行业金融机构。21 世纪初，受农村基金会统一关闭和国有商业银行大规模撤并的影响，少数农村地区出现了"金融真空"。为了弥补农村金融的不足，2007 年，银监会允许符合条件的地区设立村镇银行、资金互助组织、小额贷款公司等新型农村金融机构。其中，村镇银行因为是银行类金融机构，又可以跨省跨地区设立，备受各方的青睐，成为各金融机构竞相发展的重点。

经过 6 年多的发展，村镇银行已经遍布全国广大农村地区，成为农村金融市场上的一支重要力量。截至 2013 年 3 月末，全国共有村镇银行 903 家，营业

---

① 课题主持人：高玉成；
　课题组成员：郑尚能、胡克难、郑伟、章玉佩、刘俊峰。

网点 1 426 个，从业人员达 30 508 人。各项资产余额达 4 540 亿元，其中，贷款余额达 2 636 亿元。累计共向 300 万农户发放涉农贷款 3 820 亿元，占累计贷款总额的 60% 以上，占全国银行业全部县域涉农贷款总额的 5%。从目前全国各地汇集的村镇银行发展模式来看，可谓多种多样、种类繁多。从发起人看，有本地发起型，还有外地发起型；从股权结构看，有大股东独权型，还有股权分散型；从运营方式看，有单一制，还有总分制；从信贷模式看，有类银行型，偏农业合作组织型，偏小贷公司型等。

问题一：究竟村镇银行能否发展成一种既能盈利又有效服务"三农"的农村金融新模式？

问题二：目前已有的不同发展模式各有什么特点？该如何选择符合当地实际的村镇银行发展模式？

信阳是传统的农业大市，深厚的农村经济环境和广阔的发展前景吸引了各家银行和金融机构前来投资设立村镇银行。2008 年 8 月 2 日，鄂尔多斯农村商业银行（以下简称鄂尔多斯农商行）率先在固始县发起设立了全市第一家村镇银行——固始天骄村镇银行（以下简称固始天骄）。2012 年 5 月 8 日，广州农村商业银行（以下简称广州农商行）在前期投资淮滨珠江村镇银行（以下简称淮滨珠江）和潢川珠江村镇银行（以下简称潢川珠江）获得成功后，再次大手笔投资 2 亿元，发起设立信阳珠江村镇银行（以下简称信阳珠江）。截至 2012 年末，全市共有 5 家村镇银行，资产总额达到 36.02 亿元，占全市银行业金融机构资产总额的 2.39%。各项存款余额 28.65 亿元，各项贷款余额 15.01 亿元，其中涉农贷款占贷款总额的 82.7%。

信阳的村镇银行非常具有代表性。一方面，在于信阳本身具有典型的农村环境，十分符合村镇银行的市场定位；另一方面，在于信阳各家村镇银行发展快、"品种"多、种类全。辖内几家村镇银行所选择的发展模式各有不同，基本上囊括了全国大多数村镇银行发展的例子。因此，本文以信阳市为例来进行研究。

（二）文献综述

目前，国内外针对村镇银行发展模式方面的研究很少，理论的系统化程度也很低，散见于各种对村镇银行现状和形势的研究文章中。相对而言，比较突出的一些理论或观点如下：长春税务学院的石晶等人认为孟加拉国乡村银行模式的核心在于"小组 + 中心 + 银行工作人员"的信贷制度，并在一定程度上解决了信息不对称的问题；西安电子科技大学的陈坚等人结合孟加拉国格莱珉模式，提出我国村镇银行在贷款家庭的组织方式上采取连带小组方式、实行强制存款的发展模式；浙江省委党校的徐梦周对四川仪陇惠民村镇银行、湖北随州曾都村镇银行和汉川农银村镇银行等国内三家运作良好的村镇银行进行了案例分析式的比较研究，提出了本地专家型模式、国际专家型模式和"三农"专家型模式三种发展模式，强调在未来的发展模式建设中，进一步完善层级组织结构、加大与农户有效互动；四川银监局文维虎从产权构成和组织形式等角度将村镇银行划分为银行独资、有限责任公司、股份有限公司三种模式，并比较了它们的运营效果，提出积极引导和促进村镇银行优先选择有限责任公司模式。刘永宁在《村镇银行管理总部设置刍议》一文中阐述了村镇银行管理总部的性质、定位、职能、机构设置及地域选择，认为其主要问题是如何有效实现子公司分权独立经营与管理总部集权管理，并建议采取"发起银行 + 董事或专门委员会"的联合管理模式予以解决。

二、村镇银行在我国发展的反思

（一）历史上我国始终没有成熟的农村金融模式

长期以来，我国农村金融体系一直处于探索之中。先是农业银行全面负责农村金融工作的原始成长阶段，然后到农业银行撤出、农村信用社一家独占农村市场的制度安排，再到目前农村信用社谋求商业化、少数农村地区的金融"无人管、无人问"的局面，我国的农村金融始终没有走出一个成熟的模式。在这种背景下，村镇银行的出现带来了一些新的希望。

（二）村镇银行在我国发展的不足一面

1. 我国的村镇银行还没有发展出非常有优势的模式

格莱珉银行之所以能够取得巨大的成功，根本原因在于他们创新了一种切合他们国家实际的"小组 + 中心 + 银行工作人员"的新机制，发展成解决孟加拉国贫困农村地区的金融问题的有效模式。目前，我国村镇银行还没有发展出一种适合于我国广大农村地区的革命性模式，已有的模式只能算是在现有体制下的延伸，不能算"质"上的创新。各家村镇银行基本延续了"第一年，投资；第二年，拉存款；第三年，扩贷款；第四年，拓网点；第五年，走下坡路"的发展路线，难逃"投资—设机构—跑业务—业务停滞"的流程怪圈。

2. 村镇银行遇到了发展"瓶颈"问题

导致村镇银行成为生存于底层夹缝之中的小型金融机构，只能在很低的层面上维持局面，难以做大做强。

一是吸收存款难。目前，村镇银行60%的存款都是财政性存款，企业和个人存款仅占40%。其中，大多还是通过关系，或者变相高利率等手段拉过来的，客户自动上门的自然增长存款几乎为零。主要原因，首先，是居民对存款风险的担忧。其次，是支付结算渠道不够快捷。目前，信阳辖内只有信阳珠江发行了银行卡，其余4家只能提供存折服务。这与当前居民在办理业务时，绝大多数选择银行卡，鲜有使用存折的状况，形成了巨大的反差。最后，村镇银行跨行支付和异地结算一般通过发起行或人民银行支付结算系统办理，支付环节增多、结算速度变慢，并且村镇银行网点少，存取款不方便。如果这些状况持续下去，将成为村镇银行下一步发展壮大的首要障碍。

二是资金运用难。一方面，金融机构之间的竞争日益激烈。农村稍微好点的项目一出现，就立即被农业银行和农信社吞噬掉，村镇银行只能从事剩下的业务。另一方面，农村客户的资金需求日益减弱。农村的金融需求市场容量就是那么大，一般是满足粮食收购环节、中小粮食加工企业、养殖业、化肥、农药、种子、兽药等资金需要，不可能无限度地增长，到一定的点，再继续增长就很难了。值得关注的是，农户类金融需求实际上还在逐步地萎缩。目前对于普通农户来说，短期内凑到5万~10万元钱已经不是什么难事，并且，用自己或亲戚朋友的钱，还不用还利息，完全没必要去申请贷款。

三是风险隐患多。首先，农村金融风险整体上比较大。据2007年末数据，全国银行业涉农贷款不良贷款率高达16.4%，其中农林牧渔贷款不良率27.1%，农户贷款不良率12.8%，均远高于全国银行业7.5%的平均不良贷款率水平。其次，政策定位导致客户对象范围窄、资质差。村镇银行的市场定位是支农、支小，贷款所支持的对象是信用社、农业银行不愿意涉及的弱势产业和弱势群体，这些客户对自然条件的依赖性强，抵御自然灾害的能力较弱。再次，部分农户存在政策性"支农"的误解。最后，村镇银行自由式的发展内涵给我国银行业增加了一些更为复杂难测的风险因素。

3. 部分村镇银行名不符实

政策定位村镇银行是服务"三农"和"小微企业"，而目前几乎所有的村镇银行都将总部设在县城里，没有一家把总部设在镇或者村上。营业场所在县城里，客户却在农村，如何来服务？一些村镇银行在实际开展业务中还坚持了"两条腿走路"的策略。一方面立足"三农"和"小微"，另一方面也积极参与符合当地经济发展趋势的行业和优势项目，对有特色的产业、有实力的民营企业大户也是积极跟进。按他们的话说，"'两条腿走路'策略既兼顾了经营宗旨根本，又解决了目前急需解决的规模发展和'吃饱饭'问题。在发展壮大后，才有能力更好地反哺'三农'和'小微'，形成良性的发展循环"。

（三）村镇银行在我国发展的有利一面

村镇银行在我国的发展大量渗入了国情因素，意外地造成村镇银行涉足我国当前金融改革的局面。虽然村镇银行金融资产还不到全国的1%，但它在当前我国银行改革版图上却有着非常重要的地位，特别是在银行业改革、民间金融和银行业跨地区经营三个重要议题上。

从长远改革看，走向市场、走向竞争是我国银行业不容跨过的阶段，我国银行业最终必须面对实质性内容的市场化改革。村镇银行的出现恰恰适应了这种潮流，为我国银行业增加了自由竞争的成分，为今后银行业的改革做了业务、人才、宣传等基层准备。目前，村镇银行是我国银行业竞争最充分的一部分，很多学者甚至把村镇银行看作是我国未来"私人银行"的雏形。在当前大型商业银行"不能改"，股份制银行"不好改"，城市商业银行"没法改"的总体银行业格局下，发展和利用好村镇银行这一平台，对推动我国银行改革具有借鉴意义。

商业银行跨地区设立分支机构是当前银行业管理中的一个重要问题。特别是针对城市商业银行，目前，大部分城市商业银行都想遍布全国设立分支机构，把自己建成一个全国性的大型银行，只是政策上的严格审批控制，堵住了盲目竞争的入口。但从市场长期的优胜劣汰机制建设的角度来看，一些优质银行应该有一定的跨地区设立分支机构的渠道，以满足它们参与竞争、再到兼并壮大的需要。村镇银行因此被一些发起行看作是一种绕道而行的扩张模式。

（四）村镇银行后续发展的问题

在目前总体经济体制制约下，村镇银行机制上的灵活性还远不足形成一种有说服力的优势。光是从村镇银行的业务规模与农村信用社的增长额比较来看，村镇银行就无法成为我国农村金融的主力军。但是，从业务发展的稳健程度、社会接受程度、风险和盈利状况等方面来看，村镇银行可以发展成为我国农村金融体系的一部分。村镇银行未来的发展道路虽然非常艰难，但它的作用不可或缺，还必须发展好。

村镇银行经过前期"建摊子"阶段，后续的发展日益成为挑战。村镇银行的前期参与者们各有各的切身体会和想法，有的办得好，有的办得差，有的合作愉快，有的非常别扭。村镇银行的特点又决定了，不一定在任何地方都适合开办村镇银行。对待业务非常少，甚至是出现风险的村镇银行，今后该怎么办？而办得好的村镇银行，是否继续被限制在狭小的政策空间内？

三、信阳市村镇银行发展的现状

（一）信阳市情和农村金融情况

信阳北临淮河，南依大别山，地处鄂豫皖三省交界地带。全市东西宽60公里，南北长55公里，总面积1.89万平方公里，下辖8县2区、6个管理区、开发区，总人口806.82万。2012年，全市GDP达1 408.66亿元，年增长率

10.5%。三次产业之间的结构比为26.8∶40.5∶32.7。2012年末，全市金融机构各项人民币存款余额达1 536.44亿元，列全省第4位，其中，储蓄存款余额达1 104.25亿元，各项人民币贷款余额达740.80亿元。

截至2012年末，全辖共有各类农村金融网点1 223个，农村金融从业人员12 769名。各类农村存款余额达235亿元，各类涉农贷款余额达184亿元。目前，全辖广大农村地区已经初步建立起了与农业发展和农村生活相配套的金融体系，形成了以农信社为主、其他金融机构参与的垄断与竞争并存的市场格局，主要金融机构有农村信用社、农业发展银行、邮政储蓄银行、村镇银行、小额贷款公司、农村资金互助组织、担保公司、典当行及国有商业银行、保险公司等。

（二）信阳市村镇银行的基本情况

目前，信阳市共有5家村镇银行，基本情况如下。

固始天骄，成立于2008年8月2日，是信阳市第一家村镇银行。由鄂尔多斯农商行、固始县建设投资公司等6家企业法人和59位自然人共同发起设立，注册资本3 000万元。目前有1个营业部、2个支行和1个分理处，筹建中乡镇网点1家。现有高管人员5人，中层干部4人，员工61人，其中本科以上学历43人，占比71%，平均年龄28岁。

淮滨珠江，成立于2010年8月11日，由广州农商行、淮滨县金豫南面粉有限责任公司等9家法人和4位自然人共同发起设立，注册资本6 000万元，下设综合管理部、市场营销部、风险管理部、财务会计部及营业部。2012年12月25日设立城关镇桂花支行。现有员工34人，其中，高管人员3人，硕士2人，本科以上22人。

潢川珠江，成立于2010年8月11日，由广州农商行与潢川县6个企业法人、6个自然人以现金方式共同出资设立，下设综合管理部、市场营销部、风险管理部、财务会计部及营业部。2012年12月19日，在潢川县最大的乡镇双柳树镇新设金融服务站，同时开始筹建城关镇跃进分理处网点。领导班子成员共3人，均为发起行广州农村商业银行外派人员，包括董事长1人、行长1人、副行长1人，共有员工26人。

平桥恒丰村镇银行（以下简称平桥恒丰），成立于2010年12月19日，由信阳银行发起设立。开业时股本2 000万元，其中，4家法人股、2家自然人股，员工19人。2011年10月进行了增资扩股，股本增加到5 800万元，股东人数有25人，其中7家法人股、18家自然人股。设有综合管理部、财务会计部、信贷业务部、营业部，共有两个营业机构，分别为营业部及2012年12月20日新设立的南京路支行。高管人员为信阳银行委派，现有员工32人。

信阳珠江，成立于 2012 年 5 月 8 日，由广州农商行联合广东省和信阳本地优秀企业共同发起设立，注册资本 2 亿元。是广州农商行继在信阳投资两家村镇银行获得成功后，再次在信阳投资村镇银行的大手笔。目前，它是信阳辖内仅次于信阳银行的第二大独立法人金融机构。现有高管人员 9 名，中层人员 18 名，会计人员 69 名，信贷营销人员 90 人，共有员工 186 名。其中，博士学历 1 人、硕士学历 7 人、本科学历 134 人。

（三）信阳市村镇银行的现状

1. 村镇银行已经成为信阳市农村金融市场上的一支重要力量

目前，全市每个区县至少有一家村镇银行的机构，固始县和平桥区各有两家，业务一般覆盖所在县 50% 以上的乡镇。全市村镇银行营业网点已经超过 20 个，从业人员超过 500 人。截至 2012 年末，全市村镇银行总资产已经达到 36.02 亿元，占全市银行业金融机构资产总额的 2.39%，各项存款余额达 28.65 亿元，各项贷款余额达 15.01 亿元。累计发放涉农贷款 15.01 亿元，占贷款总额的 82.7%，占全市所有金融机构县域涉农贷款的 82.7%。累计开立 1 382 个对公账户，31 881 个个人账户，向 12 585 位客户发放过贷款。

2. 各家村镇银行已经完成了设立期，开始步入成熟期

村镇银行在信阳各区县实现了从无到有、从小到大、生根发芽的要求，已经积累起一定的人、财、物的规模，各项工作也步入了正轨。目前，各家村镇银行普遍建立了包括股东大会、董事会、监事会和经营层的"三会一层"结构，经营层下面还分设综合管理部、财务会计部、客户经理部、审计稽核部、风险管理部等部室。村镇银行员工整体素质普遍较高，管理层中有一半是原国有大型商业银行的主管，新招聘的员工都是具有本科以上学历的大学生。

四、村镇银行发展模式比较研究

（一）信阳市村镇银行发展模式分析

1. 发起人分析

投资信阳村镇银行的发起行主要有广州农村商业银行、鄂尔多斯农村商业银行、信阳银行 3 家银行。其中，信阳银行是本地银行，其余两家为外地银行。从金融背景角度看，信阳银行属于城市商业银行，有一定的中小微企业贷款经验，但在农业和农村金融方面涉足得比较少。鄂尔多斯农村商业银行和广州农村商业银行，都是由过去当地的农村信用社改制过来的，从农村一步步发展壮大起来的，有着丰富的农村金融经验。广州农村商业银行还是来自于经济发达地区的农村金融机构，在村镇企业发展、农业现代化过程金融支持等方面，有很多成功案例。

在发起行与村镇银行关系上，本地发起行与外地发起行之间有所差异。作为本地发起行，信阳银行董事会负责平桥恒丰的高层管理，信阳银行的会计部门和审计部门，分别对应负责平桥恒丰的会计核算系统支持和业务审计。作为外地发起行，广州农商行和鄂尔多斯农村商业银行对村镇银行的管理都是在它们统一的村镇银行管理模式之下。广州农商行在豫、粤、川、湘、赣、辽、鲁、苏等地发起设立的近20家"珠江系"村镇银行，信阳珠江、淮滨珠江、潢川珠江都是其中之一，信阳珠江还是其中唯一一家实行总分制管理的村镇银行。广州农商行目前对这些村镇银行采取部门制统一管理，村镇银行事业部为各家村镇银行的归口管理部门，负责它们的中长期发展规划与相关管理制度、网点布点、日常管理、政策信息以及与发起行总行之间的往来业务等事项，发起行总行其他各职能部门为各家村镇银行的事务专业管理部门。鄂尔多斯农村商业银行原计划成立村镇银行控股公司，规划在全国开设村镇银行。固始天骄被规划为全国的培训中心，在上海已购置的房产规划为全国总部，在北京置业后规划为研发中心。规划因银监会对设立村镇银行的政策有所调整而暂时没有实施，仅仅另在山东乳山市设立村镇银行一家。目前，鄂尔多斯农商行负责固始天骄的高层管理，其会计部门负责固始天骄会计核算系统的支持，审计部门负责审计工作。

2. 股权结构分析

股权结构意味着村镇银行的核心控制权。信阳各家村镇银行的股权结构各有不同（见表1至表5，部分法人和自然人做匿名处理），充分反映出各家村镇银行所选择的不同模式，以及发起行、参股企业和个人、地方政府的意图。

表1　　　　　　　　　信阳珠江村镇银行股权结构表　　　　　　单位:%

股东名称	认购股份数	入股比例
广州农村商业银行股份有限公司	70 000 000	35
广州市金宏利贸易发展有限公司	12 000 000	6
广州市至盛冠美家具有限公司	10 000 000	5
深圳市悦壬投资发展有限公司	10 000 000	5
河南信阳毛尖集团有限公司	20 000 000	10
淮滨乌龙酒业等11家本地企业（单企业入股比例2.5%~4.5%）	78 000 000	39
合计	200 000 000	100

表2   固始天骄村镇银行股权结构表   单位:%

股东名称	认购股份数	入股比例
鄂尔多斯农村商业银行股份有限公司	15 300 000	51.00
固始县建设投资公司等4家企业	1 000 000	3.33
固始县发展投资有限责任公司	500 000	1.67
李玉强等59人（单人入股比例0.17%～1%）	300 000	34.00
合计	30 000 000	100

表3   平桥恒丰村镇银行股权结构表   单位:%

股东名称	认购股份数	入股比例
信阳银行股份有限公司	30 000 000	51.8
信阳市平桥区农业综合财务开发公司	2 000 000	3.5
河南五建第二建筑安装有限公司	5 000 000	8.6
信阳市和美装饰工程有限公司	1 600 000	2.7
信阳五岳实业有限公司	5 700 000	9.8
信阳市富果投资有限公司	3 000 000	5.2
信阳泰和牧业有限公司	2 000 000	3.4
鲁玉等18个人	8 700 000	15
合计	58 000 000	100

表4   淮滨珠江村镇银行股权结构表   单位:%

股东名称	认购股份数	入股比例
广州农村商业银行股份有限公司	30 000 000	50
淮滨县金豫南面粉有限责任公司	5 100 000	8.5
广州国际控股集团有限公司	4 000 000	6.667
河南富贵食品有限公司等6家当地企业（单企业入股比例3.333%）	12 000 000	20
王中银	2 900 000	4.833
李锐	2 400 000	4
李一敏	1 800 000	3
常和明	1 800 000	3
合计	60 000 000	100

表5	潢川珠江村镇银行股权结构表		单位:%
股东名称	认购股份数	入股比例	
广州农村商业银行股份有限公司	40 800 000	51	
潢川县发展投资有限责任公司	8 000 000	10	
河南黄国粮业有限公司	6 000 000	7.5	
潢川县大明摩托车经销有限责任公司	4 400 000	5.5	
河南新光置业有限公司	4 000 000	5	
河南潢河建筑有限公司	3 000 000	3.75	
河南美和食品有限责任公司	2 000 000	2.5	
高常等6人（每人入股比例1.25%~4.5%）	11 800 000	14.75	
合计	80 000 000	100	

广州农商行在投资淮滨珠江、潢川珠江时，采取的是直接绝对控股。广州农商行占有50%以上的股份，其余大部分股份由本地企业分占，自然投资人占股很少，显示出广州农商行崇尚法人企业为主的投资模式，把村镇银行看作是一种基于公司层面更高的一层组织，也显示一定程度上的谨慎。在投资信阳珠江时，采取的是间接绝对控股，即自身占有股权的35%，加上与其有一定关系、可视为一致行动人的广东3家企业，合计占有51%，从而实现绝对控股，没有自然人参股。信阳银行在投资平桥恒丰时，采取的是绝对控股，大股东占有股权的51%以上，其他企业投资人占34%，自然投资人参股占15%。所以，上述4家村镇银行可以划为大股东独权模式。

目前，信阳的村镇银行还没有发起行股权介于20%~50%之间的例子。鄂尔多斯农商行在投资固始天骄时，非常有特色。虽然采取的是51%的绝对占股方式，但除大股东外的其他参股企业非常少，合计只占5%，而自然人股东却明显居多，合计共有59人、占有34%的股权，每个股东占股均在1.5%左右。由于自然人在股东人数上占了绝对优势，他们对村镇银行各项事务参与地非常深入，在股东大会上占有很强的话语权。从日常经营看，外来的高管主要负责重大事项和与发起行联系，具体经营基本上都交给地方人才，本地化程度很高。所以，可以划分为股权分散模式。

3. 运营方式分析

全国村镇银行组织形式初期都是单一制，后来逐渐出现总分制，再到后来，部分学者提出村镇银行管理总部、村镇银行控股公司、村镇银行子银行等多种提议。管理层曾经批准过总分制，从未批准过村镇银行管理总部、村镇银行控股公司、村镇银行子银行等形式，目前已经停批了总分制，只批准单一制。信阳辖内的信阳珠江是全国第 11 家、也是全国最后一家获批的总分制村镇银行，其余 4 家村镇银行都是单一制。

4. 5 家村镇银行发展模式总结

信阳珠江：外地发起、大股东主导、总分制；

平桥恒丰：本地发起、大股东主导、单一制；

固始天骄：外地发起、股权分散、单一制；

淮滨珠江和潢川珠江：外地发起、大股东主导、单一制。

（二）信阳市村镇银行发展指标比较

本文在构建村镇银行评价指标体系时，借鉴了国际上比较权威的英国《银行家》杂志的评价体系，并结合我国村镇银行的实际情况，把反映村镇银行机构建设、支农、支小能力等相关指标纳入其中。共从机构建设、业务速度、支农支小能力、经营业绩、流动性等五个方面设置银行评价指标体系。

为了数据的统一性和准确性，设定起始日为村镇银行成立日，截止日为 2013 年 3 月。淮滨珠江和潢川珠江具有很强的相似性，所以只选择淮滨珠江一家做比较研究。

1. 机构建设指标

单县网点数：各家村镇银行设置网点数，包括营业部、支行和分理处，主要衡量各家村镇银行业务拓展的地域覆盖面。

单县员工数：单县村镇银行员工数，主要衡量各家村镇银行的人员规模。

开办的业务种类：包括存款业务、贷款业务、支票业务、通存通兑、电话银行、代发代付、网上银行、银行卡业务、银行承兑汇票、手机银行、投资理财、担保咨询等，主要衡量各家村镇银行业务开展的深度。

表6 信阳村镇银行机构建设指标对比表 单位：个

	单县网点数	单县员工数	开办的业务种类
信阳珠江	1	23	10
平桥恒丰	2	32	9
固始天骄	5	61	8
淮滨珠江	2	34	8

差异分析：（1）在单县网点数和单县员工数比较上，固始天骄最多，信阳珠江最少。主要原因是单一制模式下，固始天骄需要设置包括会计、营销、管理等一系列业务岗位，人员需求大；而信阳珠江由于采用总分制，将支付结算等后台都放了总行，大幅度地压缩了支行的人员需求。固始天骄在股权分散模式下，注重发挥股东个人的作用来开拓业务，无形中增加了员工数量和责任。

（2）在开办的业务种类比较上，信阳珠江最多，平桥恒丰次之，固始天骄、淮滨珠江最少。主要原因是在总分制下，信阳珠江总行能集中力量来专注于支付结算系统的拓展和升级，显示出规模带来的服务能力优势。平桥恒丰的发起行来自于本地，能就近获得人员培训、业务创新、支付结算、科技系统等支持，甚至可以直接接入到发起行的业务系统，获得外延式支付手段。相比之下，固始天骄和淮滨珠江由于离发起行比较远，仅能移植其总行的部分会计核算和支付系统，难以获得更深层次的支持。

2. 业务发展指标

资产增长率＝截止日资产－成立第一年资产/年限，主要衡量村镇银行总资产增长的速度。

公众存款占比＝居民储蓄存款/各项存款，主要衡量村镇银行自主性发展的能力。

人均存款量＝存款/员工数，主要衡量村镇银行员工的个人效率。

贷款增长率＝截止日贷款－成立第一年贷款/年限，主要衡量村镇银行支持地方发展的能力。

单县存款全市占比＝单县存款/全市村镇银行总存款，主要衡量村镇银行在单县域的业务规模大小。

表7　　　　　　　　信阳村镇银行业务发展指标对比表　　　　　单位：万元，%

	资产增长率	贷款增长率	公众存款占比	人均存款量	单县存款全市占比
信阳珠江	177.48	130.53	23.13	873	6.64
平桥恒丰	63.19	95.01	40.77	781	7.93
固始天骄	89.7	99.4	33.08	934	18.08
淮滨珠江	83.17	88.4	16.60	1 238	13.36

差异分析：（1）在资产增长率、贷款增长率比较上，信阳珠江最高，固始天骄次之，平桥恒丰、淮滨珠江最低。主要原因是在总分制下，信阳珠江能具有统一品牌优势，对业务的推动作用比较明显。（2）在公众存款占比、人均存款量、单县存款全市占比的比较上，固始天骄表现很优异，主要是受股权分散模式的影响。固始天骄的59位自然投资人切实把自身利益与村镇银行挂钩起来，通过他们的宣传和示范，为村镇银行带来了大批存款。而单一制使固始天骄权责更加明确，进一步增强了本行员工自身的责任心，更有效地调动起全行的管理积极性，反映出单一制再结合股权分散模式有一定的公众存款的动员能力。平桥恒丰在公众存款占比方面的优势，主要得益于本地发起行的支持，该

行已与发起行信阳银行营业网点实现柜面互联互通，即持该行存折可以在信阳银行所有营业网点办理存取款业务。信阳珠江在人均存款量上表现较好，主要是总分制下，发挥出了规模经济优势，员工数量大幅度压缩，基数低。在公众存款占比上表现最差，主要是开业时间短，存款增长依赖于企业存款。

3. 支农支小能力指标

存贷款比 = 各项贷款/各项存款，主要衡量村镇银行运用存款的能力。

涉农贷款占比 = 涉农贷款/各项贷款，主要衡量村镇银行信贷支持农业的能力。

小微企业贷款占比 = 小微企业贷款/各项贷款，主要衡量村镇银行信贷支持小微企业的能力。

农户贷款笔数占比 = 农户贷款笔数/贷款总笔数，主要是衡量村镇银行信贷支持农户的能力。

表8　　　　　信阳村镇银行支农支小能力指标对比表　　　　　单位:%

	存贷比	涉农贷款占比	个人贷款占比	农户贷款笔数占比
信阳珠江	35.33	90.59	33.06	23.17
平桥恒丰	107.53	86.86	57.62	8.05
固始天骄	76.55	88.32	67.42	59.90
淮滨珠江	50.07	82.67	63.04	8.88

差异分析：（1）在存贷比的比较上，平桥恒丰最高，固始天骄次之，信阳珠江、淮滨珠江最低。平桥恒丰主要得益于本地发起行的支持，有了发起行近在眼前的保障，敢于大量运用存款资金，不惧怕流动性风险。固始天骄在股权分散型模式下，注重资金的效益和时间价值，努力把存款尽多尽快地贷出去，经营主动性强。（2）固始天骄在农户贷款笔数占比上占有绝对优势，主要是在股权分散型再结合单一制下，固始天骄特别重视小微企业、个人、农户等小型客户的开拓，真正把最基层的经济单元作为自己业务的增长点。（3）在个人贷款占比比较上，固始天骄和淮滨珠江表现最好，信阳珠江最差。主要原因是总分制下，信阳珠江的总行部门掌握了集中起来的存款资源，有足够的资金支持非个人贷款项目，相比之下，个人贷款所占比重就降低了。（4）在涉农贷款占比比较上，各家村镇银行都差不多，因为村镇银行本身的业务定位就是服务农村、服务农户，贷款也大多投向农村。

4. 经营业绩指标

资本利润率 = 利润/资本，主要衡量村镇银行资本产生利润的能力。

资产利润率 = 利润/资产，主要衡量村镇银行资产产生利润的能力。

不良贷款率＝不良贷款额/贷款总额，主要衡量村镇银行不良贷款的发生情况。

资产抵押率＝抵押资产贷款/总贷款，主要衡量村镇银行贷款的保障程度。

高利率贷款占比＝高利润贷款/贷款总额，主要衡量村镇银行经营收入分布的情况。

风险性行业贷款占比＝风险性行业贷款/贷款总额，主要衡量村镇银行不良贷款潜在的可能性。

表9　　　　　　　　信阳村镇银行经营业绩指标对比表　　　　　　　单位:%

	资本利润率	资产利润率	不良贷款率	资产抵押率	高利率贷款占比	风险性行业贷款占比
信阳珠江	0.61	0.07	0	75	26	10
平桥恒丰	3.1	0.5	0	74	23	8
固始天骄	16.59	1.24	3.23	55	35	15
淮滨珠江	14.68	0.55	0.38	71	25	11

差异分析：(1) 在资本利润率、资产利润率比较上，固始天骄最高，淮滨珠江次之。主要是在股权分散模式下，固始天骄更加注重发挥股东和本地个人的优势，在发展过程中结合本地的县情、民情、行情，把资金大量地投向了收益较高的农户贷款，也因此带来了丰厚的回报；淮滨珠江也较高，显示出单一制下，村镇银行对本县域业务开拓的积极性较高，能够全身心地投入到本地经济发展中；信阳珠江较少，主要是开业时间比较短，前期投入成本较大，影响了利润。(2) 在不良贷款率比较上，固始天骄最高，显示股权分散模式下，由于投入农户贷款总量大且农户贷款的分散性，不良贷款出现的几率也难免上升。(3) 在资产抵押率、风险性行业贷款占比比较上，平桥恒丰最优，固始天骄最差。主要原因是平桥恒丰在大股东的影响下，注重稳健运营，要求客户为贷款提供更多的抵押，同时，涉足风险性行业比较少。固始天骄由于大股东在外地，又是实行股权分散制，发起行的经营模式对它影响很小，使得固始天骄能完全按自己的思路开展业务。

5. 流动性指标

资本充足率＝资本总额/加权风险资产总额，主要衡量村镇银行动用资本应对支付风险的能力。

流动性比率＝流动资产/流动负债，主要衡量村镇银行用流动性资产应对流动性负债的能力。

速动资产占比＝速动资产/资产，主要衡量村镇银行动用速动资产应对支付风险的能力。

中长期贷款占比＝中长期贷款/贷款总额，主要衡量村镇银行资产的期限结构。

表 10 　　　　　　　　　　信阳村镇银行流动性指标对比表　　　　　　　　单位:%

	资本充足率	流动性比率	速动资产占比	中长期贷款占比
信阳珠江	31.74	67.25	68.71	29.35
平桥恒丰	24.51	94.16	23.90	2.58
固始天骄	16.36	115.96	33.16	0
淮滨珠江	32.87	56.70	55.36	27.73

差异分析：固始天骄在流动性比率、中长期贷款占比上最为优异，资本充足率最低，速动资产占比居中。主要是在股权分散模式下，广大自然人股东更为关切的是现实利益，最大的诉求就是追求利润最大化，因此在资本投入上积极性不高。同时，为了应对储户提现和其他日常运营资金需求，留存了超高的流动性资产，没有投放中长期贷款；信阳珠江在资本充足率、速动资产占比比较上表现最为优异，在流动性比率、中长期贷款占比上表现最差。主要原因是总分制下，总行管理的范围比较大，需要对各县支行的流动性情况做准备，必须保持较高的资本充足度；淮滨珠江在资本充足率、速动资产占比上表现最优，在流动性比率、中长期贷款占比上表现较差。主要是它们选择了建立资产负债相匹配的管理机制，确定中期贷款的比例上限，确保现金流相匹配。

（三）结论

1. 外地发起行模式

优势：第一，可以引入外地资金，弥补地方资金的缺口。外地发起行注册时带来的大笔资金，可以直接用于地方的金融事业发展上。第二，可以借鉴先进地区的农村金融经验。发起行大多来自经济发达或者有资源优势的地区，通过引入"外脑"，可以提高本地涉农银行的管理水平和金融创新能力。

劣势：第一，发起行需要一个了解地方经济的过程。县情、民情一般具有独特性，各县域经济都有所区别，照搬照抄和拿来主义都是行不通的。村镇银行设立初期，对所在县域不甚了解，在一定程度上，容易迟滞村镇银行的业务发展。第二，融入地方经济方面有一定难度。在经营过程中，发起行和村镇银行难以通过产权的协作与要素的优化组合，有效调动各方面支持村镇银行发展的积极性。第三，管理难度大。外地发起行的地域跨度大，管理半径长，协调和管理成本过高，容易导致发起行不尽责。

2. 本地发起行模式

优势：第一，容易获得本地发起行本地资源的支持和品牌优势。本地发起行大多是当地的城市商业银行，一般在当地都有强大的人脉和资源，它们对村镇银行业务发展有明显的支撑作用。第二，有利于村镇银行的有效管理和风险控制。由于本乡本土知根知底，客户谁实力强，谁信誉好，本地发起行心中都有一本账，由它来对贷款调查中的软信息进行隐性把关，可以有效地打破信息不对称，提高贷款投放的安全系数。

劣势：第一，受发起行的制约大。由于距离近，村镇银行的各种情况很容易被本地发起行所掌握，容易受到制约和限制，最终导致村镇银行的董事会形同虚置，始终在一个较低的层次上运行，达不到商业、可持续的新型农村金融机构的政策设计要求。第二，容易成为本地发起行甩包袱的工具。当经营出现困难时，本地发起行很容易通过转移坏账业务、收缩网点、人员流动等变相手段，将村镇银行变成发起行转移人员和风险的机构。第三，与发起行之间有业务竞争关系。本地发起行一般在所发起的村镇银行县域还设有自己的县级分支机构，它们与村镇银行之间直接形成了业务竞争关系。

3. 大股东独权模式

大股权独权模式，一般被认为是一种阻碍或者不合理、需要打破的旧模式。而在实践中，由于我国国情的众多特殊性，这种看似不符合市场潮流的模式，往往具有相对成本优势，在各行各业都有不少成功的例子。这种模式下，前提是确定大股东是绝对独权，还是相对独权。绝对独权下，就加强大股东的作用，把村镇银行拓展到大股东的事业链条上；相对独权下，大股东要确定好权力分割。属于自己的权力，就尽职尽责，不属于自己的，就坚决不干预。

4. 股权分散模式

优势：第一，业务拓展的自主性强。容易促成出资的银行、企业、自然人在村镇银行这一平台上进行产权结合，从而实现银行、企业与行政资源的优化与配置。第二，有助于推进村镇银行的本土化。由于民营资本参与的广泛性和其本土化特征，容易调动出资人、地方政府、发起行等各方的积极性，降低运行与协调成本，提升村镇银行的经济与社会影响。因出资人有限，容易促成重大事项的相对共识，尽快构建村镇银行特有的文化与经营模式。

劣势：第一，过于分散容易引发治理效率问题。过于分散对于完善公司治理也是不利的，当众多股东们不同意见集中时，容易形成决策难的局面。第二，风险控制问题。个别民营股东动机不纯，有视村镇银行为个人资产或个人"钱袋子"的想法，且倾向于干预日常经营，挖空心思想操控银行。第三，需要对投资者具有较强保护的法律制度的支撑。容易导致产生另一类代理问题，即内部管理者和外部股东之间的利益冲突。

5. 总分制模式

优势：第一，具有规模经济优势。地市级村镇银行规模比较大、规格比较高、辐射面比较广，且所处城市在基础设施、中介机构、思想观念上具有县域村镇银行无法比拟的优势。第二，有品牌优势。第三，有助于城市反哺农村。这种"小总行，大支行"的组织架构，有利于村镇银行从盈利模式和产品设计上围绕"三农"向县域下沉经营重心，确保村镇银行不脱农、不离农、不弃农。通过在金融资源相对集中的地（市）设立总行，过去由于地域自然条件差、居民收入水平不高、农民和乡镇企业闲置资金有限等客观原因导致的村镇银行吸储能力弱的现实困境有望被成功"突围"，而总行向支行发放贷款和支行存款用于当地的硬性规定将在避免资金外流的同时，实现城市反哺农村的政策构想。第四，可以进一步强化银行管理。通过分离会计业务和营销业务，有助于实现管理标准化、服务规范化。第五，对大项目有一定的支持能力。

劣势：第一，难以发挥县域经济特色。县域经济因县情、民情不同，有其独特性，简单的自上而下的管理难免会忽视县域的特色。第二，制约了县域发展的积极性。地级市离分散的农村一般比较远，简单地通过书面汇报等，难以掌握农村实际情况，也难以培养与农户之间的感情。第三，容易发生风险传导。一个县支行出了问题，可能会波及全市。

6. 单一制模式

优势：第一，更容易发挥村镇银行的机制优势。村镇银行相比较其他商业银行的优势就在于决策链条短、信贷审批和发放贷款快、经营机制灵活，单一制更容易把这些优势展现出来。第二，风险隔离作用。限于某个县域的村镇银行经营得不好，不会影响到另一个县，不会引起金融风险的连锁反应。

劣势：第一，规模不易做大。由于村镇银行起步晚，宣传少，经营范围又局限于单个县域之内，所以，业务规模有一种无形的限度，发展到一定规模，再继续增长就很难了。第二，容易被人控制。单一制由于单独在某个县域内发展，容易被本县有一定经济地位的大企业甚至是企业主所控制。

7. 信贷创新模式

优势：有一定的促进作用。信贷创新可以有力地推动村镇银行切入到当地县域的经济增长点上，吸引更多的客户。

劣势：第一，推进作用不明显。目前创新的信贷模式与其他商业银行差不多，缺少有结合村镇银行自身机制特点的创新，显示不出优势。信贷创新的思路整体上比较简单，要么是沿着抵押环节延伸，要么是沿着产业链条延伸，要么是选择地区优势经济延伸，没有革命性的创意。第二，容易带来新的风险。

五、政策建议

（一）鼓励村镇银行探索革命性的发展模式

适当对一些优秀村镇银行放宽政策，鼓励它们从更大的范围着眼，进一步开拓思路，组合各类看似跨度很大的因素，真正办出中国的"格莱珉银行"。

（二）全国性的政策改进

1. 尽快制定全国村镇银行的总体发展战略

目前，管理层只是制定了涉及村镇银行发展的一系列市场准入、股权规定等管理办法，缺少一套系统的长远发展规划。

一是总量发展的规划。我国约有 2 000 多个县市，如果每个县市建设 1～2 家村镇银行，全国就应该有 2 000～4 000 家村镇银行，所占的市场份额可以达到 5% 左右。相比较而言，美国人口只有 3 亿，而小银行有 4 万多家。在过去 6 年多的发展中，我国村镇银行总数才达到 900 多家，说明参与者们还是非常理性的。建议继续保持这种稳健步伐，争取未来 5 年内把村镇银行的总数控制在 1 200 家左右。

二是风险控制规划。风险问题是村镇银行发展的根基，解决不好这个问题，村镇银行就难有大的发展。目前管理层只是规定发起行对所发起的村镇银行承担风险兜底的责任，但具体的规定笼统而且不完善。2013 年年初，银监会刚刚开放允许大股东占股降低到 15% 的政策，今后，由此带来的风险责任该怎样确定却没有说。如果让大股东全部承担，显然不合适。在未来村镇银行股权转让日趋活跃的大环境下，如何防范来自其他行业的投资者因不熟悉银行业经营可能给银行长期稳健经营带来的不利干扰，甚至是一些别有用心的股东蓄意掏空银行资金。建议管理层尽快出台更多的股东责任、股东与贷款客户回避、存款保险等相关规定和制度。

三是全国性的补贴政策。村镇银行本身的定位就是查缺补漏、其他金融机构不愿从事的业务，经营成本较高。目前，大多数村镇银行还只是在县城或发达乡镇设有两三个网点，并未深入到广大农村，如果下一步将服务半径扩大到所有乡镇和偏远农村地区，成本会进一步增加。在这些"先天性"不利因素的影响下，要想村镇银行在本身定位的狭小发展空间的基础上，与其他银行展开商业竞争，还能够持续健康地发展，就离不开国家的补贴支持。建议从顶层设计就制定全国统一的补贴政策标准，包括财政补贴、税收优惠、利率浮动、再贷款支持等，要求各级地方政府严格参照执行。

2. 探索村镇银行转让或转型发展模式

村镇银行是生存于底层夹缝之中的小型金融机构，如前所述，和各类金融改革都可以靠上边。因此，后续的处理可以采取多层次、多渠道、开放性的模式。抓住村镇银行"内涵多"的特点，因势利导，结合全国金融改革的大趋势，做好村镇银行在全国金融布局中的变更。比如：（1）允许自由股权转让。（2）允许全体职工持股。（3）由当地金融机构吸收合并。（4）改制为发起行的异地分支。（5）改为私人银行。（6）改制为投资基金、城市商业银行、农村信用社或农村商业银行、农村资金互助社、小额贷款公司、信托公司、消费金融公司、企业集团财务公司、金融租赁公司、汽车金融公司等。同样，这些金融机构也可以改制为村镇银行。（7）清盘。

3. 探索"基于一个村镇"的微型村镇银行

村镇银行，从字面上还可以理解为"基于某个村镇地域来发展的银行"，依靠本村镇内的经济发展和本村镇内的广大居民，"足不出镇"，伴随着整个村镇而发展。所开展的金融业务不仅涉及农业，还可以拓展到工业、商业、个人消费、房贷等领域。由于同居一个村镇，具有熟人经济的优势，交易成本低、信息对称、违约成本高。建议：一是允许设立总部在村镇、只限于服务本村镇几万人的微型村镇银行；二是允许这种村镇银行将业务扩大到非农业领域，但地域范围仅限于本村镇。

（三）信贷模式创新

当前，我国村镇银行的品牌知名度还不响，既达不到大型商业银行的高度，也不能与邮储、城信社、农商行等相提并论，从设立时间、产品特点、服务半径、受众群体等方面都有很大的差距，只能希望灵活的信贷模式创新，来形成自己的竞争优势。

（1）与政府部门、农业合作社、村委会、产业集聚区合作模式。

（2）联合农信社转贷模式。

（3）与农村资金互助组织和小额贷款公司合作模式。

（4）发挥好"赤脚信贷员"的作用。

（四）具体的发展模式改进

1. 外地发起行模式

第一，深入了解所在县的域情。特别是基于县域发展的村镇银行，应该从最基础的了解和认知开始，紧紧依靠本土特色和县域实际来发展。围绕本县实际情况扩大业务范围，开展关系营销。第二，充分调动地方积极性。要注意吸收当地的股份，具体经验交给地方，要有本地的因素，避免"主发起行是空降来的，高管层也是空降的，与当地缺乏血缘和经济联系"的情况。在员工的选择上，多做到用本地人，既开展了宣传，又与当地进行了某种交流。注重吸收本土精英充实高管队伍，他们一般具有资源优势，了解银行经营的内涵，懂得防控风险。第三，把村镇银行发展成为连接两地经济的纽带。进一步发挥外地发起行优势，抓住农民工返乡创业机会，通过金融界的关系从发达地区引入产业转移项目。第四，加强与当地政府部门的沟通协调。

2. 本地发起行模式

第一，进一步利用好本地发起行的资源。积极向发起行寻求专业人才、金融产品、资金清算以及后续培训等方面的系统性支持，学习发起行的风险管理理念和技术方法，共享发起行的品牌资源和基础业务平台。第二，依靠自身发展，建立与母行的"防火墙"。加强村镇银行行核心文化建设，完善法人治理结构，强化内控建设，培育自己的核心竞争力。发起行要充分尊重村镇银行的独立法人地位。不能将其作为规避监管政策，实施监管套利的通道和载体。在村镇银行组建和运营初期，发起人给予一定程度的物质和智力支持，这是必要的。在机构发展步入正道，自我管理和发展能力加强以后，发起人应当只起到资本回报和风险控制作用，把重点放在运营方向的指导和风险的控制上，充分合理授权，包括人权、事权、财权。推动建立适合小银行特点的考核激励机制。

3. 大股东独权模式

大股权独权模式，在村镇银行的发展中一般被认为是一种阻碍或者不合理、需要打破的旧模式，实际上，这种模式并不意味着完全不适合市场需要，恰恰相反，这种模式在我国国情下成功的可能性很大。这种模式发展好的前提是，大股东确定是完全独权，还是片面独权。在完全独权的情况下，就加强大股东的作用，拓展到大股东的事业链条上。在片面独权下，大股东确定好权力分割。属于自己的权力，就尽职尽责；不属于自己的，就坚决不干预。

4. 股权分散模式

总的来看，股权分散模式最适应当前村镇银行的职能定位，因为它适度分散、有效制衡的特点正是管理层对我国村镇银行设置的理想状态，非常符合我国村镇银行未来的发展方向，大有发展前途。另外，采取股权分散模式的村镇银行一般也采取单一制。

总的来说，信阳辖区内的固始天骄是一个比较成功的案例，值得进一步推广。下一步的完善应该从以下方面着手：第一，健全投票机制。进一步发挥各股东的协商作用。作为股份制企业，无论是大股东或小股东，都应该学会通过"董事会"这一合法治理结构来行使权力。如果大股东不得人心，也可能权力旁落；小股东决策得当，也可以通过董事会主导公司战略。第二，建立村镇银行风险平台。第三，建立管理透明制，真正把决策放到大家的眼下。

5. 总分制模式

第一，进一步发挥县支行的自主性，避免简单的自上而下的模式。虽然县支行不是独立的法人，营销方面还是有一定独立性的，可以多采取授权形式，赋予县支行更多的自主权。第二，强化总行的管理职能。统一协调有关政策、人员的服务，进一步减少成本、提升效率、加强集约化管理。

　　6. 单一制模式

　　单一制才是真正最标准的村镇银行。要坚持小额、流动、分散的原则，坚持支农、支小的市场定位，面向"三农"，面向社区，不断探索灵活、便利的信贷管理和服务模式，增强金融服务功能，努力扩大服务覆盖面。

参考文献

　　[1] 辛本胜. 村镇银行发展现状及展望 [J]. 新金融, 2009 (10)：37 - 41.

　　[2] 应宜逊, 茅剑宇. 村镇银行发展中的杭州联合银行模式和鄞州银行模式 [J]. 浙江金融, 2009 (7)：38 - 39.

　　[3] 赵志刚, 巴曙松. 我国村镇银行的发展困境与政策建议 [J]. 商业银行经营管理, 2011 (1)：40 - 44.

　　[4] 徐梦周. 我国村镇银行发展模式探索与政策建议 [J]. 科学决策, 2010 (10)：22 - 28.

　　[5] 赵建玲, 侯庆娟. 村镇银行：障碍因素分析与对策启示 [J]. 经济研究导刊, 2010 (1)：80 - 81.

　　[6] 陈坚, 李天柱, 曹海涛. 格莱珉模式与中国村镇银行的发展之路[J]. 西安石油大学学报·社会科学版, 17 (1)：31 - 35.

　　[7] 岳意定, 刘蕾. 村镇银行发展现状、困境及改善建议 [J]. 金融经济·学术版, 2009 (10)：21 - 24.

　　[8] 朱乾宇, 张忠永. 村镇银行的"支农"效应与制约因素 [J]. 农村金融研究, 2009 (4)：68 - 69.

中原经济区中小企业债券融资问题研究

中国人民银行安阳市中心支行课题组[①]

摘要：对于已经上升为国家战略的中原经济区规划而言，实体经济的货币资本稀缺主要表现为中小企业融资难的问题上。作为企业融资的主要渠道，债券市场发展阶段相对于银行信贷市场一直相对落后。为此，国家鼓励中小企业通过多种渠道实现融资需求，各类融资渠道和市场近年来不断建立并趋于完善。

在中原经济区建设过程中，如何利用当前债券发行规则，把握债券市场发展趋势，不断创新债券融资方法和手段，提高中原经济区中小企业债券融资规模，是我们当前应当重视和统筹考虑的问题。这样，才能使中原经济区建设在中小企业债券融资规模不断扩大的基础上取得较高的社会资金运用效率。

本文首先对我国中小企业债券市场的发展进行阐述，归纳总结了当前我国中小企业债券融资的发展现状及政策要求。其次对河南省中小企业债券市场融资的实践进行了概括，对中小企业债券融资的工具及效率从风险和成本两个方面进行评价，对中原经济区中小企业融资的市场基础进行了分析，总结了中小企业债券融资存在的主要障碍，基于分析研究并结合国外中小企业债券融资的实践，提出当前中原经济区战略实施中的中小企业债券融资模式及相关建议。

关键词：中原经济区　中小企业　债券　融资工具

第一章　导论

一、研究背景

中原经济区战略是新时期、新形势下河南省立足自身区位特征，以全国主

---

① 课题主持人：王家进；
　课题组成员：郭金生、李海金、李伟、王燕锋、李跃。

体功能区规划明确的重点开发区域为基础、中原城市群为支撑，涵盖河南全省、延及周边地区的区域经济发展规划，并于 2011 年被列入国家发展战略。在中原经济区规划发展的过程中，不可否认的是中小企业将扮演着十分重要的角色。但现实来看，融资难问题依然是当前中小企业的主要瓶颈，制约着中小企业发展。

企业融资主要包括内源性融资和外源性融资。相较于其他融资渠道来说，中小企业开拓债券融资市场具有以下三方面优势：一是能够降低融资成本。二是有利于企业财务稳定和项目持续。三是促进中小企业规范化发展。

二、研究意义

一是能够有效改善中原经济区实体经济融资大环境。如果中小企业债券融资能够持续得以规模化、普遍化，将会极大地促进中小企业的金融参与度和运营效率。

二是能够为中原经济区建设聚集资金。运用好中小企业债券融资模式，将在银行信贷市场之外形成另一个吸引发展资金的长效资金供给机制，从而为中原经济区的规划发展提供强有力的资本支撑。

第二章　中小企业债券融资发展现状

一、我国企业债券融资的发展

我国企业债券市场最早源自 1984 年企业债的推出，2005 年以来得到快速发展。经过近 30 年的发展，我国企业债券市场基础建设日渐牢固，企业债券市场产品日益丰富、规模稳步增长，市场主体逐渐多元化。2011 年以来，企业债券市场的培育和发展进一步加速，企业债券融资工具不断创新。为支持中小企业直接融资，银行间债券市场在中小企业集合票据的基础上推出区域集优融资模式，非公开定向发行得到突破，非金融企业融资工具得到较大发展。2012 年企业类债券（包括企业债、中票、集合票据、短融、中小企业私募债、公司债、PPN、集优票据 SMECNII、资产支持票据 ABN 等）发行占据主要地位，全年发行各券种企业债券 2 598 只，占发行总数的 91.25%。2012 年发行企业债、中期票据和短期融资券的企业家数达到 1 370 家，较 2011 年增加了 529 家。1999—2012 年底，在银行间债券市场发行企业债、中期票据和短期融资券的企业累计达到 2 150 家，共发行企业债、中期票据和短期融资券 5 052 只。①

1. 企业债券主要发行市场

（1）交易所债券市场。1990 年 12 月，上海证券交易所成立并开办国债业务，场内债券交易由此产生。1993 年深圳证券交易所也开办国债业务。交易所市场采用纯委托单驱动型的交易机制，没有做市商，投资者通过提交限价委托单为市场提供流动性，债券交易在买卖双方之间直接进行，交易价格形成由买卖双方直接决定。

（2）银行间债券市场。银行间债券市场是由人民银行发起建立，通过全国银行间拆借中心的交易系统进行询价交易，属于场外债券市场，目前，银行间债券市场成为托管量最大的债券交易市场。为提高市场流动性，2000 年 4 月 30 日，人民银行发布《全国银行间债券市场债券交易管理办法》，明确金融机构经批准可开展债券双边报价业务，并逐步完善了银行间市场的做市商制度，并逐渐批准证券公司、城商行等金融机构成为银行间债券市场做市商。

2. 企业债券融资的主要工具

（1）企业债。企业债是指企业依照法定程序发行、约定在一定期限内还本付息的有价证券，金融债券和外币债券除外。企业债于 1984 年首次发行，历经多次改革，目前企业债由国家发改委主管审批，主要发行市场为证券交易所市场。为推动债券市场的发展，2004 年 12 月 7 日，中国人民银行发布《全国银行间债券市场债券交易流通审核规则》，为企业债在银行间市场流通提供了依据。2004 年以来，受基础设施建设需求强劲的影响，企业债发行规模不断提高，2009 年以后进入平稳增长阶段。截至 2011 年末，我国累计发行企业债 1.87 万亿元。

（2）短期融资券。短期融资券是指具有法人资格的非金融企业在银行间债券市场发行的，约定在 1 年内还本付息的债务融资工具。按照《银行间债券市场非金融企业短期融资券业务指引》要求，企业发行短期融资券应具备以下条件：①依据《银行间债券市场非金融企业债务融资工具注册规则》在交易商协会注册；②募集资金应用于企业生产经营活动，短期融资券待偿还余额不得超过企业净资产的 40%；③披露企业主体信用评级和当期融资券的债项评级，并按交易商协会《银行间债券市场非金融企业债务融资工具信息披露规则》在银行间债券市场披露信息；④由已在中国人民银行备案的金融机构承销。

（3）中期票据。中期票据是指具有法人资格的非金融企业在银行间债券市场按照计划分期发行的，约定在一定期限（3~5 年）还本付息的债务融资工具。

---

① 《2012 年度债券市场统计分析报告》。

根据《银行间债券市场非金融企业中期票据业务指引》，除去包含短期融资券所有的发行条件外，发行中期票据的条件还包括：①企业应制定发行计划；②企业应在中期票据发行文件中约定投资者保护机制；③中期票据投资者可就特定投资需求向主承销商进行逆向询价。

（4）公司债。公司债是指公司依照法定程序发行、约定在1年以上期限内还本付息的有价证券。公司债的发行主体目前限制为上市公司。

3. 企业发行债券的相关政策要求

目前，我国债券市场的主要监管部门有中国人民银行、证监会和发改委，交易商协会是银行间债券市场的自律组织。针对不同债券载体，各管理部门按照发行市场的不同，制定了详细的发债要求，包括主体要求、资金用途要求、信用评级及增信要求、期限要求等（见表1）。

表1　　　　　　　　　　主要企业债的发行要求及相关要素

债券类别	准入制	审核管理部门	发行主体要求	募资用途	发行市场	信用评级及增信	期限	融资成本
企业债券	核准制	发改委核准，会审人民银行、证监会	股份有限公司3 000万元，有限责任公司和其他6 000万元，累计债券余额不超过净资产的40%	符合国家产业政策和行业发展	银行间债券市场、交易所市场	2000—2007年多由银行担保，债项评级AAA级；2007年以后，评级为A–AAA级	3～30年，主要集中在5年期、7年期、10年期、15年期	总体低于同期贷款基准利率，平均利差在180bp～200bp①
短期融资券	注册制，有效期2年	交易商协会	待偿还短期融资券余额不超过企业净资产的40%		银行间债券市场	多为AA–级（含）以上	不超过365天	AA+级以上低于同期贷款基准利率，以下超过贷款基准利率，一年期平均利差–109bp
公司债	保荐制	证监会	上市公司，累计债券余额不超过净资产的40%	符合股东会核准用途，符合国家产业政策	证券交易所	A–AAA级	以5年期、7年期、10年期为主	总体成本低于同期贷款基准利率，平均利差150bp
中期票据	注册制，有效期2年	交易商协会	中期票据待偿余额不超过净资产的40%	用于企业生产经营活动	银行间债券市场	AA–级（含）以上	1～10年	总体低于同期贷款基准利率

续表

债券类别	准入制	审核管理部门	发行主体要求	募资用途	发行市场	信用评级及增信	期限	融资成本
中小企业集合票据	注册制	交易商协会	任一企业集合票据待偿余额不超过净资产的40%，且任一企业募资额不超过2亿元	符合国家相关法律及政策要求	银行间债券市场	多有增信措施，债项信用级别B-AAA级	多为2年期、3年期	总体低于同期贷款基准利率

注：①bp 是 basis point 的简称，1bp 为 0.01%。

二、中小企业债券市场的发展

1. 中小企业债券融资的发展现状

一直以来，由于企业债券发行市场条件严格，中小企业通过债券融资的渠道并不畅通。直到 2009 年，中国人民银行宣布取消对在银行间债市交易流通的债券发行规模不低于 5 亿元人民币的限制条件①，此举为银行间债券市场推出高收益债券和中小企业集合债券打开通道，中小企业短期融资券、集合票据、集合债券等债务融资工具相继推出。2011 年，在中国人民银行主导下，交易商协会在中小企业集合票据的基础上推出了区域集优中小企业集合票据，中小企业融资创新工具得到进一步发展。2012 年全年，债券市场共发行小微企业债券②（以下简称小微债）137 只，发行量为 211.66 亿元，发行只数和发行量同比增长 448% 和 163%，远超 2007 年小微债发行以来的平均增速（206% 和 99%）；与其他信用类品种债券相比，其同比增速仅次于企业债（196%）。

2. 中小企业债券的发行要求与政策

当前，我国对发行中小企业的集合债券主体要求有以下几方面：

（1）股份有限公司净资产不低于 3 000 万元，有限责任公司和其他类型的企业净资产不低于 6 000 万元。

（2）累计债券余额不超过企业净资产（不包括少数股东权益）的 40%。

（3）最近 3 年可分配利润（净利润）足以支付企业债券一年的利息。

（4）筹集资金的投向符合国家产业政策和行业发展方向，所需相关手续

---

① 出于发债效率的考虑，目前中小企业发行的集合债券和集合票据发行规模多在 2 亿元以上。

② 此处的"小微企业债券"也即是本文研究的中小企业债券。此处仅包括在银行间市场发行的集合企业债券、集合票据、中小企业区域集优票据和在交易所市场发行的中小企业私募债。该统计口径及数据均来源于《2012 年度债券市场统计分析报告》。

齐全。

（5）债券的利率由企业根据市场情况确定，但不得超过国务院限定的利率水平。

（6）已发行的企业债券或者其他债务未处于违约或者延迟支付本息的状态。

（7）最近3年没有重大违法违规行为。

三、当前中小企业债券融资的主要模式与创新

1. 中小企业集合债券

（1）中小企业集合债券的发行情况

2003 年，由科技部组织、国家开发银行担任承销商的中国高新技术产业开发区企业债正式发售，12 家高新区企业采用"统一冠名、分别负债、分别担保、捆绑发行"方式发行，为中小企业集合债券的发行奠定了基础。

表2 中小企业集合债券发行情况 单位:%，亿元，年

债券名称	发行额度	期限	票面利率	付息频率	债项评级	担保人
07 深中小债	10	5	5.7	1 年 1 次	AAA	国家开发银行
07 中关村债	3.05	3	6.68	2	AAA	北京中关村科技担保有限公司
09 大连中小债	5.15	6	6.53	1	AA +	大连港集团有限公司
10 武中小债	2	3	4.66	1	A +	武汉信用风险管理有限公司
10 中关村债	3.83	6	5.18	1	AA +	北京中关村科技担保有限公司
11 豫中小债	4.9	6	7.8	1	AA	河南省中小企业投资担保股份有限公司
11 常州中小债	5.08	3	5.03	2	AA +	常州投资集团有限公司
11 蓉中小债	4.2	6	6.78	1		成都工业投资集团有限公司
12 合肥中小债	1.75	6	7.58	1	AA +	安徽省信用担保集团有限公司
12 石开中小债	1.78	6	7.20	1	AA +	中国投资担保有限公司
12 芜中小债	4.1	6	7.30	1	AA	芜湖市建设投资有限公司
12 扬州中小债	2.18	6	7.15	1	AA +	江苏省信用再担保有限公司

（2）中小企业集合债券运作模式

综合我国中小企业集合债券的发行现状，中小企业集合债券的主要运作模式如下：

①由牵头单位组织（一般由某个政府部门作为牵头单位），在债券的发行工作中，该牵头单位负责统一组织协调工作。

②使用统一的债券名称（如"11 豫中小债"，表现了较显明的区域特点），

形成总的发行规模，不以单一发行企业为债券冠名，发行企业各自确定发行额度分别负债。

③由第三方为债券提供统一担保，从而实现债券信用增级，提高债券的市场认可度。

④由多家中小企业构成的联合发行人作为债券发行主体，各发行企业作为独立负债主体，在各自的发行额度内承担按期还本付息的义务，并按照相应比例承担发行费用。

（3）中小企业集合债券的发行特点

①各发行人的信用等级普遍不高。

②集合债券是一种联合的融资方式。

③集合债券的成功发行离不开政府的支持。

2. 中小企业集合票据

中小企业集合票据是指由 2 ~ 10 个具有法人资格的非金融中小企业，在银行间债券市场以统一产品设计、统一券种冠名、统一信用增进、统一发行注册方式共同发行的，约定在一定期限还本付息的债务融资工具。[1]

中小企业发行集合票据的相关管理政策主要包括以下方面：

（1）中小企业集合票据发行实行注册制，即需在中国银行间市场交易商协会注册；注册有效期为 2 年，企业在注册有效期内一次发行。

（2）限定任一发行企业集合票据待偿余额不得超过企业净资产的40%；任一企业募集资金额不超过 2 亿元人民币，单只集合票据注册金额不超过 10 亿元人民币。

（3）募集资金用途应符合国家相关法律法规政策；并在发行文件中明确披露具体用途，存续期内变更须经有权机构通过并提前披露。

3. 区域集优中小企业集合票据

2011 年 6 月，中债信用增进投资股份有限公司与常州市政府、当地人民银行签署了《区域集优债务融资合作框架协议》。在"区域集优"模式的合作框架下，三方共同遴选符合条件的地方企业，并由中债公司联合银行、担保和中介机构为企业量身定做债务融资服务方案，并提供全产品线金融增值服务。

4. 中小企业私募债

中小企业私募债是指在中国境内注册为有限责任公司和股份有限公司的中小微企业，依照法定程序，以非公开方式发行、约定在一年以上期限内还本付息的有价证券。

---

① 杨农主编. 中国企业债券融资创新方案与实用手册 [M]. 北京：经济科学出版社，2012.

第三章　河南省中小企业债券融资工具与效率

一、当前河南省中小企业债券融资的实践

1. 河南省 2011 年中小企业集合债券

2011 年河南省中小企业集合债券（以下简称"11 豫中小债"）是由河南省中小企业服务局作为牵头人，由河南省中小企业投资担保有限公司等 4 家担保公司联合担保发行的中小企业集合债，该集合债发行人为河南大用实业有限公司、南阳普康药业有限公司、河南平原非标准装备股份有限公司、开封特耐股份有限公司、林州重机集团股份有限公司、安阳市岷山有色金属有限责任公司、河南新乡华宇电磁有限公司、新乡市起重机厂有限公司共 8 家中小企业。该债券采取"统一组织、统一冠名、统一担保、分别负债、集合发行"的发行模式，总募集资金规模 4.90 亿元，期限 6 年，票面利率 7.80%，债券发行主体信用等级均为 BBB 级及以上，经担保与增信，整体债券评定信用等级为 AA 级。

2. 郑州市 2011 年中小企业集合票据

郑州市 2011 年中小企业集合票据于 6 月 24 日发行，本期债券发行金额 2 亿元，期限 3 年，采用簿记建档、集中配售方式面值发行，起息日和缴款日均为 6 月 27 日，上市流通日为 6 月 28 日。集合票据联合发行人为河南华泰特种电缆有限公司、郑州荣奇热电能源有限公司、河南商都生物技术股份有限公司、郑州领秀服饰有限公司和郑州市娅丽达服饰有限公司。集合票据募集资金主要用于补充联合发行人生产经营所需营运资金以及调整债务结构。深圳市中小企业信用融资担保集团有限公司为本期集合票据提供本息全额不可撤销的连带责任保证担保。经大公国际评定，本期集合票据债项信用等级为 AA 级。

3. 新乡市 2011 年特色装备中小企业集合票据

新乡市 2011 年特色装备中小企业集合票据于 2011 年 10 月 26 日正式发行。本期票据联合发行人为河南卫华重型机械股份有限公司和河南起重机器有限公司，发行金额（面值）3 亿元，期限 2 年，收益率为 6.95%，按面值发行。票据存续期由中债信用增进投资股份有限公司提供全额不可撤销的连带责任保证。该集合票据债项评级为 AAA 级，主体信用等级分别为：河南卫华重型机械股份有限公司为 A－级，河南起重机器有限公司为 BBB＋级。

4. 新乡市 2012 年区域集优中小企业集合票据

2012 年新乡市区域集优中小企业集合票据（以下简称"2012 新乡区域集优"），是河南省第一只通过区域集优模式发行的票据。该集合票据是由河南起

重机器有限公司、河南新科隆电器有限公司、河南三力碳素制品有限公司等三家公司在银行间债券市场以"统一产品设计、统一券种冠名、统一信用增进、统一发行注册"方式共同发行的，约定在一定期限内还本付息的债务融资工具。该集合票据发行金额为 2.7 亿元，采用贴现发行方式，票面利率为 5.9%，任一联合发行人在其发行额度内各自承担还本付息义务。担保方面，中债信用增进投资股份有限公司对该集合票据前三个存续年度内应支付的债券本金及利息提供全额无条件不可撤销的连带责任保证担保。

5. 安阳市 2013 年区域集优中小企业集合票据

安阳市 2013 年度第一期区域集优中小企业集合票据（以下简称"2012 安阳区域集优"）于 2013 年 3 月成功发行。集合票据是由林州凤宝管业有限公司、宝舜科技股份有限公司、河南永达清真食品有限公司三家公司在银行间债券市场以"统一产品设计、统一券种冠名、统一信用增进、统一发行注册"方式共同发行的，约定在一定期限还本付息的债务融资工具。该债券发行期为三年，总发行金额为 2.55 亿元，其中凤宝管业 1 亿元，宝舜科技 0.85 亿元，河南永达 0.7 亿元。该集合票据债项评级为 AAA 级，主体信用等级分别为：凤宝管业 BBB + 级，宝舜科技 BB + 级，河南永达 BBB 级。票据存续期由中债信用增进投资股份有限公司提供全额不可撤销的连带责任保证，同时由政府成立 5 000 万元的中小企业债券融资发展基金。

二、中小企业债券融资的风险与成本

1. 中小企业债券融资的主要风险

（1）偿付风险。由于中小企业债券多采用集合捆绑的形式发行，其偿付风险与单体发债有所不同，主要是依靠发行人及担保公司的整体资信能力。在集合债券存续期限内，中小企业面临的风险是多方面的，可能会受宏观经济环境、行业发展政策、资本市场状况等不可控因素的影响。

（2）流动性风险。中小企业债券发行结束后，发行人将申请其在经批准的证券交易场所上市交易，但由于具体上市审批或核准事宜需要在债券发行结束后方能进行，而发债主体的中小企业特征使其与大型企业相比，对于稳健性的投资人来说不具有更大的优势，从而可能影响到债券的市场认可度和二级市场流动性，进而影响到债券的成功发行和融资能力。

2. 中小企业债券融资的成本比较

中小企业债券融资的成本主要包括：

（1）融资费用和资金使用成本。

具体来说，发行企业债券的主要成本有以下几个方面：

①债券年息（r），即每年要支付给投资者的利息。

②担保费（d），即根据担保金额以及所担保企业评级情况，按一定的标准每年支付给担保公司。

③政府贴息（e），在发行集合债券过程中，政府一般每年会给予发行企业一定的财政补贴，一般在1%左右，用来提高企业还债能力。

④财务顾问费（g），在债券成功发行后一次性支付给财务公司的辅导费。

⑤承销费（c），一般按企业募集资金总额的一定比例一次性支付给承销商。

⑥审计费（s），一次性支付的审计费用。

⑦律师费（l），一次性支付的律师事务所费用。

⑧评级费（p），一次性支付的评级公司费用。

总融资成本用公式表示为

$$K = \frac{B \times (r-e) \times n + B \times d \times n + B \times c + g + s + l + p}{B} \tag{3.1}$$

式中：B 表示债券融资总额；K 为债券融资总成本；n 为发债年限。

以河南省2011年集合债券的发行为例，其各项费用如下：

表3　　　　　　　　　河南省2011年集合债券融资费用

融资总额（K）	期限（年）	发行利率（%）	担保费（万元）	财务顾问费（万元）	承销费（万元）	审计费（万元）	评级费（万元）	律师费（万元）	政府贴息
4.90	6	7.8	1.50	0.80	1.00	50	50	50	1.00

资料来源：11豫中小债募集公告。

根据以上数据用公式（3.1）计算的河南省2011年集合债券每年费用约为8.65%，与中小企业在银行信贷市场上的综合融资成本相比略低。同样地，2011年常州市中小企业集合债券，票面利率为5.03%，即使考虑发行费及中介费，中小集合债券融资成本也要低于同期商业银行贷款利率，考虑到政府给予的贴息补助，债券的综合发行成本比同期银行贷款综合成本低30%以上，控制在了7%以内。

表4　　　　　　河南省企业债券融资利率及综合成本比较　　　　单位：亿元,%

债券名称	融资总额	票面利率	综合成本	同期银行贷款基准利率
河南集合债券	4.9	7.8	10.1	7.05
新乡市区域集优	2.7	5.9	7.95	6.15
安阳市区域集优	2.55	5.8	7.8	6.15

（2）机会成本，即企业因选择发行债券而可能失去上市或向银行借贷融资

的机会。

（3）时间成本，即企业实施债券融资周期比其他融资渠道长而产生的时间价值的损失。

（4）代理成本，企业发债融资，投资者和融资方则成为债权人和债务人的关系。由于信息不对称的存在，债权人会委托担保人等第三方对企业的资金运用及运营情况进行监督，由此产生代理成本。

第四章　中原经济区中小企业债券融资主要约束

一、发债主体限制

《公司法》和《证券法》规定的发债主体要求是：股份有限公司净资产不低于3 000万元、有限责任公司净资产不低于6 000万元，最近三年平均可分配利润足以支付公司债券1年利息的；近三年没有违法和重大违规行为等。严格的准入条件把民营企业特别是中小民营企业完全排斥在企业债券发行主体的允许范围之外。

此外，有关政策也对中小企业募集资金用途作了较严格的规定，如《公司法》规定：企业发行债券是为了"筹集生产经营资金"，企业债券融资只能用于弥补固定资产投资项目的资金缺口，不得挪作他用。

二、担保与增信机制不完善

当前市场通行的做法是聘请第三方提供保证担保，从而提高债券的信用级别。但一方面目前的担保行业存在素质参差不齐，业务发展不规范等问题，民营担保公司发展缓慢并大多不受市场认可；另一方面，从2011年始，担保行业收费开始普涨，平均上浮了1个点，原来平均担保费费用是2.5%的，现在基本上上涨为3.5%，涨价幅度高达40%。同时绝大部分担保公司都要求贷款客户交纳一定的保证金。如果按这一费率标准计算，再加上其他发行费用，企业实际承担的发债费率水平相比直接向银行贷款利率并不具有更高的优势。商业担保机构的高费率门槛导致担保需求更多地依赖于政策性担保机构，从而弱化了市场调节作用，也增加了政策性担保机构的负担和地方政府压力。此外，在中债增信公司的增信担保模式中，往往设立了一些反担保措施，这也增加了中小企业债券融资的成本。

三、发债企业的成长性和稳定性

一般地，我国中小企业平均寿命仅为 2.9 年，存活率较低。存活率低是中小企业的先天特性。首先，生产规模小导致中小企业在市场定价方面处于弱势，虽然对于市场需求变化有着一定的适应能力，但毕竟产品结构单一，供给对象具有较强的专属性，因而每一次的产品结构调整对中小企业来说都是一次"生与死的考验"。其次，与大型企业相比，中小企业利用现代化企业制度方面较为落后，多数属于家庭式企业，企业管理依赖企业创造者的个人威信和管理水平。将企业发展前景系于个人的管理模式，容易导致企业管理的非理性和投资的盲目性。再次，中小企业在市场信息获取方面处于劣势地位，导致企业难以正确判断市场发展的方向。此外，企业为应对市场的较大调整需要进行新的投资，且要面对新市场存在的较大不确定性，对于中小企业来说更愿意维持现状。最后，中小企业利润空间相对较小，但要承受与大型企业相同的税率，进一步削弱了企业自身积累能力。

四、债券融资的相关隐性成本

中小企业集合债券发行过程中涉及的利益主体较多，包括发债企业、担保机构、信用评级机构、政府相关部门、银行、券商、会计师事务所、律师事务所等等，因此协调机制是目前中小企业集合债发行的难点所在。任一参与方或环节的变动都会影响集合债券整体的发行进程，因此，一般来讲中小企业捆绑发债从企业遴选到正式发债融到资金要经历一个较长的期间。各个部门、众多利益主体间的协调组织也必然会大幅增加费用支出，造成一定的隐性发债成本。此外，以中小企业区域集优债券发行为例，核心是要凸显地方政府对中小企业直接融资的支持，让政府拿出一定数量的资金设立中小企业直接债务融资发展基金，难度较大，对融资企业进行成本补贴则更难以实现。更有甚者，设立中小企业直接债务融资发展基金所需资金由融资企业按融资额进行分摊，进一步加重了企业发行债券的融资成本。

五、强制性的融资制度约束

债券融资相对于银行贷款来说具有较强的制度约束性。现实中企业贷款到期经常会出现因资金不到位等临时原因导致银行贷款无法偿还，银行对此可针对不同情况给企业采取展期或增加担保等灵活性措施。而债券到期则企业必须面对还本付息的偿债压力，一旦违约，相关偿债机制启动会给企业带来较大压力，甚至直接导致企业破产。这也是中小企业不敢轻易尝试债券融资的原因之一。

　　一般来说，企业发行的债券被广泛持有后，企业同债券持有人进行再谈判是相当困难的，因而企业债券也被视为不可重谈的债务融资方式，从而形成企业"硬"债务。而银行贷款的再谈判是一对一的协商，其谈判难度和成本明显要低，因能启动再谈判而不至于使违约企业破产清算，通常被称为"软"债务，这使一些存在一定财务风险的企业，更愿意向银行贷款或向民间借贷市场融资。

六、中小企业集合发债的企业关联性

　　当前的中小企业债券融资主要通过集合方式，对于担保机构和投资方等利益相关者来说，在集合发债的风险框架内多会考虑到捆绑企业之间的关联性，即行业关系、企业关系、企业质量差异等，这些都直接关系到债券风险及收益。

　　1. 集合企业的行业相关度

　　一般来讲，如果捆绑企业都属于一个行业范畴，那么它们将会受到相同的宏观因素或中观因素影响，如宏观调控政策、行业周期、外部市场环境等。此外，企业在同一产业链的位置，以及横向产业关联度等的不同或差异，都对债券整体风险造成影响。

　　2. 集合企业间的联系度

　　企业间的联系度主要包括生产的关联性、财务的关联度以及竞争关系或合作关系。这些企业间的联系度将在一定程度上影响集合发债的效率及风险。

　　3. 集合企业间的差异度

　　企业间的差异度主要包括生命周期的差异、企业质量和成长性的差异、企业盈利能力的差异、企业融资结构的差异等，这些差异的存在或大小也不同程度地影响中小企业集合债券融资的效率。

第五章　中原经济区中小企业债券融资模式构想

一、中原经济区中小企业债券融资的路径模拟

　　1. 成立中原经济区债券融资指导委员会

　　中原经济区债券融资指导委员会成立的意义主要在于从中原经济区战略发展的高度，围绕中小企业这一战略参与主体的融资问题，推动中原经济区企业融资方式创新，并以此为平台吸引域外资金，形成中原经济区建设的雄厚资金支撑。中原经济区债券融资指导委员会应下设具体办事机构，主要负责企业债券融资的咨询、申请和发债辅导。同时围绕中原经济区建立功能完善、标准统一、运作有效的中原经济区中小企业债券融资主体筛选和评价机制。并负责根

据中原经济区发展规划及经济增长总量、中小企业发展状况、债券融资需求等筛选中小企业发债主体培育工作，确定中小企业集合发债规模以及集合债券的配给结构，发布指导意见和风险指引。

2. 发展区域性信用中介机构

中原经济区可比照"中债信用增进投资股份有限公司"设立模式，积极争取国家政策支持，联合省内实力较强的大型企业和地方法人性金融机构探索组建"中原信用增进投资股份有限公司"，以开拓多形式、多渠道的信用增进服务方式为业务主线，为中原经济区内中小企业债券融资提供更加便利、更加快捷的增信服务。鼓励民间资本发展信用评价机构，着力培养公信力较强、实力雄厚、专业化水平高的社会信用评级机构。建立起适合中小企业特点的评级标准，要有别于大型企业，着重强调中小企业的成长型特点和未来发展前景，客观、合理地评估中小企业的优势和不足，从而确定每个中小企业的信用级别。

3. 建立功能完善、职责明确的中小企业管理组织

一是建立完善中小企业债券融资服务体系。建立与银行间债券市场、券商、增信机构等各方联系，及时获取中小企业债券融资方面的新信息，了解并关注中小企业债券融资创新产品，并将此传递给广大的中小企业。二是实行中小企业融资需求登记与统计制度。做好中小企业资金需求的调查，积极引导中小企业利用发行债券进行融资，按资金需求特点、额度进行分类，促进中小企业之间联合发债。三是建立中小企业债券融资培育机制。积极筛选成长型、市场前景较好、创新型、科技型中小企业作为储备企业，加强对储备企业的辅导，通过融资成本的比较、融资特点的分析调动储备企业利用债券融资的积极性和主动性。督促储备企业加强财务管理，实行完全的现代化企业管理方式，提升发债的成功率和质量。

4. 探索建立完善的政府帮扶机制

中原经济区多数为经济欠发达地区，地方财政收入偏少，2012 年河南省公共财政预算收入 2 040.57 亿元，仅占当年 GDP 的 6.85%。特别是近年来经济增速回落，地方财政更是"捉襟见肘"，拿出一定数额的资金设立中小企业直接债务融资发展基金并给发债企业一定比例的贴息较为困难。因此，有必要在中原经济区范围内整合财力，建立起科学有效的政府帮扶机制。在中原经济区范围内，以财政出资为主，鼓励实力雄厚的大型企业捐助部分资金，广泛吸纳优质中小企业参与，以无息、互助为原则，设立中原经济区中小企业直接债务融资发展基金，支持中原经济区中小企业债券融资。加强与增信机构的沟通及协作，争取增信机构的理解与支持，打破地市级发展基金仅为本地中小企业提供担保的限制，允许在中原经济区内调拨地市级中小企业直接债务融资发展基金的剩

余额度，使有限的发展基金发挥出最大效能。

5. 积极促进中介服务机构发展，大力扶持地方证券机构

一是鼓励地方证券公司介入中小企业债券发行领域，将地方证券公司作为推动中小企业债券发行的重要平台，发挥地方证券机构在中小企业债券发行中的主导地位。二是要积极扶持中原经济区内的地方证券机构发展，通过增资扩股、改制上市、战略合并等方式充实资本、增强实力。三是加快推进"中原银行"的组建，并将其作为未来中原经济区中小企业债券发行的重要主承销商加以培养，设立之初，应该建立专司中小企业债券发行业务的部门，吸收一批业务熟、经验丰富的专业人员加入，使其尽快地发挥作用。

二、融资主体的选择

中原经济区中小企业债券融资主体的选取应遵循以下四个原则：一是"优中选优"原则。选取发行债券的企业应该是能够体现出中原经济区中小企业整体专业性、创新性和先进性的企业，不仅要为企业发展解决融资问题，还要注重中原经济区中小企业整体形象的塑造。二是"重点突出"原则。债券融资主体的选取重点应放在先进制造业，重点支持中小企业新技术新工艺的运用，带动企业走高附加值、低能耗的发展道路。三是"体现特色"原则。农业现代化是"三化"协调发展的重要内容，也是中原经济区的一个典型特色，促进中小企业债券融资过程中，农产品加工企业是不应当被忽视的。四是"防范风险"原则。推荐中小企业发行债券，要对未来企业的成长性做好分析和判断，防止出现因市场逆转或其他不确定因素导致的企业无法偿还债务情况。

1. 中小企业债券融资主体培育

中原经济区中小企业能够实现扩大中小企业债券融资覆盖面的目的，必然要求从根本上改善中小企业体制。因此在中原经济区建设的过程中，首先要立足经济发展实际，对本区域中小企业进行行业评估和划分，引导中小企业发展方向；其次是通过中小企业债券融资服务体系的运作，对区域内中小企业进行现代化管理理念的培育，按照债券融资的市场要求开展针对性的辅导。

2. 集合债券的发债主体组合

有研究表明，企业在行业、产业链、生命周期等方面的关联度越高则不利于债券风险控制和发行，但实践中国家宏观政策将会是平抑其风险波动的一个重要方面，如"新乡市 2011 年特色装备中小企业集合票据"就是典型的产业性组合的债券融资成功案例。因此，长远来看，在中原经济区这一大区域统筹发展的前提下，中小企业债券融资应在区域内寻找集合发债的优化搭配，并在准确把握国家宏观产业政策的前提下，更多地加入产业性组合或项目组合等要素。

三、中小企业债券融资信用增级

外部信用增级措施是指除第三方机构作为信用担保人提供的全部或部分担保，借以提高债券的信用级别。由于中小企业集合债的投资者主要是针对机构投资者，对债券投资时，这些机构投资者尤其是保险机构对信用等级要求比较高。仅凭中小企业本身的信用级别，基本不可能直接发债，寻找外部机构对集合债券进行担保是一种比较经济的方式，因此外部信用增级措施在中小企业集合债券中使用比较多。外部信用增级手段主要包括国有企业担保、银行担保、专业债券增信机构担保，专业担保公司担保，债券保险等。

1. 第三方担保

除"07 深债"和"07 中关村"选择国家开发银行提供担保外，按照规定，之后的中小企业债券担保形式多为大型国有企业和专业担保机构为债券发行提供增信担保，其中尤以专业担保机构为主。

（1）国有企业或政府融资平台企业担保。目前已发行的集合债券中，有多只属于这一模式。具体来看，"09 连债"的担保者是大连市大型国有企业大连港集团有限公司；2010 年武汉市中小企业集合债券的担保者为武汉信用风险管理有限公司，2011 年常州中小企业集合债券由常州投资集团有限公司担保；2012年芜湖高新技术中小企业集合债券由芜湖建设投资有限公司担保。

（2）专业担保公司担保模式。对采取担保公司担保的集合债券评级时，应先考虑担保公司在给集合债券担保后新的信用级别。在得出担保公司新的信用级别后，以此为依据来判断集合债券的信用级别。目前我国中小企业集合债券的发行多根据不同的发行条件由一家或多家联合进行担保或再担保。

（3）专业债券增信机构担保。我国第一家专业债券增信机构中债信用增进投资股份有限公司成立于 2009 年，由中国石油天然气集团公司、国网资产管理有限责任公司等七方共同出资设立，注册资本金 60 亿元。该公司的设立具有较强的政策性背景，因而主要经营的是为中小企业提供信用增进服务，目前多以中期票据为主要增信对象。

（4）专业债券保险机构。指对债券发行人向专业债券保险机构支付一定的费用，当发债人出现违约无法按约定付款时，保险公司代为偿还本金和利息。2005 年中国保监会发布《保险机构投资者债券投资管理暂行办法》规定，保险机构可投资企业、政府等各种债券，目前还不允许保险机构对债权进行担保，所以国内还不具备这样的专业债券保险机构。专业债券保险机构一方面能够提高融资者发行债券的积极性，另一方面伴随着债券信用水平的提高，也能保障投资者的权益。

2. 内部信用分层

信用分层是一项常见的内部信用增级措施，具体来说是将债券产品划分为优先级和次级或更多的级别，在还本付息方面给予优先级优先受偿权，通过这种结构安排，优先级的风险在很大程度上被次级所承担，从而提升优先级信用水平。分层设计的增信效果取决于发行人的行业和地区分散程度、发行人信用评级的分布情况、高收益级厚度等多方面因素。一般来说，发行人越分散、整体信用资质越高、高收益级厚度越大，越有利于优先级获得较好的评级。[①]

3. 回购承诺

由于有些集合债券的担保期限与债券存续期限存在差异，而且担保年限少于债券存续期的，这种债券可以在担保期期满前设定一个时间，投资者有权在这设定的时间内行使回售权，即将债券回售给发行人或者选择继续持有本期债券；如不行使回售权，则担保结束期以后债券的年利率保持不变。

4. 信用风险缓释

2010 年 10 月 29 日，经中央银行备案的《信用风险缓释工具试点业务指引》和《金融衍生产品交易主协议（凭证特别版）》经中国银行间市场交易商协会正式发布。信用风险缓释工具是一种金融衍生品，用于进行金融风险转移，类似于信用违约互换（Credit Default Swap，CDS）。在中小企业集合发债的信用增级设计中引入 CRM 合约，有助于实现完善市场风险分担机制，对直接推动集合债券市场持续发展具有非常重要的意义。

5. 政府偿债保障措施

政府所能提供的保障主要包括两类，一是设立偿债基金，按一定比例提取，在个别发行人违约情况下可以起到一定的还本付息保障。二是政府提供贴息补助。中小企业的发展会带动当地税收、就业等各个方面，其社会效益远远大于企业的效益。一方面提高企业参与集合债券融资的积极性，另一方面也是扶持中小企业的发展，所以发行债券的省市政府一般会为集合债券提供一定的贴息政策支持和项目支持，这也将对集合债券起到明显的增信作用，对债券按期兑付形成强有力的支持。

6. 中原经济区中小企业债券融资综合性增信方案设计

当前，中原经济区中小企业信用增级应采取内部信用分层与外部信用增信相结合的方式，即内部信用分层＋偿债基金措施＋收购承诺的综合性增信方案，可以从不同层面提升中小企业债券的信用增信等级。内部信用分层强调企业的行业与地域的分散性，但是中原经济区某一地市或某一区域主导行业相对集中、

---

① 杨农主编. 中国企业债券融资——创新方案与实用手册 [M]. 北京：经济科学出版社，2012.

产业结构相对趋同，内部信用分层空间相对狭小。以晋冀鲁豫四省交界的长治、邯郸、聊城和安阳四市为例，钢铁、煤化工、有色金属冶炼三个行业在四市结构中均占较大比重，因此，若利用内部信用分层达到增信目的，就必须在扩大发债主体的地域分布，改变目前地市各自推进本地中小企业发债现状，在中原经济区内协调选择发债主体。

四、债券融资的运用与发展

1. 合理利用宽松的政策环境

近年来，我国债券市场发展迅速。2013 年 7 月 5 日，国务院下发了《关于金融支持经济结构调整和转型升级的指导意见》，提出"稳步扩大公司（企业）债、中期票据和中小企业私募债券发行"。8 月 8 日，国务院办公厅下发了《加大对小微企业金融服务的政策支持力度》（国办发〔2013〕87 号），指出"逐步扩大中小企业集合债券和小微企业增信集合债券的发行规模，在创业板、新三板、公司债、私募债等市场建立服务小微企业的小额、快速、灵活的融资机构"。这几年，河南省中小企业债券融资也取得了较大进展，但与经济发达地区相比，还存在着不小的差距，债券市场呈现出的显著利好，无疑将会给中原经济区中小企业债券融资带来难得的机遇。

2. 充分利用各种债券融资工具

首先，企业要具备利用债券融资的意识，掌握各种融资工具的操作流程和具体要求，结合企业自身发展和经营，选择好适合的债券融资工具；其次，债券融资工具的选择要建立在企业自愿选择的基础上，形成发债组合，政府的职责在于促进发债主体的对接、提供担保、各方沟通联系以及必要的服务和管理上；最后，政府主管部门以及证券机构、承销商要肩负起债券融资工具的宣传与推荐义务，使众多中小企业清楚了解债券融资工具以及创新方向。

3. 发展中小企业私募债券

中小企业私募债券是一种非公开的，由合格投资者在资本市场上自由认购的债券品种，也是债券市场改革主要推动的一种品种。河南省在此方面起步较晚，但已与上海证券交易所、深圳证券交易所签署了《中小企业私募债券业务试点合作备忘录》。下一步，应将中小企业私募债券作为主要的债券融资工具加以推广，引导有条件有意向的企业做好前期准备。同时，政府主管部门还应建立完善相应的配套制度和风险管理预案。建议出台《中原经济区中小企业发行私募债券指导意见》，引导各地市积极推荐本区域内的中小企业成立储备企业库，政府主管部门与中原证券以及域外证券机构做好备选企业的筛选工作，分梯次发行。

参考文献

［1］李琳. 集合债券——中小企业融资新途径［J］. 新经济，2007（7）.

［2］杨农主编. 中国企业债券融资创新方案与实用手册［M］. 北京：经济科学出版社，2012.

［3］谷小青. 美国高收益债券市场的发展及对我国的启示［J］. 银行家，2010（11）.

［4］周颖. 中小企业集合债券研究［D］. 中国智网，优秀博士论文库，2010.

［5］陆岷峰，高攀. 对我国中小企业集合债券融资方式的探究［J］. 华北金融，2011（2）.

［6］李方健，廖凯. 浅析如何解决我国中小企业融资难问题——基于集合证券［J］. 现代经济，2009（2）.

［7］陈超，郭志明. 我国企业债券融资、财务风险和债券评级［J］. 当代财经，2008（2）.

［8］胡志成. 我国企业债务融资比例限制研究［J］. 金融与经济，2010（9）.

［9］李靖. 集合债券：开辟 中小企业融资新途径［N］. 上海证券报，2010 - 03 - 24.

［10］宣烨. 现代融资结构理论与中国企业债券融资［J］. 生产力研究，2004（6）.

［11］吴群. 新时期中小企业集合债券发展的问题与政策建议［J］. 企业融资，2010（9）.

［12］申海霞，耿振. 中外企业融资结构比较分析［J］. 山西经济管理干部学院学报，2008（9）.

［13］曾江洪，周颖. 中小企业集合债券的融资效率研究［J］. 求索，2010.

［14］李战杰. 韩国中小企业债券融资模式研究及对我国的启示［J］. 中央财经大学学报，2009.

［15］吴群. 中小企业集合债券与融资方式创新［J］. 南京政治学院学报，2010（5）.

［16］郭勇，王海全. 发展中小企业集合债券研究［J］. 金融市场，2010.

［17］陈李宏. 我国中小企业债券融资障碍及对策研究［J］. 湖北社会科学，2008（8）.

[18] 李铁军. 中国中小企业融资28 种模式 [M]. 北京: 中国金融出版社, 2004.

[19] 徐东明. 现行中小企业集合票据融资现状及对策建议 [J]. 金融经济, 2011 (8).

[20] 费宪进, 郭舒萍. 中小企业融资模式创新: 区域集优债务融资 [J]. 区域金融, 2012 (5).

[21] 中债公司. 中小企业区域集优债务融资工具发行主体筛选标准 [S].

[22] 孙琳, 王莹. 我国中小企业集合债融资和新型担保模式设计 [J]. 学术交流, 2011 (6).

[23] 孔曙东. 国外中小企业融资经验及启示 [M]. 北京: 中国金融出版社, 2007.

[24] 张炎锋, 范文波. 中小企业融资及中小企业集合债券发展研究 [J]. 经济界, 2009 (6).

[24] Allen N Berger, and Gregory F Udell. Small Business Credit Availability and Relationship Lending: The Importance of Bank Organisational Structure [J]. Economic Journal, 2002, 112 (477): 32 – 53.

[26] Ang J S. Small business uniqueness and the theory of financial management, The Journal of Small Business Finance [J]. 1991, 1 (1): 1 – 13.

[27] Avery Robert B, Bostic Raphael W, and Samolyk Katherine A. The role of personal wealth in small business finance [J]. Journal of Banking & Finance, 1998, 22 (6): 1019 – 1061.

[28] Dries Heyman, Marc Deloof, and Hubert Ooghe. The financial structure of private held Belgian firms [J]. Small Business Economics, March, 2008, 30 (3): 301 – 313.

[29] Harris M Raviv A. Capital Structure and the information role of debt [J]. Journal of finance, 1990, 45: 321 – 349.

[30] Kayhan a, and stitman. Firms histories and their capital structure. Working Paper, univ. of texas at Austin, 2005.

[31] Mallick r, and a chakraborty. Credit gap in small business: some new evidence [J]. Economic Journal, 2002, 110 (12): 12 – 18.

支持中小企业发展的金融组织模式和路径研究

——国家开发银行河南省分行基层信用协会批发直贷模式案例

国家开发银行河南省分行课题组[①]

摘要：近年来，为促进中小企业的发展，各家银行纷纷通过设立"小企业信贷中心"、"信贷工厂"等加大对中小企业的支持力度。本文基于国家开发银行河南省分行基层信用协会批发直贷模式的样本分析，全面总结"国家开发银行河南省分行基层信用协会批发直贷模式"的创新与实践，介绍该工程产生的背景，分析机制与模式创新理论依据和运行机理，探索实践过程中的经验和不足，为破解中小企业融资难题提供理论和实践参考。

关键词：中小企业 组织模式 发展路径

一、中小企业金融服务理论分析

（一）供给方面的信息不对称理论

信息不对称在金融市场上是指借款者一般比贷款者更清楚项目的成功率和偿还贷款的条件，而作为贷款方的银行对借款者的财务状况、贷款用途、信用情况等信息难以完整、准确掌握。由于中小企业存在着严重的信息不透明，容易在融资过程中产生逆向选择问题。另外，中小企业规模较小，也容易导致外源融资特别是银行信贷发生道德风险，使得金融机构偏好于选择不发放贷款或者少发放贷款，从而产生了信贷配给（Credit Rationing）。这是信贷市场存在的一种典型现象，即信贷过程中由于一方不能充分掌握另一方的信息，进而影响信贷双方做出正确决策，导致信贷交易效率降低的现象。

[①] 课题主持人：刘建伟；

课题组成员：董道远、李科、刘麟、崔煜。

Stiglitz 和 Weiss（1981）在引入信息不对称和道德风险因素后较为圆满地解释了信贷配给的主要原因，并成为分析中小企业融资问题的主要模型。这一模型假定在银行和借款人之间存在着信息不对称，即借款人知道项目的具体风险，银行只能了解整个借款人集体风险，此时如果银行采用增加利息的方法，它将面临逆向选择问题，从而导致市场失败。由于中小企业存在着比大企业更为严重的信息不对称问题，因而银行更倾向于对中小企业实行信息配给，从而减少了对中小企业的资金供给。

进一步来说，存在外部合作机构的金融机构对于没有外部合作机构的金融机构更容易向中小企业提供资金供给。根据 Banerjeel（1994）的长期互动假说，金融机构可以通过其外部合作机构，加深对于中小企业的了解程度，减少信息不对称问题，从而提高为中小企业服务的主动性。因此，金融机构外部合作机构的建立有助于解决中小企业融资难的问题。

（二）需求方面的企业生命周期理论

企业金融成长周期理论（Financial Growth Cycle Theory）认为，伴随着企业成长周期发生的信息约束条件、企业规模和资金需求的变化，是影响企业融资结构变化的基本因素（Berger and Udell，1998）。该理论较好地揭示了企业在成长过程中发生的资金需求和资本结构的动态变化。在不同的成长阶段，企业的资产规模和信用条件会发生变化。（1）中小企业在创业期，主要依靠内源融资和非正式的资本市场融资。（2）在发展期，企业的内源融资难以满足企业进行正常的生产经营、扩大生产或进行投资等全部的资金需求，企业要想获得长足的发展，必然要依靠外源融资，这时企业开始从外界筹集资金。（3）当企业进入稳步增长和扩大期之后，外源融资占据主要位置，一部分优质的中小企业成长为大企业。随着各种融资渠道的打通，企业债务融资比重下降，股权融资比重上升。根据我国学者对中小企业融资结构的研究，金融成长周期的基本规律适用于我国中小企业的融资结构变化。由此看来，中小企业要顺利发展，就需要有多层次的金融模式来满足其不同成长阶段的融资需求。就中小企业的特点来说，在初始阶段，根据 Myers 和 MyersMajlaf 的融资顺序偏好理论，中小企业并不是按照传统的以最优资本结构为目标的方式进行融资。由于担心控制权的稀释和丧失，企业更倾向于对企业干预程度最小的融资方式，即中小企业融资次序是先内源后外源，外源中则是先债权后股权。由于银行融资具有低成本的优势，目前银行信贷融资还是中小企业融资的主要来源。

二、中小企业金融服务理论分析

（一）支持中小企业的相关金融政策

中小企业在国民经济中具有不可替代的重要作用，支持中小企业的成长和发展已成为一个世界性的难题。为了改善中小企业的经营环境，促进中小企业健康发展，发挥中小企业在国民经济和社会发展中的重要作用，近些年来，我国政府先后出台一系列促进中小企业发展的重要法律法规、指导意见和政策措施。

表1 近年来我国支持中小企业的相关政策措施

时间	内容	发布单位
2010.2.27	关于做好中小企业金融服务工作的通知	工信部
2010.4.30	中小企业信用担保资金管理暂行办法	财政部、工信部
2010.6.21	关于进一步做好中小企业金融服务工作的若干意见	中国人民银行、银监会、证监会、保监会
2011.2.24	关于全面做好农村金融服务工作的通知	银监会
2011.2.27	关于促进银行业金融机构与融资性担保机构业务合作的通知	银监会
2011.3.17	关于做好中小企业发展专项资金项目监督和管理工作的通知	工信部、财政部
2011.3.23	关于进一步推进空白乡镇基础金融服务工作的通知	银监会
2011.5.23	关于支持商业银行进一步改进小企业金融服务的通知	银监会
2011.6.1	关于进一步加强信贷管理扎实做好中小企业金融服务工作的通知	银监会
2011.6.21	关于促进融资性担保机构行业规范发展的意见	国务院
2011.7.25	关于调整村镇银行组建核准有关事项的通知	银监会
2011.10.12	促进小型微型企业发展的九项金融财税政策（国九条）	国务院
2011.10.17	金融机构与小型微型企业签订借款合同免征印花税的通知	财政部、国家税务总局
2011.10.24	关于支持商业银行进一步改进小型微型企业金融服务的补充通知	银监会
2011.11.29	关于小型微型企业所得税优惠政策有关问题的通知	财政部、国家税务总局

资料来源：根据国家相关政策文件整理。

（二）支持中小企业的相关金融模式

为中小企业提供金融服务一般包括银行金融机构、非银行金融机构、资本市场和民间金融四类。其中银行金融机构主要包括商业银行、政策性银行、农村金融机构和邮政储蓄银行等，非金融机构主要包括信托租赁、小贷公司、典当行、担保公司等机构，资本市场主要涉及股票市场和债券市场。由于目前我国中小企业融资渠道仍以银行融资为主，以下主要对银行金融机构支持中小企业的金融组织模式和路径进行分析。

作为银行业金融机构最重要的组成部分，银行在中小企业金融服务中起着重要的作用，正如融资顺序偏好理论所指出的，银行融资具有低成本的优势，是中小企业融资的主要来源。截至2011年，银行业金融机构中小企业贷款余额为21.77万亿元，全年增加3.27万亿元，同比增长了18.6%，增速比大型企业贷款高7.1个百分点。

表2 　　　　　　　　中小企业贷款余额分布表　　　　　　单位：万亿元，%

金融机构	大型商业银行	中小商业银行	农村中小金融机构	政策性银行和邮政储蓄银行	国家开发银行	其他银行业金融机构
中小企业贷款余额	7.67	5.89	5.00	1.04	1.80	0.39
占比	35.22	27.04	22.95	4.76	8.26	1.77

近年来，各家银行也陆续出台了一些支持中小企业贷款的具体措施，如设立专门的机构，配备专职人员，适当简化开发、授信流程；在贷款品种上积极创新，设计符合中小企业特点的金融产品；建立各种激励机制，鼓励发展小企业贷款业务，激发营销中小企业贷款的积极性。上述政策和措施取得了一定的成效，但仅仅是商业银行在本行原有的客户评价体系、授信业务流程和信贷管理体制的基础上对中小企业予以适度的"迁就"，并没有针对中小企业贷款"小、急、频、险"的特点，研究制定出适合中小企业需求的贷款模式。目前，我国商业银行体系各类型机构支持中小企业发展的主要模式如表3所示。其中，大型商业银行数量少，客户主要以大企业为主；跨区域经营的股份制商业银行数量居中，为克服资本瓶颈制约优先选择大企业、大项目，只有部分信贷投向中小企业；城市商业银行虽然数量多，但因为内部积累无法解决资本金不足的问题，在以资本约束为核心的风险监管刚性下部分选择中小企业项目；农村商业银行与邮政储蓄银行则以个人贷款、小额农贷等微型贷款为特定市场与客户延展主方向。

表3 　　　　　　　我国部分商业银行支持中小企业的现状分析

	银行名称	市场定位	客户结构	产品结构
大型商业银行	工商银行	实施"大企业大系统"的跨市场、国际化经营战略	以"大而优"企业为主要客户，以"小而优"客户为竞争客户	打造"财智融通"等七项中小企业业务
	农业银行	以县域为基础，加强城乡联动经营	农业产业化企业，中小企业	园区型、产业链型小企业方案

续表

	银行名称	市场定位	客户结构	产品结构
大型商业银行	中国银行	以商业银行为核心，多元化服务，海内外一体化发展	以大型公司客户为重点，中小企业为重要组成部分	为中小企业、进出口企业量身定做金融产品
	建设银行	以经济发达城市、重点地区为主要目标	大型企业、战略性企业、中小企业客户	做大做强"速贷通"等中小企业品牌
邮政银行	邮政储蓄银行	以城市社区和农村地区居民提供基础金融服务	"三农"产业，高终端客户，中小企业，居民	"好借好还"小型企业产品
股份制商业银行	民生银行	做"民营企业、小微企业、高端客户的银行"	高端客户，大中小企业	以"财富罗盘"为中小企业金融服务品牌
	招商银行	以消费贷款、中间业务发展为契机，培育零售业务	以个人客户、中小企业为重点	以"点金成长计划"、"助力贷"产品进行流程优化
	光大银行	以"终端市场"为基本定位	以中小企业为目标客户，占全行客户的80%	"阳光创值计划"中小企业融资品牌
	中信银行	全功能零售银行	储蓄客户、理财客户、对公客户、高端客户群体	基础融资、集群服务和特色增值业务等十四种品牌
城市商业银行	包商银行	以中小企业为核心客户	客户细分居民、大型企业、中小企业、政府工程	破除抵押物缺失限制，以现金流进行风险控制的贷款系统
	南京银行	"市民银行"、"中小企业银行"及"债券市场银行"	以政府机构以及中小企业为服务重点	创易贷、融易贷、智易贷系列品种
	北京银行	服务地方经济、中小企业和市民	城市居民，公司企业，中小企业，"三农"，市政工程	提出创融通，创业—成长—发展期产品
农村商业银行	上海农村商业银行	"做强郊区、拓展城区、立足上海、辐射周边"	居民，"三农"产业，科技现代服务业的中小企业	设计"培育、助力、稳健、提升"四位一体的鑫融计划
	深圳农村商业银行	社区金融便利站，零售银行	以中小企业和社区居民为主要服务对象	为个人与民营企业提供保证贷款、质押贷款及抵押贷款
	重庆农村商业银行	服务"三农"、中小企业、县域经济的零售银行	以地区居民、社区、中小企业为主要客户	提供"便捷贷"、"发展贷"、合同鉴证贷款等各类贷款

三、基于国家开发银行河南省分行基层信用协会批发直贷模式的样本分析

2007 年，国家开发银行河南省分行运用市县合作机制建设成果，联合地方政府选择担保公司共同倡导设立信用协会，制定《国家开发银行河南省分行基层信用协会会员小额批发直贷产品及操作实施细则》，创建了协会批量推荐、"两表一卡"简化审批的信用协会会员小额批发直贷业务模式。通过在当地寻找合作机构，有效地解决了中小企业的信息不对称问题。

（一）模式背景

国家开发银行河南省分行调研发现，大量中小企业通过依托地方特色经济和大中型企业，以本地市场为主，已经有了一定的从业经历和资金积累，区域上流动性不大，行业上较为集中，在区域和行业内都相互比较了解，对解决地方就业有较强作用，经济贡献上还未能引起地方政府的重点"关注"和直接支持。这个群体，如果能诚实经营、不盲目扩张，较小额度的贷款是比较安全的，其主要风险是道德风险和投资冲动风险。

分析认为，作为市场中较弱势群体，为增加就业和维护地方稳定起到积极作用，地方政府应该给予支持，考虑到地方财政实力较弱和其政策优势，地方政府一方面可以在制度（如地方金融生态环境建设制度，加强信用协会建设等）和政策（如税收优惠政策）上给予支持；另一方面将各种补贴资金集中起来，设立政府中小企业补偿资金或注入相关专业担保公司，实现"地方政府高度重视和支持广大中小企业"和"希望中小企业不要让纳税人的钱代偿"的双目标，既体现对弱势群体的扶持，同时又有一定的威慑力，还彻底根除以往那种"装穷"以"等靠要"的思路获取财政补贴资金（这种资金因寻租行为而实际效用不高），引导努力经营致富。另外，鉴于其区域的集中性、行业同质性以及规模趋同性，用在区域内成立信用协会进行自我管理，不仅可以"抱团"增强市场竞争力，为以后合作成立联合集团公司打下基础，同时还可以促进其互通有无、取长补短、你追我赶，在信用协会内进行联保的有效性也大大增强（协会内部采用灵活有效的反担保措施进行额度控制，同时设置兼并收购的条款等）。为能较好解决信息不对称条件下的风险评估，需要设计与这个群体相适应的评级和评审模板，同时在评级方式上需要有联保客户进行互评，在联保的前提下采取互评能较好地识别其风险，同时提高了信用协会自我管理的积极性。

国家开发银行河南省分行依照有关政策，在兼顾多维原则的条件下，充分考虑河南省经济发展与产业结构的特点，创造性地提出并践行具有开发性金融特色的基层信用协会批发直贷模式，形成地方政府、银行、合作机构共同合作，多层次、立体式地支持中小企业的金融服务格局。

（二）模式内容

1. 地方政府

地方政府通过改善当地信用环境，推动解决中小企业贷款难的问题，积极推动建立行业协会、联保协会、信用乡镇、信用村等类型的信用组织，推动中小企业征信体系建设；财政出资设立中小企业和个人发展基金，对中小企业和城乡居民生产经营出台土地、税收等方面的优惠政策；发展特色经济，推动建立提供生产技术、财务管理、市场组织等方面的中介服务体系。

2. 信用协会

拟向分行申请借款的中小企业和个人均应为信用协会会员，信用协会受理后以协会为单位通过合作机构向分行申请借款。各类信用协会负责对会员进行管理，向会员提供服务，协助合作机构开展相关工作。信用协会应建立完善的管理制度，包括协会成立的章程、会员管理办法等，严格按照标准严把会员入会关，会员入会需进行公示；通过会员间互保等形式建立有效的"增信"机制和"平辈压力"制约机制；定期对会员组织"诚实守信企业"、"杰出企业家"、"优秀个体工商户"等相关评价活动；定期对会员提供市场信息、技术咨询、组织培训等服务；及时向合作机构报告影响会员信用状况的重大事项，并根据实际情况动态调整该会员的信用等级。

3. 合作机构

合作机构（如专业担保公司和合作办等）按分行要求，进行项目开发、初审后批量向分行推荐客户和项目，并协助分行完成合同签订、账户开立、落实贷款条件、资金支付、本息回收和相关贷后管理等工作，协调解决分行在贷款业务具体操作中遇到的重大问题。

4. 结算代理行

结算代理经办行按照与分行签订的协议，进行结算代理和相关监管工作。

5. 国家开发银行河南省分行

针对合作机构推荐的客户和项目，分行负责进行调研、评审、审查和审议，对符合要求客户提供贷款资金，并对合作机构、信用协会（或担保公司）进行相关业务的指导、监督和管理。

（三）模式创新

1. 有效整合社会各方资源

以实现共赢为目标，整合地方政府、信用协会、合作机构、代理行和分行的信用及人力资源，明确各方责任。

2. 建立组合风险防控体系

一是组合使用联保（或担保）、风险准备金、政府发展基金、抵押、保险、

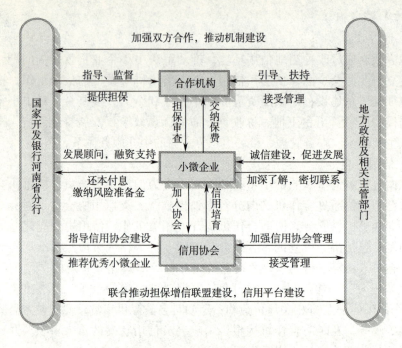

图1　基层信用协会小额批发直贷模式

公众监督等风险控制措施，增强风险缓释的适应性。二是积极推动联保产生"平辈压力"，促进会员相互监督，互相信任，共谋发展，在解决信息不对称的同时，将个人信用提升为集体信用。三是通过信用等级确定客户缴纳风险准备金比例，达到正向激励客户维护信用的积极性。

3. 精心设计贷款产品

在单个会员贷款上，小企业单户一般不超过300万元（最高不超过500万元），期限不超过1年，利率上浮10%～100%。

4. 尽可能简化操作流程

在环节完整、分工明确、责任清晰的前提下，明确从项目开发、本息回收到贷后监管各流程环节的工作内容和成果，以标准化操作加大推广力度，并通过社会及分行的内外部监督检查制度，提高整个业务运行效率和成功率，防范业务操作风险和道德风险。

5. 创新信用评级和贷款评审方法体系

对中小企业的评审只需"两表一卡"，内容符合中小企业的特点，容易被理解和操作，提高了风险识别的针对性和工作效率。信用评级时采用借款会员互评和合作机构评级相结合，借款申请评价时突出信用协会的作用，尽可能解决信息不对称的问题。

（四）模式效果

国家开发银行河南省分行基层信用协会批发直贷模式自 2007 年实施以来，已覆盖全省十八个地市，建立稳定业务关系的合作机构 30 家、信用协会 13 个。截至 2012 年底，累计发放贷款 108.55 亿元，支持了 2 900 余家小微企业（主要针对青年创业的、吸纳下岗失业人员的和推进县域特色经济发展的小微企业），惠及 18 万个就业岗位，取得了良好的社会效应和经济效应。

表 4　　　国家开发银行河南省分行基层信用协会批发直贷模式数据表

单位：万元,%，户

年份	余额	累计发放额	客户数	最高利率 （年利率）	不良贷款率
2010	209 510	428 990	658	6.116	0
2011	279 840	708 830	742	7.872	0
2012	376 690	1 085 520	1 284	7.2	0

四、国家开发银行河南省分行基层信用协会批发直贷模式的几点启发

国家开发银行河南省分行基层信用协会批发直贷模式充分发挥合作机构的协同作用，以合力促发展，用极少的人力物力提供广泛而大量的标准化小微企业金融产品服务，实现了"以低成本向高风险的弱势群体，贷款零不良的信贷业绩"，走出了一条有别于其他金融机构支持中小企业发展的独有模式和路径。

1. 准确的市场定位，支持更加"弱势"的客户群体

国家开发银行河南省分行基层信用协会批发直贷模式从运行开始就将目标群体放在成立 3～5 年，正在发展中的中小企业。该类企业通常规模较小，贷款需求均在 500 万元以内，没有充足的抵押物来覆盖商业银行贷款。国家开发银行河南省分行通过基层信用协会批发直贷模式为其提供个性化的专业服务，减少其在市场业务准入中面临的阻碍，通过建立风险分担和补偿机制，缓解了银行贷款对企业财务报表和抵质押物的过度依赖，从而降低了中小企业的贷款条件和融资门槛，提高了中小企业客户的忠诚度。目前，国家开发银行河南省分行基层信用协会批发直贷模式下的 70% 的中小企业贷款额度在 300 万元以内，65% 的中小企业在此模式下已连续支持 3 年以上。

2. 较低的融资成本

借款平台负责企业申贷受理、项目筛选和初审以及部分贷后管理和本息回收工作，并且贷款一般采取批量操作方式，这对国家开发银行河南省分行而言，

既缓解了机构网点和人员严重不足的突出问题，也较大地节约了管理成本。同时，合作办和借款平台组织化、成批量地汇集当地融资需求，避免和减少了企业在融资上的各自为政，不仅节约了融资的社会成本，同时降低了企业的综合成本。此外，减少对财务报表和抵质押物的过度依赖，也有利于企业节省财务审计和办理抵质押登记的费用开支，提高企业的融资效率。

3. 完善的风险识别网络，有效的风险防控措施

首先，基层信用协会批发直贷模式中，在国家开发银行河南省分行和企业之间引入了合作办、借款平台等平台机构，使其在信息获取上有效发挥桥梁作用。借助平台机构削减信息不对称问题的创新做法，为破解中小企业融资难创造了基本的前提条件。其次，借款平台必须是依法注册登记、政府独资或控股且能独立承担民事责任的企业法人，特别强调的是，借款平台必须具备一定的实力，且都须经国家开发银行河南省分行审查认定，合作规模严格控制在评审确定的限额以内，以此确保借款平台的借款人资格和还款能力。无论用款企业是否违约，借款平台都须按时偿还国家开发银行河南省分行的贷款本息。再次，该模式建立了多级风险分担和补偿机制，作为借款平台还款资金和贷款损失的补充来源。当企业不能按期还款时，可以以联保互保企业向信用协会缴纳的准备金偿还；还款资金仍然不足时，由借款平台和担保平台代偿；另外，政府中小企业发展基金给予一定比例的补偿。最后，借款平台按照国家开发银行河南省分行的信贷政策和有关规定，对贷款企业和项目进行筛选、审议和公示，特别是在审议环节引入外部独立委员，采取无记名投票方式表决，增加了一道风险识别和防范的关口；国家开发银行河南省分行对每笔贷款行使审查和审批的最终决策权。这必将有益于从源头上降低贷款风险。

4. 充分发挥政府组织协调优势，这是该机制得以有效运作的关键所在

市县政府在我国行政体系中具有极其重要的地位，依靠其强大的行政能力和组织协调优势，在推动和引领地方经济发展中发挥着无可替代的独特作用。政府组织协调优势在该模式中的作用具体表现在以下方面：一是政府比银行更加了解当地企业及其融资需求，并且通过合作办推荐、借款平台初审，以确保国家开发银行河南省分行对贷款企业和项目既做到优中选优，又符合当地经济发展规划和产业政策，有利于从源头上防范贷款风险。二是政府通过合作办和借款平台以组织化、成批量的方式汇集当地融资需求，同时按产业类别帮助贷款企业组织开展项目培训和市场开拓并提供各种配套服务，避免和减少了企业各自单枪匹马地选项目、筹资金、搞培训、找市场的无序行为，这既节约了社会成本，也降低了企业和国家开发银行河南省分行的成本，特别是提高了融资效率，有利于企业抓住商机。三是政府在做强做大借款平台的同时，建立中小

企业贷款发展基金，以补贴和贴息等方式分担部分贷款损失。四是政府协助贷款本息回收和不良贷款化解，比银行更有效力。五是政府建立公示平台，协调审计、监察部门发挥监督职能，确保国家开发银行河南省分行贷款都是"阳光工程"、"廉政工程"。

参考文献

［1］河北金融学院课题组．我国中小企业金融服务状况研究［J］．金融理论与实践，2013.

［2］史建平．中国中小企业金融服务发展报告［M］．北京：中国金融出版社，2012.

［3］林毅夫，李永军．中小金融机构发展与中小企业融资［J］．经济研究，2001（1）.

河南省融资租赁业发展路径探索

中国人民银行漯河市中心支行课题组①

摘要：目前国内融资租赁业的发展已经初具规模，对促进国家和区域经济的发展发挥了重要作用。但河南省融资租赁业的发展却一直处于落后阶段，极大地限制了河南省现阶段经济进一步发展的空间。本文运用 SWOT 模型系统性地分析了河南省在发展融资租赁业方面优、劣势及存在的机遇和挑战，并结合河南省经济金融发展实情，借鉴了浙江、上海等发达地区在发展融资租赁业方面的成功经验，对发展河南省融资租赁业进行了实际操作中的探讨和政策上的建议，希望河南省通过发展融资租赁业，带动河南省经济结构的转型和升级，巩固中原经济、金融中心的地位，更好地为河南省经济的发展提供动力来源。

关键词：融资租赁　路径探索　SWOT 分析

一、引言

（一）选题背景与意义

融资租赁是当今国际上发展最为迅猛的新型服务产业之一，也是国际上仅次于银行贷款的第二大融资工具。由于其独特的融资、融物和推动产品销售和社会投资的功能，被业界称为"新经济的促进者"和"经济增长的助推器"。我国融资租赁业的发展已经有三十余年时光，但融资租赁业从产生到现在一直是跌跌碰碰，颇受挫折，没能进入国民经济的主干地位。《2012 年世界租赁年报》统计数据显示：全球的租赁渗透率一般在 15%～30% 左右，工业发达国家的市场渗透率高达 20%～35%，但中国的融资租赁渗透率仍徘徊于 5% 左右，融资租赁市场成熟度与成熟融资租赁市场的差距依然较大。近年来，由于通胀的压力，中央财政和货币政策开始由"积极和适度宽松"转变为"积极和稳健"。在银根

---

① 课题主持人：郭立；
　　课题组成员：许胜利、刘志兰、黄定红、何楠、韩克宇、郭玲玲。

收紧的情形之下，如何解决实体经济发展中的资金稳定供应问题，成为各级政府和企业必须面对和解决的一大难题。在这个背景下，融资租赁这一集融资与融物，贸易与技术于一体的新型非银行金融业务开始得到中央和有关政府部门的重视。国内各大中型城市及企业也已经将目标瞄准融资租赁这个朝阳行业，国际资本也加快了在华租赁业的布局，融资租赁业正成为新一轮中国经济发展热点。

　　河南省在"十二五"规划以及今后的发展任务中都提到，大力推进产业结构的战略性调整和增长方式转变，突出发展先进制造业和现代服务业，建立新型的产业结构体系，提高河南省整体经济的竞争力。金融业是现代服务业的重中之重，是经济发展的血液来源。作为世界上仅次于银行信贷的第二大金融工具——融资租赁，在河南省的发展步伐却相当的缓慢。截至 2012 年底，河南省只有一家专门从事融资租赁业务的内资试点企业，且目前刚刚起步，规模较小，这与河南省的经济发展情况极不相称。要正确意识到河南省在融资租赁业方面和其他先进省市存在的落差，强化认识融资租赁业的功能及作用，把握政策契机，尽快缩小和其他省市在融资租赁业发展方面的差距。基于经济发展强势和融资租赁业的弱势所呈现的不协调性，可见加快河南省融资租赁业的发展步伐势在必行，研究河南省融资租赁业的发展将具有十分重要的意义。

　　（二）文献综述

　　融资租赁作为一种典型的金融服务业务，美日欧等融资租赁发展较早的国家对于这种新兴融资方式的研究比较多。对于租赁起源及定义范畴的研究起源于 20 世纪 80 年代。一部分认为在公元 2 000 年前古代亚洲巴比伦地区幼发拉底河下游居住的苏美尔族就存在货物租赁，而在 20 世纪 30 年代英国出现的租购则是现代融资租赁的雏形（T. M. 克拉克，1995）[1]① 另外部分学者认同克拉克关于租赁起源的观点，但是他们在现代融资租赁起源的观点上和克拉克存在分歧，他们认为美国二战期间产生的、力量薄弱的厂家租赁政府的机械设备才是现代融资租赁的开始（Shawn D. Halladay、P. Amembal，1995）[9]。英国租赁学者随后分别从融资租赁的融资功能、特点、原则等方面介绍分析了融资租赁，并将融资租赁分为传统租赁和现代租赁两类。对现代租赁又进行了详细划分，提出了杠杆租赁、回租租赁、厂商租赁等概念（Bennie H. Nunnally [9]，James S. Schallheim [31]，K. V. Kamath [34]，1994）。20 世纪 90 年代以后，针对融资租赁的研究趋向于具体化，主要针对具体客户进行分析和指导，分析了融资租赁的具体市场和消费者如何将融资租赁作为一种有效的信用手段运用，突出

---

　　① [1] 等代表后面参考文献的序列号。

了融资租赁相对于银行信用及其他信用方式的特征和优势。这些学者普遍认为，融资租赁相比银行信贷等其他融资方式具有独特的优势，对于促进投资，拉动经济增长，有很大贡献（Buzz Doering，1998；Janet Portman 和 Fred S. Steingold，2000）[32]。其他学者还认为，对处于快速发展时期的发展中国家，融资租赁能发挥更大的经济促进作用。为加快融资租赁业的发展，政府必须做好法律、税收、会计制度以及行业监管等四方面的工作（宫内义彦，1990；Laurence，1996）[2][33]。

近几年来，发达国家租赁业的发展动态、经验不断地被国内各界人士所认识和借鉴，学术界、经济界在理论和实践方面进行了探索，现代融资租赁业逐步成为社会关注的热点。目前，我国关于融资租赁研究的一个主要机构是中国金融研究学会金融租赁研究分会，其代表人物是屈延凯和裴企阳。屈延凯专门从事融资租赁法律方面的研究，他的研究成果和建议为我国金融租赁法规的制订以及相关税收政策的出台提供了重要的参考[3]。裴企阳对融资租赁相关的会计问题、法律界定以及经济属性进行了深入而系统的研究，并且不断对国外融资租赁的研究动态进行翻译介绍；同时他还从会计学的角度对融资租赁的沿革以及创新进行了透彻的分析[4]。经济学界对于融资租赁研究的学者和文章比较少。主要的代表人物有中国对外经贸大学的史燕平教授和浙江大学的蒋振声教授。史燕平教授着重研究融资租赁的理论框架并从宏观上对我国融资租赁业的发展进行深入的研究[5]。蒋振声教授则比较侧重于中外融资租赁的比较研究，通过对各国的比较得出中国租赁业发展的不足之处，并提出相应的政策建议[6]。也有少数国内学者结合我国的实情进行了相关实务性研究，比如黄秀清在《租赁经济研究》中认为，开发西部必须引入融资租赁[7]。虞康分析了我国飞机融资租赁业务的开展情况，提出了有利于国内飞机制造业发展的新对策（虞康，1995）[8]。欧阳卫民结合租赁业务的特点，提出了利用融资租赁来支持国有企业改革和发展建议（欧阳卫民，2000）[27]。马洪认为，"中小企业特别是乡镇企业利用租赁设备边进行生产经营，边收益边付租，财产设备不归企业所有，但由企业使用，是 21 世纪中小企业进行技术改造的一个基本方向和一条基本途径"。金融租赁学会的沙泉先生在互联网上为融资租赁的研究与交流搭建了很好的平台[24]。沙泉先生认为融资租赁业是金融和贸易相结合的产业，融资租赁本身是包括金融中介的服务行为，长期以来一直被错当作吸收民间存款的金融业务。因为忽视了租赁的促销作用，忽视了物权的控制，畸形的操作方式，增加了租赁的风险，把一个低风险、高收入的行业，做成高风险、低收入的行业。

（三）研究方法和主要内容

本课题主要采用文献研究、经验研究、SWOT模型分析和案例分析这几种方法对河南省发展融资租赁业进行了全方位的系统性分析。

（1）通过收集研读文献，掌握融资租赁业的研究现状、借鉴了相关观点和解决问题的途径。

（2）探讨融资租赁业在国内的发展历程，分析了国内融资租赁业发展的现状和出现的问题，积累现实经验，更好地结合现实进行研究。

（3）采用大量的数据，对国内融资租赁业的发展现状进行了分析，最重要的是对河南省融资租赁业的发展现状进行了横向比较和纵向描述的统计分析。同时，应用SWOT模型分析找出河南省对发展融资租赁业有利的、值得发扬的因素，以及对该产业发展不利的弊端，发现存在的问题，找出解决办法，明确今后的发展方向。

（4）考察"浙租"和"上租"的发展模式，借鉴成功经验。

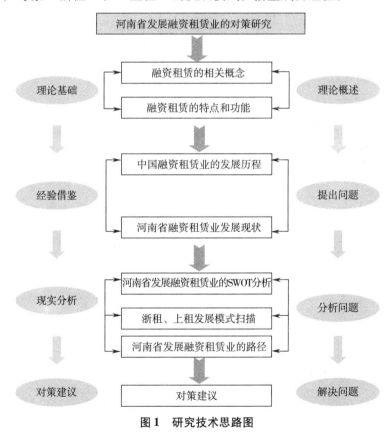

图1 研究技术思路图

二、河南省融资租赁业的发展现状

2012 年，据初步核算，河南省生产总值 29 810.14 亿元，同比增长 10.1%，增幅高出全国 GDP（增长 7.8%）2.3 个百分点。但是在经济保持稳定增长的同时，河南省融资租赁业的发展水平却远远落后于国内其他发达地区，在租赁渗透率和租赁贡献率上远落后于全国平均水平，与融资租赁业较为发达的上海、浙江相比更是无法比拟，甚至落后于周边其他落后省份（见图 2）。

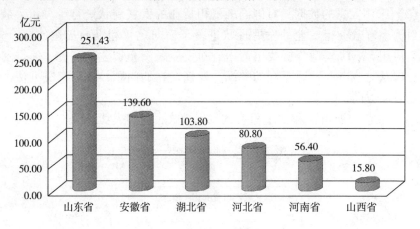

资料来源：《2012 年中国统计年鉴》。

图 2　中原六省 2011 年租赁与商品服务固定资产投资比较

与发达国家 30% 的租赁渗透率相比，我国的租赁渗透率只有 5% 左右。这原本就说明了融资租赁业在我国的发展缓慢，但是与全国水平相比，河南省的租赁渗透率在 2011 年只有 1.25%，并且在 2004—2008 年基本上是逐年下降，这与全国不断上升的局面形成了鲜明的对比。按照全国的平均水平估算，如果河南省的租赁渗透率达到 4%，这与 2012 年 15 500 亿元的业务规模相比意味着河南省融资租赁业存在巨大的成长空间，市场潜力巨大。

与租赁渗透率指标相类似，河南省租赁贡献率①与全国平均水平相比也存在巨大差距。在 2008 年，河南省和全国平均水平的租赁贡献率分别为 0.12% 和 0.42%，如果在未来几年河南省融资租赁业能够得到快速发展，在 2010 年后达到全国目前 0.42% 的平均水平，那么按照河南省"十一五"规划，2010 年河南省的 GDP 总量超过 10 万亿元，意味着租赁业有 420 亿元的业务规模，融资租赁业发展的空间巨大。

---

① 租赁贡献率为租赁与商品服务值跟 GDP 之间的比值。

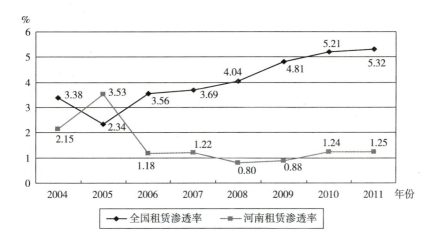

图 3　租赁渗透率对比

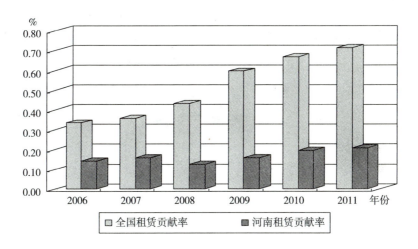

图 4　租赁贡献率对比图

截至 2012 年底，河南省注册成功的融资租赁公司只有 1 家内资试点企业，目前业务发展规模较小，可以说，河南省本土尚未有一家能够提供巨额融资租赁的金融租赁公司，这与河南省发展区域金融产业以及郑州区域性金融中心的规划，包括金融租赁公司等在内的金融产业形态的完善的目标存在巨大偏差。究其原因，河南省融资租赁业的发展如此缓慢有两个根源：一是租赁业的发展速度缓慢，如图 5 所示。2006—2011 年这期间，河南省租赁和商品服务业的投资额的平均水平只有 32 亿元，这与河南省上万亿元的 GDP 总量极大地不相配。分析原因主要在于市场对于租赁业的认识不足。二是租赁业在河南省的发展存在巨大的障碍。如图6所示，在2011年河南省56.39亿元的租赁和商品服务业的投资资金来源中，83%的资金来自企业的自有资金，而其他的资金渠道基本上没发挥出应有的作用。银行信贷本应该是租赁业最大的资金渠道只提供了3%的资金，而外资和资本市场的融资渠道为零，这些都很好地解释了河南省融资租赁业发展如此缓慢的原因。

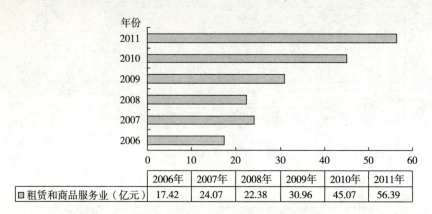

	2006年	2007年	2008年	2009年	2010年	2011年
□ 租赁和商品服务业（亿元）	17.42	24.07	22.38	30.96	45.07	56.39

图5　河南省租赁和商品服务投资

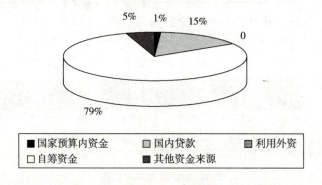

图6　2011年河南省租赁和商品服务投资资金来源

　　而此前在省内有关方面出台的发展本省金融产业以及郑州区域性金融中心的规划中，包括金融租赁公司等在内的金融产业形态的完善是一个重要的努力方向，并且河南省虽是工业大省，但金融服务滞后于实体经济发展的情况一直存在，尽快完善包括融资租赁在内的金融产业，越来越紧迫。作为中原地区的一翼，提高金融服务业的发展水平，积极促进融资租赁业成长是河南省建设中原经济区，打造区域金融中心，提高区域影响力的必经之路，对于助推河南省经济的发展具有十分重要的意义。

三、河南省发展融资租赁业的 SWOT 分析

SWOT（态势分析法）是管理学上的优势（Strengths）、劣势（Weakness）、机遇（Opportunities）和挑战（Threats）分析法（如图7所示），目前这一分析方法已经较广泛地应用于各个学科领域。优劣势分析主要是着眼于行业自身的实力，而机遇和挑战分析将注意力放在外部环境的变化及对行业的可能影响上。

	机遇 （Opportunities）	挑战 （Threats）
优势 （Strengths）	竭尽全力而为之	恢复优势力量
劣势 （Weakness）	总结经验，把握机会	战略转移

图 7　SWOT 模型分析图

（一）优势分析

近几年，河南省抢抓促进中部崛起的重大机遇，危中寻机，开拓进取，全省经济社会发展持续保持了速度较快、效益较好、结构优化的良好态势，已成为中原经济区建设中令人瞩目的经济大省。多年的经济发展中，河南省也积累了多种发展现代融资租赁业的优势。

1. 良好的经济发展环境

2012年，在省委省政府的正确领导下，全省上下深入贯彻落实科学发展观，全面实施建设中原经济区、加快中原崛起河南振兴总体战略，坚持"四个重在"实践要领，持续求进、务实发展，着力扩需求、创优势、破瓶颈、惠民生，经济社会发展总体持续、总体提升、总体协调、总体有效，保持了比较好的趋势、比较好的态势、比较好的气势。初步核算，全年全省生产总值 29 810.14 亿元，比上年增长 10.1%。至此，河南省在最近几年来实现了 GDP 的连续增长，且增长速度高于同期全国水平。

在中原六省 2011 年国内生产总值的比较中，河南省 GDP 总量处于第 2 位，处于中原地区经济强省之列。这与前章节河南省租赁与商品服务固定资产投资中原六省倒数第 2 位的局面形成鲜明的对比。与经济总量相比，河南省租赁业的规模远远跟不上本土经济发展的步伐，融资租赁业处于发展滞后的困境，进一步发展河南省融资租赁产业，有着巨大的战略意义。

在固定投资方面，河南省连续多年保持着 20% ~30% 多的高速增长水平。2012 年，全省全社会固定资产投资 21 761.54 亿元，比上年增长 22.5%。其中，

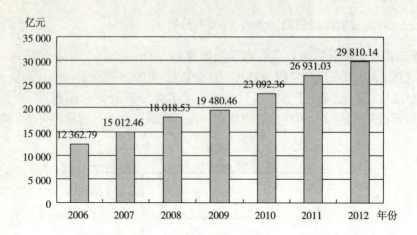

图8 2006—2012 年河南省国内生产总值

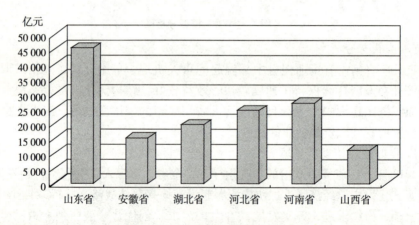

图9 2011 年中原六省 GDP 总量

固定资产投资（不含农户）20 870.16 亿元，增长 23.2%；农户投资 891.38 亿元，增长 6.8%。在城镇固定资产投资中，国有及国有控股投资 3 642.42 亿元，比上年增长 11.6%；民间投资 16 873.30 亿元，增长 26.7%；港澳台商控股投资 187.18 亿元，下降 10.1%；外商控股投资 167.26 亿元，增长 4.7%。第一产业投资 783.84 亿元，增长 22.3%；第二产业投资 11 223.10 亿元，增长 23.1%；第三产业投资 8 863.23 亿元，增长 23.5%。

在三次产业发展方面，2009 年第一产业增加值 2 768.99 亿元，增长 4.2%；第二产业增加值 10 968.63 亿元，增长 12.2%；第三产业增加值 5 629.66 亿元，增长 10.9%。人均生产总值 20 477 元，增长 10.0%。三次产业结构为 14.3:56.6:29.1，第二、第三产业比重比上年提高 0.2 个百分点。

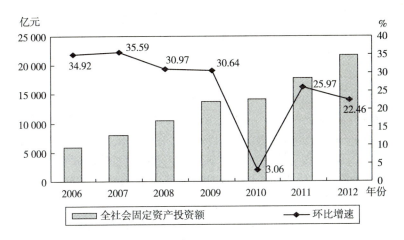

图10 河南省2006—2012年固定资产投资情况

表1		河南省历年三次产业增长情况				单位：亿元
年份	2007	2008	2009	2010	2011	2012
第一产业	2 217.7	2 658.8	2 768.99	3 258.09	3 512.24	3 772.31
第二产业	8 282.8	10 477.92	10 968.63	13 226.38	15 427.08	17 020.2
第三产业	4 512	5 271.06	5 629.66	6 607.89	7 991.72	9 017.63

资料来源：以上所有数据来源于历年中国统计年鉴、河南省历年统计年鉴和2012年统计公报。

在2007—2012年的6年间，河南省三次产业结构都是以第二产业为主，对GDP的贡献度一直都保持在50%多的水平，而服务业次之，一般在30%的水准，第一产业在10%多的区间波动。三次产业不同占比说明了河南省经济的发展还以工业为主，但是服务业的发展也是相当的迅猛。在后金融危机时代，产业升级和结构转型的步伐中，河南省经济的发展面临着新的挑战和契机。在现阶段发展融资租赁业，通过融资租赁搭通第二产业和服务业之间的桥梁，实现第二、第三产业之间的互动互助，对于河南省经济的进一步发展具有重大的意义。

2. 产业支柱优势

融资租赁业发展的四大支柱是指法律法规、监管政策、会计准则和税收政策。近年来，我国融资租赁业的发展支柱逐渐完善，主要表现在以下几个方面。第一，1999年10月1日正式施行的《中华人民共和国合同法》中的列名合同"融资租赁合同"的颁布，对融资租赁的交易行为进行了规范，从根本上改善了融资租赁业的法律环境。第二，2000年6月30日由中国人民银行颁布的《金融租赁公司管理办法》，及2005年2月3日由中国对外贸易经济合作部颁布的

《外商投资租赁业管理办法》，加强了对不同类型租赁公司的监管，规范了租赁业务。这两项管理办法对规范金融租赁公司经营行为、防范金融风险发挥了积极作用，但随着金融租赁公司业务实践的发展，已越来越难以满足公司发展和监管的需要。另外，中国在加入世贸组织的有关协议中，承诺向外国商业银行开放金融租赁业务，允许外资金融租赁公司与中资金融租赁公司在相同时间提供金融租赁服务。2007年3月，银监会颁布实施了修订后的《金融租赁公司管理办法》，允许符合资质要求的商业银行和其他机构设立或参股金融租赁公司。第三，2006年2月15日财政部正式颁布了《企业会计准则——租赁》，它的颁布实施规范了企业有关租赁业的信息披露制度及会计处理方法。第四，继2011年中央一号文件提出运用融资租赁机制发展水利设施以来，国家许多重要经济文件中，几乎都提到发展融资租赁解决多渠道融资的问题。商务部在2011年发布《在"十二五"期间促进融资租赁业发展的指导意见》后，会同国家税务总局积极推动内资企业开展融资租赁业务试点工作，同时，天津、宁波、北京、武汉、芜湖等地政府相继出台鼓励发展地方融资租赁业发展的相关文件。随着融资租赁法的出台，四大支柱的逐步完善，融资租赁也将向着更健康的方向快速发展。

3. 政府的大力支持

每个新兴行业的发展都离不开政府的大力支持，融资租赁业的发展也不例外。近几年，河南省委、省政府越来越意识到融资租赁业发展对河南经济的拉动作用，以各种形式宣传和倡导融资租赁业的发展。2012年3月，第七届中国河南国际投资贸易洽谈会"河南省融资租赁合作交流洽谈会"在郑州举行。河南省常务副省长李克提出大力推进融资租赁市场发展，加快中原经济区建设。2013年7月，河南省融资租赁业"十二五"发展规划已经出台，这是河南省制订的第一部融资租赁业发展规划。按照规划，河南省发展融资租赁行业将坚持市场化运作、规范化引导、专业化支撑、均衡化布局、规模化发展，发展与规范兼顾、融物与融资兼顾、市场促进与风险规避兼顾、服务实体经济与壮大自身规模兼顾。今后将重点抓好优化融资租赁业发展与布局、加大融资租赁业支持力度、创新融资租赁企业经营模式、大力开拓海外资产租赁市场、拓宽融资租赁企业融资渠道、提高融资租赁企业风险防范能力、加快融资租赁相关产业发展七个方面工作，着力推动河南省融资租赁业持续健康快速发展。力争通过5年的努力，重点培育3~5家在全国具有一定影响力的知名融资租赁品牌，市场渗透率力争达到全国平均水平。这些规划为河南省融资租赁业提供了巨大的发展空间。

（二）劣势分析

任何一个行业的发展都不是一帆风顺的，除了面临有利因素以外，也需要探求行业发展的薄弱环节，以便积极寻找应对措施。河南省发展现代融资租赁业主要存在以下两个问题。

1. 对融资租赁的认知度较低

截至 2012 年底，全国约有 560 家在册运营，其中包括 80 家内资租赁，约 460 家外资租赁和 20 家金融租赁企业，而河南省融资租赁公司注册的只有 1 家内资企业，且目前规模较小。形成这种现象的首要原因就是对融资租赁的社会认知度不高。首先，融资租赁的金融功能被过度重视和强调，融资租赁的促销功能以及其他相应功能却被忽视了，造成租赁企业大多以金融性的股东为背景，而适合租赁发展初期特点的工业制造企业、产品出口企业却因各种原因未能直接创立租赁企业，使本应在租赁发展中享有比较优势的促销功能几乎没有发挥。其次，融资租赁是边缘科学，一项融资租赁交易包含着传统租赁、贸易和金融三种交易的特性。这种融资租赁交易的复杂性对于经济主体认识融资租赁带来了很大的难度，严重制约了行业的发展。尽管现代融资租赁业已经并将继续在经济建设中发挥积极重要的作用，但是目前它还难以渗透到社会经济生活的各方面，难以作为一个独立强大的行业存在。

2. 行业人才紧缺

由于融资租赁企业实质上是涵盖金融、经济、贸易、财会、法律、工程和管理等综合性的非银行金融机构，是典型的人才密集型行业，从业人员应进行正规的学习和培训才能上岗。问题在于，目前全国各个高校都没有正式设立融资租赁专业，各地组织的一些短期培训也只能是权宜之计。近年来，中国融资租赁业在迅速发展的过程中，人才紧缺问题开始显现，目前已成为制约行业发展的一个十分突出问题。据中国租赁联盟初步估算，现全国融资租赁人才缺口至少在 2 500 人以上，其中，中高级管理人员约 500 人。而在河南省，注册成立的内资试点企业河南国控租赁公司，公司在职人员只有 20 余人，人才存在极大缺口，据该公司负责人介绍目前正在各大网站、学校广募租赁专业人才。

（三）机遇分析

河南省自改革开放以来，经济发展能力逐渐加强，投资能力迅速扩大，发展环境也得到了相当快的改善，经济的区域化和全球化从不同的方面给现代融资租赁业的发展带来了机遇。

1. 中原经济区区域一体化

中原经济区是以河南为主体、延及周边，支撑中部，东承长三角，西连大关中，南临长江中游经济带，北依京津冀，具有自身特点、优势独特、经济相连、使命相近、客观存在的经济区域。

在推进中原经济区建设的步伐中，金融的一体化建设起着极其重要的作用，完善的融资体系迫切要求河南省快速发展融资租赁业。河南省作为中原经济区经济发展中心，其经济发展水平代表了整个区域经济的发展水平。古典和现代经济增长的不同流派都把影响区域经济增长要素概括为：自然条件和自然资源要素、劳动力要素、资本、技术、机构变化和制度安排等。任何区域自然条件和自然资源都作为恒常要素，作为环境因素对区域经济增长产生影响，但不会对区域经济发展进程产生决定性作用。对于我们国家各区域来讲，劳动力是比较充裕的投入要素，一般不会成为经济增长的约束条件。而资本存量的多寡，特别是资本增量形成的快慢，往往成为促进或阻碍区域经济增长的基本要素。为了投融资渠道更加全面，河南省必须为区域内经济的快速发展提供金融支持渠道。融资租赁作为一种有效的融资模式，融资系数高，方便性和灵活性强，应当成为区域金融发展的首要选择。

2. 郑州航空港建设

郑州航空经济综合实验区是中国首个航空港经济发展先行区，它以河南省郑州市新郑国际机场附近的新郑综合保税区（即郑州航空港区）为核心的航空经济体和航空都市区，是郑州市朝着国际化陆港城市、国际性的综合物流区、高端制造业基地和服务业基地方向发展的主要载体。在相关政策的支持下，郑州航空经济综合实验区会成为郑州市经济发展的新板块和中原经济区的龙头。郑州航空经济综合实验区按照"一城五区"的规划，由核心区、主体区和带动辐射区三大部分组成。预计到2025年，郑州航空港经济综合实验区将成为"大枢纽"——航空货邮吞吐量达到300万吨左右，跻身全国前列，国际航空货运集散中心地位显著提升；拥有"大产业"——形成创新驱动、高端引领、国际合作的产业发展格局，与航空关联的高端制造业主营业务收入超过10 000亿元；建成"大都市"——营商环境与国际全面接轨，建成进出口额达到2 000亿美元的现代化航空都市，成为引领中原经济区发展、服务全国、连通世界的开放高地。目前，综保区（港区）正在推进制造业集群、大型航空枢纽建设和集铁路、公路、机场于一体的现代综合交通体系建设。

郑州航空港区给金融业提供了一个发展先机。在金融政策领域，国家将对郑州航空港区具备条件的金融机构适时探索开展综合经营试点，航空港区要在物流金融方面有创新，进行有针对性、特色化的金融服务探索。针对融资租赁行业发展的机遇，根据目前国际大型航空公司发展经验，90%以上的公司是采取租赁飞机运营模式，航空公司已从自购飞机逐渐转向通过融资性租赁或经营性租赁引进飞机。河南要以此为发展契机，及早要谋划设立航空金融租赁公司，让租赁企业、航空设备配套企业等享受政策优惠服务，要出台与航空金融租赁相配套的金融政策、税收财政政策进行支持。

3. 制造业中心的逐步转移

依据比较优势的原则和产业分工的理论，经济资源将在全球范围内重新组合，河南省在发展制造业方面在全国范围具有比较优势优势，一是劳动力丰富，二是河南省制造业发展有扎实的基础，由洛阳、焦作、安阳等重工业城市作支撑，三是相对比较低廉的金融融资成本。随着制造业正逐步地向内地转移，河南省作为承接产业专业的重要地区，越来越成为全球著名跨国公司制造中心、研发中心、采购中心和销售中心的首选地。为扩大内需、增加出口、加速技改，制造业和流通业要求成立融资租赁公司来促进设备销售的客观需求强烈，出售回租、杠杆租赁、销售租赁等新的业务形式有普遍开展之势。租赁的促进销售的主要功能将进一步发挥，制造业中心的形成会促使融资租赁中心的形成，制造业的发展将助推河南省融资租赁业。

4. 众多民营中小企业的呼唤

改革开放 30 年来，中国民营中小企业为推动经济社会发展作出了突出贡献，已成为许多地区经济发展的主体。事实表明，民营企业越发达的地区，经济增长率就越高。近年来，河南省的民营企业得到了较快发展，已成为带动全省 GDP 高速增长的重要组成部分。加快发展民营企业，不仅是贯彻中央政府政策的具体体现，也是推动河南省实现跨越式发展，全面建设小康社会，增强区域性核心综合竞争力的迫切需要，同时也是实现"藏富于民"、"富民强省"的根本途径。近几年民营资本高速扩张，众多民营企业不断拓宽投资领域，但与省外民营企业发达城市相比，河南省中小企业的发展还存在着较大差距，仍显得薄弱。民营企业贷款难也就是融资难的问题依旧突出。商业银行对于民营中小企业的贷款申请的兴趣不大，一方面是因为中小企业的信用等级不高，另一方面是因为中小企业申请贷款的数额较小，银行处理小额贷款的成本高于大额贷款。而融资租赁公司能较好地控制与中小企业交易的风险，加上其经营机制灵活，在对中小企业的业务中有着商业银行不能比拟的竞争优势。融资租赁公司和中小企业相结合是一项双赢的决策。

（四）威胁分析

现代融资租赁业的发展处于前所未有的好时机，但是发展过程中潜在风险也是同样存在，挑战与机遇并存。

1. 融资租赁业给发达地区带来的冲击

加入世贸组织后金融行业的全面开放对于目前河南省融资租赁业发展既是机遇也是挑战。中国加入 WTO 协议中，涉及融资租赁的有两处内容，都是在金融服务开放项目下：一是允许外资金融租赁公司与中资金融租赁公司在相同时间提供服务；二是向银行开放融资租赁业务。国外的和国内先进发达地区的金融服务贸易要比河南省成熟得多，金融大门一旦打开，雄厚的资金、优良的产品、良好的服务和经验，将对经济发达地区厂商占领河南市场产生冲击。河南省租赁市场可投资项目的行业和种类不多，经济发达地区的租赁公司的进入，将以它们强大的优势，抢占河南省的租赁市场。河南省的现代融资租赁业不管是从认识观念上、政策法规上、资金来源上、经营管理上都远远达不到市场经济发展的需求，现代融资租赁业的发展水平和国内外发达地区差距很大。现代融资租赁业的发展在国内外同行的冲击下将更加举步维艰。

2. 融资租赁替代品的发展

河南省的融资租赁业发展比较落后，但是相对地，其替代品如银行抵押贷款、分期付款等，这些交易方式发展的时间比较长，已经渐趋成熟，对经济主体有着根深蒂固的影响力。从企业获取资金的角度来看，中小企业的融资渠道主要有如下几条途径：内部融资，即企业不依赖外部资金，而是在单位内部筹集所需资金；外部融资，其中又可分为间接融资，即向银行等金融机构贷款；直接融资，通过在证券市场发行股票和债券的方式筹集资金。据统计，企业通过金融部门实现的融资中，有83%都是通过银行贷款进行的，其他主要是股票和债券，融资租赁的作用没有被发挥出来。我国工程机械各种销售方式占市场的份额大致为，全款付清份额约占15%，分期付款份额约占20%，银行按揭份额约占65%，融资租赁、经营性租赁所占份额微不足道。融资租赁的全面发展，需要经过长期的宣传和鼓励，才能对经济有切实的促进作用，显示其明显的优势并超越其他替代品。

四、河南省融资租赁公司模式设计

通过成立河南省融资租赁公司，改变河南省本土没有一家大型融资租赁公司的历史。公司的定位就是"大租赁，大区域，大市场"。以河南市场为基本依托，以服务区域经济发展为导向，带动河南省融资租赁业的蓬勃发展。

1. 公司性质：采取股份有限公司的形式
2. 注册资金：1.7亿元人民币①

建议由河南省政府牵头，通过政府专项扶持基金的形式注入资本，联合当地金融机构、制造厂商或各种类型的财务咨询、融资中介服务机构以及外资和民间资本共同出资成立。采用独立机构的发展类型，这种类型的融资租赁公司

---

① 根据商务部内资租赁企业从事融资租赁试点的规定，融资租赁试点企业应满足如下条件：2001年8月31日（含）前设立的内资租赁企业最低注册资本金应达到4 000万元，2001年9月1日起设立的内资租赁企业最低注册资本金应达到1.7亿元。

不同于银行类金融租赁公司和厂商租赁公司，不附属于提供资金的银行，也不附属于提供设备的制造厂商和承租客户，是服务于银行、厂商和客户的独立负债、投资和资产管理的平台。

3. 公司的目标定位

准确的市场定位是融资租赁企业发展的关键，也是企业能否健康成长的基本前提。河南省融资租赁公司的成立旨在服务河南省经济发展的需要，立足本土，面向全国，为河南省中小企业的发展保驾护航，解决河南省大型设备制造商产品销售难问题。在后金融危机时代为河南省经济的发展注入新的强心剂，拓宽企业融资渠道和融资方式，改变制造企业产品营销模式，进一步增强河南省制造产业的优势地位，扶持中小企业的发展，促进河南省产业结构的调整和经济转型。

①在业务发展初期以河南省中小企业作为主要的目标客户，解决传统的中小企业融资难问题。近年来，民营中小企业在国民经济和社会发展中的地位及作用日趋重要，也是河南省经济结构中不可或缺的一部分。但是，这些企业所获得的金融资源、所处的地位与其所创造的业绩是完全不成正比的，中小企业融资难是现在普遍存在的一个现象。由于融资租赁对于解决中小企业筹资难的问题有着不可替代的优势，中小企业的发展急需借助融资租赁的东风。因此，在河南省融资租赁公司今后的业务发展中，应将中小企业作为融资租赁业承租对象的重点。

②在业务的拓展上，一方面借助政府发展公共事业的优势，尤其是郑州航空港建设发展契机，承接城市交通运输、水利建设、环境保护等方面的项目。另一方面，河南省融资租赁公司可以利用河南省制造业发达的优势，加强与当地设备制造厂商的合作，发展与生产厂商合作的租赁机制，搭建厂商和企业之间的桥梁，进一步提高河南省制造业的行业竞争力。在市场经济日益发达的今天，工业设备产品市场的竞争日益激烈，传统的销售方式和流通体制已不能完全适应经济发展的要求。为工业设备流通寻求一种适应市场经济的新流通载体已经成为促进设备流通、改善经济运行所必须解决的关键问题。厂商租赁的出现有效地促进了这个问题的解决。在业务上游的合作上，就河南省融资租赁公司来说，通过依托厂家有了主营商品和售后服务，更能满足不同用户的要求，较其他类型的租赁公司更具竞争力；并且可以利用厂商已有的客户群和业务往来拓展融资租赁市场。

4. 公司的组织架构

（1）成立"三会一层"的公司治理结构

在公司董事会、监事会、股东大会下面，引进职业经理人，实现公司所有权与管理权的分离，提高公司经营管理水平。公司经营班子负责公司业务的拓展，公司日常事务的处理。在经营班子以外，设立风险控制委员会和项目审查委员会。风险控制委员会负责对公司业务的运行和拓展以及日常管理事务进行风险评估和预警，及时出示各类风险控制意见，处理突发风险，维持公司的稳健运作。而项目审查委员会则是对公司各种创新型业务进行设计和可行性分析，拓展公司的业务领域，把握公司的战略发展方向。这样，在日常的经营活动中，通过经营班子，风险控制委员会和项目审查委员会的合作与互相制衡，保障公司各项业务的顺利进行。

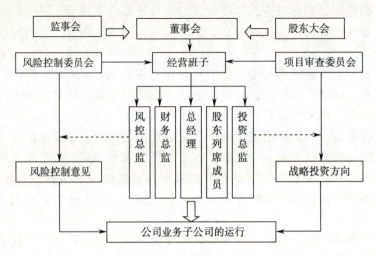

图11　河南省融资租赁公司组织结构

（2）构建系统性的风险管理体系

融资租赁公司在经营过程中面临着各种潜在的风险，要保障河南省融资租赁公司的稳健运营，一个必要的前提就是建立一套行之有效的风险管理体系，把面临的潜在风险降低到最低程度。一般来说，完善的风险管理体系要具备下面几个部分。

首先，确定公司风险管理的基本原则，这是公司日常经营过程中风险管理的基本指导原则，对于有效控制公司的潜在风险有着重要的意义。一般来说，公司的风险管理的基本原则可以分为以下几方面：①将风险控制在与总体目标相适应并可承受的范围内。②实现公司内外部信息沟通的真实、可靠。③确保遵循法律法规。④提高公司经营的效益及效率。

其次，明确风险管理的职能部门，融资租赁公司下面设置风险控制委员会，专门对公司日常运作过程中的风险进行防范和控制，保障公司的稳定运行。

再次，对公司所可能面对的潜在风险进行分类，在风险控制委员会下面设立战略风险管理处、财务风险管理处、经营风险管理处三个部门，各司其职。

最后，建立完善的风险管理流程，分为风险识别，风险预警、风险分析、风险反映四个环节，三个风险管理处在日常工作中要依据这四个流程，有效控制公司所存在的潜在风险，及时处理出现的风险，扮演好河南省融资租赁公司"安全防火墙"的角色。

五、政策建议

1. 政府政策的支持，融资租赁业发展的"催化剂"

融资租赁业的健康发展，必须要有一个良好的适合租赁业发展的宏观环境，这离不开政府的政策支持。目前，融资租赁业发展的法律法规体系逐步健全，租赁业四大支柱的逐步完善为河南省发展融资租赁提供了一个良好的宏观发展环境，但是要推动融资租赁在一个区域内的发展，地区政府也应该出台相应的优惠措施和政策对其进行鼓励，比如税收优惠、融资优惠、信用保险和价格补贴等。

2. 企业业务的创新

融资租赁公司只有坚持融资租赁业务为主才能在竞争中发挥独特优势，但以融资租赁为主并不意味着租赁公司不需要业务的开拓创新。事实上，融资租赁业务是一个涉及面广、综合性强的行业，可以将租赁业务延伸到许多领域，开展灵活多样的融资租赁业务，大力开拓融资租赁市场。从形式上看融资租赁业务有直接购买租赁、转租赁、售后回租赁、杠杆租赁、风险租赁等；从租赁标的看可以有生产设备、医疗设备、通信设备、运输设备、房地产等；从是否跨越国境看，有国内租赁、出口租赁和进口租赁。只有大力开拓这些具有巨大市场潜力的多元化创新业务，才能满足承租人复杂多样的市场需求，才能为融资租赁公司的业务经营注入活力。

3. 大力促进银租合作，拓宽融资渠道

目前我国金融业实行的是分业经营和监管，租赁公司没有存款业务，不可能成为银行在金融服务领域中的竞争对手。相反，租赁公司与银行合作，积极开展银租合作，发挥各自的优势，有利于实现银企双赢、银租共荣。银租合作反映了银行和企业的共同需要，银行要保证一个合理的信贷资产结构，保证资产的流动性，就不能过多地从事长期信贷业务；企业要追求股东回报和资产负债比率的合理性，避免设备的陈旧风险，同时又想要有一种在资产负债表表内不反映，表外披露的融资方式。因此采用银租合作模式，不仅银行扩大了投资渠道、改良了资产结构，承租企业也获得便利，让融资租赁业成为拉动银行和社会投资的重要渠道。

4. 政府引导，积极利用民间资本

在当前情况下，利用资本市场的融资（股权债权融资），或由于所在国资本市场不发达，或由于企业条件不足、入市条件苛刻等因素难以获得，民间投资成为融资租赁企业的重要融资途径。所谓民间投资，对融资租赁而言不是吸收民间存款，而是将民间有钱人的资金，引导到融资租赁项目上。在国外，为了利用融资租赁引导民间投资，借助融资租赁这个杠杆，用政府投资撬动民间投资，放大政府投资。

5. 加强人才队伍的培养

融资租赁业作为一个涉及多行业、多学科的边缘性综合服务行业，尤其需要知识和高能力的经营管理人才，人的因素显得特别重要。同国内其他地区普遍存在的问题一样，河南融资租赁行业目前紧缺高素质的各类专门人才以及实务人才。由于目前各院校没有专门设置此种专业，从事这一业务的人员主要是从其他行业转行而来的，并非专业人才，这不利于融资租赁业的长足发展。河南省应当充分依托拥有相当多的高等院校和科研院所的人文优势，鼓励开设融资租赁专业，培育专业人才；同时加大在职培训和教育的力度，开设融资租赁管理的研修班，聘请国内外资深专家为其设计公司章程，完善公司治理结构并进行授课，进行融资租赁高级管理人才的储备，加强与周边地区特别是长三角"人才培训服务中心"的互动，促进租赁人才的合理流动。

参考文献

［1］T. M. 克拉克. 租赁［M］. 北京：物资出版社，1984.

［2］宫内义彦. 租赁［M］. 北京：中国金融出版社，1990.

［3］屈延凯. 认识租赁、运用租赁，现代租赁网.

［4］裘企阳. 融资租赁：理论探讨与实务操作［M］. 北京：中国财政经济出版社，2001.

［5］史燕平. 融资租赁原理与实务［M］. 北京：对外经济贸易大学出版社，2005.

［6］蒋振声. 发展融资租赁业的国际经验［J］. 浙江树人大学学报，2001（5）.

［7］黄秀清. 租赁经济研究［M］. 北京：商务印书馆，1997.

［8］虞康. 飞机租赁［M］. 北京：中国民航出版社，1995.

［9］彼得·T. 埃尔格斯. 租赁决策［M］. 北京：中国财政经济出版社，1988.

[10] 鲁晓春. 由融资租赁看国有企业资产重组 [J]. 陕西金融, 1998 (1).

[11] 吴慎之. 强化融资租赁功能: 中小企业融资的必然选择 [J]. 中央财经大学学报, 2003 (4).

[12] 王淑敏. 齐佩金, 金融信托与租赁 [M]. 北京: 中国金融出版社, 2006.

[13] 蒋振声, 周英章. 国外金融租赁业的成功发展对我国的启示 [J]. 金融与经济, 2001 (2).

[14] 子璐. 从数字看全球租赁业 [J]. 建筑机械, 2005 (5).

[15] 李鲁阳, 张雪松. 融资租赁的监管 [M]. 北京, 当代中国出版社, 2007.

[16] 金融租赁公司管理办法. 中国人民银行 [2000] 第 4 号, 2000 (6).

[17] 外商投资租赁业管理办法, 商务部 [2005] 第 5 号, 2005 (2).

[18] 刘治彦. 城市区域经济运行分析 [M]. 北京: 航空工业出版社, 2006.

[19] 潘镇, 鲁明泓. 南京制造业的竞争力、类型与发展策略 [J]. 南京社会科学, 2003 (11).

[20] 聂高辉. 中小企业融资的理智选择——金融租赁 [J]. 金融与经济, 2005 (3).

[21] 郭静. 对融资租赁的理论探索与我国融资租赁业发展的思考 [J]. 经济师, 2003 (7).

[22] 屈延凯. 尽力完善租赁体系大力发展商业融资 [J]. 租赁通讯, 2004 (3).

[23] 现代租赁网, http://www. chinaleasing. org/.

[24] 融资租赁中国. http://swbpxzxlx. blog. bokee. net/.

[25] 程东跃. 融资租赁风险管理 [M]. 北京: 中国金融出版社, 2006 (3).

[26] 欧阳卫民. 中国金融租赁业的现状与出路 [M]. 北京: 中国金融出版社, 2000.

[27] 朱建新. 金融租赁业: 加快创新的理解 [J]. 浙江金融, 2003 (11).

[28] 徐俞青. 浅析我国融资租赁的发展前景问题和对策 [J]. 经济师, 2004 (1).

[29] 屈延凯. 金融租赁公司发展问题研究报告, 2003 (6).

[30] James S. Schallheim, Lease or Buy? : Principles for Sound Decision Making, Harvard Business School Press, 1994.

［31］Buzz Doering, The Buzz on Leasing: Should You Lease Your Next Vehicle?, Jameson Books, 1998.

［32］Laurence Carter, Leasing in Emerging Markets, If Lessons of Experience Series, 1996.

［33］K. V. Kamath, S. A. Kerkar, T. Viswanath, The Principles and Practice of Leasing, Lease Asia, 1995.

贸易融资模式下的产业链金融案例研究

——基于金融机构供应链融资的视角

中国人民银行新乡市中心支行课题组[①]

摘要：供应链金融脱胎于传统贸易融资，并超越和发展了贸易融资的内涵边界，二者具有密不可分的联系。研究贸易融资模式下供应链金融发展问题，既是商业银行经营模式和产品创新的需要，也为缓解中小企业融资困境找到一条可行渠道。对金融机构而言，供应链金融的出现启动了关于银行业变革与中小企业融资创新思维，并在产品系列设计、风险控制理念和营销模式等方面进行不断探索。本课题从供应链金融理论渊源梳理出发，总结国内外供应链金融发展历程和现状特点，从而比较得出对我国发展供应链金融的启示结论，继而在新金融模式背景下对供应链金融的有机构成进行分析归纳，为如何发展该业务找到有的放矢的节点，结合典型案例分析，提出针对性对策建议。

关键词：贸易融资 互联网金融 供应链融资 案例研究

随着市场竞争加剧，并得益于信息技术和运输技术进步所带来的远程生产组织和流通成本的降低，供应链正在取代纵向一体化，成为国际上产业组织的主流模式，形成了以稳定交易和利益共享为特征的产业链体系。在此背景下，供应链金融应运而生，它是商业银行站在供应链全局高度，为协调供应链资金流、降低供应链整体财务成本而提供的系统性金融解决方案。国际研究表明，采用供应链融资最成功的企业，由于成本降低（包括交易成本、操作成本、融资成本）和融资瓶颈突破等因素，获得竞争优势的可能性是原来的 6 倍，处理业务量的能力是原来的 2 倍，处理发票的能力是原来的 3 倍（Aberdeen，2007）。

本课题第一部分从回顾和梳理供应链金融理论渊源入手，综述贸易融资模式下的供应链金融渊源和研究现状，并对二者的关联作一简单描述。第二部分

---

① 课题主持人：张翔；
课题组成员：张清、和毅、贾利平、夏云天、王秀芳、刘俊峰。

主要从现实发展角度对国内外供应链金融发展历程进行深入分析，并从比较中得出对我国供应链金融发展启示。第三部分则对供应链金融构成的几个关键变量进行介绍和分析，主要包括供应链金融体系、供应链金融外部生态、组织架构和配套支持系统等内容，并佐以图示形式进行分析。第四部分是典型案例分析，主要选取两个典型案例。一是开展较早且较为成功的工商银行"沃尔玛融资方案"，二是辖区内较为典型的交通银行新乡分行"蕴通财富—汽车供应链融资方案"。从具体操作层面深刻剖析供应链金融效应与不足，进而得出银行发展供应链金融的几点结论。第五部分是结论及建议部分，从供应链金融业务突破口、风险管理、组织架构路径、生态基础建设、业务模式和产品创新以及人才培养等方面分别提出针对性建议，如图 1 所示。

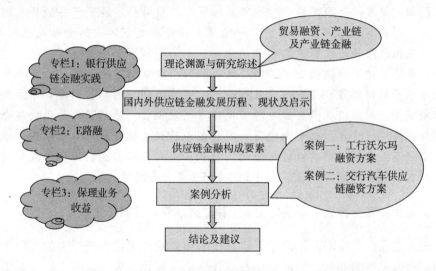

图1　相关架构

一、理论渊源及研究综述

贸易融资模式下的产业链金融（Industry Chain Finance，ICF）就是商业银行根据产业特点，围绕产业链上核心企业，基于交易过程向核心企业和其上下游相关企业提供的综合金融服务。要研究贸易融资模式下供应链金融必须同时澄清以下几个概念：一是贸易融资，是银行对企业基于贸易行为提供的融资服务。二是产业链金融，产业内部形成的供应链、分销链统称产业链，产业链金融则是银行等金融机构为产业链上各节点企业提供的金融服务。需要指出的是，在银行业务实践中，一般把产业链金融约定俗成称作"供应链金融"。本课题就以供应链金融为视角，并在本研究框架内以供应链金融进行替代表述。

（一）贸易融资与供应链金融关系界定

可见，供应链金融除提供融资服务外，还涵盖其他金融服务。它是一个涉及众多利益主体，并在一定约束条件下形成的一个相对封闭、具有明确边界的金融生态系统。应该说，贸易融资与供应链金融具有密不可分的渊源联系，供应链融资脱胎于贸易融资，并发展和丰富了贸易融资的内涵边界。厘清二者的关系，需要界定清楚几个概念。

1. 几个概念

（1）贸易融资（Trade Finance）。是指银行对进口商或出口商提供的与进出口贸易结算相关的短期融资或信用便利，也是企业在贸易过程中运用各种贸易手段和金融工具增加现金流量的融资方式。贸易融资最早起源于国际贸易，有广义和狭义之分。就狭义而言，是指外汇指定银行在为进出口商办理汇款托收和信用证项下的结算业务时对进口商和出口商提供的与结算相关的短期和长期的融资便利。广义上的国际贸易融资是指外汇指定银行对进出口商提供的与进出口贸易结算有关的一切融资活动。

（2）产业链（Industry Chain）。产业链是随着社会生产的不断发展，社会分工逐渐细化后自发产生的一种客观存在的社会生产组织方式。早在亚当·斯密的《国富论》中，就指出"工业生产是一系列基于分工的迂回生产的链条"，这是产业链最初的表述；贝恩提出了著名的产业组织 SCP 理论（Structure、Conduct、Performance），为当代产业链研究提供了理论分析基础。目前产业链正在取代纵向一体化，成为国际上产业组织的主流模式。大企业专注于核心能力的发挥，低附加值的环节则被外包给了外围的中小企业，形成了一个分工各异的价值链条。

（3）供应链金融（Supply Chain Finance）。金融顾问和咨询公司 Tower Group 是这样定义的：它是以供应链上的商业交易为基础，设计一套为供应链上各个主体即企业提供流动资金融资的解决方案。其运行框架是银行通过资金、银行信用和其他服务等切入供应链，借助对主导企业支付能力和信用支持等方面的评估，为其供应链上的中小企业的存货或应收账款进行质押融资，实现物流企业、中小企业和银行三方共赢。其实质就是银行针对企业应收、预付、存货等各项流动资产进行方案设计和融资安排，将多项金融创新产品有效地在整个供应链各个环节中灵活组合，提供量身定制的解决方案，以满足供应链中各类企业的不同需求，在提供融资的同时帮助提升供应链的协同性，降低其运作成本。

2. 贸易融资与供应链金融关系描述

供应链金融的历史，最早可以追溯到 1803 年荷兰一家银行开办的仓储质押融资业务，而现代意义上的供应链金融概念则出现在 20 世纪 80 年代，其深层次的原因在于世界级企业巨头寻求成本最小化冲动下的全球性外采和业务外包，供应链管理的概念应运而生。银行在传统业务萎缩的形势下创新业务模式，开办供应链融资业务，帮助供应链企业解决信用风险、汇率风险，出现了反向保理、存货代为占有、贸易分销服务、存货质押融资、仓单质押融资等各种供应链金融服务实践。国内供应链金融最早可追溯到20世纪20年代的上海银行，类似于存货抵押贷款。其实质性规模性推广，则始于1999年深圳发展银行佛山分行以票据为切入点推出的动产及货权质押授信业务，推出了"自偿性贸易融资"理念和"1 + N"供应链融资系列产品。所谓"1"是供应链上的核心企业，"N"则是供应链上的中小企业。

可见，供应链金融产品就是脱胎于传统贸易融资工具，最典型的莫过于保理业务，现在依然被各个银行运用。现代真正意义上的供应链金融产品则是借助新技术在新金融背景下的银行主动金融实践。供应链金融以供应链上下游企业之间真实的交易项中的资金流、物流和信息流为依托，以交易项下的未来现金回笼为还款保障，由银行向企业提供金融支持，满足企业综合金融服务需求。二者之间的关系，可以笼统描述为：贸易融资是供应链金融的基础和背景，而供应链金融则丰富和发展了贸易融资的方式及内涵。

（二）供应链金融主要理论研究综述回顾

从理论研究角度来说，国内关于供应链金融的研究起步较晚，主要集中在产业链理论研究方面，关注产业链类型、产业链形成机制、产业链战略环节和产业链优化整合等内容，而对供应链金融的研究更是近几年来的事。目前，国内最为成熟的供应链金融核心就是采购、库存、销售三环节的融资，并围绕三个环节给出不同的融资方案，在生产销售过程中解决企业的融资需求。下面列举几项关于供应链金融效用的理论研究观点，涵盖供应链金融特点、主要内容和降低信贷风险等方面。

刘士宁（2007）认为供应链金融指在供应链生产活动中，银行提供金融产品和服务将供应链上各个企业联系在一起，使供应链流程产生价值增值的融资模式，主要涉及三方主体：客户、物流企业和银行。

胡跃飞（2007）指出供应链金融是银行在对供应链内部的交易结构进行分析的基础上，运用自偿性贸易融资信贷模型，并引入核心企业、物流监管公司、资金流引导工具等新的风险控制变量，对供应链的不同节点提供封闭的授信支持及其他结算、理财等综合金融服务。

陈哲（2008）认为供应链金融是物流和金融相结合的产物，即包括金融服务功能的供应链服务，其主要业务内容包括：评估、融资、咨询、资产处理、供应链信息、企业清账等。

朱金福（2009）认为供应链金融是指给予商品交易项下预收预付、应收应付和存货融资而产生的组合融资，通过对信息流、物流、资金流的有效控制，针对核心企业上长期合作的供应商、经销商提供的融资服务。

熊熊、马佳、赵文杰、王小琰、张今（2009）将影响供应链金融的风险因素进行分类，并用主成分分析法从众多的因素中提取主因子，再利用 logit 模型评估主因子对融资企业信用水平的影响。他们发现，与单独只考虑融资企业资质和质押货物特征相比，供应链金融模式下融资企业的信用水平得以大幅提升。

何智慧、周斌（2011）选择电力行业供应链数据做了类似的研究，并得出了上述相同的结论。

张琅、胡海清（2010）基于问卷调查的方式对西安汽车产业供应链金融惜贷风险作出评价，也得出了供应链金融减小信贷风险的结论。

应该说，这些研究更多是对供应链金融进行定性的描述，而缺少基于成熟、科学的实证模型的量化验证。但是，这至少开创了我国供应链金融研究先河，为发展供应链金融提供了理论支持。

二、国内外供应链金融发展历程、现状和启示

（一）国外供应链金融的发展背景与现状

供应链金融伴随企业供应链管理的发展而产生，供应链金融的历史，最早可以追溯到 1803 年荷兰一家银行开办的仓储质押融资业务。供应链金融的实质，就是银行针对企业应收、预付、存货等各项流动资产进行方案设计和融资安排，将多项金融创新产品有效地在整个供应链各个环节中灵活组合，提供量身定制的解决方案，以满足供应链中各类企业的不同需求，在提供融资的同时帮助提升供应链的协同性，降低其运作成本。以下通过一些实例来反映国外供应链金融的最新成果。

（1）荷兰银行。荷兰银行 2006 年被评为最佳网上贸易服务提供者。能获此殊荣得益于它们的 MaxTrad 技术。MaxTrad 通过提供 24 小时的在线服务，为买卖双方自动处理贸易交易及管理应收、预付账款提供了良好的解决方案。技术创新之处体现在：在系统中融入供应链金融模型，为客户提供了缩短变现周期、获取实时信息及降低纸质文件传递的网络工具。使用者也可以根据需要，在网上实时将其应收账款货币化。

（2）摩根大通银行。2005 年，摩根大通银行收购了一家物流公司 Vastera，并在亚洲组建了一支新的物流团队专门为供应链及代理商销售业务提供金融服务和支持。此举被行业内专家誉为"实体供应链和金融供应链的联姻"。Vastera 固有的流程和技术有力地支持了"实体货物"的跨境流动。这项收购通过提高货物运输信息的可视度为整条供应链提供更高水平的金融工具和更多的融资机会。跨行业的并购打破了厂商、物流公司、银行通过互不关联的系统及流程分别独自参与供应链中货物或资金流动的局面。通过整合不同的平台实现互补、创造合力，摩根大通银行有望在国际供应链融资领域获得重大突破。

（3）墨西哥国家金融发展银行保理计划。墨西哥国家金融发展银行（Nafin）的独特之处是依托一个电子平台提供在线保理服务。超过98%的服务是电子化的，这大大降低了时间和人力成本。而且，所有的保理都是无保留追索权的，这样小企业可以增加它们持有的现金，改善它们的资产负债表。Nafin计划成功地凸显出保理作为营运资本融资渠道的重要作用。成功的保理计划要求政府建立法律法规环境的支持，以保证电子化的、安全的应付账款销售，这些对发展中国家供应链金融业发展具有很好的借鉴意义。

（4）GE（美国通用电气公司）的存货所有权解决方案。存货所有权是一种新兴的供应链金融解决方案，这种方案令供应商能够以低于一般流动资金贷款的利率获得融资，从而减轻由于买卖双方资本成本差别带来的流动资金压力。在供应商需要保持的途中存货数量巨大，或者销售商不得不保存大量存货设施的情况下，存货所有权解决方案为供应商提供一个新的资金来源。GE建立贸易分销服务（GE Trade Distribution Service），旨在平衡供应链中的存货成本，规避存货积压产生的资金占用。

（5）UPS物流金融。UPS的产业链设计，可以为客户降低成本、提升服务质量和改善资产使用情况。因为有UPS金融公司、UPS物流集团及UPS产业链解决方案集团等业态模式存在，UPS才得以在全球范围内真正做到物流、信息流和资金流三流合一。

（二）国内供应链金融的发展历程和现状

国内供应链金融最早可追溯到20世纪20年代的上海银行，类似于存货抵押贷款。从1998年起，我国商业银行普遍实施了抵押、担保制度。与欧美发达国家相比，我国供应链金融仍是一个较新的商业活动，但在国内的发展速度还是较快的，经历了如下发展阶段。

（1）贸易融资专业化发展阶段。国内有据可查的同类业务始于20世纪20年代的上海银行。改革开放后，这一业务在90年代中后期得到恢复，最初是深发展、广发等中小银行于1999年左右开始涉足货押授信业务，至2001年前后浦发、民生、招商、兴业等股份制银行纷纷开展这一业务，各行先后出台了货押业务的管理制度，基本都是通过票据产品的创新大幅降低企业融资成本，在迅速得到客户特别是一些行业大客户的认可和响应后，逐渐改变了传统贸易的结算和融资方式。同时，在市场营销方面开始接触和摸索产业链上企业的融资特点和规律。

（2）贸易融资规范化经营阶段。2003年，深发展开创性地提出了"1十N"供应链融资服务，以贸易融资业务开发中小企业市场，依托核心企业信用拓展链条业务，并迅速得到了同业的肯定和效仿；广发行"民营100"金融服务计划启动，在全国10个中心城市开展了支持中小企业的融资活动，并推出一系列供应链融资业务，为内贸、外贸和生产型小企业客户分别提供差异化的优质金融服务。2005年，深发展率先在业内提出了建设贸易融资专业银行的发展定位，民生等银行也开始筹建行业事业部，尝试按照不同行业的规律系统地开发行业链上的系列客户。在这一阶段，各行先后出台了适用于供应链融资的信用评估办法，从根本上改革了我国银行传统的一套企业信用评估制度。

（3）供应链金融发展阶段。2006年后，国内银行贸易融资业务向纵深发展，在产品创新方面已经做到为全程供应链企业提供不同的金融服务。深发展、浦发等银行提出发展"供应链金融"，面向产业供应链提供本外币、离在岸、内外贸一体化的全链条金融服务。深发展供应链金融提供的中小企业融资解决方案紧紧围绕中小企业的主营业务，帮助中小企业依靠自身核心优势解决融资难的问题。这一方案全面支持企业的预付账款融资、存货融资、应收账款融资，形成真正的全程供应链融资，相关金融产品多达数十种，如企业自有存货、应收账款可融资，依靠"1＋N"核心企业信用捆绑也可融资，采用国内信用证、保函或商业承兑汇票贴现等方式，可以提高自身信用和谈判地位，稳定交易关系和供应链，等等。

表1　　　　　　　　　　国内部分商业银行供应链金融服务种类表

商业银行	服务名称	具体业务
深圳发展银行	供应链金融	供应商融资产品、经销商融资产品、出口国家贸易融资产品、进口国际贸易融资产品、国际结算、企业理财方案、委托贷款等
招商银行	国内商务链融资组合方案	仓单质押担保信贷、保兑仓、动产质（抵）押贷款、汽车销售商融资、商品提货权融资等
上海浦东发展银行	供应链融资解决方案	在线账款管理方案、采购商支持方案、供应商支持方案、区内企业贸易融资方案、船舶出口服务方案和工程承包信用支持方案六个子方案
光大银行	阳光供应链	应收账款融资、应付账款融资、阳光商品融资、"1＋N"链式融资、汽车全程通、工程机械按揭、银关系列等

续表

商业银行	服务名称	具体业务
华夏银行	融资共赢链	未来货权融资链、货权质押融资链、货物质押融资链、应收账款融资链、海外代付融资链、全球保付融资链、国际票证融资链等
中信银行	供应链金融	应收账款增值链、预付账款增值链、物流服务增值链和电子服务增值链
中国工商银行	供应链金融解决方案	国内保理、发票融资、国内信用证项下买方融资、国内信用证项下卖方融资等
长沙银行	产业链金融	应收账款质押、超短期应收款质押贷款、国内保理、核心企业担保贷款、保兑仓等
北京银行	资金快链	国内保理、商业承兑票据贴现、信保保理、厂商银（储）、商银储等
中国建设银行	供应链融资	订单融资、动产融资、仓单融资、保理、应收账款融资、保单融资、法人账户透支、保税仓融资、金银仓融资、电子商务融资等
兴业银行	"金芝麻"中小企业融资方案	不动产（仓单）质押、厂房贷款、商票保贴、票易票、T/T押汇、保理融资等
中国银行	供应链金融	融货达、融信达、TSU、供应商融资项目等

（三）国外供应链金融发展经验启示

1. 改变传统观念，适应供应链金融业务结算方式的新趋势

供应链的形成和深化使买卖双方结成了日益紧密的合作关系，传统意义上的卖方和买方不复存在。这种紧密的贸易合作关系决定了结算方式的必然改变。

2. 紧跟国际发展潮流，不断创新供应链金融产品和服务

借鉴国外金融机构运用全局化的观念，实时追踪供应链中货物及资金的走向，通过灵活的融资解决方案，为客户降低交易的风险，实现服务和产品的价值增值。

3. 抓住国内发展机遇，做大做强供应链金融业务

由于供应链金融背后蕴藏着巨大的未开发的中小企业市场和中间业务市场。可以预见，未来供应链金融业务的竞争必然趋向更加激烈。国内大型金融机构需抓住供应链金融发展上升期机遇，培育各具特色的供应链金融市场，树立各自在产业链金融中的核心地位。

4. 加快信息化建设，为供应链金融发展提供技术平台保障

在国外先进的金融机构中，供应链金融正越来越依靠电子信息技术平台进行日常的操作和维护，这方面的产品创新也必须以电子信息技术作为开发基础。许多银行通过大力开发网上银行，增加渠道服务项目及开发银企直联等方法与客户之间建立起信息共享平台，帮助客户降低操作成本。

5. 加快体制机制创新，加快金融与实体经济融合

供应链金融的组织主体和融资主体已经不局限于金融机构，许多大的物流公司，如 UPS、德国邮政，甚至 GE、沃尔玛这样的供应链上核心企业都正在越来越多地发挥着供应链金融的主导作用。国内情况同样类似，第三方支付机构逐渐介入物流金融领域（如阿里巴巴支付宝、阿里小贷、余额宝），供应链金融已不单是商业银行的"独家蛋糕"。因此，我国应加快经济金融体制创新，出台政策法规和鼓励措施，培育发展物流金融等新业态，促进良性竞争和供应链金融模式多样化。

三、供应链金融框架：几个关键要素

众所周知，金融指人们围绕货币、资金和资本资产所从事的定价与市场交易活动，完整的金融体系包括金融产品、金融市场、金融主体和金融制度。供应链金融同样包括这几个要素，但也有其特殊之处，除包含基本要素之外还有其特殊的组织架构及相关配套支持系统，共同组成了一个供应链金融总体框架，如图 2 所示。

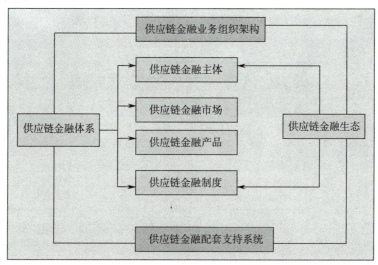

图2　供应链金融构成图

（一）供应链金融产品

一是金融机构提供的信贷类产品，包括对供应商提供的信贷产品，如存货质押贷款、应收账款质押贷款、保理等；对分销商的信贷产品，如仓单融资、原材料质押融资、预付款融资等。二是其他综合金融服务，包括财务管理咨询、现金管理、应收账款清收、结算、资信调查等中间增值服务，以及直接对核心企业的系列资产、负债和中间业务提供服务。可见，供应链金融的范畴大于供应链融资或授信。

（二）供应链金融市场

从供应链金融产品来看，基本属于短期的货币（资金）市场。此外，尽管供应链金融具有特异化的风险控制技术和盈利模式，但从融资用途、期限和金融服务类别而言，应当归入短期流动资金市场范畴。

（三）供应链金融生态

供应链金融生态是由各类行为主体及其活动所依赖的基础、制度和技术环境所构成。简单而言，供应链金融生态系统的构成包括行为主体、征信系统、制度环境和技术环境四个层面。其中，行为主体包括供应链核心企业及其供应商和分销商/渠道商、以商业银行为代表的金融机构以及环节外包主体（包括物流公司、仓储公司、物权登记机构、保险公司、信用评估机构等）。征信系统主要指社会信用体系和征信系统建设；制度环境包括有关法律规定、司法体系、金融监管制度与政策；技术环境包括金融技术和支持供应链金融活动的各种自然科学技术，尤其是电子信息技术，如图3所示。

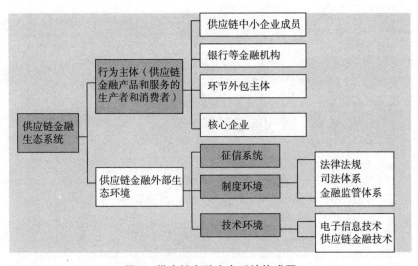

图3　供应链金融生态系统构成图

（四）供应链金融配套支持系统

供应链金融集合了资金流、物流和信息流，相关技术配套支持必须到位。主要包括业务操作系统、信息技术系统和品牌推广系统，其中信息技术平台是关键和基础，业务操作平台是供应链金融业务的主要内容，核心业务都要依托这个平台，品牌支持平台主要服务于业务拓展，是营销平台，具体如图4所示。

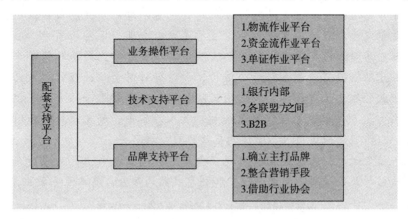

图4 供应链金融配套支持系统图

（五）供应链金融组织架构

借鉴国际银行组织架构实践可见，供应链金融宜采用条线事业部形式，如图5所示。

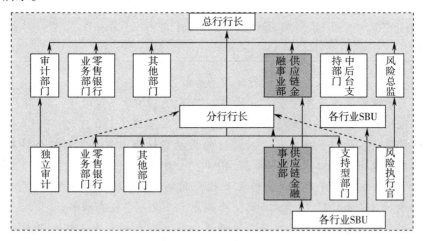

注：箭头表示报告方向，实线为领导关系，虚线为协调和指导关系。

图5 供应链金融事业部组织架构图

专栏

中国建设银行新乡分行供应链融资业务收益情况

2008 年初，中国建设银行新乡分行开始涉足供应链融资业务领域，主要产品是保理业务，归口公司业务部负责办理，账务处理及融资发放由其省分行统一开立账户，通过系统逐级批复的方式进行信贷融资的发放。目前该行保理业务日均存量发放余额为 1 亿元左右，主要是发电企业，下游为省电力公司。业务处理程序为卖方将其现在或将来的、基于其与买方订立的基础商务合同所产生的应收账款根据契约关系转让给该行，由该行针对受让的应收账款为卖方提供应收账款管理、保理预付款和信用风险担保等服务的综合性金融产品。该行的收益主要是应收账款管理费收入及利息收入，其中，利息收入为基准利率或相应上浮，账款管理费收入与管理的应收账款金额有关。

供应链金融产品的收益主要表现在金融服务增值收益上，对该行来说，保理业务给该行业务收益主要是管理费和利息收益两部分，基本业务数据见表 1。

表1　　　　　中国建设银行新乡分行保理业务基本情况表　　　　单位：万元

时间	2010 年	2011 年	2012 年	2013 年 6 月
应收账款累计发生额	70 547	101 480	141 932	74 101
应收账款余额	70 769	43 134	58 493	7 152
预付款累计发生额	41 995	65 717	82 724	54 686
预付款余额	37 979	26 210	28 335	5 182
管理费收入	282	1 047	1 150	540
利息收入	923	1 834	1 413	748

通过表 1 数据可以看出，该行保理业务收益体现如下特点：

一是管理费收入逐年增长，贡献率不断提高。2010 年该项收入有 282 万元，随后迅速增长，2011 年达到 1 047 万元，2012 年实现 1 150 万元，2013 年仅上半年管理费收入达到 540 万元。对银行的收入贡献越来越大，占整个供应链融资的比重越来越大，由 2010 年的 23.40%，上升到 2011 年的 36.34%，2012 年的 44.87%。每万元供应链资金的收益越来越高，在 2010 年是 39.97 元/万元，2011 年大幅上涨到 103.17 元/万元，业务量上升至一个较高水平。

二利息收入基本稳定，但显示波动性特征。利息收入也是银行开展供应链融资的主要收入，但其由于是银企双方协商的结果，且由于保理业务期限一般为 3～6 个月，与市场短期利率关联性较密切，存在一个波动范围，但总体趋势是上升的。2010 年每万元供应链产生利息收入 130.83 元，在 2011 年是 180.73

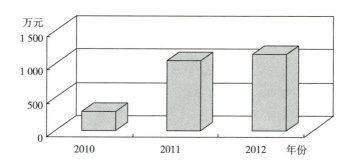

图1　管理费收入增长图

元/万元，2012年是99.55元/万元，有所下降。图2由于时间样本较短（仅3年），呈现先升后降的特征，但是即使下降也是高位区间内的调整，总体来说，保理业务收益增长趋势不变。

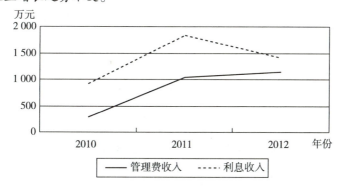

图2　管理费收入与利息收入增长对比图

　　三是中间业务收入占比增幅较大。以保理业务为例，作为中间业务收入的管理费收益占比逐步增加，呈现快速增长态势，2010—2012年，其管理费收入占利息收入的30.55%、56.81%和81.39%，年均增幅25%以上。

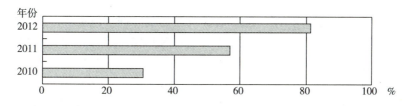

图3　2010—2012年中间业务收入占比增加图

四、案例分析

（一）工商银行"沃尔玛供应商融资解决方案"

1. "沃尔玛供应商融资解决方案"介绍

针对沃尔玛公司与其供应商之间物流、信息流、资金流运作特点，工商银行进行了供应商融资解决方案。同时，面对融资风险，工商银行依托强大的结算平台，开发出现金流分析系统，通过网络对产业链上的物流、信息流、现金流进行跟踪，实时掌握供应商在沃尔玛的订单和应收账款情况，并进一步与沃尔玛产业链系统对接，建立还款专户，锁定还款资金，增加信息的透明度，降低了银行融资风险，同时为简化操作流程提供了技术保障，业务流程见图6。

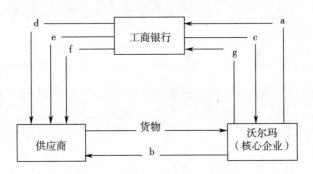

图6 沃尔玛及其供货商产业链金融业务流程图

a——银企之间开立国内信用证合同。

b——核心企业与供货商签订买卖合同。

c——工商银行为核心企业开立国内信用证。

d——工商银行为上游供货商核准授信的额度。

e——供货商在收到国内信用证之前，凭借核心企业对其签发的订单向银行申请融资。

f——供货商收到国内信用证后，在货物装运前办理打包贷款，并在货物生产装运完成后向银行提交有关单据，银行可在授信额度内简化手续办理相关业务。

g——核心企业在信用证的到期日进行付款。

2. 方案创新亮点

（1）风险管理模式创新。供应链融资突破了传统的评级授信、抵押担保等信贷准入条件的限制，主要依托交易对手——沃尔玛公司的信用，通过网络对供应链上的物流、信息流、资金流进行跟踪，建立还款专户，锁定还款资金，有效控制融资风险，实实在在支持了一批经营良好、产品畅销的小企业。

（2）风险管理手段创新。依托强大结算平台，工商银行成功开发出现金流分析系统，详尽掌握沃尔玛与供应商之间的现金往来记录，并进一步与沃尔玛供应链系统对接，实时掌握供应商在沃尔玛的订单和应收账款情况，增加信息的透明度，降低了银行融资风险，同时为简化操作流程提供了技术保障。

（3）业务流程创新。供应链金融单笔金额小、笔数多、频率快，按照银行现有的融资流程，根本无法满足企业对时效性的要求，同时贷款行也无力承担相关的人力成本。工商银行创新性地提出柜台化办理的思路，企业可以直接到工商银行柜面办理供应链融资业务，实时获得融资，就如同办理结算业务一样，极大地提高了业务办理效率，满足企业时效性的要求。

（4）营销模式创新。凭借自己强大的结算优势，工商银行批量筛选出沃尔玛供应商名单及其收款情况，准确定位该项业务的目标客户。把传统单个客户营销模式转变为批量营销模式，组织沃尔玛供应商召开供应链融资方案推介会，一次推介会就有 50 个客户到场，有近一半的客户在一个月内申请开办供应链融资业务，成功率达 45%。

（二）交通银行新乡分行"蕴通财富—汽车供应链融资"方案

1. 基本情况

交通银行新乡分行自 2011 年 9 月起开展供应链融资业务，主要为汽车供应链融资业务。蕴通财富—汽车供应链金融服务方案（以下简称汽车供应链金融），是交通银行针对汽车行业推出的创新金融服务。交通银行与汽车行业中的整车企业紧密合作，针对其上游供应商、下游经销商和终端用户以及汽车金融公司/财务公司等各环节协作方的金融需求，提供融资、结算、风险管理等综合性金融服务方案。目前，交通银行新乡分行提供的主要是针对经销商的汽车合格证监管方案，该方案是整车企业、经销商和交通银行三方进行合作，交通银行为经销商向整车企业购买汽车提供授信支持，汽车合格证由交通银行保管，交通银行根据经销商补存保证金的状况释放合格证。基本业务流程图如图 7 所示。

2. 风险管理亮点

一是授信模式。为在最短的时间内抢占汽车供应链业务的市场份额，交通银行的汽车供应链授信业务采用主办行异地授信和协办行属地授信相结合的方式，以协办行属地授信为主要模式。

二是贷后管理。贷后管理遵循以下原则：其一是进行汽车供应链业务的贷后监控时，监控车证相符、已销售车辆与入账资金相符、销售台账与实际相符的情况。其二是采用协办行属地授信时，主办行应负责核心企业的贷后管理及供应链金融网络额度的控制，协办行应负责链属企业的贷后管理。其三是采用

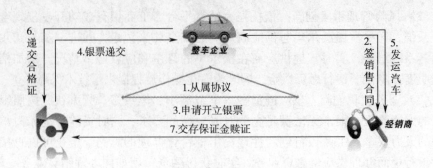

图 7　交通银行汽车供应链金融业务流程图

主办行异地授信时，采用实地和非实地查访相结合方式，按月提交贷后查访报告，按季进行实地查访。其四是主办行与协办行之间要充分利用交通银行 CIIS 系统供应链业务营销工作平台等渠道及时交流业务和风险信息，建立起有效的业务预警机制。

3. 供应链金融业务收效及不足

一是促进企业销售增长。以新乡市恒运科贸有限责任公司为例，交通银行新乡分行根据公司资金需求情况，2012 年初为公司授信 1 500 万元，循环使用，通过汽车合格证监管融资，有效解决了企业购车资金需求，提高了企业资金使用效率，促进了企业的销售，企业从 2011 年销售的 800 辆，提升为 2012 年 1 100 辆，2013 年上半年销售近 700 辆，销售收入从 2011 年的 4 000 万元，提升为 2012 年 5 000 万元，2013 年上半年销售 3 000 多万元。二是银行收益增长明显。自从 2011 年开展供应链金融业务以来，交通银行新乡分行的业务量稳步增长。交通银行新乡分行供应链融资归口公司业务部办理，汽车合格证监管方案统计科目为银行承兑汇票。自 2011 年开业以来至 2013 年 6 月末，交通银行新乡分行累计发放汽车合格证监管方案授信 5 664 万元，累计收益 223.3 万元。

表 2　　　　　　　　交通银行新乡分行汽车供应链收益情况表

时间	累计授信（万元）	笔数	收益（万元）
2011 年	1 144	6	58.5
2012 年	2 354	9	89.1
2013 年 6 月	2 166	5	85.7
合计	5 664	20	223.30

五、结论与建议

综上所述可见，供应链金融从其产生至今已有"百年基业"，如何在中国这片新土地上茁壮成长，尤其是肩负诸多"使命"的国内银行业金融产品创新，更应吸取国外经验与教训，总结前期部分股份制商业银行开展供应链融资业务的正反经验，鼓励创新的同时坚持审慎态度，对其风险要有充分的估计和度量，完善风控和信息化建设。同时，还应明确，互联网与综合金融业务已成不可逆之趋势，传统银行正面临"资本与技术"的双重"脱媒"考验，商业银行若不自主创新，必然会被外部突破。因此，在坚持审慎态度基础上，创新供应链金融业务是银行业金融机构的理性抉择。

（一）结论

通过上述现状比较和案例分析，可以得出如下结论。

（1）国内供应链金融开展初衷与国外不同，决定了其拓展战略、风控措施以及参与各方权责等均存在较大差异，需要结合实际进行选择性借鉴。

（2）供应链金融在我国属"新生事物"，是我国商业银行基于经济金融形势的主动金融创新，它发端于股份制商业银行贸易融资业务，并日渐被各商业银行"热捧"和进行各种结构化设计，但其风险度量和风险控制手段仍是重中之重。

（3）供应链金融使中小企业借助核心企业信用和实力担保得以进入信贷市场，降低其融资门槛，有效缓解制约其发展的资金和政策约束，有助于促进其良性发展。

（4）从现实和可能性角度来说，产业聚集区可作为供应链融资业务突破口，拓展产业集群供应链融资。因为产业集群实质上就是一条区域性产业链，即某个产业在特定区域内集聚了大量企业，这些企业往往围绕其中的若干个核心大企业，形成产业内和产品内分工与协作的生产关系，以获得最终产品的生产成本优势和市场竞争优势。这些中小企业往往可以作为大企业的供应链成员或渠道伙伴，且它们的资产多以应收账款和存货形式存在，有利于作为质押或抵押品，便于银行提供一揽子金融解决方案。

（5）我国供应链金融尽管经过几年发展，部分银行日渐成为"品牌"，如深发展。但总体而言，仍然处于发展初期，仍然有许多尚待建立和完善的重要环节。简言之，主要有：首先注重风控措施构建与实施，银行需适应供应链金融特点和发展需要重构其组织架构，新金融模式下业务模式和产品如何实现创新，完善适应并促进供应链金融发展的金融生态环境，不断完善相关配套系统建设，培育打造高素质人才队伍。

（二）对策建议

1. 产业集群供应链融资是拓展供应链金融突破口

从现实角度考虑，产业集群中的中小企业首先有一定生产或经营优势，甚至技术、资本实力才能进入"园区"这个门槛。换言之，聚集区内的中小企业首先具有了一定的信用优势，与区内核心企业基本具有较为稳定的合作关系。其次，这些中小企业资产多以应收账款和存货形式存在，具备供应链金融的基础条件，关键是银行如何选择和筛选的问题。最后，从银行角度分析，选择产业集群内核心企业进行可行性信贷审查，进而选择对其上下游的园区内中小企业进行目标客户拓展，比之"大海捞针"式的市场开发更为经济、可行。总之，供应链金融以其新的营销模式、结构化设计和风险控制技术创新，缓解了产业集群上的中小企业"发展困扰"，也为银行业务拓展凿开了一个突破口。

2. 构建供应链金融风险管理框架，提高风险防控水平

供应链金融虽然使得中小企业借助核心企业得以信用增强，但绝不意味着风险管理会随之简单，恰恰相反，其面临着更为复杂的风险困境。因此，需要依据供应链金融特点，结合不同风险类别构建风险管理框架。一是通过风险回避、风险转移、风险自留、风险补偿、损失控制等方法完善信用风险管理。二是通过完善内控、提高操作技能、明确操作步骤和增加激励等方式规避操作风险。三是明确抵押权属，加强抵押物优先权受偿，并加强法律法规的监管等完善法律风险管理。四是建立风险预警与应急预案。

3. 稳妥推动条线事业部制组织路径建设，顺应其发展趋势

借鉴国际银行组织架构实践，条线事业部以其本身具有的内在优势，应该是国内银行组织架构转型的长期趋势。但由于约束条件限制，国内银行应采取渐进式分步骤转型策略更为稳妥。在这一组织架构模式下，前台营销不再由支行承担，而是由各行业 SBU 承担，不同分行供应链金融业务营销时出现的跨地域重叠问题，由总行供应链金融事业部相应的行业 SBU 进行协调，供应链金融事业部正式成为单独利润中心，分行给予的其他支持通过内部核算进行转移定价。

4. 不断推进供应链金融业务模式和产品创新，增强其发展活力

一要注重基础模式，并不断探索高级模式创新。强化银行与融资企业及其链条企业、第三方物流企业之间的联盟协作，探索发挥第三方物流公司、担保公司或者贸易投资公司等非金融机构的金融服务功能。二要借助互联网金融设计"全金融产业链"融资产品。随着各金融机构间开始互相渗透，合作与竞争日益广泛，金融混业已成必然趋势，供应链金融业务应通过优势互补取得协同效应。创新供应链融资产品设计，改变"贸易融资"影子产品印象，结合金融、贸易和产业特色，在不同环节开发不同的融资产品，将融资产品与其他金融产品进行组合，不断丰富和提高产品种类。

5. 完善供应链金融外部生态环境措施，夯实其发展基础

（1）继续推进征信系统建设。一是继续加强社会信用体系建设，改善信用环境，建立中小企业信用征集体系、评级发布制度和信息通报制度；二是建立

完善中小企业信用评审机制，突出企业主的信用评价和所处经济、信用环境评价，准确反映中小企业的资信状况和偿债能力；三是进一步完善中小企业信用担保体系，降低银行融资风险；四是完善应收账款质押登记系统功能，提高使用效果。

（2）完善金融创新法律法规和监管制度建设。一是健全动产担保物权设定和保护的法律法规；二是健全动产担保物权实现的法律法规，提高司法救助能力；三是完善金融监管制度与政策，建立金融监管部门联合协调机制，消除金融创新监管盲区。

6. 培育和打造高素质的人才队伍，促进其长远发展

（1）引进和培养供应链金融业务操作类人才。一是通过猎头公司，高薪从境外或其他银行引进专业人才；二是通过多种渠道加强对专业人才的培养力度；三是逐步建立起银行从业人员相关资质认证制度；四是建立专家人才库储备制度。

（2）锻炼和培养供应链金融风险监管类人才。我国金融监管队伍必须立足于"专家型、积极进取型、多元化"员工队伍建设，特别是对应收账款融资业务的监管，更需要监管人员能将金融、会计、法律等多种知识融会贯通，从知识和经验两方面提高监管人员水平，从而使监管资源能得到更为有效的利用。

参考文献

［1］陈立金，云晓晨. 商业银行产业链融资培训［M］. 北京：中国金融出版社，2011.

［2］刘萍. 应收账款担保融资创新与监管［M］. 北京：中信出版社，2009.

［3］宋炳方. 商业银行供应链融资业务［M］. 北京：经济管理出版社，2012.

［4］国务院办公厅关于金融支持小微企业发展的实施意见，2013 – 08 – 08.

［5］周小云. 产业链金融——破解中小企业融资难题［J］. 高校之窗，2010（10）.

［6］杨勇，李晓明，郭文娜. 产业链理论在中小企业金融服务中的运用［J］. 企业发展，2006（10）.

［7］袁冰. 供应链管理环境下贸易融资研究［J］. 黑龙江对外经贸，2008（1）.

［8］刘士宁. 供应链金融的发展现状和风险防范［J］. 中国物资与采购，2007（7）.

[9] 高锦平. 我国商业银行风险防范问题研究 [J]. 金融科学—中国金融学院学报, 2000 (3).

[10] 王海. 供应链金融风险和定价研究 [D]. 硕士论文, 2006 – 06.

[11] Aberdeen Group, Supply Chain Finance Benchmark Report, 2006.

[12] Aberdeen Group, The 2008 State of the Market in Supply Chain Finance, 2007b.

[13] Demica, Ddmand and Supply: Supply Chain Finance, Demica Rerort Series, May, 2008.

[14] UPS Capital, Global Supply Chain Finance, March, 2007.

信贷投放、通货膨胀与货币供应量关系的实证研究

中国人民银行郑州中心支行金融研究处①

摘要：近年来我国信贷投放规模持续增长，与信贷规模持续增长相对应的是，我国物价水平波动较大，同时实体经济中银行贷款仍然是经济主体获得资金的主要来源，那么金融机构信贷投放与整体物价水平之间是否存在着某种密切的相关关系，两者间是通过何种渠道机制进行传导，最终我国信贷投放是否与经济运行相协调，成为目前大家关注的焦点。本文以2003年1月至2012年12月的月度数据为样本，研究发现货币供应量和金融机构信贷分别与通货膨胀存在长期的协整关系，并采用贝叶斯向量自回归模型分别考察两者对通货膨胀的中期和短期效果。实证研究的结果表明：（1）货币供应量、金融机构信贷与通货膨胀之间分别存在长期的均衡关系；（2）在中长期货币供应量对通货膨胀的影响比金融机构信贷对CPI的影响更大，而信贷规模在短期内对通货膨胀的影响更明显；（3）在考虑过剩流动性的情况下，在中长期两者的交互作用对物价水平的影响较为显著，因此人民银行在制定货币政策时，既考虑到货币供应量对通胀的总体效果，又注意信贷规模对于通胀的短期效应，在制定宏观调控政策时应考虑两者的结合。

关键词：货币供应量　信贷投放　通货膨胀　贝叶斯向量自回归模型

一、引言

近年来我国信贷投放规模持续增长，尤其是2009年我国信贷投放规模迅猛增长。与信贷规模持续增长相对应的是，我国物价水平波动较大，2009年下半年以来经济主体持续保持较强的通胀预期，且多年来我国的资产价格波动也较

---

① 课题主持人：刘磊；
　　课题组成员：张欣。

大，房地产价格的居高不下和股票价格的持续大幅波动，似乎已经成为我国经济发展中的"顽疾"，物价水平的波动越来越受到社会关注。在现代金融体制下，银行信贷是经济发展的重要资金渠道来源，信贷渠道也是我国主要的货币政策传导渠道，在我国实体经济中银行贷款仍然是经济主体获得资金的主要来源，国家宏观经济调控中许多政策项目的落实实施需要信贷资金提供支持，银行信贷成为宏观经济政策作用于实体经济的一座桥梁，发挥相应的中介调节作用；稳定物价作为我国货币政策和宏观经济调控目标之一，物价的走势与经济的稳定和居民的日常生活密切相关，那么金融机构信贷投放与整体物价水平之间是否存在着某种密切的相关关系，两者间是通过何种渠道机制进行传导，最终我国信贷投放是否与经济运行相协调，成为大家关注的焦点。

纵观我国的货币政策实践，改革开放以来，我国经历了几次明显的通胀，从中国的实践可以看出，历次通胀的产生与投资、信贷需求或经济刺激政策引发的货币膨胀和财政赤字货币化密切相关。从货币供应量角度看，从 1995 年第一季度以来，M_2 呈现明显的稳步递增趋势，中央银行调控的准备金率在 1998 年第一季度开始下降，一直到 2007 年第一季度均低于 10% 的水平，随着通胀压力的加剧，央行在 2007 年之后多次提高准备金率，到 2011 年第二季度提到历史的高位 21.5%，以收缩货币供应，但准备金率的提高并没有达到收缩银根的目的，由此可见，中央银行已经不能完全控制货币的供应，也很难遏制通货膨胀的势头。同时，在我国的实体经济层面，信贷仍然是我国企业的主要融资途径，企业债权融资远远高于股权融资，截至 2010 年 7 月，我国金融机构各项存款占资金来源的 89.7%，各项贷款占资金运用的 59.9%。银行信贷作为社会融资的主要形式，2010 年末，信贷供给占全部非金融机构融资总量的比例超过 75.2%，这样的融资结构决定了信贷供给对中国宏观经济的影响非常直接。信贷供给也成为了货币政策调整最突出的政策主线，成为影响物价水平的重要因素。

同时，通货膨胀一直以来是宏观经济研究的核心问题之一，学术界对通胀的影响因素进行了广泛的探讨，其中有大量研究认为货币因素是影响通胀的重要原因之一。但迄今为止，在考察经济和金融数量指标之间的关系时，几乎所有的宏观经济模型都选择货币供应量作为金融数量指标的代表变量，较少包含其他的金融数量指标。这一研究趋势在 20 世纪 80 年代发生了变化，20 世纪 80 年代以来，有大量的文献专门研究信贷市场在货币政策传导到实体经济方面的关键作用。这些理论认为，货币对于理解一般价格水平方面的重要性，并不一定表明货币存量是联系实体经济和金融部门的关键性变量，或是金融部门对实体经济短期影响的最佳指标，因而，在货币政策调控中引入信贷指标是很有必要的。

通过对信贷投放与物价的关系分析，反映出我国经济金融运行中的问题，对于这些热点问题的研究具有广泛的现实意义。

（1）把关注的焦点从信贷投放促进经济增长引向信贷投放与物价的关系上来，在有效的实际数据和实证结果下有助于我们认清贷款规模和结构的重要性。

（2）通过对信贷投放与物价水平的长期均衡关系研究，可以考察我国信贷投放是否合理，信贷投放是否与经济运行相协调，当前是否达到信贷促进经济发展的良性循环模式。

（3）对我国信贷投放与物价水平的关系研究，反映出我国经济金融运行中的问题，为我国货币政策调控中把握信贷总量以及优化信贷结构提供有力的理论和实证结果支持，从而为我国政策当局调整信贷政策、改善货币政策调控以及完善宏观经济调控提供参考依据，而这对我国经济和信贷市场的健康发展以及国民经济结构的调整都具有重大意义。

随着经济金融的不断发展，学术界对信贷理论和信贷行为进行了广泛深入的研究。国内外的研究主要集中在信贷与经济发展的关系及其对资产价格的影响，以及货币政策信贷传导机制作用等方面。

国内关于我国货币政策传导的信贷渠道的研究也有很多，大部分学者均认为信贷渠道是我国主要的货币政策传导途径，但这一重要渠道传导不通畅。在关于信贷投放与物价水平之间的问题上，国内学者研究较少，并且各学者得出的结论有所差异。如杨丽萍、陈松林、王红（2008）运用脉冲响应分析得出，从长期来看居民消费价格指数 CPI 与货币供应量、金融机构贷款余额均呈现同向波动，认为货币政策能够通过综合调整货币供应量和银行贷款两个中介目标变量，达到稳定物价的最终目标。童士清（2010）对信贷增长与 CPI 和 PPI 进行回归分析得出，信贷增长对 CPI 和 PPI 的影响明显，且信贷增长率与 CPI 增长率互为因果关系。

国外关于贷款效应的研究也存在一定争论和差异。最早对银行贷款机制进行研究的是 S. King（1986），他认为银行信贷能够对产出和物价产生影响。Bemanke（1986）运用结构向量自回归模型（SVAR 模型）进行了研究，认为美国的信贷冲击对经济总需求具有较为显著的作用效果。Blanehard（1989），Friedman 和 Kuttner（1993），SimS（1992），Bemanke 和 W6odford（1997）以及 Cbristiano，Eiehenbanm 和 Evans（1999）也运用 VaR 模型研究了一些发展中国家信贷与宏观经济的关系。他们都认为信贷能够影响实体经济总需求。Tobin（1983）和 Lown（1988）认为贷款对产出的贡献至少与货币对产出的贡献一样大，利率的变动对产出和物价的影响比 M_1 的变动更强烈。Oliner 和 Rudebuseh（1996）则认为银行信贷渠道的作用不明显。

综合来看，国内外的研究主要都致力于信贷对经济增长和资产价格的影响，以及对货币政策信贷传导机制效应的研究，研究结果不尽相同。对信贷与物价水平的关系研究相对较少，因此还需对此进行深入的研究。

二、我国信贷投放与物价水平的现状分析

（一）我国信贷规模与结构

1978—2012 年这一期间，我国信贷规模保持持续增长，人民币贷款总量增加了 200 多倍，年平均增长率为 19.15%。贷款增长最快的是 1989 年，其增速达到了 36.1%，增速最慢的是 2000 年的 6.01%。从贷款增速来看，20 世纪 80 年代中期贷款增长迅速，银行信贷规模出现扩张。1987—1988 年，贷款增速持续回落。但是 1989 年贷款增速骤然上升，且达到历史最高值。1990—1997 年贷款增速相对稳定，都保持在 20% 以上。1998—2000 年贷款增速持续下降，随着之前过度投放的贷款的风险逐步显现，以及亚洲金融危机的影响，银行逐渐出现惜贷、慎贷。从信贷投放结构来看，改革开放以后，国家逐步放开金融机构信贷自主权，信贷投向结构呈现多元化的局面，且多年来我国信贷结构分布状况没有发生明显的变化。

（1）信贷的行业分布结构，商业贷款的比重呈明显下降趋势，其他贷款占比逐渐上升。近年来，我国信贷资金主要投向基础设施行业（交通运输、仓储和邮政业，电力、燃气及水的生产和供应业，水利、环境和公共设施管理业）、租赁和商务服务业、房地产业以及制造业，2012 年主要金融机构投向这四个行业的新增本外币中长期贷款占全部产业新增中长期贷款的比重分别为 50.0%、13.1%、12.3% 和 10.2%。

（2）贷款的期限结构，金融机构中长期贷款比重逐年上升，短期贷款比重下降。

（3）从客户对象来看，居民户贷款持续扩大。1998—2012 年个人消费贷款余额占比持续增大，个人住房贷款余额占比也出现明显增长，新增个人消费贷款以及新增个人住房贷款占所有新增贷款的比重都较高。

（4）从贷款机构看，多年来国有商业银行仍然占主导地位，2012 年我国国有商业银行新增贷款占全部新增贷款比重为 40.02%，股份制商业银行新增贷款占全部新增贷款比重为 21.22%。

（5）从贷款地区分布看，我国贷款主要集中投向东部地区，根据历年金融统计资料可以计算出，我国东部地区贷款余额占比都在 60% 以上，相比而言中部地区贷款余额占比在 20% 左右，西部地区贷款余额占比均在 20% 以下。

（二）2009 年以来我国信贷迅速膨胀现象简析

2008 年全球金融危机爆发后，我国没有出现 1998 年亚洲金融危机后的惜贷局面，而是出现不同寻常的高速增长，出现信贷井喷局面，这一情况也与目前世界主要发达国家的信贷增长情况和 1998 年的情况迥然不同。1998 年后我国信贷规模增长缓慢，而 2009 年全部金融机构本外币贷款余额为 42.6 万亿元，同比增长 33.0%，增速比上年同期高 15.1 个百分点，比年初增加 10.5 万亿元，人民币贷款余额为 40.0 万亿元，同比增长 31.7%，增速比上年高 13.0 个百分点，比年初增加 9.6 万亿元，一年的贷款增量相当于前三年的贷款增量总和。西方主要经济体的信贷投放都比较谨慎。美联储统计数据显示，2009 年末美联储信贷规模总额为 2.22 万亿美元，比 2008 年 8 月末增加 1.33 万亿美元，同比下降近 8%。2009 年末欧元区内信贷余额同比增长 2.9%，情况比美国略好。

2009 年之后我国信贷投放规模迅速扩大的主要原因如下：

1. 政府投资的增加引起了信贷需求的增加

政府 4 万亿元的投资计划中很大一部分是对基础设施建设的投资，包括大规模的铁路和公路等交通运输建设。2012 年我国固定资产投资增长率为 30.1%，达到历史最高值，国有及国有控股投资增长 35.2%，比整体增速高 5.1 个百分点。在这些投资计划中，中央政府和地方政府各出资一部分，剩下的资金由市场筹资解决，很多地方政府通过政府融资平台进行融资，向银行申请贷款以获得资金。因此，政府投资项目中，有相当一部分资金来源于银行贷款，所以2009 年新增人民币贷款中，有一半以上都是中长期贷款。

2. 房地产市场迅速回升

相比较我国经济体其他行业的复苏，房地产行业的回升表现得较为迅速明显。2008 年底国家出台一系列购房优惠政策，包括个人住房贷款利率实行 7 折优惠，下调契税税率、免征印花税和土地增值税，以促进房地产市场的发展。在这些促进住房消费的政策影响下，房地产市场迅速回升，2012 年我国商品房销售面积增长 42.1%，销售额增加 75.5%，新增个人住房贷款 1.78 万亿元，约占新增人民币贷款总量的 18.49%，新增房地产开发贷款 3 687.31 亿元，同比增长 48.48%。

3. 执行宽松的货币政策，商业银行资金来源充足

相对于西方国家来说，我国的储蓄率一直较高，银行资金相对比较充裕。西方主要发达国家储蓄率较低，银行主要的资金来源于金融市场，银行主要通过发行债券和进行同业拆借获得资金，且银行存贷比较高。

（三）我国信贷投放与物价水平的变动

改革开放以来，我国 CPI 和 PPI 的总体走势基本相同，1978—1980 年 CPI

逐步走高，1980 年达到 107.5%，而 PPI 走势较稳定，1981—1983 年两者逐步回落下降，1982—1983 年 PPI 连续负增长，1984—1989 年两者持续高位运行，1988 年 CPI 高达 118.8%，1989 年 PPI 高达 118.6%，1990—1991 年两者持续回落，但 1992 年开始出现迅速回升，直至 1996 年两者都处于高位运行状态，其间，1994 年的 CPI 达到历史最高值 124.1%，1993 年 PPI 达到历史最高值 124%。1997 年开始两者出现回落，1998 年和 1999 年 CPI 连续负增长，1997—1998 年 PPI 也出现连续负增长，2000—2002 年 CPI 逐步升高，PPI 在 2000 年略有升高，2001—2002 年连续负增长，2002 年 CPI 也出现负增长，2003—2005 年两者稳步走高，2004 年 PPI 达 106.1% 相对较高，2007—2008 年两者都出现明显回升，2008 年 CPI 和 PPI 分别高达 105.8% 和 106.9%，2009 年两者迅速回落，2009 年 CPI 和 PPI 分别为 99.3%、94.6%。但 2010 年以来两者逐步回升，CPI 有所上涨，PPI 出现较大涨幅，2010 年上半年 CPI 为 102.6%，PPI 为 106%，PPI 涨幅较为明显。还可以看出，1978—2008 年我国信贷增长率与 CPI 及 PPI 的走势基本一致，而 2009 年情况有所不同，信贷高速增长而一般物价指数出现下降，这主要是因为 2008 年一般物价指数持续高位，2009 年在国际金融危机影响下，一般物价指数同比出现下降。

（四）信贷投放与投资

1. 信贷与总体固定资产投资规模

2009 年我国全社会固定资产投资总额达 22.48 万亿元，同比增长 30.1%。城镇固定资产投资规模为 19.41 万亿元，农村固定资产投资为 3.07 万亿元，同比分别增长 30.52%、27.47%。2010 年上半年固定资产投资高位回稳，全社会固定资产投资 11.42 万亿元，同比增长 2.5%~6%。从固定资产投资规模来看，1981—2012 年我国全社会固定资产投资总额总体上持续增加，城镇和农村固定资产投资规模持续增长。统计资料显示城镇地区固定资产投资增速明显快于农村地区。从行业上看，我国固定资产投资主要偏重于制造业和房地产业以及交通运输、仓储和邮政业和水利、环境和公共设施管理业，其中房地产业所占比重呈明显上升趋势，而在金融业，科学研究、技术服务和地质勘查业，居民服务和其他服务业以及卫生、社会保障和社会福利业投资相对较少。

从资金来源情况看，随着固定资产投资的增长，其资金来源中的国内贷款规模持续增大，并且资金来源中国内贷款的增长率与固定资产投资增长率总体上保持一致，信贷支持的变化与投资的变化相一致。从总体上看，我国全社会固定资产投资增长率和信贷增长率基本保持一致，只在 1989 年出现较大差异，1989 年我国信贷高速增长但固定资产增长率却为负值。

2. 信贷与房地产投资

1986—2012 年，我国房地产投资总额持续扩大，房地产投资在固定资产投资的比重明显增加。从房地产投资用途来看，主要投资是用于商品住宅的开发建设，2012 年商品住宅完成投资 34 619 亿元，增长 14.2%，占房地产开发投资的比重为 70.7%。从房地产企业资金来源情况来看，很大一部分是来源于银行信贷，说明房地产开发投资主要还是依靠银行贷款，银行信贷对房地产开发投资支持力度很大。

三、我国信贷投放与物价水平关系的实证分析

理论上讲，在基础货币供给既定的情况下，银行系统的放贷行为和非银行公众对货币、信贷的需求行为共同决定了货币供应量和信贷规模，因此在研究货币供应量与通货膨胀的关系时，不能忽略与经济活动有关的金融资产和负债。因此，本文试图引入信贷规模对此作进一步的完善。综合以往的研究，国内学者主要集中于研究信贷渠道和货币渠道对实体经济发挥的作用以及信贷渠道在货币政策传导过程中的地位。同时，研究货币供应量和信贷规模与通货膨胀的关系方面的相关研究较少，仅有的关于货币供应量、信贷规模与通货膨胀关系的文献，也都是采用传统的时间序列分析方法，由于我国货币政策调控仍处于较为复杂的过渡阶段，货币政策调控手段由数量型工具逐步向价格型工具过渡，变量的稳定性较差，同时采用传统的时间序列方法往往造成参数估计误差较大。因此，本文采用较先进的计量经济学方法，将货币供应量和信贷规模同时纳入影响通货膨胀的实证模型进行分析，以期得到更科学有效的实证结论。

前文对信贷投放与物价水平的关系进行了相关的理论和现状分析，这里对我国信贷投放与物价水平的关系进行实证分析，以检验我国信贷投放与物价水平的关系。

（一）数据变量的选取和处理

1. 基础数据变量

受到统计数据获得的限制，本文选用 2001 年第一季度至 2010 年第二季度的相关季度数据，数据均来源于中国人民银行网站、中国统计局网站和中经网站统计数据以及《中国经济景气月报》各期。

（1）信贷规模变量。本文选取我国金融机构人民币信贷余额的季度数据来体现我国信贷规模。数据处理如下：原始数据为月度贷款余额，故季度贷款余额数据为三个月的最后一个月份的月度余额值。考虑到对时间序列取对数之后不会改变时间序列性质，且能消除时间序列中存在的异方差现象，并容易得到平稳序列，本文对信贷规模变量进行对数处理，记为 credit。

（2）物价指数变量。本文选用消费者物价指数（CPI）来反映整体物价水平。

（3）货币供应量。本文选取我国广义货币供应量（M_2）余额来反映我国货币供应情况。与 M_0、M_1 相比，M_2 更具外生性，可以反映社会总需求变化和未来通胀压力状况。

（4）流动性过剩。随着信用货币时代的到来，非银行金融机构和政府部门的货币创造功能增强，中央银行控制货币的能力减弱，为刻画非银行金融机构等的货币创造功能，度量其与通货膨胀之间的联系，将 M_2/GDP 作为辅助变量，用其刻画过剩的流动性与存款余额的关系。

（5）控制变量。在相应的模型中引入某些控制变量，国内生产总值（GDP）季度数据以反映经济增长水平；全社会固定资产投资额、社会消费品零售总额的季度数据以反映我国总体投资和消费水平；一年期贷款基准利率的季度数据，若有调整就计算这期间的加权平均值；综合考察信贷与经济增长、投资和消费的关系，进而分析其对物价的影响。GDP 增长率是衡量经济增长情况的重要指标，但是由于没有 GDP 的月度数据，因此本文考虑用按可比价格计算的工业增加值（VAI）增长率的月度数据，综合反映经济增长情况。在分析需求拉动型通货膨胀方面，由于我国没有逐月公布国内总固定资产投资情况，所以采用占我国国内总投资绝大比重的城镇固定资产投资完成额（INV）来代替。

2. 数据处理

自 2003 年至今，我国进入了通货膨胀的新周期。因此本文的样本区间为 2003 年 1 月至 2012 年 12 月，数据来源为中国经济统计数据库和国家统计局网站。以 2003 年 1 月为基期，对 CPI 数据进行了调整。由于数据存在较强的季节性因素，因此采用 censusX – 12 季节调整方法进行调整，为了消除异方差和指数化趋势，对上述数据均进行对数化处理。综合物价指数、广义货币供应量、金融机构信贷规模、流动性过剩、经济增长、生产者价格指数和固定资产投资变量取对数后分别表示为 $lnCPI$，lnM_2，$lncredit$，$ln（M_2/GDP）$，$lnVAI$，$lnPPI$ 和 $lnINV$。本文在进行实证分析时，也计算出其他各经济变量以 2000 年各季度为定基的同期比值，再将它们与以 2000 年各季度为定基的消费者物价指数（CPI）进行计量分析。

（二）实证分析

1. 单位根检验

对时间序列平稳性检验的常用方法是单位根检验，本文采用 ADF 检验来实现，即 ADF 方法进行单位根检验，结果见表 1。从检验结果可知，原序列 lncredit、lnCPI、lnGDP、lnInv、lnCon、lnM₂ 和 lnR 的 ADF 统计量均大于 5% 显著性水平下的临界值，其相应的 P 值也大于 5%，表明接受原假设，即以上相关变量的原序列是非平稳的。而其相应的一阶差分序列的 ADF 统计量均小于 5% 显著性水平下的临界值，其相应的 P 值也小于 5%，表明拒绝原假设，即 Dlncredit、DlnCPI、DlnGDP、DlnInv、DlnCon、DlnM₂ 和 DlnR 是平稳的。因此，原序列 lncredit、lnCPI、lnGDP、lnInv、lnCon、lnM₂ 和 lnR 均为一阶单整序列，表示为 I (1)。

表1　　　　　　　　　　　　　　**各变量 ADF 检验结果**

变量	检验类型	ADF 统计量	5% 临界值	P 值	平稳性
ln*credit*	(c, 0, 9)	1.5122	−2.9434	0.9990	不平稳
ln*CPI*	(c, 0, 9)	−0.4613	−2.9604	0.8858	不平稳
ln*GDP*	(c, 0, 9)	0.4535	−2.9434	0.9826	不平稳
ln*Inv*	(c, 0, 9)	−0.1569	−2.9434	0.9353	不平稳
ln*Con*	(c, 0, 9)	2.5767	−2.9549	1.0000	不平稳
ln*M₂*	(c, 0, 9)	1.1719	−2.9458	0.9973	不平稳
ln*R*	(c, 0, 9)	−1.4269	−2.8874	0.5667	不平稳
ln (*M₂/GDP*)	(c, 0, 9)	−2.3314	−2.8874	0.6312	不平稳
Dln*credit*	(c, 0, 9)	−3.6705	−2.9458	0.0089	平稳
Dln*CPI*	(0, 0, 9)	−2.4188	−1.9504	0.0170	平稳
Dln*GDP*	(c, 0, 9)	−5.1661	−2.9458	0.0001	平稳
Dln*Inv*	(c, 0, 9)	−6.8485	−2.9458	0.0000	平稳
Dln*Con*	(c, 0, 9)	−4.1465	−2.9540	0.0028	平稳
Dln*M₂*	(c, 0, 9)	−4.0761	−2.9458	0.0031	平稳
Dln*R*	(c, 0, 9)	−6.9415	−2.8874	0.00000	平稳
Dln (*M₂/GDP*)	(c, 0, 9)	−3.2217	−2.8874	0.00000	平稳

通过各时间序列曲线图发现，序列没有时间趋势，围绕着非零常数上下波动，因此采用仅包含常数项的检测形式。结果表明，ln*CPI*、ln*M₂*、ln*credit* 、ln (*M₂/GDP*)、ln*VAI*、ln*PPI* 和 ln*INV* 均为非平稳时间序列。进一步对其一阶差分序列进行单方根检验现 5 个变量的一阶差分都是平稳时间序列，即 Dln*CPI*、Dln*M₂*、Dln*credit* 、Dln (*M₂/GDP*) 、Dln*VAI*、Dln*PPI* 和 Dln*INV* 均为一阶单整序列。

2. 协整检验和 Granger 因果关系检验

在目前宏观经济计量分析中，Granger（1987）所提出的协整方法已成为了分析非平稳经济变量之间数量关系的最主要工具之一。非平稳序列很可能出现伪回归，协整的意义就是检验它们的回归方程所描述的因果关系是否是伪回归，即检验变量之间是否存在稳定的关系。因此，协整检验可以检验非平稳序列之间是否具有长期的稳定关系。目前主要采用的协整方法有两种，第一种有 Engle 和 Granger 提出的两步检验法，即将两个非平稳变量进行 OLS 估计，然后检验残差的平稳性。如果残差是平稳的，则说明两个变量之间具有协整关系。另一种方法 Johansen 提出的基于参数的检验，即用两个非平稳变量所构造模型，并检验模型参数是否显著。需要注意的是，协整检验的变量必须同阶非平稳序列。我们分别对我国的货币供应量与通货膨胀、信贷规模与通货膨胀及货币供应量和信贷规模变量进行协整检验，结果如表 2 至表 4 所示。

表 2　　　　　货币供应量与通货膨胀的 Johanson 协整检验结果

原假设	特征值	迹检验统计量	5%临界值	P 值
无协整关系	0.0105	9.6265	15.4947	0.0305
至多一个协整关系	0.0253	0.8464	3.8416	0.1721

表 3　　　　　信贷规模与通货膨胀的 Johanson 协整检验结果

原假设	特征值	迹检验统计量	5%临界值	P 值
无协整关系	0.0608	17.7385	15.4947	0.0226
至多一个协整关系	0.0063	1.6194	3.8416	0.2032

表 4　　　　　货币供应量和信贷规模的 Johanson 协整检验结果

原假设	特征值	迹检验统计量	5%临界值	P 值
无协整关系	0.0265	6.6534	15.4947	0.0346
至多一个协整关系	0.0743	4.3872	3.8416	0.3875

根据协整检验的结果，我国的货币供应量与通货膨胀、信贷规模与通货膨胀及货币供应量和信贷规模都具有较强的协整关系。

然后检验 $\ln CPI$、$\ln VAI$、$\ln GDP$、$\ln Con$ 和 $\ln INV$ 各变量之间是否存在长期均衡关系，由检验结果可知，在原假设没有协整关系和至多一个协整关系的情况下，迹检验统计量均大于相应的在 5% 显著性水平下的临界值。因此，在 5% 的显著性水平下拒绝不存在协整关系和至多只有一个协整关系的原假设，即认为以上变量间之间存在协整关系。协整方程为

$$\ln CWPI = 4.42 + 2.98\ln credit + 0.35\ln GDP + 0.009\ln Inv$$

$$+ 3.68\ln Cov - 6.59\ln M_2 - 0.49\ln R \qquad (1)$$

表5　　　　　　　　　　　Johansen 协整检验结果

检验变量	协整关系数量	特征值	迹检验统计量	5%临界值	P 值
ln*credit*、ln*CPI*	没有	0.8665	206.77	134.67	0.0000
ln*GDP*、ln*Inv*、ln*Con*	至多一个	0.8102	134.26	103.84	0.0001
ln*M*$_2$、ln*R*	至多两个	0.5245	74.42	76.97	0.0769
	至多三个	0.4645	47.56	54.08	0.1650
	至多四个	0.3212	25.17	35.19	0.3899
	至多五个	0.1837	11.22	20.26	0.5210

　　由上述协整方程可知，在长期内综合物价指数与银行信贷规模、国内生产总值、投资、消费呈同向变动关系，银行信贷规模对物价水平的弹性系数为2.98167，即银行信贷每增长1%，物价水平就增长2.98%。国内生产总值、投资和消费对物价水平的弹性分别为0.352271、0.0096和3.679945，即国内生产总值、投资和消费每上涨1%，物价水平分别上涨0.35%、0.01%和3.68%。这表明经济增长、投资和消费的增长拉动了物价水平的上涨。货币供应量和利率与物价指数负相关，货币供应量和利率对物价指数的弹性分别为 - 6.59101 和 - 0.498634。利率每上涨1%，物价就会下跌0.5%。上述模型中货币供应量与物价水平呈反向变动关系，本文认为这是因为我国货币政策的中介指标为货币供应量，当货币投放过多将可能导致物价上涨压力时，央行就会综合运用公开市场工具，如发行央行票据、开展正回购操作等，或加强窗口指导工作，货币当局进行的一系列宏观调控在一定程度上会缓解物价过快上涨的趋势。再者，信贷作为经济运行的中介桥梁，很多经济活动依赖银行信贷。信贷的大量投放会直接作用于实体经济，这一效果比较直观清晰且效应强大。信贷规模的激增会很明显且迅速地拉动社会总需求，信贷资金对实体经济的影响要比货币供应量显著。

　　同时，由协整检验结果可知，我国信贷资金刺激了社会总需求的增长，在资源没有得到充分利用、社会总供给没有及时跟上调整，就会出现物价综合性上涨。也就是说，从长期来看，银行信贷投放的增加将会导致整体物价水平的上升，那么我国2009年急速膨胀的信贷投放规模也将在长期内对物价水平造成一定的上涨压力。

　　再根据前面的单位根检验结果，不平稳的序列将差分平稳后进行格兰杰因果关系检验，检验结果如表6所示。

表6 　　　　　　　　　　　　　Granger 因果检验结果

原假设	F 值	P 值
Dln*CPI* 不是 DlnM_2 的 Granger 原因	8. 2315	0. 0041
DlnM_2 不是 Dln*CPI* 的 Granger 原因	32. 6428	0. 0001
Dln*CPI* 不是 Dln*credit* 的 Granger 原因	6. 2047	0. 0452
Dln*credit* 不是 Dln*CPI* 的 Granger 原因	3. 7556	0. 1918
DlnM_2 不是 Dln*credit* 的 Granger 原因	5. 4213	0. 1247
Dln*credit* 不是 DlnM_2 的 Granger 原因	4. 1577	0. 0412

根据 Granger 因果关系的检验结果，货币供应量与物价水平具有双向的格兰杰因果关系；信贷规模能够单向影响物价水平，而 CPI 并不影响信贷规模。此外货币供应量是信贷规模的单向 Granger 原因，表明货币供应量对信贷规模有一定的影响。接下来我们将利用 BVAR 模型来进一步研究货币供应量和信贷规模对 CPI 的影响及两者的交互作用对 CPI 的影响效应。

3. 研究模型

（1）目前文献模型设定存在的不足

首先，大多数文献使用 VaR 模型来研究货币供应量对国内物价的影响，而 VaR 模型极易因数据集长度的制约而导致估计结果不可靠。由于我国统计数据有限，无论是使用季度数据还是月度数据，上述文献都不可避免地存在着样本数据序列较短的问题。在 VaR 模型的估计中，数据量不足一般会导致多重共线性的存在和自由度下降，造成参数估计较大的误差。BVAR 模型能通过在估计参数时施加某些先验信息约束后进行估计，可以有效地解决上述难题，提高模型的精度。

其次，大多数文献往往仅关注货币供应量单个变量或 2 ~ 3 个相关变量与通货膨胀之间的关系，较少在一个统一的宏观经济模型框架中进行研究，所揭示影响机制与现实存在差距。宏观经济系统非常复杂，只使用货币供应量和通货膨胀两个指标来研究两者之间的因果关系会缺乏普遍性。因此，需要在多变量模型中研究货币供应量和信贷规模对通货膨胀的因果影响。

最后，大多数文献是通过样本内估计来研究大宗商品价格与国内价格之间的关系，但从应用角度而言，样本外预测要优于样本内估计。保持物价稳定是宏观调控目标之一，对于政策决策者来说，调控物价波动的决策需要具有前瞻性。样本外预测则能够反映出决策者在决策时面临的信息和数据约束的基础上，给出未来通货膨胀的预测值，从而能为政策制定提供决策参考。因此具有更好的应用价值。

为有效解决以上 3 个问题，本文的研究目标是采用 BVAR 模型，建立较为完整的宏观经济模型，从样本外预测的角度来研究货币供应量和信贷规模对国内通货膨胀的影响。

（2）贝叶斯向量自回归模型（BVAR 模型）设定

首先建立一个由 m 个变量组成、滞后阶数为 p、含有常数项的 VAR（p）模型，即

$$y_t = c + A_1 y_{t-1} + A_2 y_{t-2} + \cdots + A_p y_{t-p} + u_t \tag{2}$$

式中，c 是常数向量，$y_t = (y_{1,t}, y_{2,t}, \cdots, y_{m,t})^T$，包含 CPI，NEER，VAI，$M_2$ 等国内经济变量，残差 $u_t \sim i.i.d. N_m(0, \sum)$，$\sum$ 为 $m \times m$ 正定矩阵，A_j 为 $m \times m$ 系数矩阵，$\alpha_{i,j,t}$ 表示方程 i 中变量 j 的滞后 τ 期的系数。

BVAR 模型对 VaR 模型的改进主要在于 BVAR 利用了来源于经验和历史资料的先验信息来增加预测的准确性。当参数被断定在某一值（如零值）时，BVAR 模型使参数趋近于这一取向而不是锁定确定值，即把所有变量的系数都看成是围绕其均值的波动，是给定系数的先验分布函数，而不是系数的精确数量关系。

目前发展出来的先验分布有很多，包括扩散先验分布和共轭先验分布，本文采用实际应用中最为普遍的明尼苏达（Minnesota）分布。BVAR 模型将众多参数的估计问题转化为对几个超级变量的估计，这些超级变量（γ, d, ω）取值方法有如下两种：第一，通常可以按照利特曼（Litterman）实际经验的方法，采用几个特殊的取值；第二，使用贝叶斯方法，在最大似然函数的基础上计算出超级变量的取值。但是，第二种方法软件实现较困难并没有得到广泛的实际应用。本文 BVAR 模型采用的明尼苏达分布先验分布设定和利特曼方法十分接近，因此，选择第一种处理方法，给定超级变量的可能性取值（具体取值参照利特曼的做法）。其中，$\omega = \{0.5, 1\}$，$\gamma = \{0.0005, 0.0008, 0.001, 0.05, 0.1, 0.2, 0.3, 0.4\}$，$d = \{0.5, 1\}$。通过泰尔混合估计方法对 BVAR 模型参数进行估计。

BVAR 模型需要确定 BVAR 模型的滞后阶数、相对紧度 ω、衰减参数 d 和总体紧度 γ 的取值。本文参数选择的具体过程如下。首先，采用确定模型的最优滞后期。对于 BVAR 模型滞后阶数的选择标准，采用和 VAR 一致的标准。根据 FPE 准则、AIC 准则、HQ 准则和 SC 准则下选取次数最多的最优滞后阶数原则选取 VAR 最优滞后阶数。其次，按超变量的可能性取值中选取组合，在系数可能取值中组合，使用泰尔混合估计方法对 BVAR 模型参数进行估计。最后，综合比较一步 RMSE（均方根误差）和一步至两步 Theil 值、三步至六部平均 Theil 值、七步至十二步平均 Theil 值来选择最优的系数组合。对于如何选取最优超参

数（γ,d,ω）组合，目前尚没有统一标准，卡诺瓦（Canova）建议使用一步预测误差最小的组合，但是一步预测误差仅反映短期的预测情况。本文尝试性地将短期、中期和长期的预测能力综合考虑进行比较，确定 BVAR 模型的先验分布选择。

为了有足够的数据来进行模型的估计与预测，同时样本外的预测值不至于太少，本文选用 1997 年 1 月至 2005 年 12 月作为模型的起始估计区间段（内样本数据），向前预测 1 期（即 2006 年 1 月）至 12 期的 CPI，然后延长起始估计区间段至 2006 年 1 月，即将 1997 年 1 月至 2006 年 1 月作为内样本数据，向前预测 1 期至 12 期，依此类推，不断向前，直至预测结果达到最后一期。假设模型起始预测期为 2006 年 1 月到最后日期 2008 年 12 月。因此，建立的预测模型一共进行 36 次一期预测、35 次二期预测……25 次 12 期预测来计算模型的 RMSE 和 Theil 值。

（3）BVAR 模型实证结果

由前述协整检验的结果，变量 LnCPI，LnVAI，LnPPI 和 LnINV 存在一阶长期协整关系。其次，确定模型的最优滞后期。根据 AIC 信息准则和 SC 信息准则，确定 BVAR（1）模型的最优滞后阶数为 2。

下面确定 BVAR（1）模型的最优超参数组合。由于本文重点关注于模型中 CPI 预测序列，因此根据前面给出的超参数组合可能取值，笔者建立了 32 个 BVAR 模型，并进行 12 期 CPI 的预测。表 1 的第 3 行～第 5 行给出了不同超参数组合的 BVAR（1）模型中 CPI 变量方程预测的 RMSE 和 Theil 值。根据表 7 的结果可知：从短期预测能力来看，一步 RMSE 和 1 步～2 步平均 Theil 值最小的参数组合是（0.3，1，1）；7 步～12 步平均 Theil 值最小的超参数组合为（0.4，0.5，1）。中期预测能力较强的参数组合为（0.4，1，1），其 3 步～6 步平均 Theil 值最小为 0.87645，并且其 1 步～12 步预测平均 Theil 值也是最小的，说明此超参数组合整体预测能力较好。因此，本文选定 $\gamma=0.1$，$d=1$，$\omega=1$ 为明尼苏达先验分布超参数组合。

为了比较分析货币供应量和信贷规模对我国物价水平的影响程度，下面将建立 3 个分别含有 lncredit，lnVIA，M_2，CPI 等变量的 BVAR 模型。以 lnVIA，lnM_2，lnCPI 和 lnINV 4 个变量建立 BVAR 模型（2），根据前述方法，确定最优滞后阶数为 3，最优超参数组合为 $\gamma=0.2$，$d=1$，$\omega=1$。以 lncredit，lnVIA，lnCPI，lnInv 4 个变量建立 BVAR 模型（3），确定最优滞后阶数为 3，最优超参数组合为 $\gamma=0.2$，$d=1$，$\omega=1$。以 lnLoan，lnVIA，M_2，CPI 和 ln（M_2/GDP）5 个变量建立 BVAR 模型（4），确定最优滞后阶数为 3，超参数组合为 $\gamma=0.1$，$d=1$，$\omega=1$。表 7 给出了所有模型部分参数组合的预测能力情况。

表7　　　　　　　　　　　各模型最优超参数组合的预测能力分析

模型名称	参数组合 (γ, d, ω)	短期预测		中期预测	长期预测	整体综合预测
		一步 RMSE	1步~2步 平均 Theil 值	3步~6步 平均 Theil 值	7步~12步 平均 Theil 值	1步~12步 平均 Theil 值
四变量 BVAR (1) 模型	(0.3, 1, 1)	0.00588	0.79265	0.82651	1.05358	0.95107
	(0.4, 1, 1)	0.00588	0.79349	0.82645	1.05270	0.95075
	(0.4, 0.5, 1)	0.00590	0.79622	0.83752	1.05111	0.95076
BVAR 模型 (2)	(0.4, 0.5, 1)	0.00562	0.77372	0.88136	0.84275	0.94412
	(0.4, 1, 1)	0.00665	0.77232	0.87451	0.84390	0.94218
	(0.2, 1, 1)	0.00677	0.77846	0.86646	0.84325	0.94019
	(0.1, 0.5, 1)	0.00639	0.80375	0.87575	0.83904	0.94539
BVAR 模型 (3)	(0.4, 0.5, 1)	0.00575	0.78642	0.87521	1.03870	0.94549
	(0.3, 1, 1)	0.00579	0.78258	0.87323	1.03616	0.93959
	(0.2, 1, 1)	0.00584	0.78490	0.86818	1.03357	0.93699
	(0.1, 1, 1)	0.00600	0.80455	0.87475	1.02841	0.93988
BVAR 模型 (4)	(0.2, 0.5, 1)	0.00598	0.80161	0.85248	0.90397	0.86975
	(0.3, 1, 1)	0.00596	0.80309	0.85933	0.90963	0.87511
	(0.1, 1, 1)	0.00608	0.81012	0.84269	0.88718	0.85951
	(0.05, 0.5, 1)	0.00628	0.83820	0.85786	0.88372	0.86751

在样本外预测中，目前仍没有准确的标准去检验预测结果的差别是否显著。虽然 DM 检验（Diebold and Mariano Test）可以判断两个模型的 RMSE 是否存在显著差异，但是，阿姆斯特朗（Armstrong）认为，样本外预测中的显著性检验并不比直接使用 RMSE 或 Theil 值比较的方法更有优势，因而建议不要使用显著性检验来替代直接比较。为了对上述 4 个模型的预测能力进行更细致的比较，本文将这些模型中 CPI 变量 1 期~12 期预测 Theil 值进行比较研究，分别研究货币供应量和信贷规模的引入是否能够提高国内 CPI 预测能力。如果引入了货币供应量和信贷规模提高了对 CPI 预测能力，则货币供应量和信贷规模能影响国内 CPI，反之，则不能影响。

通过各模型 Theil 值比较可以得到如下三方面的结论。

首先，货币供应量对我国 CPI 影响明显，且存在滞后性。在预测期为 1 期~3 期时，货币供应量的引入并没有增加模型的预测精度，即含有货币供应量模型的 Theil 值并不都明显低于其他模型的 Theil 值，特别是同时含有货币供应量和信贷规模模型的 Theil 值还略高于国内 4 变量模型 Theil 值。这说明货币供应量的变动并不会立刻影响我国通货膨胀。当预测期为 4 期~12 期时，货币供应量的引入都能增加模型的预测精度，即含有货币供应量的 Theil 值相比不含货币供应量的 Theil 值有所减少。这说明，货币供应量和信贷规模的变动都会影响我国 CPI，而且这一影响都存在滞后性，只有经过 3 个月以后才会逐渐在我国的 CPI 中显现出来。

其次，货币供应量在中期和短期内对我国通胀都存在显著影响，其 Theil 值在 1 期~12 期内随着预测期增多而呈下降趋势，到第 7 期时其 Theil 值均小于 1，即过了第 7 期以后，这几个模型的预测精度就大于通货膨胀的随机游走模型的预测精度。加入信贷规模因素的模型，到第 7 期时其 Theil 值均超过 1，即过了第 7 期以后，这几个模型的预测精度就大于通货膨胀的随机游走模型的预测精度。这说明，货币供应量在中长期会对通胀产生影响，而信贷规模在短期内对国内通胀的影响较为显著。并且加入货币供应量和信贷规模因素模型的 Theil 值总体上呈现先上升后下降趋势，并且一直小于 1，这说明 BVAR（4）模型的预测精度非常好。这意味着，无论是中期还是长期，货币供应量和信贷规模的引入都能提高对于国内通货膨胀的预测精度，而信贷规模的走势会对我国国内价格走势产生中短期的显著影响。

最后，通货膨胀惯性是决定通货膨胀走势的最重要原因。虽然各 BVAR 模型的 Theil 值在某些预测期内小于 1，而且基本上在预测期为 1 期~3 期时，各模型的 Theil 值在所有的预测期内达到最小值 0.8 左右。0.8 的 Theil 值并不是太小，即这些模型相对于通货膨胀的随机游走模型，它们的预测精度并没有大幅度提高。这表明，相对于国内因素、货币供应量等，在考虑流动性过剩的背景下，通货膨胀的惯性特征更为明显，上期的通货膨胀对这期通货膨胀的影响最大。

（三）实证研究结论及分析

本文采用 BVAR 模型，通过在包含 CPI 和工业增加值增速的模型中分别加入 M_2 和信贷规模来研究货币供应量后的模型是否能增加对于 CPI 的预测精度。我们的研究发现，考虑货币供应量和信贷规模的 CPI 预测精度均有显著提高，货币供应量对国内价格影响存在滞后性，在中长期内都会对我国 CPI 产生显著影响，信贷规模会对我国国内价格走势产生中短期的显著影响。

本文的研究结论具有如下几方面的政策含义：

（1）货币供应量、金融机构信贷与通货膨胀之间分别存在长期的均衡关系。在中长期，货币供应量对通货膨胀的影响比金融机构信贷对 CPI 的影响更大。货币供应量作为金融机构信贷的格兰杰成因，与金融机构信贷也存在长期的协整关系，也就是说，货币供应量可以通过影响金融机构信贷而影响通货膨胀。

（2）货币供应量、金融机构信贷是影响通货膨胀的重要因素，相对于货币供应量来说，金融机构信贷短期内对通货膨胀的影响具有更快的效果，有更好的时效性，影响更明显，更突出。

（3）BVAR 模型的实证结果表明，在考虑过剩流动性的情况下，在中长期两者的交互作用对物价水平的影响较为显著。

四、结论及政策建议

（一）结论

1. 我国存在信贷投放对物价水平的传导，且信贷投放与整体物价水平之间存在长期正向均衡关系和双向因果关系

我国信贷投放在长期内通过刺激投资和消费拉动总需求，从而对物价水平的上涨造成一定压力。我国信贷投放与整体物价水平之间存在长期正向的均衡关系和双向的因果关系，银行信贷投放的快速增长导致整体物价水平的上涨，而整体物价水平的上涨又造成了银行信贷投放规模的增加。同时，我国资产价格的上涨尤其是房地产价格的上涨对整体物价水平的攀升造成了一定的压力。我国信贷投放在长期内对投资和消费存在一定的正向影响效应，说明信贷投放对投资的刺激作用大于其对消费的拉动作用，这也是由多年来我国经济发展方式和经济产业结构所决定的，表明我国存在消费相对不足和经济结构失衡的问题。

2. 我国信贷投放不合理，信贷资金使用效率较低

我国信贷投放不合理，信贷资金的使用效率较低，导致信贷投放对物价水平的影响是非良性的。我国信贷投放对物价水平的影响效应大于其对经济增长的影响效应，也解释了信贷投放增长为何在长期内仅仅导致物价水平的不断上涨。信贷投放没有引起经济的有效增长，也就出现社会总需求持续增长而社会总供给没有增加，又进一步加剧了物价水平的持续上涨。这就说明我国信贷投放不合理，信贷投放对物价水平的影响是非良性的。信贷投放没有保持与经济运行相协调，信贷资金使用效率较低，信贷对实体经济的影响仅仅表现为物价的上涨。信贷投放的不合理包括信贷投放总量和增速以及资金投向结构的不合理，投向某些领域的贷款超过了其真实需求，而对有些领域存在信贷配给现象。信贷投放不合理，信贷分配不均，部分行业受到信贷配给，这就导致我国信贷资金的使用效率较低。造成我国信贷投放不合理，信贷资金使用效率较低的原因主要有我国宏观经济政策、产业结构以及经济增长方式的影响，信息不对称导致的信贷集中与信贷配给的并存以及银企关系的改善和银行贷款监督职能的弱化。

3. 适当调整利率水平可以调节信贷投放、抑制需求膨胀以稳定物价

利率与整体物价水平呈负相关，利率的变动对整体物价水平、投资和消费的变化呈负向影响效应，利率的上涨对信贷增长的正向效应逐渐减弱，说明可以通过适当调整利率水平，调节信贷合理投放，达到抑制需求膨胀、稳定通胀预期的作用。

综上所述，我国信贷投放的增长对整体物价水平的上涨造成了一定压力，信贷投放通过刺激消费和投资拉动总需求，使整体物价水平升高，但信贷投放增长对物价上涨的影响是非良性的，由于信贷投放没有引起经济的有效增长，进一步加剧了物价水平的不断上涨。因此要避免物价过快上涨，保持宏观经济平稳运行和促进经济的有效增长，就必须保持我国信贷投放的合理平稳增长，也就是保持信贷总量的适度合理增长，以及引导优化信贷投放结构，进而提高信贷资金使用效率。

（二）政策建议

根据前文的研究结论及有关结论分析，本文提出相应的政策建议。本文认为需要进一步加强和完善货币政策调控，优化信贷结构，保持信贷投放合理增长，继续加强通胀预期管理；不断提高我国信贷资金的使用效率，同时推动产业结构升级，转变经济增长方式，以促进经济合理均衡增长。要解决这些问题，需要货币当局以及政府各部门的共同努力。

1. 加强和完善货币政策调控，将间接调控和价格手段相结合

（1）加强"窗口指导"和信贷政策引导，进一步优化信贷结构，保持信贷合理增长

中央银行应加强"窗口指导"和信贷政策引导，促进信贷合理增长，进一步优化信贷结构，提高信贷支持经济发展的质量。继续加强货币政策与财政政策和产业政策的协调配合使用，加大金融支持经济发展方式转变和经济结构调整的力度。继续落实"有扶有控"的信贷政策，调整优化信贷结构。金融危机的冲击同时也是对实体经济参与者优胜劣汰的过程，是我国经济结构产业结构调整的机遇，鼓励对有成长背景的企业进行贷款支持。加大对中小企业、产业转移以及区域经济协调发展等方面的融资支持，增加对节能环保技术部门和社会公共部门的信贷投入，严格控制对高耗能、高排放行业和产能过剩行业的贷款。继续执行差别化房贷政策，促进房地产市场健康平稳发展。同时，需防范和控制金融风险加强对金融机构的风险提示，保持金融体系的稳定，防范系统性风险，增强金融持续支持经济发展的能力。

（2）适当调整利率水平以调节信贷投放和稳定通胀预期

根据国内外经济金融形势的变化，适当提高利率水平，达到抑制需求膨胀、

稳定通胀预期的作用，同时调节信贷合理投放。同时，灵活运用货币政策工具，引导货币信贷适度增长。综合运用多种货币政策工具，合理开展公开市场操作，适度调整存款准备金率，创新货币政策工具，继续推进利率市场化，调节市场资金供求，加强流动性管理，保持银行体系流动性合理适度，促进货币信贷适度增长，加强通胀预期管理。

2. 大力发展直接融资，加强金融监管

（1）积极发展直接融资，改变单一的金融结构

在支持经济发展过程中也不应过分依赖银行的信贷投放，应进一步发展直接融资等其他资金融通渠道。积极开展金融创新，发展多种金融产品。允许并规范民间借贷，建议有条件的企业进行民间借贷融资行为或其他形式的借贷；支持鼓励新兴产业技术部门或业绩稳定良好的民营企业通过在创业板上市进行直接融资，以此来减少经济复苏过程中对银行信贷的依赖。同时也要加强对证券市场以及民间借贷市场的监管力度，防范市场风险，促进我国各类金融市场协调发展。

（2）加强对信贷资金用途的监督，密切关注资产价格

资产价格对于整体物价水平和金融稳定乃至居民生活都构成影响，因此必须给予资产价格足够的重视，进一步促进证券市场和房地产市场的健康发展。加强对贷款使用用途的监督检查力度，遏制挪用贷款现象。严禁信贷资金违规进入股市，也需要防止企业和个人挪用信贷资金进入房地产市场从事高风险投资或投机行为。加强对信贷资金用途的监督，加大对违规行为的查处力度，降低和防范信贷风险。确保信贷资金的合理运用，提高信贷资金的使用效率。

3. 加强和完善宏观经济调控

（1）把好流动性总闸门，控制货币供应量

货币供应量是推动经济增长和抑制通货膨胀的主要因素。当前经济形势下，抑制通货膨胀是中国政府经济工作的首要任务。如何在复杂的经济形势下，如何实行稳健的货币政策，考验央行的智慧。稳定的货币供应量可以控制消费和投资过热，可以有效稳定市场经济，抑制通货膨胀。

（2）引导金融机构把握节奏，合理安排信贷投放

由于信贷对于通货膨胀具有短期更快、更明显的影响效果，因此要控制信贷规模，引导金融机构均衡把握贷款投放总量和节奏，使金融机构的信贷投放在合理水平上，增强信贷支持经济发展的均衡性和可持续性。人民银行对此应该做好信贷指导工作，要求金融机构按照合理的比例进行放贷，严格控制信贷的非理性增长和季度、月度之间异常波动，避免信贷投放过快、过猛的现象发生。

（3）完善对房地产业的调控，加快推进住房保障体系建设

当前房地产价格仍然偏高，需继续加大对房地产业的调控力度，完善对房地产业的调控，加快推进住房保障体系建设，加大对经济适用房和社会保障性住房的建设。实行差别化房贷政策，促进房地产市场健康平稳发展。在完善房地产调控中，并不能搞"一刀切"，现阶段必须坚决打击遏制部分投资投机需求，而对于部分刚性需求尤其是城市中新兴成长起来的年轻社会群体的购房需求应该得到满足和支持。住房问题会引起一系列的社会问题，同时需要进行与住房有关的购房政策、信贷政策、税收政策、经济适用房和社会保障性住房政策等其他社会制度方面的改革，目前还需要制定更为灵活合理且行之有效的房地产调控政策。决策部门在充分考虑政府利益的同时，更多地需要考虑民众的利益。当前应进一步扩大土地供应量，增加商品房供应量，这样才能从长期内真正缓解上涨的房价，那么后期的楼市调控政策还需要进一步研究制定。

考虑到货币供应量和金融机构信贷对通货膨胀的上述动态影响的不同特点，央行应延续稳健的货币政策，继续采取措施，抑制通货膨胀。

总之，人民银行在制定货币政策时，既考虑到货币供应量对通胀的总体效果，又注意信贷对于通胀的短期效应，将两者结合起来，就能更好地达到宏观调控的效果。

参考文献

［1］杨丽萍，陈松林，王红．货币供应量、银行信贷与通货膨胀的动态关系研究［J］．管理世界，2008（6）：168－169.

［2］刘小铭，沈利生．我国信贷规模与货币供应量关系的实证研究［J］．统计与决策，2008（23）：25－29.

［3］宋建江，胡国．我国货币供应量与通货膨胀关系的实证研究［J］．上海金融，2010（7）：33－37.

［4］郭田勇．资产价格、通货膨胀与中国货币政策体系的完善［J］．金融研究，2006（10）：23－35.

［5］盛朝晖．中国货币政策传导渠道效应分析：1994—2004［J］．金融研究，2006（7）：22－29.

［6］许伟，陈斌开．银行信贷与中国经济波动：1993—2005［J］，经济学，2009，8（3）：970－991.

［7］Bari, Eiehengreen and Kris Mitchener. The Great De Pression as a Credit Boom Gone Wrong［P］. *BIS Working Papers*, 2003（137）.

［8］Bemanke, B. S. and Blinder, A . S. Credit, Money and Aggregate Demand

[J] . *The American Economic Review*, 1988 (5): 435 – 39.

[9] Bernanke, B. S. and Blinder, A. S. The Federal Funds Rate and the Channels of Monetary Transmission [J] . *American Eeonomic Review*, 1992, 82 (4): 901 – 921.

[10] Bohn. H. Time Inconsisteney of Monetary Poliey in the Open Eeonomy [J] . *Journal of International Economics*, 1991, 30 (3): 249 – 266.

[11] DewatriPont, Mathias and jean Tirole. A Theory of Debt and Equity: Diversity of securities and Managers harehold Congruence [J] . *The Quarterly Journal of Economics*, 1994 (4): 1027 – 1054.

风险为本前提下反洗钱大额交易和可疑交易报告研究

——以河南省改革试点为例

中国人民银行郑州中心支行课题组[①]

摘要：本文结合当前我国反洗钱大额交易和可疑交易报告工作现状，详细剖析了现行大额交易和可疑交易报告模式的弊端，并在借鉴英国、美国、中国香港等国家和地区报告模式基础上，结合河南省大额交易和可疑交易试点单位——中国工商银行河南省分行、中原证券股份有限公司、安阳银行的试点情况，对完善我国反洗钱大额交易和可疑交易报告工作提出了政策建议。

关键词：风险为本　法人监管　大额交易　可疑交易

我国自 2003 年初建立金融机构反洗钱大额交易和可疑交易（以下简称反洗钱大额和可疑交易）报告制度以来，可疑交易报告数量庞大但情报价值较低，与反洗钱工作目标不相符，已成为制约反洗钱工作开展的主要障碍。为适应"风险为本"的反洗钱工作理念，提高大额和可疑交易报告工作成效，2012 年初人民银行在中国工商银行启动大额和可疑交易报告综合试点工作，并在此基础上，相继选取了部分条件较为成熟的金融机构进行试点。如何贯彻风险为本理念，构建有效的大额和可疑交易报告模式，提高可疑交易报告处理质量和效率，更好地发挥大额和可疑交易报告对打击洗钱等违法犯罪活动的作用是目前亟待解决的重要课题。

一、风险为本的反洗钱理念

（一）风险为本理念概述

风险为本的方法（Risk – based Approach）是当前国际上反洗钱工作的核心

---

① 课题主持人：邵延进；
　　课题组成员：路漫、孔艳丽、郭红兵、靳珂、石彦杰、周正。

理念，FATF 新 40 条建议提出，"各国应当识别、评估和了解本国的洗钱与恐怖融资风险，并采取相应措施，包括指定某一部门或建立相关机制协调行动以评估风险，配置资源，确保有效降低风险。在风险评估基础上，各国应适用风险为本的方法，确保防范或降低洗钱和恐怖融资风险的措施与已识别出的风险相适应"。风险为本的原则允许各国在 FATF 要求的框架下，采取更加灵活的措施，以有效地分配资源、实施与风险相适应的预防措施，最大限度地提高有效性。

（二）风险为本反洗钱理念要求与落实

风险为本，简单地说，是根据风险配置反洗钱资源。其中包含对金融机构和监管部门两个层次的要求：对于直接接触客户的金融机构而言，反洗钱工作的责任在于要识别出哪些客户风险高，分析哪些产品或服务更容易被用于洗钱，哪些途径或领域易于传递或放大洗钱风险，进而针对这些风险因素建立相应的反洗钱工作架构。对于监管部门而言，反洗钱工作的重点是通过信息的收集、风险状况评估，判断出哪些领域、哪些金融机构、哪些环节发生洗钱风险的可能性最大；要研究建立风险管理策略，指导督促金融机构采取降低风险措施；要出台政策措施，控制洗钱风险的蔓延，尽可能预防和遏制洗钱及恐怖融资活动的发生。

2012 年以来，人民银行逐步推行风险为本的反洗钱工作理念，要求金融机构以法人机构为单位制定一套合理的内部控制制度、建设一套全系统适用的报告分析系统，有利于监管部门对整个机构的风险水平、控制风险能力进行评价，采用差异化的监管模式进行指导及检查，实现金融机构和人民银行双方资源的优化配置。为充分调动金融机构反洗钱工作的主动性，人民银行启动了金融机构大额和可疑交易报告综合试点工作。综合试点工作推动了金融机构反洗钱监测系统升级、可疑交易报告工作流程改造、反洗钱合规管理模式优化等工作，逐步实现由政府主管部门制定可疑交易报告标准向义务主体自定义标准转变，由注重对金融机构分支机构监管为主向注重以法人监管为主转变，由注重形式合规向注重风险为本转变。

（三）反洗钱监管的博弈分析①

1. 基本假设

设有两家金融机构共同从事反洗钱工作，金融机构 $i(i = 2,3)$ 履行反洗钱义务时的产出 $y_i = e_i + \varepsilon_i$，其中，$e_i$ 为努力程度，ε_i 是随机扰动项。

博弈行动的先后顺序如下：

---

① 孙森，韩光林. 反洗钱激励与风险为本方法的应用研究 [J]. 金融发展研究，2011（8）.

（1）金融机构 2 和 3 同时分别选择努力程度 e_2 和 e_3，且 $e_2 > 0, e_3 > 0$。

（2）随机扰动项 ε_2 和 ε_3 相互独立，并服从期望值为 0、密度函数为 $f(\varepsilon_i)$ 的概率分布。

（3）金融机构执行反洗钱政策时的产出能够事先测定，但其自主选择的努力程度无法测定，因而金融机构从反洗钱中的收益取决于各自的产出，却无法（直接）取决于其努力水平。假设监管机构为激励金融机构努力工作，通常设定具体的反洗钱工作目标，完成既定目标的金融机构获得正向激励，而没有完成既定目标的金融机构只能取得较低的激励或负激励。完成既定目标的金融机构（反洗钱产出水平较高的金融机构）获得的激励为 w_H，没有完成既定目标的金融机构（反洗钱产出水平较低或没有产出的金融机构）的激励为 w_L。在金融机构能够得到激励水平并付出努力程度的状态下，其支付函数为 $(w, e) = w - g(e)$，其中，$g(e)$ 表示努力工作带来的负效用，是递增的凸函数。监管机构的支付为 $y_2 + y_3 - w_H - w_L$。

2. 模型分析

两家金融机构之间的博弈过程可以采用二阶段重复博弈来说明：

参与人 1——监管机构，其行动 α1 是根据金融机构完成既定反洗钱目标的程度确定激励水平 w_H 和 w_L。上述两个金融机构分别是参与人 2 和 3，在第一阶段他们根据观测到的激励水平分别选择行动 α2 和 α3，行动 α2 和 α3 具体地说就是选定的努力程度 e2 和 e3。另外一种可能性是在监管机构选定激励水平的状态下，通常金融机构会将上述激励水平与自身付出的成本进行比较，如果激励水平不足以弥补其成本，这时金融机构就不愿参与反洗钱工作。

参与人各自的支付如前所述。产出除了是参与人行动的函数外，还要受到随机扰动因素 ε2 和 ε3 的影响。假定监管机构已选定激励水平 w_H 和 w_L，此时，假设两个金融机构的努力水平 e_2^*、e_3^* 分别是后一阶段两个博弈的纳什均衡，则对金融机构 i，e_i^*，代表着金融机构的期望收益减去其努力反洗钱产生的负效用后的最大净收益，即 e_i^* 可用下式表示：

$$\max_{e \geqslant 0} W_H \text{prob}\{y_i(e_i) > y_j(e_j^*)\} + w_L \text{prob}\{y_i(e_i) \leqslant y_j(e_j^*)\} - g(e_i)$$

$$= (w_H - w_L) \times \text{prob}\{y_i(e_i) > y_j(e_j^*)\} + w_L - g(e_i) \tag{1}$$

其中 $y_i(e_i) = e_i + \varepsilon_i$

一阶条件为：

$$(w_H - w_L) \frac{\partial \text{prob}\{y_i(e_i) > y_j(e_j^*)\}}{\partial e_i} = g'(e_i) \tag{2}$$

式（2）表示：若金融机构 i 选择努力程度 e_i，那么金融机构反洗钱额外努力程度的边际负效用等于所增加努力程度的边际效益 $g'(e_i)$，后者又等于对完成既定目标金融机构的奖励 $(w_H - w_L)$ 乘以因努力程度提高而使金融机构获得监管机构激励的概率。

由贝叶斯公式：$\sum_j p(A \mid B_j)p(B_j)$，得

$$\text{prob}\{y_i(e_i) > y_j(e_j^*)\} = \text{prob}\{\varepsilon_i > e_j^* + \varepsilon_j - e_i\}$$

$$= \int_s [1 - F(e_j^* + \varepsilon_j - e_i)]f(\varepsilon_j)d\varepsilon_j$$

其中，f 是概率密度函数，F 是概率分布函数。因对称性，故有 $e_1^* = e_2^* = e^*$，一阶条件可转化为：

$$(w_H - w_L)\int_s f(\varepsilon_j)^2 d\varepsilon_j = g'(e^*) \tag{3}$$

因 $g(e)$ 是凸函数，故 $g'(e^*) > 0$。

完成既定反洗钱目标的金融机构获得的奖励越高（即 $(w_H - w_L)$ 越大），就越会激发更大的努力（即 $g'(e^*)$ 愈大时，e^* 愈大），这与人们的主观感受一致。

另一方面，在同样奖励水平下，随机扰动因素对产出的影响越大，$\int_s f(\varepsilon_j)^2 d\varepsilon_j$ 就越小，金融机构就越不值得努力工作，因为这时决定金融机构获得奖励的结果并不取决于其努力程度，而是金融机构的运气。当 ε 服从方差为 σ^2 的正态分布时，则有 $\int_s f(\varepsilon_j)^2 d\varepsilon_j = \dfrac{1}{2\sigma\sqrt{\pi}}$。

它随标准差 σ 的增加而下降，即 e^* 随 σ 的增加而降低（见图1）。

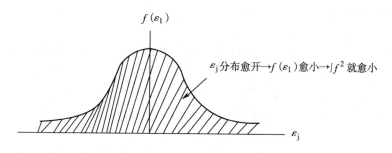

图1 扰动项分布

再分析博弈的第一阶段：

假定金融机构按照监管机构设定的目标履行反洗钱义务（否则就会与洗钱分子合谋牟取利益），它们对给定的 w_H 和 w_L 的反应，将会是式（2）给出的对称纳什均衡战略。

同时假定金融机构与洗钱分子合谋得到的效用为U_a。因在对称纳什均衡中每个金融机构能够完成既定目标的概率为0.5，若监管机构要激发金融机构有动力去努力履行反洗钱义务，则给出的激励必须满足：

$$0.5\,w_H + 0.5\,w_L - g(e^*) \geq U_a（参与约束） \tag{4}$$

在现实情况下，无论U_a大小，监管机构必定会在式（4）的参与约束条件下，选择使自己期望支付$2e^* - w_H - w_L$最大化的工资水平。

由于在最优条件下，式（4）中的等号成立（监管机构压低工资使其支付最大），式（4）中只含$w_H - w_L$，与w_L的绝对量无关。

$$w_L = 2\,U_a + 2g(e^*) - w_H \tag{5}$$

故期望利润为$2e^* - 2\,U_a - 2g$。因此，监管机构要考虑的问题就是使$e^* - g(e^*)$最大化。

他此时选择的工资水平应使得与之相应的e^*满足这一条件，从而最优选择下的努力程度满足一阶条件：

$$g'(e^*) = 1 \tag{6}$$

代入式（5），则意味着最优激励$w_H - w_L$满足：

$$(w_H - w_L) \int_s f(\varepsilon_j)^2 d(\varepsilon_j) = 1 \tag{7}$$

由式（5）、式（6）和式（7）就可解出：

$$w_H = U_a + g(e^*) + \sigma\sqrt{\pi}$$
$$w_L = U_a + g(e^*) - \sigma\sqrt{\pi}$$

3. 结论分析

监管机构为了促使金融机构积极履行反洗钱义务，除了要考虑监管机构、金融机构和洗钱分子的利益博弈关系外，还要充分考虑金融机构相互决策对反洗钱监管的影响。若要提高金融机构的努力水平，监管机构可借助大额和可疑交易报告制度了解金融机构的反洗钱情况，以减少信息的不对称性。根据提交的大额和可疑交易报告质量，将各行业反洗钱成效进行横向比较，确定出重点监管领域；每一类机构也要进行横向比较，确定需要重点监管的机构。

监管机构在建立完善的约束机制后，应建立适当的激励机制，这将有利于调动金融机构反洗钱的积极性，减少代理成本，缓解金融机构面临的反洗钱多重困境，从而促使其作出符合监管目标的决策。具体而言，监管机构应对金融机构反洗钱履职情况进行有效分类，根据结果对金融机构按照风险程度或履行义务情况进行激励。

一般来说，激励水平越高，其反洗钱努力程度越高。监管机构在对金融机构进行评价过程中，应注重自身的能力建设，提高评估的科学性，尽量减少评估误差等随机扰动项对激励的影响。这一结论与风险为本的反洗钱基本要求相一致。

二、我国的大额和可疑交易报告现状及问题分析

（一）金融机构大额和可疑交易报告工作模式

目前可疑交易报告采用"双向"报告模式，对经由系统甄别的一般可疑交易报告，逐级上报金融机构总部，由其总部上报反洗钱监测分析中心；对有理由认定为重点的可疑交易报告，在"总对总电子化"联网报送的同时，报当地人民银行。

为满足"总对总电子化"报送要求，金融机构主要采取了计算机系统筛选与人工操作相结合的大额和可疑交易报告工作模式。除报告要素补录（补正）环节外，这种工作模式无论是形式体例，还是实现原理，与欧美等国家金融机构采取的反洗钱交易监测模式基本一致。

1. 大额交易报告流程

金融机构主要是通过反洗钱系统从本单位业务系统中直接抓取数据，然后将报告要素不全的数据生成补录信息发至开户或交易发生网点，进行人工补录后提交总部上报反洗钱监测分析中心。对于系统不能直接抓取的部分大额交易，则只能由各交易网点手工报送。

2. 可疑交易报告流程

与大额交易报告流程相同的是，金融机构按照法定或自定的异常交易监测标准，通过系统筛选出数据后，同样经历数据补录、反洗钱监测分析中心校验、金融机构二次补正等技术性控制流程。不同之处在于，异常交易数据必须结合客户及交易背景情况作尽职调查，确认有疑点存在。对于金融机构工作人员自行发现的可疑交易，则需手工填报。

（二）当前金融机构大额和可疑交易报告工作基本特点

1. 报告量大且行业集中度高

2010 年银行业金融机构报告大额交易约 2.41 亿份，非银行业金融机构报告的大额交易仅 35.83 万份；银行业金融机构报告可疑交易约 6 164 万份，非银行业金融机构报告可疑交易仅 20.9 万份；银行大额和可疑交易报告量占 99% 以上。

2. 反洗钱交易监测的电子化程度高

金融机构主要通过自建、外包、自建与外包结合等三种方式，建设各自反洗钱交易监测分析系统，经济实力相对较弱的村镇银行等主要借助发起行的报送平台实现了电子化数据报送。

3. 金融机构反洗钱主动性有所提升

人民银行通过"391号文"、"48号文"等一系列政策指导金融机构正确把握异常交易与可疑交易不同的监管要求，消除防御性报送行为产生的政策诱因，引导金融机构改变"报的少罚的重、报的越多越合规"的消极合规策略。"391号文"生效的当年，全国可疑交易报告量即由上年的6 891.52万份减少至4 293.33万份，降幅达37.70%。

（三）金融机构大额和可疑交易报告工作存在的主要问题

1. 交易报告制度存在制度上的缺陷，一定程度上影响大额和可疑交易监测效率。法律规定没有明晰异常交易和可疑交易的不同报送要求，容易导致金融机构产生防御性报送行为。目前，我国将异常交易监测指标直接作为报告标准，金融机构发现符合法定标准的交易后，会因害怕自己作出与监管者不同的判断而导致被处罚，因此其即使明知相关交易不涉及洗钱或其他犯罪活动，仍选择提交。此外，法定可疑交易指标不可避免会存在"短期""大量""频繁"等有赖于进一步解释的可量化指标，金融机构会倾向于宽口径采集数据，加剧数据冗余。"391号文"和"48号文"等文件针对上述缺陷作出了一些政策性调整，但受法律渊源限制，仍难以从制度层面上解决上述问题。

2. 大额转账交易报告的必要性不足，利用大额交易筛选可疑交易的做法成本高。交易金额的大小与洗钱概率之间并无直接或间接的对应关系，国外一般只将难以追踪资金来源去向的现金或跨境交易中的大额交易作为反洗钱监测的目标。对于一般性的转账交易都有完整的交易记录存在，金融机构即使不报告，监管部门发现异常线索后仍可进一步追踪。反之，利用大额交易筛选可疑交易的做法，不仅成本过高，而且将监管站位不当前移，甚至可能取代金融机构反洗钱第一道防线作用。

3. 法定可疑交易报告标准设计不合理，对可疑交易报告工作的实际指导作用有限。一是监管者无法替代金融机构的作用，很难事先设定好有针对性的监测指标，造成大部分法定可疑交易报告标准没有对应交易发生。以被调查机构2011年7月利用系统筛选出的可疑交易为例，银行业约有95%的交易是按照其中的6项法定异常交易报告标准筛选得来的，证券业近99%的交易是按照3项标准筛选得来的，保险业约有89%的交易是按照2项标准筛选得来的，这意味着48项法定标准中至少有37条不能量化。问卷调查结果进一步显示，金融机构即使筛选出这些可疑交易后，经简单分析就可轻易排除其中68%以上的数据。

二是监测标准无法满足实际业务需求，既存在信托、资产管理、财务公司等非银行业金融机构缺乏详细的法定可疑交易报告标准情况，又存在证券行业实施"第三方存管"后，涉及现金交易的可疑交易标准基本已不再适用的情况。

三是法定可疑交易报告标准注重资金的数值变化，容易误导监测主体过度注意交易表面特征，忽视背景信息的挖掘。

四是监测主体选择不具有针对性。如要求银行监测证券公司指令划出的资金是否与证券交易和清算相关、期货公司监测期货交易的货物交割凭证信息、证券公司监测客户基金份额转托管的信息等，可能超越了相关义务主体的监测能力。

4. 大额和可疑交易报告要素监管要求过高，金融机构要素补录（补正）负担太重。金融机构的资源总是有限的，当大额要素补录和可疑交易补录（补正）等纯事务性工作占用资源过大时，就难以对客户尽职调查、可疑线索等高附加值工作增加投入，工作有效性难以保障。

一是监管部门设定的交易报告要素项过多，完整性要求过高。目前大额交易报告要素有 43 项，银行、证券期货和保险业的可疑交易报告要素分别为 52 项、51 项和 67 项，与外国监管要求相比明显要求过高。

二是金融机构要素补录（补正）能力难有潜力可挖，亟须监管松绑。大额或可疑交易报告处于反洗钱工作链条的末端，必须建立在客户身份识别、反洗钱内控甚至交易记录保存等环节工作的基础上。国外一般强调细化客户身份识别要求，将可疑交易报告作为客户尽职调查的必然结果来对待。但我国金融机构在反洗钱工作机制建设中首先启动、最为重视、投入最大的恰恰是在交易监测环节，技术领先仍不足以保障工作有效。

（四）原因分析

1. 以分级管理为基础的客户风险管理体系没有建立起来，造成金融机构可疑交易监测方法存在缺陷。从国外经验看，金融机构将反洗钱工作建立在客户风险分类基础上，对少量高风险客户加强监测，对大多数低风险客户主要利用技术手段筛选及排查交易，较好地均衡了成本与收益。

2. 金融机构以客户需求为导向的运营管理流程没有建立起来，没有将洗钱风险控制目标有机整合进运营管理流程，造成可疑交易监测分析工作缺乏合理定位。被调查机构分析异常或可疑交易时实际利用的资源 76% 来源于核心业务系统。一些金融机构明知会计或账户信息是无法提供客户的背景信息的，仍然将其作为最重要甚至是唯一的信息来源，这说明这些金融机构似乎更在意合规证据，在形式上满足监管要求，而不是优先满足洗钱风险控制的要求。被调查机构在异常或可疑交易分析过程中，仅有 54% 利用过以往的可疑交易分析记录、43% 利用过以往的客户尽职调查记录、41% 利用过媒体和互联网公开信息。而从国外经验看，利用反洗钱工作记录、征信记录、互联网信息，成本低，效果却十分显著。

3. 金融机构由于经验缺乏等原因，既没有确定出科学合理的客户风险等级划分标准，又没有有效利用风险分类结果合理配置反洗钱资源，造成异常交易排查、可疑交易分析缺乏可靠依据。即使取消了法定的异常交易监测标准，金融机构从海量交易数据中筛选出的待分析交易依然可能会是海量的。如果没有一个自动化程度较高的对低风险客户或低风险交易快速筛查机制，金融机构依然无法承受这种工作负担。

4. 金融机构工作理念和流程设计影响了可疑交易监测工作效率。一是金融机构不能全面正确地认识看待自身反洗钱责任，许多机构将应付外部监管作为反洗钱合规管理的首要目标，反洗钱风险控制措施对业务操作流程的嵌入或融合程度较低，反洗钱操作往往独立于业务流程而存在。因此金融机构既要花费大量成本做反洗钱工作，又很难在实际业务操作中兼顾洗钱风险控制问题。

二是工作流程不畅。从我国金融机构目前的三种可疑交易报告工作模式看：在后台监测、前台分析模式中，前台人员不能获取客户风险信息、异地或跨行交易信息，分析甄别缺乏针对性；在后台监测、后台分析模式中，后台主要依赖系统内留存的账户信息和会计信息，缺乏对客户身份背景和真实交易背景等的信息了解和掌握；在前台监测、前台分析的模式中，完全依赖前台人员的主观意识和专业素养，缺乏流程支持和监督。

三是金融机构缺乏动态的风险跟踪机制。随着金融创新力度不断加大，新型金融产品层出不穷，这些金融产品往往具有交易行为隐蔽、交易速度快捷、产品边界模糊等特点。无论是监管者还是金融机构都缺乏对其的动态追踪管理，导致反洗钱交易监测在局部领域失效。

5. 监管制度设计存在缺陷，监管工具的指导性作用有待加强。一是制度性缺陷容易造成监管工作灵活性不足，进而误导被监管方采用错误的合规管理政策。根据现行反洗钱法律，对金融机构"未按规定建立反洗钱内控制度"等系统性和基础性缺陷，只能建议相关监管机构进行处理，而对"未按规定履行客户身份识别义务"、"未按规定报送大额可疑交易报告"等技术因素则可以进行行政处罚。人民银行很难像欧美反洗钱监管机构那样，对反洗钱工作机制性问题予以严厉处罚，造成被监管者实际获得政策信号是监管者更重视结果，而不考虑风险控制过程的有效性，于是产生大量防御性报告。

二是反洗钱监管工具较为单一，业务指导和风险提示力度较弱。从国外经验看，金融机构识别可疑交易的能力提高很大程度上有赖于监管部门的风险提示、案例指导。人民银行传统的监管手段主要局限于现场检查和非现场监管。

三是未建立可疑交易报告反馈机制，金融机构改进工作缺乏参照物。金融机构对自己报告的可疑交易到底能在反洗钱工作中发挥什么样的作用知悉甚少。

金融机构只能采取"撒大网"的方式监测交易，缺乏对洗钱犯罪的精确预防和打击。一线反洗钱人员如果未能及时得到监管部门的积极反馈，在一定程度上会影响其工作成就感和积极性①。

三、国内外大额和可疑交易报告模式借鉴

（一）国内外大额和可疑交易报告模式简介

目前世界通行的反洗钱交易报告制度主要有两种形式，一是以美国、澳大利亚等国为代表的大额交易和可疑交易报告制度，二是以英国为代表的可疑交易报告制度②，英国是风险为本反洗钱理念的最早倡导者。

1. 英国

英国可疑交易报告制度的建立始于《1986 年毒品贩运犯罪法》的颁布，并由此在欧洲率先创建了将毒品犯罪的可疑信息报告给国家执法机构，对犯罪收益人进行冻结、没收、追缴的法律制度。

英国基于真实怀疑的可疑交易报告制度。这种制度要求金融机构在进行各类金融交易时，应进行必要的审查，如果这些业务交易没有明显的经济或合法理由，应尽可能检查这种业务的背景和目的，并及时向国家犯罪情报中心（NCIS）下设的经济犯罪处（FIU）报告。但是，英国的这种可疑交易报告模式与美国的大额交易报告模式相比，有着一定的缺陷，它完全依赖于金融机构工作人员的业务素质和执法的自觉性。此外，英国无大额交易报告制度。

2. 美国

美国是世界上最早关注洗钱并实施法律控制的国家。美国金融犯罪执法网络（FinCEN）成立于 1990 年 4 月，是美国的金融情报中心，隶属于财政部，负责反洗钱情报收集、处理和分配。

美国采取的是大额现金交易报告为主、可疑交易报告为辅的交易报告制度。在美国，金融机构所承担的交易报告义务包括 4 类：现金交易报告（CRT）、货币或者金融票据国际转移报告（CMIR）、外国银行和海外金融账户报告（FBAR）和可疑交易报告（STR）。

根据 1994 年《禁止洗钱法》要求，可疑交易在立即需要被关注的情况下，报告机构除向 FinCEN 报告外，还应立即致电通知相应的执法部门与监管部门。可疑资金交易报告的专用表格包括可疑交易报告表、赌场和纸牌俱乐部可疑交

---

① 内部资料：中国人民银行反洗钱局《关于金融机构大额和可疑交易报告工作情况的报告》。

② 中国人民银行长沙中心支行：《大额和可疑交易报告制度的含义》，http：//changsha. pbc. gov. cn/publish/changsha，2012 年 9 月 4 日。

易报告表、货币服务业可疑交易报告表和证券期货业可疑交易报告表。这些报告所要求的内容不再是对某笔或某几笔交易简单、客观地描述或记录，而是融合了报告机构经过核查后所掌握的其他相关信息，如对可疑交易的归类定性、相关执法机构对该客户或交易的调查处理情况、对可疑信息的详细解说或描述等等。报告表将可疑信息的详细描述作为报告的核心内容，并为指导客户填写列出详细的指引。

3. 中国香港

中国香港作为国际金融中心，一直致力于打击洗钱和恐怖融资活动。自1989 年制定《贩毒（追讨利益）条例》起，已经建立了比较完善的预防和打击洗钱、恐怖融资活动法律体系与组织架构。香港反洗钱监管主要基于两个基本原则：一是将罪犯绳之以法；二是预防金融系统被利用。1989 年，警务处和香港海关联合组成"联合财富情报组"，履行反洗钱情报中心的职责。

香港没有大额交易报告制度，只要求金融机构和指定非金融机构发现可疑交易向联合财富情报组报告。香港可疑交易报告的标准主要以主观判断为主，不以金额大小为标准，机构和个人认为可疑就可以报告。同时，香港"法律"规定，任何人知道或怀疑任何财产代表一宗贩毒罪行或可公诉罪行的收益，或与该等罪行有关，需尽快将知道或怀疑的情况披露，如不举报，最高刑罚是罚款五万港元及监禁 3 个月。

举报人可以通过联合财富情报组的可疑交易报告管理系统网上举报可疑交易，也可以通过邮件、电话以及电子邮件方式举报。可疑交易报告包括客户背景、交易类别、交易详情和交易可疑的原因。联合财富情报组收到举报后进行初步分析，并向报告机构（金融机构或指定非金融机构）逐笔回信确认。目前，香港金融机构提交的可疑交易报告占绝对比重，特定非金融企业及行业占比很少。据香港联合财富情报组统计的数据，香港金融机构每年报送的可疑交易报告有 1 万余起，有情报价值的大约占 10%，报送质量较高。

"SAFE"是香港联合财富情报组推行的可疑交易识别方法。"SAFE"方法分为四步：第一步，Screen（审查）。初步评审交易是否可疑，比如对于言辞闪烁的客户、与犯罪分子或恐怖分子有关国家的人士、通过汇款代理人或用赌场支票交付的款项、与客户背景或身份不符的活动以及政治人物，予以特别关注。第二步，Ask（提问）。有技巧地向客户提问并留意客户反映，比如询问交易原因、款项的来源、最终收款人等。第三步，Find（翻查）。主要是翻阅客户记录，确定过去交易的活跃程度和交易类别。第四步，Evaluate（评估）。评估所掌握的资料，判断交易是否可疑。

（二）对我国完善大额和可疑交易报告模式的启示

1. 应完善反洗钱主管部门的顶层设计。人民银行各分行、省会中支等机构相应的反洗钱调查与移送职责归属反洗钱局、反洗钱中心双重领导。这种安排与情报产生的科学流程不符，应加强两部门的沟通交流，提高效率。

2. 可借鉴国外和中国香港地区反洗钱监管机构经验，逐步取消可疑交易报告客观标准。

3. 要重视信息报送的反馈工作，加强信息分析的总结与归纳。可以仿效英国的做法，对报送主体报送的信息有效性定期作出评价、总结并及时反馈，加强对反洗钱条例、规定的细节、含义理解的相互交流，提高信息报送主体在业务过程中筛选信息、判别可疑交易的能力，扩大信息来源渠道。

四、河南省反洗钱大额和可疑交易报告试点现状及经验

2013 年，河南省选取部分金融机构参加了全国反洗钱大额和可疑交易报告改革试点，我们对其进行了调研，以便分析规模不同的金融机构（中国工商银行属于大型全国性金融机构，中原证券股份有限公司作为河南省内法人金融机构，全国部分省市有其分支机构，作为中型金融机构的代表进行分析；安阳银行，仅在安阳市有分支机构，作为小型金融机构的代表进行分析）试点改革的经验，为总行下一步进行大额和可疑交易改革提供参考。

（一）中国工商银行试点河南省进展情况及经验

2012 年 4 月 1 日，中国工商银行大额和可疑交易报告综合试点工作（以下简称反洗钱综合试点工作）正式启动，试点工作计划用 19 个月时间完成，改革思路为"集中做、专家做、系统做"。

1. 主要措施

一是自定义大额和可疑交易判断标准。中国工商银行总行（以下简称工行）通过多种渠道搜集整理国内外典型洗钱案件及其上游犯罪案件和工行上报的重点可疑报告，从中提炼总结洗钱犯罪分子利用银行业务渠道进行洗钱的典型特征和常用手法，自定义可疑交易判断标准；减少了大额交易上报标准，但改动并不大。

二是改革识别、报送可疑交易模式。工行的报送模式的改革主要体现在"集中做、专家做、系统做"，就是上收县支行级的可疑交易判断工作，由地市一级集中人员统一做，需要核实的再反馈给县支行一级；大额交易主要由系统提取，若系统提取不了，由人工补录。

2. 反洗钱大额和可疑交易报告改革试点取得的成效

一是有效释放了银行网点柜面人员的工作压力。反洗钱集中处理的改革，

全面实现了大额交易和可疑交易甄别报告、重点客户监测分析等业务的集中处理，有效改变了以银行网点为主的分散处理模式，有效释放了网点人员的反洗钱工作压力，促进了银行网点的业务转型。集中处理后，日均反洗钱工作量大幅减少80%以上。

二是有效提升了大额和可疑交易报告工作质量。反洗钱数据集中处理后，有效提升了反洗钱数据的报送质量，防御性报告大幅减少。同时，由于对可疑数据的集中甄别，对识别、分析和报告重点可疑交易报告奠定了基础，重大可疑交易监测能力不断增强。上收前，反洗钱监控系统筛选确认上报可疑报告报告率仅为0.06%；上收后，2013年1月反洗钱集中处理人员甄别异常对公交易5 641份，经确认上报一般可疑交易报告45份，可疑报告报告率为0.8%。

三是有利于全程跟踪监测客户可疑交易。反洗钱工作环环相扣，由相对固定的专职人员集中做，辅助以全方位跟踪分析的技术手段，在更高的层面、更广的视角对同一客户在全市不同机构、用不同品种、以不同方式发生的交易进行持续、动态监控，有利于建立以客户为监测核心的可疑交易报告工作流程，全面掌握和了解客户交易全貌和交易特点。

四是反洗钱集中处理模式减少了信息周转环节，缩小了信息知悉范围，有利于反洗钱工作保密性要求的有效落实。

3. 试点工作中存在的主要问题

一是客户身份识别与可疑交易分析非无缝对接。业务集中处理后，工作流程是：由二级分行中心处理分析识别可疑交易，但客户身份资料和交易记录均在各网点保存，中心人员无法提取使用；此方式导致客户身份识别和交易工作无法有机结合起来分析识别。

二是客户风险分类工作落实不到位。由于工行营业网点的反洗钱工作人员大部分为兼职人员，以及调查客户的资金运用情况易引起客户的负面情绪等因素，致使客户风险分类工作无法顺利开展。

4. 可能存在可疑交易报告漏报现象

首先，只对通过系统提取的可疑交易数据进行分析、识别，较之之前一线人员结合柜面业务进行分析识别，可能会漏报可疑交易报告。其次，可能会由于时间紧、人员少，数据多、工作量大的原因导致个别可疑交易数据迟报、漏报或错报。

5. 专业部门职能未充分发挥

各专业部门（运行管理部、个人金融部、电子银行中心、结算与现金管理中心、银行卡中心）在集中处理模式中，并未发挥自身专业职能优势，而中心只能凭感觉分析系统提取的可疑交易报告，无法充分结合客户交易对手、关联账户、客户身份及交易习惯、资金交易特点等统筹分析、识别。

（二）中原证券股份有限公司（以下简称中原证券）大额和可疑交易报告综合试点情况

中原证券作为人民银行总行批准的反洗钱大额和可疑交易报告综合试点单位，2013 年 1 月试点工作正式启动，计划年底完成。

1. 主要措施

中原证券在综合试点方案中明确了落实"风险为本"反洗钱工作理念，结合行业特点提出了建立健全覆盖证券业务领域的大额和可疑交易报告异常交易监测指标，优化报告管理要求和工作流程，提高大额和可疑交易报告的质量和效率的三大工作目标。

一是自主设立异常交易监测指标。中原证券按照"风险为本"的反洗钱原则，科学合理地评估证券行业实际存在的而且能够为证券公司识别发现的洗钱风险点，结合自身客户状况及业务特点分析研究，尝试调整、设立异常交易自主监测指标 17 条。

二是改造可疑交易监测分析系统，采取系统和人工双重三级分析模式。改造升级后可疑交易监测分析系统采用系统和人工双重监测分析模式，并在第二层级分析核实的过程中，为公司开展的各项业务设置端口，使其能够真正嵌入反洗钱可疑交易的分析流程中，实现各业务条线异常交易数据联动、信息共享的动态监测系统。

2. 反洗钱大额和可疑交易试点改革成效

一是有效增强了网点柜台人员识别可疑交易报告的能力。通过构建证券行业可疑交易监测指标以及改造可疑交易监测分析系统，使网点柜台人员被动地上报防御性报告意愿减轻，反洗钱主体意识显著提高。

二是有效提升了可疑交易报告的工作质量。中原证券尝试调整、设立异常交易自主监测指标 17 条并将之运用到反洗钱工作实践后，已有效提升了反洗钱数据的报送质量。

3. 试点工作中存在的主要问题

一是可疑交易分析报告模式目前没有根本改变。目前中原证券没有像工行一样对可疑交易报送模式进行大的调整。

二是改造后的系统指标体系与反洗钱人员的数量不匹配之间的矛盾。改造后的系统指标体系较为细化，如果指标阈值设置过低，系统就会筛选信息过多，与分析人员较少产生矛盾，同时营业部员工人工甄别分析工作量过大也会影响可疑交易分析效果；如果阈值设置过高，会影响反洗钱监测效果。

（三）安阳银行反洗钱大额和可疑交易试点改革工作

安阳银行是郑州中支确定的省级反洗钱大额和可疑交易试点单位，并向总行进行了报备；由于重大资产重组等事项，现在本项试点工作已经暂停，本文主要介绍已经进行的试点工作。

1. 主要措施

一是借鉴工行试点经验，积极探索"集中做、专家做、系统做"的改革思路，增设机构和人员，实现反洗钱可疑交易报告集中上报；二是进一步拓展、优化、完善安阳银行可疑交易监控系统功能和设置，通过各种风险分析工具的嵌入和应用，提高计算机数据挖掘、智能分析与风险识别技术，增强反洗钱监控系统业务覆盖的全面性和可疑交易报送的准确性和有效性；三是自主建立了异常交易监测标准，对于可疑交易判断标准进行了修改。

2. 试点工作中遇到的主要问题

一是报送模式无根本性的变化，和工行改革前的模式比较接近；二是可疑交易判断标准基本上是根据人民银行的文件规章而来，改动不大；三是监管标准由监管部门制定可疑交易客观报告标准向由义务主体自定义标准转变，对城市商业银行有难度。对于市（地）县一级的法人金融机构来说，人才队伍、业务素质、科技条件等方面都有局限性，自主制定标准的能力有限。

五、反洗钱大额和可疑交易报告改革对策和建议

（一）总体思路

在风险为本反洗钱理念指导下结合法人监管原则进行反洗钱大额和可疑交易改革工作。

（二）基本原则

1. 反洗钱大额和可疑交易报送标准问题

反洗钱大额交易继续报送，在条件允许情况下，取消部分上报内容；可由金融机构向中国反洗钱监测分析中心申请，同意后减少部分上报要素。

当前使用中的反洗钱可疑交易标准不统一取消，由人民银行总行和分支机构，根据每个金融机构风险状况决定；逐步将目前可疑交易报告的客观标准调整为主观标准。让金融机构真正承担起识别可疑交易的职责，这将对提高我国金融机构的努力程度、情报分析的能力、案件调查和整个反洗钱制度的效率产生持久影响。

2. 反洗钱大额和可疑交易报送模式问题

是否采用集中的可疑交易分析模式（类似工行的模式），人民银行不做统一要求，由金融机构根据自身业务特点决定。

3. 不同规模金融机构反洗钱大额和可疑交易改革推进问题

积极鼓励大型金融机构进行反洗钱大额和可疑交易改革工作，由其自定义可疑交易判断标准，经人民银行同意后执行；中型金融机构由其自主决定进行反洗钱大额和可疑交易改革工作，人民银行不做强制要求；小型金融机构暂时执行现有标准，不鼓励进行反洗钱大额和可疑交易改革工作。

（三）具体建议

1. 对于采取类似工行模式的大型金融机构

一是加强各部门间的横向沟通，实现客户身份识别和可疑交易分析的有机结合。根据集中处理的模式，进一步整合机构，将专业部门纳入集中处理模式中，对公数据由对公部门集中处理，对私数据由对私部门集中处理，依此类推，形成第二层集中处理关口，将提取的数据由该层进行集中处理，本单位的反洗钱中心纳入第三层处理关口，除全面分析所有可疑交易以外，再进一步分析识别各专业部门上报的数据。同时还要加强各部门间的横向沟通，定期或不定期召开内部反洗钱会议，加强部门间的交流，特别是注重业务部门与信息科技、运行管理部等部门的协调，充分发挥专业优势。

二是改造升级内部系统，提升反洗钱管理科技化水平。科技手段的提升是有效实施反洗钱集中监测分析管理模式改造工作的重要保障。在目前集中模式有缺陷的情况下，应积极改造反洗钱数据系统，使各中心可以及时对可疑交易报告涉及账户的交易对手、历史交易数据、客户身份、频率、流向、习惯、客户属性、交易特征、行业归属、实际控制人、法定代表人等信息快速掌握，与交易特点结合分析，避免由此造成迟报可疑交易的现象。

三是加强客户身份识别工作。从目前掌握的情况看，金融机构的客户身份识别工作多数还只是停留在表面的基础性工作。因此，在采取可疑交易集中分析报送模式后，由于客户识别与可疑交易分析的分割，今后要加强对金融机构客户身份识别工作的指导和监管，督促金融机构采取切实措施提高客户身份识别的水平。

四是合理配置人力资源。由于基层网点更了解客户基本情况，将系统未抓取的可疑交易分析识别义务留在基层网点，杜绝过度依赖系统行为，形成"人机结合"分析模式，处理系统未抓取的可疑交易。

2. 对类似中原证券模式的中型金融机构

对于类似中原证券模式（即只改变可疑交易判断标准，可疑交易报送模式和分析人员配置变动不大）的中型金融机构，应根据可疑交易分析的实际情况，验证自己的可疑交易分析标准，实时调整可疑交易分析标准。

同时，在条件允许的情况下，建议逐步增加反洗钱特别是可疑交易分析的人力投入，减少可疑交易防御性报送数量，提高可疑交易分析、报告质量；在人力、财力允许条件下，根据自身情况适时决定是否向工行模式靠拢。

3. 对类似安阳银行模式的小型金融机构

对于类似安阳银行模式（即对可疑交易判断标准自我修订较少，可疑交易分析人员配置改动不大）的小型金融机构，由于人力、物力的限制，建议学习工行等反洗钱工作做得较好的大型金融机构改革前的报送方式及反洗钱内控制度，提高其执行力。

4. 人民银行方面

一是实行差别化监管。应采用风险为本的指导原则，根据金融机构洗钱风险情况，采取不同监管策略。对于采取类似工行模式的大型金融机构，适当减少现场检查，充分相信金融机构的可疑交易判断标准和分析能力，可以采取洗钱风险评价、洗钱风险提示等方式对其进行反洗钱监管；对类似中原证券模式的中型金融机构，根据其风险状况对其开展现场检查或约见高管谈话，对于本地的法人金融机构要实时关注其可疑交易标准的适用性，适时对其进行反洗钱现场走访；对类似安阳银行模式的小型金融机构，应根据法人监管的原则在现场检查等方面给予加强，同时综合运用约见高管谈话、风险评价、现场走访、风险提示等反洗钱监管方式，督促其提高大额和可疑交易报告的报送质量。

二是加强信息反馈。中国反洗钱监测分析中心根据情况开放其反洗钱监测系统，人民银行分支行可进行反洗钱监测报表系统浏览和下载本辖区有关重点可疑交易报告信息。

人民银行可以仿效英国的做法，对报送主体报送的信息有效性定期作出评价、总结并及时反馈，提高信息报送主体在业务过程中筛选信息、判别可疑交易的能力，扩大信息来源渠道。

5. 充分发挥金融机构反洗钱工作的主观能动性

可以借鉴香港的一些做法，发挥金融机构在反洗钱工作中的主动性和创造性。一是构建金融机构反洗钱自我评估框架，鼓励金融机构发现不足并及时纠正；二是建立与金融机构反洗钱联络机制，搭建反洗钱交流与沟通平台，积极解决金融机构反洗钱工作中遇到的困难；三是充分利用金融机构自律机制，注意发挥行业协会的作用；四是在开展反洗钱监管中，正确处理监管与服务的关系。

6. 加强对反洗钱工作人员反洗钱业务专项培训

加大对反洗钱知识宣传工作，加强对反洗钱员工特别是一线柜员（中型金融机构和小型金融机构反洗钱可疑交易分析工作的主要工作人员）的培训，强化反洗钱意识，做好尽职调查工作，提高对洗钱交易的监测、分析水平，以开展大额和可疑交易报告改革工作。

参考文献

[1] 〔美〕美国联邦金融机构检查委员会. 银行保密法反洗钱检查手册 [M]. 北京：中国金融出版社，2009.

[2] 徐汉明，赵慧. 中国反洗钱法研究 [M]. 北京：知识产权出版社，2008.

[3] 童文俊. 金融业反洗钱监管方式的国际比较与启示 [J]. 中国货币市场，2010 (4).

[4] 余婷婷，汤俊. 基于因子分析的反洗钱地域风险分类监管 [J]. 中南财经政法大学研究生学报，2010 (5).

[5] 侯合心，张思. 反洗钱监管模式的国际比较与借鉴 [J]. 财经科学，2011 (5).

[6] 中国反洗钱报告，2004—2011.

[7] 孙森，韩光林. 反洗钱激励与风险为本方法的应用研究 [J]. 金融发展研究，2011 (8).

[8] 内部资料：中国人民银行反洗钱局《关于金融机构大额和可疑交易报告工作情况的报告》.

[9] 张思，侯合心. 反洗钱金融监管模式国别研究 [J]. 时代金融，2011 (3).

[10] 中国人民银行长沙中心支行：大额和可疑交易报告制度的含义，http://changsha. pbc. gov. cn/publish/changsha，2012 - 09 - 04.

电子化背景下银行机构与支付机构的支付服务比较研究

中国人民银行郑州中支支付结算处课题组①

摘要：当前，支付服务主体呈现多元化发展，形成以人民银行为核心、银行业金融机构为基础、非金融机构为补充的支付服务格局。截至 2013 年 7 月，获得中国人民银行颁发牌照的第三方支付企业达到 250 家，涉及货币汇兑、互联网支付、移动电话支付、固定电话支付、数字电视支付、预付卡发行与受理和银行卡收单等 7 大业务类型。银行机构与支付机构从事着相近的资金转移支付服务，但在市场定位、产品设计、业务运作模式、信用等级和偿债能力等多个方面有所差别，在备付金管理、资源共享等方面有合作需求。因此，在两大支付服务主体错综复杂的关系中，探索出一条二者发展的竞争与合作道路就显得至关重要。本文首先梳理两大支付服务主体的基本情况，剖析银行卡收单、网上支付和移动支付等几种典型电子支付方式的市场发展状况，再以支付机构和银行机构的对比为切入点，全面梳理二者提供支付服务时的共性和差异性。在此基础上，理清二者各自的优劣势和竞合关系，探索出一种恰当的竞合机制。最后，以支付宝为例，对当前竞争与合作的实践进行介绍并对经验进行总结。

关键词：银行机构 支付机构 第三方支付 收单市场 互联网支付 移动支付

---

① 课题主持人：袁道强；
课题组成员：刘英、王晗、张利娴。

第一章　绪　论

一、研究背景及意义

为满足电子商务发展需要，为交易提供安全、便捷、高效的资金转移服务，支付服务主体为不同的使用者提供了多种新兴电子支付服务。一方面，非金融机构加入支付服务提供者的行列，并针对支付需求的多样化推出了多种新型、便捷的支付工具，打破了原有的银行机构主导支付服务的格局。另一方面，利率市场化进程的加快使银行机构更加重视中间业务的发展，银行机构在保持票据等传统支付业务的同时，开始拓展基于银行卡的新兴电子支付业务。随着二者支付服务渠道的融合、领域的交叉和服务方式的趋同，支付服务市场的竞争将更加激烈。因此，探索出一条适合二者发展的竞争与合作道路显得至关重要。

二、研究思路与内容

（一）研究方法

本文理论研究与数据分析相结合，首先梳理银行机构和支付机构提供支付服务的基本情况，以数据为支撑，全面剖析银行卡收单、网上支付和移动支付等几种典型电子支付方式的市场发展状况。再以支付机构和银行机构的对比为切入点，全面梳理二者提供支付服务时的共性和差异性。在此基础上，对比分析二者各自优劣势，理清当前竞争与合作关系，从理论层面探索出一种适合双方共同发展的竞争与合作机制。

（二）基本框架

本文共分为五章。第一章为绪论，阐述本课题的研究意义，明确本文的研究方法和基本框架，回顾前人关于支付机构与银行机构支付服务的相关研究。第二章概述支付服务市场的基本构成，阐述当前支付服务市场主体现状。第三章分析支付服务业务的发展现状。通过数据分析来全面剖析收单业务、网上支付业务和移动支付业务等几类典型电子支付业务的市场现状以及发展趋势。第四章是银行机构与支付机构支付服务的对比研究。主要通过对比，全面梳理支付机构和银行机构在提供支付服务时的共性和差异性，探讨二者的优劣势以及面临的市场环境，在此基础上探索二者的合作需求以及应当采取的竞争与策略，从理论层面探讨适合二者发展的竞争与合作机制。第五章为结论和相关建议。

（三）文献回顾

关于第三方支付机构与银行机构的竞争关系研究，国内学者杜秦智、周凯欣（2011）[1] 从市场业务、合法地位和资金信贷方面做了对比分析，发现第三方支付机构由于缺少强大的政府背景，在面对企事业单位、大型国有企业等大客户时，市场竞争力不及银行机构。贝为智（2011）[2]通过对比分析《非金融机构支付服务管理办法》出台前后第三方支付平台交易规模的变化趋势等数据，发现随着支付机构社会地位的认可和监管机构对支付机构准入机制的规范，第三方支付市场已经出现洗牌的趋势。尹娜（2012）[3]从服务领域和细分市场层面对支付机构和银行机构的优劣势进行了对比分析，发现由于上游企业对银行的品牌认知和信任度较高，因此在信用卡还款、缴纳教育费用等生活领域，银行的市场占有率较高，而第三方支付仍然主要集中在网络购物等领域。同时，发现国有商业银行仍然占据了传统线下支付业务的主体地位。

李文天、郎泽宇（2012）[4]从盈利模式创新角度出发，提出在保证监管到位的前提下，允许沉淀资金的公开操作，通过有效的投资手段是指成为第三方支付机构的稳定盈利点，能够从理论和技术手段促进资金的有效运用和第三方支付机构的盈利，从而能够助力电子商务的发展。

从以上研究看出，国内学者大多从市场业务、合法地位和资金信贷、服务领域和细分市场、沉淀资金收益归属等方面对支付机构和银行机构提供的支付服务进行了分析，并探讨二者的竞争与合作关系。但从文献回顾中，发现前人的研究具有以下特点：一是国内学者的研究多集中在规范性研究方面，只是针对支付机构和银行机构的不同特征作出理论上的对比，而对电子化支付工具市场发展状况的分析较少，缺乏数据支撑。这可能要归因于当前对支付机构的规范性监管起步较晚，第三方支付市场长期处于无序状态，尚未形成统一的行业体系，支付业务标准缺乏统一性，给数据统计带来了困难。二是鲜有学者对二者提供支付服务的差异性和各自的优劣势进行全面的归纳总结，这可能是因为电子化支付工具的多样性和支付渠道、细分市场的交叉和重叠，使整个支付市场的情况难以梳理。三是由于信息技术的日新月异，新型支付技术的投入力度不断加大，新兴支付方式不断涌现，第三方支付机构与银行机构关于新兴支付方式和新兴支付市场方面的理论研究严重滞后于市场发展。

第二章　支付服务市场概况

支付是指单位个人在社会经济活动中使用现金、票据、信用卡和结算凭证等进行货币给付的行为，完成资金从一方当事人向另一方当事人的转移。电子支付是指单位、个人直接或授权他人通过电子终端发出支付指令，实现货币支付与资金转移的行为①。

一、支付服务市场基本构成

支付行为的完成需要支付行为参与主体、支付终端、支付渠道、支付工具或介质等要素。支付市场服务参与者由人民银行、商业银行、支付机构、消费者和商户组成。其中，中国人民银行为核心、银行业金融机构为基础、非金融机构为补充，三者共同承担着支付服务提供者的角色。

支付工具包括传统的现金、票据、银行卡和新兴的预付卡、电子钱包、数字签名或认证等。支付终端包括银行柜面等传统终端和电话、电脑、手机、电视等电子化终端。支付渠道主要包括金融机构专用网络、电话网等封闭式网络和通信网、互联网等开放式网络。支付行为的完成，需要借助支付工具等介质，通过不同的支付终端进入不同的支付渠道，并以此为媒介进行支付活动，资金的存储和清算则最终体现在账户资金的变动上。

传统的支付方式主要以支票、本票、汇票等纸介质或银行卡为载体，在邮局、银行柜台等地点实现，或直接使用现金，通过邮局汇款、货到付款等方式实现。传统的支付手段形式单一，必须借助一定的实体介质，并需要一定的人员来传输这类介质，给支付服务造成了很大的局限性。

二、银行机构支付服务基本情况

银行机构作为我国支付服务市场的主体，不仅提供账户服务，记录存款货币的存量和流量信息，为交易主体提供支付工具、支付信用、支付信息传递渠道和资金转移通道，而且为交易主体之间复杂的债权债务提供清算和结算服务。

银行机构支付服务的实质是在引发货币资金转移的经济活动发生后，由在银行开立结算账户的债务人或债权人发出资金支付指令，以银行票据、银行卡以及新兴的支付工具等作为支付结算载体，根据客户需求通过支付清算系统发送、传递相应支付指令，银行按照特定规则进行货币资金的最终清算和结算，实现货币资金的流通处理。一般地，银行机构在提供支付业务时，只根据客户发出的支付指令，对客户的身份信息等进行常规性的验证后，进行转账支付，不参与收付款双方的交易过程。

支付结算服务作为中间业务的一部分，一直都是银行机构的一项基础性业务，提供支付服务获取的手续费收入归属于中间业务收入。在当前利率未完全放开的市场条件下，银行支付结算收入在总收入中占比较小，处于辅助性地位。

---

① 《电子支付指引（第1号）》（中国人民银行公告〔2005〕第23号）。

银行机构的支付服务涵盖业务范围较广，主要为传统的支付业务，包括票据业务、银行卡业务、汇兑和委托收款业务等，实现手段较为单一。近年来随着电子商务的发展，还推出了基于新兴电子支付工具的网上支付、电话支付、移动支付、银行卡收单等业务。目前，我国传统的支付服务一般由银行承担，如现金服务、票据交换服务、直接转账服务等。由于所面临的政策环境变化不大，再加上支付业务一直就是银行的基础性业务，因此其支付业务发展速度相对比较平稳，市场结构和各家银行网点分布数量关系密切。据统计，2012 年银行机构非现金支付业务（含票据、银行卡、电子支付等）合计 411.41 亿笔、1 286.31 万亿元，同比增长 21.6%、16.48%①。

随着金融脱媒态势的显现和利率市场化的加快推进，银行机构开始加快业务转型，大力发展中间业务，调整利润增长模式，并充分利用互联网技术和"超级网银"发展电子支付业务。

三、支付机构支付服务基本情况

2010 年 6 月 21 日，人民银行出台《非金融机构支付服务管理办法》（以下简称《办法》），并建立起了非金融机构支付服务准入审批制度。根据《办法》规定，支付机构是指非金融机构在收付款人之间作为中介机构提供货币资金转移服务，并取得《支付业务许可证》的机构。2011 年，中国支付清算协会在中国人民银行推动下成立，成员包括银行、财务公司、第三方支付机构等，注重引导协会成员的行业自律和市场规范。同年，人民银行发放了第一批支付业务牌照。截至 2013 年 1 月底，人民银行共发放了 6 批《支付业务许可证》，获牌企业数量已达 223② 家。业务许可范围覆盖 7 大业务体系，行业格局已基本形成。

从地域分布上看，非金融支付机构已覆盖全国 28 个省市，其中北京、上海、广东等经济发达地区的集中度较高，这与我国各地区经济发展水平相适应。上海、北京、广东分别以 53 家、47 家、21 家法人机构位居前三名。法人机构数量排名前十的省市还有江苏、浙江、山东、福建、湖南、安徽和四川，分别为15 家、14 家、8 家、7 家、6 家、5 家和 5 家法人机构。其中，上海、北京、广东的法人机构数占全国已获许可机构总数的 54%，排在前十名的省市的法人机构数量占已获许可机构总数的 81%。开展互联网支付业务的支付机构主要集中

---

① 资料来源：中国人民银行网站统计数字。
② 截至 2013 年 7 月，获牌企业已经达到 250 家。但本文研究中采用的数据为 2013 年 1 月底获取的数据，下同。

在北京、上海、广东3个地区，开展预付卡发行与受理业务的支付机构则分布在全国各省市自治区。

从业务许可范围来看，获得预付卡受理许可的机构共145家、获得预付卡发行业务许可的共139家，获得互联网支付业务许可的共79家，获得银行卡收单业务许可的共47家，获得移动电话支付业务许可的共34家，获得固定电话支付许可的共13家，获得数字电视业务许可的共5家。

从交易规模看，2012年，中国非金融支付机构行业交易规模达到12.9万亿元[①]，较2011年增长了53.5%。其中，线下收单市场交易规模达8.87万亿元，占比最高，为68.7%；互联网支付业务规模达3.65万亿元，占比28.3%；移动支付等业务尚处于起步阶段，占比较小，不足3%（见表1）。由此可以看出，我国基于银行卡的传统线下支付方式仍然占据主导地位。

表1　　　　　　　　2009—2012年第三方支付市场交易规模　　　　单位：万亿元,%

年份	2009	2010	2011	2012
总交易规模	3	5.1	8.4	12.9
线下收单规模	2.394	3.9219	5.9724	8.87
互联网支付交易规模	0.505	1.01	2.2038	3.6589
线下收单占比	79.80	76.90	71.10	68.76
互联网支付占比	16.83	19.80	26.24	28.36
移动支付及其他占比	3.37	3.30	2.66	2.88
总交易规模增长率	——	70.00	64.71	53.57
线下收单交易增长速度	——	63.82	52.28	48.52
互联网支付增长速度	——	100.00	118.20	66.03

资料来源：根据 iResearch Inc. 统计数据整理。

2009—2011年，第三方支付市场总交易规模年增长率分别为70%、64.7%和53.5%，线下收单市场交易规模的年增长率分别为63.82%、52.28%和48.60%，均呈现稳定增长态势，但市场增速逐步放缓（见图1）。这说明，目前市场保持健康稳定的发展趋势，行业进入相对成熟稳定的阶段。2009—2011年，第三方互联网支付保持高速增长态势，年增长率超过100%，2012年，增长速度有所放缓，下滑至66%。这主要归因于中国互联网支付发展较晚，前几年市场空间大，而随着网络购物、航空客票等传统电子商务行业的逐步饱和，互联网

---

① 12.9万亿元包含部分尚未向人民银行申请支付业务许可证的第三方企业的业务量。截至2012年12月31日，纳入人民银行统计范围的263家第三方支付企业的支付业务量为11.14万亿元。

支付也逐步走向成熟。

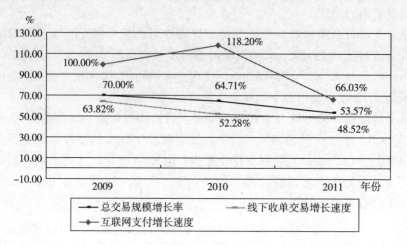

资料来源：根据 iResearch Inc. 统计数据整理。

图 1　2009—2011 年第三方支付市场交易规模及趋势

　　从业务结构看，线下收单交易规模占比正缓慢下降，但仍然具有较高的比例（见图 2）。互联网支付规模占比由 2009 年的 16.8% 上升至 2012 年的 28.3%，上升幅度较大。移动支付等其他支付业务市场份额仍然较小，有很大的增长空间。这进一步说明，当前支付机构提供的支付服务中，线下收单服务仍然处于主导地位。随着互联网支付市场的成熟，互联网支付服务的比重将逐步上升。

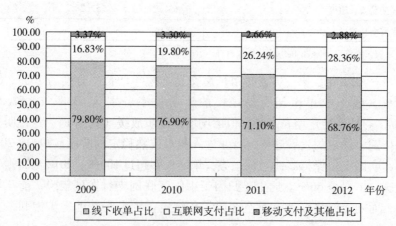

资料来源：根据 iResearch Inc. 统计数据整理。

图 2　2009—2012 年第三方支付行业交易规模结构

　　综上所述，近年来第三方支付行业发展迅速，《办法》的出台认可了支付机构的法律地位。目前，支付机构已涵盖银行卡收单、网络支付等7大产业，但地域集中度较高，尤其是互联网支付企业多集中在北京、上海、广东等经济发达地区。从机构数量上看，开展预付卡发行预受理的机构数量最多，互联网支付企业次之；但从交易规模和规模结构上看，收单业务和互联网业务占据第三方支付业务的主要地位，移动支付和预付卡等业务占比不足3%。目前，收单业务和互联网业务发展速度有所减缓，已进入成熟发展期，移动支付则刚刚起步，市场潜力巨大。

第三章　支付业务现状分析

一、线下收单市场现状分析

　　收单业务是指收单机构与特约商户签订银行卡受理协议，在特约商户按约定受理银行卡并与持卡人达成交易后，为特约商户提供交易资金结算服务的行为。收单机构主要分两类，一是经营银行卡收单业务的金融机构，二是经中国人民银行批准运营的特约商户收单业务的非金融机构。

　　当签收单业务的产业链参与者主要包含持卡人、发卡机构、银行卡组织、收单机构和特约商户。其中，银行机构和支付机构作为收单机构，负责拓展特约商户、管理授权请求、账单结算等活动，并通过按比例收取银行卡刷卡手续费和特约商户服务费获取收益。

　　如图3所示，2012年中国银行卡总规模达到35.34亿张，同比增长19.8%，增速放缓2.3个百分点；其中，借记卡总体规模为32.03亿张，同比增长20.3%，增速放缓1.6个百分点；信用卡总体规模达到3.31亿张，同比增长16.0%，增速放缓8.3个百分点。信用卡占整体银行卡规模的10.3%。各类银行卡业务继续保持明显增长态势，增速持续回落，银行卡消费90.09亿笔，金额20.83万亿元，分别较上年增长40.5%和36.9%，单笔消费金额为2 312元。全国银行卡卡均消费金额和笔均消费金额分别为5 894元和2 312元，与上年相比卡均消费金额增长6.6%，笔均消费金额下降2.6%。全年银行卡渗透率增至43.5%。银行卡规模特别是信用卡规模持续增长，带动银行卡刷卡消费需求不断上升和各类银行卡业务的持续增长，推动银行卡受理终端的布局和受理环境的完善。信用卡占比的不断上升，进一步促进了银行卡刷卡消费。

　　如图4所示，2009—2012年，我国线下收单市场交易总规模稳定增长，增长率保持在40%～50%，增长速度趋于平缓，市场趋于成熟。2012年收单市场

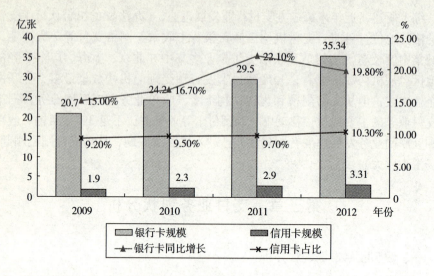

资料来源：根据中国人民银行网站公布数据整理。

图 3　2009—2012 年中国银行卡和信用卡总规模

交易总规模达到 21.6 万亿元，同比增长 42.9%。其中，2012 年支付机构交易规模年增长率为 40.88%，较 2009 年增长了 6.1 个百分点。市场稳定增长主要归因于银行卡规模的持续增长，以及受理环境、收单费率的逐步完善。2013 年 2 月 25 日，银行卡刷卡手续费新标准实施，优化了刷卡手续费率结构，降低了总体费用水平，扩大了银行卡适用范围，促进银行卡收单行业的规模增长。《银行卡收单业务管理办法》① 的公布，对资金转接清算职能以及跨省收单等相关问题进行进一步明确和规范，从而增强了对服务质量和效率的保障，有效防范套现、移机、数据泄露等风险，促进了产业健康发展。

当前我国银行卡受理环境日趋成熟，全国联网商户和 POS 机具分别达到 483.27 万户和 711.78 万台，同比增长 51.97% 和 47.47%。但受理市场仍然比较薄弱。2012 年中国人均银行卡持卡量 2.64 张、信用卡持卡量仅 0.25 张，受理市场规模总体不足②。短期来看，银行机构仍然占据收单市场主体地位，但支付机构的市场份额正逐渐增大。随着行业分工的精细化程度加深，今后收单业务将逐步转移至专业第三方收单机构。目前，银联商务、拉卡拉和通联支付的河南分公司依次占据河南省支付机构收单市场的前三位，其中银联商务河南分公司的业务量、金额、特约商户、POS 终端均占绝对比重。《河南省银行卡收单机

---

① 中国人民银行公告〔2013〕第 9 号，2013 年 7 月 5 日公布。
② 资料来源：中国人民银行公布的《2012 年全年支付系统运行情况》。

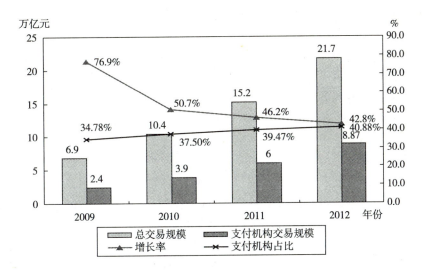

资料来源：根据 iResearch Inc. 统计数据整理。

图4　2009—2012 年中国线下收单市场交易规模

构业务外包管理指引》的实施为河南省银行卡收单市场主体全面落实银行卡法规制度提供操作指南，进一步净化收单市场秩序，推进健康发展。

二、互联网支付业务现状分析

（一）银行机构互联网支付业务现状

银行机构的互联网支付业务，即通过各大商业银行网上银行系统发生的资金转移的行为。

表2　　　　　　　　　　**2009—2012 年网上银行交易规模**　　　　单位：万亿元，%

年份	2009	2010	2011	2012
网银交易总规模	326	515.8	701.1	820
增长速度	14.20	58.20	35.90	17.00
个人网银交易规模	53.464	96.4546	138.1167	164
个人网银交易规模占比	16.40	18.70	19.70	20.00

资料来源：根据中国人民银行公布数据、iResearch Inc. 统计数据整理。

由表2看出，2009—2012 年，网银交易规模整体保持增长态势，增速于 2010 年达到最高峰 58.2%，2011—2012 年增速逐渐下降。这主要是因为，一方面经过多年发展，网银交易规模基数增大并且多元化的电子银行手段有所分流，导致网银交易规模增速有所下降；另一方面，2012 年银行业整体业绩不佳，整体盈利下降。另外，第三方支付等相关产业的侵蚀，导致网银的交易规模增幅放缓。

企业网银交易规模占据主体地位，个人网银交易规模较小，占比不足 20%，但占比不断增加。可见银行机构的网上业务主要集中在大企业和基于 B2B 的电子商务领域，对零售领域涉足较少，但近年来逐渐往零售领域拓展。

（二）支付机构互联网支付业务现状

由图 5 看出，2009—2011 年，第三方互联网支付市场交易规模一直保持稳定高速增长，其原因可归结为：一是因为互联网支付交易额基数较小，成长空间广阔。二是因为互联网支付正逐步渗透到网络购物、旅行预订、生活缴费等多个领域，渗透率的提升形成了良好的社会化效应，推动了整体市场交易规模的上涨。三是《非金融支付机构管理办法》的出台优化了第三方支付行业的政策环境，该行业获得了更加宽阔的市场发展空间。四是电子商务、旅行预订等行业的繁荣发展，带动了支付行业的发展。相关行业的快速增长，推动了电子化支付进程，在很大程度上带动了互联网支付交易规模的增长。

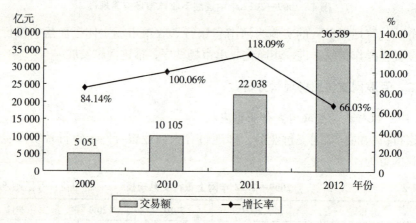

资料来源：根据国家统计局、易观智库统计数据整理。

图 5　2009—2012 年第三方互联网支付交易规模及增长率

2012 年第三方互联网支付业务交易规模达 36 589.1 亿元，同比增长 66%，较 2011 年增速明显放缓，原因主要是互联网支付在网购、航空、网游等行业的渗透率已基本到达顶峰，未来将难以提供较大规模的增量支撑。

增速的放缓，还体现在季度交易规模数据上。如图 6 所示，2012 年环比增长率基本保持在 10%左右，保持平稳增长态势，但 2013 年第一季度首次出现负增长。2013 年第二季度互联网支付市场交易规模达 11 216.5 亿元，环比增速反弹至 10.2%，同比增速持续下滑。季度环比基本保持平稳增长态势，说明互联网支付业务仍稳步增长，支付市场基本趋于成熟。季度同比增速从 2012 年第一季度的 111.6% 下降至 2013 年第二季度的 28.02%，呈现明显下滑的趋势，进一步说明了第三方互联网支付市场正逐步进入成熟发展阶段。

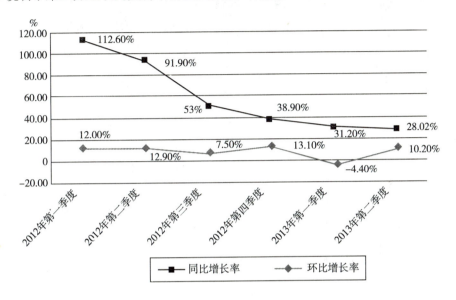

资料来源：根据国家统计局网站、iResearch Inc. 统计数据整理。

图 6　2012—2013 年互联网支付业务交易规模季度增长率

细分市场方面，传统企业电子化趋势加强，对一些新兴细分传统市场的挖掘，使 2012 年第三方互联网支付行业保持高速发展。如图 7 所示，网络购物仍然占据第三方互联网支付主体地位，但所占份额有所下降。航空购票、电子商务 B2B 领域等其他领域所占份额逐渐上升。这说明，当前网络购物仍然是第三方互联网支付的主要用途，但以其为代表的传统电子商务行业应用逐步饱和，业务规模占比持续下滑。同时，随着支付机构的持续创新和业务拓展，其支付场景一方面逐步渗透到网络游戏、电信缴费、转账、理财、航空购票等日常生活领域；另一方面逐步向 B2B 电子商务领域等银行机构的传统领域拓展。

从市场份额看，2012 年支付宝、财付通、银联商务分别以 46.6%、20.9% 和 11.9% 的市场份额占据市场前 3 位。其后 4 家企业的市场份额分别为：快钱 6.2%，汇付天下占 6%，易宝支付占 3.5%，环迅支付占 3.2%。其余公司合计占比 1.7%（见图 8）。支付宝等 7 家支付机构的互联网支付业务占据 98.3% 的市场份额，第三方支付行业诞生十余年来，虽然交易规模日益庞大，市场集中度依然很高。

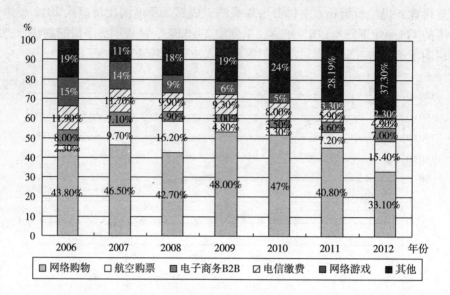

资料来源：根据国家统计局网站、iResearch Inc. 统计数据整理。

图 7　2006—2012 年第三方互联网支付细分应用行业交易规模结构

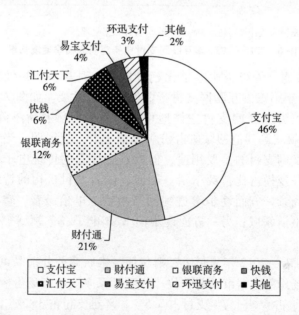

资料来源：根据 iResearch Inc. 统计数据整理。

图 8　2012 年第三方互联网支付核心企业交易规模市场份额

综上所述，互联网支付整体呈现保持稳定增长态势，但增速明显放缓，互联网支付业务已进入成熟发展期，并呈现以下特点：一方面，银行机构的互联网支付业务以企业网银交易为主，但个人网银交易占比不断增加；互联网支付业务主要集中在大企业和基于 B2B 的电子商务领域，对零售领域涉足较少，但近年来逐渐往零售领域拓展。另一方面，支付机构的互联网业务市场集中度较高，以支付宝、财付通为首的支付机构占据市场主体地位；在交易规模和结构方面，以网络购物为主，但逐步向网络游戏、电信缴费、转账、理财、航空购票等日常生活领域和 B2B 电子商务领域等银行机构的传统领域拓展。

三、移动支付市场发展状况

移动支付是继卡类支付、互联网支付之后的又一种新型支付方式。按照支付距离的远近分，分为移动远程支付和移动近端支付。移动远程支付主要包括用户通过发送短信方式实现的支付，或通过移动终端登录网络使用银行或其他支付企业提供的支付服务。移动近端支付指用户利用近距离无线通讯技术（NFC技术）或蓝牙红外技术，或通过将普通 SIM 卡更换为 RFSIM 卡，开通手机钱包账户，从而在移动专用 POS 机的商家（如部分便利店、商场、超市、公交）进行现场刷卡消费。

（一）移动支付业务发展现状分析

移动互联网经济的高速发展，使移动互联网支付业务具有巨大需求空间，从而也带动了移动支付市场规模的扩大。如表 3 所示，自 2009 年以来，移动支付市场交易规模不断攀升。2012 年底，移动支付市场规模达到 1 209.6 亿元，同比增长 51.6%，较 2009 年增长了 2.1 倍。其中，基于移动互联网的支付交易规模达到 575.9 亿元，同比增长 91.65%，较 2009 年增长了 2.4 倍。近 3 年来，基于移动互联网的移动支付交易规模占移动支付交易总规模的比例逐年增高，分别为 29.3%、37.6%、47.6%。

表3	2009—2012 年移动支付交易规模		单位：亿元,%	
年份	2009	2010	2011	2012
移动支付整体交易规模	389.8	586	798	1 209.6
增长速度	—	50.33	36.18	51.58
移动互联网支付交易规模	165.4	172.1	300.5	575.9
移动互联网支付交易规模占比	42.43	29.37	37.66	47.61
移动互联网交易规模增速	—	4.05	74.61	91.65

　　从市场结构看，远程支付正快速进入高速成长期，近端支付发展相对缓慢。2009—2012 年，以移动互联网支付和短信支付为主的移动远程支付占比从99.9%下降至97.4%，略有降低，但均维持在97%以上。近端支付占比从0.1%增长至2.6%，虽然有所增长，但所占市场份额仍然很低（见图9）。这主要归因于移动近端支付涉及的产业链较为复杂，行业标准难以统一，终端成本较高，受理环境、应用场景和应用内容条件尚不成熟。

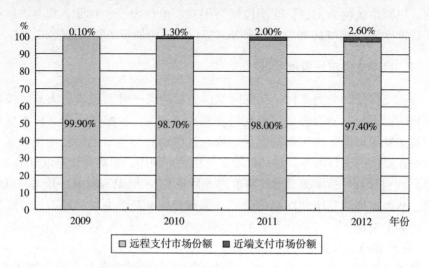

资料来源：根据 iResearch Inc. 统计数据整理。

图9　2009—2012 年移动支付细分市场交易规模占比

　　另外，移动互联网交易规模增长速度分别为 4.05%、74.61%、91.65%（见表3），远远超过移动支付交易规模的整体增长速度。可见，目前在移动互联网市场整体爆发的情况下，移动远程支付正快速进入高速成长期，近端支付发展相对缓慢。

　　（二）移动支付业务外部环境分析

　　从外部环境看，移动支付高速增长归因于以下几方面：

　　第一，移动电子商务规模的爆发式增长，为移动支付业务提供了广阔的需求空间。3G 用户规模性增长和移动互联网管制政策放松，运营商纷纷打造移动支付平台。2009—2012 年，移动电子商务交易规模呈现爆发式增长态势，交易规模分别为 5.5 亿元、22.2 亿元、156.7 亿元和 478.6 亿元，同比分别增长 303.6%、605.9% 和 205.4%，使移动支付业务有了广阔的需求空间（见表4）。

表4	2009—2012 年移动电子商务交易规模			单位：亿元，%
年份	2009	2010	2011	2012
移动电子商务交易规模	5.5	22.2	156.7	478.6
增长速度	—	303.64	605.86	205.42

资料来源：根据 iResearch Inc. 统计数据整理。

第二，移动互联网用户规模的扩大，为移动支付业务提供了用户基础。2009—2012 年，移动互联网的用户规模从 2.05 亿人增至 7.65 亿人，年增长率分别为 41.46%、48.28% 和 77.91%，增速逐步加快[1]（见表5）。

表5	2009—2012 年移动互联网用户规模			单位：亿人，%
年份	2009	2010	2011	2012
用户规模	2.05	2.9	4.3	7.65
增长速度	—	41.46	48.28	77.91

资料来源：根据 iResearch Inc. 统计数据整理。

第三，互联网从 PC 桌面互联网向移动互联网的转变，为移动互联网支付业务提供了网络基础。2012 年，通过 PC 机互联网的经济规模为 3 282.5 亿元，同比增长 46.1%，较 2009 年的 827.3 亿元增长了 296.7%。移动互联网经济规模达 976.2 亿元，同比增长 148.3%，较 2009 年的 155.6 亿元增长了 527.4%。2009—2012 年，PC 桌面互联网的经济规模年增长率基本保持在 45% ~ 65%，移动互联网经济规模[2]的年增长率分别为 27.9%、97.5%、148.3%。可以看出，自 3G 网络启动以来，移动互联网市场迅猛发展，增速远远超过 PC 桌面互联网经济，且二者之间的差距正在不断缩小。

第四章 银行机构与支付机构支付服务的对比研究

一、银行机构与支付机构的共性与差异性

（一）共性分析

非金融机构进入支付服务市场，增加了服务主体和支付渠道，满足了电子商务对支付服务的多样性和便捷性的要求。两类支付服务主体共同提供支付服务，其实质都是货币资金转移的活动。通过上述分析，我们发现，二者在提供

---

① 资料来源：根据 iResearch Inc. 统计数据整理。
② 区别于交易规模：交易规模为移动电子商务统计的市场规模。

服务时具有以下共性。

1. 二者从事实现资金转移的手段相同

银行机构的支付行为，是利用信息技术，通过行内系统或中国人民银行的跨行清算系统传送支付指令，最终实现货币的转移。支付机构作为收付款人提供货币资金转移服务的中介机构，其实现的手段主要通过信息技术（互联网）实施支付指令的交换和处理。可以看出，二者都是从事货币资金转移中介服务，在利用信息技术实现支付指令的交换和处理，手段相同。

2. 支付业务主要依靠银行账户资源

银行机构和支付机构提供的支付服务，无论过程如何，资金转移的结果最终都体现在收付款人双方银行账户资金的变化上。因此，银行账户成为两类机构的产业链中的核心。

3. 都产生资金积聚效应，存在金融隐患

银行机构的资金积聚效应体现为存款。客户将资金存入银行后，银行在资金运用过程中，会因信息不对称等问题而产生相应的风险，银行对资金运用的管理不当会造成损失，损失进一步蔓延会引发流动性风险。支付机构的资金积聚效应体现为沉淀资金。客户使用支付机构提供的支付服务时，需要在支付机构设立支付账户。支付机构通过积聚客户存放在支付账户中的资金（客户备付金），形成沉淀资金。虽然现有的规定不允许支付机构运用客户备付金用于投资、理财等，仅能用于客户发起指令的支付，但若因管理不善，发生支付机构挪用客户资金牟取利益过程中产生损失时，也会因缺乏流动性而无法偿还债务，甚至破产的风险。

（二）差异性分析

1. 支付业务的环节不同

银行机构能够独立完成整个支付结算环节，但支付机构只能办理内部账户之间的资金清算，跨行资金往来必须借助银行进行资金划拨和清算。

2. 市场定位及支付特点不同

银行机构支付业务覆盖面广，集中在大中型企业之间 B2B 的交易模式中，同时也拓展网上 B2B、B2C 等业务，对各行业渗透程度高；单笔交易金额大，主要服务于大型企业之间的支付结算。支付机构业务多集中在 B2C、C2C 领域，或大企业的小额代收付、资金归集等零星业务。具有交易频繁、金额小的特点。

3. 产品设计思路不同

银行机构产品设计和业务开展偏重于安全性；由于研发产品需经决策层通过且实行产品标准化，决策时间较长往往导致产品滞后于市场需求，便捷性欠佳。支付机构将产品创新作为企业发展动力，产品设计和业务开展偏重于便捷性，但风险管理水平相对较低，安全性有待加强。

4. 支持的支付工具不同

银行机构支持的支付工具较全面，主要采取汇票、本票、支票等具有信用创造功能且较安全的支付工具，也逐步推出网银、移动电话支付等工具。支付机构以满足电子商务服务需求为主要目的，主要支持互联网支付、移动电话支付、预付卡等支付工具。

5. 支付业务运作模式不同

银行机构电子支付服务，只负责资金传递，不对交易方式进行约束和管理。支付机构的运作模式一般为："银行账户—交易过程—银行账户"，从资金流路径看，支付过程资金流向是"买方银行账户—支付机构备付金账户—卖方银行账户"。在交易过程中，支付机构能将贸易与资金服务功能融合在一起。

6. 支付业务所处内部的地位不同

银行机构主营业务是吸收存款和发放贷款，支付业务属于中间业务，处于补充性、辅助性地位。2012 年，上市银行机构的利息收入占比的平均值超过 80%[①]。支付机构的主营业务是提供支付服务，支付业务手续费收入是其利润主要来源。

7. 信用等级和清偿能力不同

银行机构从事支付服务时，在中央银行开立备付金账户，接受中央银行清算资金头寸管理，信用等级和清偿能力较强。支付机构在业务过程中形成的备付金存放于商业银行，由商业银行对备付金使用实施最直接的监督，面临的风险高于商业银行。

8. 与用户的法律关系定性不同

银行机构与客户之间为清晰的债权债务关系，支付机构与客户之间的关系尚不明确。尚无法律法规对支付机构与使用其服务的当事人之间的民事法律关系予以定性，也未对相关的民事权利义务做出任何的规定。

综上所述，银行机构与支付机构的差异性如表 6 所示：

表 6　　　　　　　　　　　　银行机构与支付机构差异性归纳表

比较项目　　　　　　机构	银行机构	支付机构
完成支付服务环节	独立完成资金的划转和清算，直接清算和偿付	不能独立完成，必须通过银行支付指令交换

---

① 数据根据上市商业银行年度财务报告整理得出。

续表

比较项目＼机构	银行机构	支付机构
市场定位	重点面向资金雄厚的大型企业、个人客户和B2B领域	主要集中在B2C、C2C等零售领域，或者大企业的小额代收付、资金归集等零星业务
支付特点	单笔金额大	金额小，频率高
产品设计思路	注重安全性，提供面向社会、企业和个人的标准化支付服务	注重便捷性，提供个性化、专业化、差别化的支付解决方案
业务运作模式	买方银行账户—卖方银行账户；不介入交易过程	买方银行账户—交易过程—卖方银行账户；同时提供贸易和资金转移服务，为交易过程提供信用担保
支付业务的内部地位	存贷款业务为主营业务，支付业务处于补充性、辅助性地位；支付业务收入占比较低	是其主营业务，支付服务收入是其主要利润来源
信用等级和偿债能力	银行信用，等级高；偿债能力强	商业信用，等级较低；偿债能力较弱
法律关系定性	与客户有明确的储蓄合同关系	尚未明确，需进一步研究
孳息归属	明确存款利息为客户所有	备付金利息归属尚未明晰

二、竞争的不可避免性

随着支付机构法律地位的认可和实力的壮大，支付机构在支付市场的竞争力也不断提高，二者的竞争不可避免。

第一，支付机构业务范围的拓展挤占了银行机构的中间业务。随着支付机构业务规模的扩大，开始向水电煤气缴费等传统行业渗透，并提供收付款管理、转账汇款、网上缴费、网上基金、网上保险等多种服务，以较低的价格提供与银行相同或相近的服务，挤占银行的结算、代理收付等中间业务和银行卡收单业务。

第二，支付机构创新业务的推出分流了银行机构的存贷业务。支付机构凭借对产业链上下游交易行为和资信记录的全面掌握，为中小企业和商户打造网络融资平台，适应中小企业融资"小、短、频、快"的需求特点，一定程度上分流了银行机构信用贷款业务。

第三，银行机构向零售领域的拓展加剧了双方客户重叠态势。电子银行业务的成熟使规模经济效应凸显，银行机构凭借较低的成本提供各种零售金融服务，直接开设网上商城，与支付机构争夺零售客户。

第四，双方争先发力移动支付，抢占新兴市场。移动互联网和信息技术的快速发展使移动支付成为行业热点。面对庞大的手机用户规模和市场发展空间，支付机构和银行机构均加大移动支付技术的投入力度，全面挺进移动支付市场。如建行和银联推出的银联手机支付，农行与银联、中国电信合作的"掌尚钱包"，支付宝与美团、拉手、凡客、航空公司等多个商家合作推出移动支付业务，财付通也和微信合作推出二维码支付工具等。

随着金融改革的深入和利率的市场化，银行机构过度依靠存贷利差的盈利模式受到很大冲击，使银行更加重视以支付业务为代表的中间业务发展。支付机构随着与其他业务的剥离，也只能依赖支付服务获得生存空间。支付服务市场的发展前景和盈利模式被双方看好，为获取客户资源、抢占市场，银行间、支付机构间以及银行和支付机构间的竞争进入白热化。双方业务领域的交叉和支付方式的同质化现象严重，加剧了双方的竞争。

三、银行机构与支付机构的优劣势

对比发现，银行机构具有以下优势：一是网点资源丰富、客户群体庞大、基础设施完善；二是善于防控风险、安全性高；三是社会信誉好、客户认可度高；四是经营范围广泛、服务提供全面、能够产生正向协同效应等优势。银行机构具有机构庞大，创新步伐缓慢、向零售支付市场服务成本过高等劣势。

支付机构的优势体现为：一是产品便捷、创新性突出；二是服务机制灵活，行业适应能力强；三是能够提供交易担保。但存在社会信用度较低，机构良莠不齐市场表现影响公众信心等劣势。另外，不能独立完成整个支付环节的内生缺陷使支付机构对银行有依赖性。

四、合作需求存在的必然性

从银行机构看，合作能够促进银行机构业务的发展：一是可以获取网关接入手续费，增加中间收入，丰富盈利结构。二是弥补了中小商业银行因短期内无力建立完善的网银系统而导致网上交易渠道的缺失。三是促进小额交易客户分流，提高资源利用效率。四是支付机构大额度的备付金，可成为银行吸收稳定存款的重要来源之一。

从支付机构角度看，合作能够促进支付机构的快速成长：一是银行业以其完善的资金清算体系，为第三方支付机构提供有力支撑。二是银行能够为支付机构提供备付金账户、归集客户沉淀资金，从而进一步完善支付机构的信誉体系，提升支付机构的公信力。

从整体社会功效看，支付机构作为商家、银行、消费者之间的桥梁，集成众多商家和消费者统一接入银行机构，从总体上降低了社会支付成本。对商家而言，减少了与众多银行机构连接、管理和维护的麻烦，降低运营成本，增强了交易活动的便捷性和经济性；对消费者而言，支付机构提供的统一应用接口，简化了支付操作程序。对银行机构而言，降低了其开发专用网关接口的成本，创造出了极大的利润空间。同时，支付机构的中介担保功能，有效解决"市场信用"欠缺下的信任难题，有利于规范约束买卖双方的交易行为。

第五章　结论与建议

坚持商业银行是支付服务的主渠道、支付机构是商业银行支付业务的补充和延伸的支付服务组织格局下，建立良性竞合关系，促进支付服务市场健康发展。

一、实施差异化竞争战略，形成良性竞争

银行机构一方面应利用自身的规模优势与网点优势，侧重于向社会公众提供基础性、标准化的支付服务。另一方面利用自身完善基础设施，为大宗商品交易或 B2B 领域商户提供专业化的服务。如依托"网上支付跨行清算系统"，通过"一点接入、多点对接"的系统架构，为客户提供具有统一身份验证、跨行账户管理、跨行资金汇划、跨行资金归集、统一财务管理等功能的一站式网上支付管理专业平台。支付机构应侧重于收集和挖掘行业客户的需求，提供创新的个性化的金融增值业务，设计个性化解决方案弥补银行服务不足，避免同行业支付服务的同质化问题。如将银行卡收单后台系统与多种支付渠道以及商户 ERP 系统的无缝集成，实现线上和线下不同支付渠道、资金和信息流整合，银行卡、其他银行账户和现金整合，满足商户一站式服务需求。

二、实现资源共享，推动支付市场发展

支付机构所积累的大量个人和企业用户信息资源，有助于银行机构加强用户信用管理和信贷风险控制以及在此基础上开展一系列创新业务。银行机构庞大的传统服务网络、丰富的支付产品、稳定且可靠的客户群、先进的风险管理经验和相关技术手段都值得其学习和借鉴。

三、支付机构引进外部审计，促进支付机构规范发展

与银行机构相比，支付机构监管依据立法层次不高、内部控制不完善，监

管手段单一、现有监管力量不足，不利于支付机构规范化发展，提高公众认可度。因此，建议借鉴银行机构监管经验，引入外部审计机制，提高市场约束力，促进第三方支付市场的规范发展。

四、在清算环节引入竞争机制，形成收单市场良性竞争

随着中国支付清算协会的成立和支付机构法律地位的认可，支付清算协会、支付机构工作委员会等自律组织可建立清算组织，在收单市场上形成支付机构接入协会、银行机构接入银联的格局，降低支付机构对银行机构的依赖性。待发展到一定阶段后放开接入限制，建立良性竞争和发展机制。

参考文献

［1］杜秦智，居慎豪，周凯欣．国内第三方支付与银行的竞争关系探究［J］．金融视窗，2011（1）：157.

［2］贝为智．第三方支付平台对商业银行经营的影响与对策［J］．区域金融研究，2011（1）：43-44.

［3］尹娜．后牌照时代第三方支付与网银竞合关系分析［J］．电子商务，2012（2）：161-162.

［4］李文天，郎泽宇．第三方支付机构盈利模式创新——沉淀资金的公开操作［J］．电子商务，2012（12）：107-108.

［5］冯然．第三方电子支付产生的沉淀资金问题及监管研究［J］．中小企业管理与科技，2009：33.

［6］刘二涛，冯益鸣．第三方支付沉淀资金及其监管研究［J］．中国电子商务，2010：11.

［7］宋玲，姚世全．第三方支付探索与实践［M］．北京：中国标准出版社，2008.

［8］中国人民银行网站．

［9］国家统计局网站．

［10］http：//www.irsearch.com.cn.

外商直接投资对河南省经济
发展溢出效应研究

中国人民银行郑州中心支行资本项目管理处课题组①

摘要： 改革开放以来，我国在引进外商直接投资（FDI）方面取得了令世界瞩目的成就，经过三十年的发展，中国已成为全球最大的外商直接投资流入地之一。2012年上半年，中国吸引外资额超过美国，居世界第一位。外商直接投资对促进我国经济增长、扩大就业、实现技术进步和提高居民收入起到了重要作用。

溢出效应，是指一国总需求与国内生产总值增加对别国的影响。外商直接投资溢出效应，是指外商直接投资在资本效应之外对东道国经济增长产生的无意识影响的间接作用，这种作用有些是积极的，即正效应，有些却是消极的，即负效应。对于招商引资，当初追求的主要是数量和规模，随着"转方式、调结构"经济发展方式的转变，今天FDI不仅需要数量，更应该注重质量。在区域经济发展中，FDI流入的数量、结构和方向，能否充分发挥出外资对地区经济的溢出正效应，进而实现区域经济的健康快速发展，是目前亟待解决的现实问题。

本文首先梳理了目前国内外学者关于外商直接投资与东道国经济发展之间关系的研究文献，回顾了外商直接投资和经济增长具有代表性的几个理论。然后从河南省利用外商直接投资的来源地、投资规模、产业投向、投资方式和区域投向等方面对目前河南省利用外资状况进行了概括。

在现有理论研究和目前外商在河南省投资状况分析的基础上，吸收和借鉴好的实证分析方法，利用数学模型进行实证分析和计量检验，探讨了外商直接投资对河南省经济增长所产生的积极影响；结合溢出的负效应，归纳分析了目前存在的主要问题；最后，在理论研究的基础上，针对河南省外资引入情况，

---

① 课题主持人：计承江；
  课题组成员：冯合勋、王靖、裴栋梁、刘晗、李晓庆、郑伟、侯春峰。

对河南省如何更好地引进外资和利用外资提出了相关政策建议。

关键词： 外商直接投资　溢出效应　经济增长　区域经济

河南多年来积极开展招商引资工作，外商直接投资（FDI）规模迅速扩大。FDI 通过弥补储蓄、外汇、技术和税收缺口、促进就业、优化产业结构和扩大对外贸易等方式推动着河南经济和社会的发展。随着河南省 FDI 规模逐渐扩大，FDI 到底发挥了怎样的效应？是如何影响经济增长？对新形势下河南省引进 FDI 又有何启示？如何及时调整河南省利用 FDI 的政策，提高河南省利用外资的质量，是关系到未来河南省经济进一步快速发展的重大课题。本文将通过以上问题的深入研究，提出促进河南更好地利用外资、实现产业结构优化升级、实现经济快速健康发展的政策和建议。

一、FDI 溢出效应理论概述

（一）溢出效应概念的相关研究

溢出效应，在我国的文献中对应地称为"技术溢出效应"或"知识溢出效应"，而 FDI（Foreign Direct Investment）溢出效应即为通过跨国投资这种形式产生的溢出效应。MacDougall（1960）在分析 FDI 的一般福利效应时，首次提出跨国公司的进入会对东道国企业产生"经济外部性"，即溢出效应。

Blomstrom 和 Kokko（1997，1998）称跨国公司对东道国企业产生的这种经济外部性为"生产率溢出效应"，认为溢出效应是指由于跨国公司的进入导致技术的非自愿扩散，促进了东道国企业效率或生产率的提升，而自身又无法获取全部收益的一种外部效应。可以看出，溢出效应类似于经济学中的"外部经济"概念。相反，跨国公司的进入也有可能产生外部不经济，即跨国公司可能会对东道国企业产生挤出效应。跨国公司利用其在技术和资本上的强大优势，抑制东道国企业能力和生产力的进步，造成"负的溢出效应"。

（二）FDI 溢出效应的相关理论研究

20 世纪 90 年代以前，各国学者基本上以溢出效应存在为理论前提，普遍认同 FDI 溢出效应存在的合理性和重要性，并采用局部均衡理论模型分析 FDI 的溢出效应及其决定因素。

1. 国外学者关于 FDI 溢出效应的相关研究

对技术溢出效应理论的讨论最早是 20 世纪 60 年代初由 MacDougall（1960）提出，博伦兹斯坦等人使用 69 个发展中国家的小组数据，检验得出的结论是发展中国家较高的经济增长与各国进入的直接投资是正相关的关系。

之后，Cooden（1960）和 Caves（1971）分别考察了 FDI 对最佳关税、产业模式和福利的影响，其中也多次提及扩散效应。Richard Caves 1974 年明确提出了 FDI 的技术外溢（Spillover）问题，被认为是开创了 FDI 技术外溢效应研究的先河。Koizumi 和 Kopecky（1977）构建了一个国际资本长期流动的模型，用于研究 FDI 对一国经济增长的影响。Findlay（1978）最先建立了一个分析 FDI 对技术传递影响的模型。Caves（1974）率先开展直接投资溢出效应实证分析。比较有代表性的观点，如 Smarzynska（2002）发现，东道国为跨国公司提供中间投入品行业的生产率与 FDI 水平之间存在正向关系，有后向关联效应，且当 FDI 是国内市场导向型而非出口导向型时，行业间溢出效应更显著。

2. 国内学者关于 FDI 溢出效应的相关研究

我国学者基本上也将技术溢出视作是引起当地技术或生产力进步的一种非自愿的技术扩散形式。如秦晓钟等（1998）首先对我国外资技术溢出效应进行了分析，得出了 FDI 的行业内溢出效应明显存在的结论。何洁（2000）发现 FDI 技术溢出效应的发挥受当地经济发展水平的门槛效应制约，单纯提高一个地区的经济开放程度对提高 FDI 的技术溢出效应是没有意义的，甚至有负面作用。张诚等（2001）认为技术溢出效应通常是指技术领先者对同行业企业及其他企业的技术进步产生的积极影响。秦晓钟和江小娟（2004）指出，跨国公司所具有的产品技术、管理技术、营销能力、研发能力等从 FDI 企业内部向东道国企业扩散的效应视为技术溢出。

我国的实证研究起步较晚。江小娟（2000）通过对在京的 38 家跨国公司的调查，认为外资研发机构的研发活动对我国有明显的促进作用。江小娟和李蕊（2002）认为 FDI 企业对中国工业技术进步的贡献突出。陈涛涛（2003）引入"内外资企业能力差距"的概念，研究结果表明，当内外资企业的能力差距较小时，有助于技术溢出效应的产生。王红领等（2006）收集了我国 1998—2003 年全部 37 个工业行业的数据，回归分析结果表明，FDI 对内资企业的研发能力有显著的促进作用，某一个行业中外资进入的程度提高得越快，该行业内资企业的研发能力和水平也提高得越快。

（三）FDI 溢出效应的产生渠道

Caves（1974）认为跨国公司的进入对东道国产生的生产率溢出效应通过三个途径产生：一是跨国公司的进入会改善东道国市场的垄断程度，促进竞争，通过改善东道国的生产资源分配提升其生产率；二是跨国公司进入生产的竞争压力和示范效应促使东道国企业提高技术效率；三是跨国公司的进入会加快技术和创新的转移。Kokko（1994）认为溢出效应的发生主要有四个渠道：示范效应、关联效应、培训效应和竞争效应。Gorg 和 Greenway（2004）及 Crespo 和

Fontoura（2007）在上述四个渠道的基础上加上了第五个溢出渠道出口，并对原有溢出渠道的内涵做了相应的拓展。

（四）小结

本章是在查阅大量书籍、文献的基础上，对国内外关于 FDI 溢出效应相关理论和模型进行了讨论和总结。在经济全球化背景下，任何一个国家或地区都不可能仅仅依靠自身的力量去发展，还需要充分利用外部相关资源来加速经济发展。尤其河南作为内陆省份，地处中原，拥有得天独厚的区位条件，更需要重视利用 FDI 溢出效应来促进本地区经济的健康快速发展。

二、河南省 FDI 现状

近些年，河南省不断加大吸引 FDI 的力度。中部崛起战略、加快中原经济区建设等国家战略的推动实施，为河南利用外资创造了前所未有的机遇。河南省抓住机遇，大力实施开放带动主战略，扩大开放、持续推进大招商活动，积极承接产业转移，提升全省的对外开放水平，利用外资工作成效显著，利用外资规模持续扩大的同时也呈现出一些特点。

（一）河南省 FDI 概况

1994—2011 年，河南省实际利用外资总额 372.73 亿美元，占全国总金额的 3.39%。2011 年实际利用外资 100.82 亿美元，占全国的 8.69%，较 1994 年的 4.25 亿美元增长 96.57 倍。从图 1 可以看出，2001 年之前河南省利用外资的数量不高，不够稳定。从 2001 年开始河南省实际利用外资的质量和水平增长明显，增速明显加快，全国占比显著提高。百事可乐、华润集团、富士康、UPS

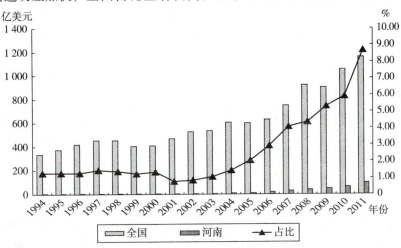

图 1　1994—2011 年河南省实际利用外资量全国占比趋势图

等一批国内外知名企业布局河南，一大批集群性重大项目落户中原。目前，在河南投资的世界500强企业达到121家，国内500强企业146家。河南省对外开放进入一个新的发展阶段。

2001年以来，河南省与东部省份的差距逐渐缩小，在中部地区的优势逐渐拉大。以2001年、2011年利用外资情况分别与东部省份山东、中部省份安徽实际作一下比较（见图2）。2001年，河南省FDI实际利用外资数量是山东省的9.90%，是安徽省的106.50%，而2011年这两个数据分别是90.34%和152.09%，河南省利用外资情况良好，增长势头强劲，与东部山东省的差距逐渐缩小，与中部安徽省的优势逐渐扩大。

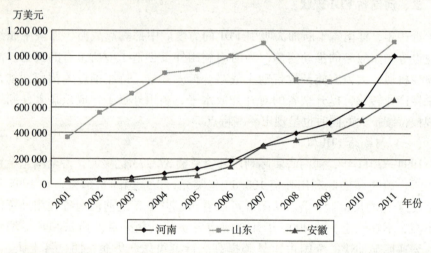

图2　2001—2011年河南省与山东省、安徽省利用外资情况变化趋势对比图

与同属中部的其他省份相比，河南省吸引的外资并未得到合理利用，协议利用外资转化为实际利用外资的比例较小。如图3、图4所示，2001—2011年河南省协议利用外资金额共计398.77亿美元，实际利用外资331.83亿美元，外资利用转化率为83.21%，而同期安徽省协议利用外资204.91亿美元，实际利用外资264.80亿美元，外资利用转化率为129.23%。由此可见，河南省外资利用转化率有待进一步提升。

（二）基本特点

1. 外资来源地状况

由图5可以看出，由于地域、文化等因素的影响，香港一直以来是河南省吸引外资的主要来源地。1994—2011年，香港地区共向河南投入外资总额达206.04亿美元，占河南省实际利用外资总额的56.26%。此外，亚洲地区利用外

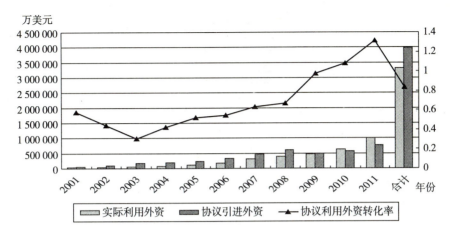

图 3　2001—2011 年河南省协议利用外资转化变动趋势图

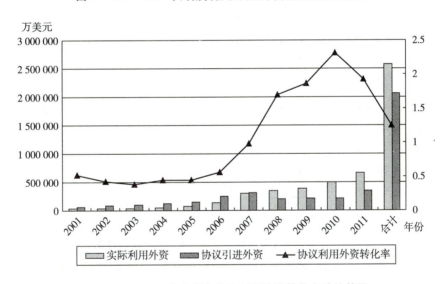

图 4　2001—2011 年安徽省协议利用外资转化变动趋势图

资的主要来源地还有中国台湾、新加坡、韩国和日本，而欧洲主要有德国、法国、英国，美洲主要为美国、加拿大。中国香港、中国台湾和新加坡列前三位，三地合计投入外资金额达 242.44 亿美元，占比 66.20%。

2. 外资流入行业结构

FDI 主要集中在第二产业。由图 6 可见，自 2001 年，第二产业吸引外资的数量不断增加，是外资最主要的投资领域。其中制造业是吸纳外资的主要行业，2011 年制造业吸引外资的数额占比 66.94%，一般加工制造业，尤其是劳动密集

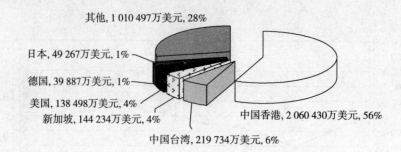

其他, 1 010 497万美元, 28%

日本, 49 267万美元, 1%

德国, 39 887万美元, 1%

美国, 138 498万美元, 4%

新加坡, 144 234万美元, 4%

中国台湾, 219 734万美元, 6%

中国香港, 2 060 430万美元, 56%

图5　1994—2011年河南省利用外资分国别对比图

型产业吸引外资能力较强，而基础产业、资本和技术密集型产业吸引外资投入较少。

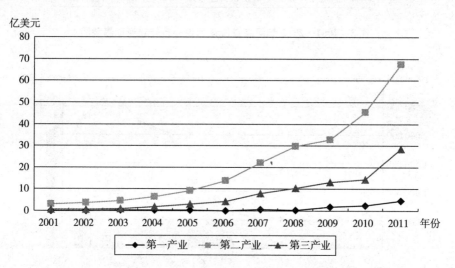

图6　2001—2011年河南省三次产业实际利用外资情况

近年房地产业占第三产业的比重较大，带动第三产业利用外资的金额和占比快速上升。从图7看，除房地产行业外，租赁/商务服务、批发/零售等行业引资数量有所增加，而信息传输/计算机服务/软件、科学研究/技术服务/地质勘查、住宿/餐饮、居民服务/其他服务等行业的引资能力有待进一步提升。

由于河南省地处内陆，农业生产方式与发达国家有较大差距，我国目前农业投资回报率较低，加上农村基础设施落后，种种原因制约了外资投入的积极性，第一产业吸引外资量一直低位徘徊。

3. FDI方式

从投资方式来看，外商主要通过合资、合作、独资三种形式进行投资。

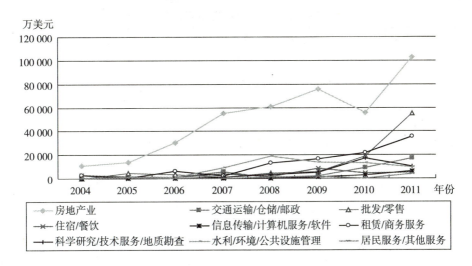

图7　2004—2011 年河南省第三产业各行业吸引外资情况比较

2001 年以来, 三种形式利用外资金额保持逐年上升的态势。

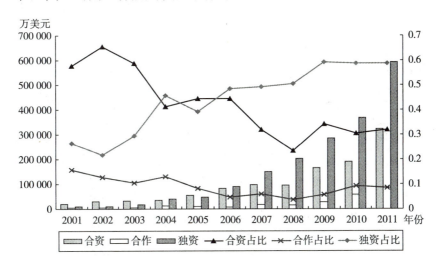

图8　2001—2011 年外资利用方式变化趋势图

4. FDI 的区域投向

近几年, 河南省 FDI 主要集中在郑州周边经济实力强、地理位置优越的中原城市群区。2011 年, 全省实际利用外资 1 008 209 万美元, 中原城市群区占比达到73.08%, 而黄淮、豫西南、豫北三区明显偏少。河南省四个经济区域利用 FDI 的情况差距较大 (见表1)。

表1   2011 年河南省 FDI 流入区域对比

利用外资及人口 地区	利用外资情况		人口情况	
	实际利用外资量 （万美元）	占比 （%）	人口 （万人）	占比 （%）
中原城市群	736 822	73.08	4 235	40.38
黄淮地区	96 562	9.58	3 749	35.70
豫西南地区	97 336	9.65	1 390	13.25
豫北地区	77 489	7.69	1 114	10.62

注：中原城市群区是指郑州、洛阳、焦作、新乡、许昌、平顶山、开封、漯河、济源。黄淮地区是指商丘、周口、信阳、驻马店。豫西南地区是指南阳、三门峡。豫北地区是指安阳、濮阳、鹤壁。

5. FDI 规模

从单个项目平均合同外资金额指标来看，河南省 FDI 规模总体处于上升趋势。1994 年时平均单笔协议 78.31 万美元，但到 2005 年单笔协议平均投资额为 498.25 万美元，2007 年达到近千万美元，2011 年突破 2 000 万美元，达到 2 162.68万美元。项目平均规模的增加，可以一定程度地反映项目发展的稳定性趋好。

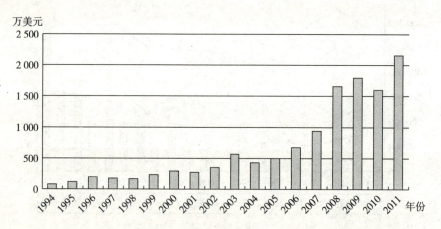

图9 1994—2011 年河南省外商直接投资协议签订平均规模变化趋势图

三、FDI 对河南省经济发展影响的实证分析

（一）计量经济模型的初步设定

1. 选取 VaR 模型作为研究工具

1980 年西姆斯（Sims）提出向量自回归（VaR）模型。VaR 模型是用模型

中所有当期变量对所有变量的若干滞后变量进行回归。VaR 模型用来估计联合内生变量的动态关系，而不带有任何的事先约束条件，目前已经得到广泛应用。

VaR 模型不以严格的经济理论为依据，特点有：一是有哪些变量是相互有关系的；二是确定滞后期 K，使模型能反映出变量之间的相互影响的绝大部分；三是 VaR 模型对参数不施加零约束；四是不包含任何当期变量，所有联立方程有关的问题在 VaR 模型中都不存在。这些特点也是本文选取 VaR 模型作为计量经济学工具的主要原因。

2. 变量的定义与数据来源

本文选取了宏观经济变量、资本指标和劳动力等相关指标区分为解释变量、被解释变量和控制变量来描述、分析 FDI 和经济增长的关系。

（1）解释变量——FDI

FDI，指外国企业和经济组织或个人（包括华侨、港澳台胞以及我国在境外注册的企业）按我国有关政策、法规，用现汇、实物、技术等在我国境内开办外商独资企业、与我国境内的企业或经济组织共同举办中外合资经营企业、合作经营企业或合作开发资源的投资，以及经政府有关部门批准的项目投资总额内企业从境外借入的资金。

（2）被解释变量——经济增长

宏观经济学有两个不变的命题，一个是经济周期，一个是经济增长。在研究经济增长的一个重要概念是经济发展。经济增长和经济发展相互联系，密不可分。但经济发展的范围要宽于经济增长，如果说经济增长是一个"量"的概念，经济发展就是一个更广、更高的"质"的概念。经济发展不仅包括经济增长，而且还包括居民生活质量、社会经济制度结构变革等多方面，反映的是社会的总体进步。经济增长通常被定义为产量的增加。在研究经济增长时常用的几个指标依次为：GDP、人均 GDP、GDP 增长率和人均 GDP 增长率。考虑到本文主要关注宏观经济增长方面，我们在实证分析中经济增长用 GDP 来表示。

（3）控制变量

控制变量是指非研究目标的变量，但又会对被解释变量产生较大影响的变量，如果忽视其存在而直接进行研究，可能会影响到分析的真实性，因此研究时我们选取以下变量作为控制变量引入模型。

①人力资本因素。我们选取就业人数作为人力资本的代表性指标。在实证分析中人力资本指标用 JYRS 来表示。

②经济开放程度。采用按美元和人民币汇率折算之后的各地区进出口总额来反映该地区的经济开放程度，在模型中用 JCK 表示。

（4）数据来源与处理

考虑到数据的可获得性，本文分析样本期设定为1994—2011年，总长度为18年。本文数据主要来源为《河南省统计年鉴》（见表2）。

为消除物价因素的影响，所有经济指标数据都用以1994年为基期的居民消费价格指数进行调整。同时，利用当年汇率对利用外资数据和进出口数据进行调整。为避免计量模型产生异方差性，对所有变量取对数后进行建模。

表2　　　　　　　　　　　　　　相关指标数据

年份	GDP（亿元）	年末从业人员数（万人）	实际利用外资（万美元）	进出口总额（万美元）
1994	2 216.83	4 448.00	42 488.00	163 193.00
1995	2 988.37	4 509.00	47 981.00	222 918.00
1996	3 634.69	4 638.00	52 566.00	196 855.00
1997	4 041.09	4 820.00	64 735.00	189 699.00
1998	4 308.24	5 000.00	61 794.00	173 196.00
1999	4 517.94	5 205.00	49 527.00	175 044.00
2000	5 052.99	5 572.00	53 999.00	227 486.00
2001	5 533.01	5 517.00	35 861.00	279 256.00
2002	6 035.48	5 522.00	45 165.00	320 351.00
2003	6 867.70	5 536.00	56 149.00	471 640.00
2004	8 553.79	5 587.00	87 367.00	661 346.00
2005	10 587.42	5 662.40	122 960.00	773 604.00
2006	12 362.79	5 718.70	184 526.00	979 594.00
2007	15 012.46	5 772.70	306 162.00	1 280 493.00
2008	18 407.78	5 835.45	403 266.00	1 747 934.00
2009	19 480.46	5 949.00	479 858.00	1 343 839.00
2010	23 092.36	6 042.00	624 670.00	1 779 157.00
2011	26 931.03	6 198.00	1 008 209.00	3 264 212.00

（二）FDI对河南经济增长的实证分析

1. 对数据进行ADF单位根检验

本文将利用VaR模型进行实证分析，而使用VaR模型做出正确推断的前提是要求VaR模型所描述的变量系统稳定。如果变量不平稳，具有协整关系时，基于VaR模型的判断也是可靠的。一般情况下经济时间序列大都是非平稳的，所以先对变量进行ADF单位根检验，检验结果如表3所示。

表3　　　　　　　　　　　有关变量的 ADF 单位根检验

变量	检验类型 (C, T, K)	ADF 检验值	5%临界值	P 值	检验结果
ln*GDP*	(C, 0, 0)	0.7436	−3.0299	0.9898	不平稳
D (ln*GDP*)	(C, 0, 0)	−3.5437	−3.0299	0.0181	平稳
ln*FDI*	(C, 0, 0)	1.0101	−3.0299	0.9947	不平稳
D (ln*FDI*)	(0, 0, 2)	−3.8388	−2.6924	0.0006	平稳
ln*JCK*	(C, 0, 2)	0.8898	−3.0299	0.9929	不平稳
D (ln*JCK*)	(C, 0, 1)	−2.0701	−1.9602	0.0451	平稳
ln*JYRS*	(C, 0, 0)	−1.5539	−3.0299	0.4856	不平稳
D (ln*JYRS*)	(C, 0, 0)	−3.1848	−3.0299	0.0445	平稳

C 和 T 分别表示带有截距项和趋势项，K 表示 ADF 平稳性检验模型选取的滞后阶数。由表3可知，各变量（ln*GDP*、ln*FDI*、ln*JCK*、ln*JYRS*）在5%的显著性水平下都没有通过平稳性检验，而其一阶差分变量在5%的显著性水平下都拒绝了存在单位根的原假设，表明这几个变量都是一阶差分平稳的，为后续的协整检验创造了条件。

2. 用非平稳序列建立 VaR 模型

有些情况下经济理论不能够对变量之间的动态联系提供一个严密的说明，而且内生变量可能同时出现在方程的左右两边使得估计和推论问题变得更加复杂。为了解决这些问题，产生了有关多变量建模的非结构方法，向量自回归（VaR）模型就是非结构化的多方程模型，它是基于数据的统计性质建立模型，将系统中每一个内生变量作为系统中所有内生变量的滞后值函数来构造模型，是处理多个相关经济指标的分析与预测最容易操作的模型之一。VaR 模型用于预测相互联系的时间序列系统及分析随即扰动对变量系统的动态冲击，从而揭示各种经济冲击对经济变量形成的影响。

我们先根据原始时间序列建立 VaR 模型，之后再运用 Johansen 协整关系检验考虑 VaR 模型中变量的协整关系。

（1）VaR 模型的滞后阶数 K 的确定

在设定滞后阶数 K 时，一方面想使滞后阶数足够大，能完整地反映所构造模型的动态特征；另一方面，滞后阶数越大所要估计的参数也就越多，模型的自由度也就相应地减少了，所以在进行选择时，既要综合考虑足够的滞后阶数，又要有足够的自由度。确定 VaR 模型的滞后阶数一般常用似然比（LR）检验、赤池信息准则 AIC 和施瓦茨准则 SC：LR 值越大越好，AIC 和 SC 越小越好。

①用似然比检验（Likelihood Ratio 选择）K 值。LR 统计量定义为

$$LR = -2(\log L_{(k)} - \log L_{(k+1)}) \sim \chi^2(N^2)$$

其中，$\log L_{(k)}$ 和 $\log L_{(k+1)}$ 分别为 VaR（k）和 VaR（$k+1$）模型的极大似然估计值。K 表示 VaR 模型中滞后变量的最大滞后期；N 是内生变量个数。LR 统计量渐近服从 $\chi^2(N^2)$ 分布。显然当 VaR 模型滞后期的增加不会给极大似然函数值带来显著性的增大时，即 LR 统计量的值小于临界值，新增加的滞后变量对 VAR 模型毫无意义。

②赤池信息准则 AIC 和施瓦茨准则 SC。赤池信息准则 AIC 是衡量统计模型拟合优良性的一种标准，是由日本统计学家赤池弘次在 1971 年创立和发展的。根据赤池信息准则 AIC 选择最大滞后阶数 K：

$$AIC = \log\left(\frac{\sum_{t=1}^{T} \hat{u}_t^2}{T}\right) + \frac{2k}{T}$$

其中，$\hat{u}_t^2$ 表示残差，T 表示样本容量，K 表示最大滞后期。选择 K 的原则是在增加 K 值的过程中使 AIC 的值达到最小。

施瓦茨准则 SC 是在赤池信息准则 AIC 的基础上发展出来的。用施瓦茨准则 SC 选择最大滞后阶数 K：

$$SC = \left(\frac{\sum_{t=1}^{T} \hat{u}_t^2}{T}\right) + \frac{k\log T}{T}$$

其中，$\hat{u}_t^2$ 表示残差，T 表示样本容量，K 表示最大滞后期。选择 K 的原则是在增加 K 值的过程中使 BC 的值达到最小。AIC 和 BC 的使用规则，均为越小越好。

③另外还有 FPE（最终预测误差统计量）和 HQ（Hannan – Quinn 信息准则）等也用于确定最大滞后阶数。Eviews 一共给出了这 6 个检验统计量的值。运用 Eviews6.0 统计软件对依据 $\ln GDP$、$\ln JCK$、$\ln JYRS$、$\ln FDI$ 这 4 个变量建立的 VaR 模型进行最大滞后阶数检验，并根据以上准则综合确定最大滞后阶数，同时辅助利用 AR 根表和 AR 根图等来确定最佳的滞后阶数。结果如下：

表 4　　　　　　　　　　　　　　滞后长度准则

滞后长度	logL	LR	FPE	AIC	SC	HQ
0	21.27239	NA	1.91e-06	-1.818146	-1.619317	-1.784496
1	130.3374	160.7273*	1.12e-10	-11.61446	-10.62031*	-11.44621
2	150.5371	21.26292	9.48e-11*	-12.05654*	-10.26708	-11.75369*

注：5 个评价统计量各自给出最小的滞后期并用"＊"表示。

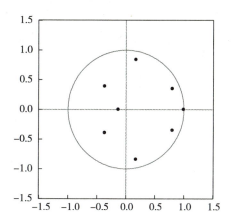

图 10   AR 根图

表 5   **AR 根表**

单位根	单位根的模
0.992867	0.992867
0.798338 − 0.349476i	0.871480
0.798338 + 0.349476i	0.871480
0.172383 − 0.841363i	0.858840
0.172383 + 0.841363i	0.858840
− 0.367761 − 0.390778i	0.536615
− 0.367761 + 0.390778i	0.536615
− 0.134774	0.134774

AR 根图显示的是以图画形式给出 VaR 模型特征方程的根的倒数值，AR 根表是以列表形式给出 VaR 模型特征方程的根的倒数值。由图表可知：全部的根的倒数值都在单位圆内以及单位根的模也都小于 1，说明选择滞后阶数为 2 的 VaR 模型是稳定的。所以，最大滞后阶数设定为 2 阶，即可得到 VaR（2）模型的估计结果。

将以上矩阵型式的方程打开即可得到单个方程的估计形势，本文以表格的形式将单个方程表示出来如下：

表 6   VaR 模型估计结果

解释变量	回归模型一 lnJYRS	回归模型二 lnJCK	回归模型三 lnGDP	回归模型四 lnFDI
lnJYRS（-1）	0.715557	-3.178535	0.385473	-8.815644
	[2.57436]	[-0.95984]	[0.45145]	[-4.29690]
lnJYRS（-2）	-0.908762	2.315476	-0.223815	-5.071937
	[-1.63576]	[0.34983]	[-0.13115]	[-1.23686]
lnJCK（-1）	-0.005881	0.840323	0.075841	0.176572
	[-0.19786]	[2.37311]	[0.83066]	[0.80486]
lnJCK（-2）	-0.069103	-0.667732	0.039097	-0.725603
	[-1.73645]	[-1.40836]	[0.31981]	[-2.47024]
lnGDP（-1）	0.230223	0.054288	0.694457	2.582048
	[1.76492]	[0.03493]	[1.73307]	[2.68175]
lnGDP（-2）	0.141097	1.219197	0.226256	2.092820
	[0.88166]	[0.63945]	[0.46023]	[1.77172]
lnFDI（-1）	-0.108092	0.360640	-0.027576	-0.186326
	[-2.14095]	[0.59956]	[-0.17780]	[-0.49999]
lnFDI（-2）	0.023726	-0.449727	-0.027348	-0.252717
	[1.86219]	[-2.96273]	[-0.69875]	[-2.68725]
C	8.046706	1.995558	-1.011515	90.91092
	[2.44162]	[0.05082]	[-0.09991]	[3.73727]
拟合优度	0.991137	0.982549	0.997949	0.994257
调整后拟合优度	0.984047	0.968588	0.996309	0.989662
F - 统计量	139.7917	70.37969	608.2742	216.3896
对数似然值	61.46591	14.38958	40.14230	23.48632
AIC	-5.522727	-0.567324	-3.278136	-1.524875
SC	-5.075361	-0.119958	-2.830771	-1.077509

注："［ ］"内数字为 t 统计量的值，括号外是回归参数的估计值。

从表 6 中可以看出，有些回归系数的 t 统计量是不显著的，在 t 统计量不显著的情况下，可以认为解释变量对被解释变量的影响在统计上是不显著的。在极不显著的情况下，认为它们之间的经济关系不强烈，或者是作用不明显。另外，从整体上来看 VaR（2）模型是可取的。从拟合优度检验上看，回归方程的拟合优度达到了 98% 以上。又加上前面分析已经得出结论，所以将模型设定为 VaR（2）模型是稳定的，可以进行进一步的分析检验。

（2）进行 Johansen 协整检验

Johansen 协整检验是基于回归系数的协整检验，有时也称为 JJ（Johansen – Juselius）检验。主要是运用特征根迹检验（trace 检验）和 最大特征值检验。

我们进行了特征根迹检验（trace 检验）和最大特征值检验，运用 Eviews6.0 进行相关检验分析，结果如下。

表7　　　　　　　　　　　非限制性协整检验（迹检验）

协整关系个数	特征值	迹检验统计量	临界值（5%）	P 值
无*	0.959545	118.3486	47.85613	0.0000
最多有1*	0.916809	57.40461	29.79707	0.0000
最多有2	0.357891	10.15888	15.49471	0.2687
最多有3	0.087604	1.741934	3.841466	0.1869

注：" * "表示在0.05的置信水平下拒绝原假设。迹检验显示在0.05的置信水平下有2个协整关系。

表8　　　　　　　　　　非限制性协整检验（最大特征值检验）

协整关系个数	特征值	最大特征值统计量	临界值（5%）	P 值
无*	0.959545	60.94395	27.58434	0.0000
最多有1*	0.916809	47.24573	21.13162	0.0000
最多有2	0.357891	8.416947	14.26460	0.3379
最多有3	0.087604	1.741934	3.841466	0.1869

注：" * "表示在0.05的置信水平下拒绝原假设，最大特征值检验显示在0.05的置信水平下有2个协整关系。

上述两个表显示：在5%的显著性水平下，迹统计量检验结果和最大特征值检验均认为有2组协整关系。因此，我们认为 $\ln GDP$、$\ln JCK$、$\ln JYRS$、$\ln FDI$ 这4个变量之间存在长期均衡关系。

（三）回归方程估计

根据前面协整关系分析可知，$\ln GDP$、$\ln JCK$、$\ln JYRS$、$\ln FDI$ 存在长期均衡关系，为进一步了解各变量对 $\ln GDP$ 的影响程度，以及 $\ln JCK$、$\ln JYRS$、$\ln FDI$ 对 $\ln GDP$ 的影响是不是长期均衡，我们进一步建立多元回归方程，并对方程的残差进行检验，结果如下。

表9 回归模型估计结果

变量	系数	标准差	t 统计量	P 值
ln*JCK*	0.197005	0.066575	2.959157	0.0098
ln*JYRS*	2.928603	0.318646	9.190765	0.0000
ln*FDI*	0.236717	0.049893	4.744534	0.0003
C	−19.20871	2.581038	−7.442243	0.0000
R – squared	0.989127			
Adjusted R – squared	0.986952			
Log likelihood	24.29540			
F – statistic	454.8399			
Prob（F – statistic）	0.000000			

根据表9可得如下估计方程：

$$\ln GDP = -19.20871 + 0.197005\ln JCK + 2.928603\ln JYRS + 0.236717\ln FDI$$
$$t = (-7.442243) \quad (2.959157) \quad (9.190765) \quad (4.744534)$$

回归方程各系数在5%的显著性水平下，均通过平稳性检验。从 FDI 的 GDP 的关系来看，从1994—2012年间，FDI 对经济增长的影响是正向的，FDI 每上升1个百分点，相应地会带来 GDP 上升 0.236717 个百分点。为避免回归模型出现伪回归，对回归模型的残差进行平稳性检验。检验结果显示：在5%的显著性水平下，回归模型的残差是平稳时间序列，不存在单位根。

表10 回归方程残差检验

		t – Statistic	Prob. *
Augmented Dickey – Fuller test statistic		−2.816066	0.0077
Test critical values：	1% level	−2.699769	
	5% level	−1.961409	
	10% level	−1.606610	

（四）结论

本章基于1994—2011年河南省的统计数据，在 VaR 模型的分析框架下，运用协整检验、多元回归等技术手段，分析结果如下。

（1）协整检验显示，河南的 FDI、进出口、就业人数和河南经济发展有长期稳定的均衡关系。

（2）回归方程估计结果显示，河南的 FDI、进出口、就业人数均对河南经济发展产生了正向的影响。其中，FDI、进出口和就业人数每上升1个百分点，相应地将会分别带动 GDP 上升 0. 236717 个、0. 197005 个、2. 928603 个百分点。

四、FDI 对河南省经济发展的溢出效应

FDI 对地方经济产生的作用不仅关系到地方经济的健康快速发展，也关系到地方经济未来的可持续发展。通过第四章可以看出外商直接投资对河南省经济增长产生了积极的影响，而 FDI 对河南省经济发展所产生的溢出效应则主要表现在以下几个方面。

（一）带动了全省财税收入的增长

表 11　　　　　　　1994—2011 年河南省财政及税收统计情况　　　　单位：亿元

年份	财政总收入	其中：税收收入	财政支出	固定资产投资
1994	93. 35	81. 77	169. 62	608. 42
1995	124. 63	103. 45	207. 28	805. 03
1996	162. 06	126. 63	255. 29	1 003. 61
1997	185. 73	152. 09	284. 37	1 165. 19
1998	208. 2	160. 60	323. 63	1 330. 56
1999	223. 35	176. 12	384. 32	1 324. 18
2000	246. 47	195. 04	445. 53	1 475. 72
2001	494. 45	226. 7	508. 58	1 627. 99
2002	538. 96	242. 24	629. 18	1 820. 45
2003	602. 45	264. 4	716. 6	2 310. 54
2004	789. 05	307. 12	879. 96	3 099. 38
2005	967. 16	365. 67	1 116. 04	4 378. 69
2006	1 202. 96	471. 8	1 440. 09	5 907. 74
2007	1 530. 48	625. 02	1 870. 61	8 010. 11
2008	1 781. 89	742. 27	2 281. 61	10 490. 65
2009	1 921. 8	821. 5	2 905. 76	13 704. 65
2010	2 293. 7	1 016. 55	3 416. 14	16 585. 85
2011	2 851. 91	1 263. 1	4 248. 82	17 766. 78

相较内资企业，外商投资企业管理经验和经营理念较先进。自 2008 年开始对外资企业税收实行"国民待遇"，这些企业的利税也成倍增加，并带动了全省财政收入的快速增长。2011 年，全省财政收入达 2 851. 91 亿元，其中税收收入达 1 263. 1 亿元，相较 1994 年而言，18 年间全省财政收入和税收收入分别增长了 29. 55 倍和 14. 45 倍，年均增长率分别为 22. 3% 和 17. 5%，其中财政收入占

GDP 的比重也由 1994 年的 4.3% 上升至 2011 年的 6.4%。而对 FDI 企业而言，2011 年占全省企业总数约 6.5% 的 2 467 家 FDI 企业上缴税收达 265 亿元人民币，占全省税收收入额的 21%，贡献显著。外资企业也有力支持了全省经济建设支出。2011 年，全省财政支出和固定资产投资额分别达 4 248.82 亿元和 17 766.78亿元，相较 1994 年而言增长了 24.05 倍和 28.20 倍，年均增长率分别为 20.9% 和 22%。

（二）促进产业结构转型升级

FDI 不仅会推动当地的经济增长，其带来的大量国际资本和先进的技术水平，对产业结构的调整也起着重要作用。改革开放以来，河南省实行了一系列推进工业化的政策和措施，其中科学引导外资流向，转变经济发展方式，促进产业结构调整和经济结构优化升级的政策力度不断加大。经过三十多年的发展，河南省整体上形成了"二三一"的产业发展格局，第二产业成为推动河南省经济增长的主要动力，也是 FDI 投资的重点领域。

表 12　　　　河南省第二产业生产总值占比、贡献率和对生产总值的拉动

年份	生产总值（亿元）	第二产业			
		产值（亿元）	占比（%）	贡献率（%）	拉动（%）
1994	2 198.58	1 071.74	48.7	70.7	9.7
1995	3 002.74	1 420.25	47.3	56.1	8.3
1996	3 683.41	1 718.98	46.7	56.7	7.9
1997	4 079.26	1 920.05	47.1	52.7	5.5
1998	4 356.6	2 012.74	46.2	52.8	4.7
1999	4 576.1	2 070.88	45.3	48.8	4.0
2000	5 052.99	2 294.15	45.4	62.6	5.9
2001	5 533.01	2 510.45	45.4	49.7	4.5
2002	6 035.48	2 768.75	45.9	55.8	5.3
2003	6 867.70	3 310.14	48.2	74.6	8.0
2004	8 553.79	4 182.10	48.9	58.4	8.0
2005	10 587.42	5 514.14	52.1	62.2	8.8
2006	12 362.79	6 724.61	54.4	64.1	9.2
2007	15 012.46	8 282.83	55.2	67.0	9.8
2008	18 018.53	10 259.99	56.9	68.5	8.3
2009	19 480.46	11 010.50	56.5	64.8	7.1
2010	23 092.36	13 226.38	57.3	68.5	8.6
2011	27 232.04	15 887.39	58.3	63.6	7.6

1994—2011 年全省第二产业产值由 1 071.74 亿元增加至 15 887.39 亿元，增长了 13.8 倍，年均增长率达 17.2%，第二产业产值占全省生产总值的比例也由 48.7% 上升至 58.3%；同期，第二产业 FDI 额由 29 934 万美元增加至 712 450 万美元，增长了 22.8 倍。第二产业 FDI 额占比在 60% 以上。全省第二产业利用 FDI 的比例是逐渐下降的。这表明随着全省社会经济的不断发展和壮大，产业结构不断升级，FDI 的产业结构也在逐渐优化。

通过大力引资进入第二产业，河南省引进了一大批重大项目，加快了对传统行业的技术改造和创新。例如，双汇公司通过境外上市和高盛集团这样的国际著名投资公司以入股等方式促进了进一步快速发展。河南中原内配股份有限公司与世界 500 强之一的英国吉凯恩工业有限公司强强联合，打造全球最大的气缸套生产基地。豫西的义马凭借煤化工产业集群的优势，吸引了三大煤化技术巨头落户，发挥出竞争效益。此外新乡的汽车、漯河的饮料等行业都通过利用外资增强了竞争力，带动了存量结构的调整，促进了全省经济结构优化升级。

（三）拉动外贸进出口增长

FDI 企业可以利用外方投资者在国际市场已经形成的市场营销渠道，把产品推向国际市场，促进当地外贸经济发展。长期以来，河南省外贸整体规模较小，外贸依存度较低。随着近年来全省利用外资规模的扩大，FDI 企业迅速发展，加工贸易进出口等活动的大量增加。尤其 2010 年富士康项目落户郑州后，外资企业进出口在河南省进出口中的比重迅速提高，有力促进了河南省对外贸易发展。2001—2011 年，河南省进出口总额由 34.21 亿美元迅速增长至 326.42 亿美元，增加了 8.54 倍，对应的进出口总额占 GDP 比重也由 3.7% 上升至 7.7%，实现了跳跃式的增长和历史性的突破（见表 13）。

表 13　　　　　　　　2001—2011 年河南省 FDI 企业进出口情况　　　单位：万美元，%

年份	出口			进口		
	总额	外资企业	占比	总额	外资企业	占比
2001	183 827	31 396	17.08	158 298	28 303	17.88
2002	233 571	37 201	15.93	139 471	29 832	21.39
2003	333 074	53 652	16.11	225 179	52 676	23.39
2004	440 023	70 449	16.01	295 524	51 636	17.47
2005	561 320	84 137	14.99	345 260	65 570	18.99
2006	719 853	110 124	15.30	378 363	73 655	19.47
2007	909 923	143 129	15.73	510 753	114 710	22.46
2008	1 241 969	171 126	13.78	746 891	149 078	19.96

续表

年份	出口			进口		
	总额	外资企业	占比	总额	外资企业	占比
2009	877 224	182 754	20.83	629 601	193 857	30.79
2010	1 053 447	255 591	24.26	725 710	196 212	25.11
2011	1 924 040	836 783	43.49	1 340 172	661 338	49.35

　　同一时期，全省 FDI 企业进出口额也由 5.97 亿美元增长至 149.81 亿美元（2011 年），增加了 24.09 倍，FDI 企业进出口额占进出口总额的比例也从 2001 年的 17.45% 增加到 2011 年的 28.95%。特别是在 2011 年，由于富士康因素的影响，当年全省进出口总额迅猛增长，与之对应的外资企业进、出口额占比也飙升到 49.35% 和 43.49%。

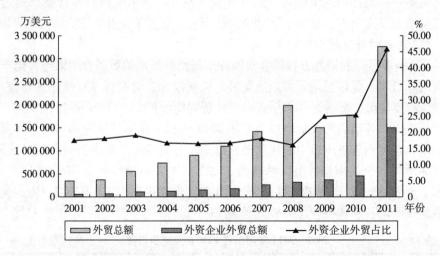

图 11　2001—2011 年河南省外商投资企业外贸占比变化趋势图

　　外贸产品结构也基本实现了从初级农产品、资源型产品和低附加值产品为主向以制成品为主的根本性转变。2011 年河南省机电出口就几乎占据出口总额的一半，同时高新技术产品出口占 16% 以上。FDI 企业对全省外贸产品结构的优化起到了重要作用。FDI 对河南省外贸具有积极的影响作用。

　　（四）促进劳动力就业质量的提升

　　FDI 对就业的影响分为直接效应和间接效应两种。直接效应是指通过新设企业、带动相关上下游产业的发展，增加社会就业岗位，推进农业劳动力向非农产业的转移；间接效应是指通过制度、管理经验和技术外溢等多种途径促进劳动力素质结构升级。

从直接效应来看，河南省劳动力资源相当丰富，FDI 的快速发展吸纳了大量的剩余劳动力从农业走向制造业，闲置劳动力资源的生产能力得到释放，使全省经济经历了一个快速增长时期。劳动密集型项目的进驻落户，带动就业渠道进一步拓宽。富士康郑州员工近 30 万人，带动相关就业近百万人。1994—2011年全省在外资企业就业的人员也飞速增长。18 年间就业增加了 3.49 倍，年均增长率达 9.2%。随着东部地区产业结构调整升级，河南成为承接东部产业转移的主要地区，未来将会带动更多就业机会（见表 14）。

表 14 　　　　　　　　　1994—2011 年河南省就业情况

年份	从业总人数（万人）	三资企业从业人数（万人）		
		港澳台独资	FDI	合计
1994	4 607	3.4	6.41	9.81
1995	4 509	6.54	7.59	14.31
1996	4 638	8.88	7.33	16.21
1997	4 820	8.67	7.17	15.84
1998	5 000	—	—	—
1999	5 205	8.95	5.78	14.73
2000	5 053	9.57	5.59	15.16
2001	5 517	7.8	5.4	13.2
2002	5 522	8	5.2	13.2
2003	5 536	8.5	5.6	14.1
2004	5 587	7.7	7.2	14.9
2005	5 662	7.4	8.4	15.8
2006	5 719	8	9.6	17.6
2007	5 772	10.2	11	21.2
2008	5 835	10.1	10.4	20.5
2009	5 949	10.17	11.47	21.64
2010	6 041	11.45	12.31	23.76
2011	6 090	28	16	44

从促进劳动力素质结构升级方面看，目前多数外资企业均实施企业本土化战略，大力招聘、起用当地高素质人员，给企业注入新鲜活力。外资企业纷纷投入巨资建立系统完备的培训体制，为员工提供免费培训，增强外资企业竞争力。同时省内企业也不得不提高自身竞争力，加上人力资本在内外资企业间的流动，从而大大提高了省内企业员工的就业质量。1994 年河南省全员劳动生产

率是 3 546 元/人·年，此后逐年增长，先后在 2006 年和 2008 年突破 2 万元和 3 万元关口，至 2011 年全省全员劳动生产率达到了 44 005 元/人·年，相较 1994 年增长了 11.4 倍。

（五）技术溢出效应和技术吸收能力增强

技术进步是衡量一个地区竞争力的重要标准，也是经济增长的原动力。技术进步的途径主要有两种：一是通过内在技术开发和创新，提升本国技术能力和水平；二是通过从国外直接引进先进技术、引进 FDI 获取技术外溢等方式，提高东道国的技术水平。一般来说引进 FDI 被认为是发展中国家促进技术进步的重要途径。

张薇、于丽先选取 2000—2007 年的数据，进行了实证研究，结果表明：FDI 对河南省工业部门的技术溢出是正的效应。河南省 FDI 每增加 1 个百分点，可带动河南省工业增加值增加 0.179 个百分点（张薇、于丽先《FDI 对河南省工业部门技术溢出效应的实证研究》）。

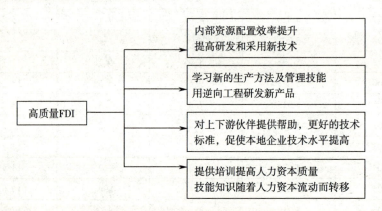

图 12　FDI 引发的技术溢出效应路径分析

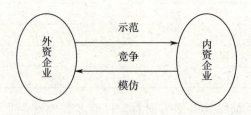

图 13　内外资企业间技术溢出效应图

FDI 不仅向河南省输入了资本，还带入了大批国际先进水平的设备和高新技术，促进了河南省整体技术水平的提升。由于技术优势，FDI 企业往往边际成本较低，对内资企业产生竞争压力，迫使中资企业加大技术开发投入，间接带动全省技术水平提升，从而加快全省的技术进步。

（六）提高了企业整体管理水平

为保持竞争优势，外资企业越来越多推行本土化政策，不断将跨国企业先进的生产技术、管理理念及销售技巧传授给当地雇员，培养新型管理人才，间接促进企业管理水平的提升。从 FDI 企业流向国内企业的劳动力流动对国内企业管理水平的提升也起到了积极作用。

富士康项目就是一个很好的例子。从示范效应来看，富士康注重培训企业员工及经理，对省内中资企业而言是一种示范作用，促使他们积极向行业管理标准看齐，间接提高了全省电子产品企业的整体管理水平；从产业关联效应来看，产业链上游的供应商为达到富士康对供应产品要求，自发学习先进管理经验。富士康为使省内供应商提供的产品能够达到其需要的标准要求，也主动派出管理技术人员到供应商企业考察，进行多方面培训。这两个效应结合在一起，为提升全省电子产业竞争力提供了坚实的基础。

（七）对产生的正效应进行经验总结

FDI 进入河南省后，除了带来大量的资本之外，还引发了经济增长、促进就业、扩大外贸及产业升级等诸多溢出效应。

2010 年 8 月，随着富士康项目正式落户河南省，"郑州速度"成为了全省招商引资可以引以为豪的名片。这对后续 FDI 企业进入河南起到了积极的示范作用，一大批实力雄厚的世界知名企业纷纷抢滩。全省 FDI 呈现井喷式的发展，UPS、俄罗斯空桥、苹果公司等多家国外知名企业纷至沓来。超过 70 家富士康配套企业和上百家协理厂商落户河南省，并带动 100 多个产业、400 多个配套企业陆续落户。一个项目的引进，促进了河南省数十万人的就业，每年仅工资发放就会产生 120 亿元以上的现金流。如果一半用于本地消费，每年将有 60 亿元的消费额，按 13% 的消费税税率计算，每年可以为综保区（航空港区）增加 7.8 亿元的消费税收入，按 1:0.7 的三产服务人员计算，新增就业岗位将达到 35 万个。与此同时 2011 年该公司进出口总额达 94.7 亿美元，占全省进出口总额的 29%。经测算，2011 年全省进出口增幅中有 52.6 个百分点由富士康集团拉动。

在以富士康为代表的 FDI 企业引发的溢出效应影响下，将会有越来越多的外资涌入河南省，带动河南省朝着国际航空物流中心、国际化陆港城市、国际性的综合物流区、高端制造业基地和服务业基地方向发展。

五、河南省利用 FDI 存在的问题

在 FDI 对河南省经济发展产生积极影响的同时，也发现存在一些比较普遍的问题。这些问题或多或少地影响着河南省的引资引项及涉外经济的发展，应引起各方面关注。

（一）引入投资产业失衡，偏重第二产业

目前外资流向绝大部分集中于第二产业，尤其是制造业，只是更多地利用了河南省的传统产业优势，一定程度上导致某些行业重复建设，影响产业优化升级，不利于经济的长期健康发展。近年外资房地产行业对河南第三产业的结构变动影响明显，而对经济一体化又有延伸意义的产业如交通、物流、保险等行业，FDI 的投入却没有明显增长，在高新产业和新兴技术方面的投入也有待进一步加强。河南是农业大省，农业发展潜力巨大。但一直以来，外商对第一产业的投资一直处于很低的水平，没有充分利用河南有利的比较优势。

（二）金融市场不完善，融资难度较大

中西部省份因历史发展等原因，资金融通不够发达，融资渠道较少，融资规模小，资金缺口普遍存在。资本市场发育迟缓，金融机构服务创新能力较差，对企业尤其是中小企业的支持力度不足。企业融资成本高、融资困难。除集团化运作的大型企业可以依靠自身实力依托资本运作及资金调配降低资金成本外，很多外资企业进驻后，在融资方面仍面临诸多困难。中小型的企业更加不易获得融资信贷支持。

（三）人口整体素质偏低，引进人才应予以重视

人才是地区发展的根基。人才不足会影响招商引资质量和层次的提高。河南省劳动力资源丰富，但整体素质较低，受教育程度不高。以 2010 年数据为例，在东、中、西部各选取一个省与河南接受不同层次教育的人数情况进行比较（见表 15）。

表 15　　　　2010 年底四省每十万人拥有的各种受教育程度人口比较　　　单位：人

地区 \ 教育程度	大专及以上	高中及中专	初中	小学	总数
河南	6 398	13 212	42 460	24 108	86 178
江苏	10 815	16 143	38 670	24 176	89 804
湖北	9 533	16 602	39 618	22 871	88 624
甘肃	7 520	12 687	31 213	32 504	83 924
全国	8 930	14 032	38 788	26 779	88 529

可以看出，河南省十万人接受教育总人数仅高于甘肃，而接受大专及以上教育的人数更是上述四个地区最少的，差距较大。河南省教育水平较为落后，劳动力整体素质不高，更缺乏精通国际惯例和涉外知识、熟悉改革开放经济发

展的高层次人才。同时高层次技术工人严重不足，适应产业转移要求的技术型人才匮乏。

此外，河南目前的经济条件及生活水平还难以吸引高层次人才前来就业，高素质人才流失严重，人才引进政策与东部地区有着较大差距。当前整体较低的劳动力素质结构无疑是制约 FDI 的瓶颈之一。这在很大程度上对河南省吸引外资及整体经济的长远发展产生不利影响。人力资源市场的种种不足不但影响到外商进入河南省的信心，也影响到河南承接产业转移的能力。

（四）部分项目质量不高，产业配套能力不强

在河南省的招商引资项目中，技术含量高、产业关联度大、配套能力强的项目较少，跨国公司在河南省投资的大项目不多，核心技术环节没有真正进入河南省。大型企业、名牌企业少，供应链的各个环节衔接不紧密，配套能力不强，整体市场竞争优势不突出。部分污染相对较重的行业显现出从沿海地区加速向河南转移的趋势，部分地方政府对本地区环境容量、环境制约因素等考虑不足。有的落地项目用地粗放，单层厂房大量存在，没有实现土地的节约集约利用。有的甚至建设"高耗能、高排放、高污染"项目，忽略了"三高"产业对地方资源环境的影响。

（五）招商引资的环境有待进一步优化

河南省在投资的环境建设方面也远远落后于东部地区。由于地处内陆，市场化水平较低，对先进管理经验接受能力和意识较差，竞争意识不强。现阶段河南省还在一定程度上存在着政府职能转变慢，服务意识淡薄，对企业干预过多，办事效率低等问题，在一定程度上降低了投资效率。条块分割、部门利益化，工作协调难，政策落实难等问题时有发生，也影响了外商投资的积极性。主要表现在：一是地方少数部门效率有待提高。为域外企业提供服务的同时，也存在办事效率较低、强行摊派、问题久拖不决的现象。二是地方规划不尽合理。地方政府有时在基础设施规划、建设上考虑不尽周全，对企业的日常生产经营造成不利影响。三是优惠政策宣传不到位、落实打折扣。一些地方政府对外商的政策宣传不够到位，很多好的政策不为人知，或者引资前的优惠承诺在执行落实中不能完全兑现。

六、政策建议

随着我国"中部崛起"和"西部大开发"战略的推行，大批 FDI 企业向中部地区转移，河南省既迎来了一次难得的历史机遇，同时也面临诸多挑战。河南省应充分发挥区位优势、消除区位劣势，以生产率进步为根本目标，合理引导、推动和用好 FDI，高层次地发挥 FDI 正向激励作用。针对如何借助 FDI 提升

中原经济区的经济发展水平，促进中原经济区建设，我们提出如下建议。

（一）合理规划产业布局，优化产业结构

一是要从社会成本和社会效益的角度加强FDI的宏观管理，避免盲目招商、高成本招商，防止低水平重复建设，从纯粹的一次性招商引资观念做法转向着力于降低投资成本，为投资者提供优质服务，从而强化投资者的持续投资行为。基层政府在招商引资中，应提高发展战略眼光，注意质和量的平衡。引资理念要从"招商引资"向"招商择资"转变，走可持续发展之路。在对待外资的态度上，要辩证地分析利用外资的利与弊，选择可持续发展的项目和正确的合作模式，摒弃"杀鸡取卵"、"竭泽而渔"式的发展思路，避免国家利益流失，保证整个地区经济健康可持续发展。

二是结合河南省的区位优势，整合优势资源，不断优化产业结构，以带动河南省产业结构调整升级。以经济可持续发展为目标，妥善处理FDI与增加就业、提高收入的关系、吸引外资与产业结构调整的关系、FDI与自然环境改善的关系。河南省拥有的重要的国内交通地理位置，在文化旅游业、农产品加工业、物流业等方面具有得天独厚的优势。合理引导FDI向这些产业倾斜，将有利的优势资源合理开发和利用，提高产业竞争力，推进河南经济、社会发展模式的转变。一方面开展国际合作，发展现代物流业，定位于国内物流服务中心，提高河南省承东启西、贯南通北的全国物流服务水平；另一方面要充分利用国际先进技术，提升河南省农业加工产品附加值，实现向农产品加工大省的转变；第三方面整合省内文化资源，充分开展国际文化旅游交流，通过文化旅游引资提高河南省国际文化大省形象，进一步促进国际经济交流。

三是结合全省产业结构和产业振兴计划，加强产业政策协调，把承接产业转移与促进产业优化升级结合起来，以产业链整合提升、促进产业集群为重点，针对薄弱环节和产业链缺失，延长传统优势产业的产业链条，打造产业集群。重点承接市场空间大、增长速度快、有独特行业优势的汽车、电子信息、食品、家电、家具、纺织服装等产业。坚持承接技术密集型和劳动密集型产业并重、引进龙头企业与吸引配套中小企业并重。通过集群引进、配套跟进，加快培育纵向链接、测向配套的特色产业链，形成一批技术含量高、创新驱动强、特色产业集群，力争引进一个项目、带动一个产业、打造一个集群，提升河南省产业的竞争优势。

（二）出台具体措施，完善企业融资机制

一是健全金融市场体系，拓宽融资渠道。加强对具备条件企业的培育指导；建立产业基金，完善同业拆借市场、票据贴现市场及短期证券市场，创新短期金融工具，加快期货市场发展。二是完善金融组织网络，促进非银行金融机构发展。培育农村金融市场，加大微小金融组织建设，满足农业生产组织和农户个人资金需要；加强证券、保险机构发展，提高其竞争力和经营活力；促进信托、租赁等融资业务发展，丰富资金筹措渠道。三是提升金融服务水平，丰富支持手段。巩固提升"三农"领域金融服务；加强和改进对工业结构调整的金融支持；不断加大对现代服务业的金融支持力度，加强对文化创意、旅游、现代物流和信息服务业的支持力度，提升服务业发展水平；加强金融创新，推动建设中原经济区农村金融综合改革试验区的建设，推动跨境人民币业务的快速发展，全面提升金融机构服务实体经济的能力。四是不断加强金融生态建设。积极支持引导社会信用体系建设，服务中小企业和农户融资。开展诚信教育活动，推动建立优化金融生态环境长效机制，为金融支持实体经济发展提供良好外部环境。

（三）提升人口素质，完善人才引进机制

教育产业发达能够通过高素质人才的集聚形成良好的人文环境，因而也是吸引优质 FDI 项目的因素。制定河南省近期、中期、长期人才发展规划，加快河南省教育产业的发展，以提高人口整体素质，提升河南省人才环境和形象。一是以政府为主导，加大对高等院校和技术院校的教育投资，积极发掘、培养、留住河南自己的人才，形成与当地产业规划相配套的分层次的教育资源供给格局。二是鼓励和吸引民间投资和国际投资于教育产业，引进国际教育机构，加快培养具有较高素质的技术工人队伍，为承接技术密集型投资提供较好的人力资源环境。三是政策鼓励 FDI 企业实施人才培养计划，加大对本地企业人才培养和参与科研的鼓励，提升省内企业技术消化、吸收和创新能力。四是在经济大县和人口大县根据需求建立各类技术院校，培养中高级技术人才；在全省各县建立具有较高水平的职业技能培训机构，普遍提高全民文化素养。五是建立完善有效的引才机制，围绕重点发展的产业、科技项目、优势学科，采取灵活多样的方式引进外国专家和海外智力，制定相应的鼓励措施吸引外地各类高水平人才，逐步实现产业结构从劳动密集型向科学技术型的转变。

（四）着力创造更加规范、公平的投资环境

公平的竞争市场和规范的投资环境是市场经济健康发展的保障。政府应着力打造健康的投资软环境和硬件设施，促进经济发展。一是合理出台优惠政策。可以更加全方位考虑，不仅限于税收、土地等方面。并应注意不要触及耕地等国家"红线"。二是完善地方规划。地区的全面发展离不开完善的公共设施建设及细致、全面、合理的高水平建设规划。三是提高部门工作效率。进一步保持招商引资的高度热情和改善提高政府各部门工作效率。四是帮助企业提高抗风险能力。市场经济中，每个企业面临着巨大竞争压力和市场风险。作为地方经济的"细胞"，每一个企业、经济实体的发展及其成败，都关系到整个地区经济的兴衰。政府部门可以利用自身政策优势和信息优势，在合理、合法、合适的范围内，最大限度地帮助企业发展。河南省最新出台的《河南省2013年企业服务工作实施方案》中提出了"三项对接"，即"产销对接、银企对接、用工对接"。"三项对接"是政府服务常态化、长效化的直接表现。"三项对接"真正落实到服务企业的实处，必将对河南省的经济发展起到很大的推动作用。

（五）注重生态保护和资源节约，坚持可持续发展道路

一是进一步完善相关政策法规，明确限制和禁止类产业目录。目前，国家新修订的《中西部地区FDI优势产业目录》中，还没有专门针对中西部地区实际而制定的限制和禁止目录。因此在加快承接国际和东部地区产业转移的形势下，要尽快研究和完善中西部地区地方环境标准体系。二是改变引资方针策略，引导FDI的方向和领域，防止资源浪费、高耗能和高污染产业向河南省转移扩散。逐步提高产业的进入门槛，对污染密集型行业制定严格的环保标准，依法强制淘汰高耗能、高耗水落后工艺、技术和设备。建立环保激励机制，引导FDI到高新技术、清洁能源、生态农业和服务业领域，走可持续发展道路。三是加强对环境保护监管，对外商技术性投资项目事先进行环境评估，实行清洁生产审核、环境标识和环境认证制度。鼓励清洁型技术的引进，研究制定支持FDI环保产业的综合性鼓励政策，加快污染治理市场化进程，使FDI在改善我国生态环境质量方面逐步发挥作用。

参考文献

［1］孟亮．FDI技术溢出效应理论研究综评［J］．生产力研究，2005（9）．

［2］严兵．国外FDI溢出效应研究综述［J］．当代财经，2005（4）．

［3］孟亮，宣国良．不同来源FDI在华投资溢出效应实证研究［J］．科研管理，2005（5）．

［4］黄烨菁．外国直接投资的技术溢出效应——对中国四大高技术产业的分析［J］．世界经济研究，2006（7）．

［5］薛求知，罗来军．技术引入和技术学习——外资企业与内资企业技术空间博弈［J］．经济研究，2006（9）．

［6］陈涛涛，范明曦，马文祥．对影响我国外商直接投资行业内溢出效应的因素的经验研究［J］．金融研究，2003（5）．

［7］何洁．外国直接投资对中国工业部门外溢效应的进一步精确量化［J］．世界经济，2000（12）．

［8］赵瑾璐，潘志恒．国际技术转移与我国技术进步的实证研究［J］．北

京理工大学学报（社会科学版），2007（1）．

　[9] 刘娜，戴广平．FDI 与产业竞争力关联机制研究 [J]．商业研究，2006（2）．

　[10] 王志鹏．外资对中国工业企业生产效率的影响研究 [J]．管理世界，2003（4）．

　[11] 许晶华．外商直接投资于我国区域经济增长的差异研究 [J]．华南师范大学学报（社会科学版），2005（1）．

　[12] 赵红，张茜．外商直接投资对中国产业结构的影响 [J]．国际贸易问题，2006．

　[13] 赵素萍．河南吸引 FDI 竞争力研究 [J]．企业活力，2006．

　[14] 郭志仪，郑刚．境外直接投资与发展中国家产业结构升级研究 [J]．宏观经济研究，2007．

　[15] 刘宇．外商直接投资对我国产业结构影响的实证分析——基于面板数据模型的研究 [J]．南开经济研究，2007．

　[16] 张红玲．外商直接投资对河南经济的影响及对策 [J]．商丘职业技术学院学报，2008（6）．

　[17] 刘忠广．河南省外商直接投资与对外贸易关系的实证研究 [J]．中国商贸，2010．

　[18] 王洪庆．中部 6 省利用外商直接投资的影响因素和对策 [J]．管理学刊，2010 年 12 月第 23 卷第 6 期．

　[19] 罗燕，陶钰．FDI 对东道国就业的影响 [J]．重庆理工大学学报（社会科学版），2010 年第 24 卷第 3 期．

　[20] 黄洪庆．河南省外商直接投资的现状、影响因素和对策研究——基于中部六省的比较 [J]．国际贸易问题，2011（5）．

　[21] 黄卫朋．河南省 FDI 与 GDP 关系的实证研究 [J]．现代商贸工业，2011（6）．

　[22] 史星际，崔佳佳．外商直接投资对中部六省产业结构调整的影响 [J]．山西大学学报，2011 年 1 月第 34 卷第 1 期．

　[23] 杨光．河南省吸引外商直接投资的瓶颈分析 [J]．黑龙江对外经贸，2011（4）．

　[24] 喻红阳．外商投资环境研究问题探讨 [J]．现代商贸工业，2011（17）．

　[25] 朱捷．我国外商直接投资地区差异研究 [M]．北京：中国物资出版社，2010．

[26] 孙赫，董钰. 基于制造业和服务业的外商直接投资流入动机分析 [J]. 商业研究，2011（3）.

[27] 叶蜀君. 国际金融 [M]. 北京：清华大学出版社，2005.

[28] [美] 保罗. 克鲁格曼，奥伯斯法尔德主编. 国际金融学 [M]. 北京：中国人民大学出版社，2002.

[29] 钱明霞. 区域制造业及其影响因素灰色关联分析，2008.

[30] 保罗·克鲁格曼. 国际经济学（第5版）[M]. 北京：中国人民大学出版社，2002.

[31] 高敬峰. 我国的对外贸易模式分析 [M]. 北京：北方经贸出版社，2004.

[32] 高鸿业. 西方经济学（第二版）[M]. 北京：中国人民大学出版社，2003.

[33] 历年中国统计年鉴，北京：中国统计出版社.

[34] 历年河南统计年鉴，北京：中国统计出版社.

河南省城市商业银行盈利能力问题研究

中国人民银行周口市中心支行课题组①

摘要：本文在介绍城市商业银行盈利能力的相关概念和总结国内外有关城市商业银行盈利能力研究的基础上，通过对河南省城市商业银行的业务发展现状及其盈利能力的分析，得出河南省城市商业银行的盈利情况，在此基础上运用 SWOT 分析方法对提高河南省城市商业银行盈利能力的优势、劣势、机遇和挑战进行全面分析总结，通过分析得出各因素对河南省城市商业银行盈利能力的影响程度，并对影响因素进行深入剖析。最后提出提高河南省城市商业银行盈利能力的对策建议。

关键词：河南省城市商业银行　盈利能力　问题研究

一、绪论

（一）研究背景

截至 2012 年底，全国共有 148 家城市商业银行相继成立。近几年来，随着金融体制改革步伐的加快，城市商业银行在地方政府注资、置换、剥离不良资产等多种方式的扶持下得以快速发展，现如今城市商业银行已成为我国银行业的重要组成部分。城市商业银行的存在对增强我国银行业市场整体竞争力和改善银行业效率作出了巨大的贡献。同时，它以服务于地方经济和地方民众的特色定位赢得较大市场份额，尤其在服务地方经济建设、缓解中小企业融资、缓解地方就业和方便城市居民等方面发挥着极其重要的作用。但是，目前在河南省城市商业银行体系中，部分地区城市商业银行在各方面因素的影响下，还不具备较强的竞争优势和盈利优势。因此，如何提高其市场竞争力和盈利能力是河南省城市商业银行急需解决的问题。

---

①　课题主持人：许兆春；
　　课题组成员：王军峰、师学礼、马文生、陈留锋、谢瑞。

（二）研究意义

本文通过对河南省城市商业银行盈利能力的研究构建河南省城市商业银行盈利能力评价指标体系，对城市商业银行盈利能力进行评价，使银行了解自身的盈利状况，找出制约盈利能力发展的主要因素，为城市商业银行在实际发展中提升盈利能力提供对策。同时，有利于实现城市商业银行间的横向比较，找出各自的盈利优势与不足，扬长避短，目前，河南省城市商业银行的发展极为不平衡，郑州、洛阳、平顶山、焦作等地城市商业银行的盈利能力明显高于濮阳、鹤壁、周口、漯河等地的城市商业银行，通过按地区分类的城市商业银行盈利能力评价，可为河南省各家城市商业银行重新定位其运营模式和战略计划，增强其市场占有率和提升其盈利能力等提供一定参考依据。

二、关于城市商业银行盈利能力的文献综述

（一）城市商业银行盈利能力的内涵

盈利能力是指企业在一定时期内赚取利润的能力。盈利能力的强弱一般通过利润来反映。利润率高，表明企业在资源投入和收入一定的情况下，具有一盈利能力水平，反之亦反。同时，盈利能力也可以反映企业的经营状况和存在问题，是衡量企业业绩好坏的重要指标。盈利能力不同于盈利水平，盈利水平是指企业获利水平的高低，仅仅是一个量的概念，而企业盈利能力是企业获取一定水平的盈利，并维持其盈利水平的可持续性和稳定性的能力。因此二者是两个不同的概念，不能混为一谈。

城市商业银行作为特殊的经济运行机构，其盈利能力与一般企业相比既有共性，又有个性。共性即为与其他企业一样，经营过程中也在追逐自身经济利益的最大化，具有盈利能力的共性；然而，由于城市商业银行又具有经营货币这一特殊面，城市商业银行又具有其个性。因此，对于城市商业银行的盈利能力的理解也应该区别于一般企业的盈利能力。

1. 加上风险因素的盈利能力

城市商业银行的资本运行必须要承担预期的风险，是承担一定风险下的盈利能力。倘若不把风险成本一并衡量，将会影响到决策层对其银行盈利能力的正确判断。因此城市商业银行盈利能力是在一定的风险因素作用下的盈利能力，即考虑盈利能力必须是风险因素调整后的盈利能力。

2. 合乎规定要求基础上的盈利能力

城市商业银行盈利能力是在符合如监管当局规定的资本充足率指标、存贷比指标等指标要求的前提下的盈利能力。如不符合指标，盈利能力就会受到监管当局的限制。

结合以上分析，城市商业银行盈利能力应理解为以资产运用为基础的盈利能力和以可持续性增长为目的的盈利能力，综合考虑多方面因素下的盈利能力。目前国内外主要用资产利润率、资本利润率指标来衡量城市商业银行盈利能力。

（二）国外相关研究综述

国外众多学者认为市场结构与银行盈利能力存在关系。Smirlock（1985）以美国银行业作为样本，研究银行业市场结构和银行利润率之间的关系。该文从市场的角度出发，没有考虑银行内部的效率，通过实证研究发现，美国银行业市场结构和银行的利润率之间为正相关关系。Maudos（1998）分析了西班牙银行业经营效率和市场结构之间的关系，通过随机前沿成本法，得到结果说明银行业盈利能力与良好的经营效率有较强的关系，经营效率的提高，是通过成本的降低来实现的，现代的企业管理方法和先进的信息技术都有助于经营成本的降低，从而获得较强的盈利能力。

产业规模与银行的盈利能力存在显著的关系，这方面的研究在国外较多。学者 Boyd 和 Runkle 在 1993 年对美国银行进行了研究，具体研究了银行经营规模与银行盈利能力的关系，该文使用资产收益率来衡量银行的盈利能力，研究结果显示两者之间是负相关。但是该文缺乏相关的理论基础作为研究结果的支撑。学者 Berger 在 1995 年通过研究发现，银行业通过经营规模的扩张和产品的多样化，反而出现了经营成本的上升，继而导致银行盈利性的下降，说明银行经营呈现为规模不经济。Goddard 在 2004 年发表的文章中，通过使用欧洲 5 家1990—1999 年的面板数据，建立面板模型分析发现，欧洲银行的经营规模扩张有利于盈利能力的提高即表现出了规模经济现象。

国外很多研究表明，银行业务结构对银行盈利能力也有影响。1994 年，学者 Boyd 和 Gertler 通过研究美国银行业 20 世纪末近 30 年的数据发现，银行的盈利能力和业务结构存在显著的关系。中间业务的发展有助于银行盈利能力即资产收益率的提高。2002 年，学者 Kevin J. Stiroh 研究了非利息收入类业务和社区银行经营风险的关系。通过实证发现，当社区银行大力发展中间业务时，有效降低了社区银行的经营风险。

国外学者把影响盈利能力的因素分为内部因素和外部因素两大类，进而分析这些因素对盈利能力的影响。Kunt 和 Huizinga（1998）以 1988—1995 年 80 个国家的数据为研究对象，研究内外部因素对银行盈利能力的影响。研究结果表明，外部因素中的宏观经济环境和内部因素的业务结构、资本结构与银行盈利性之间的关系显著。2002 年，马来西亚学者 Gura 以本国 1986—1995 年 17 家国内银行的面板数据为研究对象，将影响盈利能力的因素分为内部因素和外部因素两大类，通过研究发现经营效率对银行盈利能力有较大影响，利息率与盈利能力负相关，通货膨胀水平与盈利能力正相关。Gelos 在 2006 年通过研究拉丁美洲发展中国家的银行业数据发现，商业银行盈利能力与经济的发展、传统的存贷利差、高比例的资本金要求有正向关系。银行盈利能力与银行经营效率、风险管理关系不显著。

（三）国内相关研究综述

李首（2000）对国内外银行进行了对比研究，通过对比中国和美国银行业的资本收益率、资产收益率、营业利润等指标发现，我国银行相对于美国银行而言，经营规模要大一些，但是规模和盈利能力并没有表现出正相关，反而表现为负相关，盈利能力低于国外银行。

赵旭（2001）运用我国银行业的数据对代表盈利能力的资产收益率和资本收益率与其影响因素的关系进行了分析，研究结果证明，由于国家政策的干预，导致国内银行业没有形成完全竞争市场，从而导致我国银行业的盈利能力与银行的市场集中度指标有着不明显的负影响。但是，我国银行的经济效率与银行盈利能力关系为正相关。因而，现阶段在我国提高银行盈利能力有赖于银行经营管理水平的提升。

王亚雄（2002）运用主成分方法对我国股份制银行和大型国有商业银行进行了实证研究，选取了资产收益率、资本利润率等指标代表银行盈利能力，分析结果表明股份制银行盈利能力强于大型国有银行，上市银行盈利能力高于没上市银行，并且股份制银行的盈利能力与国外银行差距较小或者高于国外银行。

周中明（2003）利用统计抽样方法对商业银行的数据进行了研究，分析发现商业银行不良贷款率与银行的盈利性为负相关。

付强（2004）运用我国商业银行 1998—2002 年的数据，分析发现固定资产占比、存款比例对银行盈利能力产生正向影响，而产权状况、资产质量、经营效率与银行盈利性负相关。其他因素与盈利能力的关系不显著，但是呈现出正相关关系。

姚勇和董利（2005）通过研究我国银行业数据发现，我国商业银行盈利能力指标即资产收益率与自身内部因素关系显著，而与外部宏观环境指标关系不显著；并且外部因素中的市场集中度与银行盈利能力负相关，所有制形式的改变对银行盈利能力有正向影响。

屈新（2006）选取了中国 14 家银行 1999—2005 年的数据为分析对象，把银行分为国有银行和股份制银行两大类，先分别对比研究；再将数据融合研究，得出银行资产质量、经营效率、资产规模与盈利能力负相关，外部经济环境、存款占总资产的比重和盈利能力正相关，进而提出相关的政策建议。

喻利仙（2007）通过研究发现，我国商业银行盈利能力与资产规模、市场集中度负相关；并分析了产生这种与传统产业经济理论不符合的原因，继而提出提高我国银行业盈利能力的政策。

顾正阳（2008）对我国四大国有银行和股份制银行进行了对比分析，研究发现我国商业银行盈利能力主要受内在因素影响，但外部因素也间接对盈利能力产生影响，内部业务结构中贷款/资产指标和盈利能力成反比，非传统业务能够降低经营风险，同时银行卡业务对国有银行和股份制银行盈利能力影响的方向相反。

张丹（2010）对 12 家城市商业银行进行了分析，选取了银行规模、业务结构、成本结构、产权状况、风险状况、金融生态环境等影响盈利能力的因素，运用因子分析法，对 12 家银行进行因子分析，根据因子得分和提取的因子提出相关改进城市商业银行盈利的建议。

三、河南省城市商业银行发展现状及盈利能力分析

（一）河南省城市商业银行发展现状

截至 2010 年底，河南省城市信用社全部改制为城市商业银行，成为全国城市商业银行数量最多的省份。改制完成后，河南省城市商业银行资产质量持续改善、存贷款规模不断扩大、经营管理机制不断健全、利润收入逐年增长，表现出健康稳定的发展趋势和蓬勃的生命力。截至 2013 年 6 月末，全省 17 家城商行资产总额 4 128.19 亿元，较年初增加 391.93 亿元，增长 10.49%。各项贷款余额 1 992.52 亿元，较年初增加 201.48 亿元，增幅 11.25%，低于全国城商行贷款平均增速（11.72%）0.47 个百分点，高于全省金融机构贷款平均增速（9.77%）1.48 个百分点。负债总额 3 776.74 亿元，较年初增加 352.27 亿元，增长 10.29%，其中各项存款余额 3 113.18 亿元，较年初增加 337.07 亿元，增幅为 12.14%，高于全国城商行平均存款增速（11.31%）0.83 个百分点，低于全省金融机构存款平均增速（13.43%）1.29 个百分点；所有者权益 351.45 亿元，前 6 个月实现盈利 35.75 亿元。

1. 业务快速健康发展

地方经济和中小企业的发展、地方居民收入的稳定增长，为河南省城市商业银行的发展提供了广阔的市场。经过前几年的风险处置，城市商业银行甩掉了沉重的历史包袱，得以轻装前行，发展势头良好。近些年来，河南省城市商业银行存贷款以年均 20% 以上的速度增长，利润大幅提高。特别是 2009 年，全省城市商业银行存贷款以 35% 以上的速度增长，盈利能力明显增强，各项指标全面优化，资产利润率平均为 1.0%，资本利润率平均为 15.3%，不良贷款率平均为 1.1%，资本充足率全部达到 10% 以上，拨备覆盖率全部达到 150% 以上。

2. 机制转化进展顺利

城市商业银行是在原城市信用社基础上发展而来的，经营发展机制先天不足，在管理方式和经营模式上距现代银行的要求还存在较大差距。经过近几年的探索、转变与发展，城市商业银行的机制转化取得积极进展。改进用人制度和激励约束机制，留住人才，引进人才，实现人力资源优化配置，充分发挥人的潜能为城市商业银行服务。探索建立资本补充长效机制，保持资本增长与资产增长相匹配。引进战略投资者和股权分散化、多元化，优化了股权结构，明确了议事与决策的程序与职责，提高了公司治理的有效性。建立并完善内控机制，提高执行力，业务违规和风险得到较好控制。改进业务流程、服务流程和议事流程，完善相关制度约束，完成"部门银行"向"流程银行"的转变，形成了一套适合城市商业银行发展的业务发展机制。

3. 组织结构变化明显

首先，公司治理不断完善。河南省城市商业银行地方财政一股独大的局面得到逐步改善，企业和个人投资者占股比重上升，股权结构得到优化。按照现代城市商业银行的管理制度，明晰股东大会、董事会、监事会和经营者的责权利关系，初步形成各司其职、协调运转、有效制衡的法人治理结构框架。17家城市商业银行全部建立独立董事制度，引入独立董事，与监事会形成合力，进一步规范法人治理结构。同时有条件的城市商业银行开始尝试引入战略投资者，通过引进战略投资者，提升城市商业银行的经营效率，促进城市商业银行的长远发展。其次，分支机构布局合理化。河南省城市商业银行的现有网点布局是在原城市信用社的网点布局基础上优化整合而来，网点满足了客户最核心的便利性需求。市区和县域支行的网点主要分布在交通便利，客户聚集的区域，还在一些人流量大，资金需求量大的区域安装了自助设备。河南省城市商业银行的分支机构的设置在重视数量的同时更加重视质量，在以客户和市场为中心的基础上，网点资源配置到能为银行带来最大的利益，有利于为中小企业和居民提供更加细致的服务，提高了网点的经营效率，提高了网点的盈利能力。最后，开始跨区域发展。目前，河南省17家城市商业银行中，有11家通过监管部门考评，营业名称摘掉"商业"二字，具备了跨区域经营资格。截至2012年底，共有5家城市商业银行在异地设立分支机构。从发展模式方面来看，河南省城市商业银行又多了一种现实选择。具备跨区域经营的城市商业银行，可以根据自身情况，科学规划扩张策略，打造区域性品牌银行；尚不具备跨区域经营的城市商业银行，可以立足当地，建成精品社区银行。河南省城市商业银行的跨区域发展，为城市商业银行的市场拓展提供契机，也为城市商业银行参与更高层次的市场竞争提供机会。

4. 抗风险能力不断增强

在复杂的宏观经济形势下，按照监管部门对城市商业银行的抗风险能力建设的要求和自身风险管理的需要，河南省城市商业银行更加重视自身抗风险能力的建设，加强信贷风险的把控，不断优化信贷结构，加大不良贷款的清收和剥离力度，提高拨备覆盖率。在河南省城市商业银行抗风险能力的建设中，监管部门和地方政府给予了很大的支持和帮助。近年来，河南省城市商业银行实现了不良资产规模和不良率双降，拨备覆盖率不断提高。截至 2013 年 6 月底，河南省城商行不良贷款余额 13.75 亿元，不良贷款率 0.69%，资本充足率达14.95%，贷款损失准备金余额 61.61 亿元，拨备覆盖率 448.14%。

(二) 河南省城市商业银行盈利能力分析

由于地方经济、中小企业发展程度不同，居民收入的差异，导致河南省城市商业银行资产规模、负债规模和业务量的不同；各个城市商业银行经营管理水平、风险管理水平、成本管理水平的不同导致财务指标的不同。以资产利润率、资本利润率和人均利润为基础的比较，可以全面、客观地反映河南省城市商业银行盈利能力的发展变化趋势。其中，资本利润率反映银行资本对盈利能力的影响，是正向指标；资产利润率反映银行的资产规模对盈利能力的影响，是正向指标。

1. 资产利润率分析

资产利润率，又称资产收益率或资产回报率，它是用来衡量每单位资产创造多少净利润的指标。

$$资产利润率 = 净利润/平均资产总额 \times 100\%$$

资产利润率是应用最为广泛的衡量银行盈利能力的指标之一，它反映了银行运用手中全部资产而产生的获利能力，这一数值越高，意味着银行资产盈利水平越高，管理的效率越高，银行管理层将企业的资产转化为净收益方面的能力就越强，也是最综合反映银行资源配置能力的一项指标。

通过对 2008—2010 年河南省各个城市商业银行资产利润率数据的整理，可以归纳出河南省各个城市商业银行的盈利能力指标。河南省 17 家城市商业银行在资产规模上都有较大增长，除南阳银行外，其他城市商业银行利润都保持增长。

表1　　　　　　　河南省各城市商业银行盈利能力对比　　　　　　　单位:%

河南省城市商业银行	资产利润率			资本利润率			人均利润率		
	2008 年	2009 年	2010 年	2008 年	2009 年	2010 年	2008 年	2009 年	2010 年
郑州	0.56	0.61	1.20	10.28	12.27	24.91	14	17	39
开封	0.42	0.43	0.67	5.48	7.52	12.20	4	6	9
洛阳	1.14	1.24	1.24	19.87	22.03	19.48	26	34	45

续表

河南省城市商业银行	资产利润率			资本利润率			人均利润率		
	2008 年	2009 年	2010 年	2008 年	2009 年	2010 年	2008 年	2009 年	2010 年
平顶山	1.13	0.89	1.10	16.06	11.31	11.15	14	12	18
安阳	0.55	0.46	0.72	11.53	11.09	10.46	5	6	10
鹤壁	1.16	1.38	1.49	20.59	23.85	18.05	14	17	29
新乡	1.56	2.30	1.93	24.18	27.13	23.95	20	28	25
焦作	0.20	0.49	0.75	3.15	5.79	9.84	3	9	17
濮阳	0.13	0.79	0.77	2.27	12.29	12.33	1	6	6
许昌	0.67	0.70	1.20	15.32	17.09	20.21	7	10	19
漯河	0.49	0.44	0.64	9.34	9.54	10.93	5	5	8
三门峡	0.57	0.76	0.98	10.53	12.27	18.72	7	10	13
南阳	0.56	0.98	0.73	15.95	13.32	9.23	5	10	9
商丘	0.58	0.91	1.01	15.76	18.96	11.24	6	11	14
信阳	0.55	2.24	1.75	36.43	15.54	10.56	4	22	18
周口	0.44	0.55	0.80	9.41	14.37	7.07	4	6	9
驻马店	0.97	1.45	1.46	13.01	13.53	17.90	12	23	28

　　河南省 17 家城市商业银行，资产规模和资产利润率呈现较大差异。从资产利润率变动趋势看，河南省城市商业银行资产利润率在 2009 年之后增长有所回落。主要是由于 2009 年河南省地方政府为配合国家 4 万亿元投资计划，通过城

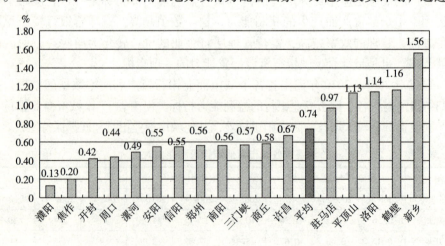

图1　2008 年河南省各城市商业银行资产利润率比较图

市商业银行进行政府融资，使河南省城市商业银行当年利息收入大幅增加。进入 2010 年，国家宏观调控政策趋于稳定，地方政府融资业务收缩，河南省城市商业银行进行信贷结构调整和优化，导致利息收入下降。

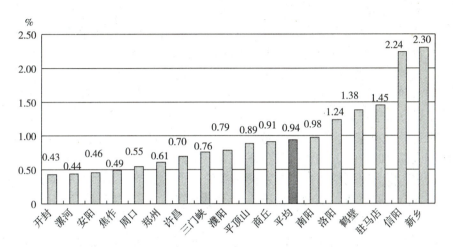

图 2　2009 年河南省各城市商业银行资产利润率比较图

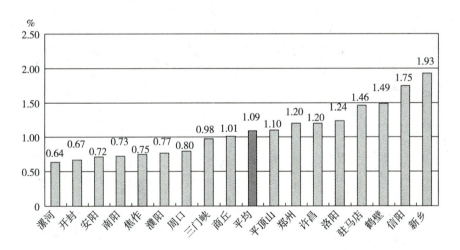

图 3　2010 年河南省各城市商业银行资产利润率比较图

从河南省各城市商业银行资产利润率比较图可以看出，新乡银行、鹤壁商业银行、信阳银行在资产利润率方面表现较好，濮阳商业银行、开封商业银行、安阳商业银行资产利润率较低。总体来看，河南省城市商业银行间资产利润率的差距逐步缩小，资产利润率的整体水平有所上升。各个城市商业银行经过城市信用社改制成功后，公司治理结构发生质的变化，资产质量、经营管理水平、盈利能力有很大程度的提高。可以说作为我国特色金融机构——城市商业银行的成立适应了经济社会发展的需要，符合银行业的发展趋势。

2. 资本利润率分析

资本利润率又称净资产回报率、股东权益报酬率、净值报酬率、权益报酬率、权益利润率，是净利润与平均股东权益的比值。

$$资本利润率 = 净利润 / 平均所有者权益 \times 100\%$$

资本利润率，也是国际上通用的衡量银行盈利能力的综合性指标，该指标反映了银行净资产获取收益的能力。资产占用的资金来源有两部分，一部分来源于投资者投入的资金，即所有者权益，为银行的自有资金；另一部分则来源于债权人提供的资金，为银行的借入资金，这部分资金对银行而言，虽然可以暂时占用，但却需要偿还甚至是需要付息的。平均资产回报率不能够反映出银行自有资金获取收益的能力，而净资产回报率克服了资产回报率的不足，反映了银行自有资金获取收益的能力，更能体现出银行管理层的经营管理水平。

河南省 17 家城市信用社转型为城市商业银行后，改变了以往城市信用社粗放式经营的模式，经营管理得到改善，资本利润率得到了很大提高。

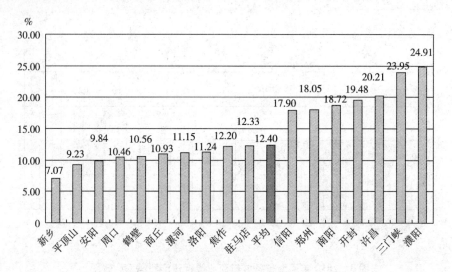

图 4　2008 年河南省各城市商业银行资本利润率比较图

从河南省城市商业银行资产利润率和资本利润率对比来看，总体发展趋势基本相同，并且各个城市商业银行资产利润率和资本利润率排名基本相同。同时可以看出，河南省城市商业银行的资产利润率和资本利润率指标持续向好，盈利能力有一定的提高。

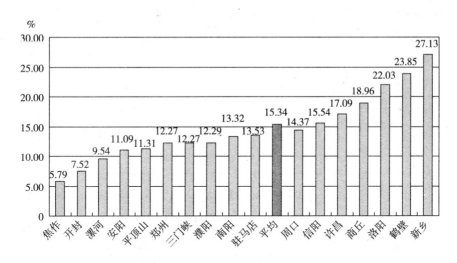

图 5   2009 年河南省各城市商业银行资本利润率比较图

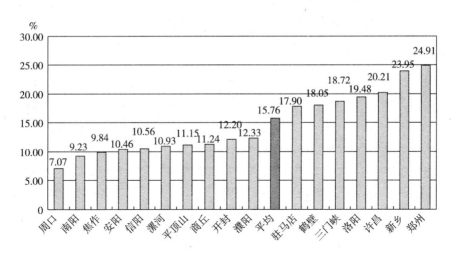

图 6   2010 年河南省各城市商业银行资本利润率比较图

3. 人均利润率分析

该指标也是对商业银行盈利能力评价的一个重要考察指标，人均利润率代表每位员工相对的创造利润的数量，它是反映银行效率和管理状况的一个重要指标。并且，技术创新往往能大幅提高人均收益。

$$人均利润率 = 税前利润/员工总数 \times 100\%$$

从当前银行业的竞争态势来看，商业银行的竞争不仅仅局限于市场和客户的竞争，而且人才的竞争也更加激烈。随着河南省地方经济和中小企业的发展，居民收入水平的提高，对银行的产品和服务提出了更高的要求。员工的专业素质、业务能力、工作效率会对城市商业银行的利润创造产生很大的影响，同时人均利润率的高低也是衡量城市商业银行盈利能力的一个重要指标。

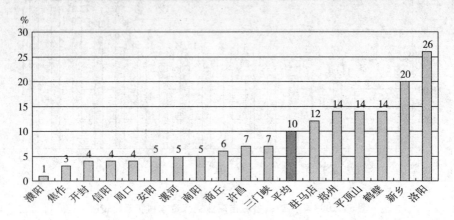

图7　2008年河南省各城市商业银行人均利润率比较图

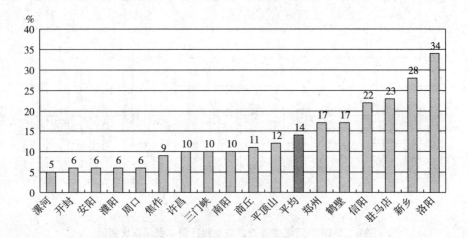

图8　2009年河南省各城市商业银行人均利润率比较图

　　河南省各个城市商业银行人均利润率有所提高，主要是由于城市商业银行资产规模不断扩大，利润增加，人员数量基本保持稳定。经过近几年发展，河南省城市商业银行从业人员的学历层次和招聘层次有很大改善，从业人员业务能力和工作效率有所提升，人力资源瓶颈问题得到一定程度缓解。

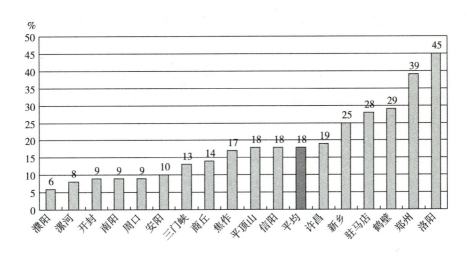

图9　2010年河南省各城市商业银行人均利润率比较图

四、河南省城市商业银行盈利能力的 SWOT 分析

SWOT 分析法又称为态势分析法，它是由旧金山大学的管理学教授于20世纪80年代初提出来的，是一种能够较客观而准确地分析和研究一个单位现实情况的方法。SWOT 四个英文字母分别代表：优势（Strength）、劣势（Weakness）、机会（Opportunity）、威胁（Threat）。本节运用 SWOT 战略分析工具，从河南省城市商业银行自身分析其拥有的优势和劣势；从城商行发展的外部环境分析中找出存在的机会和威胁。

（一）提高盈利能力的优势分析

1. 地位优势

目前，河南省国有商业银行网点主要集中在城市和经济发达地区，而这也带动信贷资源及资金向这些地区的集聚，金融虹吸现象进一步加大基层地区信贷资金紧缺。立足于当地、成长于当地的城商行网点布局在很大程度上有别于国有商业银行，更加深入当地社区、商圈及专业市场。同时，随着大多数城商行由市区向县域的机构扩张，城商行能够进一步将金融服务延伸至县域经济、乡镇经济，很好地弥补了国有商业银行从基层地区收缩战线留下的金融服务真空。

2. 信息优势

河南省城市商业银行作为本土金融机构，是最为了解地方经济及产业发展状况的金融机构。股份制改制过程中引进的地方民营企业股东成为城商行融入地方产业及企业"圈子"的最佳中介。同时，城商行下辖分支机构的客户经理很大比例上都来自当地，对当地客户的信用情况、经营效果、道德人品等软信息掌握得更详尽准确，有助于促进关系型借贷的发放者更好地解决借款人的信息不透明问题。这种获取信息的能力，能够有效解决金融供给中的信息不对称问题，使城商行在关系型贷款中占据主动和先发优势，因此河南省城市商业银行定位于服务中小企业具有其他银行不具备的比较优势。

　　3. 管理优势

　　河南省城商行属于地方银行，作为独立的法人机构，管理层级少，管理半径短，在管理模式上采取扁平化的管理模式，总部对支行的管理较为直接，减少了中间环节，拥有决策链短、信息传递速度快、业务办理迅速等优势。城市商业银行实行扁平化管理模式是提高核心竞争力的必然要求，实行扁平化管理，通过减少管理层次，赋予低层岗位人员较大的自主权和更多的灵活性，从而使河南省城市商业银行经营具有敏捷、灵活、快速、高效的特点。扁平化组织机构可以使具有不同知识的人分散在结构复杂的组织形式中，以有效地解决河南省城市商业银行内部横向的沟通、协调问题，使河南省城市商业银行成为一种紧凑而富有弹性的新型组织。在降低管理，协调成本的同时，大大提高河南省城市商业银行对市场的反应速度和满足客户需求的能力，获得持续竞争力。

　　（二）提高盈利能力的劣势分析

　　河南省城市商业银行传统的负债业务和资产业务快速发展，但是零售业务和中间业务发展滞后，传统业务和新兴业务没有实现相互促进，共同发展的局面，显现出持续增长动力和潜力不足的问题，制约了盈利能力的提高。

　　1. 信贷风险管理水平低

　　当前，存贷款利差仍是城市商业银行的主要收入来源，信贷业务规模的扩大能增加利息收入，并带动相关盈利能力指标的上升。但受城市商业银行成立时间较短、经营地域较小、市场定位不明确、客户群单一等因素的影响，导致贷款集中度较高，也形成较大的风险。一旦借款人经营状况恶化，城市商业银行将面临着巨额信贷资产损失的风险。虽然河南省 17 家城市商业银行在完成一些改制后，风险管理水平有一定程度的提高，但是没有实现根本性的变化。从不良贷款数据来看，大型城市商业银行较低，中小型城市商业银行较高。在追求贷款利息收入增长的同时，多数城市商业银行的风险管理水平不能适应信贷业务的扩张，导致不良贷款率居高不下，信贷资产损失的可能性增大，从而计提较高拨备覆盖，挤占大量利润。所以在河南省城市商业银行业务开展的过程中，要不断完善风险管理体系，加强对信贷业务的贷前、贷中、贷后的管理，明确服务中小企业的市场定位，合理调整信贷结构，分散贷款风险。同时加强对金融市场变化的前瞻性研究，降低投资风险。

2. 营业收入构成单一

大型商业银行和股份制商业银行在业务开展中,更加注重业务的协调性和收入的持续增长。一方面,大型商业银行和股份制商业银行在巩固传统公司金融业务的同时,大力发展零售业务和中间业务,力图实现收入的多元化;另一方面,大型商业银行和股份制商业银行拥有丰富的客户资源,产品创新能力较强,能够为客户提供丰富的金融产品和服务,更容易产生规模效应。河南省城市商业银行普遍存在着业务结构单一的问题。在营业收入方面,手续费及佣金收入占比小,通过公司金融产品获得利息收入已不足以支撑河南省城市商业银行盈利能力的持续提升。在零售业务方面,河南省城市商业银行提供的产品和服务也仅仅局限在银行卡存取款、透支和传统的个人业务方面,理财、保险、基金等业务领域只有少数几家银行涉足。在中间业务方面,由于技术水平限制和专业人才缺乏,业务创新能力不强,中间业务产品较少,中间业务发展缓慢。

3. 资金使用效率低

城市商业银行在零售业务和中间业务领域的发展普遍比较滞后。在资金运用上,只能通过优化信贷结构,控制成本收入比,以维持稳定的利息收入。目前,河南省城市商业银行资金的使用主要是发放贷款和债券投资。在河南省城市商业银行信贷业务开展的过程中,普遍存在着市场定位偏差的问题,信贷资金配置效率逐步下降,信贷资金供给与需求结构发生偏离,导致中小企业和地区经济发展的资金供求矛盾更加突出,不利于地区经济的平衡增长和信贷结构的合理调整。河南省城市商业银行的债券投资主要集中于国债买卖,由于国债买卖与经济周期、货币政策的相关性,在复杂的国际和国内经济环境下,债券投资波动极大,收益的不确定性增加。

河南省城市商业银行资金使用渠道单一,在贷款额度受限的情况下,闲置资金较多;从资产配置方面来看,充足的资金并没有优化长短期资产的配置结构。这种较低的资金利用率,增加资金成本,也影响河南省城市商业银行利润收入的提高。

(三) 提高盈利能力的机遇分析

"十二五"规划的颁布和中原经济区建设的推进,河南省作为中原经济区建设的核心区域,为商业银行的发展提供了更为广阔的市场,同时也将吸引更多的银行业金融机构进入,加剧河南省银行业的竞争。伴随着河南省地方经济的发展,河南省城市商业银行取得了很大的成绩和进步,但是河南省城市商业银行必须清楚认识到外部环境发生的变化,科学分析所面对的机遇和挑战。

1. 政策机遇

以河南为中心的中原经济区建设已正式上升为国家战略，河南省战略地位更加突出。中原经济区的功能定位将为各地市产业结构调整、招商引资提供更多的政策支持，为地方经济的发展提供更多支撑。中原经济区形成的"一极、两带、两翼"发展格局，将实现以新型城镇化支撑新型工业化，带动农业现代化，将中原城市群建成沿陇海经济带的核心区域和重要的城镇密集区，形成中西部地区经济发展的重要增长极。各地市应该以转变经济发展方式为主线，积极参与中原经济区建设，全面推动当地经济、社会、文化、生态建设，实现经济的跨越式发展。

2. 经济机遇

近年来，河南省经济持续快速增长，居民的收入同时保持迅速提高。近二十年来，居民可支配收入增长了近80%，增长速度年均以10%的速度递增，1980年河南省城镇居民可支配收入413.8元，2011年底城镇居民可支配收入18 194.8元，增长将近43倍，农村居民纯收入增长41倍，居民储蓄存款余额增长753倍，居民可支配收入的增加以及存款余额的增加为城市商业银行发展提供了最为基础的生存资源。

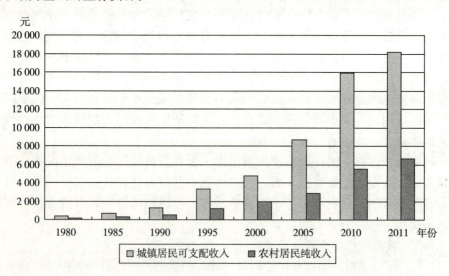

资料来源：《2012年河南统计年鉴》。

图10　1980—2011年河南省居民收入情况

3. 市场机遇

"十一五"时期，河南省中小企业发展取得了巨大的成绩，在河南省国民经

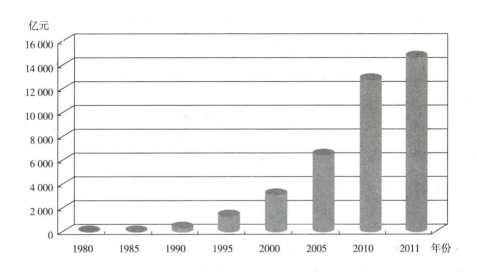

亿元

资料来源:《2012 年河南统计年鉴》。

图 11　1980—2011 年河南省居民储蓄存款变动情况

济中占比增长较快。中小企业的发展不仅活跃了当地经济，而且能带动就业，促进居民收入的增长。中小企业已经成为河南省经济的一支中坚力量。但中小企业却很难能获得银行的信贷支持，目前，河南省现有中小企业约 36 万余家，从业人员 625.6 万人。从数量规模而言，中小企业占据了河南省企业总数的绝对数量，占到总数量的90% 以上。其中获得银行贷款5.9 万户，余额 3 566.98 亿元，仅有 16.4% 的中小企业获得银行信贷支持。尽管监管层多次出台鼓励中小企业贷款的政策，商业银行也推出了不计其数的中小企业信贷产品。事实上，中小企业从银行获取资金的难度依然很大，融资量与实际需求比仍相差甚远，中小企业融资困难对城商行来说也是机遇。国家在"十二五"规划纲要中明确提出转变经济发展方式，调整优化经济结构，进一步促进中小企业发展，这为中小企业的发展提供了政策支持。中小企业和个体工商户的快速发展，不仅为城市商业银行降低信贷集中度、调整信贷结构提供了良好的市场基础，而且为城市商业银行提供了大量优质的客户资源。

（四）提高盈利能力的威胁分析

1. 国有银行、股份制银行的全面竞争

在商业银行的竞争中，河南省国有银行始终处于主导地位，特别是在近年来的市场化进程中，国有商业银行抛弃以往的经营模式，以市场化为导向，全面参与市场竞争，通过上市，剥离不良资产等手段提升竞争能力。股份制商业银行同样也是竞争中的胜利者，银行利润市场份额 2012 年上升到16% 左右，在有些产品的市场份额上甚至超过了国有银行。为此，城市商业银行要在这一行业中分得一杯羹，压力也是显而易见的。

当前，交通银行等股份制商业银行在省内各地市布点开设分支机构，抢占地市优质金融资源。由于河南省各地市经济发展的不均衡，股份制商业银行分支机构分布不均匀，但是可以预见，随着中原经济区建设的深入推进，河南省各地市经济的快速发展，股份制商业银行会加快设立分支机构的步伐。这将会改变各地市现有的银行业竞争格局，客户资源的竞争会更加激烈，产品创新、服务渠道、服务质量的比拼也将逐渐升级，以河南省城市商业银行为代表的地方性金融机构将面临残酷的市场竞争考验。

2. 利率市场化改革改变银行盈利模式

利率市场化之后，利差收缩难以避免。在这样的大环境下，未来河南省城市商业银行的盈利模式将被迫发生转变，河南省城市商业银行必须更加注重优质企业以及优质客户的服务质量，同时对存款客户的服务也需要更加体贴，使主动理财建议和存款增值服务成为存款利息以外打动客户的因素；而对于信贷客户，河南省城市商业银行必须主动建立更多与贷款人沟通联系的渠道，提供更为优质便捷的服务。同时，银行间的竞争不再局限于对客户资源的简单争夺，而将扩展到与存款、贷款相关的中间业务领域。

五、提高河南省城市商业银行盈利能力的对策建议

（一）明确市场定位，实现经营发展特色化

1. 市场定位特色化

准确的市场定位可以促进城市商业银行金融服务效率的提高和可持续发展。河南省城市商业银行在自身规模较小，在产品和服务上高度趋同的情况下，不利于在竞争中占据有利地位。根据市场竞争位次的策略，河南省城市商业银行宜采取市场补缺者定位，在实际经营过程中也验证了这一策略的科学性。

"十二五"发展规划中明确提出坚持把经济结构战略性调整作为加快转变经济发展方式的主攻方向，中小企业作为促进经济结构战略性调整的重要力量对资金需求量非常大，但是很难从大型商业银行和股份制商业银行中获取贷款，这在很大程度上抑制了中小企业的创立和成长，河南省城市商业银行在促进中小企业发展方面作用日益凸显。改革开放以来，我国成为世界上经济增长最快的国家。居民的收入水平、消费水平日益增长，然而一般居民的消费信贷具有金额小、量多、面广的特点，大银行出于成本和规避风险的考虑，设置了很高的居民消费"门槛"。作为本土的商业银行，河南省城市商业银行具有更多的信息优势，有能力和条件满足居民个性化的信贷需求，应着力发展个人零售产品。

河南省城市商业银行要定位于中间业务，在金融业的竞争日趋激烈，银行依靠存贷款利差维持经营的时代即将过去，城市商业银行应该充分发掘这一市场，提供特色化、灵活多样的中间业务，形成中间业务框架体系，以提高其盈利能力。

2. 产品服务特色化

城市商业银行致力于为中小企业和居民提供全面的金融产品和服务，这种金融产品不仅应包括传统的存款、贷款和结算业务，而且应该根据中小企业和居民的需要提供保险、证券、代理和理财产品服务，形成代收代付、储蓄、银行卡、贷款、理财、外汇等产品组合。

与大型商业银行和股份制商业银行提供标准化的金融产品服务不同，河南省城市商业银行应根据中小企业和居民不同的需求，设计特色化的产品和服务。中小企业一般对资金的需求频繁、迫切，对利息负担承受能力较弱，抵押品或担保品不能提供等，中小城市商业银行必须在深入分析中小企业对金融服务需求的特点基础之上，科学设计信贷产品，达到贷款期限灵活，额度符合中小企业融资需求，利率合理。对于向居民提供的金融产品，应对居民身份进行细分，同时，还要考虑本地居民的消费习惯等。比如对于公务员和个体经营户，可以提供全面贴心的服务，提供住房抵押贷款、住房装修贷款、汽车消费贷款、个人生产经营贷款，除资产业务外，还可以提供理财产品，比如国债、基金等。

（二）注重产品创新，实现业务收入多元化

1. 注重中间业务产品创新

一是加强传统中间业务经营。河南省各个城市商业银行应该以银行卡为依托，以传统代收代付为中心，将与居民生活联系紧密的各种代收代付业务，如煤电水气、物业、报纸、学费等高度整合，方便居民支付和结算。另外提高银行卡发卡量，培养居民使用银行卡习惯，大力发展特约商户，使居民在享受便利的同时，享受到实惠，这样不仅能满足居民金融需求，而且能获取更多手续费收入。二是积极培育获取存款账户收费能力。账户服务中手续费收入的来源主要为支付结算和代理销售，支付结算收入占到商业银行中间业务利润25%以上。发展以知识密集型为主体的中间业务产品，提高中间业务的附加值。拓展中间业务收费渠道，应积极与信托公司、证券公司、保险公司联系，建立合作关系，完善代理销售能力。三是大力发展个人理财业务，培育收入增长点。我国的理财业务发展较晚，市场前景广阔。个人理财业务的开展可以为河南省城市商业银行带来可观的手续费收入和理财收益。但是理财产品的开发要求城市商业银行具有丰富的投资经验和风险管理水平，在风险可控的情况下，城市商业银行可以积极开展个人理财业务；不具备开发个人理财业务的城市商业银行，

可以通过代理销售其他银行理财产品方式引进理财产品，获得手续费收益。

2. 注重信贷结构调整力度

一是及时调整信贷政策，严格按照监管部门信贷投放速度和投放原则进行控制，合理调整信贷投向，确保有限信贷资源最大限度地发挥效率。监管部门的政策是导向，合规操作能使河南省城市商业银行降低信贷投放的风险；信贷资源效率的最大发挥，使河南省城市商业银行在风险可控的情况下获得较高的收益。二是根据当前中小企业迅速发展和居民消费持续增长的情况，积极推进小企业、微小企业贷款和个人消费贷款业务，增加这三类客户贷款余额和比重。目前，大型商业银行和股份制商业银行的中小企业贷款和居民消费贷款业务开展较少，河南省城市商业银行应该把握机会，通过这种差异化的信贷投放，提高河南省城市商业银行在中小企业信贷和个人消费信贷领域的竞争实力。

（三）加大风险防控，实现风险管理制度化

1. 优化管理机制

科学的组织管理框架是城市商业银行良好运营的有力保障。我国鼓励中小金融机构发展，对于城市商业银行的管理机制的要求，不再局限于传统管理机制模式，城市商业银行本身具有机制设计灵活的特点，经营管理层次分明，权力清晰。应鼓励城市商业银行建立切实可行、有效的监督约束体制，及时披露信息，使股东、监管部门和广大客户能及时准确地了解运营情况，增加对银行的信任感，从而形成监督约束体制，引导健康发展。城市商业银行提高自身经营管理水平，应从以下两个方面着手。首先，降低信贷风险，健全法人治理结构，地方党委和政府应支持城市商业银行本着股权"分散化、多元化、科学化"的原则，引进战略投资者，逐步减少财政股比重，优化股权结构，建立"制衡有效、决策民主、职责明确、程序清晰"的"三会一层"公司治理架构，不干预城市商业银行的经营与发展，尤其是不应干预城市商业银行高管人员的选用，更不可把城市商业银行作为安排官员的单位，以充分发挥"三会一层"的作用，提高公司治理的有效性，把城市商业银行办成真正的现代银行。其次，城市商业银行坚决推行贷、审、查三分离，建立全面的全程跟踪的风险监测体系，及时准确把握客户、收入、信用变动情况，避免信息遗漏造成的风险。

2. 注重风险防控

一是要加强信用风险控制。一方面，城市商业银行要建立与自身管理机制相适应的信贷管理制度，实行风险分类管理制度。另一方面，政府促进本地信用环境建设，建立健全农村信用评级机制。此外，规范贷款产业分类管理制度，避免超大规模贷款，尽可能降低信用风险。二是要加强操作风险控制。城市商业银行首先要加强员工的培训，规范员工的操作流程；开展经常性的教育，培育员工的风险意识；实行严格的考评制度，强化员工的责任心。三是要建立科学合理的监督体系，制定切实可行的监督制度，实现各级部门、各类人员之间的相互监督与制约，避免权力腐败和监守自盗，有效控制操作风险。四是要建立形势分析和风险评估制度，定期召开会议，分析形势、评估风险，制定应对措施，降低操作风险。

（四）提高管理水平，实现人员队伍专业化

建立一支高素质的城市商业银行的人员队伍，是每个城市商业银行发展壮大不可或缺的条件。首先要注重企业文化培训。企业文化的培训对象主要是新入行员工，通过培训可以使新员工迅速了解城市商业银行的发展概况，培养员工对本单位的忠诚度，帮助员工树立归属感，帮助他们尽快地融入本行工作环境中。培训内容应包括部门规章制度、产品介绍、业务操作流程等，使新员工能够尽快掌握本岗位的业务内容，具备实际操作能力。其次，要积极引进优秀人才，通过引进具有丰富的金融从业经验的人才，学习先进的管理理念、方法和技术。再次，要加强员工的市场开拓能力，鼓励员工利用本土优势掌握稳定的客户群，能够为今后的产品开发和贷款审批提供决策支持。管理坚持"以人为本"，防止人才外流，是城市商业银行管理的核心。对于城市商业银行来说，规模较小，人才难以留住，往往会发生花费大量人力、物力、财力培养出来的人才，时间不长便会跳槽，城市商业银行可以借鉴大型商业银行和股份制商业银行员工队伍建设的一些模式，具体为柜员队伍建设、客户经理队伍建设和技术型人才队伍建设。首先，柜员队伍建设。作为城市商业银行服务客户的窗口，柜员队伍的建设主要集中在柜员服务意识和业务技能的提升两个方面。柜员的服务意识要源于对岗位的热爱，要有主动服务的意识，并且规范礼仪标准，增强客户认同感和忠诚度；加强柜员业务技能的培训与考核，真正提高柜员办理业务的效率和准确度。其次，客户经理队伍建设。对客户经理的培训应该包括理论素养、业务操作能力、沟通技巧和营销能力等，优化对客户经理的激励考核机制，客户经理的绩效考核要与客户经理的营销业绩挂钩，提高客户经理市场拼抢意识和业务能力；客户经理业务的开展需要中后台部门的支持，要将营销团队纳入考核范围。合理分配存量客户，加强新客户拓展。对于存量客户，在公平的前提下，适当参照客户经理个人能力，合理进行分配；客户经理真正的能力应该体现在新客户拓展方面，这是客户经理业绩的主要来源，也是银行盈利能力增长的源泉。最后，科技队伍建设。随着河南省城市商业银行电子银行业务的发展，科技队伍建设的重要性日渐凸显。通过电子银行这个汇集电话银行、手机银行、网上银行组合而成的庞大网络，可以在某种程度上突破限制，帮助城市商业银行拥有快速且低成本的地域经营扩张手段，并逐步吸引高端客户，最终促进收入多元化，提升竞争力。河南省城市商业银行要积极引进科技人才，发挥科技人才的创造力，加强科技人才的培训，掌握电子银行业务的动态和技术，提高科技队伍的整体素质。

参考文献

［1］蔡允革，张晓艳．中国城市商业银行盈利性的地域差异［J］．区域金融，2008（8）：46－48.

［2］侯世燕．城市商业银行差异化战略发展研究——基于河南省城市商业银行案例分析［D］．中国人民大学，2009（5）：35－41.

［3］窦育民．中国商业银行盈利能力的实证分析［J］．统计与信息论坛，2007（3）：94－98.

［4］范里安．微观经济学［M］．北京：中国人民大学出版社，2004.

［5］范晓清，白娜．中国国有商业银行盈利性实证分析［J］．财贸经济，2003（10）：43－49.

河南省商业银行中间业务
发展及风险控制研究

中国人民银行郑州中心支行事后监督中心课题组①

摘要：随着金融环境的变化，出现了全球经济一体化、金融服务业务国际化、银行经营管理电子化、银行竞争激烈化，商业银行中间业务迅速增长和膨胀，由此带来的是商业银行的传统收入在全部收入构成中的份额在不断缩小，中间业务收入凭借其风险小、收益高和成本低的优势日益成为商业银行收入的重要来源。中间业务已经成为现代商业银行业务的核心业务之一。我国商业银行在中间业务不断创新的同时，应该正确认识和有效防范中间业务风险是当前我国商业银行亟待解决的问题，应该坚持将业务拓展与风险防范放在同等重要的位置，构建完善的中间业务的风险控制体系，这对于促进我国商业银行中间业务的快速增长、提高我国商业银行的竞争能力、保证我国金融体系的健康运行有着十分重要的现实意义。

本文根据我国商业银行中间业务的风险状况及防范风险过程中存在的问题，来探讨防范风险的措施，首先从对商业银行中间业务风险的基本理论问题进行分析研究入手，建立了中间业务风险控制体系；其次，在对国内外商业银行中间业务发展与创新的背景资料进行深入分析的基础上，结合河南省的实际情况，探讨推动商业银行中间业务创新发展的动力因素；再次，对影响河南省中间业务的因素进行了实证分析，得出了经济发展水平、城镇居民可支配收入、直接融资额和存贷款利差对河南省中间业务的影响是显著的结论；最后，在前面分析的基础上，给出了河南省中间业务发展和风险控制的政策建议。

关键词：商业银行　中间业务　发展　风险控制

---

① 课题主持人：李杰；
课题组成员：赵艳、许方、杜涛。

第一章　绪　论

一、研究背景

随着金融全球化、金融自由化和金融信息化的发展，商业银行业务表外化和经营国际化与资本证券化已成为当前商业银行未来发展的三大趋势，商业银行中间业务迅速增长和膨胀。我国商业银行逐渐开始重视中间业务的发展，逐步把中间业务作为商业银行的支柱性业务之一，积极探索新的服务方式，倡导新的服务理念，使中间业务无论从数量上还是从质量上都有较大的发展。目前，中间业务已经与传统的资产业务、负债业务共同构成了商业银行的三大业务类型，并逐渐发展成商业银行的主要利润来源，成为中国银行业在新形势下的焦点和新的增长点。

另外，随着人民银行"现代支付系统"的日趋成熟和完善，以及各商业银行内部的电子汇兑支付系统的兴盛，我国银行体系的结算水平不断提高，已形成了人民币结算和外币结算共同发展的全新格局。人民银行二代支付系统2013年内即将上线运营，结算类业务的处理将更加集中，控制将趋于流程化，结算业务效率得到更大提高，商业银行结算类业务收益在盈利中的比例逐年提高，成为中间业务收入的重要来源。

为最大限度地满足客户需要，各商业银行利用其人才、网点等优势大力发展各类中间业务品种，使得业务范围逐渐扩大，总量迅速增加。各商业银行中间业务规模都增长得比较快，中间业务收入在营业收入中的占比稳步提高。总体上看，国内大多数银行近几年中间业务的收入增长速度都在30%～40%以上，远远高于资产业务和负债业务的增长速度。如工商银行河南省分行截至2011年末，实现中间业务收入30.42亿元，同比增幅41.16%；中国银行河南省分行截至2011年末，实现中间业务收入14.74亿元，同比增幅37.42%，中间业务的贡献率大幅提升。

随着经济的不断增长、城镇化程度的不断加快和金融工具的推陈出新，各商业银行在传统的中间业务的基础上，不断进行金融产品创新，我国商业银行中间业务的品种多种多样，中间业务产品范围也从单一的代收代付扩大到结算、委托贷款、理财、代理保险、银行卡、投资银行等，多达上千项业务产品；交易方式也从单一的柜台方式扩大到柜台、自助、网上银行、电话银行和手机银行等多种方式，无论在种类和层次上都有了相当的提高。

二、本课题研究目的及意义

（一）发展中间业务的目的与意义

1. 商业银行自身生存和发展的需要

目前，随着金融全球化和国内市场经济的快速发展，银行所面临的形势是相当严峻的，各商业银行为了自身的生存和发展，大力发展中间业务是必然的现实选择，这既是商业银行自身生存和发展的需要，也是我国社会经济发展的需要；既符合各商业银行经营的目的，也是为了应对外资银行带来的挑战；既能为银行带来直接的非利息收入，也能为银行的资产和负债业务带来间接效益。

2. 促进传统资产负债业务发展的需要

商业银行中间业务与传统的资产负债业务紧密联系，两者相互促进，共同发展。传统的资产负债业务为中间业务提供基础支撑，而中间业务又是资产负债业务的延伸，为资产负债业务所需资金进行开源。对银行来说，开办中间业务既可以吸收存款，又可以优化资产负债结构；既可以巩固原有的客户，又可以借此挖掘出更多优质的新客户，使传统业务向纵深发展。

3. 社会经济发展的需要

随着社会经济的发展和人们观念的转变，社会对银行的功能需求也在不断发生变化，社会希望银行能够尽快地从传统的资产负债业务的简单功能演变成全方位、多功能的金融全能手，提供方便、快捷、多样的金融服务渠道，以满足企业和人们日益增长的各种金融需求。

（二）中间业务风险控制研究的意义

商业银行中间业务与资产负债业务相比较而言具有风险较低的优势，成为各商业银行争相聚焦和发展的业务，另外，我们也看到，收益与风险是相伴而行的，商业银行在不断发掘中间业务的可观收益的同时也会带来风险。由于商业银行风险管理组织结构和管理制度的不完善、金融监管的滞后等方面的问题，现阶段我国商业银行中间业务在开展过程中存在诸如动因被扭曲、粗放经营等现象，特别是随着目前信贷类中间业务产品的不断创新与迅速发展，中间业务的风险也在不断膨胀和加剧。因此，应该正确认识和有效防范中间业务风险是当前我国商业银行亟待解决的问题，应该坚持将业务拓展与风险防范放在同等重要的位置，构建完善的中间业务的风险控制体系，这对于促进我国商业银行中间业务的快速增长、提高我国商业银行的竞争能力、保证我国金融体系的健康运行有着十分重要的现实意义。

第二章　商业银行中间业务研究综述

一、商业银行中间业务简介

（一）中间业务的概念

中间业务的英文名称是"Intermediary Business"，意为中介业务或代理业务。巴塞尔协议将银行业务分为资产业务、负债业务和表外业务。巴塞尔协议将"Intermediary Business"表述为表外业务，表外业务是指银行从事的除资产负债业务以外的其他业务的总称，是银行以自身的实力、信誉和营销渠道等为客户提供除资金借贷业务以外的服务，收取手续费和佣金以提高盈利水平。巴塞尔协议还将表外业务分为狭义的表外业务和广义的表外业务两种。狭义的表外业务是指不在资产负债表上反映，不涉及资产负债表内金额的变动，但在一定条件下会转变为资产和负债业务的或有资产、或有负债的业务，因而又称或有债权、或有债务表外业务。广义的表外业务是指所有不在银行资产负债表上反映的金融服务业务，它包括或有债权、或有债务类表外业务和金融服务类表外业务。

2001年6月21日中国人民银行颁布《商业银行中间业务暂行规定》，规定中定义商业银行中间业务为"不构成商业银行表内资产、表内负债，形成银行非利息收入的业务"。按照这种界定，中间业务包括两大类业务：不会形成商业银行的或有资产、或有负债的业务和会形成商业银行的或有资产、或有负债的业务。前一类主要指金融服务类业务，在这一类业务中，商业银行只是以中间人身份，而不是以信用活动一方的身份出现，业务内容是代客户办理收付及其他委托业务，这类业务一般不会形成商业银行的或有资产、或有负债，其风险多由客户来承担，商业银行承担的风险较小。后一类主要指金融衍生工具类业务，这一类业务会形成商业银行的或有资产、或有负债，银行在办理这类业务时，面临潜在的资产负债风险，这种潜在风险随时可能转化为现实的资产负债风险，而且可能比前一类中间业务的风险要高得多。

（二）中间业务的种类

商业银行中间业务根据不同的标准有不同的分类，本文按中间业务的功能与形式分类。中国人民银行在《关于落实〈商业银行中间业务暂行规定〉有关问题的通知》中，将国内商业银行中间业务分为九类。

1. 支付结算类中间业务

支付结算类中间业务是指由商业银行为客户办理因债权债务关系引起的与

货币支付、资金划拨有关的收费业务，以及利用现代支付系统实现的资金划拨、清算，利用银行内外部网络实现的转账等业务。结算业务借助的主要结算工具包括银行汇票、商业汇票、银行本票和支票。其结算方式主要包括同城结算方式和异地结算方式。

2. 银行卡业务

银行卡是由经授权的金融机构（主要指商业银行）向社会发行的具有消费信用、转账结算、存取现金等全部或部分功能的信用支付工具。银行卡业务可分为贷记卡业务、准贷记卡业务和借记卡业务。

3. 代理类中间业务

代理类中间业务指商业银行接受客户委托、代为办理客户指定的经济事务、提供金融服务并收取一定费用的业务，包括代理政策性银行业务、代理中国人民银行业务、代理商业银行业务、代收代付业务、代理证券业务、代理保险业务、代理其他银行银行卡收单业务等。

4. 担保类中间业务

担保类中间业务指商业银行为客户债务清偿能力提供担保，承担客户违约风险的业务，主要包括银行承兑汇票、备用信用证、各类保函等。

5. 承诺类中间业务

承诺类中间业务是指商业银行在未来某一日期按照事前约定的条件向客户提供约定信用的业务，主要指贷款承诺，包括贷款承诺、透支额度等可撤销承诺和备用信用额度、回购协议、票据发行便利等不可撤销承诺两种。

6. 交易类中间业务

交易类中间业务指商业银行为满足客户保值或自身风险管理等方面的需要，利用各种金融工具进行的资金交易活动，主要包括远期合约、金融期货、互换、期权等金融衍生业务。

7. 基金托管业务

基金托管业务是指有托管资格的商业银行接受基金管理公司委托，安全保管所托管的基金的全部资产，为所托管的基金办理基金资金清算款项划拨、会计核算、基金估值、监督管理人投资运作，包括封闭式证券投资基金托管业务、开放式证券投资基金托管业务和其他基金的托管业务。

8. 咨询顾问类业务

咨询顾问类业务指商业银行依靠自身在信息、人才、信誉等方面的优势，收集和整理有关信息，并通过对这些信息以及银行和客户资金运动的记录和分析，形成系统的资料和方案，提供给客户，以满足其业务经营管理或发展的需要的服务活动，主要包括企业信息咨询业务、资产管理顾问业务、财务顾问业务、现金管理业务。

9. 其他类中间业务

包括保管箱业务以及其他不能归入以上八类的业务。

二、国外商业银行中间业务研究综述与分析

商业银行中间业务的产生和发展，是一项重大的金融创新，其创新发展从真正意义上说是近几十年的事，中间业务从 20 世纪 70 年代起步至今，国外商业银行中间业务取得了突飞猛进的发展，成绩惊人，呈现出以下发展态势。

1. 经营范围广泛，业务品种多样

西方国家商业银行中间业务经营范围广泛，种类繁多，而且随着社会经济的发展，各国纷纷打破分业经营的限制，实行混业经营。针对不同的客户市场，不断开发出新的金融产品，通过开展不同的营销组合以满足社会多方面、多层次的需求。由此，西方商业银行不断涌现出新的金融产品，其中间业务种类主要有结算、信托、代理、租赁、担保、信用卡、期货、期权等衍生工具，享有"金融超市"美称的美国银行业，它们既从事货币市场业务，也从事商业票据贴现及资本市场业务，涉及业务除了传统的银行业务外，还有投资银行业务、信托业务、共同基金业务和保险业务，而中间业务更是它们主要的收入来源。

2. 规模迅速扩大，收入占比超半

在西方商业银行中，中间业务收入已经成为银行业务收入的重要来源，并且具有较高的水平。最低的已经达到总收入的 25%，最高的甚至超过 50%。如 1983—1986 年，美国最大的 7 家商业银行收入的 50% 以上是来源于中间业务。1991—1992 年，瑞士信贷银行中间业务收入高达 23.08 亿瑞士法郎，占了总收入的 50%～60% 左右。1992 年德国银行中间业务获利 340 亿马克，占了总盈利的 65%。20 世纪 90 年代香港银行总收入的 70%～80% 都是来自中间业务。

3. 提供多样化服务，发达网络支撑

商业银行中间业务面向社会的各个阶层和各个领域提供服务，服务范围包罗万象。随着金融的全球化和金融科技的飞速发展，客户对金融产品也提出了越来越多样、复杂的需求，西方商业银行充分认识到眼下形势，也始终以客户的需求作为金融产品开发和经营的导向，积极开发符合客户个性化需求的金融产品，并针对不同的客户提供个性化的服务。凭借较高的电子化服务手段，借助发达的网络系统，西方商业银行将金融产品和服务的触角延伸至办公室和家庭，全新的金融营销模式满足了客户的各种需求，客户足不出户就能进行理财。

4. 注重素质提高，创新金融工具

在西方发达国家中，人才的培养被放在了突出的位置，他们认为，每一种

业务发展的非常关键的因素就是人才的培养，中间业务在这几十年的发展过程中，也有赖于一支知识面广、开发能力强的金融工程师及中间业务营销团队，整个团队中的人才不但具有较高的素质，同时还具备计算机信息处理和银行业务实际操作能力。而且，他们所开展的业务主要是与资本市场相关、科技含量高、附加值大的中间业务领域，能够在资本市场上根据不同客户的需求而开发出一系列的创新产品，同时运用于实际的操作。伴随着金融市场国际化的脚步，金融市场波动的加剧，通信技术和计算机技术的飞速发展，金融衍生工具对金融体系的影响是巨大的。

三、国内商业银行中间业务现状

在传统金融体制下，我国银行业的发展长期以来只重视资产负债业务的发展，中间业务几乎是一片空白。20 世纪 80 年代以来，伴随我国经济体制改革的逐步深入和经济市场化程度的逐步加深，政府、企业、居民等市场主体的金融需求不断上升，商业银行中间业务逐步兴起并迅速发展起来。进入 1996 年以后，各商业银行以资金、技术、网点结算等方面的现有条件为基础发展各类中间业务，大力开发和推广新技术、新产品、新服务项目，同时，在机构设置、制度建设、内控管理、人员培训等方面做了大量的工作，商业银行竞争意识、盈利意识、风险防范意识的增加和服务功能的完善，逐步推动了中间业务步入快速发展的通道，表现在以下几个方面。

1. 业务品种增多，层次逐步提高

国内各家商业银行陆续开办了代收代付业务、代理保险、汇兑等中间业务，并且随着中国加入 WTO 后对外贸易的迅猛增加和金融工具的推陈出新，各家商业银行在传统中间业务的基础上，先后进行金融产品创新，推出了如信用卡、信息咨询、代保管、房地产金融服务、担保、承兑、电话银行等一系列的新兴中间业务品种，并开展了一系列的市场营销工作。目前我国商业银行中间业务无论在种类上还是在层次上都有了相当的增长和提高。

2. 中间业务收入已初具规模

我国各商业银行中间业务收入均有不同程度的增长，据统计，2011 年 16 家上市银行上半年实现营业收入合计 1.09 万亿元，实现中间业务收入 2 187 亿元，同比增长 46%，在营收中占比为 20.1%。各银行中间业务收入普增，尤其是中小银行中间业务收入增幅普遍高于四大国有银行，增幅均在 45% 以上。四大银行中，农行中间业务收入增幅最大，达 65%。工行、建行和中行也都呈增长态势，增幅分别为 46%、42% 和 24%。我国商业银行现在越来越注重开拓以代理服务为重点的中间业务，各银行利用在技术、信息、机构网络、信誉等方面的优势，积极为客户提供咨询、代理、担保、结算等广泛的业务服务。

　　3. 转变经营理念，加强机制建设

　　国内大多数商业银行已经意识到发展中间业务的必要性，正努力改变经营理念，将中间业务的发展作为实现金融创新、建立与国际接轨的经营机制的先锋，各商业银行在分支机构中建立了中间业务部或牵头规划协调部门，不断改进专项激励机制，加快金融产品创新步伐。同时，人民银行和银监会为进一步促进商业银行发展中间业务，规范与完善银行服务，提高竞争能力，同时有效防范金融风险，相继制定了《商业银行中间业务暂行规定》、《商业银行表外业务管理指引》、《商业银行内部控制指引》等规定。

　　虽然我国商业银行中间业务发展取得了相当可观的成绩，但也存在着很多的不足，尤其是与西方国家商业银行中间业务比较而言，差距就更加明显，表现在三个方面。一是经营范围狭窄品种较少，二是中间业务的业务收入占总收益比重较低，三是专业人员素质较低。总之，我国商业银行的中间业务发展与西方国家商业银行相比，有着巨大的差距，发展尚处在初级阶段，发展空间巨大。

第三章　商业银行中间业务风险控制研究

一、商业银行中间业务风险简介

　　商业银行中间业务风险是指商业银行在经营和管理中间业务的过程中，由于各种可控和不可控因素的影响，而导致商业银行的资产、收益及资信等方面损失的可能性。

　　（一）商业银行中间业务风险类别

　　1997 年 9 月巴塞尔委员会制定了《有效银行监管的核心原则》，把银行面临的主要风险分为如下八类：信用风险、国家和转移风险、市场风险、利率风险、流动性风险、操作风险、法律风险、声誉风险等。银行面临的八类风险在中间业务中都会有所表现，但就整个中间业务而言，本文认为主要有以下几种风险对中间业务影响较大。

　　1. 信用风险

　　中间业务的信用风险是指业务对象由于主客观原因不能履行合约，从而使银行遭受损失的可能性。客户信用不良或银行自身信用问题都可能导致信用风险。信用风险广泛存在于担保类、银行卡类、代理类、承兑类、证券投资类等中间业务中，是商业银行在发展中间业务过程中面临的主要风险。

2. 市场风险

市场风险是由于中间业务市场供求关系变化产生的风险和由于市场价格（利率、汇率、股票和商品价格）的不利变动而使银行遭受损失的风险。这类风险在银行的交易活动中最明显。根据导致市场风险因素的不同，可以将其划分为利率风险、股票风险、汇率风险和商品风险。

3. 操作风险

操作风险是指在开展中间业务的过程中商业银行内部控制以及公司治理机制的失效而导致银行损失的可能性。操作风险主要分为三类：一是交易处理风险，即因制度安排、组织管理、技术方法和人员素质导致经济损失的可能性；二是欺诈风险，指银行内部人员或第三方故意欺骗、盗用财产或违反法律的行为而给银行带来的损失；三是信息系统风险，指银行计算机信息系统存在漏洞给业务操作带来的风险，以及未经授权的访问造成客户信息和商业机密的外泄。

4. 流动性风险

流动性风险是指银行不能为负债的减少或资产的增加而提供融资，影响其盈利水平，甚至引起偿付危机的风险。中间业务的流动性风险主要表现在两个方面：一是中间业务所涉及的金融工具的流动性不足。二是中间业务规模过大时出现的流动性不足。在担保类和承诺类中间业务中，当许多客户的财务状况恶化，周转不灵时，一旦大量客户同时要求银行兑现承诺时，银行就会有可能面临流动性风险。

5. 法律风险

法律风险是指商业银行办理中间业务过程中，由于对法律只是掌握不够、认识存在偏差或法律本身的缺陷而导致损失的可能性。中间业务产品特别是金融衍生产品发展很快，法律关系复杂，而我国的相关金融法律法规还很不健全，存在诸多的法律空白和漏洞，致使商业银行很容易陷入法律纠纷的旋涡，加大了商业银行面临的法律风险。

6. 声誉风险

中间业务声誉风险是指商业银行在办理某些中间业务时所发生的信誉受到损害，以及由此引发经济损失的可能性。一旦客户对银行丧失信心，引发银行的声誉风险，不仅影响其业务的广泛开展，甚至可能引起挤兑风波。

中间业务范围涉及传统业务、新兴业务以及衍生金融工具，各类产品之间差异较大，所面临的风险也不一样，不同类型的中间业务表现出了不同的风险特点，如代理类中间业务大多具有委托代理性质，风险由委托人承担，银行主要面临操作风险。中间业务形式多样，受限制较少，内部控制和外部监管的难度较大。

（二）商业银行中间业务风险特征

商业银行的中间业务虽然能为银行带来丰厚的利润，但其风险性也不容忽视，商业银行建立起识别、监测、控制中间业务风险的内控机制，以促进中间业务的健康发展也就十分必要了。然而，中间业务的风险错综复杂，呈现出如下的风险特征。

1. 隐蔽性

随着现代科技的不断发展和创新，银行信用卡、ATM、电子转账系统、网上银行等创新手段和创新业务不断涌现，为客户提供了便利，同时也为银行带来了利润。商业银行在办理中间业务的过程中，是以中介或代理的角色提供有偿服务，使隐含的经营风险不易暴露，加之我国目前尚缺乏有效的中间业务规范标准和操作规程，致使中间业务操作缺乏公开性、透明度较低，导致中间业务风险具有很大的隐蔽性。

2. 多样化

一般来说，商业银行中间业务风险较资产负债业务的风险低，但由于中间业务的品种繁多，个性差异大，业务风险也有多样化的特点。包括市场风险、信用风险、管理风险、投资风险、法律风险、利率风险、汇率风险等。

3. 动态性

一般情况下，一个中间业务产品周期要经过很长一段时间，其价值在这一周期内会随着市场价格的变动而上下波动，表现出了风险的动态性。中间业务金融工具较传统金融工具对价格变动的反应更为敏感，合约订立时的合约价值也会随之波动，并最终影响其交割平仓时的价格，由于这一动态性，银行很难对其风险进行准确衡量，也加大了风险控制的难度。

4. 风险难以准确计量

中间业务是多元化经营业务，风险分散于银行的各种业务之中和商业银行的各个相关部门之中，风险点较多，防范和计量风险的难度较大。一部分传统的中间业务产品，其风险程度低、易于估量，但对于大量的不断出现的创新金融工具，单笔的业务量虽然相对较小，种类却异常繁多，运用传统的风险识别、评估和控制方法来准确地计量这些中间业务的风险程度是非常困难的。

二、商业银行中间业务风险控制研究

（一）商业银行中间业务风险识别

风险识别是在各类中间业务分类的基础上，对各类中间业务风险的特征进行分析，有效地识别出风险，以采取不同的防范措施，是风险管理的基础。银行风险识别的目标在于发现风险因素、确定风险损失种类。根据以下六个步骤对中间业务的风险进行识别。

1. 明确中间业务风险类别

明确主要的风险业务和关键风险环节，将风险业务的类别进行正确划分，有利于识别中间业务中的特定风险，避免将属于不同类别风险确认为同一风险，或者是在不同时间将同一种风险确认为不同的风险或将不同的风险确认为同类风险。在各类中间业务中将中间业务风险的内涵、特征和种类界定清楚。

2. 识别中间业务风险的系统特征

商业银行风险系统是一个复杂系统，识别商业银行中间业务风险的系统特征主要是为了明确中间业务风险作为银行整体风险的一个子系统，具备哪些系统特征，这些系统特征的识别是采取控制技术的基础。

3. 识别中间业务风险的关键诱因

在确定商业银行中间业务的风险事件时要考虑引发风险的原因，但是诱发中间业务风险产生的原因有时较为复杂，由于这种错综复杂的关系，只能通过识别出风险的关键诱因，并将其与各种风险的相关性进行结合，分析不同的诱因给不同类型风险带来的影响，如果相同的风险诱因使几类风险发生同方向变化，就认为这几类风险具有相关性。由此，建立起风险诱因与风险之间的对应关系。

4. 确定易发风险事件

识别出中间业务风险的关键诱因后，就要确定中间业务活动中各中间业务种类及各个环节的易发风险事件。不同的时间和空间会使风险事件的集中程度和特征有所区别，对风险事件的确定是建立中间业务风险关键指标体系的基础。

5. 建立关键风险指标体系

商业银行中间业务风险事件的表现形式多种多样，对中间业务风险进行科学的分类有利于加深对不同类型风险特征的认识，从而有利于对风险准确识别。在确定了中间业务风险诱因和风险事件的基础上，构建出关键风险指标体系，并描述风险事件的表象特征。商业银行可以通过对指标值的异常变化进行定期或连续的采集，从而发现潜在的重大风险诱因以及新的风险事件，由此构建出一个中间业务的关键风险指标体系。

6. 确定风险的暴露

对于已经发生的风险事件，根据建立的关键风险指标体系确认具体的风险类别，描述风险的损失特征，并对风险事件产生的影响和冲击进行分析。风险暴露的结果包括：承担法律责任、资产损失、声誉影响等。

（二）商业银行中间业务风险评估

经过前期的风险识别后，就要确定各类中间业务风险对银行的影响权重，进而对影响银行中间业务的风险进行量化估计，就是要进行风险评估。VaR

（Value at Risk）模型是近年才发展起来的一种风险测量技术，因其具有简捷、综合、实用等特点，业已发展成为金融市场风险管理的主流方法，它作为一种借助现代数理技术估算金融风险的方法得到了世界各金融机构及金融监管机构的广泛认可，在许多金融风险评估的应用领域取得了突破性的进展。国内越来越多的金融机构也采用 VaR 技术作为事前风险监控和事后风险评估的重要手段。

Jorion 给出的 VaR 方法的定义是：在一定概率水平下，某一金融资产或证券组合在未来特定的一段时间内的最大可能损失。

假设某一投资组合的初始投资额为 W_0，资产收益率为 R，最低收益率为 R^*（R^* 一般为负值），VaR 的计算公式如下：

$$VaR = -W_0 R^*$$

例如，设初始投资额 $W_0 = 1$ 亿元，在置信水平 α 下的最低收益率 $R^* = -1.7\%$，那么 VaR $= -W_0 R^* = -10\,000$（万元）× （-1.7%）$= 170$（万元）。

下面讨论正态分布中 VaR 的计算。

在给定的置信水平 α 下，投资组合最低收益率 R^* 满足

$$P(R \leqslant R^*) = 1 - \alpha$$

于是

$$P\left(\frac{R-\mu}{\sigma} \leqslant \frac{R^*-\mu}{\sigma} \right) = 1 - \alpha$$

假设 $R \sim N(\mu, \sigma^2)$，那么 $\frac{R-\mu}{\sigma}$ 服从标准正态分布，即 $\frac{R-\mu}{\sigma} \sim N(0, 1)$，用 Z_α 表示标准正态分布下与置信水平 α 对应的分位数，那么

$$Z_\alpha = \frac{R^*-\mu}{\sigma}$$

于是

$$R^* = \sigma Z_\alpha + \mu$$

故

$$VaR = -W_0 R^* = -W_0(\sigma Z_\alpha + \mu)$$

（三）商业银行中间业务风险控制

本文从风险控制遵循的原则，对做好对中间业务的风险控制进行研究。我国商业银行中间业务风险具有其特殊性，中间业务的风险防范应遵循以下五项基本原则。

1. 风险的事前预防原则

商业银行中间业务风险的产生往往是由于许多不确定因素造成的，但是大

部分风险是可以通过事前预防来加以消除或减少的。风险的事前预防有助于降低风险控制的难度，节约风险控制的成本。事前预防包括：建立健全各项规章制度，健全的制度基本上可以防范90%以上的常见风险；建立风险防范的应急预案；风险的信息系统常备不懈，信息系统不应成为一个摆设，保持信息系统的正常运行状态，是控制风险的头等大事。

2. 风险的立体防范原则

商业银行中间业务的风险防范应当是多角度的、各层面的、全方位的防范，而不应仅仅只停留在对风险产生结果的防范上，要强化风险的事前和事中防范。同时对于重点风险项目应该立项重点防范，发现问题及时总结、分析、上报。

3. 风险的动态观测原则

中间业务的经营环境发生变化时，中间业务管理部门应作出快速反应，对中间业务风险进行及时的、系统的、自上而下的审核，遵循动态观测的原则，从而实时监控各种环境的变化对中间业务产生的影响。在监控过程中应当明确监控的具体指标，完善监控系统，及时更新监控内容。

4. 风险的收益成本原则

商业银行开发中间业务首先应当在风险与收益之间找到一种平衡，避免因盲目追求眼前利益而忽略对风险的考量。同时，银行进行风险的防范必定要耗费一定的成本，因此，风险防范要考虑成本因素，评估风险发生的可能性、可能的损失程度及风险防范需投入的具体成本，避免因盲目地规避风险而使成本投入增加。

5. 风险的积极经营原则

中间业务风险要遵循的另一个原则就是积极经营原则，从被动规避风险、事后处理风险向积极经营风险、主动管理风险转变，要致力于深化风险管理体制改革和提升管理水平，加强风险文化建设，风险管理工作立足于了解客户、把握市场。风险的积极经营原则是建立在前四个原则基础上的。

对中间业务进行有效的风险防范能够使商业银行对各种潜在的损失进行控制，从而以较低的成本来有效地减少和避免这些可能发生的损失。中间业务风险防范有利于规范金融市场的运行，对中间业务进行有效的风险管理，建立完善合理的风险防范体系，能够规范金融市场各方的行为，使之更为合理、有序、规范。因此，加强中间业务风险防范能够起到约束银行行为，稳定生产秩序和社会秩序，促进经济健康发展。

第四章　河南省中间业务发展现状及影响因素分析

一、河南省商业银行中间业务的发展现状

（一）河南省中间业务的品种

随着我国对外开放力度的加大和利率市场化进程的加快，中间业务作为传统业务的辅助业务产生了，经过多方努力，中间业务无论是在数量上，还是在质量上都有了巨大的提升，河南省商业银行也跟随着我国银行业的步伐开办了各类中间业务，如表1所示。根据分类标准，河南省开办的主要中间业务有五大类，其中，代理类、银行卡类和结算类中间业务占据主导地位，银行卡业务、证券业务等得到了较快发展。

表1　　　　　　　　　　　　河南省商业银行中间业务品种

结算性中间业务	国内结算
	国际结算
担保性中间业务	银行承兑汇票
	保函业务
	承诺费
	保理费
	其他
管理性中间业务	代收代付
	资产托管及企业年金
	理财业务
	代客资金业务
	银团贷款
	委托贷款
	其他
投资银行业务	财务顾问
	债券承销
	其他
其他中间业务	银行卡业务
	电子银行业务
	其他

（二）河南省中间业务的结构

由于我国中间业务起步晚，发展时间较短，从中间业务的收入构成来看，河南省还是以传统的中间业务为主，如图1所示。

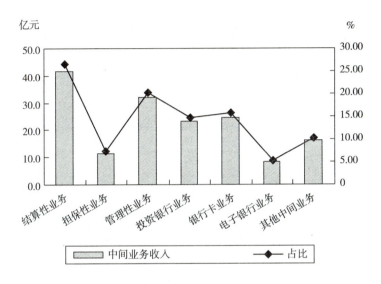

图1　2012年河南省中间业务收入结构图

从图1可以看出，河南省商业银行中间业务收入主要来源于传统的中间业务，如2012年的结算性中间业务和投资理财占据了中间业务收入的41.27%，而其他类中间业务和新兴电子银行业务只占了15.57%，这说明河南省商业银行中间业务的发展水平还比较低，产品创新不足。

（三）河南省中间业务的规模

我国商业银行中间业务目前还处于一个起步阶段，中间业务收入占营业总收入的比重还比较低。

从表2可知，河南省商业银行中间业务收入占营业收入的比重还比较低，最低的仅为1.45%，比重最高的是工行河南省分行，达到47.02%。从结构来看，河南省部分商业银行的中间业务收入占比为21.95%，国有商业银行的比重要远高于中小股份制银行的水平，主要原因是五大国有商业银行凭借其规模大、网点众多的优势为客户提供了更多的中间业务服务。

表2　　　　　　**2011 年河南省部分商业银行中间业务收入及比重**　　单位：亿元,%

河南省商业银行	营业收入	中间业务收入	中间业务收入占比
农业发展银行河南省分行	27.52	0.4	1.45
工商银行河南省分行	64.69	30.42	47.02
农业银行河南省分行	141.1	17.14	12.15
中国银行河南省分行	80.68	14.74	18.27
建设银行河南省分行	53.9	22.93	42.54
广发银行郑州分行	8.95	0.28	3.13
招商银行郑州分行	14.31	2.13	14.88
兴业银行郑州分行	7.25	1.24	17.10
民生银行郑州分行	11.5	0.68	5.91
合计	409.87	89.96	21.95

注：数据来源于 2012 年河南省金融年鉴。

二、影响河南省商业银行中间业务发展的因素分析

（一）宏观经济走势因素

中间业务是社会经济发展到一定程度的产物，因此，在一定程度上，经济的发展水平决定着中间业务的发展进程。中原经济区建设上升为国家战略，有力填补了河南经济"洼地"，河南省作为中原经济区的重要经济体之一，其经济发展水平将为中间业务发展带来新机遇。

2011 年初，中原经济区作为国家层面重点发展区域被正式纳入了《全国主体功能区划》和国家"十二五"规划，国务院发布了促进中原经济区建设的指导意见及规划纲要，并赋予中原经济区一系列优惠政策。金融体系的支持包括：引导和指导银行机构支持中原经济区建设；支持河南资本市场发展；批准河南省进入跨境贸易人民币结算试点；批准设立中原产业投资基金等。2012 年，中国人民银行郑州中心支行出台了《关于金融支持实体经济发展　服务中原经济区建设的指导意见》，明确金融支持中原经济区建设的重点领域，引导更多的信贷资金投向实体经济领域。

目前，河南省整体经济正处于加快发展的起步阶段，在地方经济大背景下，河南金融业面临诸多机遇。从数字上看，2012 年末，全省银行业机构各项存款余额 31 970.43 亿元，居全国第 10 位和中部六省首位，较上年增加 5 324.28 亿

元。各项贷款余额 20 301.72 亿元，居全国第 9 位和中部六省首位，较上年增加 2 795.48 亿元。

（二）利率水平因素

中央银行根据中国经济金融发展和加入世贸组织后开放金融市场的需要，提出先外币、后本币，先贷款、后存款，存款先大额长期、后小额短期的基本步骤，逐步建立由市场供求决定金融机构存、贷款利率水平的利率形成机制，中央银行调控和引导市场利率，使市场机制在金融资源配置中发挥主导作用。中国利率市场化进程如表 3 所示。

表 3 中国利率市场化进程

年份	中国利率改革进程
1996	人民银行放开了银行间同业拆借利率
1997	银行间债券回购利率和现券交易利率放开
1998	人民银行改革了贴现利率生成机制
1998、1999	人民银行连续多次扩大金融机构贷款利率浮动幅度
2000	人民银行统一了中、外资金融机构外币利率管理政策，实现中外资金融机构在外币利率政策上的公平待遇
2004	人民银行再次扩大金融机构贷款利率浮动区间
2004	贷款上浮取消封顶；下浮的幅度为基准利率的 0.9 倍
2006	浮动范围扩大至基准利率的 0.85 倍
2012	存款利率浮动区间的上限调整为基准利率的 1.1 倍；贷款利率浮动区间的下限调整为基准利率的 0.8 倍
2013	全面放开金融机构贷款利率管制。取消金融机构贷款利率 0.7 倍的下限，由金融机构根据商业原则自主确定贷款利率水平

从表 3 中可以看出改革的结果使得商业银行有了更大的自主权。迫于竞争压力，商业银行通常会采取利率上浮的形式吸收存款，造成资金成本上升，同时为了争抢客户，下浮利率发放贷款，利率的升降将导致存贷利差空间受到挤压。

（三）居民收入水平

居民收入水平对中间业务的影响主要表现在客户对中间业务的需求上。从商业银行业务发展水平的角度来看，当居民的收入处于一个较低水平时，对银行服务的需求仅限于传统的存贷款业务，基本只有存款服务的需求，当居民的收入处于一个较高水平时，居民对更高层次的金融服务会有需求，中间业务的发展程度和水平也越高。图 2 为河南省城镇单位从业人员平均收入。

从图 2 可以看出，河南省城镇居民收入水平和可支配收入在逐年增加，人均收入增长率都在 10% 以上，2002 年和 2007 年的增长率都在 20% 以上。

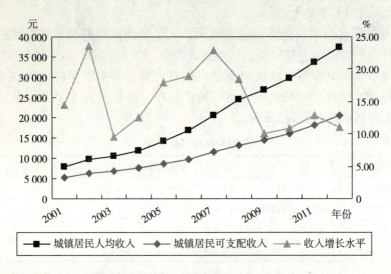

注：数据来源于 2013 年河南统计年鉴。

图 2　河南省城镇单位从业人员平均工资

（四）企业直接融资

直接融资是指资金的供需方不通过中介而发生的直接信用关系。2012 年，河南省直接融资快速发展，非金融机构通过贷款、债券、股票三种方式共计融资 3 524.8 亿元，同比增长 48.2%，其中，直接融资占比大幅提高至 24.8%，创历史新高，如表 4 所示。

表 4　　　　　　　　**2001—2012 年河南省非金融机构部门融资结构表**

年份	融资量 （亿元人民币）	比重（%）		
		贷款	债券（含可转债）	股票
2001	505.8	93.1	0	6.9
2002	663.1	97.3	0	2.7
2003	881.6	96.8	0	3.2
2004	767.2	98	1.3	0.7
2005	805.3	99.5	0	0.5
2006	1 290.6	91.1	3.9	5
2007	1 170	83.7	4.2	12.2
2008	1 601.7	93	2.8	4.2

年份	融资量 （亿元人民币）	比重（%）		
		贷款	债券（含可转债）	股票
2009	3 310. 2	92. 7	6. 9	0. 4
2010	2 815. 5	86. 4	7. 4	6. 2
2011	2 377. 8	75. 9	12. 8	11. 3
2012	3 524. 8	75. 2	18. 9	5. 9

注：相关数据来源于人民银行郑州中心支行。

2012 年，河南省 26 家企业在银行间债券市场成功发行债务融资工具 381 亿元，是 2011 年的 1. 5 倍，新乡、郑州、安阳等市相继成功发行或注册区域集优中小企业集合票据，较好地发挥了金融市场服务实体经济发展的作用。河南省新乡市 2012 年度第一期"区域集优"中小企业集合票据成功发行，金额达 2. 7亿元。

第五章　河南省中间业务与其影响因素的计量分析

一、变量选择与变量定义

本文选择河南省商业银行中间业务的总收入作为衡量中间业务收入的水平，并作为因变量。在自变量的选取上，本文选取河南省生产总值（GDP）、城镇居民人均收入、直接融资总额、存贷款利差作为自变量，研究这些因素对商业银行中间业务的影响。

因变量和自变量定义如下：

（1）因变量中间业务收入用 Y 表示。选取 2001—2012 年河南省商业银行中间业务收入作为因变量。

（2）自变量河南省生产总值用 X_1 表示。选取 2001—2012 年河南省的生产总值，用来衡量本省的经济发展水平。

（3）自变量城镇居民人均可支配收入用 X_2 表示。选取 2001—2012 年河南省的城镇人均可支配收入数据。

（4）自变量直接融资总额用 X_3 表示。选取 2001—2012 年河南省企业直接融资额作为研究数据。

（5）自变量存贷款利差用 X_4 表示。通过 2001—2012 年河南省商业银行的年末存贷款余额，并使用一年期存贷款利率来粗略计算出参考存贷款利差如表 5

所示。

表5　　　　　　　　　　　　计算利差的相关数据

年份	各项存款年底余额（亿元）	各项贷款年底余额（亿元）	一年期存款利率（%）	一年期贷款利率（%）	参考存贷款利差（亿元）
2001	5 530.16	4 885.73	2.25	5.85	161.39
2002	6 451.59	5 553.58	1.98	5.31	167.15
2003	7 618.03	6 422.66	1.98	5.31	190.21
2004	8 631.79	7 092.31	1.98	5.31	205.69
2005	10 003.96	7 434.53	2.25	5.58	189.76
2006	11 492.55	8 567.33	2.25	5.9	246.89
2007	12 576.42	9 545.48	3.47	6.93	225.10
2008	15 255.42	10 368.05	4	7.4	157.02
2009	19 175.06	13 437.43	2.25	5.31	282.09
2010	23 148.83	15 871.32	2.5	5.56	303.72
2011	26 646.15	17 506.24	3.25	6.31	238.64
2012	31 970.43	20 301.72	3.25	6.31	242.00

二、模型设定的基本思路

建立多元线性回归模型，分析各影响因素对国有商业银行中间业务发展是否具有显著影响。建立如下模型：

$$\ln Y_t = \beta_0 + \beta_1 \ln X_{1t} + \beta_2 \ln X_{2t} + \beta_3 \ln X_{3t} + \beta_4 X_{4t} + \varepsilon$$

其中，Y_t 为因变量，表示 t 年河南省商业银行的中间业务收入；X_{it}（$i=1$，2，3，4）为自变量，分别表示 t 年影响国有商业银行中间业务收入的各项自变量，β_i（$i=1$，2，3，4）是各自变量的回归系数，β_0 为截距项，ε 为随机扰动项。

三、实证结果

本文选择河南省 2001—2012 年的中间业务收入数据和相关影响因素数据，相关数据如表6所示。

表6　　　　　　　　　　　河南省近10年金融数据

年份	GDP（亿元）	城镇居民人均可支配收入（元）	直接融资总额（亿元）	参考存贷款利差（亿元）	中间业务收入（亿元）
2003	6 867.7	6 926.12	881.6	190.21	23.6
2004	8 553.79	7 704.9	767.2	205.69	28.15

续表

年份	GDP（亿元）	城镇居民人均可支配收入（元）	直接融资总额（亿元）	参考存贷款利差（亿元）	中间业务收入（亿元）
2005	10 587. 42	8 667. 97	805. 3	189. 76	35. 12
2006	12 362. 79	9 810. 26	1 290. 6	246. 89	40. 27
2007	15 012. 46	11 477. 05	1170	225. 10	47. 2
2008	18 018. 53	13 231. 11	1 601. 7	157. 02	52. 41
2009	19 480. 46	14 371. 56	3310. 2	282. 09	60. 23
2010	23 092. 36	15 930. 26	2 815. 5	303. 72	84. 04
2011	26 931. 03	18 194. 8	2 377. 8	238. 64	110. 49
2012	29 599. 31	20 441. 62	3 524. 8	242. 00	125

注：数据来源于2013年河南统计年鉴、2012年河南金融年鉴，部分数据通过计算得到。

使用Eviews 6.0分析工具对上述模型进行线性回归，线性回归结果如表7所示：

表7　　　　　　　　　中间业务收入线性回归结果

Variable	Coefficient	Std. Error	t – Statistic	Prob.
$\ln X_1$	– 1. 088843	0. 715676	– 1. 52142	0. 1886
$\ln X_2$	3. 424755	1. 076756	3. 180622	0. 0245
$\ln X_3$	– 0. 405409	0. 165348	– 2. 45186	0. 0578
$\ln X_4$	0. 432450	0. 198905	2. 174149	0. 0817
C	– 17. 04038	3. 149134	– 5. 411133	0. 0029
Adjusted R – squared		0. 980187	R – squared	0. 988993
Durbin – Watson stat		1. 862999		

从回归结果图中可以看出R^2、$\bar{R}^2$分别为0.988993和0.980187，说明该设计模型的拟合度较好，选择的自变量对模型的解释能力较强，D.W值为1.862999，方程本身不存在一阶自相关性，可以认为本次回归结果为最终的线性回归结果。因此，可以得出中间业务收入的最终模型为：

$$\ln Y_t = - 17.04038 - 1.088843 \ln X_{1t} + 3.424755 \ln X_{2t}$$
$$- 0.405409 \ln X_{3t} + 0.43245 \ln X_{4t}$$

从以上回归结果来看，国民生产总值、城镇居民人均可支配收入、直接融资额和存贷款利差对中间业务收入的影响是显著的，城镇居民可支配收入对中间业务的影响最大。

从回归结果可以看出，城镇居民可支配收入对中间业务发展起着促进作用，中间业务收入与城镇居民人均可支配收入的关系是正相关的。城镇居民可支配收入是从需求的角度来影响商业银行中间业务的发展，城镇居民可支配收入决定着人们能够用于其他更高层次消费的能力，当城镇居民可支配收入和购买力达到一定水平时，对各种结算、理财、代理服务、信托产品的需求就会大大增加，而这些金融产品都包含在中间业务产品的范围内，商业银行为了追逐更高的利润，推出各种中间业务产品以满足市场的需求。

河南省生产总值对中间业务收入的影响也是显著的，存在负相关关系。从实际情况来看，国内 GDP 增长与投资需求高度相关，需要大量银行贷款投入，由于近年来河南省在中原经济区建设上的投资是广泛的也是巨大的，这就使得商业银行投入了各种力量在这方面，商业银行失去了部分力量和动力去发展中间业务。

河南省企业直接融资额与中间业务收入的关系也是负相关的，但其影响不如城镇居民可支配收入和国民生产总值那么显著。当直接融资总额增加时，企业对商业银行传统存贷款业务需求是下降的，这也意味着商业银行失去了一部分间接融资时所拥有的客户，流失了部分中间业务的潜在客户，失去了提供金融服务的机会。此外，我国资本市场还很不完善，证券融资和债券融资这两种直接融资手段对企业的要求较高，由于直接融资的高要求，融资渠道还是以商业银行的间接融资为主。因此，企业直接融资与中间业务收入呈现出了不太显著的负相关关系。

存贷款利差与中间业务收入是正相关关系，存贷款利差与中间业务收入也具有显著的相关关系，存贷款利差的变动对国有商业银行利息收入的影响较大，存贷款利差的扩大是由于商业银行拥有巨大的办理存贷款业务的客户群，客户群的增加为开展中间业务性质的金融服务提供了条件；反之，存贷款利差收窄会导致中间业务收入减少。

第六章　政策建议

一、河南省中间业务发展建议

基于河南省经济金融的发展水平，资本市场不发达等客观因素，河南省商业银行应将重心放在传统中间业务和风险较小的创新中间业务上。重点维护已开发运作的结算、担保、代理、咨询等传统中间业务，除做实和巩固好传统业务外，还应围绕市场及客户需求的变化，加大金融创新，积极有效地寻求突破，培育新的收入增长点。可以通过调查研究城镇居民对金融服务的实际需求，优化传统品种，组织开发新品种，并适时推向市场。

中间业务产品的开拓和发展需要一定的市场基础，这个市场基础就是拥有较高可支配收入的消费群体。从前面实证结果中可知，河南省生产总值和城镇居民可支配收入与中间业务收入之间是显著相关的，因此，提高居民的可支配收入水平是中间业务发展壮大的前提条件。河南省经济在大多数年份都保持了较快增长，但是城镇居民可支配收入水平却远远低于经济的增长速度，为了适应市场经济发展的需要，要采取各种措施提高居民的收入水平，这样才能使经济更加健康的发展，真正走上可持续发展的道路。

宣传开发乡镇居民潜力。根据相关研究结论可以知道，客户数量是商业银行盈利的基础，商业银行为了提升中间业务收入水平，可从多个方面入手，但是扩大客户数量这一手段最为有效。考虑到河南省乡镇的实际情况，如农村地区金融知识普及程度不高，农村居民对非现金支付的认知度偏低，农村金融服务有盲区，非现金支付结算收费较高，与乡镇客户有关系的中间业务基本只有结算业务。因此，乡镇居民是有着巨大潜力的中间业务客户群，商业银行可以加强宣传引导，让更多的乡镇客户结识现代化支付工具等中间业务产品，让他们也享受到现代化金融服务的便利和实惠。

二、河南省中间业务风险控制建议

规范中间业务发展，要从内部控制和外部监管两个方面来有效防范中间业务的风险。

（一）内部控制建议

1. 健全中间业务内部控制体系

健全中间业务内部控制体系要从规范中间业务操作流程做起，中间业务种类繁多，业务量大，是操作风险的高发区，根据本文风险控制研究部分，从风险识别、风险评估、风险监测、风险报告等环节进行操作风险管理；然后要理顺关系，强化监控职能，根据职能设立事前、事中、事后监控组，强化事前防范、事中控制、事后监督的意识，建立事前防范监控机制，审定、修改和落实各项规章制度、实施细则和措施办法，通过监控减少业务风险。

2. 建立中间业务风险评估机制

从建立内部评级体系做起，内部评级法是新资本协议的核心技术，在世界范围内得到了广泛的重视和运用。银监会要积极监督各银行机构新资本协议达标评估工作，深入推进信用风险内部评级体系建设，拓展市场风险管理的广度和深度。然后要建立中间业务产品的风险预警体系，根据本文风险控制研究部分建立的风险测控模型，可以对中间业务产品的风险进行量化评估。

3. 要强化信息披露制度

巴塞尔委员会认为，增强中间业务信息披露是监管机构对商业银行中间业务监管的重要手段，能促使其制定有效的监管措施，防范中间业务风险。客户不但能得到较为充分的信息，也能促使银行保持完善的风险管理体系和内部控制体系，保证银行的审慎经营。目前执行的金融企业会计制度和商业银行信息披露暂行规定等基本是原则性的，披露细节性要求不够明确，与巴塞尔新资本协议的要求差距较大。由银监会发布，作为中国版的巴塞尔新资本协议的《商业银行资本管理办法（试行）》于 2013 年 1 月 1 日起开始实施，要求商业银行2018 年底前全面达标。

（二）外部监管

1. 要建立健全外部监管制度

有效的中间业务监管有赖于健全的金融法律体系，由于我国商业银行中间业务的大规模发展还刚刚起步，近年来它在发展中所存在的问题并没有引起我国金融监管部门的高度重视，对中间业务的监管还不是金融日常监管的一个重要内容，而且也没有出台严格的监管法律法规，因此，从整体上看，我国对商业银行中间业务的监管严重滞后，使我国商业银行的中间业务不同程度地潜伏着风险隐患。因此，监管部门有必要建立起更加健全的中间业务监管制度和对中间业务进行规范统一的规章制度，为中间业务的发展创造一个健康有序的外部环境，也为监管打开了方便之门。

2. 监管部门要严格监管

监管部门不但要严格监管金融机构开展的各项中间业务，还要严格自己的监管范围和监管程序。金融监管要随着市场经济的发展适时放松并尽快与国际惯例接轨，为商业银行中间业务创造相对宽松的外部环境，监管行为不能干涉金融机构的经营决策权和金融自主权，要发挥好金融市场的调节作用，并充分发挥金融业自律机制的作用，要通过制度和规则使金融机构得以稳健经营。

参考文献

［1］孙雅冰. 中外银行发展表外业务的比较［J］. 深圳金融，2002（12）.

［2］王淑敏，徐捷等. 金融深化创新论［M］. 北京：中国金融出版社，2003.

［3］孙志斌，汤自兵. 加快发展中间业务探讨［J］. 现代商业银行，2003

(3).

[4] 刘筱华. 我国商业银行表外业务发展研究 [D]. 上海：复旦大学博士学位论文，2003.

[5] 陈景庄. 论商业银行对中间业务创新的风险控制 [J]. 江苏广播电视大学学报，2004（1）.

[6] 赵听，杨翠红. 商业银行中间业务风险管理 [J]. 江苏商论，2004（3）：134－135.

[7] 吕耀明. 商业银行创新和发展 [M]. 北京：人民出版社，2006（5）.

[8] 余耀侠，杨晓明. 商业银行中间业务成本管理中的问题及对策研究 [J]. 市场周刊，2006（6）：111－112.

[9] 竺彩华. 银行中间业务的风险及防范 [J]. 银行家，2006（12）：68－70.

[10] 张亮. 国有商业银行中间业务发展的制约因素及法律建议 [J]. 当代经济，2007（12）：134－135.

[11] 郑志春. 中间业务拓展的成本分析 [J]. 现代金融，2007（4）：15－19.

[12] 邹玲. 商业银行中间业务创新研究 [M]. 北京：经济管理出版社，2007：119－120.

[13] 陈立平，边涛，周磊. 商业银行中间业务发展研究 [J]. 企业经济，2007（12）.

[14] 贾墨月，叶新年，陈永健. 现代商业银行风险管理 [M]. 北京：首都经济贸易大学出版社，2008：82－95.

[15] 叶建洋. 我国商业银行表外业务发展对策研究 [D]. 西安：西北农林科技大学硕士学位论文，2008.

[16] 梅洁真，郑广. 商业银行中间业务的居民需求现状与策略研究 [J]. 现代商业，2008：78－79.

[17] 李玉强. 对我国大型商业银行中间业务持续发展的战略思考 [J]. 金融论坛，2009（8）：52－57.

[18] 解川波. 货币政策与金融监管 [M]. 成都：西南财经大学出版社，2009.52－63.

[19] 夏红芳. 商业银行信用风险度量与管理研究 [M]. 杭州：浙江大学出版社，2009.

[20] 温红梅，李式姣. 商业银行风险识别与控制方法研究 [J]. 黑龙江对外经贸，2010（5）：138－140.

［21］胡静．我国商业银行中间业务定价机制与风险控制研究［D］．武汉：武汉理工大学博士学位论文，2010（10）．

［22］中国人民银行郑州中心支行货币政策分析小组．2012年河南省金融运行报告．

以全面风险管理创新提升
商业银行经营价值的研究

中国工商银行河南省分行课题组①

摘要：商业银行全面风险管理创新的含义很广，既包括自身内部管理技术等内容的创新，也包括从外部引进管理技术的消化和吸收，而全面风险管理创新作用发挥与否的关键取决于创新的能力和创新成果的转化应用速度和效果。商业银行进行全面风险管理创新是通过制定并实施系统化的政策、程序和方案而对风险进行有效地识别、评估和控制，从经济学的角度看，通过最小的耗费来防范风险的发生或者把风险损失降低到最低程度，达到最大的安全保障，从而实现商业银行的经营价值。因此，商业银行的全面风险管理及其创新与经营价值的实现在二者之间有着密切的、不可分割的联系，前者为后者构筑基础平台，后者的实现则依赖于前者的有效实施。本文在论述全面风险管理创新工作内涵的同时，提出了商业银行全面风险管理创新的原则、所要达到的效果及实现经营价值的工作措施。

关键词：商业银行　全面风险管理　风险管理创新　经营价值　风险防范

在企业管理工作的实践过程中，处于不同的经济领域、出于不同的经营管理目的，导致了不同的经营管理者对风险管理工作存在着不同的认知、理解与行动。商业银行作为经营风险的特殊企业，全面风险管理工作是其实现经营管理目标的重要支撑。但由于经营改革的不断深化、业务的不断创新与发展以及内外部经营环境的不断变化，原有的全面风险管理工作的一些内容有的将不再适应风险管理的要求，因此，商业银行的全面风险管理工作只有与时俱进，通过创新才能保障风险管控目标的实现，也就是说通过全面风险管理的创新来适应不同时期经营环境和业务产品创新对风险管理的需要，从而达到减少风险甚

---

① 课题主持人：杨晏忠。

至杜绝风险的目的，最终通过减少风险的发生而减少不必要的支出或者风险损失，从而取得经营价值。因此，商业银行的全面风险管理创新工作不仅具有防范风险的功能，而且还具有提升经营价值的功能。本文首先分析了全面风险管理创新的含义，剖析了当前商业银行全面风险管理工作的现状，论述了商业银行全面风险管理创新工作对提升经营价值的效用，提出了全面风险管理创新对提升商业银行经营价值的工作措施。

一、商业银行的全面风险管理及其创新

（一）全面风险管理的内涵

所谓全面风险管理，是指企业围绕总体经营目标，通过在企业管理的各个环节和经营过程中执行风险管理的基本流程，培育良好的风险管理文化，建立健全全面风险管理体系，包括风险管理策略、风险理财措施、风险管理的组织职能体系、风险管理信息系统和内部控制系统，从而为实现风险管理的总体目标提供合理保证的过程和方法。

1. 美国 COSO 报告的全面风险管理框架

2004 年，美国反虚假财务报告委员会下属的主办（或发起）组织委员会在 1992 年风险管理框架概念的基础上，提出了一个全新的报告《企业风险管理——总体框架》。该报告指出，企业的全面风险管理是其董事会、管理层和其他员工共同参与的一个过程，应用于企业的战略制定和企业的各个部门及各项经营活动，用于确定可能影响企业的潜在事项，并在其风险偏好范围内管理风险，从而对企业目标的实现提供合理保证。全面风险管理框架包括企业的目标、全面风险管理要素和企业的各个层级等三个维度。第一个维度包括战略、经营、报告和风险管理等四个目标；第二个维度包括内部环境、目标设定、事件识别、风险评估、风险对策、控制活动、信息和交流、监控等八个管理要素；第三个维度包括整个企业、各职能部门、各业务线及下属各子公司等四个层级。该风险框架以内控为中心，强调通过制度、流程和财务等手段，在业务层面上管控运营、操作过程中的风险。全面风险管理体系由八个相互独立、相互联系又相互制约的模块共同构成，其内容包括如下八个方面。

（1）风险管理环境。风险管理环境是全面风险管理的基础，具体包括价值取向、管理风格、风险管理组织结构、风险管理文化等。其中，风险管理文化是全面风险管理的核心，它影响到目标设定、风险识别和评估、风险处置等各个层面的活动；风险管理组织结构是全面风险管理得以实施的组织保障和支撑，风险管理职能必须保持一定独立性。

（2）风险管理目标与政策设定。风险管理必须为管理层提供一种设定目标

的科学程序，将风险管理的要求贯穿于各项目标之中，通过选定风险偏好和风险容忍度，制定明确统一的风险管理政策，以实现风险管理的目标。

（3）风险监测与识别。风险监测与识别包括通过管理来监测和识别客户信用风险，跟踪国家宏观政策、行业状况、金融市场以及监管法规等有关情况，识别市场风险和操作风险。

（4）风险评估。风险评估可以从定性和定量两个方面进行，企业以风险价值法（VaR）为核心度量方法建立市场风险评估系统，使风险分析的结果能相互比较以利于决策，合理地在不同业务间配置经济资本。

（5）风险定价和处置。对于预期风险，可通过风险定价和适度的拨备来抵御；对于非预期风险必须通过资本管理来提供保护；对于异常风险可采取保险等手段解决。

（6）内部控制。应建立健全内部控制体系以防范操作风险，通过制定和实施一系列制度、程序和方法，对风险进行事前防范、事中控制、事后监督和纠正，确保国家法律规定和内部规章制度的贯彻执行，确保操作的规范性。

（7）风险信息处理和报告。建立包括各种信息在内的数据库，通过信息处理系统保持数据库更新，及时反映内外部风险信息等。要建立科学灵敏的风险报告制度，对风险现状进行汇总、分析，对各种风险管理政策的实施效果进行分析，形成定期、不定期综合及专题报告，按照一定程序报送各级风险决策机构。

（8）后评价和持续改进。风险管理部门应该对规章制度、风险管理流程的执行情况进行后评价，建立相应的授权调整和问责制度，确保风险管理体系的运行。同时，风险管理部门应根据外部环境、监管当局要求以及后评价中发现的问题，对风险管理体系中有关内容提出调整和完善意见，由决策层来对全面风险管理体系进行持续改进。

2. 其他全面风险管理理论

（1）中国的企业全面风险管理。于 2006 年 6 月由国务院国有资产监督管理委员会发布的《中央企业全面风险管理指引》，认为全面风险管理是指企业围绕总体经营目标，通过在企业管理的各个环节和经营过程中执行风险管理的基本流程，培育良好的风险管理文化，建立健全全面风险管理体系，包括风险管理策略、风险管理措施、风险管理的组织职能体系、风险管理信息系统和内部控制系统，从而为实现风险管理的总体目标提供合理保证的过程和方法。国资委的全面风险管理体系包括三大部分和八个方面的具体内容，三大部分是风险管理流程、风险管理体系和风险管理文化。其中，风险管理流程包括风险管理初始信息、风险评估、风险管理策略、风险管理解决方案、风险管理的监督与改进；风险管理体系包括风险管理组织体系、风险管理信息系统；风险管理文化包括风险管理文化的目标、内涵和培育方法。

（2）澳新企业风险管理标准。澳新标准是由澳大利亚与新西兰联合标准委员会于2005年9月发布，澳新标准认为，企业风险管理是一个逻辑和系统的方法，包括建立风险管理基础、风险识别、风险分析、风险评估、风险应对、监督与协商、沟通与评价等，穿插于公司各个业务活动、职能部门和业务流程，使公司能够达到损失最小化和机遇最大化。

从上述定义可以看出，全面风险管理包括"全范围"、"全流程"和"全员参与"三个方面。所谓"全范围"指的是风险管理涵盖所有的业务，覆盖商业银行可能面临或已经发生的各种风险。所谓"全过程"指的是对各种业务从发起到终结实现全过程的风险管理监控。所谓"全员参与"指的是企业共同承担整体风险管理目标，上至董事会、下至每一名员工都承担相应的风险管理职责。

（二）商业银行全面风险管理创新的内涵

1. 商业银行全面风险管理的含义

商业银行的全面风险管理是指对整个银行内各个业务层次、各种类型风险的通盘管理，这种管理将信用风险、市场风险、操作风险和其他风险以及包含这些风险和承担这些风险的各个单位纳入到统一的管理体系中，对各类风险依据统一的标准进行计量并加以综合评价和防控。从上述定义可以看出，商业银行的全面风险管理具有如下特点：一是全面风险管理是一个过程。全面风险管理不是一个独立的管理活动，它是渗透到银行经营管理活动中的一系列行为，内生于银行各项经营管理的流程之中。二是全面风险管理必须依靠全体员工。全面风险管理不仅要有大量的风险管理政策、制度和规章，而且也必须依靠全体员工才能运行，强调全员风险管理至关重要。三是全面风险管理涵盖了银行各层次的各类风险。银行的风险涵盖不同部门、客户和产品，而对其进行管理就是要对风险进行系统识别、评估、报告和处置，使风险得到有效控制。四是全面风险管理是实现银行经营管理目标的基础。商业银行经营的目标就是要实现其战略目标、经营目标、报告目标和合规目标，只有对风险实现全面有效的管理，才能确保经营管理目标的实现。

2. 商业银行全面风险管理的创新

（1）商业银行全面风险管理创新的内涵。美籍奥地利经济学家约瑟夫·熊彼特1912年在其出版的《经济发展理论》一书中首次阐述了"创新"的含义，他指出创新就是建立"新的生产函数"，即"企业家对生产要素的新组合"，也就是把一种从来没有过的生产要素和生产条件的"新组合"引入生产体系，从而引起生产方式的变革，形成一种新的生产能力。具体地说，创新包括以下五种情况：引进一种新产品、采用一种新的生产方法、开辟一个新的市场、获得一种原材料或半成品的新的供给来源、实行一种新的企业组织形式。针对上述创新的定义，笔者认为商业银行的全面风险管理创新是指其围绕总体经营目标，通过对各个环节和经营过程中不适合全面风险管理的组织体系、基本流程、规章制度和操作系统等的创新和发展，以适应商业银行内外部经营环境和业务不断创新发展的需要，从而为实现风险管理的总体目标提供保证。全面风险管理创新的含义很广，既包括自身内部研究开发的科技成果和方法，也涵盖从外部引进的风险管理技术的吸收和消化，而其作用发挥与否的关键则取决于创新成果的转化应用速度和效果。

（2）商业银行全面风险管理创新应树立的理念。面对日益复杂的经济金融环境，商业银行必须学会在更为复杂的风险环境中生存的本领，这就需要树立以下理念：一是承认风险的客观存在。作为经营风险的特殊企业，商业银行首先要承认风险，积极面对风险。风险作为一种客观存在，是不以人的主观意志为转移的，不会因为不承认而消失。那种对风险视而不见、漠然置之的态度，那种闻风险而色变、视风险为洪水猛兽的态度是不理性的、不可取的，既不利于正确认识风险，更不利于有效解决风险。二是重视风险。对待风险要高度重视并坚持实事求是的态度，既不扩大也不缩小，既不言重也不看轻。三是全面系统地看待风险。同其他事物一样，风险的发生不是孤立存在的，复杂的风险更是如此，要正确认识风险就要全面地分析风险，既要总体把握，也要分清主次，更要将个体风险放在总体的经营环境之中去分析。四是区别对待风险。每一个发生的风险在性质、成因和形态上虽有某种相同或类似的方面，但不可能完全一样，在不同部门、不同业务、不同时期也有不同的表现。这就要求具体问题必须具体分析，不能搞"一刀切"。五是用发展的眼光、创新的观点看待、认识、处理风险。用发展的观点看待风险就是要看到变化、面向未来，因为风险的发生随着业务发展阶段的变化而变化、随着内外部经营环境的变化而变化；用创新的观点高起点地处理风险，对风险进行前瞻性的管理源于创新、兴于创新，要通过创新用同业、国际化的眼光和视野，高起点规划、管理并防范风险。

（3）商业银行全面风险管理创新的原则。全面风险管理创新是推动商业银行提高风险管理水平不断提升且实现经营价值的不竭动力。商业银行全面风险管理的创新是一个系统工程，涉及组织架构、操作流程和风险量化等方方面面，为了使风险管理不断适应业务经营发展的需要，并与自身所处的环境相适应、相匹配，就需要不断地对全面风险管理工作进行创新。其原则包括：一是系统性和综合性原则。商业银行全面风险管理创新涉及战略、市场调查、预测、决策、研究、设计、管理等一系列过程的系统活动。这一系统活动是一个完整的链条，任何一个环节出现失误都会影响整个商业银行全面风险管理创新的效果。同时，与经营过程息息相关的经营思想、管理体制、组织结构的状况也影响着整个商业银行全面风险管理创新的效果。所以创新应具有系统性和综合性，需要众多参与人员的相互协调和相互配合，才能产生出系统的协同效应。二是动态管理原则。业务的不断创新发展、经营环境的不断变化，使全面风险管理的内容也不断发生变化，因此，全面风险管理也就成为一个持续改进、动态更新的过程。在全面风险管理过程中，不但要跟踪已识别风险的发展变化情况、风险产生的条件和导致的结果变化，而且还应当根据风险的变化情况及时调整风险管控规划，并对已发生的风险以及其产生的遗留风险和新增风险进行及时识别、分析。三是与继承传统相结合原则。创新是在传统经验基础上的发展，而传统经验则是创新的逻辑延续；只有创新而没有继承，商业银行将呈现出无时无刻无所不变的无序的混乱状态；只有继承而没有创新，商业银行将缺乏活力，适应不了内外部经营环境的变化。也就是说，传统经验是开创工作新局面的宝贵财富，创新只能是对过去工作经验积累的提高和升华，任何割裂传统经验、突发奇想的创新，都很难经得起现实的考验。因此，对全面风险管理工作进行创新时，必须在总结过去经验的基础上，结合不同时期的情况和变化，从实际出发探索新经验、寻求新发展，将全面风险管理工作的创新着眼于解决现实问题、服务于现实需求等方面，做到力度不减、一以贯之。四是前瞻性原则。在进行全面风险管理创新过程中，必须积极适应形势变化，注重理论和现实问题的研究，增强全面风险管理工作的预见性和前瞻性；在创新的同时把理论研究与实际工作相结合，对制定的工作方案和措施，要集思广益，从群众中来，到群众中去。五是针对性和有效性原则。要正确认识新形势下全面风险管理工作的性质和特点，坚持视不同的环境、不同的情况进行风险管理创新。重视调查研究则是提高化解风险工作针对性和有效性的重要方法，只有坚持调查研究，才能做到未雨绸缪、防微杜渐，才能把各种风险消除于萌芽状态，构筑起防止风险扩散的第一道也是最重要的一道防线，才能从源头上预防和解决风险。

（4）商业银行全面风险管理创新所要达到的效果。一是通过创新来破除风险管理信息不透明的弊端。在控制论中，通常把所不知的区域或系统称为"黑箱"，而把全知的系统和区域称为"白箱"。所谓"黑箱"就是指那些既不能打开、又不能从外部直接观察其内部状态的系统。黑箱理论研究方法的出发点在于：自然界中没有孤立的事物，任何事物间都是相互联系、相互作用的，所以，即使不清楚"黑箱"的内部结构，仅注意到它对于信息刺激作出如何的反应，就可对它作出研究。这是因为，信息的输入就是一个事物对黑箱施加影响，信息的输出就是黑箱对其他事物的反作用。当前，商业银行在进行风险管理过程中存在着信息不透明、信息不共享的情况，这如同一个"黑箱"，许多风险信息全然不知或部分可知，要对未知的风险进行防控，就要运用黑箱理论来创新风险管控的方法，根据不同的信息来研判可能造成的风险、风险形成的原因以及危害程度等，从而使风险管控信息透明且实现信息的充分共享。二是通过创新破除风险管理的僵化思想。作为事关全局性的管理工作，各级管理者和风险管控的牵头部门在风险管理过程中要破除僵化保守和因循守旧的思维定式，用创新的办法实现各领域、各环节的相互协调、相互促进，从而解决经营管理中的风险问题。三是通过创新提高部门之间风险管理的协作水平。商业银行的各级机构在纵向上建立有严密的层级管理体系，横向上设置有不同的部门，只有纵向、横向的机构和部门按照一定的规则互相协作，才能实现经营管理的目标。但目前的情况是，由于商业银行是由不同的部门组成，各部门的经营目标各不相同，因而沟通协作在有的时候就可能成为一纸空文，特别是在经营压力大的时候更是如此。此时部门之间的沟通协作就如同俗话所说"一个和尚挑水喝，两个和尚抬水喝，三个和尚没水喝"，"三个和尚"是指一个团体，他们没水喝的原因是因为不讲协作所致。"团结就是力量"则指出了发挥协作精神的重要性，这是因为协同合作是商业银行做好全面风险管理不可或缺的精髓，敢于沟通和协作、勤于沟通和协作、善于沟通和协作、持续沟通和协作是使商业银行各部门更好地发扬协作精神来防控风险的最重要的能力。

二、商业银行全面风险管理创新在提升经营价值方面存在的问题

（一）对全面风险管理提升经营价值理念的认识还不充分

巴塞尔银行监管委员会有关研究表明，国际上大部分银行倒闭发生的主要原因都是因为风险管理系统出现了问题。这种情况的出现不用说经营价值，连最起码自身的存在都难以保障。当前我国的情况是，一些商业银行对风险管理提升经营价值理念的认识还不充分，存在以下认识上的偏差：一是风险管理理念落后，不适应当前业务不断创新及信息化发展的需要。商业银行的风险管理部门未能从全局出发来谋划、安排和组织风险管理工作，习惯于用传统的方法和思维定式来开展风险管理工作，不利于调动风险管理人员的积极性和创造性，更不利于提高风险管理的质量。二是认为风险管理不创造价值，进而忽视风险管理工作，出现了"重业务拓展、轻风险管理"的现象。三是矫枉过正，个别商业银行将风险管理流程复杂化，不分轻重地处处设防，严重损害了业务运行及发展的内在动力，给员工的印象是风险管理阻碍了业务的发展。

（二）风险管理体系还不够健全，风险管理基础比较薄弱

一是完善的、垂直的风险管理体制还没有完全形成，还没有形成横到边、

竖到底的全面和全方位的风险管理架构。二是商业银行风险管理体制的独立性不够。风险管理受外界因素干扰较多，独立性原则体现不够。三是从岗位职责角度来看，还没有形成完整、科学、有效的岗位职责体系，部门之间、岗位之间普遍存在界面不清、职责不明现象，反应式、应付式活动多，主动性、预见性活动较少，内部牵制与管理效率未能和谐统一，无法建立起持续监控和改进的内控机制。四是风险管理和内部控制制度缺乏系统性、计划性和操作性，没有形成科学、完整的风险管理和内部控制体系。

（三）全员参与风险管理创新的程度不高

一些商业银行在全面风险管理创新方面存在着主体功能缺位、错位、越位、不到位等现象，错误地认为全面风险管理及其创新是高级管理层、风险部门等少数人或少数部门的职责，因而导致全面风险管理体系建设和制度执行不力，在工作中以情面代替制度、以信任代替制度、以习惯代替制度的情况时有发生，存在有违章操作现象，给业务的健康发展埋下了隐患。

（四）有效进行全面风险管理创新的能力亟待提高

在事前的风险预测环节存在着对风险评估的科学性不足、准确性不够，实地调查不深入，未进行有效的风险识别与预警等问题；在事中风险审查环节，风险执行不到位，甚至流于形式等情况时有发生；在事后监督整改环节，存在着非现场监测分析能力不强、部门之间联动管理风险不够等问题。同时，个别管理人员思想滞后、管理方法陈旧，在管理过程中出现头痛医头、脚痛医脚的现象。

（五）对金融创新业务风险的控制能力不足

当前，金融创新层出不穷，金融环境不断变化，对其产生的风险进行控制需要不断加大风险管理的创新力度。但目前的情况是，对于当前层出不穷的业务创新活动，由于缺乏相应的制度约束，造成风险管理工作无法落实。主要原因一是商业银行风险管理模式、制度内容、组织框架、重点领域和环节、人员素质等一系列要素，没有随着经济金融形势的变化和银行自身的发展及时进行调整和更新，风险管理手段单一，部门之间衔接不充分等情况依然存在，造成风险管理自我更新能力不够。二是一些商业银行在决策过程中尚未将引导和鼓励创新置于全面风险管理的重要位置，对创新业务的跟踪评价机制还不完善，同时，新兴业务的开拓和创新与相应的全面风险管理工作存在着"时差性"脱节，在创新业务的监督方面存在着严重的空白点和漏洞，即使对风险进行了管理，也由于制度的不健全而无据可依。

（六）风险管理技术方法落后，难以适应信息技术发展的需要

当前，商业银行已经普遍实现了业务经营的信息系统管理，但风险管理无

论在人员的素质上还是在方法手段上还远远未能跟上信息科技的发展步伐，风险管理大多停留在人工管理等低层次水平上，没有实现风险管理部门与其他各部门的信息共享，也就是说风险管理技术相对比较落后，存在着内容不全面、深度不够、信息不精准且提供不及时等缺陷，一定程度上出现了重视形式化防范而疏于实质性控制的偏向，使风险控制流于形式，作表面文章，风险管理失去了应有的刚性和严肃性，降低了其实质性控制的效果。

（七）风险管理人员自身素质不高

风险管理人员素质的高低是决定风险是否能够得以有效防控的重要因素。由于商业银行全面风险管理涉及经营活动的每一个环节、每一个员工，这就要求商业银行风险管理人员应当具备相当的专业知识、丰富的工作经验以及良好的职业道德和敬业精神，才能在日趋复杂的经营环境中对发现的问题做出正确的评价。事实上，目前商业银行风险管理人员综合素质偏低、知识结构单一、知识更新较慢、专业胜任能力不强，部分风险管理人员缺乏应有的职业道德观念，业务知识及专业水平适应不了业务发展的需要，因而在全面风险管理过程中不可避免地因知识、经验和能力的不足引发风险管理不到位的情况。

（八）不合理的激励约束机制造成逆向激励

当前，商业银行的激励约束机制过多地考虑了发展而忽视了风险管理创新，造成商业银行的经营管理者不惜代价扩大经营规模，拼命追求发展速度，重市场拓展轻内部管理、重发展速度轻风险防范等问题还比较突出，发展冲动、扩张欲望、规模情结、速度偏好还没有彻底摆脱，从而出现了钻制度空子的现象，严重的甚至出现违规违法经营。

（九）健康的风险管理文化没有建立，缺乏全面风险管理意识

风险管理文化决定商业银行经营管理过程中的风险管理观念和行为模式，它渗透到银行业务的各个环节。风险管理文化是内部控制体系中的"软因素"，在商业银行经营管理中占有十分重要的地位。由于历史和体制原因，商业银行风险管理起步比较晚，风险管理理念比较陈旧，风险管理文化还没有贯穿到全行全员，没有贯穿到业务拓展、经营管理的全过程，往往把风险管理和风险控制看作是风险控制部门的事情。

三、全面风险管理创新对商业银行提升经营管理价值的效用分析

传统观念认为，风险管理纯粹是耗用资源的工作，企业不应该在风险管理上有更多的投入，持这种观点的人非常普遍。但随着经营发展的不断深入，越来越多的企业已经认识到风险管理是企业有效运营的核心支柱之一，风险管理已不仅仅是一种负担和成本，本身也是一种创造价值的活动。与一般企业不同，

商业银行是经营风险的特殊企业，因而风险管理工作尤为重要。作为社会的公众行业，商业银行属于严格监管的行业，对违规的机构和人员，监管部门可以采取相应的行政处罚措施，包括监管谈话、责令改正、警告、罚款、撤换人员、停止原有业务、停止接受新业务、吊销许可证、停业整顿、撤销任职资格以及行业禁止等。商业银行一旦被处罚，违规成本极高，不但遭受财务损失和声誉损失，有的业务将因此陷入困顿，极端的将被停业整顿甚至退出市场。仅从此意义上讲，全面风险管理不仅是一种可以创造经营价值的工作，同时也是商业银行核心竞争力的重要组成部分，是商业银行保持竞争优势的核心能力。

商业银行的经营价值是指其在经营过程中并使风险可控的条件下满足客户需要的产品或服务的一系列业务活动中获取的收入。经营价值包括两个方面的含义，一方面通过高效的管理和运营提高收入，另一方面通过减少支出而相应地增加收入。从风险管理最原始的查错防弊的职能来看，风险管理一是可以保证决策信息的真实性和有效性，减少不必要的损失；二是可以减少舞弊和浪费；三是可以防止不良现象对商业银行整个组织士气的影响，从而提高工作效率。商业银行全面风险管理的经营价值来自于对价值驱动因素的有效控制。总体上看，商业银行的风险管理一是可以通过控制风险提升管理水平从而实现经营价值；二是可以通过主动管理风险实现自身价值的增加。此外，良好的风险管理可以给客户带来安全感和信心，从而有助于提高商业银行的品牌价值，减少声誉损失，有助于商业银行吸引更多的优质客户，这一过程实际为商业银行的良性循环发展带来益处。

从经济学的角度分析，商业银行在进行风险管理时与经营价值也是相互对应的，也就是说，控制、规避风险和实现价值相互对应。这是因为，风险管理是通过对业务运行中各类风险的识别、评估、计量和控制来消除风险隐患，从而以最小的耗费将风险损失减少到最低限度，达到最大的安全保障。一般而言，商业银行抵御风险的能力越强，经营价值就越大。因此，商业银行全面风险管理及其创新与获取经营价值之间有着密切的、不可分割的联系，前者为后者构筑基础和平台，后者则依赖于前者的有效实施。一是全面风险管理是商业银行实施有效管理的基础性工作。全面风险管理工作的一项重要内容就是对业务运营的流程、内控制度等进行梳理、整合、评估、修订和完善，防止因制度冲突造成执行困扰和不便，降低内部沟通成本，并进而提高经营效率，促进银行健康发展。同时通过全面风险管理最大限度地促使各级管理者减少工作失误或渎职等违纪、违规、违法发生，有效维护银行的整体利益。二是风险管理人员可以通过对相关监管规定和监督政策趋势导向进行分析、评估、跟踪等，对战略规划和业务发展规划提供风险管理的意见和建议。全面风险管理过程中同时往往蕴含着业务发展的机会，也就是说，优秀的风险管理人员可以从国家发布的最新法律法规和监管规定中分析监管动向和思路，为既有业务发展规范提供建议，为创新业务发展提供环境分析，防止因对监管规定的不熟悉出现走弯路、走回头路现象，避免无谓违规行为的发生。

四、商业银行通过全面风险管理创新实现经营价值的工作措施

（一）提升全面风险管理创新对获取经营价值理念的认识

一是做好观念创新。人是影响风险管理质量的第一要素，风险管理意识的创新是其他风险管理内容创新的前提。全面风险管理创新是一个系统工程，首要的是提高认识、更新观念。从根本上讲，全面风险管理创新具有不可替代的重要作用，因为只有创新才有出路、只有创新才能发展，要通过积极的创新来不断满足风险管理的需要。二是树立科学的风险管理理念，建立科学的风险识别与评估制度，提高全面风险管理的效率和效果。做好全面风险管理是防范风险的刚性原则，要从全员、全过程做起，牢固树立全面风险管理的经营理念，深入分析风险管理、风险防范等方面的状况，按照构建流程银行的要求，加快实施整体、全程和量化的风险控制，正确处理业务发展和风险管理之间的关系，积极采取有效措施，规范管理人员的经营行为和员工的操作行为，全力营造良好的风险管理环境。三是牢固树立风险管理创造价值的理念，把风险管理寓于业务发展之中，以进一步增强全体员工的风险意识、制度意识、责任意识，引导全员进一步树立正确的风险管理创造价值理念，不断改进和完善风险规避措施，增强风险控制能力，避免风险事件发生。

（二）建立健全全方位的风险管理体系

随着商业银行产品的发展和金融工具的创新，商业银行所面临的金融风险越来越大，风险种类越来越多，表现形式也越来越隐蔽和复杂。因此，商业银行应建立健全全方位的风险管理体系，既要加强对信贷风险的管理，同时也应将市场风险、国家风险、地区风险、利率风险、汇率风险、投资风险、结算风险、财产风险、财务风险、操作风险等多方面的风险纳入风险管理的范畴，并建立与之相适应的风险管理组织机构体系。同时，在健全和完善风险管理组织体系的同时，要健全和完善风险管理的政策体系、决策体系和评价体系。

（三）做好全面风险管理创新工作的环境建设

商业银行全面风险管理创新中的环境建设是增强风险管理能力的重要条件。环境建设主要包括两个层面：一个层面是整个社会的环境是否适合或有利于创新，如政策、法规、制度等是否真正形成了尊重创新、鼓励创新、保护创新的良好环境。这些因素会对全面风险管理创新活动产生重要影响，有时甚至是决

定性的影响，这些因素主要从外部影响商业银行；另一层面是商业银行内部成员的观念、价值取向、精神、思维方式、行为方式和对风险管理的关切程度，这些因素主要从内部影响商业银行。以上两个层面既相互联系又相互依存。要通过营造良好的全面风险管理创新环境，使商业银行建立起正确的外在社会价值和内在的风险管控和价值评价体系，让全面风险管理创新孕育在良好的社会环境和内部经营环境之中，体现在员工的思想觉悟、道德素养和才智能力的丰富与提高上。

（四）加快改革创新，转变风险管理的内容、方式和机制

根据国际先进商业银行风险管理的经验，结合我国商业银行的特点和要求，建立全面风险管理模式，提高风险管理水平，必须在风险管理上实现十个转变：在风险管理内容上，要由单一信用风险管理向信用、市场、操作多种类型风险管理转变；在风险管理方式上，要由审批授信等直接管理向直接管理和以运用模型进行风险的定量分析等间接管理相结合转变；要由事后被动督导型管理为主向事前主动引导型管理与事后被动督导型管理并重转变；要由末端治理型管理为主向源头控制型管理与末端治理型管理相结合转变；在风险管理机制上，要由惩戒功能为主向惩戒功能与激励功能并重转变；在风险管理对象上，要由单笔贷款向企业整体风险转变，由单一行业向资产组合管理转变；在风险管理范围上，由国内管理向全球管理转变；在风险管理重点上，由强调审贷分离向构建全面风险管理体系转变；在风险管理技术上，由定性分析向定性、定量分析相结合转变。

（五）加快全面风险管理创新成果的应用推广步伐

全面风险管理创新的本质在于应用，为此，要加大全面风险管理创新方法和工作措施的运用力度，紧密地围绕全面风险管理的战略重点，进一步把全面风险管理创新优势演化成核心竞争能力。要处理好运用国外成熟技术和进行自主技术创新之间的关系，并根据商业银行的实际进行改造和创新，以提高自身风险管理的创新能力。

（六）狠抓制度建设，提高制度执行力，确保全面风险管理创新工作不走过场

一是要加强对全面风险管理创新工作的领导，按照各个阶段和环节的工作要求，狠抓工作落实，力求各项工作符合要求，同时要结合业务发展过程中出现的新问题，创新工作思路，规范经营行为，实现降低经营风险、增加收益的目标。二是强化各项规章制度的执行力。在完善制度的同时，要把制度建设与制度执行有机地统一起来，增强制度执行的有效性，切实提高制度执行力。要明确各级管理人员的风险管理责任，强化管理人员的执行力。管理人员是提高

执行力的关键，在业务开展过程中要切实履行好管理职责，按照规章制度的要求，突出对重点部门、重点环节、重点岗位、重点时段的控制与防范，认真做好事前、事中和事后的过程控制，管理内容要全面，工作要扎实，防止出现管理空当。三是通过全面风险管理方法和手段的创新实现价值的创造。要充分利用信息网络等现代技术手段，逐步建立全面风险管理创新信息资料库，积极探索利用信息系统进行风险控制的途径。通过对全面风险管理创新手段的改进，不断提高工作效率，增强全面风险管理创新功效，保证经营价值的实现。

（七）运用连续审计手段，实现全面风险管理

传统的风险防控主要是在业务发生之后采用常规的方法对经营管理过程中各项业务制度执行情况进行的事后分析，这种方法对于确认业务活动的真实性存在着时间上的滞后性。连续审计技术作为风险管理理念和技术的新发展，是一种主要采用经常进行自动控制和风险评估的方法，对业务经营活动进行及时且全面的风险管理手段，这种技术和方法改变了传统的定期进行风险管理的范式，对业务经营情况进行连续的、动态的风险管控，实现了由"结果审计"向"过程审计"的转变。因此，连续审计具有审计程序的自动化、审计信息的完整性、全面性等特征，通过对业务经营过程的全程、全面、连续性审计，一方面确保了审计的高质量，另一方面通过对业务经营过程的实时审计，为决策层和各级管理者提供了更为及时、全面的信息，实现了审计服务的价值增值，从而保证了全面风险管理目标的实现。

（八）对全面风险管理及其创新工作的效果进行评估

由于创新是在商业银行内部进行的新的尝试行为，其决策是否正确、执行路径和手段是否合理，需要对其效果进行评估。对全面风险管理创新效果的评估是建立在对以下步骤正确实施的基础上，即在创新过程中对全面风险管理的认识是否正确全面，是否有轻视风险的倾向；对风险的预测是否恰当，是否有科学的足够的数据为依据；提出处理风险的对策是否合理；对策的执行是否有利于商业银行的经营和科学管理。为此，要加强对全面风险管理创新效果情况评估的适时性与全面性，摆正业务发展与全面风险管理创新的关系。要建立全面风险管理创新有效性的动态监督与评价机制，通过建立、完善和落实全面风险管理创新的动态监督、评价机制，长期坚持，不断改进，消除可能出现的新的风险盲点和漏洞。要通过对创新效果的评价与总结来进行更深层次的创新。

（九）创建具有特色的风险管理文化

作为企业文化的重要组成部分，先进、全员的风险管理文化有助于风险管理体系的决策机构、执行机构都能采取积极的态度去履行自身职责，促进风险管理体系不断完善和发展。风险管理能力是商业银行核心竞争能力的重要组成

部分，关系到银行的生存和发展，只有控制风险才能增加收益，这是风险管理文化的核心理念。为此，商业银行一是要积极推进风险文化建设，增强风险管控的能力。要结合经营发展形势和风险管理的要求，围绕风险管理等专题开展培训，有效提升员工的风险管理经营的能力。二是大力培育诚信和谐、安全稳健的风险文化。进一步倡导诚信至上意识，使诚信成为全体员工的基本职业操守；大力倡导安全稳健的风险文化，培养全员程序至上、照章办事和严禁越权的习惯。通过培育健康的风险文化，引导员工树立风险管理意识和风险意识，提高员工职业道德水准，规范员工职业行为。

（十）创新全面风险管理的激励机制

激励是为了达到经营管理目标而采取的手段，有效的激励机制将化被动因素为积极因素，以最少的成本投入创造最大的效益。为提高全面风险管理创新工作的有效性，要创新激励工作机制，改变过去风险管理偏重处罚的做法，加大对全面风险管理先进单位和制度执行先进个人的奖励力度。同时注重点与面的结合，把刚性的制度融入温馨的人情管理之中，对在严格执行制度、完善风险机制、规范经营行为、防范经营风险等工作中作出突出贡献的单位和个人必奖，对不能严格执行各项规章制度和业务操作规程者必罚。通过激励机制的建立和完善，促进全面风险管理水平的提高。

（十一）加大学习培训力度

新形势、新实践必然带来新问题，即使旧有的风险问题也会通过环境的变化、业务的创新而具有新的内容。没有学习力就没有竞争力，学习是商业银行经营发展生命力、创造力和核心竞争力之源，因此，必须通过学习新的知识、新的思路、新的措施来解决新的问题以及具有新内容的老问题。针对全面风险管理创新工作，商业银行的各级管理者和全体员工，一是要从学习中创新思路，在学习中解决问题。要通过学习不断提高分析和解决问题的能力，善于结合实践对全面风险管理及其创新工作进行理性思考，把感性的问题理性化、零散的问题系统化、粗浅的问题深刻化。二是通过学习研究制定全面风险管理创新的规划、探索创新发展模式，建立有利于观念创新、管理创新、技术创新的组织机制、运营机制、保障机制、激励机制等，为全面风险管理的创新创造机会、提供资源。三是学习创新之路没有终点，全面风险管理及其创新之途道远且长。面对新形势、新任务，商业银行的各级管理者和全体员工要通过不断学习来准确把握全面风险管理的全局和规律，进一步提升做好全面风险管理工作的责任感、使命感和紧迫感。

参考文献

[1] 彼得·戈麦兹著，王晓宜等译. 整体价值管理 [M]. 沈阳：辽宁教育出版社，2000.

[2] 李亚静. 公司治理与价值创造 [M]. 成都：西南交通大学出版社，2004.

[3] 苗东升. 系统科学大学讲稿 [M]. 北京：中国人民大学出版社，2007.

[4] 詹姆斯·林著，黄长全译. 商业银行全面风险管理 [M]. 北京：中国金融出版社，2006.

[5] 郑洪涛，张颖. 商业银行风险管理及全面风险管理设计操作指南 [M]. 北京：中国财政经济出版社，2007.

利率市场化条件下商业银行
资产负债管理策略研究

中国银行河南省分行课题组[①]

摘要：随着利率市场化改革的不断深入以及市场对利率的决定作用日益显现，由此带来的不确定因素正在对国有商业银行和各股份制商业银行产生巨大的影响，并深刻改变着商业银行的生存环境和行为准则。由此，利率的管理水平对我国商业银行的重要性日渐凸显，以利率风险管理为核心的商业银行资产负债管理将面临新的机遇和挑战。利率市场化后，利率由市场供求决定，频繁的利率波动将影响商业银行的利润空间，改变商业银行间的利益格局，增加商业银行的经营风险。此外，原有的资产负债管理模式和手段已不能满足利率市场化下银行资产负债管理的要求。

本文以我国渐进式利率市场化改革为背景，围绕我国商业银行利率风险管理这一焦点问题，结合国内商业银行的实际情况，借鉴西方商业银行资产负债管理的经验，研究我国商业银行在利率市场化条件下的资产负债管理策略。

关键词：商业银行　利率市场化　资产负债管理

第一章　商业银行资产负债管理概述

一、资产负债管理的内涵

由于西方主要国家的金融自由化改革和利率市场化的发展，利率的剧烈波动直接冲击了传统的利率管理，商业银行的资产负债综合管理（Asset Liability Management，ALM）理论于 20 世纪 70 年代中后期应运而生。该理论认为，商业

[①]　课题主持人：刘云阁；
　　课题组成员：孟亮、杜江、郭爽。

银行只有根据经济金融情况的变化，通过资产结构和负债结构的共同调整，才能够形成商业银行安全性、盈利性、流动性的均衡，达到银行经营管理的目标要求。西方商业银行资产负债管理把利率风险管理放在十分突出的位置，强调科学管理资产负债使利率风险达到最小。

二、商业银行资产负债管理的发展趋势

随着银行业的快速发展，商业银行资产负债管理不断涌现出新的思想和理念，同时也衍生出新的模型、工具，并不断被银行、监管机构所采用。银行经营中的资产负债管理模式已经受到银行业的广泛关注，相关理论和应用体系已经初步形成。资产负债管理计量、评估工具主要经历了以下几个发展过程：传统的资产负债比例管理、资本充足率与风险加权资产管理、以当前收益法（the Current Earning Approach）为基础的缺口模型、以经济价值法（the Economic Value Approach）为基础的久期模型、强调统一风险框架的 VaR 模型，同时派生出许多以评价银行资产负债管理绩效为目的的财务或统计模型。目前银行业资产负债管理发展趋势具有以下特点。

1. 巴塞尔协议对银行资产负债管理提出了更高要求

巴塞尔协议作为国际银行业的重要文件，是各国商业银行进行风险管理的原则框架。巴塞尔委员会发布的 Basel Ⅲ，强化了资本工具的损失吸收能力，扩大了资本覆盖风险的范围，提出了一系列应对系统性风险的资本措施，提高了资本充足率监管标准，并设置了流动性和杠杆率监管的国际标准，以进一步增强金融和经济环境不利情况下银行体系的风险承受能力，这实际上是对商业银行资产负债管理提出了更高的要求。

2. 资产负债管理面临的外部环境明显变化

（1）银行业外部融资力度不断加大，银行发行债券和从资本市场募集资金已经成为银行的重要资金来源。

（2）全球化、混业经营成为银行经营的主流。这使商业银行业务定价更加市场化，利差不断缩小，利率风险不断加大。

（3）金融创新进一步加大了资产负债管理的难度，给银行提出了越来越艰巨的产品组合问题，不同的金融业务服务创新，多种衍生金融产品的使用使得银行必须适应此种变化，对交易账户的管理成为银行资产负债管理的重点。

3. 资产负债管理调控的手段不断更新

近年来，资产负债管理调控手段最大的变化就是商业银行越来越频繁使用表外手段进行调控。传统的缺口工具规避利率期限错配风险具有一定的效果，

而对利率期权性风险和基准风险的效果则不尽理想。随着银行交易账户的飞速发展，单纯依靠银行的表内调整显然不能规避交易账户的利率风险。有鉴于此，银行业纷纷引入衍生金融产品进行资产负债管理。

第二章　利率市场化进程中银行资产负债管理现状

一、利率市场化改革的内涵

利率市场化是指将利率决定权交给市场，由市场资金供求状况决定市场利率，市场主体可以在市场利率的基础上，根据不同金融交易的特点，自主决定利率。同时，利率市场化并不排除国家宏观间接影响资金供求状况，从而影响利率水平。因此，利率市场化的内涵包括以下几方面的内容。

1. 金融交易主体有利率选择权。金融交易实质上是资金富余部门和资金短缺部门之间的交易活动，其方式可以面谈、招标，也可以是资金供求双方在不同客户或服务商之间反复权衡。

2. 利率的数量结构、期限结构和风险结构应由市场自发选择。在金融交易主体自主选择利率后，由于资金供求双方会根据自身情况选择不同数量、不同期限的资金进行交易，经过长期的这种主体自发选择，自然会形成性质各异的小的金融市场。

3. 同业拆借利率将成为市场利率的基本指针。由于金融交易主体的多样性和交易环境的复杂性，市场化的利率层次更多，结构也更复杂。根据美欧等发达国家或地区的经验，同业拆借利率或短期国债利率是最具代表性的，从而成为其他利率确定的基本标准，也是衡量市场利率水平涨跌的基本依据。

4. 利率市场化并不意味着央行放任对利率的管制，市场化条件下金融市场主体的行为也会有盲目性、滞后性等缺陷，中央银行享有间接影响金融资产利率的权力。

二、我国利率市场化改革进程

稳步推进利率市场化是中国改善宏观调控和深化金融改革的核心内容之一，特别是 Shibor 的推出，中国的利率市场化改革迈出了更坚实的步伐。利率市场化改革进程见表 1。

表 1　　　　　　　　**我国利率市场化改革进程（1993—2013 年）**

改革阶段	时间	改革内容（重大事件）
萌芽阶段	1993 年	中国共产党十四大《关于金融体制改革的决定》提出，中国利率改革的长远目标是：建立以市场资金供求为基础，以中央银行基准利率为调控核心，由市场资金供求决定各种利率水平的市场利率管理体系。
	1996 年	1996 年 6 月 1 日，人民银行放开了银行间同业拆借利率，此举被视为利率市场化的突破口。
发展阶段	1997 年	1997 年 6 月银行间债券回购利率放开。1998 年 8 月，国家开发银行在银行间债券市场首次进行了市场化发债，1999 年 10 月，国债发行也开始采用市场招标形式，从而实现了银行间市场利率、国债和政策性金融债发行利率的市场化。
	1998 年	人民银行改革了贴现利率生成机制，贴现利率和转贴现利率在再贴现利率的基础上加点生成，在不超过同期贷款利率（含浮动）的前提下由商业银行自定。
	1999 年	1999 年 10 月，人民银行批准中资商业银行法人对中资保险（放心保）公司法人试办由双方协商确定利率的大额定期存款（最低起存金额 3 000 万元，期限在 5 年以上不含 5 年），进行了存款利率改革的初步尝试。2003 年 11 月，商业银行农村信用社可以开办邮政储蓄协议存款（最低起存金额 3 000 万元，期限降为 3 年以上不含 3 年）。
	2000 年	2000 年 9 月，放开外币贷款利率和 300 万美元（含 300 万美元）以上的大额外币存款利率；300 万美元以下的小额外币存款利率仍由人民银行统一管理。2002 年 3 月，人民银行统一了中、外资金融机构外币利率管理政策，实现中外资金融机构在外币利率政策上的公平待遇。2003 年 7 月，放开了英镑、瑞士法郎和加拿大元的外币小额存款利率管理，由商业银行自主确定。2003 年 11 月，对美元、日元、港元、欧元小额存款利率实行上限管理。
攻坚阶段	2004 年	2004 年 1 月 1 日，人民银行再次扩大金融机构贷款利率浮动区间。商业银行、城市信用社贷款利率浮动区间扩大到 [0.9, 1.7]，农村信用社贷款利率浮动区间扩大到 [0.9, 2]，贷款利率浮动区间不再根据企业所有制性质、规模大小分别制定。扩大商业银行自主定价权，提高贷款利率市场化程度，企业贷款利率最高上浮幅度扩大到 70%，下浮幅度保持 10% 不变。2004 年 10 月，贷款上浮取消封顶；下浮的幅度为基准利率的 0.9 倍，还没有完全放开。与此同时，允许银行的存款利率都可以下浮，下不设底。
	2006 年	2006 年 8 月，浮动范围扩大至基准利率的 0.85 倍；2008 年 5 月汶川特大地震发生后，为支持灾后重建，人民银行于当年 10 月进一步提升了金融机构住房抵押贷款的自主定价权，将商业性个人住房贷款利率下限扩大到基准利率的 0.7 倍。2012 年 6 月，央行进一步扩大利率浮动区间。存款利率浮动区间的上限调整为基准利率的 1.1 倍；贷款利率浮动区间的下限调整为基准利率的 0.8 倍。7 月，再次将贷款利率浮动区间的下限调整为基准利率的 0.7 倍。

续表

改革阶段	时间	改革内容（重大事件）
攻坚阶段	2013 年	2013 年 7 月，进一步推进利率市场化改革，自 2013 年 7 月 20 日起全面放开金融机构贷款利率管制。将取消金融机构贷款利率 0.7 倍的下限，由金融机构根据商业原则自主确定贷款利率水平。并取消票据贴现利率管制，改变贴现利率在再贴现利率基础上加点确定的方式，由金融机构自主确定。下一步将进一步完善存款利率市场化所需要的各项基础条件，稳妥有序地推进存款利率市场化。

资料来源：中国人民银行网站。

三、我国商业银行资产负债管理的发展

我国商业银行资产负债管理起步较晚，由早期定性的信贷资金管理体制，逐步转为市场调控和自我调控的资产负债比例管理体制，并在近年开始全面强化风险加权资产和资本充足率管理，商业银行资产负债管理逐步走向国际化、数量化、模型化。具体发展阶段见表 2。

表 2　　　　我国商业银行资产负债管理体制发展历程一览表

时间	我国商业银行资产负债管理的主要内容
1979 年前	信贷计划和储蓄计划分列的账户管理
1979—1987 年	流动资金贷款开始区别对待，信贷供应面向企业实际需求
1987—1994 年	信贷资金实行"统一计划、划分资金、实贷实存、相互融通"的政策；进行资产负债比例管理试点
1994—1998 年	全面推行资产负债比例管理，实行贷款规模总量控制
1998—2002 年	取消对商业银行信贷规模的指令性控制，实行以资产负债比例管理为基础的"计划指导，自求平衡，比例管理，间接调控"的新管理体制
2002—2004 年	根据新巴塞尔协议的相关要求，加强风险加权资产和资本充足率管理，继续实行全面资产负债比例管理
2004 年至今	全面推行缺口管理，并不断探索符合国情的全面资产负债管理方法

四、我国商业银行资产负债管理的现状

总体而言，我国商业银行资产负债比例管理取得了一定成效，但仍然属于一种比较初级的管理，与现代意义上的资产负债管理相距甚远。各家商业银行在面对银行业普遍存在的资本充足率水平相对低下、风险过度集中、市场风险较大等问题时，仍然缺乏有效的资产负债管理技术，全面风险管理的意识仍有

待进一步提高。我国商业银行资产负债管理主要存在以下问题。

1. 我国商业银行资产和负债结构比较单一，并且资产和负债在规模、期限上都不对称。资产经营单调，信贷资金占总资产比例一般接近80%以上，只有少量的现金和债券，远远高于西方国家60%的水平，存款占负债的比重一般在70%以上，其中居民储蓄存款又占各项存款的1/2多，发行金融债券，其他资金借款所占比例甚小，即被动负债比例太大，主动借款比例太小。因此，大量存款虽然保证了流动性需要，但掩盖了流动性管理中存在的问题和矛盾。由于商业银行负债业务受到宏观经济金融环境的影响非常明显，随着银行业的全面开放和利率自由化进程不断加快，一旦外界因素发生变化导致存款减少，银行流动性风险和利率风险将立刻显现。

2. 我国商业银行的现有模式已经不适应银行发展的需要。目前，我国商业银行的现有资产负债管理模式是资产负债比例管理和资本充足率管理并存的模式。这种模式侧重于对财务比例的约束，强调通过资本充足率约束来进行风险控制。但该种模式是一种事后控制，提倡稳健经营，更多地强调安全性；而国际化大银行资产负债管理的目的在于实现商业银行多种风险控制和银行盈利性、流动性、安全性等目标的综合平衡，是资产、负债等项目在银行战略目标下的优化组合和资源配置，强调事前控制和量化管理。

3. 我国商业银行经营管理体制落后，资产负债管理体系不健全。我国商业银行分支机构众多，不同银行的管理水平和资产负债情况千差万别。在一个银行内部层层开展资产负债比例管理不可行，因为存款多的地区，不一定贷款多，存款少的地区，出于经济发展需要，贷款不一定少，而且有时候多方面考虑以及一些指令性的安排，使得存贷款比例及其他一些的相关比例指标难以保持。也就是说，资产负债比例管理应该在总行、省分行整体进行考核。我国商业银行虽然在总行、省分行设立了资产负债管理委员会，但许多银行并没有成立独立的资产负债管理部门，受管理层次和部门内部职责权限不明确的影响，造成实际运行过程中的形式化，其实际作用并未得到有效发挥。

4. 我国商业银行的资产负债管理目前还侧重于资产负债比例管理，资产负债管理手段落后，还没有系统引入缺口管理、持续久期、模拟模型管理等西方商业银行采用的资产负债管理工具。而且，我国金融市场不够发达，资本市场上金融产品较少，缺乏管理利率风险的金融工具，如西方商业银行广泛运用的远期利率协议、利率期货、利率期权和利率互换等利率风险管理产品。

第三章　利率市场化对我国商业银行资产负债管理的影响

利率市场化后，利率的水平和利率结构都将由市场决定，这对商业银行的经营模式和盈利模式都将产生重大影响。一方面利率市场化给商业银行创造了更加自由的经营环境，为商业银行发展提供了各种机遇和条件；另一方面，利率市场化会使商业银行面临竞争加剧、经营风险增大等问题，主要表现在以下几个方面。

一、利率市场化将增加商业银行的经营风险

利率放开管制的初期，由于利率不规则波动使宏观金融环境的不稳定性增加；同时也使长期在管制状态生存的商业银行不能适应这种波动，而缺乏相应的金融工具来规避利率风险。伴随着利率市场化改革，商业银行的经营风险会逐渐加大，主要有以下四方面风险。

1. 市场风险逐步上升，市场风险的核心是利率风险，利率风险源自市场利率变动的不确定性，具有长期性和非系统性，只要实行市场化利率，就必然伴随有利率风险。

2. 信用风险可能恶化，利率市场化后银行根据风险加权的原则对贷款利率进行定价，就有可能去冒高风险以获得高收益，按照斯蒂格利茨和韦斯所谓的"逆向风险选择"观点，随着对任何一类借款所收取的实际利率的增加，对贷款合同违约的可能性也增大了，这就可能导致用户不良资产的进一步增加，对银行不同投资品种利率差异增大，银行为了获利，有可能将短期资金来源用于长期贷款或投资，造成负债的期限结构与资产的期限结构的不匹配，影响资产的流动性，同时由于银行的资产安全性受到影响，给银行资产的流动性带来不利影响，一旦遇到经济波动，则可能出现市场挤兑现象，并由此引发金融危机。

二、利率市场化使商业银行竞争更加激烈

利率管制时期，资金的价格是固定的，中央银行对利率执行水平的监控非常严厉。可以说，利率管制时期商业银行的竞争是在商品价格即资金利率既定的情况下进行的，必须按照统一的价格吸收存款，按统一的价格发放贷款，其中没有因商业银行规模、业务风险、管理成本等的差异而区别。为此，商业银行竞争的焦点更多地集中在服务质量、科技力量、营销手段等方面。在服务质量和服务水平相差不大的情况下客户关系就相当重要了。利率市场化后，竞争格局将发生重大变化，市场竞争由浅层次的抢资金、争客户、占份额，逐步发

展为包括体制、机制、人才、成本和科技等多重因素在内的综合竞争，银行的产品价格、品牌创新和服务水平成为最大卖点。价格竞争比的是成本和定价能力，产品和服务竞争比的是创新能力、市场反应速度和服务效率。总之，银行赢得竞争靠的是核心优势，利率市场化将使商业银行的成本控制、产品创新及市场拓展等综合竞争力面临严峻考验。

三、利率市场化将冲击银行传统业务

银行传统业务主要是指存款和贷款业务，存贷款业务在我国商业银行业务结构中占有绝对优势，利润收入绝大部分也依靠利差收入，而存贷款业务与利率密切相关，因此，利率市场化后，存贷利差不断缩小，传统业务对国有商业银行利润贡献度越来越低。

在西方发达国家，由于存贷款业务在整个银行业务结构中所占比重相对较低，存贷款利差占全部收入的60%左右，甚至低于50%，因此，利率市场化对它的影响程度大大低于我国商业银行。另外，利率市场化带动了金融市场的发展，使一部分筹资与投资从间接方式向直接方式转化，也将分流银行的客户群体。

四、我国商业银行内部管理难度加大

在利率管制下，商业银行只是利率的被动接受者，我国银行业利率风险更多地体现为制度性风险，银行只能被动地接受这种风险。利率市场化后"三位一体"的经营风险将成为我国银行业必须自主考虑并积极防范的头等大事，这对银行内部管理提出挑战。

首先，对管理理念的影响。利率市场化推动金融创新，给商业银行带来更多的发展机会，促使商业银行管理理念发生转变。在利率管制的环境里，我国商业银行以存贷款立行，重点防范信用风险和流动性风险。在利润的驱使下，银行追求的目标是存款规模、关注的焦点是资产质量，银行业处于典型的资产管理阶段；利率市场化使得利率风险加大，商业银行应根据金融环境的变化，通过资产、负债结构的共同调整，实现银行"三性原则"的最佳组合。随着国内金融衍生产品市场和资产证券化市场的崛起和发展，商业银行将继续向现代的风险交易商蜕变，通过利率衍生产品、资产表外化技术和资产负债结构的综合调整对利率风险进行全面的管理，以专业的风险管理优势攫取超额利润。

其次，对经营体制和利益格局的影响。利率市场化给予商业银行自主的自己定价权，使其成为自主经营、自负盈亏的经营体，由此激发银行在组织架构、管理体制、管理技术、业务流程和激励考核方面加速变革。从本质上看，商业

银行是经营风险的企业，必须为风险定价，并承担相应的风险。在利率管制时期，风险定价权掌控在政府手里，使银行长期缺乏定价机制和定价能力。利率放开管制后，银行拥有自主的风险定价权，在对存贷款进行定价时，必须进行成本效益分析，并构造有效的风险定价机制，将银行成本和风险补偿核算到每个客户和每笔业务中。只有构造有效的风险定价机制，银行才有能力做出正确的价格策略，才有能力进行市场细分、市场定位和有针对性的市场营销，才有能力迅速有效地响应客户的需求，从而在竞争中获得优势。这种改造事实上是一场革命，意味着银行要打破传统的官本位体制和既得利益格局，在银行内部加速推进各项变革。

最后，对市场定位的影响。利率市场化加剧市场分化，迫使商业银行将客户需求和自身的实力选择目标市场，确定经营战略及市场定位。在利率管制时期，较大的管制利差使得大小银行都集中在狭窄的存贷款市场上谋求超额垄断利润，整个银行业形成了一条简单的经营规则，那就是，只要有存款，就会有利润，规模事实上意味着效益。利率市场化打破了这一简单的经营规则，促使银行市场逐步分化，结果导致不是所有的存款都能带来效益，不是所有的客户和业务都能带来利润。利率市场化后，各银行应在市场细分的基础上做到有特色的战略定位、有针对性的定向营销、有先进的服务理念、有创新的产品和业务，进而创办为特色银行，只有这样，各银行才能寻找到市场的突破口，立足于竞争激烈的银行业。

五、利率市场化将增加商业银行的盈利压力

利率市场化使商业银行存贷利差缩小，经营效益受到巨大的冲击。由于国内商业银行中间业务发展滞后，目前各家商业银行的经营效益主要依据传统的利差收益。国外经验表明，利率市场化将引发银行同业激烈竞争，导致实际存贷款利差缩小。利差缩小或是因为存款利率上升而贷款利率反而下降，或是因为贷款利率的上升幅度赶不上存款利率的上升幅度。利差缩小幅度取决于管制利率偏离市场利率的程度。当前，我国人民币存贷款实行管制利率的情况下，人民银行确定的存贷款利差还是较高的，如截至 2013 年 10 月我国人民币 1 年期存贷款利差为 2.75%，而美国、日本、加拿大、英国及中国香港等地 1 年期存贷款利差为 2% 左右。我国银行利率市场化改革后，价格竞争不可避免，特别是在目前我国商业银行自我约束能力较差、企业经营行为不规范、金融监管不健全等现实情况下，价格竞争将更为残酷，利差缩小不可避免。

总之，利率市场化改革对我国目前仍以存贷款利差为主要收益来源的商业银行无疑会是非常严峻的挑战。

第四章　利率市场化下加强资产负债管理的必要性和迫切性

在目前我国商业银行资产负债管理存在许多问题的情况下，随着我国利率市场化的逐步实施，利率的决定权从中央银行转移到商业银行。随着利率的频繁变动，银行的浮动利率资产（或负债）占总资产（或总负债）的比重上升，银行的资产负债利率敏感性更强，利率的变动给银行带来很大的不确定性，从而使利率风险增加，银行的存贷利差减小，盈利空间缩小，于是加强银行的资产负债管理就显得越来越重要。能否建立适应利率波动加剧环境下的资产负债管理体系，是未来商业银行提高竞争力和可持续发展的关键。长期以来，由于我国实行较严格的利率管制，利率风险管理并未引起我国商业银行的广泛关注，这从客观上造成了我国商业银行对利率风险缺乏足够认识。在目前的新形势下，研究和分析利率风险，完善利率风险管理已成为我国商业银行应对利率市场化改革的重要任务。利率风险管理是资产负债管理的核心内容，在利率管理模式上，商业银行要实现从被动型向主动型的转变，即在人民银行调整利率后，被动地根据其经营状况进行局部调整，转向根据自身的发展战略、经营状况、竞争形式来确定和灵活调整利率水平。因此，我国商业银行必须在利率市场化进程中选择适当的资产负债管理方法，加强利率风险管理，才能真正起到防范和化解风险的作用。

第五章　完善我国商业银行资产负债管理的策略

由于西方主要国家的金融自由化改革和利率市场化的发展，直接冲击了传统的利率管理，商业银行的资产负债联合管理理论应运而生，利率市场化改革推动了商业银行资产负债管理的发展。我国利率市场化改革的目标是建立以中央银行利率为基础、货币市场利率为中介、金融机构存贷款利率由市场供求决定的利率体系和形成机制。利率市场化是一个长期渐进过程，随着利率市场化的逐渐推进，我国商业银行不得不面对新的利率风险，利率市场化改革为我国商业银行资产负债管理提供了一个发展契机。我国商业银行的资产负债管理水平近年来不断提高，但仍然与西方商业银行成熟的资产负债管理方法存在着巨大差异，离新巴塞尔协议监管要求也有很大距离。因此，我国商业银行应根据自身的情况引进国外先进的资产负债管理方法。

一、引进现代商业银行资产负债管理主要方法

目前，发达国家由于金融市场发展相对完善，商业银行资产负债管理方法较为丰富，主要有利率敏感性缺口模型，持续期模型，VaR 模型等，以及运用金融衍生工具规避利率风险，如利率期货管理，期权管理，利率互换管理等。

（一）利率敏感性缺口分析

利率敏感性缺口分析就是将商业银行资产负债的利率、期限联系起来考虑的一种资产负债管理方式。缺口等于利率敏感性资产和负债的价值差额。所谓利率敏感性资产和利率敏感性负债是指那些在一定期间内展期或根据协议按市场利率定期重新定价的资产和负债。在市场利率发生变动时并非所有的资产和负债都受到影响，首先，利率变动并不影响那些与利率变化无关的资产和负债，其次，在一定时期内固定利率的资产和负债虽然同样计息，但利息收入和支出却不受利率变动影响。因此，在进行利率风险管理时，我们只考虑那些直接受到利率波动影响的资产和负债，即利率敏感性资产 RSA（Rate – Sensitive Asset）和利率敏感性负债 RSL（Rate – Sensitive Liability）。利率敏感性缺口 FG（Funding GaP）是用来衡量一家银行净利息收益对利率变动的敏感性，它是指银行资金结构中利率敏感性资产和利率敏感性负债之间的差额，用公式表示为

利率敏感性缺口 = 利率敏感性资产 – 利率敏感性负债

它有零缺口、正缺口、负缺口三种状态。当利率敏感性资产等于利率敏感性负债时称为利率敏感性零缺口；当利率敏感性资产大于利率敏感性负债时称为利率敏感性正缺口；当利率敏感性资产小于利率敏感性负债时称为利率敏感性负缺口。当利率变动时，利率敏感性缺口的数值将直接影响银行的净利息收入，若用缺口来衡量，利率风险值为

净利息收入变动 = 利率敏感性缺口 × 利率变动额

我们还可以用利率敏感系数 SR（Sensitive Ratio）来衡量银行的利率风险，利率敏感系数是指利率敏感性资产与利率敏感性负债之比，用公式表示如下：

利率敏感系数 = 利率敏感性资产 / 利率敏感性负债

当利率敏感性资产大于利率敏感性负债时，利率敏感系数大于 1；当利率敏感性资产等于利率性敏感负债时，利率敏感系数为 1；当利率敏感性资产小于利率敏感性负债时，利率敏感系数小于 1。利率敏感性缺口表示利率敏感性资产与负债差额的绝对量的大小，而利率敏感系数表示两者之间相对量的大小，它不仅可以通过正数或者负数来反映银行是否有利率风险，还可以显示银行承受利率风险的程度。

假定借款、贷款利率变化一致，如果银行资金缺口为正缺口，当利率上升

时，银行净利息收入增加，当利率下降时，银行净利息收入会减少；如果资金缺口为负缺口，当利率上升时银行净利息收入会减少，利率下降时，净利息收入会增加；如果缺口为零缺口，利率变动对净利息收入无影响。我们用表3来概括利率变动对银行净利息收入的影响。

表3 利率敏感性资金缺口风险小结

利率敏感系数	缺口	利率变化	利息收入变化		利息支出变化	净利息收入变化
>1	正	上升	增加	>	增加	增加
>1	正	下降	减少	>	减少	减少
<1	负	上升	增加	<	增加	减少
<1	负	下降	减少	<	减少	增加
=1	零	上升	增加	=	增加	不变
=1	零	下降	减少	=	减少	不变

利率敏感性缺口管理是通过监控和调整资产和负债的敏感性和期限缺口来进行资产负债综合管理的方法。在缺口管理原则下，不要求每笔资产负债在期限和敏感性上的完全匹配，而注重分析资产负债表整体的缺口状况，在利率市场化下我国商业银行资产负债管理研究发生变动时，通过调整资产和负债的结构，来减少利率变动对银行收益的影响，实现利润最大化。在实际应用中，银行可以把资产和负债按到期的时间进行分类，资产负债管理人员可以通过它了解到任何一个时间段缺口值及可能的损益值等，并结合银行经营目标对缺口进行调整，目前商业银行常用的做法是试图使缺口趋向于零，尽量减少利率风险。

利率敏感性缺口管理模型是对利率变动进行敏感性分析的方法之一，是银行业较早采用的利率风险计量方法，因为其计算简便、清晰易懂，目前被国内商业银行广泛使用。但是，它也存在一定的局限性。

1. 该模型忽视市场价值效应

利率变动对资产和负债价值除了会产生收入效应外，还具有市场价值效应。（该模型忽视了后者）这是采取账面价值会计方法造成的。因此，利率敏感性缺口模型只是一种片面地衡量商业银行实际利率风险敞口的方法。

2. 该模型过于综合

将一段较长期限划分为若干个时间段的问题，忽略了每一分组中有关资产和负债期限分布状况的信息。例如，某一商业银行在3 - 4月缺口为正5 000万元，5 - 6月缺口为负5 000万元，该银行在其季度报表中表明其3 - 6月分组中，利率敏感性缺口为零。但是，很容易看出，在该分组中银行的资产和负债是非对称的。显然，所计算的分组资金缺口的期限间隔越短，问题越小。

3. 该模型无法解决资金回流问题

商业银行能够将从贷款中收回的现金流以市场利率进行再投资，也就是说，这种回收的资金是利率敏感性的，而该模型不能对这部分资金重新定价。

（二）持续期模型

持续期（Duration）这一概念最早由麦考利（Macaulay）为分析和管理债券组合的利率风险特性于1938年提出，又称麦考利持续期。所谓麦考利持续期，是指未来一系列付款的时间以付款的现值为权数计算的加权平均到期时间。持续期是基于未来现金流量这一概念之上的，其数值可看作债券未来现金流量的加权现值之和与债券当前现值之比。即

$$D = \sum_{t=1}^{n} \frac{t \times CF_t}{(1+r)^t}/P$$

其中：

D 表示债券的持续期；

CF_t 表示 t 期现金流量；

t 表示现金流量发生距离现在的时期；

n 表示最后一笔现金流量的时期即债券的偿还期；

r 表示贴现率；

P 表示该债券的当前市场价格，即 $P = \sum_{t=1}^{n} \frac{CF_t}{(1+r)^t}$。

持续期从形式上看是一个时间概念，可以用年月等时间单位来计量。它同时还反映该债券对利率风险的敏感度，即反映未来利率水平变动对债券价格的影响度。这可以从两方面来理解：一方面持续期作为时间概念，表示债券未来现金流量的平均期限，反映了该债券暴露在利率风险中的平均时间长短；持续期越长，利率风险越大。另一方面，通过求出债券价格 P 对利率 r 的一阶导数来分析市场利率变动对债券价格的影响。

与利率敏感性缺口管理相比较，持续期管理是一种更为先进的利率风险计量方法。利率敏感性缺口管理侧重于计量利率变动对银行短期收益的影响，而持续期缺口管理则能计量利率风险对银行经济价值的影响，即估算利率变动对所有头寸的未来现金流现值的潜在影响，从而能够对利率变动的长期影响进行评估，更为准确地估算利率风险对银行的影响。持续期缺口管理方法在实际运用中也有其局限性，主要表现在以下几个方面。

1. 利用持续期缺口管理来进行利率风险免疫必须考虑两个前提条件：一是用于所有未来现金流量的贴现率是固定的，二是债券收益率曲线是平坦的。

2. 利用持续期衡量利率风险的准确性受到利率变化幅度的影响，只有在利

率变化较小时才能比较准确地反映利率变化对债券价格的影响，而且利率变化越大，持续期对债券利率风险的反映越不准确。

3. 持续期是一个静态概念，即在某一时刻，银行的资产和负债的持续期是匹配的，风险免疫是有效的。

4. 持续期只适合用于资产负债表内的利率风险管理，具体说主要适用于固定收益组合，即由各种存款、贷款和债券形式的资产和负债组成的投资组合。

二、健全我国商业银行资产负债管理体系

（一）商业银行要建立一个资产负债管理委员会

由总行高级管理人员和主要业务部门负责人组成资产负债管理委员会，负责制定资产负债管理政策、确定内部资金定价原则、审查市场风险状况，并对风险敞口调节、业务策略选择、经济资本配置等有关事项作出决策。资产负债管理委员会应定期对宏观经济及国家财经政策进行分析，根据政治、经济、社会文化和技术进步等宏观因素，结合股市和汇市变动可能对银行净利息收入的影响，编制银行资产负债计划，对银行的所有资产和负债的类型、数量、结构进行滚动调节，以实现流动性、安全性、盈利性目标的综合平衡。

（二）商业银行要建立专门的资产负债管理团队

总行和各分支行要建立资产负债管理团队，由其来承担具体的政策实施、风险计量和管理运作，树立该部门的权威性和独立性，逐步建立和完善一个包括识别风险种类、确定风险限额、评估风险收益、调节风险敞口、选择业务策略、配置经济资本、考核风险绩效等一系列环节在内的顺畅的管理流程，特别是要制定与利率风险管理相关的政策和程序，设立利率风险限额，规定风险管理决策的权限，由各业务部门和分支机构来具体执行，在资产负债管理工具的引导下进行相关业务的营销和推动。

（三）商业银行要建立资产负债管理信息系统

我国商业银行要积极引进国际先进经验和技术，培养一批精通 IT 技术和业务的高层次复合型人才，建立纲目齐全，层次清晰，易于操作的资产负债管理信息系统。主要是加强资产负债管理应用软件的设计与开发，科学准确地预测利率变动方向、利率变动水平、利率周期转折的时间点等，建立动态的利率预测模型，实施实时电子化采集信息，建立全面、畅通的信息渠道，以便及时根据利率市场化下我国商业银行资产负债管理研究变化的情况判断利率走势，建立相应的预警、预报和分析系统，把先进的资产负债管理方法与现代化的操作手段有机地结合起来，从而提高商业银行资产负债管理水平。

三、调整我国商业银行资产负债结构，扩大经营范围

随着利率市场化改革的推进，银行业竞争加剧，作为商业银行传统收入来源的利差收益必然受到压缩。商业银行只有加快金融创新、调整业务结构、拓宽业务领域，实现经营收益的多元化，才能减少对存贷款业务的依赖，降低遭受利率风险的可能性，在增强竞争能力的同时增加盈利，具体可以采取以下措施。

1. 资产方面

一是增加对中小企业的贷款；二是要积极进行创新，借鉴国外先进的贷款模式，大力开发和发展贷款品种和类型；三是适当增加债券的持有量，扩大非贷款的比重，改变资产单一局面。

2. 负债方面

一是实现金融筹资多元化，增加负债中主动负债的比例，二是进行存款工具和业务手段的创新，根据客户的需要，银行应提供更多具有方便性、个性化、多样化的金融产品来满足他们的需求，如年金储蓄、教育账户、个人理财、私人支票等。

3. 大力拓展中间业务，改善银行盈利结构

中间业务对改善收益结构和降低风险具有重要意义，银行要在发展结算和代理等业务的同时，逐步为其他金融机构提供债券回购、买卖分销等各种投资、融资服务；为企业及中小金融机构提供代理发行债券、买卖有价证券、资金托管等理财业务，提高中间业务收入占总收入的比重，减少利率变动对银行整体业务的影响程度。

4. 提供全能化、综合化服务，提升银行品牌形象

商业银行在提高服务质量、巩固已有业务与客户的同时，更要抓住有利时机，努力寻找和挖掘潜在客户资源及可能的业务合作领域，延伸对客户的服务，实现服务的全能化、综合化，以此来提高业务附加值和综合收益，增强经营的稳定性。

四、建立我国商业银行资本补充的自我实现机制

补充资本的渠道主要应包括降低风险资产以减少风险资产总量和增加核心资本或附属资本，以提高资本总量两个方面。

1. 减少风险资产总量

降低风险资产有两种途径：一是调整资产的风险分布结构，即在有效控制风险资产的同时，通过优化资产配置，提高低风险或无风险资产的比重，促进

高风险向低风险资产的转换，进而降低风险资产总额。二是从整体上提高资产质量，降低不良资产比率。即通过优化信贷结构，严控新增贷款质量，同时，在充分利用和挖掘催收、诉讼和呆账核销等有效手段的基础上，积极探索运用债务重组、资产推介、转让出售和资产证券化等手段，解决不良资产问题，减少风险资产，防范金融风险，从而达到提高资本充足率的目的。

2. 增加资本总量

增加核心资本主要有两个途径：一是实行股份制改造，走上市之路。二是提高盈利能力，增加自身积累。增加附属资本一般通过以下两种方式：一是发行次级定期债券，二是增提普通准备金。只有保持较高的资本充足率，才能增强我国商业银行的自身实力，提高风险防范能力，增加盈利能力，提高其在国际金融市场上的信誉和竞争能力。

五、完善我国商业银行金融产品科学定价策略

金融交易主体对其资金交易的规模、价格、偿还期限、担保方式等具体条款进行讨价还价，并且资金供求双方在不同客户或者产品供应商之间反复权衡和选择。在不同客户的眼中，虽然一定的市场价格代表了一定的服务水平，但对某一特定产品的内在价值和使用价值的评价是不一样的，而不同的营销目标也会产生不同的定价要求，但价格的确定最终取决于客户使用产品的综合成本和市场供求情况的变化。我国商业银行应主要从价格水平、价格弹性、价格折扣、风险水平等几个方面对金融产品的定价进行综合考虑，通过在选定的细分市场上的差别定价以尽可能地吸引更多的客户，从而使银行利润最大化。

商业银行要坚持以效益为中心，建立高度协调的资金定价体系。金融产品的合理定价需要商业银行各个部门的共同合作。第一，要建立严格的分部门核算和考核制度，为合理确定产品的平均费用奠定基础。这需要建立完善的管理信息系统，需要财务部门的努力。第二，要建立合理的内部资金转移价格，促进内部资金的合理流动。第三，贷款的管理部门需要深入了解贷款的风险状况（包括准确的财务状况分析、符合真实情况的贷款分类等），以合理确定贷款定价中的违约成本；要全面把握企业与银行的各种业务往来，确定这些业务往来对商业银行带来的收益，以及银行在提供相应的服务时所付出的成本，以供银行确定贷款价格时参考。第四，贷款定价需要符合全行本外币资产负债管理的统一要求，这需要商业银行资产负债管理部门的努力。

参考文献

[1] 彼得·S. 罗斯. 商业银行管理 [M]. 北京：机械工业出版社，2005.

［2］唐纳德·R. 费雷泽，本顿·E. 冈普等. 商业银行业务——对风险的管理［M］. 北京：中国金融出版社，2002.

［3］莫娜·J. 加德纳，迪克西·L. 米尔斯等. 金融机构管理——资产/负债方法［M］. 北京：中信出版社，2005.

［4］安东尼·桑德斯. 现代金融机构管理［M］. 大连：东北财经大学出版社，2002.

［5］布赖恩·科伊尔. 利率风险管理［M］. 北京：中信出版社，2004.

［6］小约瑟夫·F. 辛基. 商业银行财务管理［M］. 北京：中国人民大学出版社，2005.

［7］黄建峰. 利率市场化与商业银行利率管理［M］. 北京：机械工业出版社，2001.

［8］韩汉君. 经济发展中的利率［M］. 上海：上海社会科学出版社，2004.

［9］艾洪德等. 利率市场化进程中的金融机构利率风险管理研究［M］. 大连：东北财经大学出版社，2004.

［10］彭建刚. 现代商业银行资产负债管理研究［M］. 北京：中国金融出版社，2001.

［11］张金鳌. 二十一世纪商业银行资产负债管理［J］. 北京：中国金融出版社，2002.

［12］赵先信. 银行内部模型和监管模型［M］. 上海：上海人民出版社，2004.

［13］裴权中. 商业银行的负债结构及其调整［J］. 财经问题研究，1997(6).

［14］周载群. 国有商业银行资产负债管理中的关键点控制研究［J］. 财经理论与实践，1999（4）.

［15］吕耀明，林升. 商业银行利率风险管理研究［J］. 经济研究，1999（5）.

［16］陆军，魏煌. 我国商业银行的盈利能力与资产负债结构分析［J］. 金融研究，1999（10）.

［17］黄金老. 利率市场化与商业银行风险控制［J］. 经济研究，2001（1）.

［18］蒙毅. 金融自由化进程中的商业银行利率风险管理［J］. 中国农村金融，2002（2）.

［19］周光强，周黎，黄建中. 我国商业银行客户资产管理研究［J］. 武汉金融，2002（10）.

新资本协议实施对地方法人
金融机构影响问题研究

中国人民银行濮阳市中心支行课题组[①]

摘要： 后金融危机时代，严格资本监管要求，进一步推广新资本协议是银行业的大势所趋。地方法人金融机构作为我国目前最具成长潜力的金融机构，实施巴塞尔新资本协议既存在理性的需求又存在现实的困难，而研究新资本协议实施对地方法人金融机构带来的影响，对其下一步实施新资本协议以及完善自身发展具有一定的理论价值和实践意义。

关键词： 新资本协议 地方法人金融机构 风险管理

一、引言

2008 年的金融危机影响到世界各国的金融业，严重冲击了各国的金融稳定体系，给各国的经济发展带来惨重的损失。银行业金融机构是这次危机的受灾中心，美国雷曼兄弟、华盛顿互惠银行等金融机构的倒闭足以见证金融危机对银行业金融机构的严重影响。因此，怎样对银行业的风险进行预防、管理及应对处置，以及如何对银行业进行有效监管是金融机构利益相关者需要反思并且认真研究的重要问题。《新巴塞尔资本协议》（以下简称新资本协议）作为国际社会普遍认可的银行监管国际标准，对银行业的监管和自身安全管理有很大的影响力。新资本协议的关注重心由资产负债管理转移到如今的银行业风险管理，同时监管思想的深刻、监管理念的新颖、考虑范围的全面以及制定手段和方法的科学合理，符合危机过后银行业金融机构的风险管理思想。

经过不断地深化与完善，新资本协议于 2003 年底经巴塞尔委员会通过，并且决定 2006 年首先在十国集团国家实施。2007 年 2 月，中国银监会下发《中国

---

① 课题主持人：杨存亮；
课题组成员：孙淮、刘艳丽、王法俊、邢艳梅、孙志君。

银行业实施新资本协议指导意见》，宣告我国银行业正式开始实施新资本协议的历程。同时，针对我国银行业发展不均衡的实际情况，银监会确立大型商业银行和其他商业银行分类实施的原则。目前我国主要大型商业银行的新资本协议实施工作正稳步推进，而地方法人金融机构各方面与新资本协议的要求还有不小差距，虽然现在监管当局对地方法人金融机构实施新资本协议没有强制要求，但是面对全球银行业发展的大趋势，地方法人金融机构如果不借助于新资本协议的要求提高自身的风险管理水平和资本管理能力，随着国内外银行业竞争的加剧，地方法人金融机构的盈利水平和发展空间会受到严重影响，进而危及生存。因此地方法人金融机构实施巴塞尔新资本协议既存在理性的需求又存在现实的困难，而研究新资本协议实施对地方法人金融机构带来的影响，对地方法人金融机构下一步实施新资本协议以及完善自身发展具有一定的理论价值和实践意义。

根据中国人民银行统计对金融机构的划分，金融机构涵盖银行业、证券业、保险业、交易及结算类金融机构、金融控股公司和小额贷款公司，新资本协议的对象是银行业存款类金融机构，而地方法人的概念将本课题的研究对象范围进一步缩小，主要涉及城市商业银行、农村信用合作社、农村商业银行、农村合作银行以及村镇银行等金融机构。

二、新资本协议的主要内容及创新

（一）新资本协议的三大支柱

新协议继续沿用了原有协议中以资本充足率为核心、以信用风险控制为重点的监管思路，对风险的认识更加全面，同时合理吸收了核心原则的精髓，发展并提出了衡量资本充足率的新思路和方法，形成了三大支柱的内容和架构，即第一支柱为最低资本要求，第二支柱为监管部门的监督检查，第三支柱为市场纪律（如图1所示）。三大支柱分别从资金管理和风险管理者、外部监管者和投资者的角度出发，相互支持，为构建一个风险约束和稳健安全运行的银行体系而提供了一个完整的框架体系，三者必须协调配合使用才能真正满足新协议的要求。[1]

（二）新资本协议的创新

新资本协议经过不断地修改和完善，较之旧协议扩大了风险管理范围，提高了风险监管敏感程度，并且要求银行业公开披露信息，加强了市场对银行风险控制的监督。

---

[1] 汪办兴. 中国银行业全面风险改进管理研究［D］. 复旦大学，2007.

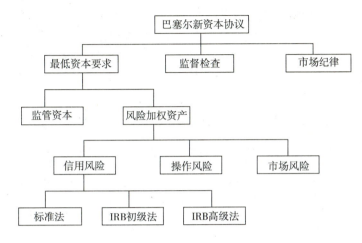

图1　新资本协议框架图

1. 全面风险管理

首先，新资本协议的风险管理范围更加全面。单独考虑信用风险作为评判银行风险水平，事实证明是片面的，必须全面重视银行所面对的风险。新资本协议将操作风险纳入监管范畴，在新的监管框架内，银行业的风险加权资产涵盖了信用风险、市场风险和操作风险，几乎涵盖了银行各类业务的风险。其次，银行风险评估系统更加全面。旧协议不仅考虑的风险简单，而且风险计量的方法单一。新资本协议充分考虑银行业务可能面对的所有风险，而且为各种风险的计量提供了不同的方法和计量模型，丰富了银行的风险评估系统，更有利于银行制定长远的风险管理战略。最后，银行风险的监管系统更加全面。新资本协议要求银行进行信息披露，这样银行风险受到监管当局和市场的双重监督，监管当局对银行风险的监管深入到银行内部，更多地注重风险预防，信息披露则使银行风险受到更为完善的规章制度的约束。

2. 风险反应敏感度提高

银行业风险反应敏感指的是资本与风险的适应状况，是否可以随着风险的变化及时进行调整，保持不同风险状况下资本可以达到最低资本监管要求。可以从银行业体系和单个银行两种角度理解敏感性问题。从前者角度，风险大的银行和风险小的银行均可以敏感地从资本充足率水平的差异中反映出来。从单个银行的角度，经济发展的不同时期使得银行面对的风险水平不同，资本充足率的要求与风险水平成正比，因此从这一视角来看，敏感指的就是随着经济发展周期的变化，银行资本能够随时匹配其面临的风险水平。

3. 强调市场约束

提高盈利能力是银行可持续发展的重要驱动力，高额的利润引诱银行不惜减少最低资本，降低资本充足率水平，背负巨大的风险压力。监管当局的监督力量始终有限，难以全面对银行风险进行有效监管。巴塞尔委员会考虑到了市场可以充分发挥银行风险监管的补充作用，通过要求银行对信息的公开披露，市场组织中的银行利益相关者可以对银行的资本和风险水平进行有效地监督。这种机制引导市场资源向经营状况良好的银行集中，反过来激励银行不断提高资本质量、加强风险控制和管理、提高服务水平，保持银行经营体系高效运转。

三、新资本协议实施对地方法人金融机构的积极作用和影响

2007年，中国银监会发布了《中国银行业实施新资本协议指导意见》，意味着我国银行业金融机构正式拉开新资本协议实施的帷幕。鉴于我国商业银行发展水平的不平衡以及与新资本协议要求之间的差距不同，中国银监会采取循序渐进的方式推进新资本协议实施，要求国内银行业先按照旧的监管标准执行，待到2010年底，国内大型商业银行先实施新资本协议，其他商业银行2011年起自愿申请实施。2012年，银监会《商业银行资本管理办法（实行）》的颁布，明确规定我国商业银行2013年1月1日开始实施新资本协议，2018年底前达到规定的最低监管资本要求。新资本协议实施是全球银行业大势所趋，作为地方法人金融机构，必须认识到新资本协议的积极作用和影响，利用好我国银监会规定协议实施剩下五年的准备和过渡时间，为新资本协议的实施打好基础。

（一）新资本协议实施对地方法人金融机构的积极作用

1. 有利于法人治理结构的改善

新资本协议的实施，有助于维护地方法人金融机构债权人及利益相关者的利益和社会稳定。作为金融机构，新资本协议有利于明晰地方法人金融机构治理主体的职责权限，完善法人治理结构。建立健全内部治理机制、激励约束机制和外部监督约束机制，推进发展方式和盈利模式的转变，将现代企业精神真正贯彻到地方法人金融机构的经营过程之中。

2. 有利于提高风险管理水平

新资本协议将市场风险、操作风险纳入新的监管体系，和信用风险一道组成对银行业的全面风险监管系统，因此新资本协议的实施首先促使地方法人金融机构建立全面的风险意识。新资本协议风险计量方法和计量模型的多样化，便于地方法人金融机构结合实际发展水平选择适合的风险计量工具，制定风险管控战略规划，准确评估风险状况。地方法人金融机构风险意识的提高，有利于经营管理的细化分工，信贷审批更加严谨，从机制上减少和避免不良资产，维护股东权益。

3. 促进地方法人金融机构的改革

新资本协议虽然只是行业共同遵守的公约，没有行政命令执行的压力，但是推进新资本协议是全球银行业大势所趋，地方法人金融机构只有实施新资本协议，才能赶上银行业发展潮流。新资本协议实施的宏观环境、监管当局要求以及协议对资本和风险的严格要求，为地方法人金融机构的改革带来了压力和动力，只有不断地提高要求，才能使地方法人金融机构在国内外的激烈竞争中发展壮大。

4. 有利于提高地方法人金融机构品牌形象

地方法人金融机构主要服务于地方经济，经营范围狭窄，自身规模不大，品牌影响力有限，与国内大型商业银行以及股份制银行相比竞争优势不明显。通过推进新资本协议，全面提高风险管理水平，建立稳定、健康的银行经营体系，增强自身发展实力，维护利益相关者的切身利益，从而提高自身品牌影响力。

5. 有利于专业管理人才的培养

地方法人金融机构的人员构成较为复杂，特别是不发达地区以及农村地区的金融机构难以吸引到高素质的专业管理人才，人才的缺失是地方法人金融机构管理水平低下的重要原因之一。通过新资本协议的实施过程，可以丰富这些金融机构管理人员的专业知识，增强风险管理意识，掌握先进全面的风险测量技术，从而提高金融机构的整体风险管理水平。

（二）新资本协议实施对地方法人金融机构的影响

1. 最低资本要求压力

资本充足率是新资本协议的重要内容，监管当局的监督检查和市场纪律的约束都是为了满足第一支柱最低资本要求，使得银行业金融机构符合资本充足率的监管要求。但是在地方法人金融机构中，无论是规模较大的城市商业银行、农村信用合作社以及农村商业银行，还是小规模经营的村镇银行以及农村合作银行等，资本不足一直困扰着这些金融机构的发展，即使政府占较大份额投资的城市商业银行可以得到政府政策上的扶持，城商行可以通过增资扩股暂时缓解资本不足的困扰，但是新资本协议对风险加权资产的计算方法更加细化，导致资本充足率受到影响，加剧了地方法人金融机构充实资本的困难，对于村镇银行等小型金融机构来说，最低资本的要求严重限制了发展水平和盈利能力，甚至会影响到管理水平低下的金融机构的生存。因此，新资本协议的实施，无论是城商行、农信社、农商行，还是村镇银行等，都会面临巨大的资本充足率压力。①

---

① 杨明章. 城市商业银行实施新资本协议之我见［J］. 大连海事大学学报（社会科学版），2007，12（6）：142 - 144.

2. 经营发展方式影响

新资本协议对银行业务全面风险的关注，使得金融机构对贷款等可能会影响银行资本的资金运用业务风险评估和审批程序更为严格。地方法人金融机构的资金运用投向渠道狭窄，欠发达地区经济发展缓慢，优质贷款投放对象数量稀少，新资本协议的实施，在保证风险可控的前提下，加剧了地方法人金融机构提高资金运用效率的难度。存款规模的持续增长，造成地方法人金融机构资金的闲置和监管指标的下滑。因此，新资本协议的实施，对地方法人金融机构资金的吸收、投放以及资金结构的管理有着重要影响。

3. 运营成本压力

新资本协议的有效实施需要以银行业充足的数据以及先进的信息系统为基础。地方法人金融机构选择实施新资本协议，需要做很多的准备工作，如评级体系的设计、操作、控制，公司治理，信用风险评估，包括内部评级初级法和高级法中的违约率（PD）、内部评级高级法中的违约损失率（LGD）和违约风险暴露（EAD）。银行应该至少保留违约率数据 5 年，违约损失率和违约风险暴露则至少保留 7 年。另外，地方法人金融机构也要提升人力素质、信息技术结构及信息管理系统（MIS），这些都需要巨大的成本投入，以目前的经营效益来看，多数地方法人金融机构都将面临巨大的经营成本压力。

4. 信息披露压力

新资本协议将市场纪律作为三大支柱之一，和监管当局一起监督银行业金融机构的全面风险，共同约束市场的经营行为，保持银行资本的充足。地方法人金融机构公司治理、风险管理、内控制度等机制尚不健全，特别是农村银行及村镇银行等小型金融机构，现代企业的相关制度要求更是形同虚设，人员素质不高以及人员身兼多岗的现象普遍存在，难以抽出人手专门进行信息披露工作，因此信息披露质量不高。同时，地方法人金融机构的各项监管指标较之国有大型商业银行和股份制商业银行差距较大，信息披露的全面性给地方法人金融机构带来更大的经营压力和社会压力。

四、地方法人金融机构实施新资本协议的环境分析

（一）宏观金融环境分析

2008 年金融危机爆发之前的近二十年时间，低通胀和低利率的"大稳健"时期宏观环境政策，造就了国际金融市场的空前繁荣，但是金融监管制度的缺失和效率的低下，导致金融风险不断地孕育和积累，最终以金融危机的形式波及了世界大部分国家，给各国经济带来严重危害。新的金融危机给世界各国银行业敲响了警钟，华盛顿互惠银行、美林银行以及美国雷曼兄弟的破产震惊了

世界银行业金融机构。本次金融危机充分暴露了 1988 年制定的旧资本协议对银行风险监管方面的缺陷，信用风险并不能代表银行业务的全部风险。虽然对银行风险资本做到审慎监管，也难以避免金融危机的爆发，但是通过审慎资本监管，可以对银行的风险由事后处理转化为事前预防，在一定程度上可以减缓金融危机对经济造成的破坏。

金融危机进一步凸显审慎资本监管的重要性，也引起了巴塞尔委员会的深刻反思，结合金融危机中欧美国家银行业暴露出来的风险管理和资本监管问题，委员会再一次对新资本协议进行了修订和完善，并且在 2009 年 7 月发布了修订稿，对我国地方法人金融机构做好新协议实施的准备工作有很好的启示作用。新资本协议资本监管的主动性，与银行内部管理的关系密切性，以及风险评估模型的丰富，要求银行的风险管理能力达到更高的水平。新资本协议得到了全球监管当局的普遍认可，实施新资本协议是全球银行业的大势所趋。

我国银行业与欧美国家银行的风险成因有明显的差异，而且与欧美大银行的风险计量工具明显不同，但是从我国国内情况来看，金融危机并不能否认新资本协议的有效性，而且为实施新资本协议提供了重要机遇。[①] 近年来我国经济迅猛发展，在全球经济疲软的背景下，保持较高的经济增长率实属不易。作为金融资源载体的实体经济发展趋稳，但仍存在下行风险，国内经济发展仍然存在诸多不确定性。地方政府融资平台贷款余额规模的急速扩张，引起了各方的关注，而贷款主体合规性、地方政府担保合法性、贷款项目的现金流和担保方式都存在不少问题，银行业金融机构面临的地方政府代偿性风险比较突出。2005 年以来，房地产行业的繁荣带动了水泥、钢材、建材等相关行业的发展，银行业金融机构对房地产行业发展提供了大力支持，房地产行业与银行业紧密联系，房地产行业的信贷质量直接影响商业银行的相关监管指标和风险水平。房价的大幅度波动，影响到国家经济的发展，国家陆续出台相关政策保持房地产行业的稳定发展，因此银行业金融机构需要防范房地产行业因产业结构调整转嫁的信贷风险。新资本协议实施，对于我国的银行业金融机构防范各种风险，保持稳定、健康发展有很强的必要性。

（二）外部监管环境分析

中国银监会作为国内银行业金融机构的监管部门，认同新资本协议的核心理念，并且一直紧跟新资本协议的进展情况，使用新协议的主要框架全面修改中国银行业的资本管理法规。2006 年底新资本协议正式通过，并且首先在十国集团实施。2007 年，中国银监会发布了《中国银行业实施新资本协议指导意

---

① 王胜邦. 全球金融危机背景下对实施新资本协议的再思考 [J]. 银行家，2009 (12)：15－17.

见》，意味着我国银行业金融机构正式拉开新资本协议实施的帷幕。鉴于我国商业银行发展水平的不平衡以及与新资本协议要求之间的差距不同，中国银监会采取循序渐进的方式推进新资本协议实施，要求国内银行业先按照旧的监管标准执行，待到 2010 年底，国内大型商业银行先行实施新资本协议，其他商业银行 2011 年起自愿申请实施。2012 年，银监会《商业银行资本管理办法（实行）》的颁布，明确规定我国商业银行 2013 年 1 月 1 日开始实施新资本协议，2018 年底前达到规定的最低监管资本要求。新资本协议实施是全球银行业大势所趋，作为地方法人金融机构，必须认识到新资本协议的积极作用和影响，利用好我国银监会规定协议实施剩下五年的准备和过渡时间，为新资本协议的实施打好基础。

我国的银行业监管机构对新资本协议的实施持积极态度，确立了分类实施、分层推进、分步达标的基本原则，出台一系列实施相关政策规定，并制订了详细的协议实施计划，为国内银行业金融机构新资本协议实施营造了良好的外部监管环境。

五、地方法人金融机构的现状及存在问题分析

（一）地方法人金融机构的现状分析

地方法人金融机构作为我国金融的重要组成部分，填补了大型商业银行和股份制银行机构延伸不到的地方金融机构缺失的空白，给予欠发达地区中小企业金融支持，解决融资难问题。大型商业银行的资金调动能力强，主要流向利润较高的发达地区和优势项目，农村金融市场交易成本高、利润低的劣势，难以吸引大型金融机构的设立，而地方法人金融机构的补充，促进了农村经济的健康发展。地方金融机构具有服务本地经济发展的特性，可以为本地经济发展提供强有力的金融支撑，发展地方金融，建立健全地方金融体系，对促进本地经济发展意义重大。

1. 经营规模逐渐发展壮大

截至 2012 年底，我国银行业金融机构共有法人机构 3 747 家，从业人员 336.2 万人。其中包括 144 家城市商业银行、337 家农村商业银行、147 家农村合作银行、1 927 家农村信用社和 800 家村镇银行。全国城市商业银行和其他类金融机构的总资产分别为 123 469 亿元和 375 420 亿元，比上年同期分别增长 23.7% 和 20.4%，占银行业金融机构的比例分别为 9.4% 和 28.6%；全国城市商业银行和其他类金融机构的总负债分别为 115 395 亿元和 349 471 亿元，比上年同期分别增长 23.8% 和 20.1%，占银行业金融机构的比例分别为 9.4% 和 28.5%（如表 1 所示）。城市商业银行和农村商业银行的不良贷款余额分别为 419 亿元和 564 亿元，不良贷款率分别为 0.81% 和 1.76%（如表 2 所示）。

表1　　　　　　　　　　　　**2012 年资产负债总额情况**　　　　　　单位：亿元，%

	2012 年	
	城市商业银行	其他类金融机构
总资产	123 469	375 420
比上年同期增长率	23. 66	20. 40
占银行业金融机构比例	9. 24	28. 60
总负债	115 395	349 471
比上年同期增长率	23. 81	20. 1
占银行业金融机构比例	9. 24	28. 50

资料来源：中国银行业监督管理委员会网站，统计信息。

表2　　　　　　　　　　　　**2012 年不良贷款分机构指标**　　　　　　单位：亿元，%

	2012 年	
	不良贷款余额	不良贷款率
城市商业银行	419	0. 81
农村商业银行	564	1. 76

资料来源：中国银行业监督管理委员会网站，统计信息。

　　近年来，地方法人金融机构发展势头良好，2012 年 4 月 6 日，随着宁波东海银行的成立，意味着全国最后一家城市信用社改制成商业银行。2012 年底，北京银行、南京银行和宁波银行作为仅有的 3 家上市城商行，经营状况良好，3 家城商行资产总额合计 1. 84 万亿元，共实现利润 197. 65 亿元。其中，北京银行实现净利润 116. 84 亿元，比上年增加 27. 38 亿元，增幅 30. 60%；宁波银行与南京银行净利润相当，分别为 40. 68 亿元、40. 45 亿元，增幅约为 25%。北京银行、南京银行、宁波银行的贷款余额分别为 4 967. 20 亿元、1 252. 69 亿元、1456. 18 亿元；比上年增加 911. 11 亿元、224. 64 亿元、228. 73 亿元；增幅为22. 46%、21. 85%、18. 63%。城市商业银行的总资产规模不断扩大，在全国银行业金融机构中的比重不断增长，资产经营状况良好，不良贷款率低于全国商业银行平均水平。如今，城市商业银行已经成为金融市场中的新兴力量，在金融市场中的作用逐步加强。

　　自 2007 年 3 月全国首批 3 家村镇银行开业以后，经过近六年时间的发展，村镇银行在机构数量、资产规模、盈利能力等方面均有了较大突破。其他金融机构以及民间资本对村镇银行设立和投资的热情逐步高涨，村镇银行的注册资本规模不断扩张，盈利能力也不断提高。农村商业银行、农村合作银行和农村信用社等农村金融机构是农村金融的主要力量，机构数量庞大，机构覆盖面广，对农村地区经济的全方位金融覆盖与支持，是其他大中型金融机构难以企及的优势。农村信用社的转型升级是必然趋势，法人治理结构的改变是根本，经营模式的转变是关键，员工素质的提高是打破改制困局的突破口。

城市商业银行由城市信用社全部改制，到整合资源，地区商业银行之间联合做大规模，增强整体抗风险能力，扩大经营范围，再到改革上市，在优良的国内发展环境下，全国城市商业银行不断发展壮大。村镇银行对于民间资本的吸引，使更多的社会资源参与到金融机构的建设中，从而更加有效地支持实体经济的发展。农村商业银行、农村合作银行和农村信用社等农村金融机构一如既往地服务于农村经济。近年来，以上述金融机构为主体的地方法人金融机构不断深化改革，以各种形式探寻发展之路，呈现良好的发展态势。

2. 运营情况继续改善

地方法人金融机构运营状况继续改善。截至2012年末，全国地方法人金融机构不良贷款率平均比上年末下降0.3个百分点，其中，从全国不同区域范围来看，东部、中部、西部均有不同程度下降；流动性比率平均较上年末上升0.7个百分点，其中，东部地区平均下降0.4个百分点，中部、西部和东北地区分别上升1.9个、2.7个和3.6个百分点；资产利润率与上年末基本持平，中部和西部地区小幅上升；资本充足率比上年末提高0.6个百分点，各地区均不同幅度提高（如表3所示）。

表3　　　　　　　　　**2012年地方法人金融机构部分营运指标**　　　　　单位：%

	各地区2012年比2011年平均增减				
	东部	中部	西部	东北	全国
资本充足率	0.5	1.3	0.7	0.7	0.6
资产利润率	0.0	0.1	0.1	0.1	0.0
流动性比率	−0.4	1.9	2.7	3.6	0.7

资料来源：《2012年中国区域金融运行报告》。

3. 与地方金融生态环境协调良好

金融生态环境主要指的是金融业发展的外部环境，包括政治、经济、文化、地理以及人口等所有与金融发展相关的社会和自然因素。地方法人金融机构主要服务于地方经济发展，地方生态环境的建设和优化是地方法人金融机构健康发展的重要保证，也是促进地方经济发展的关键所在。

近年来，金融生态环境的建设引起了地方政府的重视，完善地方性金融体系是建设生态环境的重要措施。北京、上海、天津等经济发达地区的地方性金融体系功能齐全，浙江、广东等沿海地区较发达地区的地方性金融体系比较完善，中部地区等欠发达地方的金融体系正逐步完善，政府对地方性金融体系的建设推动了地方性法人机构的成立及发展。近年来，城市商业银行、农村商业银行和农村合作银行的改制工作在地方政府的大力扶持下进展顺利，全国城市信用社全部改制完毕，各地农村信用社积极准备、申请升级农村商业银行，村镇银行掀起了成立热潮。地方性金融体系的完善，激励城市商业银行不断扩大规模，增强实力，争取跨区域经营。

地方法人金融机构的发展，城市商业银行、农村信用社、农村商业银行、农村合作银行和村镇银行等金融机构的新设与壮大，丰富了地方经济发展的资金来源渠道，增加了地方中小企业有效资金供给，提高了发展活力，有效地支持了地区产业结构调整升级，促进了当地经济发展，改善了地区金融生态环境。反过来，金融生态环境的改善，降低了地方法人金融机构信贷业务的信用风险，提高了银行资本的安全性，有利于地方法人金融机构的稳定、健康发展。

（二）地方法人金融机构实施新资本协议的问题分析

1. 对新资本协议认识有待加强

目前，中国银监会对中小银行为主的地方法人金融机构实施新资本协议没有强制性规定，只是要求中小金融机构根据实际情况自愿申请。监管当局这样的规定是迫于我国中小银行发展不均衡，而且距离新资本协议要求差距太大的现实情况，要求相对宽松，这样使部分地方法人金融机构认为新资本协议实施与否都无关紧要，而且将风险控制工作归于风险管理部门单一职能机构。这样的错误思想认识首先在于对新资本协议的认识不够，新资本协议得到了全球银行业监管当局的普遍认可，实施新资本协议是世界各国银行业大势所趋。我国作为巴塞尔委员会的成员国之一，对新资本协议实施持积极态度，并颁布出台了一系列相关的监管文件，为新资本协议的实施充分准备了政策引导和奠定了坚实的法律制度基础，因此新资本协议的实施是必然的。其次是对新资本协议实施的时间紧迫性认识不够。新资本协议的实施是一项艰苦的过程，对于银行业务风险的全面计量需要大量的数据准备和风险计量工具选择，加之地方法人金融机构制度不完善，新资本协议实施任重而道远。

2. 风险管理文化和制度建设不足

《中国银行家调查报告 2009》显示，风险管理文化和制度的构建是国内银行目前实施新资本协议最大的困难（如图 2 所示）。在新资本协议实施的大量准备工作中，制定风险管理相关规章制度被银行业人士认为最具有挑战性（如图 3

所示）。制度、文化和技术是有效进行风险管理的三个核心要素①。但是从地方法人金融机构的构成来看，无论是成立较早的城市商业银行、农村商业银行、农村信用社，还是最近几年发展起来的村镇银行，风险管理的每一个核心要素都是地方法人金融机构的劣势。城市商业银行由城市信用社改制而来，近年来在地方政府的大力扶持下，部分地区城商行通过跨地区合作，将资本整合，组建成实力较强的地方性金融机构，北京银行、南京银行和宁波银行作为城商行的"领头羊"，成为仅有的 3 家上市城市商业银行，规模的不断扩大以及发展的需要，促使城商行增加对风险管理文化和制度建设的关注，并逐步探索适合发展的风险管理之路。农村信用社、农村商业银行以及农村合作银行虽然成立较早，鉴于自身的机构性质和服务定位，更多的是服务当地农村经济发展，没有跨地区、更高级别的上级机构领导整体的风险管理制度建设。村镇银行最早出现在 2007 年，如今刚刚经过六年的发展，单家金融机构的经营规模和盈利空间有限，更加难以投入过多的精力关注风险管理的系统建设。

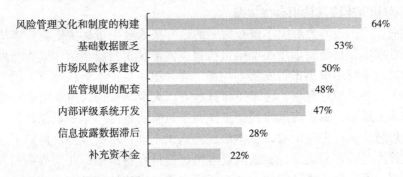

资料来源：《中国银行家调查报告 2009》。

图 2　实施新资本协议的困难

3. 数据基础薄弱

国外银行以及著名评级公司的实践证明，数据是新资本协议实施的重要因素。作为地方法人金融机构，普遍存在历史数据缺失的问题。由于缺乏数据收集管理的完善制度，对数据采集的资金支持不够以及数据采集技术的落后，地方法人金融机构的数据覆盖时间短，连续性不强，甚至由于系统升级或者保管不善问题造成数据的缺失。对于新型金融机构来说，成立时间短，更是难以满足新资本协议对数据的要求。数据的准确性及可靠性是地方法人金融机构数据

---

① 刘睿，巴曙松．我国中小银行实施巴塞尔新资本协议的问题与建议［J］．金融与经济，2011（1）：4－6.

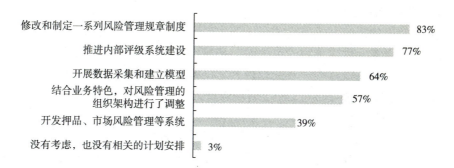

修改和制定一系列风险管理规章制度 83%
推进内部评级系统建设 77%
开展数据采集和建立模型 64%
结合业务特色，对风险管理的组织架构进行了调整 57%
开发押品、市场风险管理等系统 39%
没有考虑，也没有相关的计划安排 3%

资料来源：《中国银行家调查报告2009》。

图3 实施新资本协议的困难

存在的最大问题。数据的定义、划分标准可能随着社会经济的发展，进行相应的修改，而计量模型采用历史数据若不采取针对性的修正和解释，则很难保证数据质量。另外，基本业务人员的业务素质水平低下，对数据定义不清晰，错误归类，都会影响录入数据的准确性。

数据基础的薄弱是地方法人金融机构实施新资本协议的重要阻碍，不仅体现在由于中小型银行业金融机构成立时间较短而造成测评数据短缺的客观层面，而且更重要的是因为地方法人金融机构由于内部管理制度不完善、技术落后以及人员素质低下而导致的主观层面新资本协议风险评级数据的不可获得。

4. 资金实力不足

新资本协议内部评级法执行的复杂性是技术层面的困难，而新资本协议实施的巨大成本投入则是地方法人金融机构面临的更为现实的问题。高额的实施成本、实施中复杂的执行风险拖垮银行，还是使银行获得风险管理能力的提高、监管资本的节约、市场声誉的提升从而形成市场竞争优势，目前尚难断言。

从地方法人金融机构的整体盈利状况看，大量的财务资源投入是地方法人金融机构首先面临的难题。其次，地方法人金融机构发展不均衡。分机构来看，城市商业银行较其他金融机构资产规模大，经营制度完善，实施新资本协议的基础较好；分地区来看，经济发达地区的地方法人金融机构资产规模优于经济欠发达地区，城市的金融生态环境优于农村，机构位于城市的地方法人金融机构实力强于农村的金融机构。因此，地方法人金融机构内部新资本协议实施过程中面临的困难也不尽相同，难以用统一的标准去规范要求不同的金融机构。最后，短时期的大量成本投入，难以保证投资回报的短时期实现，对于地方法人金融机构中的小规模银行，发展初期盈利水平不高，将更多的资源投入新协议实施过程的热情不高。

5. 专业管理人才缺乏

任何制度的落实与执行离不开人的主动性参与。新资本协议实施的操作复杂性，更需要专业风险管理人员的参与和推动实施，我国目前正处于新资本协议的探索与初步实践过程，专业管理人才的缺乏不单是地方法人金融机构面临的困境，大型商业银行同样受制于管理人员的新资本协议实践经验欠缺的现实。与大型商业银行相比，地方法人金融机构的人员素质较为低下，人员构成不合理。学历水平偏低，不规范的人员招聘制度使得人员的引进仍然存在"子承父业"、"打招呼"的现象，难以吸引高学历人才；部分农村金融机构人员年龄老化严重，年轻员工的配比不够，造成管理观念僵化，创新意识不够。

六、地方法人金融机构实施新资本协议的应用对策

（一）建立全面风险管理模式

新资本协议的实质是提高银行业的风险意识，全面风险管理是一项持续的系统工程，涉及对银行业务各类风险的预防、考评及应对考虑，以及整体风险管理体系的构建，新资本协议的实施为银行业建立全面风险管理模式提供了契机。

1. 加强风险管理文化和制度建设

风险管理文化和制度是现代银行业建设的重要要求，风险文化是金融机构在经营管理活动中逐步形成的风险管理理念、哲学和价值观，是银行业机构企业文化的核心。良好的企业文化是银行业机构实施有效风险管理的保障。地方法人金融机构受自身规模和传统经营理念的影响，偏重于信贷业务的扩张，忽视对风险管理文化的培育和风险管理制度的建设，风险意识不够强烈。

地方法人金融机构，无论改制与否、成立早晚，都应该坚持"风险与业务发展相协调、风险与收益相均衡、风险与资本约束相适应"的风险管理原则，结合自身法人治理结构、经营模式以及资产规模等实际情况，在企业中宣传风险管理教育，建立风险管理合规性检查和问责机制，提高风险业务的敏感性，构建完善的风险管理制度，培育具有特色的企业风险管理文化。

2. 制定协议实施长远规划

新资本协议要求严格，实施过程必然会出现各种各样的问题。地方法人金融机构推进新资本协议的实施，需要做好长久的思想准备，为协议的实施制定详尽的长远实现计划。新资本协议的实施是一项系统工程，地方法人金融机构需要对风险管理制度建设、拓宽资本充足补充渠道、银行业务风险预防、全面风险测评以及应对，结合银监会的监管要求，根据自身的实际情况，明晰推进新资本协议的时间和工作安排，争取在规定的时间内，满足新资本协议的要求，达到监管当局的监管标准。

3. 构建内部评级体系

地方法人金融机构发展情况不均衡的现状，使目前新资本协议信用风险的内部评级法不能在各金融机构推广，部分规模小、经营制度不完善的金融机构，如新设立的村镇银行等，面对监管要求，还只能按照标准法的要求测算风险。但是内部评级法代表了目前最为完善的风险测评方法，虽然部分地方法人金融机构暂时条件不符合，使用内部评级法，构建内部评级体系是未来银行业的发展趋势，也是新资本协议的核心要求。因此，本课题将内部评级体系的构建作为地方法人金融机构实施新资本协议的重要措施。

内部评级体系是银行业实施内部评级法的必备条件之一，内部评级体系包括内部评级系统和相关的内部评级管理制度。作为全面风险管理的核心工具，内部评级系统包括模型的选择和数据的收集。内部评级体系指各种方法、过程、控制及数据收集、支持评估信用风险的 IT 系统、内部风险评级的确定、违约率和违约损失率的量化过程。内部评级体系是内部评级法的基础，内部评级体系最主要的技术标准包括违约定义、损失定义和资产分类以及内部评级模型建立和风险要素量化等。

（二）夯实数据基础

数据是新资本协议风险计量工具测算业务风险和计算最低资本要求的基础，数据的完整和数据质量的可靠是内部评级法测算结果准确的保证。地方法人金融机构对缺失的数据通过重新计算、大致估计以及同时期数据比较获得等方式替代，保证数据的连续性，提高风险计量模型计算结果的准确性。其次，数据的质量对于全面风险的评估有着至关重要的作用，错误的数据产生对风险形势错误的评判，风险测算结果的偏差造成银行资本与风险不匹配。地方法人金融机构在数据搜集的过程中，首先明确数据定义，规范数据采集流程，确保数据采集口径前后统一。另外，数据采集的过程中，不仅要借鉴其他银行的先进经验，采集相关结构的数据，更要和风险模型研发部门及时沟通，研究数据搜集范围，提高数据采集工作的效率。

（三）拓宽资本补足渠道

鉴于地方法人金融机构资本不足的现状，最低资本充足率的监管要求，对于地方法人金融机构的经营影响重大，拓宽资本补足渠道是地方法人金融机构亟待解决的问题。鉴于地方法人金融机构的特殊性质，可以通过以下途径增加资本。

1. 争取地方政府的资金支持

地方法人金融机构主要服务于地方经济，许多地方政府持有城市商业银行的股份，地方法人金融机构的发展兴衰与当地经济息息相关，地方政府应当担负起扶持地方法人金融机构发展的主要责任。对于地方法人金融机构资本充足率不足的现实状况，地方政府可以直接注入资金，提高资本充足率，考虑欠发达地区政府财政收入较少的现状，政府可以通过土地置换地方法人金融机构的不良贷款，降低不良贷款率，间接扶持地方法人金融机构。

2. 开展增资扩股

地方法人金融机构的身份特殊性和地域性，造成了股东范围狭窄，增加资本金的来源有限。地方法人金融机构首先可以鼓励现有股东增加投资，增加其股份权重和相应的权利范围。也可以吸引新的股东入股，本地发展良好的企业、农村地区有实力的个体经营者以及外地的战略投资者等都是可以纳入股东范围的潜在对象，这样也有利于改善地方法人金融机构单一的股权结构，从而提高资本充足率。

3. 优化信贷结构

地方法人金融机构在支持当地经济发展的过程中，难免会受到地方政府的行政影响，贷款投向信用评级不高的行业或者企业，增加信用风险。地方法人金融机构可以优化信贷结构，清收历史不良贷款，提高信贷资本质量，降低风险资产，提高资本充足率。

（四）加强专业人才培养

新资本协议实施过程复杂，涉及法律、计算机、会计、审计以及数学等多方面的知识，这一切离不开专业人才的支撑。地方法人金融机构首先加强对内部优秀人才的培养，内部人员对企业的经营状况更为了解，可以较快发现运行弊端并采取合理措施处理。通过外部招聘的方式吸引协议实施所需要的各方面专家，将外部先进的管理经验和理念实践于风险管理的各个环节。最重要的是地方法人金融机构需要重视人才环境建设，储备充足的后备人才，建立合理的人才激励机制，增强企业对人才的吸引力，这样才能使地方法人金融机构在当今人才快速流动的环境下，为新资本协议的实施配置优秀的人才资源。

（五）争取监管支持

新资本协议中监管当局监督检查的目的是为了促使金融机构资本充足率达到监管要求以上，增强金融机构的风险意识，维护银行资本与风险的匹配。从全面风险管理的角度考虑，地方法人金融机构实施新资本协议和监管当局的监督检查目标一致，都是为了提高金融机构的风险管理水平。地方法人金融机构在新资本协议实施的过程中，应当及时与监管部门保持交流，理解监管部门的监管期望，使设计思路达到符合监管要求与自身实际发展情况的协调一致。对于协议实施过程中，监管要求规定不明晰的环节，充分与监管部门沟通，尽可能达成共识；暂时难以协商一致的，执行过程中要为自己留下充分的操作空间，避免以后因为监管要求的改变带来的风险。在风险可控的前提下，向监管当局争取宽松的行业资本监管水平，扩大可操作资本的规模，为地方法人金融机构的发展创造良好的监管环境。

（六）加强机构之间合作

目前，新资本协议正处于初步实践和探索的时期，国内五家大型银行和招商银行的协议实施项目已经进行了评估和审批。作为地方法人金融机构，部分城市商业银行陆续启动新资本协议实施项目，北京、上海、重庆、成都、张家港农村商业银行在银监会的指导下先行开展试点工作。对于新资本协议的实施，地方法人金融机构没有成功的先例和可以借鉴的实施路线。

地方法人金融机构具有许多不同的特质，在推进新资本协议的道路上，依靠单一金融机构完成整个系统工程困难重重，资金实力、成本高昂、技术水平等等普遍的现实状况都有可能造成地方法人金融机构的新资本协议实施进程停滞不前。地方法人金融机构虽然规模较小，但数量众多，城市商业银行之间、农村金融机构之间以及村镇银行之间，甚至地方法人金融机构不同主体，完全可以加强机构之间的交流和沟通，定期组织对新资本协议实施状况的探讨，共同聘请专家对各金融机构人员培养，阶段性进行协议实施成果考评，协商制定行业共同适合的风险标准，探寻适合自己的协议实施路线。

参考文献

[1] 汪办兴. 中国银行业全面风险改进管理研究 [D]. 复旦大学，2007.

[2] 杨明章. 城市商业银行实施新资本协议之我见 [J]. 大连海事大学学报（社会科学版），2007，12（6）：142 – 144.

[3] 王胜邦. 全球金融危机背景下对实施新资本协议的再思考 [J]. 银行家，2009（12）：15 – 17.

[4] 罗平. 新资本协议的影响及中国的实践 [J]. 银行家，2006（8）：90 – 94.

[5] 中国银监会网站，统计信息.

[6] 冯娜娜. 上市城商行资产增速放缓 转型迫切，21 世纪网.

[7] 中国人民银行货币政策分析小组. 2012 年中国区域金融运行报告.

[8] 刘睿，巴曙松. 我国中小银行实施巴塞尔新资本协议的问题与建议 [J]. 金融与经济，2011（1）：4 – 6.

[9] 赵玉睿. 中小商业银行实施新资本协议的几点思考 [J]. 新金融，2010（7）：37 – 39.

[10] 于滢. 巴塞尔新资本协议在我国城市商业银行运用问题研究 [D]. 辽宁师范大学, 2009.

[11] Beaver. William H. Finaneial Ratio as Predietors of Failure [J]. Journal of Accounting Research, 1966 (4): 71 – 111.

中原经济区产权交易市场建设问题研究

中国人民银行三门峡市中心支行课题组①

第一节　导　言

产权交易是指一定的产权主体对作为商品的产权客体的买卖活动。产权交易市场是指供产权交易双方进行产权交易的场所，包括现在的产权交易所（中心）、资产调剂市场、承包市场或租赁市场等。产权交易市场具有信息积聚、价格发掘、中介服务、中小企业融资新渠道等多种功能。

"十二五"时期是我国产权市场从粗放型发展到质量性发展，规模型发展到规范性发展、外延性发展到功能型发展转型的关键时期。大力提升产权交易市场化功能，对于充分发挥市场在资源配置中的基础性作用，有效激活各类要素市场，更好地服务于国企改革，服务于各类企业兼并重组、服务于中小微企业发展、服务于科技创新具有十分重要的战略意义。鉴于河南省落后的产权交易市场现状，与中原经济区经济飞速发展的客观要求极不适应，这也是开展本次研究的契机之一。

第二节　全国产权交易市场发展

一、全国产权交易市场发展历程

（一）起步阶段（1988—1992 年）

1984 年 7 月，保定市纺织机械厂和保定市锅炉厂以承担被兼并企业全部债权、债务的方式，分别兼并了保定市针织器材厂和保定市风机厂，开创了中国

---

① 课题主持人：张银仓；
　课题组成员：白崇建、乔建祥、孙晶、侯春峰、茹芳芳。

国有企业间兼并的先河，产权交易的概念由此在中国出现。1988 年 3 月，七届人大会议之后，各地企业国有产权交易发展速度迅猛，第一批产权交易机构应运而生。至 1989 年底，全国共有 25 家产权交易机构挂牌成立。

（二）扩张阶段（1992—1998 年）

1993 年 11 月，十四届三中全会明确要求产权制度改革应为企业改革的重点与核心，"为盘活国有资产存量服务"成为产权市场发展的强大推动力。此后，各地纷纷设立不同规模的产权市场，各类市场服务性中介机构相继建立，相关的法律法规也陆续出台。同时，为适应市场需求，产权市场开始突破以债转股和兼并为主的业务模式，积极尝试非上市公司股权交易，产权交易市场的内涵和外延迅速扩大。到 1998 年 3 月底，我国共有 219 家产权交易机构。

（三）调整阶段（1998—1999 年）

由于缺乏国家政策支持和法律规范、产权交易程序不统一、监管体系不健全，造成产权交易中出现国有资产严重流失、市场盲目发展、无序竞争等许多不规范的现象。为此，1998 年国务院发布了 10 号文《国务院办公厅转发证监会关于〈清理整顿场外非法股票交易方案〉的通知》，开始对各地产权交易市场进行清理整顿。成都、武汉等一批产权交易市场因此关闭，另有相当多的产权交易市场实际处于半停业状态。经过整顿，产权市场的定位逐步明确，各地政府也认识到了健全市场法规和加强市场监管的重要性。

（四）恢复发展阶段（1999—2003 年）

产权交易市场经过 1998 年的清理整顿，发展暂时处于低迷时期。然而，随着国有企业改革的深化，产权交易市场开始走出低谷，许多地方出现了恢复、规范、重建产权交易所的大胆探索。同时，我国高新技术的迅速发展需要一个能将技术成果交易与融资功能相结合的平台，技术产权交易市场开始发展起来。到 2003 年底，全国产权交易机构达到了 230 家，其中省级机构有 30 家，有力地促进了国有企业改革重组、科技企业融资和技术成果的产业化。

（五）创新探索阶段（2003—2012 年）

2003 年以来，国资委等相关部门先后颁布了《企业国有产权转让管理暂行办法》（以下简称"3 号令"）和《企业国有产权交易操作细则》等多项文件，形成了统一的企业国有产权交易制度，使我国产权市场成为制度健全的基础性资本市场；2009 年 10 月，国家工信部发布了《关于开展区域性中小企业产权交易市场试点工作的通知》，在全国选择了包括河南省技术产权交易所在内的 5 家产权交易市场开展中小企业产权市场交易试点，创新在于将选择挂牌的高成长性中小企业进行股权拆细、连续竞价交易，采用"T + 1"的交易结算模式，吸纳自然人投资者入场交易。

二、全国产权交易市场发展基本格局

目前，我国产权交易所数量 320 家左右，其中具有国有资产处置的交易机构 76 家。产权交易市场初步形成了三级市场框架，即北京、上海、天津、重庆四家全国性产权交易市场；以上海、天津、青岛、陕西四家产权交易机构分别牵头成立的四家区域性产权交易市场；以各省市产权交易机构为基础的地方性产权交易市场。

（一）全国性产权交易市场

1. 上海联合产权交易所

成立于 2003 年，单位性质为事业法人，主管部门为上海市国资委和上海市产权交易管理办公室。该交易所为综合性产权交易服务平台，是经国资委选定的从事央企国有资产转让的首批试点产权交易机构，实行会员制，由执业会员和非执业会员组成。2010 年，上海联合产权交易所内各类产权交易成交额达 2 454 亿元，同比增长 76%。

2. 天津产权交易中心

成立于 1994 年，单位性质为事业法人，主管部门为天津市国资委，实行经纪会员业务代理制。目前，天津产权交易中心拥有独资、合资的专业市场 8 个，261 家经纪会员。2010 年共完成交易额 1 994.82 亿元，增值率 15.6%，企业国有产权交易成交额 115 亿元，增值率 20.9%，央企交易 102 宗，交易额 29.66 亿元，增值率 59.4%。

3. 北京产权交易中心

成立于 2004 年，单位性质为有限责任公司。2004 年由北京产权交易中心与中关村科技产权交易所合并成立，是北京市国有资产唯一的指定交易场所，也是一个集各类产权交易服务为一体的专业化平台。2012 年，北交所集团全年共完成各类产权交易 24 897 项，成交额 9 395.16 亿元，增长 115.65% 和 107.11%，连续三年实现交易额倍增。成立 9 年来，累计交易额突破 2 万亿元，达到 20 190.84 亿元。

4. 重庆联合产权交易所

成立于 2004 年，单位性质为股份有限公司，主管部门为重庆市国资委。2007 年 5 月经国务院特批，成为全国第四家、中西部唯一一家从事央企产权交易的全国性市场，推行"政府监管、市场化运作、企业化模式"运作，坚持"规范"与"创新"，创立了产权交易"三大风险"（道德风险、法律风险和财务风险）防范和四个（政策、种类、地域和网络）"全覆盖"的"重庆模式"。截至 2010 年累计完成各类产权交易项目 11 037 宗，增长 103.79%，实现交易额

1 651.76 亿元，同比增长 28.05%。

（二）区域性产权交易市场

1. 长江流域产权交易共同市场

该市场是由以上海产权市场为代表的 24 家产权交易机构在 1997 年 7 月成立的国内第一个产权交易区域性合作组织，目前共有 43 家产权交易机构，遍及 18 个省、市、自治区。据统计，2011 年该市场共计成交 102 945 宗，成交金额合计达 10 626.07 亿元，分别占同期全国交易总量的 50.59% 和 49.74%。

2. 北方产权交易共同市场

该市场是由天津、北京、河北、河南、山西、青岛、哈尔滨 7 家产权交易机构在 2002 年 4 月发起成立，市场实行会员制。截至 2012 年末，该机构有 72 家成员，覆盖 22 个省、市、自治区。据统计，10 年间北方共同市场实现总交易额 12 000 多亿元，其中国有产权交易额约 6 800 亿元，成为全国最大的区域性产权交易市场。

3. 西部产权交易共同市场

该市场是由贵州、陕西、四川、新疆、云南、甘肃、重庆等 7 家产权交易机构在 2004 年 7 月发起成立，目的是为了搭建西部地区统一的信息服务网络服务平台，建立统一的信息披露标准、交易统计标准，促进以产权为纽带的跨地区、跨部门存量资产盘活与增量资本投入，构筑我国西部资源性卖方大市场和市场化招商引资服务平台。

4. 黄河流域产权交易共同市场

该市场是由青岛产权交易所牵头，以覆盖黄河流域的山东、山西、河北、河南、陕西、内蒙古、甘肃 7 个省区的 11 家产权交易机构在 2003 年发起成立。2004 年市场实行公司制改组，成立青岛黄河流域产权交易共同市场有限责任公司，是四大区域性产权交易市场唯一一家实现公司化运作模式的市场。

（三）各省、市产权市场

各省（市）产权交易市场一般负责组织和治理当地的产权交易所等机构，行使产权市场的组织治理职能。截至 2012 年 6 月底，我国统一规范的省（市）级产权交易市场数量达到 988 个，其中，省级 13 个，地市级 198 个，县级 777 个。

三、我国产权交易市场的交易特点

（一）产权交易量快速增长

产权市场的交易总量直接反映了市场的发展状况。在经过了 1998 年的短暂低谷后，我国产权交易市场成交额逐年攀升。在 2003 年"3 号令"出台后，产权交易市场更是得到了全面、快速发展，交易总量不断上升。

表1   **2003 — 2010 年产权交易市场交易情况**

年份	成交金额（亿元）	同比变化（%）	单宗交易平均成交额（百万元）
2003	939. 90	—	4. 36
2004	1 913. 84	103. 62	8. 31
2005	2 926. 07	52. 89	9. 28
2006	3 193. 93	9. 15	9. 52
2007	3 512. 88	9. 99	9. 82
2008	4 417. 85	25. 76	12. 71
2009	5 463. 64	23. 67	13. 26
2010	7 000	28. 12	14. 78

资料来源：相关年份《中国产权市场年鉴》。

从表1可以看出，我国产权交易市场成交额从2003年的939.90亿元增长到2010年的7 000亿元，增长了6.4倍，年均增幅达33.22%。从单宗交易平均成交金额来看，产权交易的交易规模逐年扩大。2010年单宗交易平均成交金额为14.78万元，是2003年的3.4倍。

（二）产权交易高度集中，整体呈现"东强西弱"格局

我国产权交易市场的发展具有明显的区域性特点，产权交易与各地区的经济发展状况密切相关。以2010年为例，6家成交额在300亿元以上的产权交易机构成交额占全部统计机构的比例为88.96%，其余的300多家产权交易机构市场份额仅为11.04%，这表明我国产权交易市场的集中度很高。

表2   **2010 年产权交易成交金额排名前十位的地区**

地区前十名	成交金额（亿元）
上海	2 453. 93
北京	2 227. 25
天津	1 994. 82
广州	537
湖北	366. 56
重庆	316. 79
沈阳	255
山东	85. 6
江苏	72. 3
西南联合	57. 13

资料来源：《中国产权市场发展报告（2010—2011）》。

　　从表2可以看出，我国产权交易市场的发展程度和产权交易机构交易情况存在巨大差异，整体呈现出"东强西弱"的格局。东部沿海经济发达地区产权市场发展相对较快，产权交易机构运作比较成熟，产权交易额排名居全国前列。西部地区由于自身经济发展较落后，地区产权交易发展明显落后于东部地区。根据2010年统计数据，东部地区产权交易成交额占全国产权交易成交额的比例为73.3%，中部地区占比为20.4%，而内陆西部地区占比仅为6.3%。

　　（三）产权交易以本地为主，异地交易比重较小

　　从2006—2010年我国产权交易按地域分布情况分类来看（见图1），产权交易以本地交易为主，总体占比在84%左右。异地交易比例虽逐年上升但上升的比重不大，总体维持在10%左右，而境外交易总体维持在6%左右。

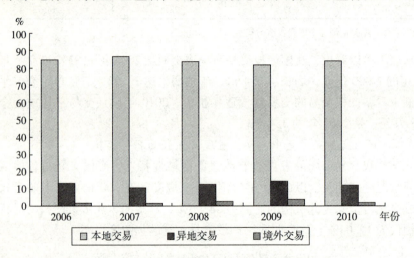

资料来源：相关年份《中国产权市场年鉴》。

图1　产权市场交易地域分布

　　但是市场经济的发展要求包括产权在内的生产要素能够在全国范围内自由流动，这要求各地产权市场打破地域分割，扩大交易信息网络，加强各区域产权交易市场交流和资源共享，逐步推动跨区产权交易的快速发展。

　　（四）交易标的以国有产权为主但交易趋于平稳，非国有产权交易发展迅速

　　从产权交易标的属性来看，2005—2011年市场以国有产权交易为主，年均保持在2 000亿元，占比平均为56.41%。但是随着我国国有企业改制重组进程的加快，国有产权交易相对趋于平稳，国有产权交易宗数出现下降。同时，随着我国市场经济的逐步成熟，非国有企业尤其是民营企业逐渐成为我国市场经济中一支重要力量，与之对应的非国有产权交易出现了快速增长，2007年非国

有产权交易成交额首次突破 1 000 亿元，2008—2010 年非国有产权交易宗数分别为 21 444 宗、27 967 宗和 36 470 宗，均超过当期国有产权交易总数。

（五）协议转让和拍卖仍为产权交易的主要方式

企业通过产权市场进行产权交易通常可以获得一定的资本溢价，而不同的产权交易方式会带来不同的资本溢价功能。目前产权交易中普遍采用拍卖、招投标、协议转让这三种交易方式，其主要思想是以拍卖理论为依据，通过调节和确定市场出让价格来实现资源在竞争代理之间的均衡分配。从交易方式来统计，2005—2011 年期间，交易方式以协议交易为主，按成交宗数比例来看，协议转让在交易方式中所占的比例为 56.66%，拍卖次之，为 25.61%，竞价为 7.83%，招标为 0.49%，其他为 24.87%。

第三节　产权交易市场发展与经济发展关系的实证分析

中国的经济体制改革是从 1978 年开始的，而产权市场则是在 1988 年诞生。经济发展培育了大批民营企业，民营企业与国有企业在竞争中出现了互动需求，也因而出现了改制和股权置换的可能。理论上，市场逐渐取得发展后促进了对产权交易的需要，产权交易的诞生和发展同时也促进了经济发展，降低了企业成本，二者之间存在双向的影响关系。为了更直观地说明二者之间这种双向性的关系，我们收集了 2001—2011 年产权交易总额 CJY 和国内生产总值 GDP，并用计量经济学的方法来验证。

表3　　　　　　2001—2011 年全国产权交易总额和国内生产总值表

年份	总交易额 CJY（亿元）	GDP（百亿元）
2001	300	992
2002	400	1 097
2003	500	1 203
2004	1 000	1 358
2005	1 914	1 599
2006	2 926	1 849
2007	3 194	2 163
2008	3 513	2 658
2009	4 418	3 140
2010	5 464	3 409
2 011	7 000	4 012

资料来源：《中国产权市场发展报告（2011—2012）》，《中国统计年鉴（2002—2012）》。

经计算，产权交易总额 CJY 和国内生产总值 GDP 两个指标的相关系数高达 0.986，说明二者之间存在很高的正相关关系。运用 Ewiews5.0 做出的散点图也证明了这一关系的存在。

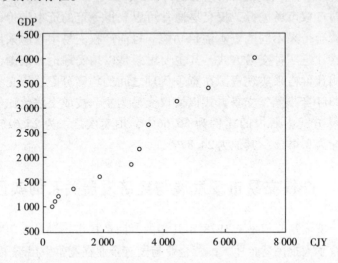

图 2　产权交易总额 CJY 和国内生产总值 GDP 线性关系图

一、平稳性检验

检验时间序列的平稳性常用的方法有 DF 检验法、ADF 检验法、PP 检验法。本文采用 ADF 检验法来检验时间序列数据 GDP，LCJY（CJY 取对数）的平稳性。利用 Eviews5.0 的 ADF 方法的检验结果如表 4 所示。

表 4　　　　　　　　　　变量 GDP 和 LCJY 的 ADF 检验

变量	ADF 检验值	5% 的临界值	结果
GDP	3.88	− 3.21	非平稳
D（GDP）	− 6.81	− 3.21	平稳
LCJY	− 1.49	− 3.73	非平稳
D（LCJY）	− 4.24	− 4.19	平稳

可以看出，GDP 与 LCJY 在 5% 的显著性水平下，ADF 检验的 t 统计量的绝对值小于所对应的临界值，所以不能拒绝存在单位根的零假设。而经过 1 阶差分后序列的 t 统计量是显著的，即拒绝存在单位根的零假设。因此，GDP 与 LCJY 这两个序列均为 I（1）型，满足协整检验的前提条件。

二、协整检验

虽然变量 GDP、LCJY 是非平稳的一阶单整序列，但可能存在某种平稳的线性组合。这个线性组合反映了变量之间长期稳定的比例关系。本文采用 Johansen 检验法，结果显示：在 5% 的检验水平下，迹（Trace）统计量检验有 22.23 > 20.26，3.68 < 9.16；最大特征值（Max – Eigen）统计量检验有 18.55 > 15.89，3.68 < 9.16。所以变量 GDP 和 LCJY 存在协整关系，即表明产权交易总额与国内生产总值之间存在长期的稳定关系，二者为双向的相互促进关系。

具体可以表示为：

GDP = – 578.38 + 830.85 × LCJY

（38.82）（102.21）

Unrestricted Cointegration Rank Test (Trace)

Hypothesized No. of CE(s)	Eigenvalue	Trace Statistic	0.05 Critical Value	Prob.**
None *	0.901563	22.22925	20.26184	0.0265
At most 1	0.368917	3.682544	9.164546	0.4614

Trace test indicates 1 cointegrating eqn(s) at the 0.05 level
* denotes rejection of the hypothesis at the 0.05 level
**MacKinnon-Haug-Michelis (1999) p-values

Unrestricted Cointegration Rank Test (Maximum Eigenvalue)

Hypothesized No. of CE(s)	Eigenvalue	Max-Eigen Statistic	0.05 Critical Value	Prob.**
None *	0.901563	18.54670	15.89210	0.0187
At most 1	0.368917	3.682544	9.164546	0.4614

图 3　协整检验结果图

三、格兰杰因果关系检验

产权交易总额增长与国内生产总值增长在长期内存在着内在的同向的规律性联系。但是协整关系只意味着相关关系，表明两者之间在长期中存在着某种相同的变动趋势。因此，本文对产权交易总额增长与国内生产总值增长进行格兰杰因果关系分析，目的是侦破因果导向关系。表中的显著性水平表示接受零假设的概率，数值越小，说明变量间存在因果的关系越明显。

表5   变量 GDP 和 LCJY 的格兰杰检验结果

Null Hypothesis	F – Statistic	lags	Probability
LCJY does not Granger Cause GDP	2.07	1	0.19369
GDP does not Granger Cause LCJY	0.01		0.90659
LCJY does not Granger Cause GDP	2.20	2	0.22707
GDP does not Granger Cause LCJY	0.35		0.72366
LCJY does not Granger Cause GDP	160.75	3	0.0579
GDP does not Granger Cause LCJY	10.05		0.22688

由检验结果可知，当滞后期为1、2时，接受原假设，即两者都不互为格兰杰原因。在滞后期数为3期时，产权交易总额与国内生产总值之间存在着单向的因果关系，即零假设"GDP 不是 LCJY 的格兰杰原因"的发生概率为0.22688，因此，实际 GDP 的增长不是产权交易总额增长的原因。而零假设"LCJY 是 GDP 的格兰杰原因"的发生概率为0.0579。由此可见，虽然回归分析显示双方存在长期的双向的影响关系，但格兰杰因果分析显示产权交易额的增加促进了经济的增长，因此要促进经济快速发展，大力发展产权交易市场是必不可少的。

第四节　发展中原经济区（河南）产权交易市场的必要性和可行性

一、中原经济区产权交易市场建设的必要性

（一）加快发展中原经济区产权交易市场具有重大意义

产权交易市场具有信息积聚与辐射的功能。各类产权的出让和收购信息在产权交易市场内积聚，再利用产权市场本身的信息发布渠道辐射到全国乃至全世界的每一个地方，使市场突破有形边界，从而使交易配对的可能性和成功率大大提高；产权交易市场具有资源优化配置功能。通过产权在产权交易市场的有序流动，建立起资源流动的桥梁和通道，使不合理的资源配置达到最优化；产权交易市场有助于推进政府职能的转变，使政府从直接管理转移到为市场主体服务和创造优良环境上来，充分发挥市场机制的资源配置作用。

（二）河南省产权交易市场发展严重滞后于中原经济区经济发展

作为我国重要区域经济体之一的中原经济区，其经济总量与长三角、珠三角等发达经济体之间的差距在逐步缩小，但资本市场，特别是产权交易市场的发展相较而言比较落后，与经济发展不匹配。2010 年全省各级产权交易机构办理企业国有产权交易 55 宗，交易金额 17.97 亿元，为各类企业融资 4.68 亿元。截至 2012 年末，河南省仅有境内外上市公司 101 家，其中 66 家 A 股上市公司近 20 年在 A 股市场累计筹集资金近 1 100 亿元，仅占 A 股市场筹集资金额的 2.2%。

（三）中小企业融资难的严峻问题迫切需要发展产权交易市场

作为全国人口大省、经济大省，河南中小企业众多，占全省企业总数的 99% 以上，贡献了全省 61% 的 GDP、提供了 85% 以上的新增工作岗位。但中小企业发展中普遍面临资金短缺、融资困难的情况。在这种状况下，产权交易市场成为河南省中小企业融资的一个重要渠道。

二、河南省产权交易市场发展现状及存在的问题

（一）发展历程及现状

从 20 世纪 90 年代初起，由于股份合作制企业的发展，河南就开始了产权交易市场的探索。1990 年经郑州市政府批准成立了郑州市产权交易市场，现隶属于郑州市国资委。1995 年省政府批准成立了河南省产权交易中心，现由省财政厅管理。经历了 1998—1999 年全国范围的产权交易市场清理整顿后，2000 年初"非上市股份有限公司股权登记托管业务"在全国重新开展，河南省在这方面活动尤其活跃，在县市成立了隶属于省托管中心的许多分支机构。到 2004 年 2 月《企业国有产权转让管理暂行办法》颁布之前，河南省共有产权交易机构 18 家。

2004 年以后，随着《企业国有产权转让管理暂行办法》、《企业国有产权交易操作规则》、《河南省企业国有产权转让监督管理办法》等一系列制度的出台，河南省产权交易市场逐步走上规范发展的快车道。业务范围和交易对象不断扩大，目前，全省有以河南省产权交易中心、河南中原产权交易有限公司、河南技术产权交易所为代表的 16 家产权交易中心，涵盖了包括郑州在内的全省 13 个地市。据《中国产权市场年鉴 2011》统计，2010 年河南省产权交易中心等 6 家交易机构共办理企业国有产权交易 55 宗，交易金额 17.97 亿元，为各类企业融资 4.68 亿元。

（二）中原经济区产权交易市场发展过程中存在的问题

1. 市场功能定位落后

区域性产权交易市场的建设和发展离不开政府的战略规划和政策支持。

产权交易市场较发达的地区，历届政府对其在整个区域资本市场发展的角色都有一个明确的定位，都把建设全国乃至全球金融中心作为战略目标，持之以恒。河南省提出中原经济区战略，意欲在中原崛起的大背景下有所作为，希望能够拥有一个辐射中西部的国家级资本市场和交易平台，建立一套符合河南中小企业现实需求和发展特点的多元化融资体系。虽然河南省政府意识到了产权市场建设的必要性并出台了一批规范与促进政策，但战略目标和市场功能定位的落后，使产权市场如何发展没有形成一个明确的思路和整体规划，也缺乏统一的监管标准，形成了市场当前的"散"和"乱"现象。

2. 交易机构多而散

目前，河南省的产权交易机构规模偏小且数量众多，基本上每个地市都有自己的产权交易机构，造成服务对象一般仅限于本地区的各类企业产权的转让，辐射范围狭窄。从交易制度来说，各地产权市场都根据本身的实际情况制订了不同的产权交易规则、制度，各地信息披露的形式、范围和标准也不相同，造成各地产权市场信息共享困难、信息反馈失灵以及资源有效配置，使跨区域的产权交易较难实现。另外，业务上的重合不仅造成资源浪费，增加了监管难度，也导致省内各产权交易机构的恶性竞争，降低了执业水平。

3. 交易机构组织形式不合理

目前，河南省的产权交易机构主要有两种组织形式：事业法人和企业法人。全省已有的 16 家产权交易中心，除河南中原产权交易有限公司、河南技术产权交易所、开封市产权交易市场有限公司、许昌亚太产权交易中心有限公司为企业法人单位外，其他均为事业法人单位，产权交易机构带有明显的政府机构性质，难以建立有效的激励约束机制，造成产权交易机构市场行为目标的偏离和缺乏内在发展的动力。

4. 交易品种和方式单一

从交易主体来看，目前河南省产权交易市场交易的对象多数仍然是国有企业，民营企业实际成交较少；从交易品种来看，主要是国有企业股权，其他方面，如林权、矿权、水权、专营权、使用权、居住权、抵押权、质权、债权、商标权等多种财产权利的转让比较少见；从交易方式上看，全省 80% 以上的产权交易都是通过公开拍卖或是协议转让的方式完成，竞价成交份额极低，产权交易市场化程度低。

三、中原经济区产权交易市场建设的可行性分析

中原经济区作为我国重要的区域经济体，在科学技术、信息协作、原材料和零部件、加工服务、资源和市场等方面具有紧密协作关系，对建立中原经济

区产权交易市场具有一定的区位优势、基础优势、政策优势和信息优势。

1. 地缘优势

中原经济区具有得天独厚、中通天下的区域优势，不仅承接东部地区的产业转移，而且能够辐射和带动中西部的发展。目前中原经济区的北、南、西三个方向上分别有北京、武汉、西安三个大经济中心，经济实力强，带动区域广，有利于带动中原经济区的快速发展，也为区域内的产权交易市场的发展提供了丰富的客户资源和便利条件。

2. 基础优势

当前区域性产权交易市场主要服务于中小企业融资，中小企业是区域性产权交易市场的基础资源和重要基石。据统计，河南省民营科技企业总数在2006年底就达13 817家，居中部六省第一位、全国第三位。2011年统计的企业概况数据可见，河南省已经进行股份制改制的小企业就有6 000家左右。这在一定程度上反映了河南不乏具有较大成长潜力的中小企业。因此，长远来看，中原经济区产权交易市场具有丰富的潜在资源和广阔的市场容量。

3. 信息优势

目前，河南省的省级产权交易机构不仅与全省18个省辖市建立了业务合作网络，还积极开展对外合作，与天津等7个省市联合发起组建了中国北方产权交易共同市场；与上海、北京签订了合作开展中央企业产权交易的协议。通过上述措施，河南产权交易市场网络已经扩展到了广州、深圳、青岛、湖北、陕西、山西、河北、内蒙古、东北等经济发达省份和周边地区。

第五节　中原经济区产权交易市场的定位与发展构想

一、河南省产权交易市场的发展定位

1. 目标定位

以建设区域性中心产权市场为目标，推动非标准化产权流转，防止国有资产流失，优化产权配置，提升资产价值，服务于中原经济区战略。

严格、规范、成熟的产权交易市场应该是开放的、竞争性的、统一的市场，必须有全局的统筹规划。立足河南省现状和省政府总体规划，我们不可能也没有必要以建设全国性的中心产权市场为目标，但是作为中原经济区，必须把建设区域性中心产权市场作为目标，以服务于中原经济区战略。在这个市场上，"非标准化的产权流转"都是产权市场发展的对象，一切非上市企业的股权都是这个市场运行的主体。"防止国有资产流失"是这个目标定位的核心，"优化产

权配置、提升资产价值"则要求产权市场应积极主动地深入到企业战略经营中去，为企业提供资源配置和重组服务，把产权市场的功能嫁接到企业资本运作环节，逐步引导更多的企业进场。

2. 运行方法

市场运行制度化，制度落实程序化，程序运转信息化，信息系统规范化。这四点也是产权市场区别于其他市场的一个重要标志。做到这四点，不论是国有企业还是民营企业，都会认识到这个产权市场是可以信赖的。

3. 发展模式

针对河南省产权交易市场"散"和"乱"的现状，整合、规范、创新、合作应是今后的发展方向。但在整合方面，有两种模式可供选择：一是整合全省所有的产权交易机构，全部纳入公共资源市场平台，建立省和地市两级大一统的公共资源市场交易中心。这种模式全国已有 13 个省采用。优点是资源整合效率高，统一平台、统一监管。缺点是由于各产权交易机构隶属关系不同，机构性质不同，整合难度大，且产权市场和公共资源市场有本质区别，整合后行政干预可能较多，不利于产权市场创新和发展。二是分层整合。在省级，产权交易市场和公共资源交易市场分别整合，分别建立河南省规范统一的产权交易中心和公共资源交易中心。在地市一级，产权交易市场则可以与公共资源交易市场整合在一起。

结合河南省产权交易市场实际，建议采用分层整合的模式。主要原因：一是产权市场和公共资源市场有着本质区别，应该保留产权交易市场的独立地位；二是河南省产权交易机构情况复杂，整合难度本身就比较大，如果再加上公共资源交易机构，体制问题、编制问题、人员问题、监管问题等，整合难度更大；三是地市一级由于产权交易业务量少，部分机构生存困难，并入公共资源交易市场，既可解决产权交易机构的存续问题，又能发挥产权交易机构自身优势，推动统一的公共资源交易平台建设。

基于此观点，本文将重点就河南省产权交易市场的整合、规范和创新发展问题进行探讨。

二、以整合促规范，建立全省统一的产权交易大市场

（一）整合产权资源，实现统一市场

目前，已有的各个产权交易机构都是各自为政，监管主体政出多门，市场运作存在着相当程度的盲目性和无序性。为了更好地推进中原经济区产权交易市场建设，必须整合现有的产权交易机构，形成统一的产权交易大市场。要打破现有的市场格局，整合现有的市场资源、人力资源和管理资源，以河南省产

权交易中心为主体，整合郑州市产权交易市场、中原产权交易有限公司、河南技术产权交易所等产权交易机构，组建具有较强凝聚和辐射能力、运作规范的产权交易市场。

（二）完善政策体系，实现交易"四统一"

政府在全面、科学评价的基础上，结合当前形势和企业需求，立足产权市场功能发挥，对现有关于鼓励产权市场发展的文件进行补充完善，出台关于支持和规范产权市场发展的完备政策体系，改变过去资源分散、政府部门条块分割、信息不能共享的低效管理状态，实现全省产权交易"四统一"，即交易规则统一、交易系统统一、信息披露统一、监测系统统一。并且在"四统一"的基础上再做到"两个统一"，即统一的信息披露、统一的网络竞价。这样，有利于更好地形成产权交易统一市场，体现监管体系的监管职能，对本地区企业国有产权交易活动实施有效监管。

（三）完善监管体系，规范交易行为

参考上海市产权交易所政府监管体系，设立省产权交易管理办公室（以下简称省产管办）和公平公正评审委员会，与省国资委共同构成统一的政府监管体系。具体职责分工如下：省国资委负责产权交易市场的管理和协调工作。省产管办是产权交易市场的监管机构和产权经纪行业的业务主管部门，产权交易市场建设联席会议和公平公正评审委员会协助和指导产权交易市场工作。同时建立定期报告制度，由产权经纪机构定期向省国资委、省产管办报告产权交易市场运行情况。同时出台全省产权交易规范性文件，对产权交易、产权交易主体资格、产权交易中介机构、产权交易程序、违法行为的处罚等予以规范，使全省产权交易所有法可依，有章可循，依法运作。

三、以创新促发展，打造中原经济区产权交易市场品牌

（一）创新组织形式，发展集团化模式

产权交易所按照组织机构性质有两类划分方式：一类是事业法人（行政事业单位），一类是企业法人（公司化运作）。根据中国企业国有产权交易机构协会 2011 年对全国 56 家产权交易机构的调查显示，57% 的产权交易所为企业法人单位，交易机构向企业法人转变的趋势比较明显；另外，近年产权交易市场出现了机构集团化的趋势，几家规模较大的产权交易机构已经形成了集团化的发展模式。例如北京产权交易所和天津产权交易中心分别形成"一托十"和"一托八"的集团化发展构架，广州交易所集团有限公司 2010 年 7 月成立我国产权市场上第一家交易所集团公司。可以预见，未来产权交易机构的集团化发展是趋势所向。

因此，结合中原经济区产权交易市场的发展方向，建议实行公司制的组织形式，并努力开拓不同领域的产权交易市场，形成中部地区的大型产权交易集团，原因在于：实行公司制的产权交易机构，所有权和市场交易权相分离，可以有效淡化政府行政干预行为，在市场竞争中与事业制机构相比更加灵活、有效，更有利于融资；采用公司制的组织形式可以形成多元化的投资主体，兼顾各方面的利益，减少阻力和压力，降低交易费用，提高交易效率。

（二）创新经营体制，推行产权交易所会员制，开创合作联盟模式

体制创新就是要实行公司制，在实行公司制的基础上实行会员制，在实行会员制的基础上考虑实行特许制。现在还没有一家交易所把这三种制度都做到，国内大多数产权交易市场都采取会员制度，在规范产权市场发展、活跃产权市场、降低交易成本等方面发挥了积极作用。但是由于会员的逐利性特点，需要进一步完善产权交易制度。这套制度不仅表现在产权交易市场中的资源登记、资产评估、公开竞价、公证等内容，还应包括产权交易方式、交易内容、交易中介等一系列适合规范化要求的制度，并严格督促市场会员按照制度规定来进行交易，引导产权交易市场走向正规化。同时，为适应产权市场新形势的变化与需要，在加强推行会员制的基础上，建议开创以统一服务平台为支持，联合实力强、水平高的投行、律师事务所、会计师事务所、资产评估、拍卖、招投标等机构，共同开拓市场、运作项目，高效完成国企改制、产权转让与投融资业务的合作联盟模式。

（三）创新交易方式，推行网络竞价

我们建议中原经济区产权交易市场在建设过程中应及时推行网络竞价交易方式，即竞买方通过互联网登录竞价系统进行竞价。这种交易方式借鉴了传统竞价方式包括拍卖和招投标的一些基本原理和规则，又经过了改造与提升，与传统竞价有着本质上的区别，主要体现为：一是通过制定竞价规则，包括底价、加价幅度等等，然后录入计算机竞价系统，由计算机系统来执行；二是竞买方通过互联网参与竞价，卖方和监督方也通过互联网登录竞价系统察看或监督竞价过程与结果，整个过程是背靠背进行的，竞买方相互之间、与卖方或监督方之间不见，也给监管机构带来了便利。

网络竞价方式的推出，可以促使全国各地产权交易机构在使用统一的交易服务平台的同时，遵循统一的交易规范和交易方式，接受统一的监管和审计，从而最大限度地发挥产权交易市场的资源优化配置功能，有利于全国产权交易大市场的形成。

表6 创新的网络竞价方式与其他各种交易方式的比较

比较内容	网络竞价	电子竞价	招标转让	拍卖转让	协议转让
交易方式	一对多	一对多	一对多	一对多	一对一
适用范围	标的物较简单	标的物较简单	标的物较简单	标的物较复杂	不限
交易成本	更低	低	准备成本较高，谈判成本适中	准备成本较高，谈判成本较低	准备成本和谈判成本都较高
交易规则复杂程度	高	高	高	适中	低
评估标准	双方满意	双方满意	双方满意达成协议	出价最高者	最优方案者
竞价率	高	高	适中	高	低

（四）创新业务品种，提升服务功能

1. 扩大产权交易产品范围

充分发挥股权托管的平台优势，进一步完善股权登记托管系统、网络综合竞价系统、信息发布系统和政策法规信息系统等基础工作，积累交易资源。通过多种手段加大宣传力度，打造河南产权品牌，提升社会公信力和影响力。结合省情和资源禀赋构建有河南特色的要素市场框架，逐步培育相关要素资本交易的服务产业链。依托完备的市场网络体系、公开透明、规范化的市场环境和先进的交易手段，积极拓宽业务领域，搭建专业平台，逐步开展环境能源交易、文化产权交易、金融资产交易、公共资源交易、行政诉讼资产交易、农村产权交易、碳排放权交易等新业务。

2. 推动产权交易产品创新

（1）推动企业产权"金融化"交易。众多中小型企业的股权本身就是标准化的产权，易于流通，这类股权除了进场交易外，还可以结合银行产品创新实现"金融化"，具体地说就是以股权为质押成为企业从银行融资的新渠道。目前在我国非上市公司数量巨大的背景下，产权市场完全可以联合金融机构实施产品创新，实现"拾遗补阙"，成为大量中小型企业融资的新渠道。

（2）投资基金的交易。科技型中小企业具有投资少、周期短、机制灵活、管理成本低的特点，发展中最大的障碍是难以突破资金瓶颈。产权市场一方可以结合科技型中小企业发展的特点和资本市场现状，在市场上设立发行几只以政府支持为主的科技型中小企业技术创新基金，通过拨款资助、贷款贴息和资本金投入等方式扶持和引导科技型中小企业的技术创新活动；另一方可以在市场条件成熟的情况下，联合其他投资主体设立产业投资基金，给科技型中小企业技术创新以资金支持。

（3）期权化交易品种。现实的产权交易都是现货交易，即买方支付转让价款后，卖方将物权、股权、知识产权或债权立即转让给买方。因为产权交易所涉及的金额一般都较大，这种"一锤子"买卖让很多投资者即使对某个项目感兴趣，也不敢贸然进场。因此可通过设立产权交易期权解决这一问题，其基本思路是：对于在交易所挂牌的项目，有兴趣但又不想立即购买的买方，可以向卖方支付一笔期权费，取得在一定时期后以某一设定价格购买此项目的权利；一定时期后，如果资产市场价值不低于设定价格，买方可以行使购买权，若资产市场价值低于设定价格，买方可选择不购买。在这个业务中，买方以一笔期权费取得了资产的购买权，同时又避免了大笔投资的风险，降低了信息的不对称性；卖方取得期权费，即可先期得到一笔融资，而且可以激励其把企业经营好，以促使买方行使期权；而产权交易机构只要能促使双方成交，就可收取手续费、交易费，对三方都有益处。

四、以合作促共赢，促进产权交易事业做大做强

全国产权市场正面临着国有资产交易量日益萎缩、无序竞争市场混乱、服务质量良莠不齐等困难和问题，破解之道便是合作发展。北京、上海、天津等产权交易机构的实践证明，合作发展是产权交易事业做好做强的有效方法。建设中原经济区中心产权交易市场，不可能画地为牢，更不可能故步自封，要充分发挥交易平台资源优势，加强与各地产权交易市场的合作，在合作中寻求更大的发展。

（一）加强信息渠道合作，提升产权交易市场发现能力

和传统拍卖、产权经纪业务相比，产权交易市场具备信息聚集力强的优势。它通过长期的信息更新与发布，吸引大量的群体长期关注，建立在更大范围传播信息的渠道和途径，形成一定的知名度和影响力，这也成为吸引各类产权经纪公司开展合作的重要原因。北京、上海、天津等机构采取内部合作、会员合作、异地合作、跨区域设点合作等业务模式，客观上吸引了一大批专业机构帮助其聚集产权交易信息，使信息聚集的渠道相对稳定，传播、扩散的范围和时效更加明显，通过市场寻找潜在投资人，发现项目价值的能力相对较强，平台完成的交易额和项目数量也较大，发展一直位列全国产权交易平台前列。

（二）加强人才资源合作，提升产权交易市场管理水平

产权交易客观上需要交易各方积极参与，发挥各自所长，互通项目信息，交流对项目价值的判断，组织各方有序开展活动。由于产权交易涉及的知识领域、生产行业、市场信息宽泛，靠少数人无法满足产权交易价值分析和信息对接要求，这样通过广泛的合作，就可以将独立的个体优势整合到产权交易这条

主线上来，形成以产权交易市场为中心的整体运作合力。这也是对产权交易机构管理理念与管理方式提出的更高要求，也是新时期适应发展需要，提升管理水平的客观要求。

（三）构建利益共享机制，充分调动合作发展的积极性

利益共享既是市场法则，也是开展合作的前提条件。产权交易机构由于拥有较多的项目资源，承担着交易平台建设的职责和任务，在合作框架下，虽然在个别项目交易中的收益可能有所减少，但这种合作发展效应会使交易机构在更多的项目成交中受益，这也是做好做强区域产权交易市场的内在要求。要建立完善合作发展的利益共享机制，严格按照规章制度办事，按照对项目交易的贡献大小区分利益分配，充分调动各方的积极性和创造性，避免恶意竞争，实现合作共赢。

参考文献

［1］郭国庆，吴剑锋．论产权市场的功能、管理与法制化建设［J］．当代经济管理，2005（2）．

［2］李伟．积极推动并购重组，促进国企做强做优［J］．上海国资，2007（3）．

［3］晋入勤．论产权交易市场的组织制度［J］．广东金融学院学报，2009（11）．

［4］李由．我国多层次资本市场发展问题的思考［J］．西南金融，2007（7）．

［5］郑康营．构建区域产权市场的基本路径［J］．产权导刊，2009（1）．

［6］李刚，王颖．经济增长对区域性产权交易的影响［J］．产权导刊，2012（9）．

［7］翟玉强．建设区域性产权交易市场问题研究——以河南省为例［J］．河南师范大学学报，2012（4）：75－78.

［8］常修泽等著．产权交易理论与运作［M］．北京：经济日报出版社，1998（9）．

［9］江春．产权制度与金融市场［M］．武汉：武汉大学出版社，1997（11）．

［10］杨义群，刘建和，楼文军．投资理财的新型理论、方法与实务［M］．北京：清华大学出版社，2002（8）．

网络金融发展趋势对
中原经济区建设的新机遇

兴业银行郑州分行课题组[①]

摘要：本文通过阐述中原经济区的特点和网络金融的本质及其组成要素，揭示了中原经济区和网络金融相互促进发展是必然趋势，指出发展网络金融是中原经济区实现跨越式发展的唯一道路；随后剖析了网络金融发展的趋势和特点，结合论述中原经济区的优势和不足，展望出中原经济区网络金融发展的方向和前景；继而引申出中原经济区应当抓住物流优势，整合资金流和信息流，走出网络金融演变的特色路线；最终得出网络金融大发展是中原经济区建设的历史性机遇这一结论。

关键词：中原经济区　网络金融　资金　信息　物流

2012 年 11 月，中国有两件大事引起了社会广泛的关注："中原经济区获得国务院批准"和"双 11 光棍节电商大战"。这两件看似风马牛不相及的事件，却会在未来进行深入的交汇和融合，就像两颗巨石投入平静的湖面，荡漾起的波纹激荡交融。

国务院关于支持河南省加快建设中原经济区的指导意见涵盖 5 省 32 市，总面积达 28.9 万平方公里，涉及人口约 1.7 亿人，中原经济区上升为国家经济战略层面，为河南省的经济发展带来新的历史机遇。抓住机遇，落实发展目标，关键的落脚点还是经济的快速发展。发展经济的核心动力就是"钱"，有了钱好办事。金融业就是与"钱"打交道的产业，金融和经济的密切性不言而喻。

目前，中原经济区中的重心河南省金融产业的竞争力位居全国第 8 位，处于全国中上游水平，基础良好，但与沿海发达省份和其他经济区相比，中原经济区的金融业发展仍然滞后，差距不小，主要金融指标、金融产品、对经济支

---

① 课题主持人：王晓建；
　　课题组成员：刘国习、周明汉、郭亚兵。

持等方面仍是制约经济发展的瓶颈。中原经济区必须着力于金融业的超常规发展，弯道超车，才有希望在经济上实现追赶甚至超越发达地区。恰好，适合超车的弯道就在眼前，它是"网络金融"，也就是隐藏在电商大战背后的总导演。只有抓住时机，巧妙利用网络金融这个弯道超车，中原经济区才有可能抓住金融重新洗牌的机会，占据有利位置，实现跨越式发展。

一、网络金融意义及发展趋势预测

网络金融（E‑finance）是网络技术与金融的相互结合。在这里，网络是以互联网技术为核心，未来大数据技术为支撑，继而融合金融服务而产生的网络金融服务。

网络金融不仅仅是传统金融的延伸，更具有超越传统金融的强大服务功能。网络金融将重新定义金融概念，延伸金融的服务领域，创新金融产品，改变社会的生活方式，促进经济和社会的全面发展。就如同汽车淘汰了马车，计算机淘汰了算盘，网络金融与其说是传统金融的继承者，不如说是传统金融的颠覆者和变革者。

从 2000 年前后到 2010 年，人们对网络金融理解普遍是金融机构运用网络延伸金融服务渠道，在线提供实时不间断金融服务，网络金融拓宽了金融业务的服务时间和范围。这个阶段的网络和金融总体上还在同一方向维度，金融是主导，而网络仅仅是辅助金融的渠道工具。网络金融还仅仅是金融＋网络的阶段，唱主角的仍是金融。其代表产品是银行相继推出了具备柜台服务全套功能的网上银行，但仅仅是传统银行业务的服务手段的延伸，并没有突破银行的业务框架，网络银行还是银行的一部分（如图 1 所示）。

$$\text{银行} \longrightarrow \text{网络}$$

图 1　网络金融作为银行金融业务一维延伸的示意

2010 年之后，随着电子商务平台的迅速发展，在线支付业务逐步深入人心，特别是淘宝购物已家喻户晓。网络金融的含义逐步发生变化，渐渐形成网络和金融的二维结构。从网络起家的互联网大佬阿里巴巴和其他众多第三方支付开始自立江湖，进入传统金融领域，获得支付运营牌照，开始蚕食金融业的固有市场，不断与传统金融交锋，分庭抗争。传统的金融机构也认识到网络金融的发展趋势，开始自我改进，不断吸纳互联网给金融带来的新空气，革新技术和产品，从而网络与金融形成了相互依存支撑，但主体上又相互独立的关系，网络金融概念开始成熟清晰，成长快速。

这时，网络和金融更像平面坐标系。网络是 Y 轴，而金融是 X 轴，网络和金融形成了一个平面（如图 2 所示）。

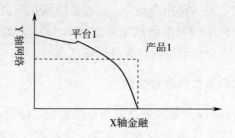

图 2　网络与金融的二维平面内有巨大的创新空间

在这个平面中，网络和金融组合形成的线相当于平台，组合形成的点相当于产品。二维平面就像一大片广袤而未开垦的肥沃土地，只要敢于开拓创新，就能在这片土地上开垦出良田。特别是网络金融平台一旦成功用线去勾勒出大面积的良田，就能实现打破格局，重新洗牌市场的效果。例如阿里巴巴用淘宝及支付宝这样的电商和支付平台，就占尽先机和优势，大有号令江湖的趋势。平台中包含无数的点，任何一个点都是一种可能的创新产品，这就是支付宝的掌门人马云的创新的源泉，其实他一点也不需要费力冥思苦想，别出心裁，对一个平台来说，创新是水到渠成的事。

展望未来趋势，网络金融可能发展为网络、金融、商品、客户、市场等多个角色都将能主动参与到网络和金融的互动中，相互交融，相互渗透，相互影响，任何一方都不是被动接受指挥，而是形成网络、金融、客户、商品等互相依存，相互支撑的多维度模式。在这些多维度的组合中，将能组合出无数的变化，网络将是各个维度的纽带和基础（如图 3 所示）。当然，图形表示有一定难度，这需要一定的想象力。

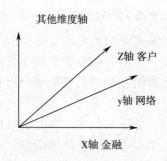

图 3　拥有无数可能的网络、金融、客户与商品的多维度模式

二、网络金融的核心本质及发展对经济重要影响

在揭示网络金融本质之前，我们首先分析一下网络金融组成的基本元素及结构。

（一）经济本质就是大规模的商品交换，实现交换，须具备三个条件

信息：没有信息，市场就会封闭，无落差，无方向，无目的，无大规模交换。

资金：只要不是原始社会的以物换物，就必须通过资金货币媒介。

物流：大规模的交换必须依靠发达的运输能力来承载商品大规模流动。

组成经济中存在三个核心的控制流向：资金流、信息流、物流。

资金充足，信息发达，物品丰富，经济一定活跃；促进经济的发展，也是如何调节这个三个控制流，最大限度地促进更多角色参与，更大范围的，更快速、更深层次的资金、信息、商品的交换和流动。

因此，资金、信息、物流是推动经济发展中必须掌握控制的资源，而且是稀缺资源。抓住并控制这些稀缺资源，就能游刃有余地控制经济的发展。

三种稀缺资源中，资金占据首要的位置，没有资金流、信息流和物流就是空中楼阁，无法聚集，无从谈起。只有足够的资金，才能促成形成信息，汇聚商品，促成交换，从而推动商品物流发展，形成更多信息，聚集更多资金。因此相关资金的金融业是经济发展初期最重要的因素。没有金融的参与，资金就是瓶颈，链式反应就无法启动，无法产生经济发展的聚变。

（二）经济的发展并非资金、信息和物流的简单相加，而是相互融合和相互促进

经济初期阶段，掌控资金流的金融业占主导地位，当经济从粗放工业为主导的初级阶段进入以服务和信息化高科技为主导的高级阶段时，信息流会逐步上升为主导控制流向，成为最终的指挥员，信息流最终将控制资金流和物流。

没有信息流的指挥和控制，资金流和物流将会处于相对盲目的，高成本，低效率的运转。这对于一个进入经济高级阶段的经济体来说，粗放是不能容忍的，精细化运作才是目的。只有大数据时代的信息流，才能有效地以低成本控制资金流和物流合力协作，提升整体经济的效率和效能。

当信息进入大数据时代后，带来两个正能量：

1. 信息流创造便捷、快速、高效、跨区域、低成本、流动快、信息对称、风险可控的金融环境；

2. 商品流动将更加充分，对资金需求更大，流转更快，为金融业的发展创造了广阔的空间。

因此，它们循环推动关系如图 4 所示：

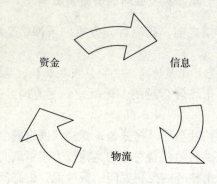

图4　资金、信息、物流正能量循环图

三、网络金融为什么是传统金融的掘墓者

目前，中国整体经济仍旧处于工业化初中级阶段，还未能进入到信息化大数据阶段，虽然传统金融目前仍是经济的中流砥柱，但是应该认识到传统金融的先天不足。

（一）传统金融业务只关注资金流，几乎忽略了信息流和物流，存在先天的设计缺陷

首先，传统金融企业虽然很重视金融业务信息化，花费巨资建设各类信息系统，但却难以跳出传统的框架，信息化仅仅是站在自己封闭的内部角度的考虑，只是效率和渠道的提升，而不是为客户的发展和经济发展全盘考虑，缺乏各环节之间的互动和信息交互，缺乏经营思维的革新。信息化只是带来了工具，而没有带来头脑。

其次，传统金融中关注资金的应用，开发的系统中缺乏对信息流和物流的数据收集和控制，不能形成互为印证的多元信息立体体系。仅仅依靠单一资金信息，将客户和产品隔离成一个个资金信息的孤岛，管中窥豹，导致无法切实深入地认识客户，理解客户，把握客户，为客户服务。人们常说，银行一般是晴天送伞，雨天收伞，其实就是说明银行对客户把握欠缺，不能评估雨天会发生什么，从而导致错误决定。

再次，传统金融无法对社会商品交易过程全面掌控，从而形成潜在的交易风险导致资金风险。特别是对小型交易，传统金融没有足够的精力和成本评估客户风险，只能提升价格，增加拨备率来应对未来的可能风险，从而造成中小企业融资成本居高不下。

目前的传统金融对实体经济，特别是小型经济体起不到输血作用，过高的

成本对小型经济体某种程度上是放血。

社会经济环节的最后一环往往都是零售型小型企业，也是数量最为广大的经济群体，而它们得不到有效且低成本的支持，经济发展和民生改善都遇到了瓶颈。

继而，传统金融受阻于经济最后环节，信息不对称，缺乏商品生产和流通环节的有效掌控，金融创新很难有实质性突破。目前的金融产品创新主要是在利率和周期上面玩游戏，形式大于实质，缺乏真正金融创新和突破。

另外，传统金融缺乏实质创新的动力。传统金融由于属于社会经济的上层构建者，可以获得高额的利润回报。虽然传统金融也在居安思危，但改革是痛楚的，更别说改革是为了降低自己的利润，甚至革自己的命，更何况要花费巨大的财力来改革创新，这是目前金融业自己难以做到的。

还有，利率市场化已经迫在眉睫，粗放的银行经营必然导致传统金融必须参与惨烈的利率竞争，而缺乏真正忠实的客户，更缺乏精细的平台产品作为盈利点，导致传统金融与网络金融的争夺战中必败无疑。

最后，传统金融业这么多年的准则就是注重实际的利益，而不愿为缥缈的未来投入，不确定的事就意味着风险，传统金融业作为既得利益者，很难有动力去实施变革。

然而互联网企业的大佬们早就摩拳擦拳了。网络金融对他们来说是一块无比巨大的蛋糕，不分一杯羹岂能甘休。马云说："银行不自己改变，我们就来改变银行"。

（二）网络金融天生就是为了弥补传统金融缺陷和不足，全面控制信息流，最终控制资金流和物流

目前阶段，网络和金融二维平面结构基本形成。网络金融在资金结算方面目前还依托银行，但网络金融更注重信息交互平台的建立，通过资金商品平台化交易，掌控商品交易上下游关系，引导商品的流动方向，深层次控制物流；通过交易平台获得海量数据链信息，理出完整的商户和客户之间的关系及两者之间的行为关系视图，准确地为交易双方提供支付和融资等金融服务，促成交易，进一步掌控平台用户，掌控交易双方的资金流向，形成整个交易体系的正循环，就像一个雪球，越滚动越大。

例如阿里巴巴旗下的淘宝，核心的平台是淘宝网站和支付宝。淘宝网提供在线交易的市场，支付宝提供结算渠道，活生生将一个包罗万象的超巨型百货市场搬到了互联网上。

淘宝在这个平台获得了什么？不仅仅是交易带来的各种收益，最重要的是能获得海量客户和完整的交易信息数据链。这是阿里巴巴老板马云杀入网络金

融的杀手锏。

假设我们有一家类似阿里巴巴的超大型网络金融企业 A，我们看看会发生什么？

首先，A 可以通过分析海量的数据信息链，摸清任何买家和卖家的行为，从而掌控信息，通过大数据信息链形成的信息优势，就能做到掌控商品的流向，主导物流的发展，从而形成对物流的支配。

其次，由于 A 掌握商品交平台中足够详细的上下游客户交易信息，随着信息和平台的扩张，相当数量客户上下游交易都会集中在平台上，A 就可以利用平台的优势服务客户，主动发现交易机会，从而促成交易。平台创造商机，从而产生聚合效应，就会有更多客户聚集在平台交易。当客户数达到一个更大的程度时，A 就可以整合这些客户的上下游，挟天子以令诸侯，任何一个孤立的企业都无法逃脱平台的整合，因为它们所有的结算和利益都与平台息息相关。随着产业逐步整合，网络金融能顺藤摸瓜，从目前零售批发环节，逐步整合到生产环节，再整合到原材料环节，最终就能整合到基础的资源型产业。到那时，网络金融振臂一呼，用户莫敢不从。这才是网络金融平台的真正威力，是传统金融无法达到的高度。

再次，A 通过整合了一系列的上下游企业和客户，就能非常容易识别客户财务状态，甚至比客户还了解自身。A 能确切地判断客户的实质风险和实际需求，为客户提供量身定制的金融服务，而且资金风险和成本都极低。同时，由于平台掌握了客户大量的支付资金，完全可以用很低的成本吸纳大量的闲散资金，从而增加客户资金的收益，加快资金的流动，为经济发展作贡献。

马云已经推出了小额贷款和余额宝等产品，就是抢占银行固有的这块金融市场。

继而，A 越做越强，数据信息链越来越丰富全面，A 完全可以无风险为资金提供方和需求方搭桥，发行债券或者直接融资担保服务，也可投身投行业务，扶植有潜力的企业上市等等，而这些都是传统金融回报最丰厚的市场，不费吹灰之力，轻易就可能被 A 拿走。因为 A 通过强大的平台数据功能，完全掌控客户，深入了解客户。

最后，很多类似 A 的网络金融机构在监管的指导下，共同努力，轻松就能带动社会资源的进一步统筹，资金的高速流动，资源优化分配，而同时平台的所有用户都可能受益，这恰恰真切地符合了金融在社会经济中存在的核心意义，同时宏观经济的调控手段可能更丰富而且有效。

整个过程如图 5 所示。

当然，现实的社会和经济很复杂，假设过于理想和丰满，忽视了道路很曲

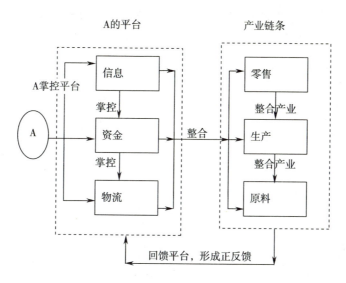

图5　大型网络镭企业成长示意图

折。但至少，马云率领阿里巴巴已经迈出了步伐，腾讯和百度也已经跟进。据称，他们三个企业的 CEO 都是中国福布斯财富榜的前十名，预示他们并不缺钱，缺的仅仅是牌照和时机，不知哪一夜东风起，春天就能到来。

时不待我，淘汰落后的过程已经从"逐渐"演化"瞬间"，iphone 从诞生的那一天，就注定了诺基亚迅速的衰败。如果传统金融不能正视自己的缺陷，无视信息社会的大数据化趋势，失去的不仅是收益，更可能是性命。

（三）网络金融的明天

不远的明天，网络金融在支付方面的便捷和创新技术将成为和传统金融竞争的核心竞争力，IC 普及就在眼前，在线和离线支付都已非常成熟，将会衍生出更多更强大的支付方式和平台；在可预期的未来，以声音、动作、指纹、虹膜为代表的生物特征支付方式很快可能普及，新一代的 iphone 5S 的指纹识别技术已经非常成熟，已可以用于苹果商店的支付；更大胆预测未来，植入基因或者芯片技术可能就在明天，就像科幻片中一样，人生来就会被注入一生不变的某段基因或者芯片，从而用来识别和支付。到那时，支付的便捷和速度接近人的意念。

金融机构或将脱媒，存款、贷款沦为配角。资金业务不是金融机构私产，而是按社会需要最优化流动，更像一颗颗水滴，自由汇聚，形成云、雨，然后畅快地回归大海。

百姓进军金融业门槛大大降低，投资将是日常生活中最普通的事情，渠道和产品众多，信息公平透明，风险揭示准确及时，金融不再仅仅属于少数社会精英，而是大众的生活方式的一部分。

四、中原经济区在发展网络金融方面具备的优势

中原经济区地处我国中心地带，是中华民族和华夏文明的重要发源地，地理位置重要，粮食优势突出，市场潜力巨大，文化底蕴深厚，在全国改革发展大局中具有重要战略地位。

中原经济区迫切需要金融业的支持，更需要网络金融的快速发展。这不仅仅是金融发展方向决定的，也是中原经济区自身的地理、人口和产业结构决定。中原地区必须认识到传统金融的不足，谋求改进，寻求发展网络金融的优势和突破口，从而能跨越式发展到网络金融时代。

结合中原经济区定位和特点，发展网络金融的优势主要有以下几个方面。

（一）中原经济区有天然的地理和交通优势

网络金融最初资金是主导，逐步发展为信息是主导，但无论哪个阶段，商品的物流都是支柱。经济发展带来千家万户能感受到的商品，这就是物流，而物流正是中原经济区天然的优势。

中原地处中国的核心，到全国各地距离适中，交通发达，高速公路和高速铁路建设居全国首位，航空港区获得国务院批准。总体来说，中原经济区的地理位置，类似新加坡在全球贸易中的地理位置，货物在中原经济区的核心郑州市物流中转将是最优路线，这些有利条件是中原经济区物流发达的绝对优势。

一天之内，中原经济区为核心的公路和高速铁路基本可以覆盖中国人口稠密的所有区域，辅助于航空港，中原经济区的物流可以以最低成本覆盖中国所有区域。中原经济区的这个特点非常符合物流行业的特点，可以将货物大批运输到中原经济区存储，然后分装货物物流到最终用户，这是最经济的运输物流方式。

（二）中原经济区人口众多，城镇化将是网络金融聚变发展的催化剂

金融服务的消费者主要就是人口聚集，商业发达的城镇。网络金融的精髓也是利用更新的技术平台，低成本服务更广泛的人民群众，而网络银行的盈利点是增值服务，利润点必须很低，只有具备充足的人口和消费人群，才能形成聚变反应，汇聚星星之火，成燎原之势。因此人口和城镇化是网络金融赖以生存和盈利的根本基础条件，而中原经济区在人口方面占有巨大优势，且城镇化迅速推进必将带来无比巨大的商业机会，这些都为网络金融发展创造了肥沃的土壤。

（三）中原经济区农业发达，能源和矿产资源丰富

金融服务的本质还是要服务于实体经济，而实体经济是建立在人力和资源之上，中原经济区是中国第一大粮食产区，能源和矿产蕴藏丰富，这些都是经济发展的基础。目前的金融体系未能形成平台化，只能对单个领域的融资进行支持，但是并不能对整个产业进行提升和整合，而网络金融的核心优势就是平台化，如果通过网络金融整合各类资源，最终能调配基础资源的开发和分配，必然提高资源的深化利用水平，提升基础资源的定价能力，增加资源的附加价值。

（四）中原经济区目前经济水平已经具备发展网络金融的基础，金融人才众多，从不缺乏金融创新的种子

目前中原经济区的经济总量和金融发展水平在全国处于第二梯队前列，具备良好的经济和金融环境。中原地区的金融土壤肥沃，金融人才辈出，现在全国各个银行中河南籍金融高层领导人数众多，这与中原人吃苦耐劳，勇于开创的性格分不开的。特别是当年金融票据创新，到目前还深深影响着中国金融票据业务的发展。

值得一说的是，中原经济区在金融创新方面曾经走在全国的前列。郑州市几乎是全国第一个开通 ATM 自助服务区的城市，几乎是国内第一家上线网上银行的城市，比招商银行总行的网上银行上线还早几天，而且功能更丰富。但是由于金融机构所处层级影响力较小，这些成绩无法得到确切的承认，因此只能说是几乎是，但是这足以说明中原经济区不缺乏金融创新的精神。

五、中原经济区发展网络金融中不能忽视的短板和劣势

中原经济区发展网络金融虽然具备很多先天优势，但优势还只是"期货"，兑现成"盈利"还需要精准分析和把握。

目前而言，中原经济区和很多中西部地区一样，对发展网络金融还缺乏足够的上层认识和规划，基本停留在隔岸观火的状态，只是看着几家互联网巨头闹得很热闹，而付出的行动很少，更缺乏上层的系统谋划和细致设计，而机会稍纵即逝，容不得缓慢，我们必须立即行动，弥补中原经济区的短板和劣势。

（一）中原经济区目前还没有一家全国牌照的金融机构，金融影响力欠缺

最终网络金融演化不管源于互联网企业还是传统金融机构，都离不开传统金融的资金和支付业务，某些实体环节还必须依托传统金融的柜面或者其他渠道业务的支持，这是不可分割的，传统金融仍旧是网络金融的根基。而目前中原经济区内独立法人的银行规模都较小，还没有走出省的区域，覆盖范围小，业务开展范围牌照不全，某些意义重大的金融衍生业务还没有资格开展，这些

都会造成金融服务能力的不足，从而导致这些金融机构衍生出网络金融从诞生都可能有缺陷，在竞争初期就处于不利的位置。

在中原经济区内金融业实现质的飞跃，还是需要区域金融自身的强大，能高瞻远瞩，勇于开拓出有自己特色的网络金融企业。这需要具备很多条件，但自身拥有全国性的金融牌照不仅重要，而且可能是基石。

（二）中原经济区的互联网企业缺乏知名度，更缺乏核心技术平台和用户

互联网企业之所以可能演变为网络金融的领袖，核心就是技术和平台用户，例如腾讯有微信和QQ，阿里巴巴有淘宝和支付宝，百度有搜索引擎。这些互联网企业利用技术和平台形成了垄断，而且用户众多，利用技术优势对平台稍加推进，就实现了资金和物品的安全流动，这就是网络金融的雏形。

中原经济区缺乏这样的互联网领军企业。首先是缺乏互联网人才，中西部地区相对沿海地区整体收入较低是事实，而人才必定会向沿海地区流动，这是趋势，导致了中西部地区高端互联网人才的缺乏；其次区内互联网企业层次还较低，中原经济区的信息产业主要是集中在系统集成和应用层次的软件开发，缺乏核心的产品和技术；还有区内的互联网企业缺乏网络金融的意识、文化和理念，这是由所处产业层次较低所致；最后是缺乏政府在政策上的扶植，导致企业更多是关注局部的盈利，很难有机会登高远望。

（三）网络金融本身也存在发展过程中的不确定性

网络金融没有常规的路径，需要的是创新和勇气，还需要一点机遇。就像生活中成功并不是努力的简单叠加，但是没有努力肯定没有成功。有时候由于一点偏差，所有的投入都付诸东流，网络金融没有定式，只有不断适应不断变化的经济和市场环境，因市而动，这也正是网络金融的魅力所在。不确定性恰恰是网络金融能实现金融业重新洗牌的主要原因，中原经济区的跨越式发展的机会就是因不确定性而带来可能性。中原经济区发展网络金融是历史的机遇，并不会一帆风顺，也许在努力的同时，更需要面对失败时坚韧不拔的精神，就像乔布斯的苹果公司，只有坚持理念才能成功。

六、网络金融助力中原经济区的方向和展望

中原经济区已经具备发展网络金融的优势条件，箭在弦上，蓄势待发，只争朝夕。中原经济区也只有快速抓住历史机遇，大力发展网络金融，才能实现金融业的真正腾飞，弯道超车，最终拉近与沿海地区的金融差距，甚至在某些领域实现赶超，从而带动整体经济向发达地区看齐。网络金融逐步的发展壮大可能会为中原经济区带来以下优势。

（一）网络金融将为中原经济区的企业和居民提供更为丰富的金融产品

网络金融是传统金融的升级版，但核心还是金融。网络金融最直接表现的就是能产生更丰富的金融产品。通过对网络、金融、商品、客户、市场等要素的不断组合和交叉，形成有机的"化学反应"，最终积少成多，聚变成无比丰富的金融产品，更贴近市场，也更加个性化。

企业更容易获得低成本融资，融资的渠道更加丰富，将会产生更多的金融市场，资本将不再神秘，就像市场上萝卜白菜一样，只要有供给和需求就能低成本达成交易；居民的个人投资不再局限在银行和股票市场，而是将出现更多，更透明的高收益投资渠道，特别是直接投资更为普遍，个人之间的信贷规范开展。

最终带来社会资本的流动将成倍增强，从而带来商品更加快速地流动，社会财富将迅速增长，进而带来经济的大发展，而同时居民的收入水平也将大幅提升，社会经济进入发展的正循环轨道。

（二）网络金融改变居民的生活方式，社会运作成本更低、更方便

网络金融必然将科幻电影中的生活方式带到我们跟前。在任何地方、任何地点、任何时间、采用任何方式，我们都可以方便地完成金融的功能。IC卡普及就在眼前，我们已经初步感受到第三方支付的便利性，随着生物识别技术及更先进的通讯技术的发展，安全、方便、随心所欲地完成金融支付就在不远的未来。便捷而方便的低成本的支付，同样带来资金和商品的快速流动，居民的生活方式也将随之改变。

另外，目前网络金融覆盖的领域和范围更加广泛，只要有互联网的地方就有金融，而互联网在未来就像水和电一样是生活的必需品，金融将脱离实体机构，用网络触及社会的各个领域，各个区域。

（三）网络金融将带来中原经济区社会信息化水平的本质提升，用信息化推动经济进一步发展

网络金融核心技术就是信息化大数据技术，而网络金融的大发展必然促进信息化大数据技术的发展。信息化大数据将带来更透明、更和谐、更公平的社会模式。社会的一切都将成为大数据的一部分，大数据又将促进社会更科学的发展，促进文明进一步发展。

另外，通过信息化和大数据的应用，网络金融将会为社会提供更多的商业机会。网络金融平台不仅仅能为客户资金需求搭桥引线，也能获知客户商业机会需要，为客户之间的商业合作撮合交易，这可能能为企业带来更大的机会，更能促进经济的发展。

（四）网络金融发展到高级阶段，将有能力合理分配社会资源，整合中原经济区的产业结构

资金和经济的流动发现就像地球上河流和沟渠中水的流动，治水需疏导而不是堵截。我们现有的产业结构的调整更多是堵截，就是因为不合理的产业和产品有生存的空间和市场，市场不够透明，信息不够对称，物流流动困难，导致了落后产业的生存空间。完全靠堵截，不仅成本高，而且成效小。网络金融形成社会规模，将产业纳入平台后，将会有能力降低主导产业的成本，而提升淘汰产业的成本，实现产业自我升级。

（五）网络金融将会为中原经济区的物流行业带来前所未有的历史机遇

交通便利是中原经济区经济发展已经具备的优势，物流行业是发挥交通优势的主要手段。网络金融必然带来广泛的物品交换需求，促进商品的大规模流动，这是物流行业大发展必要条件。同时，物流也是网络金融必要的支柱，网络金融想跨越式发展，必须壮大物流这个支柱，网络金融必须推动物流行业的快速发展，为物流行业带来了巨大的历史机遇。

（六）网络金融将会为中原经济区的农业经济带来新活力

农业与金融是下里巴人和阳春白雪的关系，但这并非农业没有金融价值，更主要是金融服务覆盖不全导致。其实大规模高效的农业运作的核心需求就是金融，而农业产品又可以创造很多金融产品，如大豆、玉米的期货等等。

中原经济区农业发达，与农业相关的产业也处于行业领先，例如三全和双汇都是行业的老大。但是传统金融服务限于机构和网点的覆盖，对农业领域覆盖极为有限。通过网络金融，将能有效地把资金和信息引导到农业领域，覆盖农业生产的各个环节，从而推进农业结构战略性调整，健全农业社会化服务体系，提升农业的产业地位，使农民劳动获得更高的回报。

（七）网络金融能促进中原文化和华夏文明的传承，增进中原经济区软实力

中原文化是华夏文明的传承，当前却遭遇到前所未有的危机。就像中国被西方发达国家轻视和误解，而中原同样承受被国人武断而盲目的轻视，这是十分让人痛心的事。究其本质，就是中原人口众多而经济相对落后，处于典型的新文化和老传统的交锋区域。改变这种状况，就必须加强经济建设，提高人民的生活水平和文化素养。网络金融除了带动经济的发展，更带来新的生活方式，带来文明的新风，提升社会的信誉度，这都将有助于提升中原经济区的软实力。一旦中原经济区内经济发展取得全国人民认可，文化传承将自然获得认同。

七、中原经济区发展网络金融的最可行方案，用物流整合资金流和信息流

中原经济区在网络金融中具备的最大优势就是物流发达。因此，取长补短，

逆流而上，利用在交通物流方面的优势，有计划有层次发展物流行业，从更高的层面构建物流业未来规划，谋划将物流发展为网络金融的演化路线，从另外一个角度参与网络金融的快速发展。通过掌控足够强大的物流，来参与并分享未来网络银行的发展。

中原经济区谋划从物流行业过渡到网络银行的道路，目前还没有任何可以参考的模式。但是有一点，无论网络银行如何发展，都离不开物流这个支柱。因此由支柱出发，整合资源必然是一条可行的道路。

中原经济区必须重新审视统筹物流行业发展，从更高战略层面将物流和网络金融结合，从社会、经济、法律等社会各个层面重新构建物流金融的战略发展方向，理顺制度，打开环节，鼓励创新，将处于优势地位的物流和相对薄弱的金融资源相结合，形成互补，然后建立某种具备强大掌控能力的交易平台，从物流这个方向整合信息，汇聚资金，最终形成经济正向发展的正反馈。这也许是中原经济发展网络银行最可行的方案。战略思维，政策和环境将是网络金融在中原经济区生根发芽的关键。

逐鹿中原，得中原者得天下。相信有政策、有环境、有优势、有天时、有地利、有人和，必然会有大批资本和人才进入中原，逐鹿中原经济区网络金融。

八、中原经济区必须立即抓住网络金融的历史性机遇

就在本论文即将完成的时间，网络金融战场又掀波澜，马云为了获得金融牌照，收购控股了天弘基金，为进入金融业打开渠道；百度小额贷款和理财产品也已面世；腾讯成立了专门的金融部门，高调宣称将进军网络银行业。网络金融狼烟再起，金融变革已经无法阻止，机遇就在眼前。中原经济区必须在这场网络金融的淘汰战中保持理性和智慧，充分发挥地缘优势，构建新的金融发展道路，同时弥补不足，学习先进的网络金融经验，重视人才和创新，抓住机遇，中原经济区的经济必然能迈上新的台阶。

参考文献

［1］李伏安. 河南银行业优秀研究论文集［M］. 郑州：中州古籍出版社，2013.

［2］李伏安. 金融产业服务实体经济的再思考. 互联网 www. people. com. cn.

［3］贺鹏. 互联网平台的颠覆之道. 兴业银行信息中心研究报告. www. cib. com.

［4］彭运. 互联网金融逐步颠覆传统银行业：谁是谁的工具. 兴业银行内

部网站 www. cib. com.

[5] 东方证券. 互联网改变金融. 互联网 www. dfzq. com. cn.

[6] 东方早报. 平安 PK 腾讯和阿里巴巴. 互联网 www. dfdaily. com.

[7] 大河报. 马云成为中国首家电商基金公司总舵主. 互联网 www. dahebao. cn.

互联网保险的运行和监管问题研究

——基于消费者权益保护的角度

河南保监局课题组①

摘要：本文立足我国保险行业发展实际，从转变发展方式角度论述开展互联网保险的必要性。运用 SWOT 分析方法，客观分析互联网保险的优势和劣势，阐明机遇和挑战，找出问题和成因。借鉴国外互联网保险发展过程和监管经验，结合实际，提出加强监管的一般原则。特别是从保护消费者权益角度出发，提出具体政策建议，认为构建完整、高效的监管制度，发挥监管部门防风险、促发展的职能，对促进互联网保险的健康有序发展和促进我国保险业创新转型起着至关重要的作用，而这正是本课题研究的核心和意义所在。

关键词：互联网保险　SWOT　监管建议

一、引言

伴随着信息化时代的到来，互联网技术凭借其即时性、信息海量性、互动性及多媒体性等特征得到了迅猛的普及和发展，在此背景下催生出的以电子商务为主要形式的网络经济迅速发展。据 CNNIC 2012 年《第 31 次中国互联网络发展状况统计报告》：截至 2012 年，我国网民规模达 5.64 亿人，互联网普及率为 42.1%，较 2002 年增长约 12 倍，其中网络购物用户规模达到 2.42 亿人，比 2002 年增长约 429 倍。据统计，中国网络零售市场交易规模在社会消费品零售总额中占比由 2008 年的 1.3% 增长至 2012 年的 6.3%，同比增长 64.7%②，发展势头强劲，成为新的经济增长点。

据淘宝公开数据统计，2012 年 12 月，国华人寿在淘宝网出售三款"短期投

---

① 课题主持人：孔德立；
　 课题组成员：李琴英、牛新中、杨鑫。
② 数据来源于《2012 年度中国网络零售市场数据监测报告》。

资理财"型保险产品，3 天实现亿元保费收入；2013 年 2 月 22 日至 3 月 10 日，"弘康灵动一号保险理财计划"和"弘康零极限 B 款保险理财计划"保费收入已超过 460 万元，而弘康人寿 2012 年 9 月至 2013 年 1 月保费收入共 35.3 万元。进入"蓝海"市场的互联网保险展现了巨大潜力，为越来越多的保险公司和消费者所青睐。

（一）我国互联网保险发展概述及必要性分析

1. 我国互联网保险发展概述

互联网保险是指保险公司或新型第三方保险网以互联网和电子商务技术为工具来支持保险销售经营管理活动的经济行为，包括在线销售、保费支付结算以及在线营销活动，是互联网浪潮下新兴的经营管理模式[①]。

1997 年，由中国保险学会牵头创办的中国保险信息网的正式开通以及第一份经由网络促成的保单的签发，拉开了我国互联网保险的序幕，历经萌芽阶段、试用和尝试阶段、升级和借力阶段，逐步走向成熟和展业阶段。

表 1　　　　　　　　　　　　我国互联网保险发展历程

主要阶段	萌芽阶段	试用和尝试阶段	升级和借力阶段	成熟和展业阶段
时间	1997—2000 年	2000—2008 年	2008—2012 年	2012 年至今
标志性事件	1. 中国保险信息网开通 2. 新华人寿借助网络签发保单	1. 推出首家保险电子网站—网险 2. 平安 PA18 3. 泰康在线 4. 太平洋电子商务网站	1. 保险公司官网平台 2. 借力综合性电子商务平台（淘宝网） 3. 第三方网络平台上线（有保网、慧择网等）	1. 众安在线财产保险公司获批 2.《保险代理、经纪公司互联网保险业务监管办法（试行）》

截至 2012 年底，我国有 40 余家保险公司相继开展互联网销售保险业务，互联网保险日益成为保险营销渠道的主力军和新的业务增长点。2009—2012 年，我国互联网保险保费收入年增长率均超过 100%（见图 1），2012 年我国互联网保险保费收入占保险市场整体保费收入的 0.3%。由此可见，互联网保险市场方兴未艾，潜力巨大。

2. 发展互联网保险的必要性

首先，从保险产品自身特性来说：（1）保险属于具有一定格式的诺成性合同，同时也是一种无形的服务商品，销售过程中提供的主要是咨询性服务。而

---

①　参考百度百科"网络保险"定义。

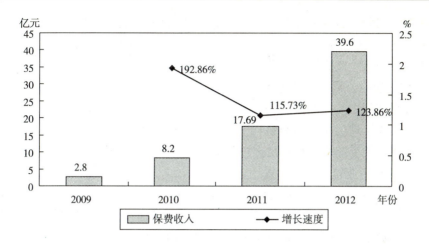

图1　2009—2012 年我国互联网保险保费收入及增长率

互联网作为中介设施，不仅具备多种展示交流途径，而且可实时准确记录各种信息供日后查询，这就为充分利用互联网优势来完成和优化保险产品销售过程提供了可能。（2）我国保险业存在着供需矛盾，经营遵循大数法则的保险业只有提高参保率才能持续健康发展，而目前我国公众保险意识薄弱和保险公司经营成本高企导致的保险产品费率偏高，是阻碍我国保险发展的重要因素。互联网保险具备特有的成本优势，可以有效降低费率，扩大承保率，切实发挥保险业风险保障作用。

其次，我国保险业发展方式转型客观上需要互联网保险。目前我国保险业遭遇发展瓶颈，保费增长乏力、经营成本居高不下、退保率大幅度增长、投资效益低迷。要打破发展瓶颈，创新营销渠道是重要的突破口。互联网保险凭借其低成本、高效率等优势，为保险业改革注入源头活水，被亟待创新转型的保险业广泛采用，也说明了互联网保险迅速发展的内在必然性。

（二）本课题研究的理论和现实意义

面对爆发式增长的互联网保险，在肯定成效的同时更应该关注已暴露出的问题以及潜在的风险。因此，从保护消费者权益角度出发，构建完整、高效的监管制度，发挥监管部门防风险、促发展的职能，对促进互联网保险的健康有序发展和促进我国保险业创新转型起着至关重要的作用，而这正是本课题研究的核心和意义所在。

1. 构建完善互联网保险监管体系

相比传统营销渠道，互联网保险在时间、空间上具备更大的发展空间，被誉为"最充满想象力的渠道"。传统渠道的监管政策已经无法全面覆盖互联网保险中出现的问题，出现监管空白区。本课题通过深入访谈调查，全面分析互联网保险市场中监管部门、经营主体和消费者所面对的困境和难题，在此基础上为完善互联网保险监管体系提供相关的政策性建议。

2. 促进保险公司组织结构优化

网销渠道利用互联网节约了大量人力资源，倒逼经营主体进行公司组织结构改革，减少管理层次、精简机构和人员、着重完善售后服务体系，进一步提高公司对市场的反应速度和满足客户需求的能力，从而促进保险行业的转型。

3. 加速保险业转变发展方式

过去20年我国保险业采取粗放式的发展模式，保费增长主要依靠人海战术，随着人力成本提高，有保费无客户的销售方式难以为继，保险营销模式亟待转型。网销渠道的最大特征就是将保险销售由间接面对客户变为直接与客户互动，这一方式能有效减少中间环节，既有利于降低销售成本，减少销售误导现象，又有助于了解客户保险需求，有效积累大量承保、理赔基础数据，有利于细分市场，提高保险公司差别定价能力和精细化管理水平，便捷地满足保险消费者多层次的保险需求，提高保险服务的可及性。因此发展互联网保险，对转变保险行业粗放式发展模式意义重大。

二、互联网保险发展的模式及对比分析

（一）互联网保险模式简介

在我国互联网保险发展历程中，保险公司借助不同类型的互联网资源，形成了各具特色的电子商务平台，按照产品销售渠道可大致分为以下两种类型。

1. 直销型电子商务平台

直销型电子商务平台是指保险公司利用自建的或者其他的商务平台直接将产品或服务提供给最终用户，不再通过其他中间环节。目前，被保险公司广泛采用的包括以下5种。

（1）保险公司自建直销平台

该平台是指保险公司通过建立自主经营的电子商务平台，实现宣传产品、扩展销售渠道、提供增值服务等目的。较典型的保险公司自建直销平台有平安保险的"PA18"、泰康人寿的"泰康在线"以及各大险企官方网站。

（2）专业化第三方直销平台

该平台是进行保险产品销售的专业化平台，以代理身份汇聚各家险企的产品进行分类销售，并收取一定比例佣金。专业化第三方销售平台的代表网站有中民保险网、慧择网、优保网等。

（3）综合性第三方直销平台

该平台是指保险公司依托技术较为成熟的综合性电子商务为销售平台，如淘宝网、京东商城、拍拍商城等，通过开设网络店面来实现产品网上营销的方式。通过这一销售渠道借助成熟电子商务平台，保险公司可有效降低宣传成本和前期建设费用。

（4）门户网站保险频道平台

该平台主要包括两大类：一类是综合型财经门户网站，如新浪财经、网易财经等；另一类是专业型财经网站，如银行企业官方网站。

（5）特定渠道专卖平台

该平台通过发现电子商务领域中的优质业务渠道，委托其经营保险产品，并根据各渠道业务的特征，设计各种合作模式，例如澳洲留学旅游保险网、户外保险网、保运通（在线货运险）等行业聚集类保险直销平台。这类平台产品种类不多但客户集中、需求明确。

2. 经纪型电子商务平台

该模式通过构建虚拟交易平台来连接保险经纪人和消费者，相比传统经纪人模式，该平台提供了更为广泛和便捷的信息咨询渠道，一方面可以节约时间和精力，另一方面，一对一咨询有利于较为复杂的产品的销售，在一定程度上降低了信息不对称所带来的道德风险。目前，我国经纪型电子商务平台主要包括沃保网、向日葵保险网、成功保险网等。

（二）互联网保险模式间对比分析

由表2可知，通过对不同渠道模式的商业模式、优势和劣势的对比分析，可以认识到各种模式各有优劣。在发展互联网保险时应该利用不同产品的不同定位来满足消费者的各层次需求，相互配合、互相补充，从而构建起全面、便捷的互联网保险营销体系。

表2　　　　　　　　　　网销模式对比分析

种类	方式	优势	劣势
保险公司自建直销平台	B2B B2C	品牌效应、信誉好、可信度高	产品限于本公司，数量较少、信息量不足、可实现功能较差
专业化第三方直销平台	B2C	覆盖多家产品顾客选择权最大化	产品受保险公司制约
综合性第三方直销平台	B2C	庞大客户群和较高人气注重客户体验、利于产品创新	为保障安全而严格限制产品和企业，导致顾客选择余地小
门户网站保险频道平台	B2C	借助信息平台广泛直接接触消费者、扩大企业和产品影响力	获取客户信任期较长

续表

种类	方式	优势	劣势
特定渠道专卖平台	B2B B2C	客户集中、需求明确	客户群体受限
经纪型电子商务平台	B2C 2C	打造专业的交易平台、社会化网络效应、有效降低道德风险	品牌建设和赢得消费者、信任需要一个长期的过程

三、互联网保险的 SWOT 分析

SWOT 分析方法是一种将事物在发展过程中自身及所处环境的优势、劣势、机遇和挑战结合起来进行分析，从而较客观和准确地分析和研究该事物发展现状及前景的方法。通过对互联网保险的 SWOT 分析，有助于充分利用内外部资源，制定可持续发展的最优战略。

（一）优势

1. 基于客户的角度

首先，价格低。保险产品属于需求价格弹性较大的产品，相比传统营销手段，价格优惠是吸引客户的有效因素。其次，方便快捷。互联网保险为消费者创造了一个打破时间和空间障碍的 "3A" 化服务（anytime、anywhere、anyway），电子化设施简化了投保流程，节省时间和精力的同时能有效减少相应的纠纷。最后，信息充分、自主权大。网络获取信息的成本低，消费者可以在海量信息中进行比较选择。

2. 基于保险公司的角度

首先，降低成本。相比传统营销手段，互联网保险在保单销售环节和费用等方面具有优势。据研究表明，代理人、经纪人、电话销售、互联网的保险业务销售成本比为 152∶116∶20∶10，每次服务成本之比为 19∶15∶8∶0[①]。由此可知，互联网保险具备成本优势，有利于改变保险业一直以来高投入、高成本、高消耗的粗放式经营模式。其次，互联网保险绝大多数采取直销模式，有利于保险公司直面客户需求信息，并进行及时的信息整理、传送及反馈，利用互联网数据管理和分析的优势，开发具有针对性的产品，从而提供优质服务。再次，网销产品具有直观性和信息易得性，更易刺激客户需求。最后，有利于保险公司培育优质稳定的客户群体。基于网络对消费者的初步筛选，互联网保险的消费主体多是思维活跃、学习能力较强的群体，通过购买网络保险产品和服务有助

---

① 徐敬惠. 论电子商务在保险业自主创新中的作用. 中国太平洋保险（集团）股份有限公司. 2001.

于促进购买保险行为从被动转向主动。

（二）劣势

1. 产品自身问题

网销专属产品研发相对滞后。网销产品与现有产品同质化现象严重，车险产品往往照搬电销产品，长期寿险产品大多简单照搬现有个人营销产品，保险责任没有实质区别，产品定价缺少差异性，难以凸显互联网保险的低成本优势。

2. 交易流程问题

现有产品特性、相应技术不完善和潜在的道德风险使得我国现阶段的互联网保险在网络上实现全部销售过程具有一定难度，仍需大量线下人工辅助操作，令互联网保险的便捷优势大打折扣。另外，多数公司互联网保险运营和交易流程未能及时完整保留销售过程痕迹，难以对履行产品说明义务有效举证，为日后的纠纷埋下隐患。

3. 组织结构问题

互联网保险对售后服务提出了更高的要求。然而我国传统保险公司组织结构层次多、管理成本高、人均产能效率低的问题较为突出，阻碍了互联网保险快速发展的步伐。

（三）机遇

1. 政治因素

由表3可知，一直以来，互联网保险的发展都得到了政府和保险业各部门的大力支持和高度重视，地位得到逐步提高。

表3　　2006—2012 年我国关于保险业电子商务发展的相关法律法规

监管部门	时间	监管法规	核心意义
国务院	2006.6	《关于保险业改革发展的若干意见》	运用现代信息技术、发展网上保险等新的服务方式
国务院	2006.10	《中国保险业发展"十一五"规划纲要》	推广保险电子商务，促进保险企业全面信息化建设
保监会	2009.12	《保险公司信息化工作管理指引（试行)》	促进保险业信息化工作管理，提高保险业信息化水平
保监会	2011.8	《中国保险业发展"十二五"规划纲要》	大力发展保险电子商务，推动电子保单等新技术的创新
保监会	2011.9	《互联网保险业务监管规定（征求意见稿)》	促进互联网保险业务规范健康发展，保护消费者合法权益
保监会	2012.1	《保险代理、经纪公司互联网保险业务监管办法（试行)》	促进保险代理、经纪公司互联网保险业务的规范发展

2. 经济因素

首先，商品销售量与消费者收入水平、消费倾向成正比。由图 2 可知，2002—2011 年我国城乡居民可支配收入连年增长，且增长率整体呈上升趋势，同时 2008 年以来城乡居民储蓄存款增长率呈下降趋势，表明我国城乡居民潜在消费能力逐渐提升，为互联网保险的增长提供了潜在的消费市场。

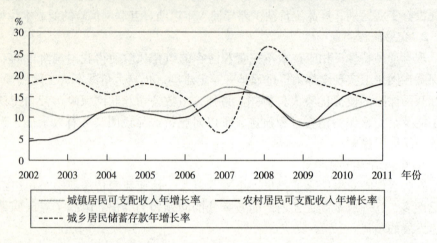

资料来源：中国国家统计局网站。

图 2　2002—2011 年我国居民可支配收入年增长率和储蓄年增长率

其次，我国保险业的迅速发展也为开拓互联网保险奠定了基础。数据表明，2012 年我国保费收入达 1.55 万亿元，较 2011 年增长 8%，约为 2002 年保费收入的 5 倍，十年间保费年平均增长率为 18%，保险业的快速发展为开展互联网保险提供了良好的商业环境。

3. 技术因素

互联网保险的技术优势包括两个方面：一方面是网络基础设施。截至 2012 年，我国 IPv4 地址数量为 3.31 亿，IPv6 地址数量为 12 535 块/32，较上年同期增长 33.4%，列世界第三位；域名总数增至 1 341 万个，增长幅度达到 73.1%；网站总数为 268 万个，较 2011 年同期增长 16.8%①。随着互联网技术的发展，网络基础设施建设日趋完善，Web 浏览、数据库、认证和支付等技术的完善为互联网保险提供良好的技术基础。

另一方面是专业性网络技术。首先，电子签名技术的发明以及 2005 年 4 月 1 日开始实施的《电子签名法》，解决了互联网保险中身份认证的技术和合法性

---

① 数据来源于《第 31 次中国互联网发展状况统计报告》。

的问题。其次，签发电子保单是互联网保险成本低的重要因素。随着互联网保险的发展，电子保单技术日臻成熟：附加电子印章、二维条码等内含数字签名的安全控制项，可以即时校验；支持邮件传输、传真等电子发送模式；可直接机读入库或校验；打印出的纸质形式保单可验证，符合法律依据，保证了电子保单的不可篡改性和不可否认性。最后，银行信息化建设加速，银行卡在线转账支付、移动终端支付、第三方电子支付工具如支付宝、快钱、Yeepay 等的兴起为在线支付保费提供了便利，同时《电子支付指引（第一号)》、《电子银行业务管理办法》等相关法律正逐步健全，为互联网保险发展解决技术障碍。

4. 社会因素

由图 3 可知，2012 年 20~50 岁网民占比 68.1%，相比 2011 年增长 1.2%，年龄结构中具有稳定经济收入且收入相对较高的人群比重明显增大，网民逐步表现出的年轻化、高收入化、知识化等特征都有利于互联网保险业务的开展。

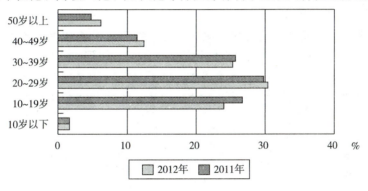

图 3a　我国网民年龄结构

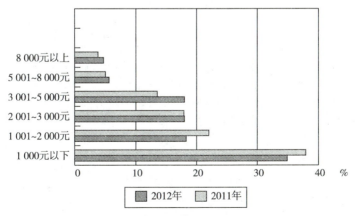

图 3b　我国网民收入结构

（四）挑战

1. 保险需求不足

制约我国互联网保险发展的一个基本因素是我国保险有效需求仍相对不足。一方面取决于内在因素的制约。国外保险经历长期发展，形成了长期而理性的需求，而我国的保险理念和需求仍需进一步培养和发掘。另一方面取决于外在环境的制约，近年来网络安全事故频出，信息安全问题、资金支付安全问题及网络欺诈现象在一定程度上降低了消费者对互联网保险的认可度。互联网保险作为新兴的、阶段性改革的事物，任重而道远。

2. 外资企业竞争压力

随着我国加入世贸组织，保险业也迎来了全面开放的时代，组织结构、经营理念成熟的外资企业相继分争我国保险业市场，互联网保险面对同样的竞争压力，如美国 eHealth China Inc. 的全资子公司优保网的成立。

（五）SWOT 矩阵分析

由表 4 可知，通过对互联网保险的优势、劣势、机遇和挑战各因素进行综合分析，可知互联网保险目前内部的优势多于劣势、机遇大于挑战。

表 4　　　　　　　　　　　互联网保险 SWOT 矩阵分析

内部因素 外部因素		优势（S） 1. 方便快捷 2. 信息透明、顾客选择权最大化 3. 降低成本，刺激保险需求 4. 强大的信息搜集和数据管理 5. 容易实现捆绑销售 6. 有利于培养优质客户	劣势（W） 1. 产品单一 2. 流程仍不成熟 3. 企业组织结构层级多
机遇（O）	1. 政策支持 2. 居民收入提高，消费潜力巨大 3. 技术发展快 4. 网民规模大幅增长，结构趋好	SO 战略 1. 利用政策和技术便利，优化完善现有销售流程和技术系统 2. 充分利用网络强大的信息功能 3. 注重互联网时代消费新特征，迎合消费者偏好	WO 战略 1. 在合规的前提下加大产品创新力度 2. 抓住机遇进行企业组织架构的改革，精简机构，提高效率
挑战（T）	1. 需求仍相对滞后 2. 市场竞争激烈	ST 战略 1. 加大宣传力度，构建品牌效应 2. 加大技术含量，提高行业门槛 3. 通过产品创新来唤起消费者需求	WT 战略 1. 找准创新点进行集中研发，提高市场竞争力 2. 借鉴国外成熟模式，缩短筹备期和初始亏损期

四、互联网保险开展中存在的突出问题及成因分析

（一）经营主体角度

1. 网电一体化现象普遍存在，服务便捷性亟待提高

我国互联网保险目前大多数采取网电一体化模式，即关键环节由人工辅助网络工作。由图4可知，以车险为例，在我国互联网保险流程中，主要有以下3个环节需要网下沟通：首先，消费者选择产品、输入保险标的和个人信息后，保险公司人工坐席通过信息系统获取消费者联系方式，然后采取电话介入的方式向消费者提供细节咨询、费率保额确定等服务。其次，鉴于目前我国电子签名以及电子保单尚未全面普及以及消费者的传统消费习惯，多数保险公司会采用线下人工送达投保单。最后，为规避道德风险，保险公司会对投保标的设定详尽的核保标准和要求。然而目前互联网保险在线核保技术尚不成熟，保额较大、技术含量高的复杂产品仍需要线下辅助来完成核保。上述情况表明网上全流程的服务模式尚不成熟和稳定，有待进一步完善。

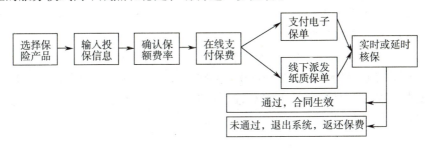

图4　互联网保险流程图

2. 产品品种单一，专属产品缺乏

由表5可知，保险公司开展网上业务的险种局限于风险较为单一、条款简单、责任义务明确、期限短保险产品，导致了产品品种单一、同质化严重、制约了互联网保险规模的扩大。

表5　　　　　　　　　　　我国目前主要互联网保险产品

类别	产品
人身保险	意外险、简单定期寿险、短期健康保险、新型寿险等 如太平盛世综合意外险、合众爱家无忧定期寿险、大众白领健康保险、华安禽流感无忧保险等
财产保险	车险、家庭财产险、货运险等 如人保车险、太平洋安福家庭保障经典版、大地财产运输险等

3. 有效约束不足，潜在风险不容忽视

最大诚信是保险经营的基本原则之一，客观上要求保险人与被保险人最大限度地减少信息不对称现象，但互联网的虚拟性增大了交易双方信息不对称的可能性，潜在风险不容忽视。一是安全问题。互联网保险的优势之一是以低成本获得保险消费者真实、完整的信息资料，为研发新产品和管理客户关系提供便利，但如内控不严，保险公司或其内部职工有可能利用其掌握的大量客户信息资料在市场上进行信息交易，造成客户信息泄露，对互联网保险造成严重的负面影响。同时，保险产品的销售服务和理赔服务在时间和空间上分离，这就为利用假保单进行网络欺诈提供了可能性。2005 年广州出现第一例利用假保险网站销售假保单的案件以及 2009 年的海南恒亚迪假保单事件揭露了互联网保险的安全漏洞。二是销售行为规范性问题。相对于电销保险的电话录音，保险公司互联网保险销售过程虚拟化程度高、传统销售管控模式已不完全适应网络销售模式下防范风险的新要求，如保险公司销售管控流程不严密，销售过程记录体系不健全，责任确定不清晰。一旦出现法律纠纷则无法提交有效证据，将会置保险公司于不利的地位。

（二）消费者角度

1. 难以建立信任感和较好的消费体验

由图 5 可知，消费者对互联网保险的担忧集中于互联网保险的真实性、个人信息的安全性和理赔服务的可得性。只有获取消费者的信任，才能夯实互联网保险的发展基础。

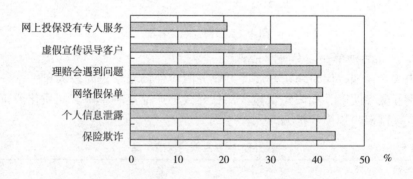

图 5　消费者对互联网保险风险因素调查

一方面，中老年客户和农村市场相当比例客户的消费习惯转变仍需要较长时间。另一方面，互联网保险新生客户对于传统的营销手段抵触心理较强，如对于互联网保险的回访，目前我们仍采取传统的电话回访模式，但网销客户群体尤其是一些年轻客户群体，以及曾因电话营销产生过纠纷的客户，不愿接受电话回访。由图6可知，互联网保险客户消费体验过程中存在着缺乏专业的建议、过程复杂难懂、对虚拟交易的抵触等问题。

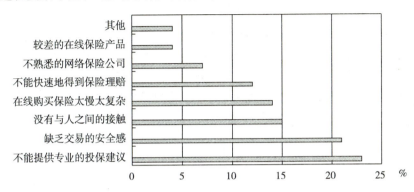

图6 消费者对互联网保险消费体验的调查

2. 缺乏专业知识，容易引发纠纷

我国保险业发展较晚，保险知识渗透率较低，多数客户对保险专业知识缺乏了解。目前的互联网人身保险条款多采用传统个险的模式进行操作，很多网络客户在没有代理人指导的情况下，无法清楚地了解保险条款的含义，影响了客户对保险的接纳程度，并易出现投诉和纠纷。

3. 防范道德风险难度增大，业务范围有局限

互联网保险过程中，双方处于信息不对称状态。一方面投保人履行如实告知义务的真实性和全面性难以准确评估，加之在线核保和电子签名技术的不成熟，对投保人的风险评估难度增加，相比传统营销手段更易引起逆向选择和道德风险，无形中加大了互联网保险经营主体的经营风险。另一方面，保险公司为了防范道德风险会采取提高投保门槛和增加核保程序等措施，如长期健康险在承保时采取限制年龄、限制保额等措施。此类措施虽然可以在一定程度上降低承保风险，但同时缩减了客户群体规模，难以满足保险业分散风险大数经营法则的客观要求，不利于保险业的稳健、持续经营。

（三）监管角度

1. 跨区域经营与分区域监管

互联网保险打破地域界限进行销售，如果对其严加监管会削弱互联网保险的优势；如果放任跨区域销售，保费规模快速地扩大背后可能会出现后续服务的缺失，引发保险服务纠纷。同时，跨区域经营引发的另一个问题就是与分区域监管现状如何协调问题。若实行跨区域经营，面对着全国范围内的消费者，区域监管的责任亟待界清，监管的一致性有待提高。

庹国柱教授曾提出"曲线"方案，在没有分支机构的区域开展后续服务外包给设有分支机构的保险公司，既减少成本又保障服务，并断言："保险网销异地经营将是大势所趋，但前提是理赔服务要跟上。"[①]

2009年保监会出台的《保险公司管理规定》第四十一条规定，"保险公司的分支机构不得跨省、自治区、直辖市经营保险业务，本规定第四十二条规定的情形和中国保监会另有规定的除外"。第四十二条规定，"保险机构参与共保、经营大型商业保险或者统括保单业务，以及通过互联网、电话营销等方式跨省、自治区、直辖市承保业务，应当符合中国保监会的有关规定"[②]。法规为互联网保险跨地区经营预留了一定的空间，但在无明确条文规定的情况下缺乏可操作性，仍易引起歧义，亟待监管部门出台实施细则进行规范。

2. 保险产品监管与销售渠道创新

首先，应明确网销产品的定价原则。对于不同的销售渠道，在公平竞争的前提下，允许采用差异化定价原则。保险行业目前的产品监管比较严格，一般采用审批或备案方式由保监会统一实施监管。现阶段，互联网保险尚未研发和审批备案专属网销产品。实践中，车险网销通常借用电销产品，与传统产品相比还有一定优势。寿险公司通过网络销售传统寿险产品，在价格缺乏差异的情况下，往往有供应、无需求，有新渠道形式，无实质性变化的产品，缺乏竞争优势，发展相对迟缓。

其次，通过折扣和礼品赠送开展互联网促销活动已深入消费者的消费理念。目前，保险监管政策明确规定人身保险可以有条件地赠送保险，财产保险禁止赠送保险和物品，然而监管政策中对互联网保险这种新的销售模式尚且没有明确规定，容易诱发变相的价格混战。

3. 经营和销售的资格

要保障互联网保险安全顺利开展，经营主体首先要满足一般的监管要求，即偿付能力充足、内控健全、服务体系完善等。其次，在互联网背景下经营主体还应确保网络交易的安全性、销售行为的规范性、后续服务的便捷性等以满足网络保险消费群体的需要。因此需要监管部门对经营主体的市场准入条件、权利义务、经营行为准则等进行重新的界定。

随着互联网保险模式的多样化，综合性第三方电子商务平台、第三方支付平台及门户类资讯网站等机构介入保险销售市场，互联网保险监管对象日益错综复杂。一方面，保险监管部门对第三方电子商务平台的资质和其余网销借助

---

① http://insurance.hexun.com/2013-03-14/152081587.html.

② 资料来源于《保险公司管理规定》。

平台销售行为的监管目前缺少具体规定，对其宣传保险产品和销售保险产品行为缺少有效监管；另一方面，互联网保险的开展模式决定了其监管不再局限于保险业监管部门，信息产业部、公安部门及新闻出版总署等部门也在其职责范围内对互联网保险进行监管，这就需要保险监管部门在完善行业监管政策的同时加强与相关职能部门沟通，形成监管合力。

（四）外部环境角度

自 1994 年我国正式接入互联网，近 20 年来我国互联网走过了导入期，进入快速发展阶段，移动互联网、电子商务、云计算等新技术日渐改变公众的生活方式和沟通环境。与此同时，互联网安全问题日益凸显。

1. 信息安全问题

由图 7 可知，2012 年我国被篡改网站个数由 2011 年的 15 446 个增加为 2012 年的 16 388 个，但被植入后门网站共 52 324 个，较 2011 年月均增长幅度为 213.7%，且两种类型中政府网站比重增大。另外，2012 年在互联网公开流传或者通过地下黑色产业链出售的网站信息数据库达到 50 个左右，其中已证实为真实信息的数据约 5 000 万条①，网络信息和数据安全仍面临较大威胁，成为严重阻碍互联网保险发展的外部风险因素。

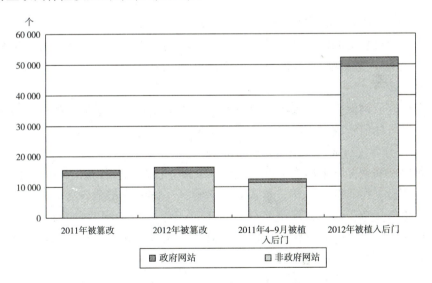

图 7　2012 年我国被篡改和被植入后门的网站数量统计

———————

① 数据来源于 CNCERT/CC《2012 年我国互联网网络安全态势综述》。

2. 支付安全问题

随着电子支付技术的快速发展和日益完善，网上支付以可节约 62% 支付成本的优势逐渐替代现金支付。数据显示，2012 年中国网上银行支付交易规模近 800 万亿元，第三方支付机构所实现的互联网支付总额累计超 6 万亿元。① 网上支付也是互联网保险优势的重要构成因素，然而风险因素如影随形。据统计，2012 年我国网站钓鱼页面达 22 308 个，其中假冒网上银行的比例约为 54.8%。黑客通过窃取客户的账号密码等交易信息来获取利益，严重危害社会公众合法权益，一定程度上制约了我国电子商务以及在线金融的发展。

3. 完善立法问题

2004—2012 年相继出台了包括《电子签名法》、《合同法》、《互联网信息服务管理办法》等有关法律法规和《商务部关于网上交易的指导意见（暂行)》等政策措施。2012 年 12 月 28 日，全国人大常委会通过了《关于加强网络信息保护的决定》，表明网络经济立法进入了新阶段。但现行法律法规缺乏对交易行为规范的细化，可操作性有待提高。

五、国外互联网保险监管经验及对比分析

（一）美国互联网保险发展现状及监管

美国凭借较高的网络普及率、完善的互联网技术以及公众成熟理性的保险需求，成为互联网保险的先驱者。2010 年，美国互联网保险保费收入占总保费收入超过 25%。

美国互联网保险监管政策的出发点是最大限度还原市场和主体的自我调节作用，其具体监管政策可以归结为以下三点。

1. 充分发挥行业自律的监督管理职能

美国互联网保险市场中，担当行业自律监管职能的多数是由政府政策支持、企业出资设立的非营利机构，具备双边平台，一方面凭借强有力的政府背景可以高效推行规范行业秩序和交易行为的准则；另一方面可以制定具有针对性行业自律条款，提高行业自律效率，在协助政府规范互联网保险市场秩序过程中发挥着强有力的约束作用。

2. 避免政府在监管方面的过多作为

美国监管模式中政府的主要职能是进行"事后补救"，在问题暴露后积极修订相应的法律法规，在完善电子商务法制环境的同时降低重新立法的成本。

---

① http：//www.ocn.com.cn/free/201305/jinrong031117.shtml.

3. 强调消费者的隐私和权益保护机制

美国互联网保险通过颁布《全球电子商务纲要》、《统一计算机信息交易法案》、《全球及全国商务电子签名法（草案）》等法规，对经营主体安全问题、税收、技术标准、知识产权保护等多方面问题明确监管细则，强调网络交易安全，维护网络平台的稳健经营，落脚点在于保障客户隐私安全，维护客户作为消费者的合法权益。

（二）欧洲互联网保险发展现状及监管

据统计，2007年，全球保险电子商务市场保费收入规模占据整体保费收入的5%，北美与西欧市场共占据了71.9%，其中西欧占比高达36.2%；在英国保险业务中约有20%是通过网络渠道完成的，尤以车险业务突出，网销业务比重从2001年的2%上升至2007年的50%①。欧洲互联网保险监管重心放在市场准入制度上，其具体监管政策可以概括为以下四点。

1. 制定适度审慎的准入原则

通过对开展互联网保险业务的经营主体的信息安全技术、数据传递与处理技术以及服务体系的完善度等方面制定严格的标准，通过授权具备开展互联网保险业务能力的经营主体实现业务流程的规范，进一步推动保险业电子商务环境的完善，在稳定市场秩序的同时可以有效维护消费者利益。如经营主体欲进入加拿大互联网保险市场，需在取得专利特许证的基础上向联邦金融机构提出互联网保险业务经营许可的申请，通过加拿大联邦和省级两级监管机构的严格审批才能被授权。

2. 立足监管的一致性原则

立足于一致性的原则，在明确监管机构管辖范围的基础上，创造公平、公开、透明的监管环境。政府监管从依靠法律条款的主动实施者转变为创造环境的幕后管理者，开放和透明成为新的监管要点。

3. 实行实时有效的评估

对互联网保险经营主体自治的严格限制不止局限于准入阶段，通过及时跟踪、调查和评估，能有效杜绝因业务规模的扩大而增加的安全隐患、防范潜在风险、保障服务质量，培养经营主体自我约束机制。

4. 鼓励第三方认证机构参与监管

通过政策引导和财政支持等手段鼓励第三方和维权机构参与到监管工作中，形成多元化的监督体系，既丰富了监管系统，又能全面解决单一监管结构中难以解决的难题。

---

① 蒋成林，聂炜玮. 网络保险的信息安全风险及其防范对策［N］. 中国保险报，2011 – 07.

（三）日本互联网保险发展现状及监管

据瑞士再保险公司研究，截至 2009 年，亚洲地区中日本保险密度最高，为 9.9%，高出我国 6.5 个百分点。

日本实施对互联网保险的监管措施最大的特色在于注重行政指导的作用。其监管经验主要包括以下三点。

1. 完善法律法规体系

日本政府相继制定了《规范互联网服务商责任法》、《个人信息保护法》、《电子契约法》、《电子消费者协议以及电子承诺通知相关民法特例法律》等，避免监管部门监管过程中无法可依。

2. 注重行政指导的实施

在互联网保险的开展中，行政指导依然发挥着重要作用，通过教育、示范、警告等手段对市场违规行为和不法交易进行前期处理，有效缓解市场对监管机构的抵触情绪。

3. 设置多层次准入标准

在开展互联网保险时，不同的经营主体必须在通过相应机关的身份认证的前提下开展交易。监管部门和第三方认证机构会不定期对互联网保险市场主体进行评估，提高社会整体信用度，减少政府部门监管和干预，形成以经营主体自由发展为主导的监管模式。

（四）国外互联网保险监管经验对比分析

由表 6 可知，通过对国外互联网保险发展较成熟国家的监管经验的对比分析，总结出完善我国互联网保险监管体系可以借鉴的经验，但值得注意的是，各个国家基本国情不同，制定监管政策应当因地制宜，允许存在差异。

表6　　　　国外发达国家互联网保险监管经验对比分析及启示

	相同点	不同点
美国	强调市场自主调节为主 政府监管为辅 完善法律法规体系	倚重行业自律的监督管理职能
欧洲		强调市场准入的筛选作用、发展多元化监管体系
日本		在社会诚信度较高的前提下发挥行政指导的力量
启示	1. 适度审慎的监管原则是发展趋势 2. 灵活全面的市场准入制度极大地促进了互联网保险业务的蓬勃发展 3. 应加快建设信息技术基础设施和信用制度 4. 制定监管政策应以国情为基础，避免盲目效仿	

六、完善我国互联网保险监管的建议

（一）监管原则

2000 年 10 月，国际保险监督官协会（IAIS）针对互联网保险面临的风险与挑战，首次明确了互联网保险监管的国际准则。结合我国基本国情，我国互联网保险应遵循以下四项原则。

1. 分类监管

在保持监管一致性的前提下，针对互联网保险不同于传统营销手段的优势与风险因素，采取具有针对性的监管措施。分类监管原则既能保证互联网保险在公正的环境下获得与之相匹配的监管措施，又能避免监管的滞后对互联网保险的负面效用。

2. 合作监管

互联网保险涉及的主体不再局限于业务交易双方，还包括互联网安全、工商、第三方支付以及各类型交易平台，相应互联网保险的监管趋于复杂化和多边化。采取合作监管原则，厘清各监管机构的职能范围和职责，一方面避免监管冲突，另一方面避免出现监管真空。

3. 阶段监管

监管部门在制定监管政策时应秉持阶段化监管原则，认清发展阶段及相应特点，制定阶段性监管措施与目标，分步实施，灵活调整。

4. 外部监管和加强内控相结合

加强企业内控建设是完善行业监管的重要内容，只有坚持外部监管和加强内控相结合的原则，才能有效提高监管的效力和效率，做到事半功倍。

（二）完善我国互联网保险监管的建议

1. 采取适度审慎的监管政策

首先，针对互联网保险目前监管滞后的现状，监管部门可以就以下五个方面进行规范。

（1）加强对互联网保险产品监管。一是明确网销产品的条件和范围。拟开展网销的保险公司应具备充足的偿付能力、健全的内控制度、有必要的经验数据积累以及能实现单独核算等条件。拟开展的网销产品应满足标准化和通俗化的要求，保险责任和除外责任尽量明确、简单，减少保险消费者在理解上的歧义。二是加强网销产品定价的审核。鼓励保险公司针对网销产品中介环节少、销售成本低的特点进行差异化定价，凸显费率比较优势，让利于消费者，扩大网销产品的覆盖面。同时，也要加强定价合理性回溯分析，避免低价无序竞争，注重可持续发展。三是建立网销产品信息披露机制。保险监管部门应将经审批和备案的网销产品条款、经营主体资格、信访投诉等情况通过网络、报纸等媒体面向社会进行公示，提高监管透明度，扩大社会监督范围，维护保险消费者的知情权。四是严格执行条款费率。加大对执行环节的监督力度，督促保险公司严格执行条款费率，依法查处产品报价不一等违法违规行为，规范市场竞争秩序，维护保险消费者合法权益。

（2）完善市场准入标准。一是提高机构准入标准。制定互联网保险市场准入标准时应突出安全性和便捷性，强化资本约束，明确注册资本最低要求，建立基本服务标准规范，强调服务的规范性，确保消费者信息的真实、完整和安全。同时，随着互联网保险模式的多样化，第三方电子商务平台、资讯类门户网站如淘宝、京东、和讯网等第三方机构进入网销市场，需要对其销售资质进行明确和规范。二是把好网络销售人员准入关。相比传统的销售人员，网络销售人员工作地点固定、工作方式主要借助网络实现、工作对象是不确定的消费者，因此应具备较高的专业素质、服务技能和销售产能。网络销售人员应坚持"少而精"原则，高标准、严要求，不仅要具备保险销售资格，还要熟悉公司产品和理赔服务基本知识，能熟练使用网络技术进行实时沟通等。

（3）强化销售过程监管。一是要求以网页、音频、视频等形式完成销售过程的应全程保留痕迹，并在保险责任到期后保存一定期限。二是认真履行产品说明义务。可以通过网页、音频和视频等形式对保险责任、责任免除、犹豫期、投保人签名以及抄录风险提示语句等问题进行重点提示，履行保险人和代理人的产品说明义务，适当降低对电话回访的要求。三是强化销售人员责任。从事网络销售的人员应具有合法资质、持证上岗、挂牌实名服务。对销售误导行为，责任追究到人，对多次违规人员，依法取消销售资格。四是公司应建立定期或不定期抽查制度，强化对销售过程监督。

（4）明确设定经营区域。一是按照理赔服务能力应与销售区域相适应的原则，以省为单位，逐步有序放开经营区域，最大限度避免重销售、轻理赔现象出现。二是明确属地监管原则。委托客户所在地保监局依法履行监管职责。三是加强对理赔服务行为的监管。依法查处拖赔、惜赔和无理拒赔等损害保险消费者利益的行为。四是建立经营区域退出机制。对整改不力、多次出现违法行为的公司依法限制经营区域。

（5）健全监管合作机制。一是加强跨部门监管合作机制。网络保险涉及宣传、销售、支付等多个环节，与保险监管、银行监管、网络安全监管等多个部门密切相关。为促进网络保险健康发展，应加强跨部门的监管合作机制、明确职责、加强沟通、齐抓共管、形成合力。二是健全应急处置机制。网络保险一旦出现突发事件或负面舆论，往往涉及面广、传播速度快、影响大。因此，应未雨绸缪，把健全应急处置机制作为基础性工作抓紧抓实。要充分发挥保险公司的主体作用，强化内部控制，健全应急处置组织体系，制定应急预案，加强应急演练，提高反应和处置能力。要有效发挥监管部门的指导作用，整合行业资源，加强与宣传主管部门的联系，加强与媒体的沟通，积极引导社会舆论监督，把舆论监督与行业监管结合起来，促进网络保险规范发展。

其次，针对经营主体内部建设，监管部门可从以下四个方面提出指导意见。

（1）鼓励进行资源整合营销。鼓励公司进行资源整合营销，提高落地服务能力，充分利用公司资源，将不同渠道的客户进行分类开发，最大限度满足客户多样化保险需求。同时，应针对互联网保险的核算进行规范，要求公司合理分摊费用，实行分险种核算。

（2）推行以客户为中心的营销理念。监管部门积极引导经营主体营销观念从4P向4C的转变，以客户为中心，挖掘客户潜在的需求。同时要加强保险知识宣传，培养客户网上自助投保的习惯。

（3）突出消费者权益保护。由图8可知，监管部门应督促互联网保险公司从信息公开、加强宣传、改善保险服务（如提供增值服务、完善售后服务等）、规范投诉处理、扩大社会监督范围等方面加以改进，切实维护保险消费者合法权益。

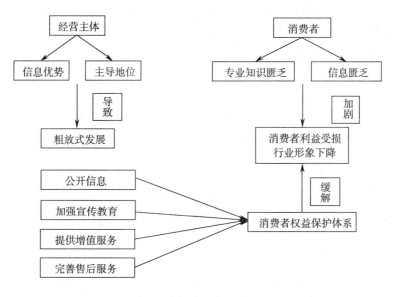

图8　消费者权益保护体系

（4）提高从业人员素质。监管部门应通过提高准入标准来提升从业人员的综合素质，明确开展继续教育的时间和内容，提升从业人员可持续发展能力，提升行业形象和竞争力。

2. 积极发挥行业自律组织的作用

我国保险业协会成立于 2001 年 2 月 23 日，截至 2013 年共有会员 223 家，其中保险公司 150 家、保险中介机构 37 家、地方保险行业协会 36 家①。在未来互联网保险乃至保险业的监管中，应借鉴国外先进经验，积极发挥行业自律组织的职能，减少监管部门对市场的直接干预功能。

（三）完善相关配套措施的建议

监管部门可以采取多样化的手段促进互联网保险配套措施的构建，为互联网保险的发展创造提供支持。

1. 健全法律法规体系

一方面，对现有法律进行修订补充，如《保险法》、《电子签名法》、《互联网信息服务管理办法》等，可以节约成本并能提高效率。另一方面是制定专门的互联网保险法规，以保监会部门规章的形式明确互联网保险监管的原则、目标、细则等，具有较强的针对性。

2. 强化网络安全

首先，监管部门应鼓励和引导保险公司加大研发投入，积极组织开展网络技术的创新，包括信息的管理、防火墙、电子认证等核心问题，形成行业自主技术体系和标准，增强内部信息的保密性和完整性。其次，要督促保险公司加强内部管控，规范投保流程，进行严格的授权和分权操作管理，防范公司内部的操作风险和员工道德风险，严格客户信息管理，避免因客户信息泄露引发的信任危机。

3. 夯实数据的共享和积累基础

首先，加强与相关行业的数据共享，简化投保流程，提高效率。例如在车险网销过程中，如果投保系统与全国机动车辆管理系统建立对接，则客户只需输入身份证号就可自动显示车辆详细信息。其次，降低风险。监管部门可推动行业内各经营主体建立完整的信息系统，从而构建行业内以及行业间信息平台，不仅有助于减少经营主体承保时的重复工作量，而且可以通过平台查询客户投保史，减少信息不对称现象，降低经营风险。

参考文献

［1］朱丽莎. 我国网络保险发展研究 ［J］. 电子商务，2013（1）.

［2］张晓莹. 探路保险网络销售 ［J］. 中国金融，2013（1）.

---

① 数据来源于中国保险业协会网站。

［3］周百胜．网络保险的独特优势和发展对策［J］．中国保险，2012（5）．

［4］蓝晓燕．论我国网络保险发展机遇和模式［J］．经济研究，2012（20）．

［5］李健．关于我国网络保险发展的思考［J］．群文天地，2012（6）．

［6］杜红权．浅论网络保险的发展策略［J］．金融理论与实践，2012（7）．

［7］左小川．浅析我国保险网络营销的问题与对策［J］．保险职业学院学报，2012（5）．

［8］周百胜．试论网络保险的独特优势和发展路径［J］．上海保险，2012（8）．

［9］王妲．保险网销用户体验分析［J］．上海保险，2012（4）．

［10］陈钦，郑竑．基于SWOT分析我国网络保险发展问题［J］．长春理工大学学报，2012（10）．

［11］阿拉木斯．德国与欧盟电子商务监管研究［J］．信息网络安全，2011（7）．

［12］林俊民，武力超．关于网络保险发展和监管的若干思考［J］．上海保险，2011（1）．

［13］赵浏洋，姚卓希．我国网络保险发展策略分析［J］．现代经济信息，2011（24）．

［14］刘玮，柏学行．浅析保险电子商务中的消费者心理［J］．上海保险，2010（3）．

［15］徐静．我国网络保险发展现状及建议［J］．浙江金融，2011（4）．

［16］吴蓁蓁，吴明波．网络保险概述［J］．经营管理者，2011（7）．

［17］乌跃良．我国网络保险的前景分析［J］．东北财经大学学报，2005（5）．

［18］陈洁．从4P到4C组合谈我国保险营销模式的转变［J］．江西农业大学学报，2003（4）．

［19］杨岚．中外保险电子商务对比研究及创新思考［J］．中国社会科学院，2012．

［20］李佳音．基于SWOT分析的银行保险代理人发展战略及保障措施［D］．吉林大学，2012．

［21］赵煊．金融消费者保护理论研究［D］．山东大学，2012．

［22］张雯．关于网络保险交易平台的法律思考角度［D］．华东政法大学，2011．

［23］于晓红．电子商务在我国保险业中的应用及发展前景［D］．山东大

学，2011.

　　［24］张倩．完善我国网络保险监管研究［D］．湖南大学，2010.

　　［25］宋佳佳．网络保险发展策略研究［D］．广西大学，2009.

　　［26］李鹏．保险电子商务法律问题研究［D］．西南财经大学，2005.

　　［27］蒋怡．我国网络保险的现状及发展策略［D］．西南财经大学，2001.

　　［28］段远翔，董瑛．网络保险的经营策略［J］．中国保险报，2012.12.4（006）.

　　［29］王薇．监管规范助网络保险健康发展［J］．中国保险报，2011.6.14（007）.

　　［30］崔启斌．互联网保险尚存五大监管空白［J］．北京商报，2012.2.27（E01）.

　　［31］何潇．中国保险电子商务发展状况及策略分析［D］．北京：赛迪顾问股份有限公司，2008.

资产证券化实务研究

百瑞信托有限责任公司课题组[①]

摘要： 资产证券化是金融领域一项重要的制度创新，我国目前的资产证券化仍处于起步阶段，主要包括信贷资产证券化和企业资产证券化，信托公司主要参与的是信贷资产证券化。信托特有的财产隔离与风险隔离功能，使信托公司从事资产证券化业务有很大有优势。信托公司可以将信贷资产证券化作为未来业务方向之一，同时应积极探索信托型资产支持票据业务和信贷资产流转信托业务。开展资产证券化业务应做好基础资产的甄别和信用增级，防范信用风险，并且要注意和防范提前偿付风险、现金流风险、评级风险和监管风险。

关键词： 资产证券化　信托公司　信贷资产证券化　风险防范

一、引言

资产证券化（Securitization）是指将流动性较低但具有稳定现金流的资产通过一定的结构设计使其独立出来，并以其信用为支持发行证券的过程。其基本流程是：发起人将证券化资产出售给一家特殊目的机构（Special Purpose Vehicle，SPV），或者由 SPV 主动购买可证券化的资产，然后 SPV 将这些资产汇集成资产池（Assets Pool），再以该资产池所产生的现金流为支撑在金融市场上发行有价证券融资，最后用资产池产生的现金流来清偿所发行的有价证券。按照被证券化资产种类的不同，信贷资产证券化可分为住房抵押贷款支持的证券化（Mortgage – Backed Securitization，MBS）和资产支持的证券化（Asset – Backed Securitization，ABS）。MBS 是最早的证券化产品，随着可供证券化操作的基础产品越来越多，出现了资产支持证券（ABS）的称谓；再后来，由于混合型证券（具有股权和债权性质）越来越多，CDOs（Collateralized Debt Obligations）概念

---

① 课题主持人：马宝军；
　　课题组成员：马磊、罗靖、高志杰、程磊、陈进。

也被用来代指证券化产品，并细分为 CLOs、COMs、CBOs 等产品。

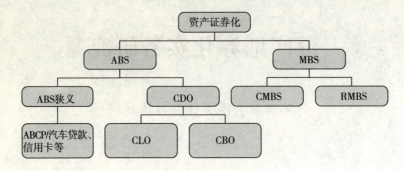

注：ABS：资产支持证券；MBS：房地产抵押贷款支持证券；CMRS：商业地产抵押贷款支持证券；RMBS：住宅地产抵押贷款支持证券；CDO：抵押债务权益；CLO：抵押贷款权益；CBO：抵押债券权益。

图1　资产证券化产品分类

资产证券化发端于 1968 年的美国，是金融市场发展到一定阶段的产物，也是 20 世纪一项伟大的金融创新。由于经济和金融结构的相似性，欧洲随美国之后进入了资产证券化的行列，欧洲最早的资产证券化发生在 1985 年，美洲银行英国金融公司在伦敦国际金融市场安排发行了总额为 5 000 万美元的住宅抵押贷款支持证券，英国于 1987 年第一次由英国抵押公司发行了住宅抵押贷款支持证券。① 亚洲的资产证券化开发得比较晚，20 世纪 90 年代才刚刚起步，从国别来看，日本、韩国和澳大利亚的资产证券化规模最大。总体来看，作为一项新兴的金融业务，资产证券化的发展时间虽不到 40 年，但其对金融业资产负债管理、投融资体制、风险管理等金融市场体系各个方面产生了深远的影响。

相对而言，我国资产证券化起步较晚，2005 年 3 月，经国务院批准，人民银行会同有关部门成立了信贷资产证券化试点工作协调小组，信贷资产证券化试点正式启动。试点八年来，信贷资产证券化的基本制度初步建立，产品发行和交易运行稳健，发起机构和投资者范围趋于多元化，各项工作稳步开展，取得积极成效。② 2013 年 8 月 28 日，国务院总理李克强主持召开国务院常务会议，决定进一步扩大信贷资产证券化试点。③ 面对庞大的市场需求和政策引导，信托公司需在资产证券化业务上实现突破，为实体经济发展做出更大支持。

---

① 赵宇华主编. 资产证券化原理与实务 [M]. 北京：中国人民大学出版社，2007.
② 中国人民银行新闻发言人就进一步扩大信贷资产证券化试点答记者问，来源于中国人民银行网，网址：http://www.pbc.gov.cn/publish/goutongjiaoliu/524/2013/20130829010213347372645/201308290102 13347372645_.html，最后访问时间 2013 年 11 月 8 日。
③ 参见中央政府门户网站，网址：http://www.gov.cn/ldhd/2013－08/28/content_2476043.htm.

二、我国资产证券化发展现状

目前，我国的资产证券化仍处于起步阶段，现有的资产证券化产品主要包括了信贷资产证券化和企业资产证券化两类，SPV 载体分别为信托机构和专项资产管理计划。2005 年，我国信贷资产证券化试点正式启动，截至 2013 年 6 月末，我国累计发行信贷资产支持证券 896 亿元。其中，2005 年至 2008 年底，在第一轮试点中，11 家大中型金融机构共发行 17 单，总金额 667 亿元；2011 年国务院批准继续试点以来，已有 6 家机构发行 6 单，规模 228 亿元。[①] 2013 年 8 月，国务院决定进一步扩大资产证券化试点。鉴于本文重点研究信托公司开展的资产证券化业务，而信托公司资产证券化业务的主要领域是信贷资产证券化，因此，下文主要以信贷资产证券化为例来说明我国资产证券化的发展历程及其存在的问题。

（一）资产证券化在我国的发展历程与现状

2005 年，央行和银监会联合发布《信贷资产证券化试点管理办法》，随后建设银行和国家开发银行获准进行信贷资产证券化首批试点，基本确立了以信贷资产为融资基础、由信托公司组建信托型 SPV、在银行间债券市场发行资产支持证券并进行流通的证券化框架。2007 年，浦发、工行、兴业、浙商银行及上汽通用汽车金融公司等机构成为第二批试点。总体上看，2005 年到 2008 年底，共有 11 家境内金融机构成功发行了 17 单、667.83 亿元的信贷资产证券化产品，我国资产证券化业务取得了一定发展，对我国银行业提高资产流动性及提升整体资产盈利等多个方面起到了推动作用。

受次贷危机影响，对证券化产品的谈虎色变令这一新兴事物的成长戛然而止。2009—2011 年，我国监管部门暂停了资产证券化业务的审批。面对商业银行巨额的贷款规模，信贷资产转让、人民币理财挂钩信托绕道发放贷款等多种形式的金融创新如雨后春笋般呈现，虽然监管部门多次出台政策对银信合作进行规范，但实际业务中还是可以借助其他通道通过各种形式的金融创新满足银行的需求。与此同时，信托公司收益权信托产品也得以广泛开展，基础资产涵盖应收账款、白酒、商业物业、股权等各类资产，如果抛开规避监管的动机，应该说收益权信托模式是很有意义的一项创新，也是信托公司向特定资产证券化迈出的重要一步。

2012 年 5 月 17 日，央行、银监会和财政部发布了《关于进一步扩大信贷资产证券化试点有关事项的通知》，正式重启信贷资产证券化。此次仅首期信贷资

---

① 参见，"新一轮信贷资产证券化 3000 亿 试点八年待转正"，http：//www.treasurer.org.cn/webinfos-mains/index/show/92103.html。

产证券化的额度就达 500 亿元，且国家重大基础设施项目贷款、涉农贷款、中小企业贷款、经清理合规的地方政府融资平台公司贷款等均被纳入基础资产池。

截至 2013 年，第二轮试点的 500 亿元额度已接近用完，银监会正筹备新一轮信贷资产证券化试点。2013 年 7 月 2 日，国务院印发《关于金融支持经济结构调整和转型升级的指导意见》（国办发〔2013〕67 号），要求逐步推进信贷资产证券化常规化发展，盘活资金支持小微企业发展和经济结构调整。国务院应对国际金融危机小组第七次会议对此进行了专题研究，国务院有关部门一致赞同扩大信贷资产证券化试点。2013 年 8 月 28 日，国务院召开常务会议，决定在严格控制风险的基础上，进一步扩大信贷资产证券化试点。① 2013 年 11 月 11日，国家开发银行宣布，将于 11 月 18 日在银行间债券市场招标发行 "2013 年第一期开元铁路专项信贷资产证券化信托资产支持证券"，标志着新一轮信贷资产证券化大幕正式拉开。②

信贷资产证券化试点扩大对于信托行业而言机遇和挑战并存。一方面，随着信贷资产证券化试点规模扩大，信托公司相关业务可能会增加，并且这也是信托公司专业化发展的方向之一；另一方面，2013 年 3 月 15 日证监会正式发布《证券公司资产证券化业务管理规定》（证监发〔2013〕16 号），为证券公司通过专项资产管理计划开展资产证券化业务提供了依据，基础资产涵盖企业应收款、信贷资产、信托受益权、基础设施收益权等财产权利，商业物业等不动产财产，及证监会认可的其他财产或财产权利。这意味着，信贷资产证券化的发行已不再是信托的独角戏，券商类和信托类信贷资产证券化产品之间的竞争也会加大。因此，信托公司必须在资产证券化业务上有所突破，以便对实体经济的发展提供更大的支持。

（二）我国资产证券化运作流程及基本原理

1. 资产证券化运作流程

（1）发起人确定证券化资产，组建资产池。

（2）设立特殊目的载体（SPV）。SPV 是一个专为隔离风险而设立的特殊载体，设立目的在于实现发起人需要证券化的资产与其他资产之间的 "风险隔离"。

（3）资产的真实销售。目的是保证证券化资产的独立性，使发起人的债权人不得追索该资产，SPV 的债权人也不得追索发起人的其他资产。同时由于资

---

① 中国人民银行新闻发言人就进一步扩大信贷资产证券化试点答记者问，来源于中国人民银行网，网址：http：//www.pbc.gov.cn/publish/goutongjiaoliu/524/2013/20130829010213347372645/20130829010213347372645_.html，最后访问时间 2013 年 11 月 8 日。

② 参见，董云峰："新一轮 ABS 全面启动 国开行年内将发 200 亿"，http：//epaper.yicai.com：81/site1/html/2013-11/12/content_194692.htm。

产控制权已经从发起人转移到了 SPV，所以这些资产应从发起人的资产负债表中剔除，使资产证券化成为一种表外融资方式。

（4）进行信用增级。SPV 取得证券化资产后，为吸引投资者并降低融资成本，必须提高拟发行资产支持证券的信用等级，使投资者的利益能得到有效保护和实现。

（5）资产证券化的信用评级。信用评级机构通过审查各种合同和文件的合法性及有效性，给出评级结果。信用等级越高，表明证券的风险越低，证券的发行成本就越低。

（6）发售证券。在经过信用评级后，SPV 作为发行人通过各类金融机构如银行或证券承销商等，向投资者销售资产支持证券（ABS）。

（7）向发起人支付资产购买价款，即 SPV 从证券承销商处获得证券发行收入后，将其按照事先约定的价格向发起人支付购买证券化资产的价款，此时还要优先支付各专业中介机构的相关费用。

（8）管理资产池。资产支持证券发行完毕后，SPV 需要聘请专门的服务商对资产池进行管理和处置，对资产所产生的现金流进行回收。服务商可以是资产的原始权益人即发起人，也可以是专门聘请的有经验的资产管理机构。

（9）清偿证券。在资产池产生现金回流后，按照证券发行时的约定，按照一定的分配顺序向投资者还本付息并支付各项费用，若有剩余按协议规定向次级证券持有者进行分配，整个资产证券化过程即告结束。

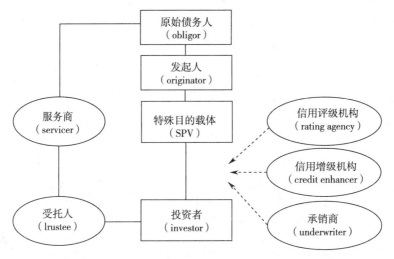

注：参见黄嵩，魏恩遒，刘勇. 资产证券化理论与案例 [M]. 北京：中国发展出版社，2007.

图 2　资产证券化的运作流程

2. 资产证券化的参与主体

一般而言，资产证券化的参与主体包括：发起人、特殊目的载体（SPV）、信用增级机构、信用评级机构、承销商、服务商和受托人。

表1　　　　　　　　　　　资产证券化参与主体及其主要职能

参与主体	主要职能
发起人	发起人是信贷资产证券化的起点，是基础资产的原始权益人，也是基础资产的卖方。 发起人的作用首先是发起贷款等基础资产，这是信贷资产证券化的基础和来源；其次在于组建资产池，然后将其转移给 SPV。
SPV	SPV 是以信贷资产证券化为目的而特别组建的独立法律主体，其负债主要是发行的资产支持证券，资产则是向发起人购买的基础资产。SPV 是介于发起人和投资者之间的中介机构，是资产支持证券的真正发行人。 SPV 是一个法律上的实体，可以采取信托、公司或者有限合伙等形式。
信用增级机构	内部增信：发起人担任增信机构，或通过结构化、储备账户、现金流分配顺序等内部设计来降低证券风险。 外部增信：独立的第三方机构为现金流的回收提供增信，包括保险公司、金融担保公司、金融机构、大型企业的财务公司等。
信用评级机构	对 SPV 发行的资产支持证券进行信用评级。除了初始评级外，信用评级机构在该证券的整个存续期间往往还需要对其业绩进行"追踪"监督，及时发现新的风险因素，并做出升级、维持或降级的决定，以维护投资者的利益。
承销商	承销商为证券的发行进行促销，以帮助证券成功发行。此外，在证券设计阶段，作为承销商的投资银行一般还扮演融资顾问的角色，运用其经验和技能形成一个既能在最大限度上保护发起人的利益又能为投资者接受的融资方案。
服务商	服务商对资产项目及其所产生的现金流进行回收和保管：负责收取这些资产到期的本金和利息，将其交付给受托人；对过期欠账服务机构进行催收，确保资金及时、足额到位；定期向受托管理人和投资者提供有关特定资产组合的财务报告。服务商通常由发起人担任，通过为上述服务收费，以及通过在定期转出款项前用所收款项进行短期投资而获益。
受托人	受托人托管资产组合以及与之相关的一切权利，代表投资者行使职能。职能包括：把服务商存入 SPV 账户中的现金流转付给投资者；对没有立即转付的款项进行再投资；监督证券化中交易各方的行为，定期审查有关资产组合情况的信息，确认服务商提供的各种报告的真实性，并向投资者披露；公布违约事宜，并采取保护投资者利益的法律行为；当服务商不能履行其职责时，代替服务商履行其职责。

注：参见姜建清，李勇．商业银行资产证券化：从货币走向资本市场［M］．北京：中国金融出版社，2004.

3. 资产证券化的基本原理①

（1）"资产重组"——构建资产池。根据融资需求和资产的情况，选择资产的证券化，然后，把资产汇集成资产池。能够实现证券化资产的条件：未来可以产生稳定的现金流；资产有良好的质量，具有同质性；资产证券化的收益率和现金流可计算。

（2）"风险隔离"——设计资产的隔离。这个步骤是实现资产证券化的核心步骤。在资产证券化过程中，必须成立一个特殊的目的机构 SPV，用于隔离资产池和其他资产，SPV 把资产转换成在金融市场上出售、流通的证券。

（3）"信用增级"——提高资产证券的信用等级。在证券化的交易中，资产的信用、现金流与投资者的需求往往不相吻合。这就需要 SPV 机构把资产支持证券进行信用增级。"结构化设计"、"第三方机构信用担保"都是常见的信用增级措施。

（三）我国资产证券化存在的问题

由于资产证券化是一项设计精巧的结构性融资活动，交易结构复杂，参与主体较多、运作程序繁琐，而我国资产证券化起步较晚，因而在法律、税收、会计和金融环境等方面还存在着诸多制约资产证券化健康发展的因素。

1. 法律环境不完备

我国从 2005 年开始资产证券化的试点工作，并出台了一系列相关的法律法规来规范资产证券化的健康发展，如《金融机构信贷资产证券化试点监督管理办法》、《信贷资产证券化试点管理办法》、《关于信贷资产证券化有关税收政策问题的通知》、《资产支持证券信息披露规则》等，但这些法律法规的法律位阶太低，仍存在着较大局限性，与《公司法》、《担保法》、《破产法》、《合同法》等其他法律法规等有许多不相协调甚至相冲突的地方，还有许多地方存在着立法空白。例如，《信托法》第十条规定，设立信托对于信托财产，有关法律、行政法规规定应当办理登记手续，要依法办理信托登记。未按规定办理信托登记的，应当补办登记手续，不补办的，该信托不产生效力。《证券公司资产证券化业务管理规定》第九条规定，法律法规规定基础资产转让应当办理批准、登记手续的，应当依法办理。但目前的《物权法》、《房屋登记办法》、《不动产登记办法》等并未将信托登记作为独立的登记事项。目前，有关部门正在起草制定《不动产统一登记条例》，② 如果可以借此契机，将信托登记作为单独的登记事

---

① 何小峰，黄嵩. 从资产证券化的理论体系看中国突破模式的选择——兼论现有的八大建议模式 [J]. 学习与探索，2001（1）.

② 有关报道可参见，http://ndhouse.oeeee.com/html/201310/21/407822.html。

项，可以有效解决信托财产的登记问题。

2. 会计和税收制度不健全

资产证券化的会计处理主要是对资产证券化的各运作主体的业务进行核算和监督，它直接涉及资产证券化的成本，也关系到参与各方的收益，所以是资产证券化业务中非常重要的环节。在会计处理上主要涉及三个方面：一是出售或融资的确定；二是合并问题和剩余权益如何投资；三是 SPV 是否需要和证券化发起人合并报表的问题以及证券化资产的定价、资产证券发行的会计处理问题等。而我国在资产证券化会计制度上还没有相应的规定，这方面的工作亟待加强。①

税收直接决定了证券化融资成本的高低。由于证券化交易涉及的金额巨大，如果将资产证券化财产转让视为"真实出售"做表外处理，发起人就要缴纳营业税和印花税，融资成本将大大提高；印花税的计税依据也为交易额，所以印花税的缴纳同样对资产证券化成本有影响。发起人在真实出售中如有收益，则又涉及所得税的缴纳，SPV 等其他机构同样面临高额税负和双重征税现象。过重的税负不仅会降低资产支持证券对投资者的吸引力，还会缩小发起人盈利空间，所以在我国税收问题是阻碍资产证券化发展的重要因素之一。

3. 审批周期过长

银监会监管的信贷资产证券化发行需经过银监会和人民银行的双重审批，证监会监管的证券公司专项资产管理计划需报证监会进行审批。从当前业务实践开展情况来看，审批周期过长，甚至基础信贷资产中的大部分已经到期还处于审批中。审批效率低、审批周期长的情形不仅影响信托公司和证券公司开展资产证券化业务的积极性，并且还将影响发起人是否选择通过资产证券化方式进行融资的决定。

三、资产证券化的业务模式与信托公司开展资产证券化的优势

（一）我国资产证券化的业务模式

目前我国资产证券化有两种模式：银监会监管的信贷资产证券化、证监会监管的证券公司专项资产管理计划。

1. 信贷资产证券化

银行业金融机构作为发起机构，将信贷资产信托给受托机构，由受托机构以资产支持证券的形式向投资机构发行资产支持证券，以该财产所产生的现金支付投资者收益的结构性融资活动。依照《信贷资产证券化试点管理办法》第三条，资产支持证券由特定目的信托受托机构发行，代表特定目的信托的信托

---

① 彭文峰：我国资产证券化存在的问题及对策 [J] . 湖南商学院学报，2011，18（1）：81 - 83.

受益权份额。因此，在银监会主导的信贷资产证券化中，信托公司可作为受托人和发行人参与，但需先申请特定目的信托受托人资格。银行系统的信贷资产体量巨大，信贷资产证券化对于盘活银行体系资产、降低风险资产规模、提高银行资本充足率、释放银行的信贷空间、为银行提供新的盈利增长点有着重要意义，因此，信贷资产证券化未来的空间最大。[①]

主要包括以下几个环节：基础资产，各类信贷资产，信用增级，分为内部增级（优先级、次级分层结构、超额利息收入、信用触发机制）、外部增级（保险、外部担保）以及风险自留，信贷资产出表，发起机构将信贷资产所有权上几乎所有（通常指95%或者以上的情形）的风险和报酬转移时，应当将信贷资产从发起机构的账上和资产负债表内转出，考虑到5%风险自留需计提62.5%的风险准备金，交易场所，在全国银行间债券市场上发行和交易，审批机构，银监会、人民银行。

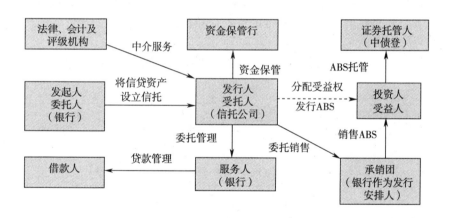

图3　信贷资产证券化业务模式

在信贷资产证券化业务中，银行是主导，信托公司主要负责合同签署、信息披露和分配收益，更多承担了通道的作用。但在行业最低收费标准的保障下，随着商业银行获批额度增加，信托公司获得的报酬也会随业务规模增加而稳定增长。信托公司也可按照《银行与信托公司业务合作指引》，真正自主选择贷款服务机构、资金保管机构、证券登记托管机构，以及律师事务所、会计师事务所、评级机构等其他为证券化交易提供服务的机构。

---

① 参见证券行业重新业务系列专题报告之四：资产证券化业务中篇——资产证券化三种模式对比分析，http：//pan. baidu. com/share/link？ shareid =2123764655&uk =1560927263。

2. 证券公司专项资产管理计划

以特定基础资产或资产组合所产生的现金流为偿付支持，通过结构化方式进行信用增级，在此基础上发行资产支持证券的业务活动，证券公司专项资产管理计划作为特殊目的载体。基础资产包括企业应收款、信贷资产、信托受益权、基础设施收益权等财产权利和商业物业等不动产财产等；信用增级：相对于信贷资产证券化，企业资产证券化更需要外部信用增级；交易场所：交易所、证券业协会机构间报价与转让系统、柜台交易市场及中国证监会认可的其他交易场所；审批机构：证监会。

在证监会主导的企业资产证券化中，对于信托公司参与并未明确禁止。与信贷资产证券化相比，在企业资产证券化业务中，信托公司不再仅仅充当通道作用，可以作为受托人、计划管理人和发行人，不论是产品结构设计，还是中介机构的选择，信托公司都将具有更大的自主权。事实上，信托公司过去的收益权信托业务，就可认为是类资产证券化业务，如果在其中引入信用评级、登记结算和公开交易市场，就是标准的资产证券化业务。①

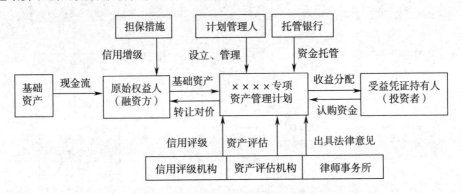

图4　企业资产证券化业务模式

3. 两种模式对比分析

表2　　　　　信托公司资产证券化和券商资产证券化模式对比分析

项目	信托公司资产证券化	券商资产证券化
基础资产	信贷资产	企业应收款、信贷资产、信托受益权、基础设施收益权等财产权利，商业物业等不动产财产及证监会认可的其他财产或财产权利

---

①　杨帆. 资产证券化：信托公司业务新蓝海［N］. 上海证券报，2013－05－30（F12）.

续表

项目	信托公司资产证券化	券商资产证券化
发起人	金融机构	尚无规定
计划管理人	信托公司	创新类证券公司
特殊目的载体（SPV）	信托公司	专项资产管理计划
法律关系	信托关系	委托关系
投资者	机构投资者：除保险公司外的参与银行间市场的金融机构，包括银行、财务公司、信托公司、信用社、证券投资基金、证券公司等	机构投资者：除银行、保险机构未获准投资外，大型企业集团、财务公司、社保基金、企业年金、信托公司和证券投资基金均可参与
发行与流通	在银行间债券市场发行和交易	在证券交易所、证券业协会机构间报价与转让系统、证券公司柜台交易市场以及证监会认可的其他交易场所进行转让，证券公司可以提供双边报价
登记机构	中央国债登记结算有限责任公司	中国证券登记结算有限责任公司
监管机构	人民银行、银监会	证监会

（二）信托公司开展资产证券化业务的优势

1. 信托财产的独立性

信托财产的独立性是最具特色的制度设计。《信托法》第十五条规定信托财产与委托人的财产相互独立，第十六条、第十八条规定信托财产与受托人的财产相互独立，《信托公司管理办法》第三条和《信托公司集合资金信托计划管理办法》第三条也规定信托财产不属于信托公司的固有财产，也不属于信托投资公司对受益人的负债。这些规定明确了信托财产的独立性制度，包括财产损益的独立性、偿债方面的独立性、继承方面的独立性、抵消方面的独立性、混同方面的独立性。

信托财产的独立性与资产证券化中风险隔离的制度设计是十分契合的，利用信托可以实现资产证券化的破产隔离和风险隔离功能。资产证券化的破产隔离是通过设立 SPV，并将资产从原始权益人转移到 SPV 实现的，通过信托设立的 SPV 称为信托型 SPV，又称为特殊目的信托（Special Purpose Trust，SPT）。通过 SPT，证券化的信托财产权利与原始权益人的交易基础关系相分离，从而使证券化资产的所有权与处分权不再属于原始权益人，不再遭受原始权益人及其债权人的追索，切断原始权益人对 SPV 的实际控制。

2. 信托公司可以有效管理信托财产

《信托法》第二十五条规定，受托人应当遵守信托文件的规定，为受益人的最大利益处理信托事务。受托人管理信托财产，必须恪尽职守，履行诚实、信用、谨慎、有效管理的义务。信托合同一旦成立，受托人就应勤勉尽职地履行义务，包括：建立独立的信托账户，配置独立的专业人员对账户进行监管；托管资产，负责接收、持有资产，可以委托专业的第三方对资产进行管理；定期将信托财产的管理运用、处分及收支情况报告委托人和受益人；保存处理信托事务的完整记录，对委托人、受益人的信息以及处理信托事务的情况和资料负有依法保密的义务；负责信托财产产生现金流的收取、持有和按照信托文件的约定向投资者或其他第三方进行分配；办理受益权的转让事务。

3. 信托受益凭证

在信托法律关系中，信托受益权通过信托受益凭证得到体现。信托受益凭证是信托公司向投资者发放的表明受益权的特别凭证，是信托受益权的书面证明。《信托法》第四十五条规定，共同受益人按照信托文件的规定享受信托利益。信托文件对信托利益的分配比例或者分配方法未作规定的，各受益人按照均等的比例享受信托利益。根据该条规定，信托受益权可以进行量的分割，按比例分割成持份单位，也可以进行质的分割，通过设定优先受益权和劣后受益权来确定返还现金流的顺序，或设定本金受益权和利息受益权确定受益权的权利内容，形成复合化的层次结构。此外，信托受益权还可以流通，《信托法》第四十八条规定，受益人的信托受益权可以依法转让和继承，但信托文件有限制性规定的除外。信托受益权的可分割性和可流通性使其可以成为资产支持证券的合适形式。①

4. 与券商相比信托公司资产证券化更具风险隔离优势

从目前的制度体系来看，信托提供的解决方案具有风险隔离的作用；从已发行的券商资产证券化项目实践看，投资者与券商之间多是委托代理法律关系。如果证券公司破产，计划资产将面临被列为破产财产的风险。

四、信托公司资产证券化业务的发展方向

随着中央有关资产证券化的一系列文件的出台，资产证券化又一次成为我国金融业的热点，银行、信托、证券、基金等机构都试图在资产证券业务上有所突破，以实现业务的转型与创新。② 信托公司作为资产证券化业务中 SPV 最合

---

① 刘向东. 资产证券化信托模式研究 [M]. 北京：中国财政经济出版社，2007：125.
② 杨帆. 资产证券化：信托公司业务新蓝海 [N]. 上海证券报，2013 - 05 - 30（F12）。

适的参与者，应把握时机，积极开拓资产证券化业务。

（一）未来信托公司资产证券化业务拓展方向

1. 银行信贷资产证券化作为信托业务拓展的核心领域

从行业来看，信托公司的优势领域主要是信贷资产证券化，根据银监会下发的《信贷资产证券化试点管理办法》，信贷资产证券化受托机构由依法设立的信托公司或中国银监会批准的其他机构担任，并且通过过去几年的银信合作，银行和信托公司已经建立起了较好的合作关系，但在企业资产证券化领域信托公司则不如券商更有优势，因此，银行信贷资产证券化业务仍应作为信托公司拓展资产证券化业务的核心领域。

2. 探索信托型 ABN 业务模式

银行间市场交易商协会主导的资产支持票据（ABN）非金融企业在银行间债券市场发行的，由基础资产所产生的现金流作为还款支持的，约定在一定期限内还本付息的债务融资工具。交易结构中一般没有实现真实出售功能的 SPV，会计上按表内模式处理。ABN 作为一种介于企业债和资产证券化之间的新型融资工具，实质上是在银行间债券市场发行的类信托产品，且发行程序简单，不需要经过特殊的审批，只需在交易商协会备案即可。

银行间市场交易商协会主导的资产支持票据业务与资产证券化最大的不同之处在于实行注册制。目前已发行的产品主要是应收账款质押型资产支持票据（ABN），未真正实现破产隔离。而信托型 ABN 交易结构与资产证券化类似，引入了信托做特殊目的载体，以信托方式实现基础资产的隔离。同时，与传统信托产品相比，它增加了信用评级措施，信息披露也更透明。此外，ABN 发起人为非金融企业，范围更加广泛；发行规模不受净资产 40% 的限制；募集资金用途未有严格限定；可公开或非公开发行，且发行实施注册制，比资产证券化较为简便。

随着信托型 ABN 的引入，信托公司可作为受托人参与，也有助于增强信托公司在资产证券化市场中的话语权。目前尚不明确信托型 ABN 中的受托人是否需要申请"特定目的信托受托人"资格，但由于 ABN 归属交易商协会主管，预计对信托公司受托人资格不会有太多准入要求。

在信贷资产证券化领域，现阶段信托公司虽然发挥主导作用的空间有限，但以规模换收益或是可行的道路。与此同时，在企业资产证券化领域，由于涉及多方监管，采取双 SPV 模式，通过特定目的信托计划与券商专项资产管理计划对接，或能在一定程度上解决发行与交易问题。而且在资产支持票据领域，如果信托型 ABN 成功推出，或许是信托公司不错的业务选择。在传统信托业务受到挤压，行业间面临激烈竞争的环境下，资产证券化将会成为信托公司新的业务蓝海。①

　　3. 信贷资产流转信托业务

　　从 2013 年 7 月中下旬开始，银监会开始了信贷资产流转业务的试点，为了配合信贷资产流转的试点工作，银监会创新部拟就了《信贷资产流转业务管理试行办法（初稿）》（以下简称《初稿》），并正在征求商业银行的意见。在《初稿》中，银监会对信贷资产流转做出了界定，即"商业银行作为信贷资产流转的出让方，将持有的信贷资产、债权和其他受益权，经集中登记后，通过信贷资产流转平台或银监会认可的其他交易方式，转让给除出让方外的受让方业务活动"。②

　　信贷资产流转参与主体包括出让方（原债权人）、受让方、债务人、信托公司（在信托受益权流转中有参与）、流转平台等。在实操层面，出让方与交易平台之间、出让方与受让方之间，通过主协议、流转协议、贷款管理协议等法律文件建立联系。如果有信托公司参与到信托受益权的转让中时，出让方和信托公司还会签订信托协议。

　　信贷资产流转交易需要遵循"先登记、后交易"的原则，信贷资产流转平台和登记系统被称为"全国银行业金融资产转让登记系统"，该流转平台将在中央国债登记结算有限责任公司（中债登）下进行登记和交割。出让方在交易前，应在集中登记系统中办理信贷资产登记，然后方可通过流转平台向市场交易成员披露包含交易标的情况和交易价格的信息。

　　事实上，早在 2010 年，银监会就曾发布《关于进一步规范银行业金融机构信贷资产转让业务的通知》（银监发〔2010〕102 号），对信贷资产转让业务进行规范，但 102 号文要求较为严苛：比如信贷资产需整体转让、受让方要对接盘资产重新做尽职调查等等。与 102 号文相比，《初稿》将信贷资产转让规定为三种主要方式：即"债权转让"、"债权收益权转让"和"信托受益权转让"。不同转让方式所对应的出让人、受让人与债务人之间的法律关系亦不相同，这就给了参与方以选择权，大大简化了信贷流转的程序。"信托受益权转让"则为信托公司参与信贷资产转让提供了法律保障。信托受益权转让前，出让方作为委托人已经将贷款债权设立信托，并转让给信托公司。信托受益权转让后，受让方取代出让方成为信托项下受益人，受让方和信托公司构成信托项下受益人

---

　　① 杨帆. 资产证券化：信托公司业务新蓝海［N］. 上海证券报，2013 - 05 - 30（F12）.

　　② http：//blog. sina. com. cn/s/blog_ 4db323730102ek1l. html.

和受托人法律关系。①

与信贷资产证券化将贷款打包成证券化产品卖出不同，目前信贷资产流转的试点仍倾向于单笔转让。因为打包转让会冲击信贷资产证券化的业务，同时对中债登的登记系统提出更高的要求，也对交易结构设计带来不确定因素。从本质上看，信贷资产流转是通过简单的信贷资产信托的方式实现银行信贷资产的出售和出表，与资产证券化的根本目的是一致的。信托公司应把握机遇，开展信贷资产流转信托业务。

（二）信托公司开展资产证券化业务应注意的问题

1. 信托公司应担当信贷资产证券化的真正核心

尽管已有的信贷资产证券化业务均由信托公司担任特定目的受托人，但银行实际主导了资产证券化的全过程，客观上履行了受托人绝大部分的职能，信托公司仅仅凭借破产隔离的天然制度优势，充当了银行主导信贷资产证券化的"合法通道"。信托公司必须要苦练内功，尽快成长，切实履行受托人的各项职责，② 同时主动将信托公司自身持有的信贷资产纳入到证券化资产池中，才能在重新放开且空间更为广阔的信贷资产证券化业务中不再被边缘化，才能够充分享受到资产证券化带来的各项权益，担当起真正的业务链核心。

2. 努力将信托资产纳入证券资产包，以实现信托资产的流动性

虽然我国信托行业管理的资产规模保持了快速的增长势头，但缺乏流动性一直是困扰信托行业的重要瓶颈之一。一方面是信托产品缺乏流动性，即投资者购买信托产品后需要转让变现时，缺乏退出机制；另一方面是信托公司管理信贷资产时，只能被动等待信贷资产到期，无法盘活贷款资产从而不能提高信贷资产的流动性。因此，如果信托公司能够作为信贷资产证券化的发起人，将自身管理的信贷资产直接纳入证券化资产包，通过证券化并在银行间债券市场交易，就能实现信托产品的流通，提高信贷资产的流动性。

3. 做好信用增级，防范信用风险

对银行不良资产证券化而言，信用增级是非常重要的一环，它对于提高资产处置效率、吸引投资者至关重要。对于集合资金信托计划处置不良资产来说，最有效的信用增级手段是银行承诺回购。当然，也可以采用其他方式，如信用担保、支付准备金等。

---

① "债权转让"需要通知债务人，原债权附属的担保权益一并转让给受让方，出让方根据受让方的委托进行贷后管理。"债权收益权转让"无须通知受让方，原债权附属担保也并未转移，但出让方应向受让方出具贷后管理协议，这构成出让方对受让方的单方承诺，保证受让方得到因债权而享有的收益。

② 参见桑克柱："信贷资产证券化对信托公司的现实意义"，http://www.financialnews.com.cn/gs/xt/201209/t20120917_16463.html。

五、资产证券化业务风险及其防范

尽管资产证券化在降低经济领域信息不对称和逆向选择风险等方面可以发挥重要的作用，但是作为一种衍生的金融工具，它只能转移和分散风险，而不能消除风险。而且其充分发挥作用也需要具备一系列的条件，如健康的金融体系、均衡的经济结构、完善的监管制度等。

（一）基础资产风险

从美国资产证券化的发展历程看，基础资产从个人住房贷款拓展至商业房屋贷款，后来扩张到房屋贷款以外的其他信贷资产，信用卡应收账款、汽车贷款、学生贷款成为三种主要的信贷资产证券化产品。20 世纪 90 年代，资产证券化理念进一步拓展至非信贷资产，预期未来有稳定现金流的产品理论上都可以发行资产支持证券。非信贷资产主要有以下三类：一是非金融企业项目资产，如公路、桥梁等收费基础设施应收款，石油、天然气、电力等能源收入，航空、铁路、轮船等客货运收入等。二是公共收入资产，如政府未来税收、财政收入等。三是知识产权类收入，如版权、专利权等。① 中国人民银行、银监会、财政部《关于进一步扩大信贷资产证券化试点有关事项的通知》（银发〔2012〕127号）规定，信贷资产证券化入池基础资产的选择要兼顾收益性和导向性，既要有稳定可预期的未来现金流，又要注重加强与国家产业政策的密切配合。信贷资产证券化产品结构要简单明晰，扩大试点阶段禁止进行再证券化、合成证券化产品试点。

信托公司在开展资产证券化业务时，应首先注意可证券化基础资产的质量风险，加强对基础资产的甄别和管理，否则可能导致证券化一开始就存在风险隐患。能进行资产证券化的基础资产一般要符合以下几个条件：第一，要有在未来能产生可预见的稳定的现金流；第二，资产债务人迟延履行或不履行的违约率较低；第三，资产的债务人信用记录良好；第四，拟被证券化的资产在种类、利率、期限、到期日、合同条款等方面具有良好的同质性；第五，资产债务人的地区分布广泛；第六，资产具有良好的可转让性。既要按适合进行证券化的条件严格选择基础资产，从根本上防范资产证券化风险的产生，又要勇于进行创新，开发出适合中国资产证券化的基础产品。

（二）提前偿付风险

资产证券化提前偿付风险，是指证券化资产池的债务人不是按照约定还款计划还款，而是提前偿还借款余额所产生的风险集合。由于债务人具有随时提

---

① 巴曙松，牛播坤. 资产证券化基础资产范围不断拓展［N］. 金融时报，2013－09－28（004）.

前偿付债务的权利，所以提前偿付情况会经常发生。一旦债务人选择提前还款，将对资产池、发起人、投资者产生很大影响，将可能使资产证券化各参与方遭受利益损失。[①]

根据资产池的具体特征建立提前偿付模型，对未来的现金流进行较为准确的预测，是防范提前偿付风险的有效途径。资产证券化开展较早的国家基本上都建立了自己的提前偿付模型。实践证明，这些模型的建立和运用对防范提前偿付风险起到了积极作用。以美国为例，较为著名的就有高盛提前偿付模型、Bear Stearns 提前偿付模型。[②] 建立科学准确的提前偿付模型离不开资料详实的数据库，因为对提前偿付行为建立模型进行预测分析需要拥有大量借款人的信用记录，因此，我国应加快数据库建设，为下一步抵押贷款证券化的大规模开展奠定基础。此外，在合同中约定不可以提前偿付或约定提前偿付罚金也有利于避免提前偿付风险或减轻提前偿付风险带来的损失。

（三）现金流风险

资产证券化现金流的流动过程经历了两个主要的阶段：现金流的聚集阶段和现金流的分割阶段。

1. 现金流的聚集风险

现金流的聚集是指无数拟证券化的资产汇集到资产池中，形成一个规模浩大、风险隔离、信用增强、结构重新整合的大资产。当证券化资产汇集到资产池中，就会出现现金流的聚集风险。资产证券化运作过程中，信用评级机构对资产证券化产品进行风险评估时，一般重点考虑组成资产池基础资产的特征，并以此为依据确定资产证券化产品的信用等级。现金流聚集风险主要体现在几个方面：第一，基础资产的离散度；第二，基础资产的期限结构；第三，基础资产的形成过程。

为防范现金流的聚集风险，应审慎选择适合进行资产证券化的基础资产，并对纳入资产池的资产进行合理的配置和组合，尽可能降低现金流的聚集风险。

2. 现金流的分割风险

现金流的分割是指将资产池分割出的几大块资产，分别发行具有不同息票、不同期限、不同性质、不同信用等级、不同资产规模的证券，在证券市场上公开发行给众多的购买者。然后，证券发行收到的现金流又逆向回流。[③] 来自标的资产所产生的现金流收入，必须进行分割和标准化之后，才能转变为在市场上

---

① 高清华，聂靖著.资产证券化中提前偿付风险的分析与防范［J］.北方经济，2007（5）：73.

② 同上.

③ 梁志峰.资产证券化的风险管理［M］.北京：经济科学出版社，2008：134.

发行的证券。

现金流分层、分配和支付有助于防范现金流的分割风险。现金流分层是指将被证券化资产设计成不同种类、多档次的资产支持证券。现金流分配是指SPV按照约定将资产池的现金流（本金和利息）分配给各级债券持有人的过程。现金流支付是指SPV根据标的资产的现金流特点、提前偿还机制、信用增级结构、SPV现金流管理等因素来决定现金流的支付方式。[①]

（四）评级风险

资产证券化评级风险是指资产证券化在评级中可能产生的风险集合，包括评级主体风险、评级客体风险和评级过程风险等。评级主体是指评级机构本身及其相关服务机构，评级机构主体风险是指评级机构本身和其相关服务部门由于主观或客观因素而导致自身和社会福利损失的可能性。评级客体是指资产证券化产品及服务，评级客体风险是指由于资产证券化产品的复杂性及其他不确定性而造成评级结果不正确，从而导致资产证券化产品及社会福利损失的可能性。评级过程风险是指资产证券化产品在运作过程中由于多种原因造成产品和社会福利损失的可能性。此外，对评级机构监管不力，会出现评级机构的寻租风险；评级机构自我约束不力，会出现道德风险。

为防范资产证券化过程中的评级风险，应注意以下几点：第一，借鉴西方国家的经验，培育民族品牌的评级机构，建立符合我国国情的本土评级制度；第二，借鉴巴塞尔新资本协议内部评级法，加强信贷管理和评级制度建设；第三，制定规范的道德风险约束制度，并结合中国传统的仁义道德思想，提高非制度约束在经济中的作用，以降低资产证券化评级中的道德风险。

（五）监管风险

资产证券化监管风险是指政府或监管部门在监管资产证券化运作过程中，由于自身能力或其他不确定原因而造成的各参与方损失的可能性。美国次贷危机的爆发使世界各国开始重视监管风险。[②]监管风险和道德风险有密切联系，放松监管会使监管风险上升，但由于减少了监管的寻租机会而使道德风险下降；加强监管会使监管风险下降，但是寻租机会的上升使道德风险上升。在金融秩序混乱时，过度的金融介入在增加监管风险的同时会加剧道德风险的产生。[③]

为了防范监管风险，首先应提高监管部门从业人员的个人素质和业务能力，

---

① Lee D. and W Chen, *Securitization: An Overview of Arbitrage and Tranching*, Securtization Conduit, Vol. (1), 1998.

② 王保岳. 资产证券化风险研究［D］. 中国社会科学院博士学位论文，2009：33.

③ 王保岳. 资产证券化风险研究［D］. 中国社会科学院博士学位论文，2009：87－88.

其次，制定和完善相应的法律法规，确立相应的处罚措施，使监管制度化和系统化。

六、结语

作为世界金融领域近40年来最重要的金融工具创新和金融制度创新，信贷资产证券化是金融市场发展到一定阶段的必然产品，有利于促进货币市场、信贷市场、债券市场、股票市场等市场的协调发展，有利于提高金融市场配置资源的效率。国务院决定进一步扩大信贷资产证券化试点，是鼓励金融创新、发展多层次资本市场的重要改革举措。信贷资产证券化的前提是构建有效的风险隔离机制，并融入信用增级，从而满足投资者对安全性的需求。《信托法》明确规定了信托财产的独立性与破产隔离保护机制，使信托公司作为特殊目的机构具有先天的制度优势。信托公司应抓住扩大资产证券化试点的机遇，积极推进信贷资产证券化业务，并尝试开展信托型ABN业务和信贷资产流转信托业务，为实体经济的发展和金融市场的不断完善提供支持。

参考文献

[1] 何小峰. 资本：资产证券化 [M]. 北京：中国发展出版社，2013.

[2] 甘勇. 资产证券化的法律问题比较研究 [M]. 武汉大学出版社，2013.

[3] 葛培建主编. 企业资产证券化操作实务 [M]. 复旦大学出版社，2013.

[4] 宋刚. 信托财产独立性及其担保功能 [M]. 北京师范大学出版社，2012.

[5] [日] 能见善久. 现代信托法 [M]. 赵廉慧译，姜雪莲、高庆凯校，中国法制出版社，2011.

[6] 董京波. 资产证券化中资产转让法律问题研究 [M]. 知识产权出版社，2009.

[7] 高峦，刘忠燕. 资产证券化研究 [M]. 天津大学出版社，2009.

[8] 梁志峰. 资产证券化的风险管理 [M]. 经济科学出版社，2008年1月版.

[9] 黄嵩，魏恩遒，刘勇. 资产证券化理论与案例 [M]. 中国发展出版社，2007.

[10] 赵宇华主编. 资产证券化原理与实务 [M]. 中国人民大学出版社，2007.

[11] 刘向东. 资产证券化的信托模式研究 [M]. 中国财政经济出版社，2007.

[12] 洪艳蓉. 资产证券化法律问题研究 [M]. 北京大学出版社，2004.

法律法规：

1.《中华人民共和国信托法》（中华人民共和国主席令 [2001] 第 50 号），2001 年 4 月 28 日第九届全国人民代表大会常务委员会第二十一次会议通过，自 2001 年 10 月 1 日起施行。

2.《信贷资产证券化试点管理办法》（中国人民银行、银监会公告 [2005] 第 7 号），中国人民银行、中国银行业监督管理委员会 2005 年 4 月 20 日公布。

3.《金融机构信贷资产证券化试点监督管理办法》（银监会令 2005 年第 3 号），中国银行业监督管理委员会于 2005 年 11 月 7 日公布，自 2005 年 12 月 1 日起施行。

4. 关于进一步扩大信贷资产证券化试点有关事项的通知（银发 [2012] 127 号），中国人民银行、中国银行业监督管理委员会、财政部 2012 年 5 月 17 日发布。

5.《深圳证券交易所资产证券化业务指引》（深证会 [2013] 38 号），深圳证券交易所于 2013 年 4 月 22 日公布。

6.《证券公司资产证券化业务管理规定》（证监会 [2013] 16 号），中国证券监督管理委员会于 2013 年 3 月 15 日公布。

后　　记

　　《中原经济区金融发展研究（2013）》是在河南省人民银行系统重点研究课题和河南省金融学会重点金融课题部分获奖课题基础上集结的专著，从课题立项到书籍出版，历时一年多，在此过程中，各相关人士均付出了大量心血。为此，特别感谢中国人民银行郑州中心支行各位领导的亲切关怀及各相关处室的密切配合，感谢河南省金融学会各会员单位和人民银行河南省各市中心支行的无私奉献，感谢中国金融出版社相关同志的大力支持，尤其是张智慧主任、王雪珂编辑为此做了大量工作。

　　本书由中国人民银行郑州中心支行金融研究处和河南省金融学会秘书处组织出版，郑豫晓负责统稿，勾京成负责审稿，张欣、孙晓阳、平光新、刘延红、金万福等负责校对。

编者

二〇一四年四月